U0022367

大專用書

貨幣銀行學

謝德宗著

三民書局 印行

國立中央圖書館出版品預行編目資料

貨幣銀行學／謝德宗著. --初版.--臺
北市：三民：民82
面；　　公分
含索引
ISBN 957-14-1951-6（平裝）

1.貨幣　2.銀行

561　　　　　　　　　　82000887

ⓒ 貨幣銀行學

著　　者　謝德宗
發行人　劉振強
產著作財權人　三民書局股份有限公司
印刷所　三民書局股份有限公司
　　　　　市重慶南路一段六十一號
　　　　　郵撥／○○九九九八一一五號

行政院新
基本
定價

4-1951-6 （平裝）

序 言

　　嘗試撰寫本書是作者在臺大經濟系初執教鞭的夢想，歷經數十寒暑反覆取捨，迄今定稿付梓之際雖是宿願得償，卻也頓時失落茫然。自民國六十九年起，作者授課涵蓋「貨幣理論」、「總體經濟學」與「貨幣銀行學」三環相扣，遍尋適合莘莘學子研習的「貨幣銀行學」而不可得，坊間書籍若非過時陳舊即付之闕如，故只有嘗試整理典章文獻另闢教學蹊徑。數年來雖曾累積資料盈筐，然將繁瑣文獻資料實際付諸融為一爐的過程時，卻屬窒礙難行煞費心血，寒天飲冰水，點滴在心頭，其情景無法言喻。

　　貨幣銀行學屬於總體理論的一環，同時也是涉及相關金融理論範圍最廣的學問，其目的旨在推演經濟體系金融部門運作的理論，故構成金融部門的「金融資產」與「金融廠商」兩大成員遂成研究焦點。基於鑽研「金融資產」起源需求，舉凡「個體貨幣理論」、「金融理論」、「公司財務理論」、「資本市場理論」與「國際財務理論」莫不羅列在內；至於為能探究「金融廠商」決策行為，舉凡「銀行理論」及「廠商理論」等均需涵蓋於中。綜觀上述說法，貨幣銀行學的個體理論範圍實際上是當今「個體貨幣理論」與「投資理財理論」的綜合。另外，貨幣銀行學接續檢討金融部門運行對總體經濟活動影響，故其總體理論範圍實際涉及「總體理論」、「總體貨幣理論」與「國際金融理論」等範疇。換言之，本書嘗試綜合經濟理論中的諸多學門，重新賦予貨幣銀行學應有的新貌與生命。

　　本書源流雖屬匯集各家文獻精華，但也同時灌注作者本身構思於中，

綜合兩者而成作者心目中描繪貨幣銀行學理想架構的支柱。綜觀全書內容，故事或許依然熟悉如同往昔，整體而言卻非舊戲重演而仍有新意與作者心血。

　　本書撰述過程實非作者獨力可撐大廈，幕後鼎力協助者更是令人難以忘懷。經濟系同事李顯峰教授逐章閱讀，經研所碩士蔡明鋒校閱初稿，修課同學精闢異論，在在督促本書趨於完善。另外，助理林嘉莉小姐、舍妹謝玉玫代尋的臺北商專財稅科徐偉誌與張良佐、銀保科張櫻嬌與韋怡如四位同學二年來任勞任怨將原稿輸入電腦，紓解作者繕寫負擔及增益修改便利。同時，三民書局編輯部的同仁們細心代為校稿，值此定稿付梓之際更令作者銘感於心。

　　最後，雙親長年累月的殷殷期許與無盡的關愛，內人俞海琴多年支持紓解後顧之憂，亦是本書得見天日的動力。明昌童言稚語與明宏牙牙學語紓解長期撰述過程的煩瑣枯躁，而為添加生活情趣的開心果，願與他們共享成書之樂。由於貨幣銀行文獻發展日新月異，欲以有限生涯強記浩瀚珠璣，委實有心乏力。本書若有疏漏或誤解引用文獻原意，當由作者自負全責。

謝德宗　　謹識

於臺大經濟系研究室

民國八十二年二月

貨幣銀行學

目　次

序言

第一章　導論

　　自盤古開天闢地迄今，人們費盡心思嘗試各種解決經濟問題方法，隨時尋求增進生活福祉的機會。在眾多經濟問題中，「貨幣起源」(origin of money)最是耀眼，「物物交換經濟」(barter economy)隨著貨幣現身而轉型為「貨幣經濟」(money economy)，人們原先僅需解決實質經濟問題，現在卻需接續面對使用貨幣交易而繁衍的複雜金融現象。在經濟理論分類上，一般將總體經濟現象演繹系統化理論的內涵歸屬於「總體經濟學」範疇，內容除些許兼顧金融部門討論外，大部份焦點在於探究實質部門決策內容及其運作方式。至於專就體系內金融部門運作現象演繹系統化理論的內涵則歸入「貨幣銀行學」範圍，內容偏向鑽研人們與金融廠商的決策內容及其運作模式。

　　現代體系若欲持續性成長，往往訴諸於採取「高度專業化」(specialization)與「大規模生產」，同時配合「高效率交易制度」(efficient exchange system)運作的輔佐，方能水到渠成。然而「高度專業化」與「大規模生產」必須立基於「分工」(division of labor)，「高效率交易制度」則係體系內廠商從事「高度專業化」與「大規模生產」的先決條件。至於「高效率交易制度」內涵則是金融體系必須具備多元化信用工具可供流通交易、健全的金融組織及完善的競價過程，凡此實際上即是構成金融部門得以圓滑運作的完整內容，而其運作方式與過程將是「貨幣銀行學」所欲探討主題。

§ 1.1.　貨幣經濟循環流程

　　隨著貨幣出現與廣泛使用，人們在貨幣經濟中同時進行出售勞務、
商品或資產換取貨幣，並且使用貨幣購買勞務、商品與資產等決策行為。
由於人們在貨幣經濟內的決策行為與活動錯綜複雜，一般文獻為求簡化，
往往將體系內眾多市場濃縮成商品、因素與金融資產等三類總體市場，
家計與廠商部門（製造業、貿易商與金融廠商(financial firm)三種型
態）等兩大民間部門，以及財政部與央行兩個各有所司的決策當局。經
過此番簡化程序後，貨幣經濟體系的循環流程可如(圖 1-1)所示般的呈

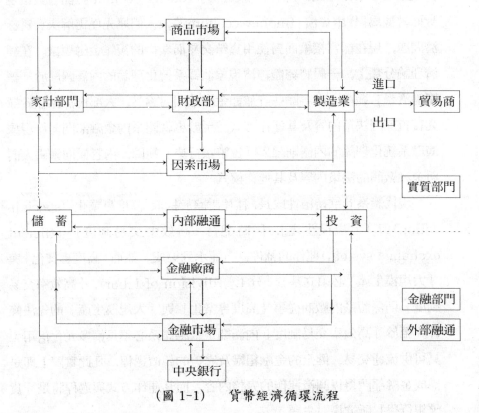

(圖 1-1)　　貨幣經濟循環流程

現眼前。

　　「貨幣出現」導引「物物交換體系」蛻變為「貨幣經濟」，總體經濟活動因而是經濟成員在「實質部門」與「金融部門」兩者中共襄盛舉的結果。以下將逐一說明經濟成員在兩部門中扮演的角色及其決策內容。

㈠「實質部門」經濟活動循環流程

　　體系內的「實質部門」係指決定實質經濟變數或列於「國民所得帳」(national income account, NIA)中各項資料如何產生的部門，該部門又由四類成員構成：

⑴「家計部門」或「消費者」

　　體系內最基本的消費單位，在因素市場上供給勞動、資本與土地以換取所得，隨後基於「時間偏好」(time preference)將當期所得分配於消費與儲蓄，分別在商品市場上購買商品與勞務，將儲蓄轉存金融廠商或投入金融市場購買生息資產。在貨幣經濟中，家計部門扮演商品需求者，在因素市場上轉換為供給者，但在金融市場上卻擔任資金供給或資產需求者角色。

⑵「製造業廠商」

　　狹義的廠商概念或體系內最基本的生產單位，向金融廠商貸款融通或以自有資金在因素市場上雇用勞動、資本與土地進行生產，隨後於商品市場供應產品或勞務。在貨幣經濟中，製造業廠商於商品市場扮演供給者，於因素市場上轉換為需求者，但在金融市場上「通常」屬於資金需求者或資產供給者。

⑶「貿易商」

　　貿易商係屬廣義的廠商概念，其中的國外部門進口貿易商由國外輸入最終商品與勞務供應國內市場，另外亦進口中間財以應因素市場之需。至於國外部門的出口貿易商則是輸出商品、勞務與中間產品，以滿足國

外市場需求。前者行爲構成金融市場上的外幣需求，後者行爲卻是外幣供給的主要來源。

⑷「財政部」

　　實質部門在經濟活動運行過程中往往會有脫軌現象，而以執行財政政策矯正的決策當局或財政部而言，將經由購買國內外商品或生產因素，以及對民間部門課稅或補貼而影響他們的決策行爲。同時，政府預算發生赤字時，財政當局將需經由金融市場發行債券募集資金融通。

㈡「金融部門」經濟活動循環流程

　　經濟體系中的「金融部門」或「貨幣部門」係指決定金融變數或列於「國民財富帳」(national wealth account, NWA)中各類資產如何產生的部門，該部門內的主要成員由兩類組成：

⑴「金融廠商」或「金融中介」

　　廣義的廠商概念而以提供金融勞務(financial services)爲主要業務，包括爲顧客買賣有價證券的經紀商(broker)，以及發行金融證券吸收資金，從事購買生息資產創造「銀行信用」(bank credit)的銀行廠商(banking firm)與非銀行的信託與保險公司。凡此金融廠商均須雇用勞動、資本與土地進行生產或轉換資金性質，而供應金融勞務至市場銷售。另外，金融廠商同時扮演「間接融資」(indirect finance)角色，發行「次級證券」(secondary security)吸收資金剩餘者的資金，同時又購買資金匱乏者發行的「初級證券」(primary security)，搭建儲蓄與投資間的橋樑。

⑵「中央銀行」

　　金融部門在運行過程中亦有脫序現象，故以執行貨幣政策矯正的決策當局或央行而言，其主要任務是規劃良好的金融制度與執行管制監督措施，以規範金融廠商運作。此外，央行得視實際狀況而於金融市場買

賣證券，調整金融環境以達成既定政策目標。

　　綜合以上所述，貨幣經濟循環流程應由「實質部門」與「金融部門」兩者齊心協力運作而成，絕非單一部門能夠獨自運作的結果。不過傳統的總體經濟學將焦點集中在討論實質部門的經濟活動循環流程，而將金融部門運作方式簡略帶過。至於「貨幣銀行學」討論重點恰與前者相反，專精於檢討金融部門的經濟活動循環流程及其制度規範，而將實質部門運作方式視同已知而略過不談。

§ 1.2.　資金流量與金融結構

　　前節描述的貨幣經濟循環流程顯示：體系分爲「金融部門」與「實質部門」，後者再細分爲家計部門、製造業、貿易商及財政部。經濟成員在這些部門中，究竟爲「赤字支出單位」(deficit spending unit, DSU) 抑爲「盈餘支出單位」(surplus spending unit, SSU)，將視下列關係而定：

$$I - S = D - FA \gtreqless 0 \qquad\qquad (1.1)$$

I 是投資，S 是儲蓄，D 是金融債務增加，FA 是金融資產增加。由上式將可揭露下列關係：

　　(1)該式爲 0 是均衡支出單位，亦即 $I = S$，$D = FA$；

　　(2)該式大於 0 是赤字支出單位，亦即 $I > S$，$D > FA$；

　　(3)該式小於 0 是盈餘支出單位，亦即 $I < S$，$D < FA$。

　　一般而言，「赤字支出單位」籌措資金有「內部融資」(internal finance)和「外部融資」(external finance)兩種方式，前者係指資金使用者利用本身儲蓄融通投資；後者則爲資金使用者調度其他成員資金融通本身投資。在「內部融資」情況，儲蓄者自行購置實質資產；在「外部融資」情形，借款者發行債權向放款者交換資金使用權，資金可由資

金最終供給者直接提供，或經金融廠商轉手流入資金最終需求者。在此類外部融資中，前者稱爲「直接融資」(direct finance)，後者稱爲「間接融資」。

接著，Goldsmith(1969)指出影響體系內金融結構(financial structure)的因素是內部融資程度及其經濟「層化」(layering)程度。所謂「層化」是指最終投資者（有形實質資產持有者）與儲蓄者（債權持有者）間存在債權債務關係的獨立成員數目，其形式有二：

(1)經濟部門間的層化：尤其是指製造業與金融廠商間的層化，後者提供資金可協助製造業擁有或使用各項資本設備；

(2)經濟部門內部的層化：相同部門內各成員間存在相互金融關聯的關係，如：放款者與借款者、債務持有者與發行者之關係。

M. Copeland(1952)在《美國的貨幣流量研究》(*A Study of Moneyflows in the United States*)中率先提出「資金流量分析」(flow of funds analysis)，指出在貨幣經濟體系中，資金融通對於實際交易(資金流量)帳戶發展極爲重要，透過資金流量帳(flow of funds account)將可顯示決策部門使用資金將受限於實質資源（所得）與金融資源（資金），而且某部門資金的金融用途將與他部門資金的金融來源緊密相連。(圖 1-2) 係揭示封閉體系內各部門間資金流量關係的流程圖：

(1)體系的「有形資產」(tangible assets, T)分散於各部門的資產帳戶中($T = T_1 + T_2 + T_3 + T_4$)，形成各部門實體投資的來源。各部門爲了融通取得有形資產，除動用自有儲蓄外，尚需仰賴其他部門盈餘支出單位提供資金，透過部門間的資金流通而發生金融債權與債務關係，赤字支出單位金融債務淨增加等於盈餘支出單位金融資產淨增加。

(2)家計部門、製造業、政府部門及金融廠商在金融市場中兼具雙重身分，同爲資金需求與供給者。

(3)由金融廠商的財務報表觀之，其爲金融市場中最大資金供給者將

屬無庸置疑，除對製造業提供短期週轉資金及中長期資本放款(terms
or capital loan)外，尙對家計部門提供住宅抵押放款及融通財政需要，
而其資金來源分別來自其他部門存款與自身創造信用能力。在各種金融
廠商中，央行爲資金最後融通來源。實質部門透過金融廠商取得所需資
金，即爲「間接融資」(圖中的②③⑤皆屬之)。

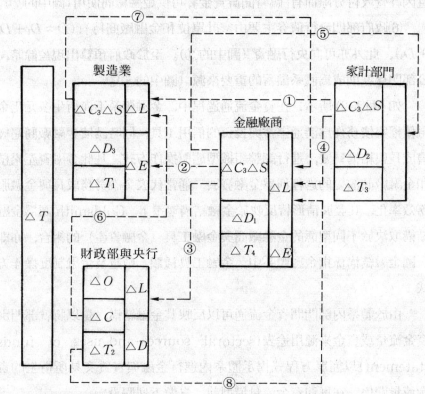

O：超額借貸額，L：負債

(圖 1-2)　資金流量與金融結構

　　(4)家庭或個人通常爲「盈餘支出單位」，如有儲蓄除存入銀行廠商外，
將投資股票 S、債券 D 或經由取得債權 C 方式形成資金供給，金額雖小
而集腋成裘結果遂爲金融市場重要資金來源。由家計部門直接對製造業

提供資金的方式，即爲「直接融資」（圖中的①屬之）。

(5)製造業通常爲「赤字支出單位」，投資需求經常超過自有儲蓄，從而須向其他部門週轉資金、向家計部門出售股權 E 或直接借貸、向金融廠商貸款或由政府部門取得「開發基金」（圖中之⑥）。此外，一般廠商亦是金融市場中另一重要資金供給者，其多年累積盈餘將爲儲蓄一環，且因經營收付分際而有「臨時閒置資金」，可供金融廠商使用（圖中的⑦）。

(6)政府部門發行債券主要由家計單位和金融廠商持有（$D = D_1 + D_2 + D_3$），此外亦可向央行融資（圖中的③）。至於政府預算出現盈餘時，公部門存款則成爲體系儲蓄的重要來源（圖中的⑧）。

如(圖 1-2)所示：在資金流通過程中，金融體系不僅衍生多元化金融債權與債務作爲溝通儲蓄與投資的信用工具，同時誘使金融廠商隨經濟成長與結構轉變，進行調整組織型態與操作方式。凡此金融資產累積和金融廠商演變的過程稱爲金融發展，通常代表金融勞務成長與金融服務效率化，其發展情形皆反映於金融結構變遷上。Goldsmith 認爲金融結構取決於不同型態的金融廠商與金融工具（金融資產）的組合，亦即一國金融結構係指金融體系中，金融工具種類、數量及金融制度操作方式。

由於體系內部門間資金流通可以反映其金融結構，是以將就部門別資金流量或資金來源用途表(sectoral sources-and-uses of funds statement)以簡單方程式揭示體系內進行金融與實質交易所衍生的資金流量關係。在推演資金流量模型前，先做下列假設：

(1)封閉體系分爲實質部門 n (包括製造業、家計部門和政府部門)與金融部門 f 兩個部門；

(2)當體系達成均衡時，資金借貸必然相等，資本形成總額必等於儲蓄總額；

(3)借款者即爲債務或證券發行者，放款者即爲債權或金融資產持有

者。

　　基於上述假設，體系內實質部門的資金用途等於資金來源：

$$k_n + l_n + p_n = S_n + b_n + q_n \tag{1.2}$$

k是資本支出，S是儲蓄，l是放款（取得新債權，如：債券或證券），b是借款（發行新債務），p是購買現有金融資產，q是出售現有金融資產。至於金融部門的資金用途等於資金來源：

$$k_f + l_f + p_f = S_f + b_f + q_f \tag{1.3}$$

　　將上述兩式加總整理，

$$(k_n + k_f - S_n - S_f) + (l_n + p_n - q_n)$$
$$= b_n + b_f - (l_f + p_f - q_f) \tag{1.4}$$

　　由於封閉體系內的資本形成總額等於儲蓄總額，$[k_n + k_f - (S_n + S_f)]$ 因而等於 0，

$$(l_n + p_n - q_n) + (l_f + p_f - q_f) = b_n + b_f \tag{1.5}$$

　　針對b_n和b_f兩項，再以部門間的關係細分：

$$(l_n + p_n - q_n) + (l_f + p_f - q_f)$$
$$= b_{nn} + b_{fn} + b_{nf} + b_{ff} \tag{1.6}$$

　　再就實際現象而言，隨著經濟體系日益開放，國際金融交易因素在資金流量帳中扮演的角色愈趨重要，是以將國外部門金融資產淨額引進 (1.6)式應是有其必要，亦即必須考慮國內持有外國發行債權數額與外國持有本國發行債務數額兩者的差額：（以o代表國外部門）

$$(l_n + p_n - q_n) + (l_f + p_f - q_f) + (l_o + p_o - q_o)$$
$$= b_{nn} + b_{fn} + b_{on} + b_{nf} + b_{ff} + b_{of} + b_{no} + b_{fo} + b_{oo} \tag{1.7}$$

　　假設國內實質及金融部門對國外部門提供資金的比重微不足道，同時忽略國外部門內部融資情況，(1.7)式即可簡化為：

$$(l_n + p_n - q_n) + (l_f + p_f - q_f) + (l_o + p_o - q_o)$$
$$= b_{nn} + b_{fn} + b_{on} + b_{nf} + b_{ff} + b_{of} \tag{1.8}$$

由上式將可揭示下列涵義：

(1)實質部門、金融部門和國外部門取得債權（或證券）淨額總和等於發行債券（或證券）淨額總和。

(2)體系內的資金融通方式可表爲：

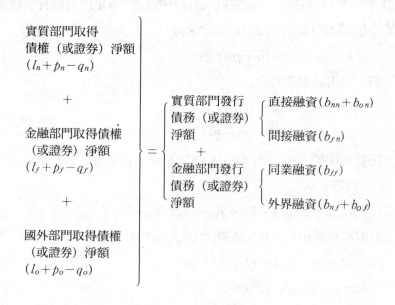

(3)實質部門募集資金方式有二：(ⅰ)實質部門內部的其他成員以購買同部門發行的債務（或證券）或直接貸放方式提供融資，其中亦包括國外部門直接提供資金（如：外人直接投資本國廠商）在內，凡此構成「直接融資」而爲$(b_{nn}+b_{on})$；(ⅱ)金融部門對實質部門貸款以提供資金，此「間接融資」項爲(b_{fn})。

(4)金融部門取得資金方式有二：(ⅰ)同業融資(inside finance)即央行對金融廠商融資及金融廠商間的同業往來，凡此屬於金融部門內部的層化現象而爲(b_{ff})；(ⅱ)外界融資(outside finance)主要係向本國實質部門吸收存款以供營運貸放，此外尙包括外資供應，此項爲$(b_{nf}+b_{of})$。

⑸由金融廠商的資產負債表變動結構可以瞭解金融體系內的資金流向，進而揭示下列重要現象：

（ⅰ）央行對金融廠商融資是否超額放款(overloan)，進而瞭解「金融赤字」(financial deficit)現象是否存在；

（ⅱ）在金融廠商間是否存在銀行流動性不平衡(imbalance of bank liquidity)現象？

（ⅲ）金融廠商在體系內各部門間的融資占有率有多大？

⑹爲明瞭製造業對金融部門的依賴程度，其融資來源可劃分爲「直接融資」和「間接融資」，由後者所占比重可以顯現金融部門扮演融通製造業角色的重要性，以及金融部門存在對廠商成長的貢獻。

總之，金融工具（債權與證券）累積及金融廠商中介地位皆與體系資金流通息息相關。某一特定期間的資金流量結構將反映於當時金融結構內涵，若欲徹底瞭解一國金融結構特質與轉變過程，最適當方法莫過於剖析體系內資金流量結構，此即貨幣銀行學所欲探討主題的重心所在。

§ 1.3.　貨幣銀行學架構

經濟理論是人們因應經濟問題發生而衍生的社會科學，而貨幣銀行學則屬經濟理論當中的一環，目的在於解決人們面臨貨幣出現後所發生的一系列金融問題。有鑑於此，若要瞭解貨幣銀行學架構，則事先需由瞭解經濟理論架構著手。（表 1-1）是在「價格機能」自由運作的資本主義制度下所顯現的完整經濟理論架構，以下將以此爲說明基礎。

經濟理論文獻的劃分標準不外乎依據「研究對象」與「研究方法」兩類。就前者而言，可分爲探討經濟成員最適決策行爲的「個體經濟學」，與探討體系循環與運作的「總體經濟學」。就後者而言，M. Friedman (1953)另外再分成「實證經濟學」(positive economics)與「規範經濟

學」(normative economics)兩類。「實證經濟學」首先提出臆說 (hypothesis)，然後由建立假設出發，佐以嚴謹的邏輯推理，從而獲得理論結果。理論乃是基於事實推演所獲的一般化或抽象化結論，推理過程中並未涉及先驗的價值判斷(value judgement)。至於「規範經濟學」係在既定的價值標準下，探討經濟現象的因果關係(causality)，進而建立人們應該操作的模式，以增進福利水準。

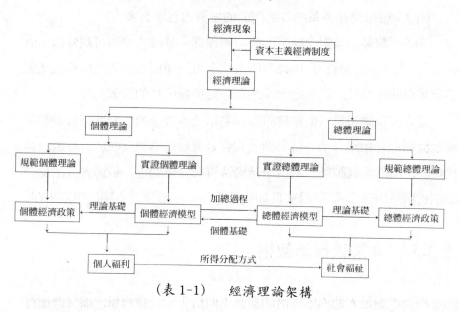

(表 1-1)　　經濟理論架構

　　基於上述分類方式，接續說明個體與總體理論間的差異性。就實證經濟學而言，個體理論探討消費者與廠商等個別成員的決策行為，基本前提是資源具有「稀少性」(scarcity)，人們將在稀少資源限制下，進行最適選擇決策。由於消費者與廠商兩者的自利行為基本上係屬水火不容，必須仰賴價格機能予以協調，故又稱為「價格理論」(price theory)。至於總體理論係探討總體經濟活動運作方式與決策當局施行「權衡性政策」(discretionary policy)的效果，基本前提是體系在短期並非充分就業，顯示資源並不匱乏，決策當局為求物盡其用，則須採取各類政策工具調

節。由於該類理論分析的對象，如：國民所得、物價、利率、匯率與失業率等變數均與國民所得變動息息相關，故又稱爲「所得理論」(income theory)。

在實證經濟學中，學者率先觀察實際現象，歸納其中相似之處並加分類，目的旨在便於串連經過分類的事實而可突顯當中特性。接著，針對不同問題或現象，給予不同假設以簡化推理或分析。最後，再利用設定的公理或假設，藉圖形、數學與文字等分析工具進行邏輯推理，以獲得有關經濟現象的一般化與抽象化理論。在（表 1-1）中，一般稱傳統而曾發揮影響力的論證爲「理論」，而稱新出爐的論證爲「模型」。至於在規範經濟學中，決策當局基於某項理念，對特殊產業（如：金融業或國營事業）及廠商進行管制或政策調節（產業政策、租稅或補貼政策），以達成既定目標(如：追求資源合理或有效率的配置)，從而形成個體經濟政策。另外，決策當局由追求社會福祉最大著眼，採取貨幣或財政政策影響經濟活動，以達成穩定物價、經濟成長與充分就業的目標。值得注意者：不論何種經濟政策均須以經濟理論爲基石，否則漫無章法，決策當局勢必無法解決問題。

總體經濟活動是反映人們參與經濟活動的總合結果，惟有預先掌握個別成員的最適化行爲，方能眞正明瞭總體行爲變遷。至於兩者差異之處在於分析對象的「加總」(aggregation)程度，個體變數是總體變數的組成因素，後者是前者的平均值或加總值。在研究方法上，分析個體變數時，必須維持總體變數（或平均值）固定；分析總體變數時，必須假設組成的個體變數結構相同。事實上，個體理論將是研究總體理論的基礎，此即「總體經濟學的個體基礎」(microfoundation of macroeconomics)。應用上述理論架構的分析方式，本書將藉由（表 1-2）內容說明貨幣銀行學架構如下：

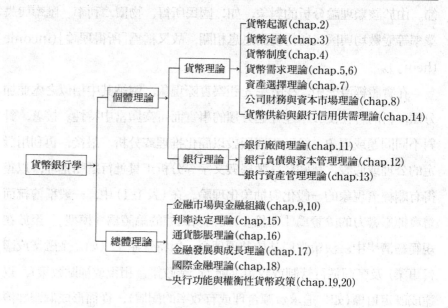

（表 1-2） 貨幣銀行學架構

　　誠如前面所述，貨幣銀行學基本上是屬於總體經濟學的一環，而且係專就體系內金融部門組成內容與運作方式進行探討。有鑑於此，貨幣銀行學亦可類似總體經濟學處理方式，將內容劃分成「個體理論」與「總體理論」兩部份，前者將是後者的「個體基礎」。就「個體理論」部份而言，貨幣銀行學又由「貨幣理論」（monetary theory）與「銀行理論」（banking theory）兩者構成：

㈠ 「貨幣理論」

　　「貨幣理論」探討主題在於釐清「貨幣」與「資產」間的關係，進而演繹經濟成員保有或發行「貨幣」與「資產」的最適化行為。本書第二章率先追究「貨幣起源」與經濟結構關聯的來龍去脈，進而分別說明貨幣在體系內扮演的功能內涵。隨著貨幣出現與廣泛使用，「物物交換體系」逐漸蛻變成「貨幣經濟」，發行貨幣或資產的金融廠商日益增多，而

在彼此競爭趨於白熱化與「金融創新」(financial innovation)導引下，「貨幣」與「資產」間的差異性漸趨模糊，「貨幣定義」(definition of money)問題遂成貨幣理論文獻重心，第三章係就「貨幣定義」內容做一探討。由於體系內貨幣或近似貨幣(near money)種類繁多，其發行方式與彼此關係須做適當規範，是以第四章將說明貨幣制度(monetary system)發展沿革及其發揮之經濟效果。

　　瞭解貨幣本質與定義後，第五章接續介紹貨幣需求文獻發展過程，第六章推演交易性與預防性貨幣需求理論的個體基礎，第七章再介紹人們如何選擇最適資產組合，凡此三章旨在尋求體系內貨幣與各種生息資產需求函數的決定。另外，第八章將介紹廠商如何選擇最適財務結構的「公司財務」(corporate finance)理論，進而推演體系內各種生息資產供給函數。由於生息資產供需函數結合將可決定資本市場均衡，本章將繼續探討相關的「資本市場理論」(capital market theory)內容。最後，「貨幣」是具有「交易媒介」(media of exchange)特質的資產，其供給過程較具特殊性，第十四章將另行深入探討。同時，銀行廠商經由貸放資金過程而創造「銀行信用」，本章將就其供需函數如何決定做一探討。由於「銀行信用」屬於特殊的金融產品，「信用分配」(credit rationing)現象屢見不鮮，本章同時深入探討該現象存在的癥結。

㈡「銀行理論」

　　在貨幣經濟體系中，銀行廠商扮演「受信」(吸收資金)與「授信」(貸放資金)雙重角色而影響經濟活動至鉅。有鑑於此，本書第十一章將說明銀行廠商功能與決策過程，檢討「銀行產出」衡量方式與生產狀況，同時探討銀行產業組織與銀行廠商成長方式，進而說明「金融預警制度」內容。銀行廠商的主要業務是募集資金(受信)進行放款(授信)，是以第十二章將應用第八章的「財務理論」，探討銀行廠商的資金來源及

如何訂定存款利率。此外，本章接續探討「銀行資本適足性」(bank capital adequacy)與「最適負債組合」的決定，同時說明存款保險制度內容與費率如何決定。最後，第十三章將應用第七章的「資產選擇理論」推演銀行廠商選擇資產組合內容，同時說明各種放款理論的內容。

　　除開上述有關貨幣銀行學的「個體基礎」外，其「總體理論」部份可分述於下：

　　本書第九章與第十章將說明經濟體系的融資方式及其福利效果，進而探討國內地下金融組織、銀行廠商類型、非銀行金融廠商類型以及各種金融市場狀況。接著，第十五章將說明「利率決定理論」類型及彼此的相通性，同時闡明「黑市」與「官方」利率間的關係以及各種「利率期限結構理論」(terms structure of interest rate theory)內容。第十六章將說明通貨膨脹理論內涵，其中包括通貨膨脹類型、最適貨幣數量與通貨膨脹稅(inflationary tax)的決定，以及 Phillips 曲線理論文獻發展過程，同時討論「所得政策」(income policy)的內涵。第十七章接續說明貨幣出現如何影響經濟成長軌跡，以及貨幣對落後國家推動經濟發展的貢獻，進而說明「金融自由化」(financial liberalization)的原因與歷程。第十八章說明貨幣在開放體系中扮演的角色，探討現貨與期貨匯率如何決定，進而探討體系發生失衡的調整方式與政策搭配方式。

　　本書第十九章率先說明央行出現的理論基礎及在體系內扮演角色，隨後再探討貨幣政策的傳遞過程(transmission process)、最適貨幣指標(monetary indicator)選擇及詮釋「權衡」(discretion)與「法則」(rule)間的爭論。第二十章則逐項說明權衡性貨幣政策工具類型及其變動造成的影響。

〔本章重要參考文獻〕

1. 辜婉芳：〈經濟發展中金融結構之研究：理論部份〉，台北市銀月刊，十四卷一期，民國七十二年，pp.1-20。

2. 謝德宗：《總體經濟學》，上冊，第一章及二章，華泰圖書公司，民國七十八年。

3. Bain, A. D., *Flow of Funds Analysis: A Survey*, EJ, 1973, pp.1055-1093.

4. Coghlan, R., *The Theory of Money and Finance*, Chap.6, Macmillan Press, 1980.

5. Cohen, J., *The Flow of Funds in Theory and Practice: A Flow-Constrained Approach to Monetary Theory and Policy*, Kluwer Academic Publishers, 1987.

6. Friedman, M., *The Methodology of Positive Economics*, in Essays in Positive Economics, Chicago: The University of Chicago Press, 1953, pp.3-43.

7. Goldsmith, W. R., *Financial Structure and Development*, New Haven: Yale University Press, 1969.

第二章　貨幣起源與功能

　　當今人們得以分享經濟發展喜悅，追根究底應歸功於三大因素：(1)高度分工與專業化，(2)大規模生產的經濟，及(3)高效率的交易制度，三者是息息相關、相輔相成的。其中，人們使用貨幣協助交易順利進行，以及日後貨幣型態的千變萬化莫不淵源於三者進化的速度。

　　人們使用貨幣交易的歷史淵遠流長，但是直至希臘學者 Plato 及 Aristotle 在其著作中方才正式涉及檢討貨幣發明的意義，同時率先列舉貨幣的「功能」(functions)或「特性」(characteristics)，因而成為日後貨幣理論文獻詮釋「貨幣起源」與「需求動機」的圭臬。不過大部份文獻通常著眼於貨幣在體系內實際發揮的效果，隨即推論貨幣事前出現的原因，往往忽略「貨幣起源」與「經濟結構」間的關聯性，致使眾說紛紜莫衷一是。

　　本章首先說明經濟發展過程與貨幣起源的關係，同時陳述貨幣扮演功能出現的環境。其次，將推演 Jones(1976)模型內涵，用於說明體系內出現「交易媒介」的條件。接著，再以 Hicks 的〈複式三分〉(two triads)概念整合「貨幣功能」與「貨幣需求動機」實際上是相互呼應的。最後，將由供需觀點說明貨幣扮演「交易媒介」角色的特質。

§ 2.1.　經濟發展過程與貨幣功能

　　人類由「物物交換」時代，邁入視日常使用貨幣交易為當然的階段，而今又嘗試朝無貨幣境界邁進，此種「由無至有，由有歸無」的迂迴歷

程，實際上是與經濟發展（或經濟結構變遷）心手相連。若欲瞭解「貨幣起源」及「貨幣功能」的來龍去脈，惟有從經濟結構進化著手談起。以下將藉用(表 2-1)的流程圖說明每一經濟發展階段將會產生或者需要發揮何種貨幣功能，進而論及貨幣出現的可能性。

遠在盤古開天闢地後的伊甸樂園(Paradise)中，經濟體系屬於「自給自足式」社會(autarkic system)，亞當(Adam)從事任何生產目的均在滿足本身最終需求，中介性事物絲毫不具任何價值。至於上帝賦予亞當的資源（時間）將分配於「勞動」與「休閒」，終日辛勞僅在企求溫飽，此時「交換活動」及「交易媒介」當無存在必要。接著，上帝憐憫亞當獨居索然孤寂，賜與夏娃(Eve)陪伴，單人社會因而轉型為雙人社會，原有「生產」與「消費」合一型態現象自此發生歧異。由於亞當與夏娃各有專長，進行生產獨具「比較利益」(comparative advantage)之處，致使「分工」與「專業化」生產現象因而逐漸浮現。雖然個人僅生產全部需求中的一部份，不足者須向外求援而有交換行為，但因兩人協調容易而且耗時有限，「貨幣」仍無出現的客觀環境。不過當社會邁入「分工」與「專業化」生產境界後，人們因生產效率遞增而擴大生產，福祉必然隨之上升。

爾後，夏娃與亞當為蛇誘惑，因觸犯原罪而被逐出伊甸園，自此浪跡天涯繁衍子孫。若是眾多後裔共組的社會能夠出現全能「中央集權」或成立完善的類似「合作社組織」，則在規劃良好的「計劃經濟」(planned economy)運作下，依據社會成員意願與統籌規劃資源生產、消費及分配活動，竭力邁向「人盡其材，物盡其用，貨暢其流」的大同世界之際，成員間的交換行為將無必要性，「交易媒介」出現仍屬多餘。不過「人多心異」甚難妥協，一旦體系內經濟活動採取「分權制」(decentralization)，各憑己意埋頭生產，則在每人對各類商品出現超額盈絀下，勢必和他人交換商品重新分配資源，經濟社會型態此後將踏入「交換經濟」

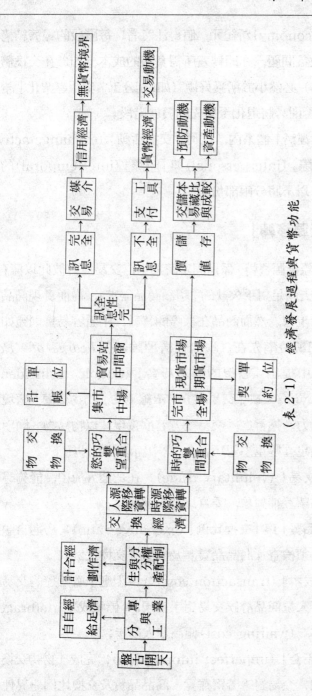

（表 2-1）　經濟發展過程與貨幣功能

(exchange economy)新紀元。值得注意者：每階段的經濟結構轉變必然涉及成本效益問題，亦即轉變所需負擔的成本（如：在交換體系中須負擔交易成本）必然小於所獲好處（如：「分工」與「專業化」帶來生產效率提昇），否則勢將退化至原先的發展階段。

在「交換經濟」體系內，任何「交換活動」(exchange activity)實際上涵蓋「人際」(interpersonal)與「時際」(intertemporal)的資源移轉兩個層面。以下將分兩部份說明：

㈠「人際資源移轉」

所謂「人際資源移轉」係指固定時點上，交易雙方彼此以擁有的「超額商品供給」去滿足對手欠缺的「超額商品需求」，從而實現商品在人際間重新配置的現象。然而商品在人際間移轉，乍看容易實則宛如攀登蜀道。Jevons(1875)率先在《政治經濟理論》(*Theory of Political Economy*)書中提出「慾望的雙重巧合」(double coincidence of wants)概念，認爲欠缺「交易媒介」牽線下的「物物交換」窘境將是貨幣起源的原動力。換言之，交易雙方若欲實現「以物易物」願望，其先決條件即須滿足「雙重慾望巧合」，當中涵義可引伸如下：

(1)「自願交易」(voluntary trade)：在茫茫人海中，能夠尋得願意互換物品的慾望互補對象，委實比登天還難；

(2)「商品品質」與「交換比例」(exchange ratio)：巧遇自願交易對象後，隨後必須檢查「商品品質」及商議「交換比例」；

(3)「交易成本」(transaction cost)：爲因應千載難逢的交易機會，人們必須儲存大量商品靜候交易對手出現，「儲藏成本」(storage cost)及「等待成本」(waiting cost)偏高讓人卻步；

(4)「訊息不全」(imperfect information)：完成「物物交換」所需資訊匱乏，如：交易對手芳蹤難覓、商品品質及交換比例變異性過大，

致使人們在不確定環境下，若非退而自給自足，即是付出昂貴「訊息成本」(information cost)實現交易。

綜觀上述令人們情投意合的條件顯示：完成「物物交換」活動實是耗時頗鉅的漫長過程。「物物交換」雖如蜀道難行，然而經濟發展至此階段亦只有奮力向前，故在減輕「交易成本」及「訊息成本」壓力驅使下，社會賢達名望人士因而出面成立「交易站」(trading post)或「中間商」(dealer)，提供散居四方的人們能有集中交易場所，如：臺灣北港、北斗等地的「牛墟」，加速實現「情投意合」條件。

假設所有成員均在前述古典學派的「Walras集中市場」上以物易物，同時市場存在中立的「拍賣者」(auctioneer)負責以價格調整來搭配供需意願，並要求人們嚴守各自擁有的資源，則人際間資源移轉有如人們與一巨型電腦間的「零和」交易，「物物交換」經過拍賣者撮合將可瞬間完成，「交易媒介」仍無出現機會。值得注意者：在古典 Walras 體系中，「拍賣者」為了提昇交易效率，降低計算複雜「交換比例矩陣」(exchange ratio matrix)的「記帳成本」(accounting cost)，往往在眾多商品中擇一充做抽象的「計帳單位」(unit of account, numeraire)，簡化人們換算商品交換比例的過程。

就實際現象而言，人們雖然群集市場交易，但是「集中市場」上顯然欠缺眾生盼望的「拍賣者」，致使搜尋慾望互補的交易對象仍須持續進行。假設體系內普遍生產及消費若干種商品，可想見買賣此類商品者必多，成交機會相對提昇。在減輕「尋覓成本」(searching cost)誘因下，人們逐漸學習接受該類商品為「中間媒介物」(intermediary goods)，先以有餘財貨換進，再用於交換所缺商品，雖然交易步驟趨於迂迴，但因可交易對象擴大而在成交機率上獲得充分補償。如此一則可縮短找到交易對象時間，二則也較易達成交換價格共識，「交易媒介」於焉產生。

值得注意者：「交易媒介」出現並不等於「貨幣」產生，理由是：「中

間媒介物」僅適用於某些交易過程，一旦交易對象或地區更換時，交易雙方又可能改用其他商品做為「交易媒介」。換言之，「貨幣」係指某種「中間媒介物」在任何交易活動中能為人們廣泛接受與利用者，而非侷限於某些特定交易過程上。有鑑於此，Chick(1978)因而深入詮釋「貨幣具備廣為大眾接受特質」的理由有二：

(1)「技術性」與「客觀性」：貨幣本身具備某些可信賴而不變的特性，進而促使交易成本中檢驗品質及防備耗損部份趨於極小，此即「信用經濟體系」中盛行「支票」或「信用卡」(credit card)的理由之一；

(2)「經濟性」與「主觀性」：以交易對象信用來評估其出示「交易媒介」的可接受度，這種信任度在幅員廣大人際生疏的社會中對選擇交易媒介將有決定性影響。

在交易訊息不全的社會中，為了防範對方詐欺引發的「交易風險」，人們不再以技術性的交易成本高低來區分交易媒介，而改用交易媒介的「償付性」做為接受或拒絕的準則，在極端情況下，只有同時作為「支付工具」(means of payment)的交易媒介才會被接受。依照 Shackle (1967)的定義，「支付工具」不同於「交易媒介」，前者的轉手代表交易雙方的債權與債務關係完全解決，彼此再無瓜葛，從而履行文獻上所謂的「等值互償」(Quid Pro Quo)條款；至於後者的轉手可能僅代表債權債務形成的轉換或延遲，如：以「遠期支票」購貨將代表雙方在未來尚需另外進行償兌行為，才能終結彼此因交易而產生的關係，是以「遠期支票」僅為「交易媒介」而非「支付工具」。總之，社會上若嚴重缺乏人際間的瞭解與信任，大部分信用工具將因欠缺償付性而喪失廣被接受條件與交易媒介功能；反之，君子之邦只需會計登錄而信守不渝，則「等值互償」條件對交易雙方重要性顯然大為下降，「信用經濟」自有建立的可能性。

最後，體系內惟有提供效用的實質商品或勞務方才具有完全的償付

性；但若人們信任政府的「誠信」本質，貨幣在政府「法償」(legal tender)為後盾下，無遜於商品貨幣(commodity money)的償付性。若再考慮貨幣易於攜帶、辨認等其他特性的烘托，當不難成為多數交易活動所選擇的唯一媒介，Clower(1969)所稱的「貨幣經濟」就此建立。不過一旦人們因戰爭、政治腐化或惡性通貨膨脹(hyperinflation)而對政府失去信心，勢必轉而尋求商品貨幣做為交易媒介，更甚者導致整個貨幣制度崩潰，如：二次大戰後中、德兩國分別爆發「惡性通貨膨脹」，致使交易制度在某一段期間內退化回原始「物物交換」，將值得引為借鏡。

㈡「時際資源移轉」

所謂「時際資源移轉」係指交易雙方在不同時點交換不同的商品，亦即資源在相異的「人」與「時」際間重新配置的現象。由前面分析可知：「人際資源移轉」已屬困難重重，一旦再涉及「時間因素」後，若要實現「時際資源移轉」除需仰賴雙方情投意合的慾望互補外，尚需附加「時間雙重巧合」(double coincidence of time)條件方能奏功。一旦這些複雜條件均獲滿足，「物物交換」自然可行。

然而誠如前述分析指出：「人際資源移轉」令人焦頭爛額，引入「時間因素」將使交易成功機會更趨渺茫。有鑑於此，為提昇交易機率及降低成本，社會賢達人士逐漸著手建立涵蓋「現貨市場」(spot market)及「期貨市場」(forward market)在內的Arrow-Debreu型態的「完全市場」(complete markets)。交易雙方在此市場面臨來自時間因素的窒礙作用將全被沖銷，人們預擬進行的目前與未來交易決策，都在瞬間與一架較前述更為巨型的電腦清算完畢，「交易媒介」仍無存在的必要性。不過正如在「Walras集中市場」進行「人際資源移轉」的狀況一樣，為能提昇「Arrow-Debreu完全市場」的交易效率，簡化目前與未來商品交換比例的計算方式勢在必行，故在市場上自然出現類似「記帳單位」象

徵性功能的「契約單位」(unit of contract)。「契約單位」旨在衡量跨時商品的價值，由於涉及不同時點價值的比較與同時充當償付工具，故又賦予「延遲支付工具」(means of deferred payment)的功能。

最後，就實際現象而言，「Arrow-Debreu完全市場」並非處處可尋，目前與未來商品供需一旦無法壓縮於同一時點，則須於不同時點進行交換，顯示「時間雙重巧合」將是「時際資源移轉」實現與否的致命障礙。假設體系內有若干商品隨時容易尋得買主或賣主，人們基於長期累積的經驗，自會逐漸引為「交易媒介」，先以過剩商品供給換進，俟機在未來用於換取未足之需求。此時「交易媒介」不僅是要克服「慾望雙重巧合」條件，更在於扮演「價值儲存」(store of value)角色，消弭人們「收付分際」(nonsychronization)衍生的「時間雙重巧合」條件。

§2.2. 貨幣起源的模型

由前節對經濟結構與貨幣功能關聯性的說明可知：決定「交易媒介」是否出現的因素有二：(1)「交易成本」：以 Niehans(1978)為首的學者強調，為求減輕「物物交換」體系下必須擔負的「尋找」、「等待」、「儲藏」等交易成本，凡是交易過程中付出較低成本的商品自然成為眾人矚目焦點而演變成「交易媒介」；(2)「訊息成本」：以 Brunner 與 Meltzer (1971)領銜的學者主張，「訊息不全」導致社會充塞著不確定性，釀成商品品質及交換比例變異性擴大，嚴重損及人們預期效用。貨幣出現乃在取代「投資於獲取資訊」的資源，降低從事交易所需擔負的「訊息成本」。

有鑑於「交易成本」與「訊息成本」對「貨幣起源」具有決定性影響，Jones(1976)率先設立模型推演「貨幣起源」條件。首先就模型假設分述於後：

(1)社區內群居 A 個人，每人擁有一種商品，但對 n 種商品產生需求。

由於「訊息不全」致使人們需經「尋覓過程」與他人達成共識，方能實現互換商品願望。

(2)群居者中有A_i人擁有第i種商品，一旦商品交換比例調整至均衡後，同時亦有A_i人需要該商品。換言之，社區內第i種商品供需占全部商品供需比例爲$P_i = A_i/A$。

(3)人們須經漫長「尋覓過程」，方能巧遇情投意合的交易對象。一旦每次尋覓耗時均勻，人們追求完成「物物交換」所需成本最小，將相當於追求尋覓次數最小。

基於上述假設，擁有i、j商品者彼此欲與對方互換，則須負擔的「預期尋覓成本」$E(S_1)$將是：（每次尋覓耗時若爲 1 分鐘）

$$E(S_1) = 1 \cdot (P_iP_j) + 2(1-P_iP_j)(P_iP_j) + 3(1-P_iP_j)^2(P_iP_j) + \cdots + (N+1)(1-P_iP_j)^n(P_iP_j)$$

$$= (P_iP_j)\{1 + 2(1-P_iP_j) + 3(1-P_iP_j)^2 + \cdots + (N+1)(1-P_iP_j)^n\} \quad (2.1)$$

$P_j = \dfrac{A_j}{A}$是社區內j商品的比例。令(2.1)式右邊第二項爲D：

$$D = 1 + 2(1-P_iP_j) + 3(1-P_iP_j)^2 + \cdots + (N+1)(1-P_iP_j)^n \quad (2.2)$$

將上式兩邊分乘$(1-P_iP_j)$，並就結果與(2.2)式相減：

$$(P_iP_j)D = 1 + (1-P_iP_j) + (1-P_iP_j)^2 + \cdots + (1-P_iP_j)^n - (N+1)(1-P_iP_j)^{n+1} \quad (2.3)$$

當N趨近於無窮大時，上式中的$(1-P_iP_j)^{n+1}$趨近於零而可忽略，經整理可得下列結果：

$$D = (1/P_iP_j)^2$$

再將D代回(2.1)式，i、j商品擁有者若彼此互換商品，所需負擔的「預期尋覓成本」將是兩種商品所占比例乘積的倒數：

$$E(S_1) = \frac{1}{P_i P_j} \tag{2.4}$$

其次，當人們從事「直接交易」(direct barter)活動，在盼望無需假借外力而能直接交易的尋覓過程中，往往察覺某些商品經常浮現眼前，從而嘗試改採迂迴「間接交易」方式，借助「媒介物品」加速實現最終交易行為，此時負擔「預期尋覓成本」將是：

$$E(S_2) = \frac{1}{P_i P_k} + \frac{1}{P_k P_j} \tag{2.5}$$

$P_k = \dfrac{A_k}{A}$ 是社區內 k 物品比例。在此，人們將評估(2.4)及(2.5)兩式的成本大小 $E(S_1) \gtrless E(S_2)$ 後，再判斷採何種交易方式較為有利：

$$\frac{1}{P_i P_j} \gtrless \frac{1}{P_i P_k} + \frac{1}{P_k P_j}$$

$$P_k \gtrless P_i + P_j \tag{2.6}$$

當人們選做「媒介物品」比例 P_k 超越意欲互換商品比例和 $[P_i + P_j]$ 時，顯示 k 物品數量豐富，在社區的供需意願較強，故以此為「交易媒介」有益於節省「尋覓成本」而宜採「間接交易」方式。反之，意欲互換商品比例之和一旦超越選做「媒介物品」的比例時，顯示 k 物品數量稀少，在社區的供需意願薄弱，若是充當「交易媒介」徒增「尋覓成本」，故宜回歸「直接交易」方式。換言之，縱然「交易媒介」在某些交易過程中現形，亦不代表社區自此全然邁入「間接交易」時代，「直接交易」仍可能盛行於其他交易行為上。

一旦人們逐漸熟悉「間接交易」方式後，將在眾多「媒介物品」中挑選能使各種交易活動負擔的尋覓成本最低者，經由形成共識而為大眾廣泛接受，所謂「貨幣」自此誕生。值得注意者：在簡單經濟體系中，除非「交易媒介」使用受到特定限制，否則僅會出現單一貨幣，同時出現各種貨幣在市面交易流通將屬缺乏效率。此種現象的另一層意義是：

人們採取迂迴交易方式後，僅會涉及「二階段間接交易」而已，三階段以上的間接交易將是勞民傷財而不適於採行。

接著，人們面對每次交易活動，除負擔上述「尋覓成本」外，尚須考慮檢驗商品品質的「檢驗成本」(inspection cost)，此係構成「交易成本」的一環。就實際現象而言，人們互換商品前，往往挑三撿四瞭解商品有無瑕疵，此即意謂著必須承擔固定「檢驗成本」($0<b<1$)後，交易活動方能進入狀況。換言之，交易雙方均需負擔「檢驗成本」與「尋覓成本」後，才能實現交易行為，是以「貨幣起源」條件將修正為：

$$\frac{1}{P_iP_j}+2b>\frac{1}{P_iP_m}+\frac{1}{P_mP_j}+4b \qquad (2.7)$$

$P_m=\dfrac{A_m}{A}$是中選為「交易媒介」或「貨幣」的商品比例。將上式重加整理，可得「貨幣起源」條件如下：

$$P_m>\frac{P_i+P_j}{1-2bP_iP_j} \qquad (2.8)$$

上式顯示：考慮交易成本（檢驗成本）存在後，「貨幣起源」條件將較前述嚴苛。此外，各類商品檢驗成本通常各有不同，(2.7)式將再修正成：

$$\frac{1}{P_iP_j}+b_i+b_j>\{\frac{1}{P_iP_m}+b_i+b_m\}+\{\frac{1}{P_mP_j}+b_m+b_j\} \qquad (2.9)$$

b_i、b_j分別是i、j商品檢驗成本，而貨幣檢驗成本b_m將被選定為較任何商品為低。值得注意者：人們若是面對確定交易對手，在交易過程中僅需負擔「檢驗成本」而無「尋覓成本」時，上式立即變為$2b_m>0$，「貨幣起源」將會中道夭折。總之，Jones 模型指出：「訊息不全」釀成「尋覓成本」存在，將是「貨幣起源」的必要而非充分條件；至於「交易成本」存在僅能迫使「貨幣起源」趨於困難而已，並非充分或必要條件。

§ 2.3. 「複式三分」

　　Hicks(1967)在〈複式三分〉文獻中，指出貨幣理論上出現兩組「三位一體」的「功能」或「動機」，分別詮釋社會或個人使用及保有貨幣的理由。深入瞭解當中內涵後，Hicks 認為兩者關聯性恰如(表 2-2)所示，息息相關、形影不離。不過「複式三分」彼此間雖有親密關係，但也絕非相輔相成，仍有其相互衝突矛盾之處。以下將就 (表 2-2) 再配合 (表 2-3) 內容，分別說明「複式三分」的內涵：

觀點 項目	總　體　觀　點	個　體　觀　點
1.原始功能	(a)交易媒介 (b)記帳單位	(a)交易動機 　　(所得與營業動機)
2.衍生功能	(c)價值儲藏 　　(契約單位)	(b)預防動機 (c)投機動機
3.學　　派	古典學派	Keynes 學派

(表 2-2) 「複式三分」的關聯性

時間 特質	無　時　間　性	時　　間　　性
實體功能	1.交易媒介或支付工具 2.無代替品 3.貨幣的主要特質	1.價值儲藏或暫時購買力儲藏處 2.有眾多代替品
抽象功能	1.計價單位 2.有代替品	1.契約單位或延遲支付工具 2.有代替品 3.價值穩定是先決條件

(表 2-3) 貨幣功能的特質

㈠「交易媒介」

由古典學派的總體觀點而言，貨幣提供的最原始功能(primary function)即是充當「交易媒介」，而在間接交易過程中必須要有物品移轉，是以又屬於「實體功能」(concrete function)之一。另由 Keynes (1936)的個體觀點來看，貨幣能夠紓解「收付分際」的困擾，是以家計部門會有「所得動機」(income motive)與廠商會有「營業動機」(business motive)的交易性貨幣需求產生。

隨著「交易媒介」出現，體系內商品市場規模與交易量亦日漸擴大，更加速經濟體系貨幣化(monetization)，多數交易行為均需借助「貨幣」方能順利實現。不過原有的物物交換並不消失無蹤，端視人們負擔的交易成本大小而定。另外，人們為求交易而保有「交易媒介」，將無代替品足以取代貨幣，充分符合前節 Jones 模型指稱「貨幣」或「交易媒介」將有單一化趨勢，何種物品能提供最低「訊息」及「交易」成本，必可脫穎而出成為「貨幣」。就實際狀況而言：交易環境與制度通常侷限貨幣使用範圍，不同貨幣用於交易時各有比較利益或成本，致使「交易媒介」反呈多元化趨勢，以滿足人們的最適選擇。

㈡「記帳單位」

依據第一節說明，「記帳單位」或「價值衡量標準」的起源早於「交易媒介」的出現，兩者並無合為一致的必然性。不過當某項商品入選為交易媒介後，附帶的亦可賦予衡量商品價值的角色。基於此項功能係屬主觀認定而毋須有具體商品存在，故屬於「抽象功能」(abstract function)。

物物交換體系若無「計帳單位」來衡量商品價值，在交易過程中勢必面臨繁瑣的「交換比例矩陣」，N 種物品的單向交換比例將會出現 N

$(N-1)/2$ 種:

$$[\pi_{ij}]=\begin{bmatrix} \pi_{11} & \pi_{12} & \cdots & \pi_{1n} \\ \pi_{21} & \pi_{22} & \cdots & \pi_{2n} \\ \vdots & \vdots & & \vdots \\ \pi_{n1} & \pi_{n2} & \cdots & \pi_{nn} \end{bmatrix}$$

π_{ij}是i與j商品間的交換比例，$\pi_{ji}=(\pi_{ij})^{-1}$。由於物物交換體系可採商品直接互換，或透過「媒介物品」迂迴換得，故如 (表 2-4) 所示：人們欲以第三種物品交換第二種物品，可直接互換 $\left[\dfrac{商品\,3}{商品\,2}\right]$，或經由第一種商品媒介迂迴交換：

$$\left[\frac{商品\,3}{商品\,1}\right]\cdot\left[\frac{商品\,1}{商品\,2}\right]\rightarrow\left[\frac{商品\,3}{商品\,2}\right]$$
$$(\pi_{31}^{0})\qquad\quad(\pi_{12}^{0})\qquad\quad(\pi_{32}^{0})$$

由該表的商品交換比例顯示：人們採「間接交易」將較「直接交易」有利，進而引發「套利過程」(arbitrage process)：

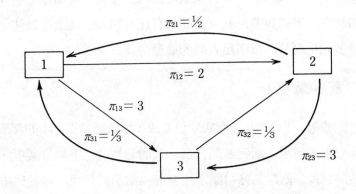

(表 2-4)　無「計帳單位」下的套利過程

$$\left[\frac{1}{3}\right]\frac{\text{商品 3（麥）}}{\text{商品 1（蛋）}} \cdot \left[\frac{2}{1}\right]\frac{\text{商品 1（蛋）}}{\text{商品 2（米）}} > \left[\frac{1}{3}\right]\frac{\text{商品 3（麥）}}{\text{商品 2（米）}}$$

$$(\pi_{31}^0) \qquad\quad \cdot \qquad\quad (\pi_{12}^0) \qquad > \qquad (\pi_{32}^0)$$

　　上述例子中，人們可採「直接」與「間接」交易並用方式進行套利：
(1)經由「直接交易」允諾供應 1/3 公斤的麥（商品 3）換取 1 公斤的米（商品 1）；(2)再「間接交易」承諾用 1 公斤米換取 2/3 公斤的麥，其中人們以 1/3 公斤麥支付「直接交易」債務，剩餘 1/3 公斤麥成爲「套利利潤」。當人們獲知該項套利可能性後，勢必紛紛加入與對方簽定套利合約，若無「交易成本」負擔狀況下，自然加速直接與間接交易比例收歛一致，結果獲得「套利均衡」(arbitrage equilibrium)爲：

$$\frac{1}{3}\left[\frac{\text{商品 3}}{\text{商品 1}}\right] \cdot 2\left[\frac{\text{商品 1}}{\text{商品 2}}\right] = \frac{2}{3}\left[\frac{\text{商品 3}}{\text{商品 2}}\right]$$

　　一旦人們同意採取某物品爲「一般化記帳單位」(general accounting unit)，上述「間接」與「直接」交易衍生之套利問題自然消逝無蹤，所有參與者僅知體系內剩下「計帳單位」物品的「宣告價格」(annouced price)爲 1，及其他交換比例 $(N-1)$ 種，充分簡化先前複雜的 $N(N-1)/2$ 種。Laughlin(1903)在《經濟學原理》(*Principles*)書中指出，貨幣起源發展程序可能是某項交易物品(traded goods)初期被用爲「計價單位」，稍後再逐漸廣泛接受爲「交易媒介」。

　　由（表 2-3）內容可知：貨幣扮演「交易媒介」及「記帳單位」兩項角色時，均屬瞬間完成，理論上均無須具備任何價值。不過隨著經濟發展演進，市場組織日益發達，傳統「間歇性」(discret)市場逐漸定型成「持續性」市場，人們出售商品或勞務所獲價值，在未處分前可託付於「交易媒介」上，致使「交易媒介」亦將出現保值功能。如此一來，「記帳單位」已兼具「契約單位」性質，「交易媒介」是否須與「記帳單位」合而爲一，將視獲選「交易媒介」的商品價值是否穩定而定。一旦交易

媒介供給不穩定，或貨幣購買力在通貨膨脹中波動劇烈，人們寧可以價值穩定的商品充做「記帳單位」，再以貨幣充做支付工具。因此，商品價值若以交易媒介衡量，則稱爲「絕對價格」(absolute price)；若以記帳單位衡量，將是「記帳價格」(accounting price)。惟有交易媒介與記帳單位合爲一體時，兩種價格才會相同。

(三) 「價值儲藏」

在物物交換社會中，人們出售（購買）商品，目的在於購買（出售）商品，買賣行爲均屬同時發生。自從貨幣誕生後，買賣一致的行爲自此各分東西。人們購買商品是起因於放棄保有貨幣，而出售商品係爲了獲取貨幣。此外，當商品市場由間歇性的「趕集」逐漸演化成經常性連續市場後，人們出售商品或勞務的價值，可寄託於貨幣或其他資產留待來日再用，貨幣自然衍生出儲存價值或購買力的功能。

基於貨幣能夠保值，Keynes 宣稱人們會因「預防意外事件發生而可能釀成損失」與「避免握有生息資產而遭致資本損失」而保有貨幣，前者是「預防動機」(precautionary motive)，後者爲「投機動機」(speculative motive) 的貨幣需求。不過貨幣做爲保值工具時，顯然無法鶴立雞群而存在衆多競爭者。人們若將「閒置餘額」(idle balance) 以貨幣形式保存，則因貨幣欠缺明顯的金融收益，長期又逢物價不穩定易遭購買力損失風險，顯然較其他生息資產遜色。

有鑑於貨幣並非良好的保值工具，Friedman(1956)另以短期概念的「暫時購買力儲存處」(temporary abode of purchasing power) 取代長期的「價值儲藏」概念。人們若在短期內從事預擬（交易動機）或非預擬（預防動機）支出計劃時，爲了節省交易成本與時間，將會暫時保有貨幣。一旦人們安排長期閒置資金用途時，選擇對象必然轉爲各種生息資產而非貨幣，Tsiang(1969、1972)因而宣稱只要體系內存在短

期安全性資產，人們保有貨幣純粹是為了「交易」及「預防」用途，「投機」性貨幣需求將無法存在。

　　總之，在貨幣經濟體系中，人們出售商品或勞務所獲價值的安排次序可有三部曲：

　　(1)若欲立即換進其他商品時，將保有貨幣，目的在於享受完全「流動性」(liquidity)或「貨幣性」(moneyness)；

　　(2)若預擬在短期內支出或係未雨綢繆，將同時握有「貨幣」與「短期流動性資產」，目的在於享受「暫時購買力儲藏處」的功能；

　　(3)一旦人們在較長期間內無處置出售商品或勞務價值計劃，則將選擇保有各式生息資產，享受「保值」與「增值」的樂趣。

(四) 「契約單位」

　　貨幣即是交換過程中的交易媒介，其中的通貨更能做為交易結束後，買賣雙方財產權移轉的「最後支付工具」。隨著商品市場轉變成具有持續性質後，貨幣將因引進時間因素，自然而然就會出現「價值儲藏」功能。當人們預擬進行「時際資源移轉」時，係以目前資源換取未來債權的請求權或「契約」，貨幣又可用於衡量「契約」的價值，並因身為「交易媒介」之故，在契約到期時又可做為「償付工具」，是以又將兼具「延遲支付工具」的角色。

　　由於貨幣扮演價值儲藏角色並不稱職，債權人或債務人在物價波動期間，往往遭遇購買力損失的風險。為能袪避風險，人們或以貨幣做為契約到期時的支付工具，但用其他價值相對穩定的商品做為訂定契約的標準，顯見「交易媒介」與「契約單位」並無合而為一的必要性。此外，人們雖以貨幣訂定契約，如：衡量「勞動契約」的工資給付標準，但為避免物價波動而附加「伸縮條款」(escalation clause)或以指數化「平減因子」(deflator factor)調整，企求債權與債務雙方在任何時點的實

質購買力不變，此舉有助於消除雙方財富的重分配。

最後，(表 2-3) 揭示：貨幣扮演「價值儲藏」及「契約單位」兩項角色，必然涉及時間因素而會出現衆多代替品。同時，當商品市場轉變成持續性質後，貨幣扮演「交易媒介」及「價值儲藏」兩項角色的潛在衝突性將會擴大，理由是：爲求提昇交易效率達到貨暢其流，體系內「交易媒介」數量自然是多多益善。不過「交易媒介」代表「一般購買力」，其數量激增意謂著購買力同時擴張，一旦商品供給面未能同步配合，物價水準將會扶搖直上，反而威脅「價值儲藏」功能演出。一旦「交易媒介」喪失價值，人們自然儘量放棄保有貨幣，甚至若非另尋新「交易媒介」替代，即是回歸原始「物物交換」方式。

§ 2.4. 「交易媒介」特質

隨著經濟發展演進，「貨幣起源」帶動「物物交換體系」走向「貨幣體系」，「交易媒介」型態亦由「商品貨幣」轉變爲「紙幣」(fiat money)，更朝「信用貨幣」(credit money) 型態及無貨幣社會演進。綜合「交易媒介」的進化過程，以下可由供需兩面說明其獨有特質：

㈠「交易媒介」需求面

早期社會在經驗累積下，嘗試採用交易過程中頻頻出現的商品做爲「交易媒介」，此即「商品貨幣」起源。由於「商品貨幣」身兼「商品」與「貨幣」雙重角色，價值因而視下列兩者而定：

(1)做爲「商品」的市值：如「金幣」(gold specie) 價值決定於本身含金量的價值；

(2)做爲「貨幣」規定的面值：一般而言，人們經由「套利過程」誘導「商品貨幣」面值與市值合爲一致，而且「商品貨幣」供需發生失衡

時，透過本身市價調整，即可回復均衡。

「商品貨幣」誕生雖可替代「訊息投資」耗費的資源，有助於提昇交易效率及社會福祉，但是本身仍需耗用資源。有鑑於此，商品市場上的「交易站」或「中間商」為減輕商品貨幣附帶的沈重「儲藏成本」及「遞送成本」(delivery cost)，往往發行「憑證」(claims)取代「商品貨幣」在市場上流通交易，此種轉變大幅削減「儲藏」及「遞送」成本，再次提昇社會福祉。爾後，決策當局收回發行「憑證」權利，廢止「憑證」與「商品貨幣」相互兌換義務，「憑證」因而演變成由政府賦予「無限法償」卻無實體價值的「紙幣」。

「紙幣」面值係由政府規定為固定值，賦予在交易過程中能夠清償債務而為人們接受者。不過「紙幣」價值乃是建立在人們對政府發行紙幣的信心，該信心或許與政府背後擁有實質資產有關，但卻非決定於政府公權力的執行。由於紙幣本身並無實體價值，而名目價值又由政府規定為固定值($P_M = 1$)，故當紙幣供需出現失調現象時，本身缺乏價格機能調節以回復均衡，往往將問題外溢至其他市場，借助外力調整以解決本身失衡的困擾。依據文獻說法，體系內「貨幣」、「商品」(消費財)及「債券」(資本財)三個市場的關係較為密切，是以貨幣(紙幣)市場失衡的優先干擾對象將與其他兩者密切相關：

(1) Fisher(1911)與 Cassel(1918)在「交易學說」(transaction theory)中宣揚「通貨膨脹過程」(inflationary process)，視貨幣扮演角色為「交易媒介」，指出「貨幣」與「商品」間較具近似代替品關係。一旦紙幣供需出現失衡之際，將會釀成商品供需失調，隨即引發商品價格調整。同時，隨著物價揚昇，人們預擬交易的貨幣需求跟進攀昇，結果將使「多餘的貨幣終獲歸宿」(unwanted money is wanted)。換言之，經由「現金餘額調整機能」(cash balance mechanism)管道，紙幣供需失衡透過商品物價調整後，終獲紓解而回歸均衡。

(2) Wicksell(1898)在「所得學說」(income theory)中宣揚「累積過程」(cumulative process)，稍晚並轉換成 Keynes(1936)的「乘數過程」(multiplier process)，兩者共同突出貨幣扮演「價值儲藏」角色，指出「貨幣」與「債券」間較具近似代替品關係。一旦紙幣供需出現失衡時，將會迅速外溢至債券市場，隨即引發債券價格（利率）調整。同時，隨著債券價格揚昇(或利率下跌)，過剩貨幣供給逐漸被吸納而消失無蹤，紙幣供需緩緩回復均衡，此即所謂的「利率調整機能」(interest rate mechanism)或「資產組合調整機能」(portfolio adjustment mechanism)。

㈡「交易媒介」供給面

早期社會選擇某些商品充做「交易媒介」，從而形成「商品貨幣」起源。「商品貨幣」既然身兼「商品」與「貨幣」角色，「貨幣」供給自然等同於部份的「商品」供給，端視商品生產成本與技術而定。基於是項看法，當商品貨幣生產過程中面臨規模報酬遞減現象時，金融當局僅需規定貨幣內涵及規格，放任廠商自由競爭生產而無需橫加干涉，至於貨幣數量將決定於市場供需。

爾後，人們爲求進一步節省「商品貨幣」耗費的資源，遂以邊際生產成本(MC)幾近於零的「紙幣」流通使用。依據 Pigou(1917)的說法，紙幣價格(π)或購買力恰是物價水準(P)的倒數($\pi = 1/P$)，而體系內總貨幣需求曲線將如(圖 2-1 B)中的M^d軌跡所示。一旦「紙幣產業」(fiat money industry)仍爲完全競爭，短期產業供給$M^s = \sum_{i=1}^{n} m_i$是由N家紙幣廠商生產數量累加而成，在總需求已知下，將可決定紙幣價格π^*及物價水準$P^* = (\pi^*)^{-1}$。值得注意者：在完全競爭的紙幣產業中，廠商增產紙幣所獲邊際收益MR遠大於邊際成本($MC = 0$)，除引誘既有廠商拚命

增產外，更將吸引新廠商共襄盛舉。兩種效果導引（B 圖）中的紙幣產業供給曲線持續擴張而右移，貨幣價格因而持續下跌，同時揭示通貨膨脹正在肆虐人間。換言之，一旦將紙幣產業規劃成完全競爭型態，放任廠商自由發行，結果將發行紙幣數量至 $MR=MC=0$ 時為止，貨幣價格逼近於零而且「超級通貨膨脹」隨之引爆。

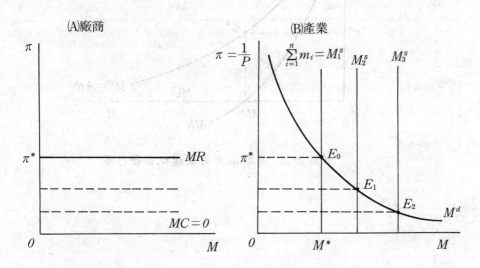

（圖 2-1）完全競爭的紙幣產業

　　為扼止競爭廠商濫印紙幣，金融當局遂將紙幣發行權利收歸國有，由央行獨占「鑄幣權」（seignorage），紙幣產業因而轉換成完全壟斷型態。（圖 2-2）中，體系內總貨幣需求曲線 M^d，同時亦是央行發行紙幣的平均收益曲線。由於央行成為紙幣產業中的惟一廠商，發行紙幣所獲邊際收益曲線 MR 必呈遞減狀況。假設央行決策者追求發行紙幣所獲「鑄幣稅」（seignorage tax）或「通貨膨脹稅」極大，由 $MR=MC=0$ 將可決定最適貨幣發行量 M^*，此時價格為 π^*，體系內一般物價水準將屬有限值 $0<P^*=(\pi^*)^{-1}<\infty$。

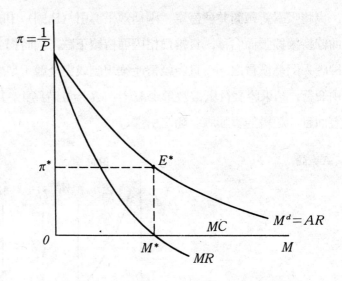

（圖 2-2）壟斷廠商的最適紙幣發行量

〔本章重要參考文獻〕

1. 謝德宗:〈貨幣的功能與定義問題之探討〉, 現代審計, 第 347 與 348 期, 民國七十年, 臺北。

2. ＿＿＿:《總體經濟學》, 第九章及十二章, 華泰圖書公司, 臺北, 民國七十八年十月。

3. 陳師孟:〈貨幣起源與貨幣需求的綜合檢討〉,《貨幣金融論文集》, 臺大經濟學研究所, 民國七十四年, pp.247-278。

4. Brunner, K. & Meltzer, A., *The Use of Money: Money in the Theory of an Exchange Economy*, AER, 1971, pp.784-805.

5. Chick, V., *Unsolved Questions in Monetary Theory: A Critical Review*, De Economist, 1978, pp.37-60.

6. Clower, R., *A Reconsideration of the Microfoundations of Monetary Theory*, WEJ, 1967, pp.1-9.

7. ＿＿＿, *Monetary Theory*, Harmondsworth: Penguin Books, 1969.

8. Fisher, D., *Monetary Theory and the Demand for Money*, N. Y.: John Wiley & Sons, 1978.

9. Fisher, I., *The Purchasing Power of Money*, N. Y.: Macmillan, 1911.

10. Goodhart, C., *Money, Information and Uncertainty*, N. Y.: Barnes & Noble, 1975.

11. Hicks, J., *Critical Essays in Monetary Theory*, Oxford: Oxford University Press, 1967.

12. Jevons, W. S., *Money in the Mechanism of Exchange*, 1875.

13. Jones, R., *The Origin and Development of Media of Exchange*, JPE, 1976, pp.757-775.

14. Keynes, J. M., *The General Theory of Employment, Interest and Money*, N. Y.: Harcourt, Brace & Co., 1936.

15. Menger, C., *On the Origin of Money*, EJ, 1892, pp.239-255.

16. Niehans, J., *The Theory of Money*, Baltimore: Johns Hopkins University Press, 1978.

17. Patinkin, D., *Money, Interest, and Prices*, 2nd ed., New York: Harper & Row, 1965.

18. Richter, R., *Money: Lectures on the Basis of General Equilibrium Theory and the Economics of Institutions*, Berlin: Springer-Verlag, 1989.

19. Robertson, D., *Money*, N. Y.: Harcourt, Brace & Co., 1922.

20. Tsiang, S. C., *The Precautionary Demand for Money: An Inventory-Theoretical Analysis*, JPE, 1969, pp.99-117.

21. _____ , *The Rationale of the Mean-Standard Deviation Analysis, Skewness Preference and the Demand for Money*, AER, 1972, pp.354-371.

第三章　貨幣定義

Hicks(1967)在〈複式三分〉文獻中指出：貨幣在體系內扮演角色實與人們貨幣需求動機相互呼應，表裏一致。然而自二次世界大戰後，國際間金融發展一日千里，各類型金融廠商與信用工具有如百花齊放頻頻推出。由於彼此競爭吸金與搶奪業務日益激烈，「金融創新」因而層出不窮，主要反映於金融廠商發行負債工具的「流動性」、「安全性」及「獲利性」等方面上的改善。此種創新結果不惟推動體系內「支付制度」(payment system)日益複雜，更使異質負債工具間的界限同時趨於模糊。

由第二章內容顯示：若從貨幣扮演「交易媒介」基本功能來界定「貨幣」範圍，理應極為清晰明確。然而面對「金融創新」頻頻出擊，「貨幣」與代替品（近似貨幣）界限趨於模糊之際，確實合理的「貨幣定義」實難驟下定論。此外，由此衍生的問題是：央行施行貨幣政策，到底應該控制何種定義的貨幣供給？影響該定義之主要經濟變數為何？對應此定義之貨幣需求函數的穩定性為何？同時，央行執行金融管理措施，必須管制的金融廠商範圍為何？凡此問題促使「貨幣定義」的選取具有高度政策涵義。

從貨幣的總體功能來看，不同種類貨幣在提供的功能上顯示出不同特性，此即意謂著各種貨幣本質上是屬於異質產品(heterogeneous product)。Debreu(1959)採用 Lancaster 的「特性分析」(characteristic analysis)，認為各類貨幣在「可接受性」(acceptability)、「利息支付」(interest payment)、「喊價與叫價」(bid and ask price)及「價

格」等特性上分別提供不同比重的勞務。基於提供不同權數的特性, 有關「貨幣定義」的研究文獻其實就是「加總問題」(aggregation problem)的一環, 如何針對不同貨幣給予適當權數。

本章首先說明金融產業出現「金融創新」的原因及類型, 進而探究「金融創新」對「支付制度」的影響, 隨後再剖析「貨幣定義」的研究方式。接著, 將逐項說明「功能性方法」(functional approach)下的各種貨幣定義、各種定義的缺陷及修正理由。第三, 再介紹「實證性方法」(empirical approach)內涵, 進而推演最適貨幣定義的選擇。第四, 再推演 Divisia 貨幣指數的理論基礎及特性。最後, 針對上述結果摘要列表做為總結。

§ 3.1. 「金融創新」與「貨幣定義」類型

由於「非銀行金融廠商」與「金融市場」在金融產業中的地位日漸重要, 為提昇與銀行產業共逐業務與資金的競爭力, 遂於「信用工具」上從事各種「金融創新」活動, 致使「貨幣」(通貨與支票) 及「金融負債或請求權」間的替代性日益擴大, 造成「貨幣定義」疆界直線擴張而漸趨模糊。依據 Silber (1983) 的說法, 「金融創新」乃是銀行廠商與非銀行金融廠商為求永續經營, 對外來限制所作的回應。創新的類型包括「金融工具」與「交易過程」二項, 而外來限制則緣自於法規限制、市場競爭及風險因素。換言之, 「金融創新」是金融市場參與者受到經濟環境與技術變遷衝擊下, 在金融工具與交易方式上進行創新性改變, 以滿足市場需求的循環性過程。

至於近數十年來「金融創新」活動頻繁出現原因可由「需求」與「供給」兩方面進行說明:

㈠需求面因素

通貨膨脹透過對利率影響而加速金融改革步伐。近幾年來，通貨膨脹率上升推動預期膨脹率節節高漲，對利率攀昇形成推波助瀾效果，進而增加持有無息資產的機會成本，鼓勵作更效率使用。至於通貨膨脹誘使銀行廠商從事金融創新可說明於下：銀行廠商依法須保有無息的準備資產，利息損失在高利率期間頗爲可觀，故可與活存客戶商議使用「購回協議」(repurchase agreement)方式出售證券予客戶，並且協議於確定日期（一～七天）再依較高利率買回。此項「購回協議」與活存同爲銀行廠商的負債,相異處是前者取得資金所需法定準備較活存相對爲低。銀行廠商雖同樣付息給客戶，卻因作業方式變更而少提法定準備，提高資金運用額度。此外，銀行廠商尚可使用不同方法獲得類似結果，進而誘導負債多元化，如：購回協議、可轉讓與不可轉讓定期存單，這些負債必須提存之法定準備均較活存爲低，促使在一定資金運用額度下能夠支持較大生息資產。

高利率也提供經濟成員轉換活存成新型式銀行負債誘因，推動銀行和其他金融廠商發明替代活存而附有利息的流動性工具。事實上，精明的廠商財務人員也已要求往來銀行廠商隨時安排隔夜的購回協議交易，以便尚未動用之活存餘額也能賺取利息收益。銀行廠商減少保有法定準備以及人們降低握有活存的策略，皆是緣自追求降低營運成本與提高收益的驅使，然而這種現象卻促成使用高度流動性資產替代活存，央行控制貨幣能力卻是一落千丈。

㈡供給面因素

⑴電腦與資訊技術迅速發展

電腦資訊設備的採用有益於處理大量交易資料，且使交易訊息更有

效率移轉，提供銀行廠商開拓現有業務和提供新種服務誘因，對「金融創新」活動發展助益頗大。

⑵管制措施逐漸解除

存款利率上限(ceiling rate)造成金融廠商與金融市場競爭上的不公平，且使前者必需開發具有競爭力的新業務。此外，提存準備規定造成銀行廠商資金成本增加，促使其致力於開發免提準備的金融產品。同時，各國竭力推動「金融自由化」，逐漸廢除各類金融管制措施，致使金融廠商發行負債工具與在金融市場流通信用工具的差異性趨於泯滅。

接著，Silber (1983) 與 Finnerty (1988) 將「金融創新」類型分為「現金管理」(cash management)創新、「投資契約或證券」創新、「市場結構」或「金融處理」(financial process)創新、「解決廠商財務問題」的創新等四類：

⑴「現金管理」創新

這項創新起源於美國銀行與證券產業間的激烈競爭，再配合通訊與電腦科技進步，各項消費型態的金融商品不斷推陳出新：

(i)「貨幣市場共同基金」(money market mutual fund, MMMF)：以信託投資形式吸收小額儲蓄資金投資於高收益、大額的貨幣市場工具，再視基金運用績效發放紅利，最大優點是安全性與流動性均佳；

(ii)「現金管理帳戶」(cash management account, CMA)：人們在證券公司開設帳戶，由公司將帳戶資金以 MMMF 方式運用，使其可獲與貨幣市場報酬率相近的利益。此外，人們尚可獲得投資諮詢服務，作為買賣證券參考；

(iii)「可轉讓提款匯票帳戶」(negotiable order of withdrawal account, NOW Account)：係屬可轉讓、支付利息的儲蓄存款帳戶，實際應用上與支票帳戶無異。

⑵「證券創新」

「證券創新」是為了發展具有正淨現值(positive net-present value)的融資工具，範圍包括「負債創新」(debt innovation)、「特別股創新」(preferred stock innovation)、「普通股創新」(common stock innovation)三類，目的涵蓋下列三者：

(i)重新分配或降低風險以減少資金成本，如：「分離式抵押擔保證券」(stripped mortgage-backed securities)；

(ii)當廠商仍需對外發行證券融資時，能夠降低發行成本，如：「可展期票據」(extendible notes)；

(iii)發行者或投資者可獲租稅套利(tax arbitrage)，如：目前無須付稅公司發行「拍賣式特別股」(auction rate preferred stock)售予須納稅公司的投資者，用於取代發行商業本票(commercial paper, *CP*)即可產生租稅利益。

⑶「金融處理技術」創新

「金融處理技術」創新源於降低價格風險、資金成本（含交易與發行成本）及電腦技術進步三種誘因。電腦科技快速發展使大量資料處理變得更加精確與迅速，應用於證券交易將提昇市場效率與降低交易成本。

⑷「解決廠商財務問題」的創新

因應廠商財務問題而生的「金融創新」將涵蓋下列四項：

(i)「現金管理策略」：促使廠商資產管理更具效率並達節稅目的，如：「售後租回」(sale and leaseback)係當資產實際價值超越帳面價值時，先售再租回將可改善流動性且馬上實現資本利得。

(ii)「強化財務結構」：為了因應高利率環境，財務經理人員必須設法創新財務操作，降低廠商舉債程度，常用方法如下：

(a)「以債換股」(debt-for-equity swap)：在利率高漲造成債券價格滑落之際，廠商若處於財務結構不佳或盈餘不足以享受提撥利息費用

帶來節稅利益，通常將放棄享有較市場利率便宜的舊有負債，改採以較發行成本為低的代價收回流通在外債務，而「以債換股」即是籌措收回經費的方式。此舉使廠商立即紓解利息負擔，並因財務結構改善而得用較優惠條件取得新融資；

(b)「債務消除」(defeasance)：發行公司提供報酬給代理機構，由其負責定期逐次償還債務，債權人憑債務消除契約定期收回本息，發行公司可免除一次償還債務的壓力；

(c)「債權互換」：廠商以低利息債券向債權人換回遞延利率或複合利率負債(deferred interest or compound-interest debt)，進而獲得利息削減好處，債權人則可獲所得稅遞延的利益。

(iii)「降低資金成本」：廠商透過多元化融資方式降低成本，如：利率交換、發行分割式債券(stripped bond)與附有賣出選擇權(put option)的債券等，這些工具能帶給投資者附加價值 (如：債權確保)，發行者可以較低利息取得融資。

(iv)「與資本投資相關活動」：這種活動包括:「融資購併」(leveraged buy out, LBO)、「公司重整」(corporate restructuring)、「專案融資」(project financing)與「資產證券化」(asset securitization)等，透過證券安排(securities arrangement)將廠商財務結構設計成適合營運資產的報酬與風險特性，除滿足投資者偏好外，並降低潛在的代理成本(agency cost)。

瞭解「金融創新」型態後，每項創新無疑的將減少人們對活期存款依賴性，進而影響廠商和家計部門安排交易餘額(transaction balance)方式。以下將逐一說明重要金融創新內容:

(1)「現金管理服務」：廠商為求盡量減少日常交易的現金餘額，節省資金成本，因而發展出專業化現金管理技巧，如：現金流量預測、會計內部控制制度等。由於銀行廠商在支付過程中扮演重要角色，順理成章

成為「現金管理服務」之最重要提供者，包括協助客戶加速收取各地支票存款與活期存款，並統一簽發支票、集中支出與融通短期投資等。換言之，此一支付制度內容包括現金集中、支付與投資管理服務等：

(i)「現金集中」(cash concentration)服務：就各地銀行廠商內選擇性質相近行業建立資金代收制度，客戶依據通知將支付款項寄至專門代收匯款的銀行廠商後，貸記客戶支存帳戶。此項代收餘額資料係以電話收集，然後再以「存款移轉支票」(depository transfer check, DTC)轉給各地區之銀行廠商集中帳戶，由其將代收資金以電報通知廠商所在地都市銀行廠商支票帳戶。

(ii)「現金集中支付制度」(cash disbursement system)：依廠商付款區域統一由總帳處(master account)簽發支票，即使支票並非集中簽發，亦可使用零餘額帳戶處理，從而達到集中控制現金目的。

(iii)「投資管理服務」：廠商現金管理制度包含詳細交易資料、廠商帳戶和銀行廠商餘額間之每日往來情形，最終目的在提供閒置資金作短期投資之用。

(2)「可轉讓定存單」(time certificates of deposit, CD)：由於廠商可供投資之活存餘額增長甚快，基於理財動機而尋找高流動性與低風險之信用工具，如：商業本票、國庫券(treasury bill, TB)及證券商間的購回協議等進行短期投資，此種現象造成銀行產業資產負債表上的廠商活存餘額重要性顯著下降。為因應該項轉變，銀行廠商遂於貨幣市場發行可轉讓定存單，吸收廠商的短期資金。

(3)「購回協議」：係指「在金融市場出售證券獲得資金時，賣出者同時同意在未來一定時日再予購回的協議」，此為風險低且到期日可依約定賣回的生息資產，期限短至一日(即隔夜)，是借貸短期資金的一種相當妥當安排。建立「現金集中制度」廠商在每日晨間由支存帳戶餘額決定可供投資餘額，若確定資金可供投資期間甚短，則可透過購回協議進行

僅隔夜或一天的交易賺取一天報酬。

(4)「以電話和預先授權之自動轉帳儲蓄帳戶」：美國在 1975 年修正規則 Q(存款利率管制條款)，允許銀行廠商基於顧客電話通知或事先授權基礎，可從儲蓄存款直接轉帳至支票存款，此項改變明顯提高兩者間的相互替代性將是毋庸置疑。

(5)「可移轉提款匯票」和「出資金帳戶」(share draft account)：「NOW 帳戶」係在相互儲蓄銀行(mutual savings bank)、儲蓄與放款協會(saving & loan association)間的儲蓄存款之可移轉提款匯票，而「出資金帳戶」則係信用合作社(credit union)允許開立出資金帳戶社員在此帳戶的金額限度內，移轉資金給第三者。

(6)「貨幣市場基金」：貨幣市場基金係匯集小額儲蓄者資金，由大型證券經紀商或證券信託投資公司購買較高收益之貨幣市場短期票券，從而規避利率上限的限制。由於投資者可利用基金帳戶簽發支票繳付分期付款或學費，加以收益率又高，故成長甚為迅速。貨幣市場基金發展使小額存款者有機會能與大額存款者同樣投資於貨幣市場工具，當短期利率驟升時也能有賺取高利率的機會。貨幣市場基金在任一營業日購入或出售無須負擔銷售費用，同時提供投資者在最低限額內簽發支票的便利，實較活期存款為優而類似儲蓄存款，故具有替代活期存款效果。

(7)「自動轉帳服務」(automatic transfer services)帳戶：商銀開創該項服務，目的在於對抗儲蓄金融廠商之 NOW 帳戶，實質上仍為儲蓄存款的一種。銀行廠商與存戶訂定契約，當支票存款餘額不足時，自動將儲蓄存款餘額移轉至支存帳戶，促使客戶無息的支票存款餘額可經常維持低限，功能實與 NOW 帳戶和出資金帳戶相同。

隨著金融市場與金融廠商彼此競爭日趨白熱化，金融自由化持續進行，「金融創新」頻頻出擊而對經濟活動產生重大影響：

(1)對金融政策影響：由於各項現金管理方式使得「支付工具」與「信

用工具」間的界限變得相當混淆，明確的貨幣定義範圍爭論頗多，造成
央行迷惑於選擇控制何種貨幣定義，金融政策效果的不確定性亦大為提
昇。

(2)對銀行廠商影響：金融創新對銀行廠商經營的影響包括：(a)經營
型態改變：「資產證券化」趨勢將使商銀在體系扮演的中介功能逐漸消失，
具有完整功能的投資銀行將能爭取大量發行「金融證券」的機會，獲得
較商銀更高的邊際報酬；(b)經營體質惡化：由於決策當局強制銀行廠商
改善財務結構，使其從事「以債換股」交易，用於改善會計帳上盈餘與
增加自有資本比率，這種交換將稀釋股東淨值報酬，且可能破壞銀行廠
商的長期融資能力。

(3)對證券市場影響：證券市場上的重要創新即是「期貨契約」出現，
除提供人們避險操作外，也將提昇金融資產價格波動性。

(4)對廠商財務決策影響：傳統財務決策目標是在風險水準固定下，
謀求股東財富極大化，這個目標在傳統市場裡，可以簡化成負債與股權
的抵換，亦即如何形成最佳財務結構。在金融創新潮流裡，廠商的財務
經理人雖然將面對更多決策問題，不過僅是增加達成目標的彈性與複雜
性，卻未改變廠商財務決策目標。

「金融自由化」帶動「金融創新」蓬勃發展，雖然提昇家計部門與
廠商的資金運用效率，但也讓「貨幣」概念趨於模糊。「貨幣定義」界限
漫無止境擴散徒增央行擬定貨幣政策的困難，同時也降低應有的效果。
綜合眾多文獻內涵，「貨幣定義」方法的分類方式將列於 (表 3-1)。以下
將循該表內容進行說明：

在 Keynes (1936) 發表《一般理論》前的古典學派時期，討論「貨
幣定義」範圍主要依據貨幣扮演功能，或賦予「貨幣」法律地位的「制
度」而定。有鑑於此，所謂「功能性方法」或「制度性方法」(institutional
approach) 係依貨幣在經濟活動中扮演的功能來下定義，而這些功能通

常屬於「主觀」或「事前」認定方式，故該項方法另稱「先驗方法」(prior approach)或「規範性方法」(normative approach)。

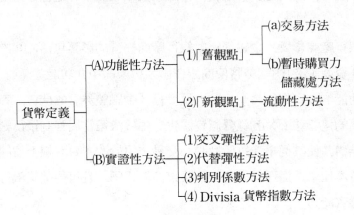

（表 3-1）「貨幣定義」方法的種類

在該類文獻中，為適應「舊觀點」(old view)與「新觀點」(new view)貨幣供給理論發展階段，又分為兩部份：

(1)「舊觀點」: 該理論強調銀行廠商發行的「負債工具」必對整體經濟活動形成重大影響，而其理論基礎源自「貨幣數量學說」聯繫前述兩者關係而來。由於銀行廠商發行「負債工具」種類繁多且性質各異，故再依功能有別而分兩種路線定義「貨幣」:

(a)「交易方法」(transaction approach): 該方法認定貨幣出現乃在解決「訊息不全」及「交易成本過鉅」問題，是以凡能扮演「交易媒介」角色的商品，均應納入「貨幣」領域中;

(b)「暫時購買力儲藏處方法」(temporary abode of purchasing power approach): 某項物品一旦雀屏中選為「交易媒介」，必然同時象徵存在「一般購買力」(general purchasing power)，Friedman (1959)因而定義「貨幣」成:「出售商品（或勞務）所獲價值的暫時儲存處」，「貨幣」定義範圍顯然已較前述寬廣。

⑵「新觀點」: 該理論認爲銀行廠商發行負債的「流動性」或其創造「流動性資產」(liquidity asset)數量, 將經由融通人們實質支出行爲而直接影響經濟活動, 而其理論基礎乃源自「新 Keynesian 學派」的「可運用資金理論」(credit availability theory)。有鑑於此, 該理論轉而著重如何定義「流動性」資產或負債數量, 放棄突顯何者爲「貨幣」的觀點, 故又稱爲「流動性方法」(liquidity approach)。

接著, 由於「功能性方法」係探求「貨幣是什麼(what it is)」的根源, 卻未指出何種貨幣定義最適, Friedman 與 Schwartz (1963) 因而認爲最適貨幣定義不能脫離實用範圍, 故可運用實際資料證明何種定義之貨幣與經濟活動間的關係最密切, 此即體系所要選擇的貨幣定義, 此種解決「貨幣做了什麼(what it does)」困惑的研究方向通稱「實證方法」(empirical or positive approach)。採用此種實證方法選取貨幣定義的學者, 大部份屬於貨幣學派。至於該類文獻又因研究路線迥異而分成四大派別:

⑴「交叉彈性方法」(cross elasticity approach): Gurley 與 Shaw(1960)率先指出:「金融廠商發行各種流動性債務將是貨幣的近似替代品, 顯示金融廠商出現本質上有助於擴大貨幣需求的利率彈性」。基於是項看法, 文獻上遂由驗證貨幣需求函數過程中尋求貨幣與其他金融資產間的交叉彈性值, 然後用於研判「貨幣定義」的可能範圍。

⑵「替代彈性方法」(elasticity of substitution approach): Chetty (1969) 主張「貨幣」與「流動性資產」間並非完全替代, 故以兩者間的「替代彈性」驗證貨幣定義, 將能立即估算各類流動性資產的「貨幣等值」(money equivalent)。

⑶「判定係數方法」(coefficient of determination approach): Friedman 與 Schwartz (1970) 指出貨幣定義並非本於「原則性」(principle)而是其「有用性」(usefulness), 目的旨在助益於瞭解體系

內的經濟關係。稍早的 Friedman 與 Meiselman (1963) 認為貨幣與經濟活動間息息相關，以「迴歸分析」驗證「貨幣定義」最能解釋經濟活動變化，同時迴歸方程式的判定係數高低可充做取捨標準。

(4)「Divisia 貨幣指數」(Divisia monetary index)：Barnett(1980、1982)、Offenbacher 與 Spindt (1981) 由消費行為的一般均衡理論出發，推演各種貨幣性資產提供流動性勞務的價值，求得能夠浮動的各類貨幣權數值。

§ 3.2. 「交易方法」的貨幣定義

依據第二章內容顯示貨幣出現的主要理由是：人們在交易過程中為降低「不確定性」及「交易成本」，自然會在各種商品中選擇其中部份做為「交易媒介」，進而減少交易過程所需耗費時間及成本。至於貨幣做為「交易媒介」時，僅需著重「交易順利進行」或「債權債務移轉」過程，至於後續的「債務清償」問題則未在討論範圍內。另外，Goodhart(1975)特別突出「債務清償」結果，故偏好將貨幣視為「支付工具」，強調貨幣做為實際支付過程而為大眾廣泛接受者。有鑑於「貨幣」在體系內扮演「支付工具」與「交易媒介」兩種功能，由此定義貨幣範圍的方法即稱為「交易方法」。同時，依據貨幣在交易過程中擔負責任的差異性，將會出現兩種不同定義:

㈠ M_0貨幣定義

Irving Fisher(1911)定義貨幣為：「任何財產權(property rights)在交換過程中能被廣泛接受者」。因此，貨幣的定義即是央行發行而流通在外的通貨數量M_0:

$$M_0 = C^p \tag{3.1}$$

該定義相當於貨幣學派之「基礎貨幣」(base money, M_b)，或是國內通稱之「準備貨幣」(reserve money)：

$$M_0 = M_b = C^p + R \tag{3.2}$$

上式即是：M_0貨幣定義係由央行發行而流通在外之通貨，以及銀行廠商在央行活期帳戶中充當準備(R)之存款所構成。

在十九世紀中葉古典學派的政策大爭論中，「通貨學派」(currency school)率先使用該定義，他們認為央行必需規定十足的黃金準備，才能避免體系內活期存款(demand deposit, DD)的超額發行，進而弭平當時盛行之通貨膨脹。央行應採釘住M_0的貨幣政策，達成穩定經濟活動運行的目標。爾後的 Fisher 更基於下列理由，指出銀行廠商發行的活期存款不可視為貨幣：

(1)做為財富而言，「活期存款」在體系總合資產負債表上正好互相抵銷，既無法被視為財富，同時也無法被人們廣泛接受；

(2)除非有法律制度的強制力量，或制度上慣性使用的強制力量，否則「活期存款」或「支票」必須再經兌現才能徹底實現完整交易行為，方能真正終結彼此債權債務關係，故亦無法為人們廣泛接受。

有鑑於此，Fisher 及極端貨幣論者主張，央行僅能控制M_0的貨幣供給。不過當時與「通貨學派」進行論爭的「銀行學派」(banking school)卻主張：體系內經濟循環往往發軔於私部門經濟活動調整，進而引起物價、所得、總合需求、甚至是貸款需求的接續變化，銀行廠商為了順應情勢，自然會增加活存供給。換言之，M_0的貨幣定義並不足以充分彰顯整個經濟狀況的變化。再則，隨著金融廠商不斷興起，彼此相互競爭資金與業務，促使「支付工具」複雜化及健全化，央行發行通貨勢必部份為銀行廠商發行之活存取代，以降低大額交易成本。央行若仍採M_0為貨幣供給定義，其值顯然偏低，無法真正反應經濟活動變遷。是以強調「支付工具」為規範貨幣定義範圍的方式，隨後即轉變成用「交易媒介」來

定義貨幣範圍。

㈡ M_{1a}貨幣定義

Robertson(1959)將貨幣定義爲:「任何商品若能廣泛地做爲交換工具, 或是在清償各種營利性債務時能夠被接受者」。該項定義著重焦點在於商品是否能做爲交易時被廣泛接受的中介工具, 一旦金融資產能夠滿足該項功能即可稱爲「貨幣」。至於M_{1a}貨幣定義早在十九世紀中葉的政策大爭論中即率先爲銀行學派採用, 直至今日大部份國家的央行及Keynesian學派均是強調該定義。

基於上述定義, M_{1a}可表示如下:

$$M_{1a} = C^p + DD \tag{3.3}$$

式中的C^p是指央行發行而爲人們持有流通的「通貨淨額」(net currency)。在此, 央行發行通貨總量即是「通貨毛額」(gross currency), 在扣除本身窖藏(應付公開市場操作及日常支付需求)、財政部與銀行廠商窖藏現金 (應付日常支付需求) 後, 即是「通貨淨額」。值得注意者: 央行、財政部及銀行廠商握有之 「窖藏現金」(vault cash)對經濟活動不發生任何影響, 故被剔除於貨幣供給行列之外。至於「活期存款淨額」DD項目係指銀行廠商發行之 「活期存款帳戶」 及 「支票存款帳戶」 (checking account)扣除在票據交換所等待交換的票據或通稱的「遺失貨幣」(missing money)後, 加上外國銀行廠商在本國央行擁有的 「活期餘額」 (demand balance)等項目的總和。綜合兩者具有如下特色:

(1)兩項分別是由央行及銀行廠商發行之負債, 且在日趨貨幣化的經濟體系中均能在交易過程中爲大衆接受之 「交易媒介」;

(2)兩項並不支付任何利息報酬, 但是發行者卻給與持有者在交易過程中享有 「方便」 (convenience)與 「安全」 (security)的 「隱含性非金融報酬」 (implicit nonpecuniary return)。

M_{1a}貨幣定義雖然較M_0貨幣定義更能廣泛地表現貨幣做爲交易媒介特質，然而央行若採釘住該項貨幣定義，仍然會產生低估體系貨幣存量的現象。理由是：當今非銀行金融廠商發展甚爲迅速，而在經營過程中往往發行各種具有利息收益的流動性負債，進而對銀行廠商發行之活期存款造成競爭性。此外，由前節的重要「金融創新」成果顯示：非銀行金融廠商發行之債務歷經下列「支付制度」的金融創新後，使其在某些程度上具有類似交易媒介的特性：

(1) NOW 帳戶：各種互助儲蓄銀行就其發行的「儲蓄帳戶」允許客戶簽發匯票流通使用。

(2)信用合作社允許各會員就其股份(shares)利用類似支票的工具——提款單(drafts)來移轉資金。

(3)儲蓄機構中的互助儲蓄銀行、儲蓄及貸款組織亦可發行類似銀行廠商的支票帳戶。

(4)貨幣市場共同基金：由於貨幣市場組織日益健全，流通之信用工具種類多元化，促使廠商們會將預擬交易餘額中的現金轉移至貨幣市場，以獲取利息收益。這些信用工具非但不具風險，而且可移轉及流動性大。

(5)信用卡或聯合簽帳卡(debit card)的推廣促使人們無需貨幣亦可消費，因而降低貨幣需求量。

由以上各項支付制度改革內容揭示：新支付工具不僅具有利息收益，實際上又提供交易媒介功能，故從某些角度來看，已經成爲銀行廠商活期存款的近似替代品，甚至已可取而代之，是以造成以M_{1a}做爲表現交易媒介功能的貨幣定義，將會產生低估現象。　.

§ 3.3.　「暫時購買力儲藏處方法」的貨幣定義

一旦某項物品在交易過程中廣泛爲人接受形成「交易媒介」後，同

時亦成「一般購買力」的表徵，故當貨幣引入物物交換體系後，所有購買及銷售行為將被分開，人們銷售商品或提供勞務是為了取得交易媒介，稍後利用其購買商品。換言之，體系內交易活動將變成兩階段行為，人們在處分購買力前，保有交易媒介即達到儲藏價值或財富的目的，是以Friedman (1959) 將貨幣定義成：「購買力的暫時儲存處」。從這觀點來看，貨幣的重要性即在於做為暫時儲存購買力的工具，至於此種「暫時性」應短到何種程度，並未有所定論。

既然貨幣能夠暫時保存購買力，是以固定期間內人們預擬支出金額自然會考慮以貨幣及高度流動性資產（如：儲蓄存款）等形式保有，從而構成「交易餘額」內容。如此一來，央行衡量體系內真正貨幣數量對經濟活動影響時，必須採用「交易餘額總量」為標準，不能再侷限於交易餘額中的「現金」或「支票」部份即為貨幣供給的說法。

有鑑於此，基於「暫時購買力儲藏處方法」規範貨幣定義範圍的方式有二：

(一) M_{1b} 貨幣定義

自 1960 年代之後，各個銀行廠商或非銀行金融廠商不斷地進行「金融創新」，改進儲蓄帳戶的支付制度，從而提昇了具有利息收益之儲蓄帳戶的貨幣性或流動性，其中較重要的改進方式如下：

(1)「匯票支付服務」(bill paying service)：各類金融廠商允許客戶就其儲蓄帳戶簽發匯票流通使用；

(2)「電話轉帳」(telephone transfer)：客戶將大部份現金保留在儲蓄帳戶中，而使用支票或活存帳戶簽發支票進行交易。一旦支票到期而需兌現時，由客戶以電話通知金融廠商，將儲蓄帳戶中的存款轉入支票帳戶中。人們既可享受貨幣做為交易媒介所提供之方便，又可享有貨幣做為價值儲藏所產生之利息收益；

(3)「自動轉帳的儲蓄帳戶」(automatic transfer savings account, ATS account)：該帳戶性質與前項服務相同，只不過 ATS 帳戶是由金融廠商直接代爲轉帳，無需等待客戶的電話通知；

(4)「電子資金移轉制度」(electronic funds transfer system, EFTS)：銀行產業利用電信網路與電腦設施構成即時連線自動化作業系統，對經濟成員收支行爲進行資產調撥淸算，進而降低保有現金或活存帳戶的必要性。

上述四項金融創新大幅提昇儲蓄存款的「貨幣性」或「流動性」，Gurley 與 Shaw (1960) 因而強調央行衡量體系內貨幣數量時，應將銀行廠商發行的儲蓄帳戶存款列入貨幣定義範圍內，而M_{1b}定義可表爲：

$$M_{1b} = C^p + DD + SD$$
$$= M_{1a} + SD \tag{3.4}$$

上式中的SD侷限於銀行廠商發行的儲蓄帳戶存款，至於「非銀行金融廠商」發行的儲蓄存款則排除在外。值得注意者：郵匯局是當今國內擁金最多的機構，卻僅負責吸收存款而未辦理放款業務，資金運用方式除自留部份資金週轉外，就是進行定存單質押放款及轉存央行，詳情見第十章。換言之，銀行廠商吸收儲蓄存款，經由放款與購買有價證券而使資金回歸體系之中，而郵匯局吸收「郵政存簿儲金」卻轉存央行形成銀根緊縮效果，兩者吸收存款後的性質迥異，故郵政儲金排除於 (3.4) 式的M_{1b}貨幣定義之外。

(二) M₂貨幣定義

Milton Friedman 及大部份貨幣論者認爲貨幣可做爲暫時儲藏價值的工具，因此在討論貨幣定義時，就將銀行廠商創造之定期存款(time deposit, TD)以及非銀行金融廠商(郵匯局)發行的儲蓄存款包括在內，此即M_2貨幣定義，可表爲：

$$M_2 = C^p + DD + SD + TD$$

$$= M_{1b} + TD \qquad\qquad (3.5)$$

Friedman 及 Schwartz (1970) 認為體系內應採納 M_2 貨幣定義之理由如下：

(1)貨幣學派偏好貨幣做為「暫時儲存購買力處」的定義，主張所有資產都可用來區分購買及銷售行為，不過「期限」(terms to maturity) 較長的資產較適用於儲存「恒常財富」而非購買力。至於銀行廠商發行定存期限種類雖多，但大部份均屬短期(一年以下)，且因允許質押借款，變現所需時間極短，也不會造成資本損失及鉅大移轉成本(transfer cost)。在定存本身流動性與 M_{1b} 間的代替性均大的狀況下，若不納入貨幣定義範圍，則對體系貨幣供給量會有低估現象。

(2)貨幣定義的種類眾多，何者為最適定義將屬實證研究範圍。Friedman 與 Schwartz (1963) 對美國貨幣歷史做實證研究時，得到下列結論：包括 TD 及 SD 等銀行廠商發行債務在內的 M_2 貨幣定義，長期最能反映貨幣存量變化與經濟循環間的相關性。在此，M_2 貨幣定義除包括 M_{1b} 外，尚含有非銀行金融廠商發行之儲蓄存款以及銀行往來帳戶(open account) 中的定期存款。至於銀行廠商發行之鉅額可轉讓定存憑單，由於利息支付、轉讓性及市場性顯著異於 DD、SD 及 TD，前者係於貨幣市場上流通移轉，後者卻屬「制度性儲蓄市場」(institutional saving market) 上的信用工具，故 CD 不宜列入 M_2 範圍內。

至於有關採用 M_2 貨幣定義可能產生之問題，Tobin (1965) 接續給予下列批評：

(1)銀行廠商創造的定期及儲蓄存款實際上並不能做為支付工具，亦即人們必須將兩者先兌現成 M_{1a} 後才可做為交易媒介。因此決策者只要釘住 M_{1a} 的貨幣供給，便能控制體系內的經濟活動，實在不需要有 M_2 的貨幣定義。

(2)假設銀行廠商創造之定期與儲蓄存款可以稱爲貨幣，則一些儲蓄銀行或非銀行金融廠商發行之各種「近似貨幣」，如: 信託基金(trust fund)等金融性債務，爲何不能稱爲貨幣?

最後，M_{1a}、M_{1b}及M_2三種貨幣定義顯現的意義並不相同，故個別波動趨勢亦非一致。在固定期間內，人們預擬支出金額通常以M_{1b}形式保有，而由「立即變現」的現金或支票(M_{1a})及「暫時儲存購買力處」的儲蓄存款(SD)兩者構成「交易餘額」內涵。當M_{1a}數量或成長率遞增時，將會導引體系內交易活動日趨活絡，物價將有顯著而迅速上昇趨勢。M_{1b}數量或成長率遞增時，意謂著體系內蓄積的潛在購買力日益充沛，一旦經濟環境變遷 (物價波動明顯)，M_{1b}將傾巢而出支持總需求或支出持續擴大，而使通貨膨脹壓力日益加重。M_{1a}及M_{1b}均係構成體系內「活動餘額」(active balance)的一環，至於M_2內容涵蓋「定存」具有固定到期日，「變現成本」顯然高於M_{1b}，流動性亦相對較低。人們當期內未曾準備支出的「閒置餘額」，或將投入「定存」與M_2懷抱，貨幣因而逐漸扮演較長期限的「價值儲藏」角色，其成長率遞增將有助於減輕通貨膨脹壓力。不過值得注意者: 依目前銀行廠商規定，人們可持定存單質押借款八成五，借款利率係依定存利率加碼 1.5%，顯見定存變現成M_{1a}與M_{1b}速度極快且損失不大。有鑑於此，當經濟環境顯著變化時，M_2仍將展現推波助瀾效果。

§3.4. 「流動性方法」

Johnson (1962) 認爲: 貨幣顯著異於其他資產係在具有優越的「流動性」，因此若將做爲「交易媒介」概念之貨幣轉變成「價值儲藏」概念，勢必會引起貨幣、政府債務與金融廠商負債間互相替代，進而釀成貨幣定義如何確定之問題。換言之，貨幣在做爲「交易媒介」時，替代品較

少；一旦轉型成「價值儲藏」工具時，替代品種類變得異常繁多，如何定義貨幣範圍逐成煩惱問題。有鑑於此，Gurley (1960)在《金融理論中的貨幣》(*Money in a Theory of Finance*)書中，提出「流動性資產存量」取代「貨幣存量」看法，認為金融產業發行「流動性負債」存量對經濟活動發揮重大影響，央行應嘗試擴大貨幣定義範圍，方能掌握經濟活動變遷。

「流動性」一詞是由 Keynes (1930)在《貨幣論》(*A Treatise on Money*)書中以間接方式提出，他認為銀行廠商在從事資產選擇時，應該依照國庫券、銀行放款或承兌匯票，以及投資(證券)，最後才是從事墊款(advance)的順序而行。爾後，Hicks (1962) 與 Tsiang (1969) 分由三項標準說明「流動性」定義：

(1)「市場性」(marketable)：人們處置資產時，不因過於匆促而招致資本損失所需之「通告時間」(notice time)。換言之，該項資產必須具有市場性及市場價格。

(2)「沒有損失」(without loss)：人們緊急出售資產而未具足夠長的通告時間，可能遭致損失程度。所謂「損失」並非依據原先購入價格判斷，而係指相對出售時的合理價格而言。

(3)「確定性」(certainty)：資產出售價格須具確定性。

瞭解「流動性」內涵後，文獻上對定義貨幣範圍便出現下列兩種說法：

(一)「流動性負債」的定義方式

在固定期間內，家計部門預擬支出金額將安排於現金及高度流動性的短期資產上，以利支出行為順利進行，是以前面討論的 M_0 至 M_2 貨幣定義可說是從家計部門觀點出發，說明人們選擇最適交易餘額組合後的體系內貨幣定義範圍。不過體系內持有交易餘額者尚有廠商部門，而保有

數量、特性與家計部門顯然有別，但促進交易順利進行及節省保有貨幣成本心願卻屬一致。因此廠商們利用高度複雜的現金管理技術，將現金以最有效率方式分別以各種貨幣市場信用工具持有，而視爲其交易餘額的一部份。

　　Gurley 與 Shaw 因而從「交易餘額」觀點定義貨幣範圍，進而出現 M_3 貨幣定義或國內通稱的「流動性負債」L 定義：

$$M_3 = M_2 + 貨幣市場信用工具 \tag{3.6}$$

　　　上式中的「貨幣市場信用工具」內容包括非銀行金融廠商發行的信託基金，在貨幣市場上流通交易的「國庫券」(TB)、商業本票(CP)、銀行承兌匯票(bank acceptance, BA)及可轉讓定存單(CD)等，詳情可見第十章。

　　　隨著經濟與金融發展進行，體系金融深化(financial deepening)程度一日千里，貨幣市場信用工具日趨多元化，而爲了進一步提昇流動性，上述信用工具發行時會附有「再購回承諾」，因而逐漸變成傳統「制度性儲蓄市場」上的「儲蓄帳戶」的近似替代品。另外，廠商依規定無法開立儲蓄存款帳戶，故其交易餘額將配置在現金及短期票券上。央行若欲瞭解體系內被選爲「交易餘額」組合內容的波動，惟有將「制度性儲蓄市場」及「貨幣市場」的負債工具同列貨幣定義範圍，方能掌握對經濟活動的確實影響。

　　　值得注意者：M_3 貨幣或流動性負債定義著重於廠商如何安排預擬用於支出之貨幣，不過附加項目在扮演交易媒介功能上卻是日趨薄弱，做爲「購買力暫時儲藏處」的角色卻逐漸加強。換言之，該項貨幣定義轉而強調經濟成員爲實現預擬支出而保有金融產業發行的「流動性負債」存量，故較「貨幣數量」更適於詮釋經濟活動變遷。

㈡「流動性資產」的定義方法

「新觀點」貨幣供給理論主張「非銀行金融廠商」與「銀行廠商」創造「銀行信用」過程並無兩樣，兩者均是經由購買「金融請求權」(financial claims)或「流動性資產」而授信給廠商與家計部門，投資與消費計劃方能順利執行，進而影響經濟活動運行。承襲「新觀點」說法的新 Keynesian 學派代表者《Radcliffe 報告》(1959)認為貨幣雖是「流動性資產」的一環，但真正影響體系支出者乃是人們由融資取得的流動性數量而非貨幣存量，故以「流動性資產」概念取代傳統「貨幣存量」概念，更適宜掌握經濟活動脈絡。

《Radcliffe 報告》結論及新 Keynesian 學派均主張：金融廠商經由創造各種存款負債吸收資金，進而在購買生息資產過程中創造「銀行信用」，此即形成私部門擁有流動性之大部份來源。他們認為：不論從實證調查報告或央行決策過程來看，貨幣當局通常較重視金融廠商的資產面組成內容，組合方式不同將會影響創造信用能力，進而影響實質部門支出行為，甚至於波及總體經濟活動運行。

最後，金融廠商擁有資產種類繁多，每項資產變動造成的效果迥異，對體系內信用供給量及內容的變動亦不相同，因此新 Keynesian 學派主張，將金融廠商進行放款及購買資產所創造之信用或流動性視同貨幣處理。同時，當惡性通貨膨脹發生時，央行應對金融廠商授信行為，或對發行長期證券必須加以管制。

§ 3.5. 「交叉」與「替代」彈性方法

前面數節研討的貨幣定義純粹由「理論」或「主觀」上進行規範，但卻未能揭曉何種貨幣定義最適於詮釋經濟活動的變遷。有鑑於此，文

獻上遂改弦易轍由實證資料著手，進行探究最適貨幣定義範圍。其中，Feige 與 Pearce (1977) 認爲「貨幣定義」問題其實是在探討M_{1a}貨幣與其他金融廠商發行債務間的關係，然後由此衍伸出我們定義之貨幣的需求函數穩定性，以及央行採行貨幣政策的效果等問題。所謂「交叉彈性」或「替代彈性」定義方法的目的旨在探討各種流動性資產的替代程度，進而瞭解體系內最適貨幣定義範圍，同時提供央行必須管理的金融廠商範圍及可能發生影響的資訊。

(一)「交叉彈性」方法

Gurley 與 Shaw (1955、1960) 率先主張:「金融廠商發行各種債務將是貨幣的近似代替品，換言之，金融廠商本質上將會增加貨幣需求的利率彈性」。爲了驗證該項臆說，Feige 與 Pearce (1977) 與 Lee (1966) 以資產選擇理論 (portfolio theory) 爲藍本，設定一個包括通貨及活存在內的狹義貨幣定義M_{1a}需求函數，並且採用財富W或所得Y，以及「近似貨幣」的報酬率，如: 儲蓄存款利率r_s，定存利率r_t等做爲解釋變數，函數型態可設定如下:

$$lnM_{1a} = \alpha_0 + \alpha_1 lnY + \alpha_2 lnW + \alpha_3 lnr_s + \alpha_4 lnr_t + u \qquad (3.7)$$

u是干擾項 (disturbance term)。接著，再利用時間數列資料對 (3.7) 迴歸式進行估計，估計所獲係數值即是M_{1a}貨幣需求對其他資產報酬率的交叉彈性:

$$\varepsilon(M_{1a}, r_s) = \frac{\partial lnM_{1a}}{\partial lnr_s} = \alpha_3 \gtrless 0$$

$$\varepsilon(M_{1a}, r_t) = \frac{\partial lnM_{1a}}{\partial lnr_t} = \alpha_4 \gtrless 0$$

$\varepsilon(M_{1a}, r_s)$ 及 $\varepsilon(M_{1a}, r_t)$ 分別是M_{1a}對儲蓄存款及定存報酬率的交叉彈性。當該值爲負時，兩者爲替代品; 反之，則爲互補品。

　　上述實證結果雖可掌握體系內流動性資產與貨幣間的「替代性」或「互補性」關係，從而在衡量眞正貨幣存量時，必須考慮列入或剔除，但仍將出現下列缺陷：

　　⑴從實證資料所獲之流動性資產與貨幣間的交叉彈性值，僅意謂著兩者間存在某種關係而已，至於數值應該多大，流動性資產才稱得上與貨幣之間具有「近似替代性」(close substitutability)，仍然無一定標準。傳統價格理論的「具有彈性」及「缺乏彈性」觀念，並不能適用在貨幣及其近似替代品上。再則，各種實證文獻所獲結論，彼此在統計上出現顯著差異，顯示其中關係並不穩定，無法正確判斷是否該列入貨幣定義範圍中。

　　⑵Friedman 與 Schwartz(1970)批評這種方法求出的彈性值在觀念上是統計意義較經濟意義爲大，無法提供具有顯著經濟意義而可供操作的堅強內涵。換言之，「係數值應該多大」而可供政策參考，是項懸而未決問題。

㈡「替代彈性」方法

　　由於「交叉彈性」方法僅能判斷「貨幣」(M_{1a})與其他「流動性資產」間的關係，卻無法解決貨幣定義問題，是以 Chetty (1969) 率先提出鋪路性文章後，Moroney 與 Wilbratte (1967)，以及 Boughton (1981)等人接續發展「替代彈性」方法，另謀解決之道。Chetty (1969) 認爲人們視流動性資產是貨幣的替代品，但實際上絕非 Friedman 與 Meiselman (1963)、Cagan (1965) 所稱的互爲完全替代。是以在進行貨幣定義實證分析時，首先須確定消費者無異曲線形狀，方能進一步決定各種金融資產間的替代彈性。同時，Chetty 認爲使用「替代彈性方法」驗證貨幣定義，能使人們立即算出流動性資產變化後的「貨幣等值」，並讓決策者瞭解體系內必須緊縮或放鬆銀根的幅度方可維持流動性不變，

從而避免「交叉彈性」方法必需等待政策效果產生方能判定的時間落後。

以下首先推演 Chetty 的理論模型，然後再說明後繼學者的修正方向。該模型的必要假設如下：

⑴消費者組合貨幣(M)及定期存款(T)，以生產類似流動性及價值儲藏的「貨幣或流動性勞務」(monetary or liquidity service)。

⑵貨幣與定期存款間互相具有替代性，理由是兩者能夠產生相同勞務，或者提供的不同勞務間能夠互相替代。

⑶消費者對兩種貨幣的效用函數是屬於「固定替代彈性」型態(constant elasticity of substitution, CES)。

基於上述假設，貨幣與定存共同生產之流動性勞務函數爲：

$$\text{Max}\quad U=(\beta_1 M^{-\rho}+\beta_2 T^{-\rho})^{-(1/\rho)} \tag{3.8}$$

人們面臨的財富預算限制爲 W_0：

$$\text{S.t.}\quad W_0=M+\frac{T}{1+r} \tag{3.9}$$

ρ 是替代彈性係數，T 是期末定存價值。利用 Lagrange 方法求解：

$$\frac{\partial U}{\partial M}=\lambda \tag{3.10}$$

$$\frac{\partial U}{\partial T}=\lambda/(1+r) \tag{3.11}$$

λ 是 Lagrange 乘數。就上述兩式相除可得：

$$\frac{\beta_1}{\beta_2}\left(\frac{M}{T}\right)^{-\rho-1}=(1+r) \tag{3.12}$$

Chetty 就上式取自然對數，經整理並加干擾項 u 可得迴歸模型如下：

$$ln\left(\frac{M}{T}\right)=\frac{1}{1+\rho}ln\left(\frac{\beta_1}{\beta_2}\right)+\frac{1}{1+\rho}ln\left(\frac{1}{1+r}\right)+u \tag{3.13}$$

(圖 3-1)中，流動性勞務曲線 $U(M, T)$ 與縱軸相交於 M_2，理由是：貨幣可提供完全流動性。不過該曲線卻僅能趨近於橫軸，原因是：定存

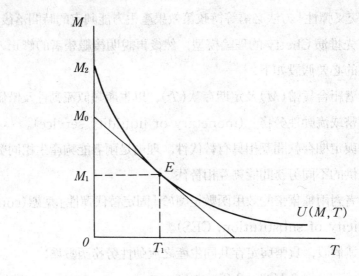

(圖 3-1) 最適貨幣組合

須經兌現成貨幣後才具有完全流動性，故無法單獨用於交易活動。在固定利率水準下，消費者的最適均衡點在 E。在該點上，由 M_1 及 T_1 的貨幣組合恰好會與 M_2 的純貨幣提供相同的貨幣勞務。換言之，$OM_2 = OM_1 + m(OT_1)$，m 是貨幣性，其值為 (M_1M_2/OT_1)。

自從 Chetty 提出「替代彈性」方法後，Lee (1972) 認為若要將某些資產包含在貨幣定義之中，必須視其在預測貨幣總量時，估計所獲替代彈性值的穩定性而定。再則，流動性資產間存在強烈替代效果，僅意謂著可被引進貨幣定義之中的必要條件而已。另外，Steinhauer 與 Chang (1972) 認為 Chetty 建立無異曲線群時，近似貨幣資產同時提供貨幣及非貨幣性勞務，不過建立調整後的貨幣供給 (adjusted money supply) 時，卻未曾區分近似貨幣資產提供方便與保值勞務的差異性，從而賦予近似貨幣資產太大的權數。

接著，Moroney 與 Wilbratte (1976) 率先修正 Chetty 模型如下：家計部門財富由名目貨幣餘額 M_t 及具有名目利息報酬 r_{it} 的各類金

融資產X_{it}所構成。

$$W_t = M_t + \sum_{i=1}^{n} X_{it}(1+r_{it}) \tag{3.14}$$

另外，家計部門面臨的「貨幣交易限制」(monetary transactions constraint)如下：

$$T_t = f(M_t, X_{it}) \tag{3.15}$$

上式又可表現成 CES 型態的流動性勞務函數：

$$T_t = \left\{ \beta_t M_t^{-\rho} + \sum_{i=1}^{n} \beta_{it} X_{it}^{-\rho i} \right\}^{-1/\rho} \tag{3.16}$$

由 (3.14) 及 (3.15) 兩式可設立 Lagrange 函數，求解過程則與上述雷同。Boughton (1981) 接續綜合各家批評，提出更一般化模型進行修正。假設家計部門或廠商在任何期間均面臨下列效用函數：

$$U = U[R(t)] \tag{3.17}$$

期末資源$R(t)$是由目前產出Y及持有資產X兩項所構成：

$$R(t) = R[X(t), Y(t)] \tag{3.18}$$

$X(t) = \{X_1, \cdots, X_n\}$，$Y(t) = \{Y_1, \cdots, Y_m\}$。假設效用函數具有可分割性，即持有資產總值與目前產出無關，且又具有齊次性，則可採 CES 型態表示如下：

$$U = \beta_0 \left[\sum_{i=1}^{n} \beta_i X_i^{-\rho i} \right]^{-1/\rho} \tag{3.19}$$

若讓替代彈性$\sigma = 1/(1+\rho)$隨ρ的變化而變，

$$\frac{1}{\sigma_{ij}} = (1+\rho_j) - \frac{(\rho_j - \rho_i)}{1 + \theta_{ij}(X_i/X_j)} \tag{3.20}$$

θ_{ij}是X_i和X_j間的邊際代替率(MRS)，則 (3.19) 式便成為變動替代彈性(VES)的函數了。再令β_i取決於所得，則(3.19)式可表為：

$$U = \beta_0 \left[\sum_{i=1}^{n} \beta_i(Y) X_i^{-\rho i} \right]^{-1/\rho} \tag{3.21}$$

$\beta_i(Y) = \beta_i Y^{(\rho i - \rho)}$，則上式又可表爲：

$$U = \beta_0 Y \left[\sum_{i=1}^{n} \beta_i (X_i / Y)^{-\rho i} \right]^{-1/\rho}$$ (3.22)

Boughton 認爲人們面對 $W_t = \sum_{i=1}^{n} X_i(t)$ 的財富限制，在尋求 (3.22) 式的效用極大後，可求得各種金融資產的替代及所得彈性。

§3.6. 「判定係數」方法

總體文獻解釋經濟循環原因時，往往分成兩大主流：(1) Keynesian 學派領銜的「實質經濟循環理論」，主張「實質支出」($E = C + I + G$) 變化是肇致名目所得(Y)波動的主因，爾後再經新 Keynesian 學派引伸，人們進行預擬支出前必須取得融資，是以「流動性資產」多寡遂成爲影響經濟循環主因；(2) 古典學派帶頭的「貨幣經濟循環理論」基於「貨幣數量學說」看法，認爲：貨幣供給增加透過「實質餘額效果」(real balance effect) 而使體系支出及名目所得增加，或者另循資產報酬率調整管道而影響經濟活動運行。

爾後，Friedman 與 Meiselman (1963) 採納「貨幣數量學說」模型，設定名目所得與貨幣間的關係如下：(u 是干擾項)

$$\triangle Y = a + b \triangle M_i + u$$ (3.23)

再利用「名目所得」與「貨幣」的時間數列資料驗證上述迴歸方程式，並以迴歸方程式的「判定係數」高低做爲選取貨幣定義的標準。此外，Friedman 與 Meiselman 採取兩個準則選取最適貨幣定義：

(1) 首先將「功能性方法」定義之貨幣存量，如：M_0、M_{1a}、M_{1b}、M_2 及 M_3 等分別代入 (3.23) 式中的 $\triangle M_i$，經過各自實證研究後，選擇其中「判定係數」(R^2) 或「解釋能力」最高者；

(2)在上述實證過程中，一旦出現下列現象：

$$\triangle Y = a_1 + b_1 \triangle M_{1b} \qquad\qquad R^2 = 0.9 \qquad\qquad (3.24)$$

$$\triangle Y = a_2 + b_2 \triangle M_2 \qquad\qquad R^2 = 0.91 \qquad\qquad (3.25)$$

若依前項標準，央行理應選擇 M_2 貨幣定義，理由是：M_2 的判定係數 $R^2 = 0.91$ 相對大於 M_{1b} 的 $R^2 = 0.90$。值得注意者：央行選定貨幣定義後，意謂著執行貨幣政策所需控制貨幣數量以及列管（或督導）金融廠商範圍隨即定案。若由成本效益觀點，央行無須為求增加些許解釋能力的好處而負擔較大的執行政策成本，故可考慮放棄 M_2 而改選 M_{1b}。

不過，為求慎重起見，央行須進一步驗證 M_{1b} 在增加 TD 項目而成 M_2 後，能夠增加解釋能力的幅度，（3.25）式中的 M_2 可由 M_{1b} 及 TD 兩項取代而變為下列迴歸方程式：

$$\triangle Y = a_3 + b_3 \triangle M_{1b} + b_4 \triangle TD + u \qquad\qquad (3.26)$$

再以實際資料驗證（3.26）式後，接續查證下列結果：

(1) b_3 及 b_4 係數值是否仍然顯著，同時兩者是否為正值而符合理論要求；

(2)新迴歸方程式的 R^2 是否仍較（3.24）或（3.25）式為高；

(3)驗證 TD 項目對迴歸方程式帶來解釋能力擴增幅度。

一旦上述驗證結果均屬肯定，縱然（3.24）及（3.25）式的 R^2 相差不遠，央行仍須選擇 M_2 而非 M_{1b} 貨幣定義。

接著，Gurley 與 Shaw（1960）認為各種金融資產對貨幣的替代性不盡相同，也就是說各項金融資產兌現成「交易媒介」所需花費之時間成本與貨幣成本並非相同，而使各種資產流動性並不一致。因此若將相關金融資產價值加總，實不足以測度體系內「流動性資產」或「貨幣」的真正存量。解決此種問題的惟一方法是：將各項金融資產依「貨幣性」大小加權累計後，便可獲得足以正確反映體系內的「真正貨幣存量」值，然後再行測定貨幣與經濟活動的關係。

　　有鑑於此，Timberlake與Fortson(1967)、Laumas(1968、1969)仿照Friedman-Meiselman的分析方法，將名目所得與各種金融資產存量兩者間的變動關係表示如下：

$$\triangle Y = a + b_1 \triangle M_{1a} + b_2 \triangle SD + b_3 \triangle TD + u \tag{3.27}$$

利用實際資料驗證上述迴歸方程式後，經整理可得：

$$\triangle Y = a + b_1 \left[\triangle M_{1a} + (\frac{b_2}{b_1}) \triangle SD + (\frac{b_3}{b_1}) \triangle TD \right] \tag{3.28}$$

　　一旦(3.28)式的各項係數值均為顯著，解釋能力亦佳，則式中的金融資產將對名目所得變動發揮影響力。但依「貨幣數量學說」看法，惟有當金融資產列入「交易餘額」(或「活動餘額」)組合時，對名目所得變動才有推波助瀾的正向效果，進而可歸入「貨幣」範圍內。反之，某項金融資產係數值若為負值，顯示該資產被歸入「投資餘額」(或「閒置餘額」)組合中，對名目所得波動將有抑制平緩的負面效果，理應由「貨幣」定義中予以剔除。

　　最後，$M_{1a} = C^\rho + DD$係眾人公認的「貨幣」，「流動性」或「貨幣性」應為1，而其解釋名目所得變化的程度為b_1。至於SD及TD解釋名目所得波動程度分別為b_2及b_3，若折算成一單位M_{1a}而能詮釋所得變化幅度將是$0 < (b_2/b_1)$、$(b_3/b_1) < 1$，此即代表兩者的「貨幣性」或「流動性」。假設(3.28)式的實證結果均符合理論要求，央行選取貨幣定義應為$M_2 = M_{1a} + SD + TD$，體系內真正存在的「流動性數量」或「貨幣等值量」應是：

$$M^* = M_{1a} + (\frac{b_2}{b_1}) SD + (\frac{b_3}{b_1}) TD \tag{3.29}$$

* § 3.7. 「Divisia 貨幣指數」方法

Barnett (1980、1982)、Offenbacher 與 Spindt (1981) 等人承襲 Chetty 以來的分析方式，並基於 Fisher (1930) 的「跨時消費選擇模型」推演各種貨幣性資產的加權數。在推演模型前先做以下假設：

⑴消費財支出是在期間內持續進行，而貨幣性資產及債券僅在期末才變動，亦即資產選擇行為發生於期末；

⑵利率、物價與工資在期間內固定而於期末才變動，同時勞動供給由外生決定；

⑶消費者在期末出售所有債券，再於每期期初購買新債券；

⑷效用函數具有嚴格遞增性(monotonic increasing)、弱分割性(weakly separable)及齊次性(homothetic)。

基於上述假設，人們在計劃期間內的效用函數可表為：

$$\text{Max } U_t(m_t, \cdots, m_{t+t}; x_t, \cdots, x_{t+t}; A_{t+t})$$
$$= U_t\{V(m_t), V_{t+1}(m_{t+1}), \cdots, V_{t+t(mt+t)};$$
$$V(x_t), V_{t+1}(x_{t+1}), \cdots, V_{t+t}(x_{t+t}); A_{t+t}\} \qquad (3.30)$$

至於人們的消費支出來源包括勞動所得與財產所得兩部分：

$$\text{S.t. } P'_s X_s = W_s L_s + \sum_{i=1}^{n} \left[(1+r_{i,s-1}) P^*_{s-1} m_{i,s-1} - P^*_s m_{is} \right]$$
$$+ \left[(1+P_{s-1}) P^*_{s-1} A_{s-1} - P^*_s A_s \right]$$
$$t \le s \le t+T \qquad (3.31)$$

式中：

T：計劃時間的期數，S 表計劃時間內之任一期。

X_s：S 期每人消費商品及勞務數量的向量。

P_s：S 期的預期商品或勞務價格或耐久財的租金價格向量。

m_{is}：S期每人第i種實質貨幣性資產的餘額，$i=1, 2, \cdots, n$。

r_{is}：S期第i種貨幣性資產的預期名目報酬率（包括資本利得）。

A_s：S期每人預擬保有的實質債券數量。

R_s：S期預期債券報酬率。

W_s、L_s：S期工資水準及每人勞動供給。

人們在期初與期末擁有的實質資產分別爲：

$$\sum_{i=1}^{n}(1+r_{i,t-1})m_{i,t-1}+(1+R_{t-1})A_{t-1} \tag{3.32}$$

$$\sum_{i=1}^{n}(1+r_{i,t+t})m_{i,t+t}+(1+R_{t+t})A_{t+t} \tag{3.33}$$

令ρ_s爲貼現率(discount rate)，則

$$\begin{aligned}\rho_s &=1 & s=t\\ &=\prod_{u=t}^{s-1}(1+R_u) & t+1\leq s\leq t+T\end{aligned} \tag{3.34}$$

將 (3.31) 式變爲單一的預期預算限制式：

$$\begin{aligned}&\sum_{s=t}^{t+t}(P_s'/\rho_s)X_s+\sum_{s=t}^{t+t}\sum_{i=1}^{n}(\frac{P_s^*}{\rho_s}-\frac{P_x^s(1+r_{is})}{\rho_{s+1}})m_{is}\\ &+\sum_{i=1}^{n}\frac{P_{t+t}^*(1+r_{i,s+t})}{P_{t+t+1}}m_{i,t+t}+\frac{P_{t+t}^*}{\rho_{t+t}}A_{t+t}\\ &=\sum_{s=t}^{t+t}(W_s/\rho_s)L_s+\sum_{i=1}^{n}(1+r_{i,t-1})P_{t-1}^*m_{i,t-1}\\ &+(1+R_{t-1})A_{t-1}P_{t-1}^*\end{aligned} \tag{3.35}$$

由上式顯示的貨幣性資產使用成本(user cost)爲：

$$\prod_{is}=\frac{P_s^*}{\rho_s}-\frac{P_s^*(1+r_{is})}{\rho_{s+1}} \tag{3.36}$$

而當期的貨幣性資產使用成本將相當於 Jorgenson 採用的投資耐久財租金成本：

$$\prod_{it}=\frac{P_t^*(R_t-r_{it})}{1+R_t} \tag{3.37}$$

　　依據效用函數型態可知, 人們的消費決策行為可分成兩個階段實現:
(1)消費者首先選擇各總合貨幣性資產支出量m_{is}、消費支出量x_s及最末
期的債券持有量A_{t+t}; (2)再將總合性貨幣資產支出量及消費財總支出
分配到個別貨幣性資產及消費財中。第一階段由人們追求(3.30)式極大,
而在(3.31)式限制下求得。至於第二階段可由下列方式求得:

$$\text{Max }\ V_t(m_t) \tag{3.38}$$

$$\text{S.t. }\ \prod_t^{*'} m_t = M_t^* \tag{3.39}$$

$M_t^* = M_t/P_t$, $\prod_t^* = \prod_t/P_t$, M_t是總合貨幣性資產的支出量。

　　經由對上述求解, 將可獲得個別貨幣性資產的最適量。Barnett 接著
引用Tornoquist-Theil的「Divisia 數量指數」, 作為 Divisia 貨幣指數
的趨近值(approximate value):

$$\triangle lnD_t = lnD_t - lnD_{t-1} = \sum_{i=1}^{n} S_{it}^* (lnm_{it} - lnm_{i,t-1}) \tag{3.40}$$

$$\text{或}\quad dlnD = \sum_{i=1}^{n} S_i dlnm_i \tag{3.41}$$

其中, $S_{it}^* = \frac{1}{2}(S_{it} + S_{i,t-1})$

$$S_{it} = \prod_{it} m_{it} / \sum_{k=1}^{n} \prod_{kt} m_{kt}$$

D_t表t期的 Divisia 貨幣指數, m_{kt}, $\prod_{kt}$意義如前。由 (3.40) 或 (3.41)
式可知: 「Divisia 貨幣指數」D_t之成長率即是個別貨幣性資產成長率的
加權平均, 權數正是個別資產價值比例(value share), 以表示貨幣指數
組成分子對貨幣性勞務的貢獻。

　　最後, 「Divisia 貨幣指數」構成分子的個別貨幣性資產的權數雖然
會因效用函數、利率與物價等因素變化而成浮動值, 但其實際可行性係
基於下列假設:

　　(1)貨幣性勞務係主要經濟活動的指標;

(2)貨幣性勞務是央行容易控制的；

(3)不同貨幣性資產具有異質的貨幣性勞務，且反映於使用成本上；

(4)不同貨幣性資產之間可以相互替代；

(5) Divisia 貨幣指數可爲央行在決策過程中採用爲政策工具。

就上述條件與實際現象相對照，將不難發現(2)、(3)、(5)不易完全成立。就貨幣性資產的使用成本能否反映邊際貨幣性勞務而言，貨幣性資產若仍兼具其他特性，如：可分性、流動性等，則使用成本反和報酬率成負相關，不過若能將其貨幣化，使用成本依然正確反映邊際的貨幣性勞務。至於貨幣性資產是否隱含報酬存在，其名目利率是否爲眞正的均衡價格，都是決定使用成本能否正確衡量貨幣性的重要因素。此外，「Divisia 貨幣指數」因考慮了人們的資產選擇行爲，並非央行所能控制，故在決策過程中很難被採用。但是作爲「訊息變數」(information variable)而非控制變數(control variable)時，「Divisia 貨幣指數」仍可提供衡量體系內正確貨幣性勞務流量與經濟活動關聯的訊息，以供決策者作爲政策指標。在決策過程中，傳統貨幣定義與「Divisia 貨幣指數」可以分開考慮而非「二者擇一」，亦即「Divisia 貨幣指數」將視能否助益央行提昇執行貨幣政策能力，而納入決策所需參考訊息中。

§ 3.8. 摘要

綜合以上各節分析結果，列表進行比較如下：

分析 方法 項目	種　　　類	定義內容	強　調　重　點	發 行 廠 商	代 表 人 物
(1)功能性 方法	(a)交易方 法	M_0或M_{1a}	「交易媒介」或「支付工具」	央行與銀行廠商的負債（存量）	通貨學派，Fisher(1911) Robertson (1595)
	(b)暫時購 買力儲 藏處方 法	M_{1b}或M_2	由家計部門觀點來看全部的交易餘額	央行、銀行廠商及其他儲蓄機構的負債（存量）	Friedman (1959) Gurley & Shaw(1955, 1960)
	(c)流動性 方法	M_3 或 流 動 性負債	1.由廠商觀點來看全部的交易餘額 2.流動性負債存量的影響力	金融產業及貨幣市場的短期負債（存量）	銀行產業用爲考察信用變動的參考指標
		流動性資產	由銀行廠商的資產選擇及體系支出行爲變化來看流動性的影響力	金融產業的資產面（流量）	Radcliffe 報告(1959) Hicks(1962) Tobin(1969)
(2)實證性 方法	(a)交叉彈 性或替 代彈性 定義法	計算各種金融資產間的交叉彈性及替代彈性值	探討經濟變數調整對各種資產間替代性的影響，進而決定貨幣定義範圍	金融產業發行之負債（存量）	Feuge(1977) Gurley & Shaw(1955, 1960) Chetty(1969) Moroney & Wilbratte (1976) Boughton (1981)
	(b)判定係 數法	選擇對經濟活動變化解釋能力最高之貨幣定義	探討貨幣定義對國民所得波動的解釋能力及各種金融性資產的貨幣性	金融產業發行之負債（存量）	Friedman & Meiselman (1963) Laumas (1968, 1969) Timberlarke & Fortson (1967)

| (c) Divi-sia 貨幣指數法 | 由人們的跨期選擇中，求出對貨幣性勞務的價值比例 | 強調由消費行為的一般均衡理論求出各種貨幣性資產的加權指數，將隨經濟變數調整而浮動 | | Barnett (1980, 1982) Offenbacher & Spindt (1981) |

〔本章重要參考文獻〕

1. 陳博志：〈活期存款及準貨幣的貨幣性〉，臺灣經濟金融月刊，十一卷一期，民國六十四年，pp.6-9。

2. 簡清芬：《貨幣的實證定義法與臺灣之實證分析》，臺大經研所碩士論文，民國六十四年。

3. 謝德宗：〈貨幣的功能與定義問題之探討〉，現代審計，第 347 與 348 期，民國七十年。

4. ＿＿＿：〈貨幣定義問題之檢討〉，企銀季刊，六卷三期，民國七十二年，pp.72-86。

5. ＿＿＿：〈貨幣定義文獻發展的回顧〉，臺北市銀月刊，二十三卷一期，民國八十一年，pp.2-27。

6. 蔡玟玲：《貨幣性資產的替代性與貨幣定義》，臺大經研所碩士論文，民國七十三年。

7. 許誠洲：〈金融創新的本質〉，臺北市銀月刊，二十二卷七期，民國八十年，pp.20-27。

8. Barnett, W. A., *Economic Monetary Aggregates: An Application of Index Number and Aggregation Theory*, J. of Econometrics, 1980, pp.11-48.

9. ＿＿＿, Offenbacher, E. K. & Spindt, P. A., *New Concepts of Aggregated Money*, JF, 1981, pp.497-505.

10. ＿＿＿, *The Optimal Level of Monetary Aggregation*, JMCB, 1982, pp.687-709.

11. Boughton, J. M., *Money and its Substitutes*, JME, 1981, pp.375-386.

12. Chetty, V. K., *On Measuring the Nearness of Near -Moneys*, AER, 1969, pp.270-281.

13. Feige, E. L. & Pearce, D. K., *The Substitutability of Money and Near-Moneys: A Survey of the Time-Series Evidence*, JEL, 1977, pp.439-469.

14. Finnerty, J. D., *Financial Engineering in Corporate Financial: An Overview*, Financial Management, 1988, pp.14-33.

15. Fisher, I., *The Purchasing Power of Money*, 1911.

16. Friedman, M. & Meiselman, D., *The Relative Stability of Monetary Velocity and Investment Multiplier in the United States, 1987-1938*, in Conference on Money and Credit, Stabilization Policies, Englewood Cliffs, 1963.

17. ＿＿＿ & Schawartz, A. J., *Monetary Statistics of the United States: Estimates, Sources, Method,* N. Y., NBER, 1970.

18. Goodfried, M., Parthemos, J. & Summers, B., *Recent Financial Innovations: Causes, Consequences for the Control*, Economic Review, FRB of Richmond, 1980, pp.14-27.

19. Goodhart, C., *Money, Information and Uncertainty*, 1975.

20. Gurley, J. G. & Shaw, E. S., *Financial Aspects of Economic Development*, AER, 1955, pp.515-538.

21. ＿＿＿ & ＿＿＿, *Money in a Theory of Finance*, 1960.

22. ＿＿＿, *The Radcliffe Report and Evidence: A Review Article*, AER, 1960, pp.672-700.

23. Hicks, J. R., *Liquidity*, EJ, 1962, pp.785-802.

24. Johnson, H. G., *Monetary Theory and Policy*, AER, 1962,

pp.335-384.

25. Keynes, J. M., *A Treatise on Money*, 1930.

26. Laumas, G. S., *The Degree of Moneyness of Savings Deposit*, AER, 1968, pp.501-503.

27. _____ , *Savings Deposits in the Definition of Money*, AER, 1969, pp.892-896.

28. Lee, T. H., *Substitutability of Non-bank Intermediary Liabilities for Money: The Empirical Evidence*, JF, 1966, pp. 441-457.

29. Moroney, J. R. & Wilbratte, B. J., *Money and Money Substitutes: A Time Series Analysis of Household Portfolios*, JMCB, 1976, pp.181-198.

30. Silber, W. L., *The Process of Financial Innovation*, AEA, Papers and Proceedings, 1983, pp.89-94.

31. Timberlake, R. H. JR. & Fortson, J., *Time Deposits in the Definition of Money*, AER, 1967, pp.190-193.

第四章　貨幣制度

　　自從人類脫離「物物交換」困境，逐步迎向「貨幣經濟」授予方便的環境後，即朝思暮想如何持續改良貨幣型態，企求減輕交易成本與提昇交易效率。此外，人們在交易過程中經常遭遇制度、習慣、方便等諸多環境限制，故於「比較利益」驅使下，往往視交易場合而選用不同貨幣，「多元化交易媒介」因而盛行於世。所謂「貨幣制度」係指體系內各種流通貨幣依等價關係建立的貨幣體系與秩序。爲建立貨幣制度，決策當局必須在法律上規定某種材料、重量、成色及形式的物品作爲交易活動時的「記帳單位」及「最後支付工具」，並作爲體系內他種貨幣價值的計算標準，此即通稱的「本位貨幣」(standard money)。至於有關「本位貨幣」的全套規定，包括重量、成色、形狀、鑄造、發行與其他貨幣的兌換比率、發行準備等規定，則可稱爲「本位制度」(standard system)。換言之，「本位制度」是一國管理貨幣數量與品質的全套法律與習慣。

　　由貨幣演進歷史觀察，人們選擇「貨幣」幣材係循「商品」、「紙張」及「信用」順序而行，任何新型態貨幣誕生必能有助於帶動交易成本下跌及交易效率提昇。此外，面對不同經濟發展階段，同類型「本位貨幣」往往因規劃差異而呈現迥異「本位制度」內容，進而對經濟活動形成截然兩樣的影響效果，值得深入逐一說明。

　　本章首先說明經濟發展過程中曾經出現的「貨幣」與「貨幣本位制度」類型及劃分標準。其次，分別推演「金幣」及「金塊」(gold bullion)兩種金本位制度下的資源配置效果。第三，分別探討「複本位制度」

(Bimetallism)內容及其達成均衡的過程。第四，將說明「金匯本位制度」(gold exchange standard system)下的經濟體系運作狀況。接著，再扼要說明「銀本位制度」(silver standard system)及「紙幣本位制度」(paper money standard system)內涵。最後，將探討「電子支付制度」或「銀行付款清算制度」如何促使經濟體系邁向「無貨幣」(cashless)社會的發展狀況。

§ 4.1. 「貨幣」與「貨幣本位制」的型態

由第二章描述的貨幣功能顯示：人們在日常簿記帳(bookkeeping order)上從事基本交易調整時，「貨幣」通常扮演「記帳單位」與「支付工具」角色。當貨幣扮演「記帳單位」角色時，則屬「抽象貨幣」概念而可為任何商品，一旦轉為「支付工具」角色時，將歸類為「實體貨幣」範圍。綜合一般「簿記交易」(bookkeeping transaction)經常使用的支付型態，往往出現三種方式：(1)「實體貨幣」(piece money)移轉；(2)銀行資產負債帳戶間的移轉，即「銀行貨幣」(bank money)或「帳簿貨幣」(book money)移轉；(3)「貨幣債務」(money debt)或「信用貨幣」移轉。由上述方式將可衍生(表 4-1)的貨幣型態，其劃分標準通常依下列方式進行：

(1)貨幣組成內涵

若由貨幣構成內涵觀察，體系內將盛行「商品貨幣」(實體貨幣)、「銀行貨幣」(帳簿貨幣)及「信用貨幣」等三大主流的貨幣型態。其中，「商品貨幣」係指可依固定比例向發行者隨時「兌現」或「贖回」(redeemable)商品的貨幣，通常係以貴金屬（金或銀）型態出現。「銀行貨幣」則由政府或銀行廠商依法律規定發行的貨幣，雖然賦予「無限法償」權利，但無法向發行者請求以商品贖回。至於「信用貨幣」則是由發行者

承諾付款的「貨幣性債務」。

⑵貨幣發行者

當人們選擇「商品貨幣」充做「交易媒介」後，往往由央行規定貨幣內涵、規格與成色等項目，同時開放廠商自由競爭生產而未加干涉。在此條件下發行的貨幣包括「全值貨幣」(full-bodied money)，貨幣價值等於商品價值；以及為減輕「儲藏」、「遞送」等交易成本而以「象徵性貨幣」(token money)代替流通，不過又依具有「完全準備」或「部份準備」與否而分為兩類。至於體系邁入以「紙幣」交易階段後，「貨幣發行權」通常由央行收歸國有，壟斷發行「不兌現紙幣」(inconvertible paper money)的通貨流通使用。另一方面，銀行廠商在央行允許承辦「支票存款帳戶」業務後，另行壟斷創造「支票」權利供人們使用，「通貨」與「支票」兩者合稱「銀行貨幣」。

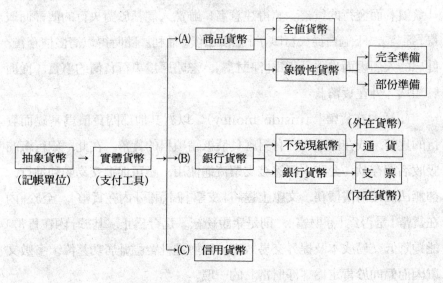

（表 4-1） 貨幣的種類

⑶能否要求發行者贖回

在眾多浮沈於世的貨幣之中，文獻上又依其與商品間的轉換關係而

區分為「商品貨幣」及「信用貨幣」（包括銀行貨幣在內）。前者允諾貨幣持有者隨時可依等價關係要求發行者以「商品」（黃金或白銀）贖回；至於後者則無此能耐，人們持有貨幣全賴對發行者的信心支持，雖能於商品市場購物，但無法要求發行者以「商品」贖回。

(4)經濟理論的劃分方式

自從金融產業迅速發展之後，貨幣理論文獻遂依體系內創造貨幣方式迥異，而有「內在」與「外在」貨幣之爭：

(i)「外在貨幣」(outside money)：以資產為基礎而發行的貨幣，且於體系內未有對應的負債抵銷項目。其中，「商品貨幣」實際上是由「商品」本身支持價值，當屬「外在貨幣」範圍。至於央行發行「銀行貨幣」（通貨）雖有資產（如：「外匯資產」或財政部發行的「公債」）做為後盾，但是資產卻歸全民共有，故「通貨」在理論上應屬央行基於對大眾「負債」而發行的貨幣。值得注意者：雖然人們基於對央行的債權而取得「通貨」，不過自從央行賦予「無限法償」權利，隨時得以清償債務後，健忘的人們因而也視通貨為「淨財富」，忽略原為央行負債的事實，從而歸類為「外在貨幣」。

(ii)「內在貨幣」(inside money)：以對其他部門負債為基礎而發行的貨幣，或在體系內存有對應負債抵銷項目的貨幣。在此，銀行廠商吸收活期存款，允許人們簽發支票流通使用，雖可促進交易順利進行，卻無法直接清償債務，文獻上遂將「支票」歸類為「內在貨幣」。至於「內在貨幣」是否為「淨財富」，則是衆說紛紜。迄今為止，基於「內在貨幣」能夠降低交易成本及提昇交易效率，對增進社會福祉居功甚偉，多數文獻因而偏向於肯定為「淨財富」的一環。

瞭解貨幣型態劃分方式後，接著再以 (表 4-2) 說明規範各類貨幣彼此關係的「貨幣本位制度」型態。

由貨幣演進歷史來看，先後搬上經濟舞臺的「貨幣本位制度」雖然

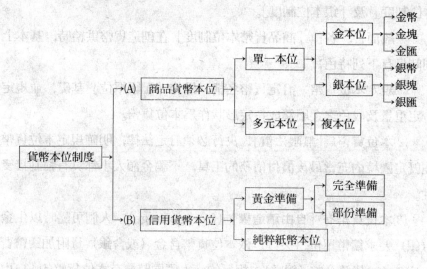

（表 4-2）「貨幣本位制度」型態

眾多繁瑣，但卻截然分爲「商品貨幣」與「信用貨幣」兩種本位制度主流。

㈠商品貨幣本位制度

該類制度係指體系內「本位貨幣」須以一定重量及成色的金屬充當幣材，「本位貨幣」的價值與貨幣的商品價值維持一致關係，故又稱爲「金屬本位制度」（metallic standard system）。由於「本位貨幣」價值需與商品價值保持一致關係，造成幣材價值與數量可能影響「本位貨幣」的價值與數量，故又另稱「拘束本位制度」（restrained standard system）。另外，該制度再依體系內流通的貨幣種類而分爲「單一本位制度」（monometallic standard system）與「多元本位制度」（multimetallic standard system）。前者僅以單一金屬作爲「本位貨幣」；後者指體系內同時存在多種金屬本位貨幣流通，彼此間並有法定交換比率。「單一本位制度」因選作「本位貨幣」幣材的金屬有金銀之分，可再區分爲「金

本位制度」及「銀本位制度」。

一般而言，各種「商品貨幣本位制度」在創造貨幣供給時，基本上同時具有下列特色：

(1)規定本位貨幣：訂定貨幣名稱，供作「記帳單位」基礎，並規定一定重量及成色之金屬鑄成特定形狀作爲本位貨幣。

(2)本位貨幣爲「無限法償」：央行必須訂定法律，明確規定本位貨幣在既定國境內充當最後償付債務的工具，不論金額大小都具有強制接受性。

(3)本位貨幣有「自由鑄造權」(free coinage)：人們可隨時以生金（銀）要求鑄幣單位（央行）依本位貨幣含金（或含銀）量附加鑄幣費(mintage)代鑄金幣（銀幣）。相反的，人們同時擁有本位貨幣的「自由熔燬權」(right to melt)，可將紙幣（金幣）依法定含金量兌換金幣（或金塊）供存藏或輸出之用，以確保本位貨幣品質而避免貶值，故又稱「兌換權」(convertibility)。

(4)本位貨幣發行與流通：由於「商品貨幣」兼具「貨幣」與「商品」兩種性質，故除規定本位貨幣得在國內自由流通外，更允許人們得以自由輸出入。

㈡信用貨幣本位制度

該類制度專指央行發行本位貨幣係以紙張充當幣材，並且無法兌現成『商品貨幣』的貨幣制度。此外，再依有無發行準備而區分爲「黃金準備本位制度」(gold reserve paper money standard system)及「純粹紙幣本位制度」(pure paper money standard system)兩種。「信用貨幣本位制度」通常具有下列特色：

(1)訂定本位貨幣名稱，規定使用紙張質料、規格與印刷圖案。

(2)明訂本位貨幣具無限法償資格，具有強制流通能力。

(3)「不兌換紙幣」雖然擺脫貴金屬拘束，不過本身缺乏實體價值，其為人們接受使用乃是基於對央行的信心。央行必須適度控制紙幣發行量，穩定紙幣購買力，方可避免釀成通貨膨脹，否則將使人們對持有紙幣退避三舍，危及紙幣本位制度存續。

§ 4.2. 「金幣本位制度」與資源配置效果

英國於 1816 年率先採用「黃金本位制度」規範國內貨幣制度，並以「金幣本位制度」型態出現。此後，國際經濟飛躍成長，黃金產量一直無法配合交易需求激增，為解決該項困擾，「金幣本位制度」接續修正為「金塊」及「金匯」兩種制度。雖然「金本位制度」內容數度更迭，但因黃金供需缺口持續擴大，英國終於在 1931 年正式宣告放棄「金本位制度」，為盛行國際金融體系達數世紀之久的「金本位制度」譜下休止符。

「金本位制度」中最早出現的型態是「金幣本位制度」，同時也是 1914 年之前盛行於歐美主要國家的貨幣制度。「金幣本位制度」基本上屬於「商品貨幣」的一環，除具有前節所述特色外，尚有兩項特質：(1)該制度屬於「黃金流通制度」(gold circulation system)，必須鑄造金幣供作交易流通之用。此外，黃金兼具「貨幣」與「商品」角色並可互相變換，人們得以黃金請求鑄成金幣，亦可自由熔成金塊，故金幣價值須與黃金商品用途價值相等；(2)代表本位貨幣的銀行券(bank notes)得無限制兌換金幣。在此，發行「可兌換銀行券」的原因是：使用金幣交易所需負擔的「儲藏成本」及「遞送成本」極高，央行發行「代用貨幣」(representative money)取代金幣流通，將可降低交易成本及提昇交易效率。至於「可兌換紙幣」可採部份準備制度發行，提高貨幣供給彈性，能使交易性貨幣需求獲得較充分滿足。

就理論上來看，採用金幣本位制度將可享有下列好處：

(1)貨幣與黃金保有直接聯繫，只要黃金價值不變，貨幣價值亦能維持穩定；

(2)紙幣具有兌換黃金或金幣的強制性，促使央行發行紙幣數量受到黃金存量限制，避免濫發貨幣釀成通貨膨脹危機；

(3)透過「價格黃金流量機能」(price-specie flow mechanism)運作，實施金幣本位國家的匯率僅在「黃金輸送點」範圍內變動，具有穩定各國匯率及促進國際貿易發展與收支平衡的作用。

「金幣本位制度」雖具理論上的優點，但在執行過程中卻是弊病叢生：

(1)黃金供需變動將會造成黃金價格波動，從而影響貨幣價值；

(2)過度重視匯率及國際收支安定，進而犧牲國內經濟穩定等其他目標；

(3)金幣流通及紙幣兌換性的規定，使貨幣供給量深受黃金存量限制，無法因應經濟環境變遷而彈性調整；

(4)國際收支調整所需時間並不確定，多數國家難免會採歡迎黃金流入及抗拒黃金流出的政策，阻礙國際間資本自由移動。

上述說明顯示：一國若採「金幣本位」貨幣制度，對經濟活動影響將屬利弊參半。為求深入掌握「金幣本位制度」下的經濟活動脈絡，以下援用 Niehans (1978) 的模型說明物價、就業及資源配置間的關係。推演模型前須做下列假設：

(1)體系內所有貨幣均為「金幣」，鑄造或銷毀成本為零。此外，金幣發行者係採「完全準備制」。

(2)體系內所有資源投入於生產「黃金」(G)與「複合商品」(composite commodities, C)。同時，人們的效用係由購買商品及保有黃金兩者衍生而來。

基於上述假設，體系內的總效用函數可表為：

$$\text{Max } U = U(C, G) \tag{4.1}$$
$$\quad\;\; (+)\;\; (+)$$

固定期間內，體系內全部資源$(\overline{R})$投入生產「黃金」及「複合商品」，總生產函數可表爲：

$$\text{S.t. } F(C, G, \overline{R}) = 0 \tag{4.2}$$

假設所有成員追求 (4.1) 式的總效用極大，並受 (4.2) 式限制，則最適均衡條件將是：

$$MRS_{gc}(=U_g/U_c) = MRT_{gc}(=F_g/F_c) \tag{4.3}$$

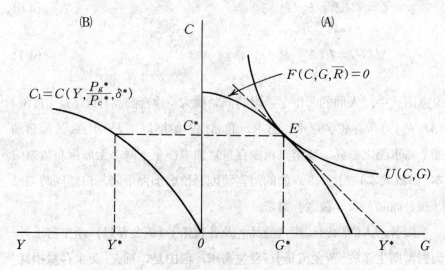

(圖 4-1) 金幣本位制度下的經濟均衡

上述結果可用 (圖 4-1) 說明：(4.1) 式將是(A 圖)中的$U(C, G)$社會無異曲線(social indifference curve)，(4.2) 式是(A 圖)中的$F(C, G, \overline{R}) = 0$「生產可能曲線」(production possibility curve)。當兩條軌跡相切於E點，或前者的邊際代替率$MRS_{gc} = (U_g/U_c)$等於後者的邊際轉換率$MRT_{gc} = (F_g/F_c)$時，體系自然達於均衡，最適「黃金」及「複合商品」產量分別爲G^*及C^*。此外，經由均衡點E可繪一條切線，

斜率將代表「複合商品」及「黃金」間的交換比例。一旦人們選擇某種物品充做「記帳單位」後,「複合商品」及「黃金」的「記帳價格」分別為P_c及P_g, (4.3) 式的均衡條件必將等於兩種商品的相對價格:

$$MRS_{gc} = MRT_{gc} = P_g/P_c \tag{4.4}$$

同時, 以黃金記帳價格表示的體系內實質所得Y為:

$$Y = (P_c/P_g) \cdot C + G \tag{4.5}$$

至於體系內「複合商品」需求及貨幣 (現存黃金) 需求(M/P_g)函數分別為所得Y、相對價格(P_g/P_c)及保有貨幣 (黃金) 成本δ的函數:

$$C = C(Y, \ P_g/P_c, \delta) \tag{4.6}$$
$${\scriptstyle(+)}{\scriptstyle(-)}{\scriptstyle(-)}$$

$$M/P_g = L(Y, \ P_g/P_c, \delta) \tag{4.7}$$
$${\scriptstyle(+)}{\scriptstyle(-)}{\scriptstyle(-)}$$

上述兩式中, 人們的所得Y遞增將同時擴大「複合商品」(C)及「貨幣」(M/P_g) (現存黃金存量) 需求; 商品相對價格(P_g/P_c)上漲,「複合商品」需求隨之攀昇, 貨幣 (黃金存量) 需求卻呈下降。至於保有貨幣成本 (儲藏成本) δ上昇, 人們的財富將因金幣磨損而下降, 自然同時削減「複合商品」及「黃金」需求。

接著, 人們除對「複合商品」及「貨幣」(黃金存量) 產生需求外, 尚對當期生產的「黃金流量」G發生需求, 理由是: 補充「黃金存量損耗」$\delta(M/P_g)$及可供「非貨幣用途」G_{nm}。

$$G = \delta(M/P_g) + G_{nm} \tag{4.8}$$

綜合 (4.1)、(4.2)、(4.4) 至 (4.8) 等七條方程式, 共可決定U、C、G、Y、G_{nm}、M及P_g/P_c等七個變數, 而保有貨幣成本δ為外生值。在「金幣本位制」下, 央行通常採取固定黃金價格策略, 一旦相對價格內生決定後,「複合商品價格」或「一般物價水準」自然塵埃落定。(圖4-1 A)中, 在均衡點E時, 體系內以黃金記帳價格表示的實質所得為Y^*,

均衡相對價格爲$(P_g/P_c)^*$。（B圖）中，在$(P_g/P_c)^*$及δ^*已知下，複合商品需求與所得間關係的軌跡爲C_1，當實質所得爲Y^*時，複合商品供需將會相等同爲C^*。

　　由於「複合商品」與「黃金」的相對價格內生決定於整個經濟模型，一旦央行充分熟知模型中各函數內容，只要固定金價自可穩定一般物價水準。不過經濟活動運行並非一成不變，隨著生產技術及消費偏好變遷，模型中諸項函數型態與之共舞，相對價格同時跟著調整。在「金幣本位制度」下，央行選擇固定金價策略必然帶來一般物價水準自由浮動的結果。

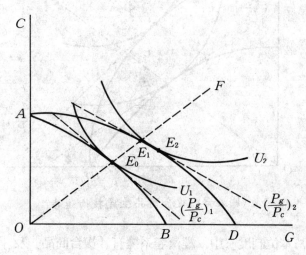

（圖4-2）黃金生產技術進步效果

⑴發現金礦或黃金生產技術進步

　　假設體系內生產黃金出現技術進步，或是發現黃金礦源，（圖4-2）中的生產可能曲線AB將外移至AD位置。人們的效用函數若屬一階齊次性質，體系內新均衡點E_2必然落於OF直線下方，商品相對價格將由$(P_g/P_c)_1$下降爲$(P_g/P_c)_2$。在「金幣本位制度」下，央行通常採取固定金價策略，黃金生產技術進步必然形成一般物價水準上漲壓力。

⑵複合商品生產技術進步

　　假設體系內生產複合商品技術出現創新，（圖 4-3）中的 AD 生產可能曲線上移至 BD 位置。同理，人們的效用函數若屬一階齊次性質時，體系內新均衡點 E_2 將落於 OF 直線上方，商品相對價格將由 $(P_g/P_c)_1$ 上漲至 $(P_g/P_c)_2$。由於「金幣本位制度」維持金價固定，複合商品生產技術進步自然帶動物價盤跌。

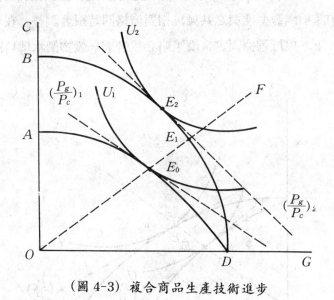

（圖 4-3）複合商品生產技術進步

　　在「金幣本位制度」中，經濟體系擁有「複合商品」及「黃金」兩大產業，「黃金產業」往往具有自動穩定經濟活動運行的因子(automatic stabilizer)。（圖 4-4）中，體系原先均衡在 A 點上，「複合商品」及「黃金」兩產業均處於充分就業境界。假設人們突然增加貨幣（黃金存量）需求，必然帶動對當期生產黃金之貨幣性需求 $[\delta(M/P_g)]$ 遞增。一旦人們對非貨幣用途的黃金需求 G_{nm} 未曾改變，則因無異曲線 U_1 移動至 U_2，當期黃金流量需求遞增，同時也引發「複合商品」需求迅速降至 C_2^*，該產業將會出現 $C_1^* C_2^*$ 超額供給及失業，釀成物價下跌壓力。另一方面，

「黃金產業」發生超額黃金需求$G_1^*G_2^*$，吸引「複合商品產業」內的閒置資源移向「黃金產業」，體系經此調整後又能回復充分就業均衡。

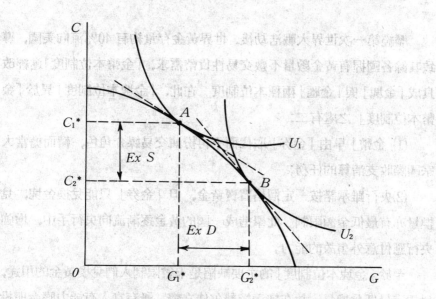

（圖 4-4）黃金產業的自動穩定因子

綜合上述分析可獲下列結論：

(1)在「金幣本位制度」下，央行致力於穩定金價以平抑物價水準，只要經濟成長及黃金產量波動幅度較緩，物價水準將會呈現狹幅變動。

(2)由於體系必須挪用部份資源生產黃金滿足貨幣性需求，相對降低生產其他商品的機會。爲解決使用金幣交易衍生的遞送及儲藏成本，央行往往主動發行「金券」(gold-backed notes)代替金幣流通使用，持有者將可隨時向央行兌換金券上載明之金幣數量。

(3)決策當局面對經濟循環波動，卻無法藉由任何權衡性貨幣政策予以弭平。

*§ 4.3. 「金塊本位制度」與資源配置效果

歷經第一次世界大戰浩劫後，世界黃金存量約有 40% 流向美國，導致其餘各國握有黃金數量不敷交易性貨幣需求，「金幣本位制度」遂經改良成「金塊」與「金匯」兩種本位制度。在此，「金塊本位制度」異於「金幣本位制度」之處有二：

(1)「金幣」早由「金券」取代而不再扮演交易媒介角色，轉而擔當大宗國際收支清算的任務；

(2)央行雖承諾按一定價格買賣黃金，但「金券」只能兌換金塊，兌換量亦有最低金額限制。此舉造成一國的黃金逐漸流向央行手中，增強央行應付意外事故的能力。

至於「金塊本位制度」的主要缺陷是未曾限制人們兌換黃金的用途，只規定最低兌換量，故在經濟情勢欠佳之際，祇有富人有能力購金與投機，顯然失去公平性。基於該項缺陷，法國農人憤而稱為「富人的本位制度」(the richman's standard)。值得注意者：在「金幣本位制度」中，決策當局雖可發行「金券」替代「金幣」流通使用，卻須提供十足黃金當做準備，俾能應付持有者隨時兌換，而人們基於對金券發行者的信任，並非所有人會同時兌換。事實上，只有部份人會拿「金券」兌換「金幣」，另亦有人將金幣存放決策當局處所，故在某時點上，留存於發行者處所之金幣通常會維持某一固定數量。

基於上述經驗，決策當局將會在原有黃金準備下，多發行「金券」滿足人們交易之需。舉例來說，假設決策當局擁有價值百萬元金幣，除發行百萬元的等值金券外，更因基於上述經驗，再發行百萬元「金券」，體系內共有政府發行的 200 萬元「金券」在流通，但是政府黃金準備只有 100 萬元，準備比率將為 50%。儘管如此，只要人們對政府債信具有

信心，確信手中「金券」定能兌換等值金幣，則部份準備制度必然能夠維持。決策當局藉著發行金券，無需增加稅收便可融通財政赤字，此種藉增加發行金券融通赤字的收入，一般稱爲「鑄幣稅」。

接著，Niehans（1978）將前節的靜態模型轉換爲「成長觀點」（growth version），進而檢討「金塊本位制度」下的經濟均衡狀況。在推演模型前，先做下列假設：

⑴在「金塊本位制度」中，體系內交易媒介是「金券」，同時允許人們隨時向央行以固定價格兌現金塊。

⑵央行保有「貨幣性黃金準備」（monetary gold reserve）爲貨幣供給的某一比例，該比例視經濟政策選擇而定。

⑶央行採取「部份黃金準備制度」，並以新發行「金券」融通政府支出C_g。

⑷體系若採「平衡成長」（balanced growth）策略，「複合商品」及「黃金」間的相對價格必然持平不變。

基於上述觀點，Niehans（1978）將前節模型轉換爲以每單位資源（R）表示的成長模型：

體系內以每單位資源表示的總效用函數爲：

$$\text{Max } u = u(c, g) \tag{4.9}$$

$u = U/R, \ c = C/R, \ g = G/R$。

（4.2）式的生產函數可轉換成下列型態：

$$\overline{R} = F(C, G) \tag{4.10}$$

將上式以R平減，可得每單位資源的生產函數：

$$\text{S.t. } 1 = F(c, g) \tag{4.11}$$

同理，人們追求（4.9）式每單位資源的效用極大時，必須受（4.11）式限制，其最適條件仍爲：

$$MRS_{gc} = MRT_{gc} = P_g/P_c \tag{4.4}$$

至於以黃金記帳價格表示的每單位資源的實質所得爲：

$$y = Y/R = (P_c/P_g)c + g \tag{4.12}$$

在「金塊本位制度」中，人們使用「金券」交易，無需考慮「貨幣性黃金準備」的耗損成本 ($\delta = 0$)，但因體系持續成長，故需考慮經濟成長率 θ 對每單位資源的複合商品需求（包括人們 c_p 與政府 c_g 需求）的影響：

$$c = c_p + c_g = c(y, P_c/P_g, \theta) + c_g \tag{4.13}$$
$$(+) \quad\ (-) \quad\ (-)$$

體系內每單位資源的貨幣（金券）需求函數爲：

$$m/P_g = M/RP_g = l(y, P_c/P_g, \theta) \tag{4.14}$$
$$(+) \quad\ (+) \quad\ (+)$$

當期生產每單位資源的黃金流量需求爲：

$$g = \alpha\theta(m/P_g) + g_{nm} \tag{4.15}$$

α 是央行爲發行金券而保有金塊的比例。$\alpha\theta(m/P_g)$ 是經濟成長帶來貨幣需求遞增而需增加保有的「貨幣性黃金準備」，g_{nm} 是每單位資源的非貨幣性黃金需求。由於政府係以每年增加的貨幣存量融通購買複合商品支出，「政府預算限制」式將是：

$$(P_c/P_g)c_g = \theta(1-\alpha)(m/P_g) \tag{4.16}$$

由上述兩式可知：人們以部份所得 $\theta(m/P_g)$ 換取「金券」存量累積，但在「金塊本位制度」下僅有 α 比例反映於「貨幣性黃金準備」增加，剩餘的 $(1-\alpha)\theta(m/P_g)$ 所得卻成爲政府支出財源。在「平衡成長」體系中，由於商品價格固定，央行若採「部份準備制度」發行「金券」，$(1-\alpha)\theta(m/P_g)$ 遂成政府課徵的「成長稅」(growth tax)；反之，在靜態體系中，央行採取「部份準備制度」必然引發通貨膨脹，$(1-\alpha)\theta(m/P_g)$ 將類似於「通貨膨脹稅」概念。

將 (4.14) 及 (4.16) 兩式代入 (4.13) 式，可得：

$$c = c(y,\ P_c/P_g,\ \theta) + (P_g/P_c)\,\theta\,(1-\alpha)\,l\,(y,\ P_c/P_g,\ \theta) \qquad (4.17)$$

由 (4.4)、(4.9)、(4.11)、(4.12) 及 (4.17) 等五式,將可解出「金塊本位制度」下的 u,y,c,g 及 (P_c/P_g) 等變數均衡值。同時,上述封閉「金塊本位制度」體系將具下列特質:

(1)當經濟成長率已知下,體系以「金券」代替「金幣」交易流通,貨幣供給所需耗費的資源成本 $(\delta = 0)$ 將趨近於零。

(2)體系若採「部份準備比例」制度,黃金產量起伏將對貨幣供給形成乘數效果。「黃金流入」勢必帶動政府支出暫時性擴張,一旦「黃金外流」必然緊縮暫時性支出。

(3)體系內貨幣存量需求增減僅對當期生產的貨幣性黃金流量產生部份需求效果,導致「黃金產業」能夠發揮「自動穩定因子」的力量大幅削減。

(4)政府可由選擇黃金準備比例而影響資源配置及物價水準,理由是:黃金準備比率降低必將推動金券供給及政府支出擴張,進而導致複合商品價格揚昇及產量擴大,當期黃金產量同時下降。一旦金券供給呈累進遞增現象,黃金準備比例迅速調整至兌換能力遭質疑的「信心危機點」(confidence crisis point)後,將會導引人們蜂擁前來兌換金券成金塊,此種擠兌勢必迫使政府中止持續兌現金塊,「金塊本位制度」亦將宣告崩潰。

(5)「金塊本位制度」將為央行能夠施展「權衡性貨幣政策」帶來活動空間,方式是經由調整黃金準備比例來影響經濟活動。由於央行能自由調整準備比例,故可隔絕當期黃金生產流量波動形成的連串影響,進而削弱複合商品產量與其就業循環幅度。

最後,就長期而言,央行調整準備比例自由度將受體系平衡成長途徑限制,亦即體系出現強勁擴張期間後將會伴隨著收縮(contraction)期間來臨,此種現象賦予長期貨幣政策必須受到嚴格限制。由總體理論觀

之，擴張性貨幣政策只在短期方能刺激產出與就業，長期僅能影響物價水準而無實質效果。換言之，「金塊本位制度」認可短期貨幣政策是爲有效的穩定政策，但卻禁止採取長期膨脹性（或緊縮性）貨幣政策的趨勢，避免導致經濟狀況惡化而致使政府信用崩潰。

*§ 4.4. 「複本位制度」的經濟效果

分工及專業化在早期經濟社會中尙未普及，生產與交易量非常有限，而銀幣係最早雀屏中選爲「交易媒介」的商品貨幣。直至市場經濟逐漸發達，生產及交易開始擴大後，兼以區域性貿易展開，銀幣價值較低及輸送成本過高的缺點逐漸顯露，金幣遂開始出現爲交易媒介。在歐洲黑暗時代及中古初期，實際上尙無金幣流通，Florence 在 1252 年首鑄金幣後，其他國家才相繼跟進鑄造而與銀幣同時流通，「複本位制度」自此成形。在「多元商品本位制度」下，體系內流通的「交易媒介」能以固定比例分別兌現成多種商品貨幣，而歷史上曾經出現金幣與銀幣同時流通期間，故 Marshall (1925) 稱之爲「金銀混合本位制」(symmetalism)。一般而言，「複本位制度」通常具有下列特色：

(1)以一定重量及成色之黃金與白銀分別充當本位貨幣幣材，以表示貨幣單位的價值；

(2)央行依據金幣與銀幣含純金及純銀量而規定兩者「鑄比」(mint ratio)；

(3)金幣與銀幣均爲無限法償貨幣，具有強制流通性，且可依鑄比或「法定比價」(legal ratio)相互兌換；

(4)金幣與銀幣均可自由鑄造、熔燬及自由輸出入；

(5)人們持有政府發行的法幣，得在金幣與銀幣之中任選一種請求兌換。

　　基於上述特色，封閉體系若採「複本位制度」時，將會出現下列現象：

　　⑴金、銀幣間的合適替換比例是由央行基於經濟政策理由而做的選擇，並無任何技術上的理由說明兩者為何會提供相同的流動性勞務。

　　⑵由於體系內每年同時出現流量金屬供給及非貨幣性流量金屬需求，一旦物價水準固定時，經濟成長帶動貨幣存量需求增加，進而擴大貨幣性流量金屬需求，此種現象將釀成「存量及流量均衡」(stock-flow equilibrium)問題。

　　⑶在探討體系內存量及流量關係時，人們對體系未來穩定性的預期將顯得極為重要。

　　⑷由於央行同時固定黃金與白銀價格，故體系內一般物價水準將留待決定。

　　以下就 (圖 4-5) 說明體系採取「複本位制度」時，經濟活動如何調整至均衡。(D 圖)是有關黃金市場均衡狀況，圖中的黃金存量或流量變數全部經過資源數量平減，一旦體系維持平衡成長，圖中各曲線將不致於變化。g 是黃金生產曲線隨 (P_c/P_g) 上升而遞減，g_{nm} 是非貨幣性黃金流量需求曲線隨 (P_c/P_g) 上升而遞增，而 $(g-g_{nm})$ 差額即是黃金做為貨幣性用途的超額流量供給。一旦商品價格漲幅過大，$(g-g_{nm})$ 超額供給將會轉為超額需求。同理，(B 圖)係白銀市場均衡狀況，各曲線代表的訊息與黃金市場雷同。至於(C 圖)係體系內總貨幣需求。在既定商品物價水準 $(P_c=1)$ 下，貨幣存量需求係由各種金幣與銀幣組合構成。假設人們認為金幣與銀幣為完全替代(全無差異)，兩者組合軌跡將為直線，該軌跡相當於第三章的「流動性勞務曲線」，將隨物價 (交易量) 遞增而外移。

　　期初物價水準若為 $P_c=1$，體系內新增總貨幣供給係由貨幣性黃金及白銀兩者的供給曲線構成。(C 圖)中，該供給量恰好等於物價水準 $P_c=1$ 時的貨幣需求量，期初物價顯然是均衡水準。如果兩者供需並未相等，

體系自然必須另尋其他物價水準以求均衡。貨幣供給若較需求爲小，物價自然盤跌；反之，則將揚升至達成唯一均衡物價水準爲止。

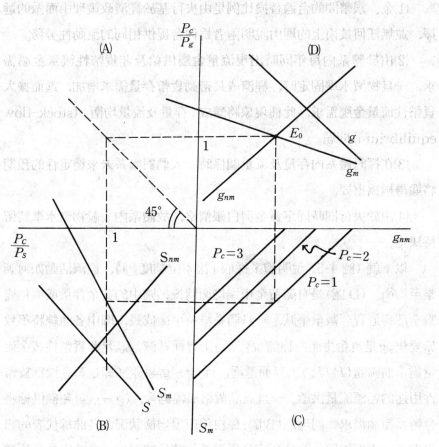

（圖 4-5）「複本位制度」下的物價調整

　　值得注意者：金銀供給及非貨幣性黃金需求雖會波動，但是「複本位制度」仍可生存而不致於崩潰。人們若發現新金礦而使貨幣性黃金供給遞增，自然導致更多新黃金及較少白銀進入貨幣性流通。在某段期間內，當黃金流量成長時，新增白銀實際上變爲負值，導致銀幣存量日漸削減。理由是：人們在金礦鑄造金幣用於交換銀幣，然後將銀幣熔成白

銀進行套利。此種貨幣流通組合改變或稱「劣幣驅逐良幣」(bad or cheap money drives out good or expensive money)現象，T. Gresham 早於 16 世紀即已發現，遲至 Macleod(1858)方稱爲「Gresham 法則」(Gresham's Law)。若未考慮黃金增產效果，幸虧倚賴上述貨幣流通組合異動，金銀價格方得維持穩定。在固定期間內，兩種金屬供給與非貨幣性需求波動若傾向於等量且互相獨立，則釀成商品物價變動效果將小於「單一本位制」。此種金銀「相互緩衝存量」(mutual buffer-stock)活動將是「複本位制度」的主要優點。

　　唯有金銀交換比例在某些範圍內波動，上述「緩衝存量活動」才能運作，此類範圍有二：

　　⑴範圍較廣且具絕對性：貨幣組合份子均爲非負值，$G \geq 0$，$S \geq 0$。當實際(P_s / P_g)超越央行訂定上限時，黃金通貨自然消失於流通交易之中；反之，一旦低於下限，則會輪由白銀通貨消失，「緩衝存量」機能因而失去作用。同時，當兩種貨幣供給曲線變得越具彈性，上述狀況越容易發生。尤其在小型開放體系內，兩條供給曲線幾乎成爲水平線，上下限日趨一致，央行固定(P_s / P_g)的權衡性範圍將變得微不足道。

　　⑵範圍較窄且未有良好定義：由事實顯示，早在金銀相對價格達到前述絕對上下限之前，人們就已押注該項制度崩潰的可能性，此種投機行爲造成貨幣性金銀供給曲線逆向移動，加速「複本位制度」朝向崩潰點移動，此時人們維持制度存在的信心將扮演關鍵性角色。歷史經驗顯示：「複本位制度」遲早會碰觸上述限制，進而被迫無法持續下去而宣告崩潰。

　　最後，縱使在上述限制範圍內，「複本位制度」尚受另一層基本限制，亦即唯有當商品價格對貨幣性金屬供需變動同時適度調整，該制度才能順利運作。如此一來，央行採取貨幣政策時依然缺乏自由度，而且這些緣自物價變動而生的政策若與貨幣均衡不合時，體系內必定出現流動性

過剩或短缺現象，此種缺失逐成往後「金匯本位制度」中具有相對重要
性的修正部份。

*§ 4.5. 「金匯本位制度」的運作

由於「複本位制度」需受「Gresham 法則」左右，「金本位制度」
又臣服於通貨膨脹而承受擠兌威脅，是以 Bretton Woods 協定逐推出
「金匯本位制度」取代兩者，並且風行國際金融體系達四分之一世紀，
直迄持續性通貨膨脹爆發才漸趨崩潰。

如前面所述，「金本位制度」直接控制國家貨幣供給，「金匯本位制
度」則與各國央行間的交易活動息息相關，各國必須相互保證其通貨將
以固定價格兌換成黃金，通貨間亦可用固定匯率相互兌現。就法律層面
而言，央行無義務在私人市場以固定價格買賣黃金，「國家貨幣」
(national money)係屬無法兌現的紙幣。但就經濟層面而言，唯有以各
種通貨表示的市場金價維持於個別平價水準附近，方不致於在金價調整
之際，出現類似「Gresham 法則」及「雙軌市場」(two tiers market)
認可的套利經驗，進而迫使體系趨於崩潰。「金匯本位制」要能運轉，實
際上須仰賴各國央行集體在市場以「平價」(parity prices)買賣黃金，
此種現象恰如在「金本位制度」中必須接受強制兌現黃金規則的限制相
同。

「金匯本位制度」列舉的各種法則，理論上應對稱性地適用於各國
貨幣，但因兩種「不對稱性」存在致使黃金與美元成為該制度能順利運
作的唯二「準備資產」(reserve asset)：

(1)「技術不對稱」(technical asymmetry)：除美國外，他國可選
黃金或美元折算其匯率平價；

(2)「經濟不對稱」(economic asymmetry)：除黃金外，美元係重

要的優勢準備資產。

接著，「金匯本位制度」綜合「部份準備制度」及「複本位制度」部份特色，理由是：

(1)由於美國的黃金準備僅有部份提供外國央行做爲贖回美元之用，故「金匯本位制度」具有「部份準備」特質；

(2) Aliber (1967) 指出該制度運作機能頗爲類似「複本位制度」，人們在後者中以金幣及銀幣型態保有通貨，前者係由央行以黃金及美元充做準備。央行在後者中須維持金銀間的固定兌換比例，但美國在前者中必須保證美元與黃金間的兌換比例。後者中的金銀相對供需波動經由貨幣流通組合在既定範圍內變化而被吸收，但前者則在既定範圍內調整國際準備組合而吸收黃金與美元的相對供需變動。總之，基於「部份」及「雙元性」準備的特性，「金匯本位制度」賦予央行較大範圍的自由度及伸縮性以擬定國內貨幣政策，此爲單一金屬本位制度所欠缺者。

在設定模型說明國際金匯本位制度運作過程前，先做下列假設：

(1)國際經濟體系可分成美國及其他地區（歐洲爲代表）兩者，其準備資產包括黃金及美元兩種。

(2)各國經濟均達充分就業，短期經濟循環乃是價格波動而非就業變動。

(3)美國允諾以固定價格用黃金贖回他國保有之美元，而他國央行則維持通貨與美元間的兌換比率固定。

(4)體系係循平衡成長軌跡運作，所有存量及流量變數均以每單位資源表示。

(5)國際資本移動及利率因素的影響均略而不談。

基於上述假設，各國央行保有準備資產包括黃金 M_e（以固定金價表示的美元）及美元 e（美國須持有黃金保證美元兌現性）兩種。在平衡成長假設下，黃金與美元增量僅爲個別存量的某一比例，「干擾」(disturbances)乃是緣自存量與流量間的暫時性離差。由於每年增量相對小於準備存量，此項離差必然持續存在，「金匯本位制度」在長期能否存活將立基於存量及流量變數必須同步而行。

各國貨幣性準備需求數量端視預期進出口的隨機干擾部份而定，且與歐美商品價格P_e、P_a呈正向相關。在此，他國準備需求函數亦可轉換成世界價格P（歐美兩區物價的加權平均）及兩區相對價格P_a/P_e的函數，由於相對價格影響準備需求並不明確且可忽略，該函數將簡化為：

$$P = r(M_e, e) \tag{4.18}$$

上述涵義是：在既定物價水準下，黃金及美元的各種組合能夠滿足歐洲準備需求的軌跡，該軌跡將如(圖4-6 C)所示。兩者若為完全替代，「準備無異曲線」(reserve-indifference curve)是斜率為1的直線。一旦歐洲對黃金偏好隨持有美元準備比例上升而增強,該曲線將轉為凸向原點。在極端狀況下，各國若以固定比例保有兩種準備，無異曲線將轉成直角狀。當黃金及美元持有比例低於C直線代表的臨界水準時,唯有保有更多美元方能補償央行放棄持有等值的黃金，其他部份則均屬完全替代。

(D圖) 中，美國的貨幣性黃金需求M_a將視為外生政策變數。在相對價格已知下，黃金生產曲線g將隨世界價格攀昇而遞減，非貨幣性黃金需求h則隨世界價格上升而遞增。換言之，當世界價格上昇之際，黃金流入充當美國貨幣性準備數量將每況愈下，甚至在物價漲幅超越某點後,該項黃金流量將逆轉為負值。同理，上述現象亦適用於黃金流入充當歐洲準備的狀況，其數量可由貨幣性黃金總流量扣除既定的美國準備增量求得：

$$M_e = g(P) - h(P) - M_a \tag{4.19}$$

(D圖) 中，每組曲線代表不同的相對價格水準，而在世界物價水準已知下，黃金生產與私部門黃金需求如何受相對價格q影響先驗上並不明確，將視地理上分配(geographical distribution)及供需價格彈性

而定，故可假設相對價格對歐美影響效果相互抵銷，世界物價將是僅存
的顯著變數。

　　「複本位制度」中的第二種準備資產是由他種金屬礦業部門提供，
至於「金匯本位制度」卻由各國創造國際收支盈餘而得，同時美國必須
配合營造國際收支赤字，方能維持該制度達成均衡。每年構成歐洲準備
資產的美元流量將是歐洲商品貿易餘額（該值取決於絕對與相對價格），

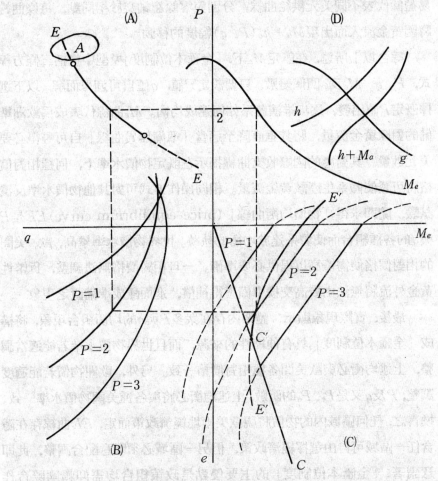

（圖 4-6）「金匯本位制度」

以及美國進口的貨幣性及非貨幣性黃金的總和，並可表現為（B圖）中的各曲線：

$$e = b(P, q) + M_a + h_a(P, q) \tag{4.20}$$

在世界價格P既定下，歐洲貿易盈餘將隨q上升而遞增。由於進出口均屬實質變數而與絕對價格無關，一旦相對價格固定時，名目貿易盈餘將與世界物價水準等比例變動。同時，當物價水準變動時，不同名目貿易盈餘代表不同美元供給曲線，分別與零餘額軸交於相同點，每條曲線將因黃金流入而出現$M_a + h_a(P, q)$幅度的移動。

綜合以上所述，在既定M_a下，「金匯本位制度」模型中包括三條方程式，P、q、M_e及e四個變數，只要設定P值，q值自可迎刃而解。以下選擇既定P值出發，逐步推演體系如何達成均衡。M_e曲線代表成為歐洲準備的對應黃金流量，將其垂直降至適當「準備無異曲線」自可尋得必要美元數量，其對應的國際收支曲線揭示在既定物價水準下，何種相對價格將可誘使體系生產該黃金流量。相同操作方式可對其他物價水準反覆試驗，隨即求得「物價均衡曲線」（price-equilibrium curve）EE是P與q的各種組合而使體系達於均衡的軌跡。世界物價水準攀高，歐、美間的相對價格便需擡高以提供必要準備。一旦相對價格無法調整，貨幣性黃金外流將無法由較高交換準備獲得補償，進而釀成準備匱乏現象。

最後，實際現象顯示：體系內存在眾多P與q的均衡組合現象，將構成「金匯本位制度」具有伸縮性的來源，而且世界物價水準若能適當調整，上述均衡必與歐美間各種相對價格一致。另外，歐洲物價若能適度調整，P及q又是P_e、P_a的函數，上述均衡必將與各種美國物價水準一致。換言之，任何區域內的物價將視歐美兩地經濟政策而定，EE曲線存在隱含任一區域可自由選擇經濟政策，但另一區域必須願意配合調整，此即意謂著：「金匯本位制度」的主要優點是政策組合均需仰賴國際合作（international cooperation）的協調，而無法自行其是。

§ 4.6. 「銀本位制度」及「紙幣本位制度」

在「商品貨幣本位制度」當中，白銀是歷史上最早被人類選爲交易媒介的貴金屬，在希臘羅馬時期，地中海諸國曾廣泛地以銀幣作爲貿易貨幣。公元八世紀末葉 Carolingine 王朝的 Charlemagne 大帝以一磅白銀鑄爲 240 便士(denarius)，確立了近代銀本位制度的內涵。

「銀本位制度」與「金本位制度」內涵雷同，係指以一定重量及成色的白銀作爲「本位貨幣」幣材的貨幣本位制度，主要構成條件有五：

(1)以一定重量及成色的白銀鑄成一定形狀的本位幣，本位幣幣材價值等於本位幣面值；

(2)銀幣可自由鑄造；

(3)銀幣爲無限法償貨幣，具有強制流通能力；

(4)紙幣及其他鑄幣可依等值關係自由兌換銀幣；

(5)白銀及銀幣可以自由輸出及輸入。

「銀本位制度」在體系當中盛行久遠，然而直迄 1870 年代，世界白銀產量激增，銀價暴跌而逐漸不易充當穩定的本位貨幣幣材，多數西歐國家才逐一放棄鑄造銀幣，進而放棄銀本位制度。至於我國自古以來係使用銅錢交易爲主，但因清朝初年的外國銀元紛紛流入，清朝政府及各地方遂鑄造銀元並與外國銀元同時在市面流通，體系內存在銀兩與制錢兩種具有法償資格的貨幣流通交易。民國成立後，國民政府於 3 年 2 月公佈國幣條例而訂爲本位貨幣。直至民國 24 年 11 月 4 日，由於世界經濟蕭條蔓延至國內，兼以美國高價購銀，致使國幣匯率升值形成貿易逆差，我國方才放棄「銀幣本位制度」。

由於「銀本位制度」具有下列缺點，是以在十九世紀末葉，採取「銀本位制度」國家或直接改爲「金本位制度」，或者經由「複本位制度」間

接過渡成「金本位制度」:

　　⑴銀價波動劇烈致使匯率不穩定，對外貿易不易擴張；

　　⑵銀價滑落固可因匯率貶值而有利輸出，但除非出口財供給具有彈性，輸出量值未必能顯著增加。同時，銀價跌落也會增加償付外債負擔，更使外國直接投資遲疑不來，對國際收支反呈負面影響；

　　⑶銀價上漲妨礙輸出，導致國際收支惡化。尤其是當絕大部分國家均已採行「金本位制度」，僅存少數國家採行「銀本位制度」之際，白銀成為世界性商品，價格升降因供需變動頻繁而趨於劇烈。

　　接著，早在「金本位制度」建立之前，基於攜帶與流通方便，體系內早已發行「金券」或「銀行券」流通，這些紙幣代表金幣流通，隨時可向發行單位換得票面所載之金幣，故屬「可兌換紙幣」。在建立中央銀行制度，並把貨幣發行權收歸央行之前，這種由民間發行的貨幣曾經是各國主要的交易媒介。在紙幣發行權收歸國有後，金券仍然是「可兌換政府紙幣」，只是兌換條件因「金本位制度」形式不同而有差別而已。直至歷經 1930 年代經濟大蕭條衝擊，各國競相宣佈放棄「金幣本位制度」，並轉換為有限度允許紙幣兌換成金塊。美國接著於 1968 年 3 月宣佈以美元充當發行紙幣準備國家，其央行可用每盎斯黃金兌換 35 美元向聯邦準備銀行兌換黃金。至於黃金市場價格係由供需決定，從而形成「黃金兩價制」(the two-tiers price system for gold)。但因美元於二次大戰後大量流散各地，招致各國懷疑美元兌換黃金能力，紛紛於 1960 年代末期競向美國求兌黃金。為防止黃金流失，美國遂於 1971 年 8 月 15 日宣佈停止外國以美元兌換黃金，「金匯本位制度」因而正式宣告結束，各國央行發行的紙幣自此轉變成「不兌換紙幣」。

　　在紙幣發行權收歸國有後，不論兌換紙幣或不兌換紙幣，其發行依法都必須有準備，內容涵蓋「現金準備」(cash reserves)與「保證準備」(fiduciary reserves)兩種。前者係指金銀幣、金銀塊、外匯，甚至可資

易得外匯之棧單，作爲發行紙幣準備。後者包括國庫券、公債或被認可的商業票據等有價證券，作爲發行紙幣準備。以下將就各種發行紙幣的準備制度分別說明於下：

(1)「完全準備發行制度」(perfect reserve issue system)：在此制度下，現金準備須等於紙幣發行餘額。我國新臺幣發行辦法規定：「新臺幣以黃金、白銀、外匯及可換取外匯之物資十足準備」，優點是穩定人民持有紙幣信心，缺點是紙幣發行數量受制於現金準備持有量，現金準備不足時，無法避免銀根緊縮局面，而在現金準備過多時，也難阻止紙幣膨脹情勢來臨。

(2)「固定保證準備發行制度」(fixed fiduciary issue system)：在此制度下，發行某金額以下的紙幣依法得以保證準備充當準備金。一旦超過此項金額的紙幣，則須全部以現金準備充當準備金。該項修正改善「完全準備發行制度」缺點，藉保證準備發行滿足交易性貨幣需要。不過由於保證準備金額固定，央行須視經濟發展隨時調整金額。

(3)「最高發行制度」(maximum issue system)：在此制度下，法令只規定最高紙幣發行量，無須規定發行準備內容。我國新臺幣發行辦法在規定完全準備外，並規定最高發行額爲二億元，這就是完全準備的最高限額發行制度。該制度目的旨在限制央行隨意濫發貨幣，藉以增強人民對幣值的信心。

(4)「比例準備發行制度」(proportional reserve issue system)：在此制度下，並未規定最高紙幣發行量，但規定發行紙幣中的現金準備最低準備率，其餘須以保證準備爲準備金。這種發行制度較上述制度更具伸縮性，不易產生紙幣匱乏現象。不過在惡性通貨膨脹或現金大量外流時期，往往因現金準備不足而成限制貨幣供給擴張的重要因素。

(5)「伸縮性發行制度」(elastic issue system)：在此制度下，紙幣發行量可隨經濟發展需要增減，不受最高發行量限制，同時又因對發行

準備規定不同而區分爲：(i)保有完全準備的伸縮性發行制度；(ii)「管理紙幣制度」又有最高限額與未設限額兩類。

許多國家的政府爲取信於民，在放棄金本位制度而改採不兌換紙幣制度初期，仍直接或間接將其貨幣與黃金相互聯繫。自 1934 年 2 月起，美國明訂每一美元等於純金 0.888671 公克，亦即每英兩純金爲 35 美元。雖然美國人不能持紙幣兌得黃金，但外國政府在 1973 年以前得依上述黃金官價持美元向美國財政部兌得黃金。在美元維持國際兌換性期間，他國以美元充做外匯準備而發行本國貨幣時，亦間接帶有黃金準備性質。新臺幣發行係以黃金及美元外匯爲準備，在美元兌換新臺幣匯率約 40 元時，可視新臺幣一元的含金量爲 0.0222168 公克。不過在這種制度下，紙幣本身已不具有任何內在價值，也不能向央行兌得作爲發行準備的黃金，其接受性完全以無限法償規定爲基礎，幣值決定於人民對貨幣的信心。

上述紙幣制度的主要優點是：可用黃金準備加強人民對幣值的信心，並可約束貨幣數量膨脹；缺陷則是：黃金或外匯準備鉅幅增減會導致貨幣數量變動，易滋生貨幣政策操作困難。

純粹紙幣本位制度另稱「管理貨幣」(managed money)，在適當管理下，只要紙幣數量能因應人們需要發行，紙幣價值即能穩定，人們對紙幣自然有信心，而無須與定量黃金保持聯繫。一般而言，擁護「管理紙幣制度」者認爲此制度有下列三大優點：

(1)「紙幣較方便」：易於識別、品質一致、易於分割、儲存、輸送、延展及持久耐用等爲貨幣幣材的重要屬性，其中除持久耐用外，紙幣都較金屬幣材爲優。

(2)「紙幣成本較低」：不論以何種商品充當幣材，犧牲商品用途乃是充當貨幣所須支付的機會成本，以高價值商品充當貨幣完成相同交易媒介功能，委實是經濟資源的錯誤配置，故紙幣實有低成本優點，並可節省鑄造金屬貨幣的費用。

(3)「紙幣數量較易控制」：在貨幣經濟中，貨幣數量變動對經濟活動影響深遠，故長期須隨經濟成長增加；但在短期內，貨幣數量須隨經濟活動消長調整，才能適度維持經濟穩定。不論何種金屬貨幣制度，貨幣數量都不易及時因應經濟情勢需要而調整,故常產生擾亂經濟金融現象，紙幣則有易於增減調節的優點。

「純粹紙幣制度」雖具多項優點，但其接受性乃立基於人們對幣值穩定的信心，而維持幣值穩定有賴央行確實控制發行數量。據此，反對者認為由於發行紙幣的邊際成本低，面值遠大於發行成本，發行者總是試圖藉增加發行圖利。縱使國家已取得獨占紙幣發行權，但因發行紙幣較增加租稅的阻力小，許多國家在某些情況下難免藉增加發行挹注財政赤字，從而釀成通貨膨脹，此種現象將是該制度的主要致命傷所在。

§4.7. 「銀行付款清算制度」與「無貨幣的社會」

人類由「物物交換」邁向習慣使用貨幣充當「交易媒介」後，貨幣型態演進先後出現三種金融創新：「商品貨幣」、「不兌現紙幣」及「支票存款」。每項金融創新出現均能經由節省經濟資源，進而提昇人們及社會福祉。一般而言，商場交易涉及價款收付問題時，常見解決方法為買方交付賣方具有法償效力的通貨，達到銀貨兩訖目的；另外盛行方式是簽發支付工具（如：支票）或信用工具（如：本票或匯票），交付賣方履行付款義務或收受價款權利，金融廠商則同時提供此類工具的交換與清算服務。由於辦理信用工具交換與清算方式不同，接續衍生兩類不同支付制度：(1)透過專責辦理票據交換業務的票據交換所；(2)利用電信網路以連線作業方式辦理貨幣收付或資金調撥的「電子資金移轉制度」，或稱「銀行付款清算制度」。一旦兩種制度日漸盛行與趨於完備，經濟體系自然逐漸朝「無貨幣」的境界邁進。

　　針對票據交換業務而言，金融產業必須投入衆多人力與物力，且在支票張數累積某一幅度後，完成支票交換耗費的成本及時間將隨之水漲船高，導致以「支票」爲交易媒介的好處遭致大幅削減。有鑑於此，金融產業開始推動使用「信用卡」的「無貨幣社會」金融創新活動。消費者可憑信用卡在發卡公司之特約商店簽帳購物，不必當場付現或簽發支票，而於固定期間後再向發卡公司繳款結帳。這種交易方式以月底一張支票或付款，替代一個月內數十張支票或多次付款，有助於節省貨幣的使用頻率。我國金融當局已於民國73年開始推動聯合簽帳卡業務，可視爲這種發展趨勢的一部分。

　　另外，無論購物或清算債權債務，人們通常係採現金或隨時以現金化的存款轉帳方式處理。至於廠商間大額交易的付款清算，通常係採支票、匯票或轉帳方式，以存款貨幣進行清算。由於近年來，資金轉帳或公用事業費用等自動轉帳普及，致使廠商與個人間的付款採用存款貨幣轉帳方式逐漸增加。

　　銀行產業係以本身負債辦理授信，理由是：基於人們充分信任銀行廠商發行的負債能夠作爲付款工具，同時必須提存準備且由央行擔任資金最後供應者，才能使人們相信存款能夠順利現金化。不過人們無需將存款現金化，只要撥轉存款貨幣同樣可達到付款清算的目的。換言之，銀行廠商的功能不止是金融中介者，同時也擔任付款清算結構中不可或缺的主角。銀行廠商既擔任付款清算者，除建立執行現金支票或匯票處理的事務組織外，必須發展健全的票據交換制度及匯兌制度等跨行系統（inter-bank system）。因此建立付款清算結構應以整個銀行產業的規模進行，至於最後的跨行清算則以設在央行的存款帳戶撥款作爲結束。「付款清算制度」通常分爲「借方調撥」（debit transfer）與「貸方調撥」（credit transfer）兩種系統。前者的典型就是支票。當事人間的付款先經授受支票，而受票人（債權人）透過自己的往來銀行，將支票送到存

款銀行，經付款銀行的存款人帳戶扣帳付出，再透過跨行間清算，最後在受票人帳戶內入帳，清算便告結束，「票據交換」與「匯兌代收」就是為了處理這種業務而設置的跨行系統。公用事業費用的自動轉帳，係依廠商委託轉帳所辦理的轉帳，因而也屬於「借方調撥」。

「貸方調撥」的典型就是「劃撥匯兌」。付款人委託自己的往來銀行從自己帳戶扣帳支付，並透過該行內部系統或跨行系統辦理受款人帳戶的入帳。劃撥匯兌與使用支票的匯兌都屬於匯兌系統的一環，至於使用交換磁帶或稱「票據自動交換場所」(automated clearing house, ACH)的薪資轉帳等也是屬於「貸方調撥」的跨行系統。

無論是票據託收或劃撥匯兌，在顧客與銀行廠商間或跨行間，由於授受資金撥轉的委託而執行一連串資金調撥，將可適用於清算銀行系統外債權債務關係。近年來電子科技進步神速，金融產業發展受電腦發明與推廣使用影響，紛紛採用自動付款機、自動櫃員機、傳真發報機、數位式電信網路等高科技產品。此種現象不但改變傳統銀行廠商業務經營方式，促使金融創新層出不窮，新興金融商品不斷問世，各銀行廠商積極拓展銷售點付款業務、家庭銀行業務、企業銀行業務、跨行通匯業務等，同時利用電信網路與電腦設施，構成即時連線自動化作業系統為基礎的「電子支付系統」或稱「電子資金調撥系統」。此種制度在處理大量支付筆數所需投入的人力與物力較少，享有時效方便的優勢，因而遠較傳統票據交換所的功能為佳。

「電子支付系統」當中最重要者首推創立於1918年的美國聯邦準備資金調撥系統(federal reserve wire transfer system)，便利會員銀行在所屬聯邦準備銀行存款準備帳戶直接調撥轉帳，十二家聯邦準備銀行原先利用在財政部開立的黃金清算帳戶(gold settlement account)進行清算，目前則改由聯邦準備制度的準備區間清算基金(interdistrict settlement fund)進行清算。此項系統現有十四個轉接中心，除以設在

Virginia 州之 Culpeper 作爲該系統總轉接中心外，其餘分設於十二個聯邦準備銀行及聯邦準備理事會。凡是會員銀行均裝有線路與所屬聯邦準備銀行相聯繫，根據 1980 年存款機構解除管制與金融控制法(DIDM-CA)，其適用對象擴大至包括非會員銀行的金融廠商。

　　以下將說明聯邦準備資金調撥系統的作業程序：當送款人（個人、廠商或政府部門）要求往來銀行將款項交付受款人後，撥款銀行除借記送款人存款帳戶外，並通知所屬聯邦準備銀行，將受款人、收款銀行、付款金額等付款訊息轉知受款人往來的收款銀行；銀行廠商通常直接利用電話、特殊線路或電腦與聯邦準備資金調撥系統採連線作業。若此項付款屬同一準備區者，則由該聯邦準備銀行直接就會員銀行存款準備帳戶進行轉帳清算，借記撥款銀行而貸記收款銀行。此項付款若屬不同準備區者，則須就準備區清算基金帳戶進行不同聯邦準備銀行之間的轉帳清算，最後由收款銀行通知受款人前來領款或逕行貸記其存款帳戶。

　　一般而言，會員銀行在聯邦準備銀行存款準備帳戶，或一般銀行在其通匯銀行的往來帳戶，常因資金調撥或票據交換而發生透支現象。依透支期間長短可分爲一日以上或「隔夜透支」(overnight overdraft)與「當日透支」(daylight overdraft)，前者透支期間至少一日以上，透支次數並不頻繁，金額亦不龐大。理由是：一般銀行廠商均能合理估計此類帳戶資金進出而預作安排，同時透支爲銀行廠商授信業務之一，透支銀行廠商須付利息而極力避免發生透支現象；再者，一般銀行廠商依法須提準備，可作爲存款流失的緩衝之用。

　　至於「當日透支」則指在每日營業過程中，一般銀行廠商的存款準備帳或往來帳餘額，或因經由電子支付系統發生鉅額資金調撥而出現赤字，存續期間可能只有數分鐘或數小時，一旦其他金融廠商撥入資金自然消除，故在營業終了時，此類帳戶仍將再度出現正常的貸方餘額。由於發生「當日透支」次數相當頻繁，金額亦可能相當龐大，因此隨同電

子支付制度而生的鉅額「當日透支」，不但困擾金融廠商與聯邦準備銀行，其潛存風險可能損及電子支付系統圓滑運作。

在每日營業過程中，撥款或送款銀行利用電子支付系統調撥資金時，若未掌握確實資金而先行調撥，往往會出現「當日透支」窘境。換言之，參與資金調撥的金融廠商在每日營業終了前涉及授信，迫使整個支付制度存有相當程度的「信用風險」與「制度風險」(system risk)，前者包括「送款者風險」與「受款者風險」。撥款銀行顧客將資金匯交送款銀行顧客的過程中，顧客簽發即期支票交付撥款銀行，而後者可能在支票收妥進帳前或未確實掌握資金前，就經由電子資金調撥系統將付款指令通知送款銀行，因而發生「送款者風險」(sender risk)。另外，送款銀行可能在營業終了且參加資金調撥系統金融廠商清算進帳前，先行將款項交付受款人，但該筆資金在營業終了時卻無法進帳而產生「受款者風險」(receiver risk)。

此外，目前金融產業飛躍成長，經濟成員或金融廠商間授受信用經常重疊，調撥資金清算赤字能力須視調撥餘額多寡而定，只要參加資金調撥系統的金融廠商發生流動性不足，無法履行彌補調撥赤字的清算時，很可能發生骨牌理論而迅速波及其他金融廠商，進而使整個支付制度停擺，此類風險稱為「制度風險」。

為提昇電子支付制度效率，降低潛在的「信用」與「制度」風險，聯邦準備制度自1981年以來按期檢討參加銀行廠商之當日透支額，然後與經常發生且當日透支數量較高之銀行廠商定期會商，以道義說服方式要求對方調整業務自行節制，並由參加銀行廠商建立內部資訊系統加強控管資金部位。此外，1983年在聯邦顧問與儲蓄性諮詢委員會籌劃下，準備銀行協會與支付制度聯合委員會共同研究降低支付制度風險的可行措施如下：

(1)禁止金融廠商之清算帳戶發生淨借差而出現「當日透支」現象。

換言之，只有在聯邦準備銀行存款準備帳有足夠餘額的金融廠商方能調撥資金，進而去除「受款者風險」。不過此舉將削弱金融廠商資金調撥彈性與便利，在營業日內資金收付時序上的差異將妨礙支付業務經營；同時在金融廠商採電腦連線作業的前提下，聯邦準備銀行欲隨時監視金融廠商以避免發生當日透支現象將極為困難；再者，金融廠商可利用民間資金調撥系統，規避此項限制而無法降低資金調撥風險。

(2)限制金融廠商清算帳戶中，任何時點借方總額（撥款）大於貸方總額（受款）部分不得超過規定額度，此項額度可為淨值或資本的某一倍數。實施此項建議須仰賴金融廠商建立監視該帳戶餘額變動的連線自動化會計系統，其配合措施可能須耗費時日；同時支付風險未必與銀行廠商淨值或資本產生密切關聯，銀行廠商經營業務的控管系統、支付業務的複雜化等均是影響支付風險的重要因素。

(3)實施受款者保證制，參加電子支付制度的金融廠商同意對經由此項制度進行的支付或資金調撥均屬最終付款性質。若撥款銀行發生問題未能履行付款時，其他銀行廠商保證受款者仍能收妥此筆款項，亦即由其他銀行廠商共同分擔損失。

(4)擴大現行聯邦資金市場，建立全天候的銀行廠商間拆款交易，避免金融廠商的清算帳戶餘額發生借差，進而消除「送款者風險」。此舉將支付制度風險移轉至拆款市場的資金貸出者，而撥款銀行借入資金須負擔成本，容易將此利息轉嫁由送款人負擔。

(5)金融廠商發生「當日透支」現象時，必須提供有價證券作為抵押品(collateral)。此項建議可能凍結相當數量的有價證券，不得再用於附買回交易、充當政府存款抵押品等，而且有價證券品質可能並非最優者；再者，此種建議將「支付風險」由聯邦準備制度或民營支付機構轉嫁予存款保險公司負擔。

〔本章重要參考文獻〕

1. 陳昭南：《雍正乾隆年間的銀錢比價變動：1723～95》，中國學術獎助委員會，民國五十五年六月。

2. 潘志奇：《國際貨幣問題》，臺灣銀行研究叢刊，民國七〇年。

3. 林葭蕃：《貨幣學原理》，上冊，民國七十三年，臺北。

4. 林滄池：〈跨行連線付款清算制度及系統風險問題的探討〉，臺北市銀月刊，十七卷一期，民國七十五年，pp.22-34。

5. 徐義雄：〈電子支付制度之問題與對策〉，貨幣金融月刊，臺北市票券金融事業協會，民國七十六年七月，pp.3-7。

6. Barro, R. J., *Money and the Price Level under the Gold Standard*, EJ, 1979, pp.13-33.

7. Campbell, C. D. & Campel, R., *Introduction to Money and Banking*, Chap.3, 1981, pp.34-57.

8. Chen, C. N., *Bimetallism: Theory and Controversy in Perspective*, The History of Political Economy, 1972, pp.89-112.

9. Niehans, J., *The Theory of Money*, Chap. 8, Baltimore: The Johns Hopkins University, 1978, pp.140-168.

10. Pierce, J. L., *Monetary and Financial Economics*, New York: Wiley, 1984.

第五章　貨幣需求理論的發展

　　由經濟思想史傳誦內容顯示：西曆紀元前的希臘學者 Plato 在《共和國》(*Republic*)書中就提及「貨幣係用於交易活動中的一種表徵」，稍後的 Aristotle 更在《倫理》(*Ethics*)書中闡揚發明貨幣的意義，貨幣提供「交易媒介」、「計價單位」與「價值儲藏」等主要功能早已成為深具歷史淵源的觀念，然而上述概念沿用兩千餘年後，直迄十七、八世紀「貨幣數量學派」(quantity theorist)逐漸展露頭角之際，Hicks(1967)指稱如何設定貨幣需求函數方才微露曙光。爾後，「邊際效用學派」(marginal utility school)接續步上經濟學舞臺後，學者紛紛運用於詮釋「貨幣數量學說」，陸續衍化出「古典系列」的貨幣需求理論。

　　另一方面，Keynes(1936)在《一般理論》第十五章中，率先三分人們的貨幣需求動機，形成「交易」(「所得」與「營業」)、「預防」與「投機」(「資產」)三種動機分庭抗衡態勢。Keynes 雖對三種動機各予特色，但設定三種函數型態卻草率從事，與原有風貌大異其趣，從而釀成眾多學者疵議。「後 Keynes 經濟學」(Post-Keynesian economics)因而針對 Keynes 的「流動性偏好」(liquidity preference)函數型態大肆撻伐，並為各種動機尋求最適化個體基礎，另外形成「Keynesian 學派系列」的貨幣需求理論。

　　「貨幣需求」係指經濟成員保有貨幣過夜(overnight)的意願性，顯現「時間因素」在貨幣需求理論中扮演舉足輕重角色。貨幣需求理論想要解釋的現象是「人們為何以貨幣暫時儲存購買力，並且從事跨時資源移轉？」人們的貨幣需求一方面是出於「交易動機」，交易時間涵蓋目前

與未來; 另外又可基於「資產動機」, 理由是: 保有貨幣數量多寡係取決於評估貨幣與其他資產做爲保值工具的利弊。換言之, 貨幣需求文獻發展實際係以「交易動機」(交易媒介) 與「資產動機」(價值儲藏) 兩種理論個別或混合推演的結果。

本章首先說明貨幣需求文獻的發展過程。其次, 分別說明以「貨幣數量學說」爲重心之古典貨幣需求理論的內涵。爾後, Keynes(1936)在《一般理論》中推出「流動性偏好函數」三種動機, 首開近代貨幣需求文獻的先河, 並於稍後再修正爲「融資動機」(finance motive)。至於1950 年代的「後 Keynesian 經濟學」分別針對貨幣需求動機, 推演個體貨幣需求理論。另外, 同一時間內的新古典學派直接利用「效用分析方法」詮釋貨幣數量學說, 而建立貨幣需求理論的個體基礎。至於貨幣學派的 Friedman(1956)利用「資產替代理論」(asset substitution theory)詮釋貨幣需求, 顯著異於「貨幣數量學說」的基本構思, 反而與Keynes 的「流動性偏好函數」較爲接近, Patinkin(1969)因而認爲Friedman 理論乃是 Keynes 理論的延伸。接著, 再說明長短期貨幣需求函數的分野。最後, 列表綜合比較各派學說異同。

§ 5.1. 貨幣需求文獻的發展流程

研究貨幣需求的文獻有如汗牛充棟, 然而依據 Hicks(1967)的說法, 人們保有貨幣主要基於「交易動機」或「交易媒介」功能, 而「貨幣數量學說」將是所有貨幣需求理論的始祖。以下可用 (表 5-1) 說明貨幣需求文獻的發展流程。

因應十六世紀歐洲「物價革命」(price revolution)而出現的各類型「貨幣數量學說」當中, 突出貨幣扮演「交易媒介」角色的眾多文獻又可進一步劃分成Newcomb-Fisher「交易學說」與Tooke-Wicksell「所

得學說」，兩者隱含的貨幣需求概念可分述於後：

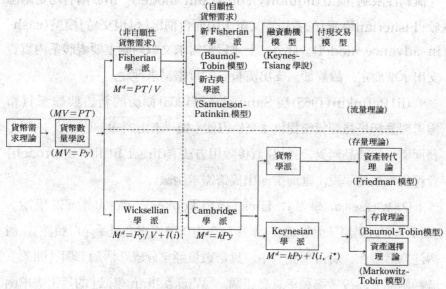

(表 5-1) 貨幣需求文獻的發展流程

(1)「Fisherian 學派」：Hicks 認爲 Newcomb-Fisher 「交易學說」($MV = PT$) 係屬事後概念，僅是「恆等式」而無貨幣需求涵義在內。不過若勉強爲該學說尋找貨幣需求痕跡，可主張經濟成員爲進行交易而須持有 $M^d = PT/V$ 貨幣數量，此種受制度因素限制而持有貨幣，並無理性選擇在內，故 Hicks 稱 Fisherian 學派的貨幣需求是「非自願性」(involuntary)。循著該學派的基本構思出發，接續演繹出兩類分析方式：

(i) Baumol (1952) 與 Tobin (1956) 辯稱縱使人們爲交易而保有貨幣，仍須考慮機會成本與效益。交易性貨幣需求終究是歷經選擇結果應屬「自願性」，Park (1972) 合稱兩者推演的貨幣需求爲「新 Fisherian 學派」。Keynes (1937) 與 Tsiang (1980) 接續 Fisherian 學派看法，宣稱預擬支出是決定貨幣需求主因，此即「融資動機」模型；晚近的 Clower (1967) 認爲在交易過程中人們往往受限於手中持有的貨幣數量而無法隨

心所欲，貨幣縱使不被意願性保有，亦將礙於制度因素而需持有，此即「流動性限制」模型(liquidity constraint model)。由於兩者均是淵源於「Fisherian 學派」的看法，文獻上因而合稱為「付現交易」模型(cash-in-advance model)。此外，上述貨幣需求文獻內涵主要視體系內實質支出水準而定，故屬於「支出流量」的貨幣需求理論。

(ii) Patinkin (1965) 與 Samuelson (1968) 領銜的新古典學派貨幣需求理論卻是強調貨幣提供「交易方便」與「未雨綢繆」(安全) 兩項勞務而與一般商品無異，遂以「直接效用方法」(direct utility approach) 詮釋貨幣數量學說，進而推演出貨幣需求函數。

(2)「Wicksellian 學派」: Hicks 指出 Tooke-Wicksell「所得學說」($MV = Py$) 仍屬「恆等式」，本身暗含的貨幣需求亦是「非自願性」。值得注意者: 在「所得學說」中，貨幣數量通常分成「活動」與「閒置」餘額兩部分，後者與利率息息相關，「Wicksellian 學派」的貨幣需求函數可完整表為:

$$M^d = \frac{Py}{V} + l(i) \tag{5.1}$$

爾後，Cambridge 學派的 Marshall 突顯 Wicksellian 學派的閒置餘額特色，引進資產選擇概念推演貨幣需求函數，「支出流量」的貨幣需求因而轉變成「資產存量」的貨幣需求。循著 Cambridge 學派的足跡前進，貨幣需求文獻又演化成兩個系列:

(i) Friedman (1956) 為首的貨幣學派將貨幣視為資本財或資產的一環，採取資本理論的「資產替代方法」詮釋貨幣數量學說，進而推演出貨幣需求函數;

(ii) Keynes (1936) 在《一般理論》第十五章中提出「流動性偏好函數」，劃分貨幣需求為「交易」、「預防」與「資產」三種動機，「後 Keynesian 經濟學」接續運用「存貨」與「資產選擇」理論建立貨幣需求的個體基

礎。

§ 5.2. 古典貨幣需求理論

Hicks(1957)詳細剖析貨幣需求理論演進時，指出「貨幣數量學說」是最早強調「交易媒介」角色的貨幣需求文獻。由於該學說並未具有任何最適化選擇基礎，是以稍後的 Patinkin 與 Samuelson 帶頭使用「消費理論」，Friedman 與 Meltzer 領銜改由「資本理論」分別爲貨幣需求函數建立個體基礎。雖然戲法各有不同，但是推演所獲的貨幣需求型態均未超越「數量學說」範圍，故通稱爲「數量學說方法」(quantity theory approach)。

古典貨幣需求函數實際上是隱藏於各類型「貨幣數量學說」當中，以下細分成三學派進行說明：

㈠ Fisherian 學派

Newcomb-Fisher「交易學說」宣稱體系內人們在「Robertson 日」或「Hicks週」期間內於既定市場上使用貨幣交易，一旦交易期間結束後，必然出清貨幣而不再持有，是以「交易方程式」(equation of exchange, $MV = PT$)應是事後的「恆等式」概念，並未隱含事前或預擬的貨幣需求概念在內。不過往後的 Hicks(1967)認爲若要由「交易學說」中強行追尋貨幣需求痕跡時，實際上是就「交易方程式」移項而得「Fisherian 貨幣需求」函數：

$$M^d = \frac{PT}{V} \tag{5.2 a}$$

由「交易學說」內涵可歸納出上述函數特色如下：

(1)貨幣僅做爲「交易媒介」工具，並未兼作「價值儲藏」工具。

(2)所得期間內，人們礙於「收付分際」及交易制度限制而持有「非意願性」貨幣，毫無選擇行爲在內。

(3) Fisherian 貨幣需求函數侷限於「交易媒介」功能，與人們支出流量息息相關，係屬「流量概念」的貨幣需求。

(4)人們將就「預擬支出」(PT)數量的某一比例保有貨幣，該比例是貨幣流通速度$(1/V)$的倒數，與制度因素、支付習慣密切相關，毫不涉及個人選擇。

(5) Fisherian 貨幣需求函數具有「融資」性質，舉凡體系內任何交易行爲均須事前備妥貨幣，故貨幣需求量將顯著大於其他理論。

(二) Wicksellian 學派

Tooke-Wicksell「所得學說」揭示：所得期間內，人們對「交易媒介」的「非自願性」貨幣需求可表爲：

$$M^d = \frac{Py}{V} \tag{5.2 b}$$

另外，再由 Wicksell 發表貨幣數量變動引發通貨膨脹的「累積過程」顯示：體系內貨幣存量通常分成用於流通交易的「活動餘額」與窖藏的「閒置餘額」兩部分，後者$l(i)$將與其他資產報酬率發生關聯。是以人們的貨幣需求將是：

$$M^d = (Py/V) + l(i) \tag{5.1}$$

i是貨幣利率。上式揭露的重要訊息是：貨幣需求已由「流量理論」逐漸轉向爲「存量理論」，貨幣除扮演「交易媒介」角色外，「價值儲藏」功能亦逐漸浮現出來。值得重視者：Wicksellian 學派引進近代「國民所得」概念，以「所得」取代「交易量」（支出）來解釋貨幣需求函數。此種替換促使貨幣需求函數原本決定於預擬且具動態性質的支出變數，蛻變成視實現且具靜態性質的所得變數而定，體系內貨幣需求總量也因而

大幅縮水。

(三) Cambridge 學派

Marshall 與 Pigou 領軍 的 Cambridge 學派極力闡揚「閒置餘額」概念，宣稱貨幣雖無法產生金融收益，卻能提供「方便」與「安全」兩項勞務，可稱是保有貨幣的「非金融性報酬」。Marshall 與 Pigou 接著立足於個體觀點，解釋人們經過資產選擇程序後，將在既有財富存量a中以k_1比例保有貨幣：

$$M_1^d = k_1 Pa \tag{5.3}$$

k_1將受貨幣與其他資產間相對報酬率的影響。至於在「活動餘額」方面仍延續「所得學說」的看法，人們進行日常交易將於所得y中保有k_2比例貨幣：

$$M_2^d = k_2 Py \tag{5.4}$$

累加上述兩式，人們基於「方便」與「安全」兩項動機而產生的貨幣需求為：

$$M^d = k_1 Pa + k_2 Py \tag{5.5}$$

在實際資料中，人們的財富存量無法精確估計，不過所得與實際財富存量間通常存在穩定比例β關係，$y = \beta \cdot a$，上式又可變為：

$$M^d = (k_1 \beta^{-1} + k_2) Py$$
$$= k(\underset{(-)}{i}, \underset{(-)}{\pi^e}, \underset{(+)}{u}) Py \tag{5.6}$$

上式揭露 Cambridge 學派貨幣需求函數的特性如下：

(1)貨幣除了扮演「交易媒介」角色外，更兼具「價值儲藏」功能，而成為資產組合內容之一。

(2)貨幣需求是經過資產選擇的結果，是以 Hicks(1935)認為貨幣需求已由「非自願性」轉為「自願性」，同時貨幣需求也由「流量」的支出

理論正式轉變爲「存量」的資產理論，進而開啓研究資產選擇理論的先河。

　　(3)k比例是貨幣利率i、預期通貨膨脹率π^e與資產偏好u等變數的函數，顯然類似於近代貨幣需求函數的型態，同時也啓發 Keynes 推出「流動性偏好函數」的先機。

　　綜合古典貨幣需求文獻內涵可知：Fisherian 與 Cambridge 學派乃是近代貨幣需求理論的兩大源流，至於 Wicksellian 學派則爲兩者間的過渡學派。有鑑於此，Wrightsman(1971)與 Laidler(1977)分別指出兩種古典貨幣數量學說衍生之貨幣需求理論差異性：

　　(1) Fisherian 學派認爲貨幣在體系內扮演「交易媒介」角色，促進交易活動流暢運行。至於 Cambridge 學派則突出貨幣的「價值儲藏」功能，強調應將多種流動性資產納入貨幣定義行列；

　　(2) Fisherian 學派將保有貨幣與預擬名目支出流量相連繫，其貨幣需求乃屬「流量理論」。至於 Cambridge 學派宣稱保有貨幣實與體系財富存量息息相關，其貨幣需求逐爲「存量理論」；

　　(3) Fisherian 學派研究貨幣需求焦點在於名目支出流量，特別關心人們支出速度、制度性因素、提昇或阻礙交易效率的技術變革。至於 Cambridge 學派強調財富是貨幣需求的根源，特別關心決定人們保有貨幣比例的經濟變數；

　　(4) Fisherian 學派認爲體系內長期流通速度、實質所得與貨幣供給無關，後者變動勢必導致一般物價水準等比例調整。至於 Cambridge 學派認爲人們預擬保有的貨幣將視非貨幣性資產的相對報酬率而定，貨幣供給波動對物價水準影響並無等比例關係；

　　(5) Fisherian 學派強調「收付分際」概念，從而形成詮釋交易動機的「存貨理論」(inventory theory)先驅。至於 Cambridge 學派則是彰顯決定人們在財富中保有貨幣比例的因素，另外成爲「資產選擇」或「資

產替代」理論的始祖。

§ 5.3.　Keynes 的貨幣需求動機與其發展

依據 Hicks(1967)的說法，古典學派的「貨幣數量學說」雖然是所有貨幣需求文獻的起源，然而 Keynes 的《一般理論》才是眞正涉及探討貨幣需求的始祖。至於 Keynes 研究貨幣需求過程極爲曲折而可分成三部曲：

⑴在《貨幣論》(1930)期間，Keynes 承襲 Cambridge 學派傳統，基於 Walras 的「一般均衡分析」，嘗試將「貨幣數量學說」動態化及推演出貨幣需求函數，至於函數內容與古典理論並無重大差異；

⑵在《一般理論》(1936)以後，Keynes 提昇 Cambridge 學派置於次要角色的變數，如：「利率不確定性」與「通貨膨脹預期」，發表「流動性偏好學說」劃分貨幣需求成三個動機，首先將資產選擇概念用於詮釋貨幣需求，進而點燃「後 Keynesian 經濟學」鑽研貨幣需求理論個體基礎的熱潮；

⑶Keynes(1937)回應 Robertson(1937)與 Ohlin(1937)質疑利率決定方式時，提出「融資動機」概念而將貨幣需求函數型態回歸 Fisherian 學派的原先構想。

Keynes 在《一般理論》第十三章中指出：人們追求效用極大而從事的經濟活動，可由(表 5-2)的決策流程描繪的淋灘透澈。該表揭示：人生在世旨在追尋終生福祉(lifetime utility) $U(C_1, C_2, \cdots, C_n)$ 達於最大，故需將有限資源(實質財富或「非人力資本」)進行妥善安排，分配方式將視「時間偏好」與「流動性偏好」兩者而定。

⑴「時間偏好」：人們獲取所得或財富後，依據對目前與未來消費的「時間偏好」態度，進而決定消費與儲蓄。當期消費再依商品相對價格，

分別購買各種商品，進而形成「交易」與「預防」性貨幣需求；

(2)「流動性偏好」：人們決定消費傾向後，再次選擇保有儲蓄的形式，並依「流動性偏好」態度選擇金融資產組合方式來保有儲蓄，而選擇對象包括貨幣與債券（或股票）兩種金融資產，進而形成「投機」或「投資」性貨幣需求。值得注意者：Keynes 安排「流動性偏好」的方式僅侷限於金融資產，故屬狹義的「資產替代」，而與貨幣學派的廣義「資產替代」有所區別。

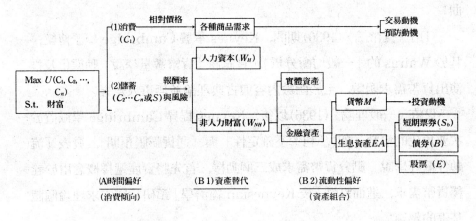

(表 5-2)　　經濟成員的決策流程

隨後，Keynes 定義「流動性偏好」如下：「在既定所得水準下，人們面臨各種利率水準時，預擬以貨幣形式保有財富數量的表列」，同時又在《一般理論》第十五章中三分貨幣需求動機：

㈠交易動機

該動機源自 Cambridge 學派的「方便動機」(convenience motive)，亦即家計部門與廠商受到交易制度限制，而於支出前必須保有貨幣。基於兩者保有交易性貨幣的原因與數量均有顯著差異，無法混為一談，Keynes 又再分割為二：

⑴所得動機

　　一般而言，消費者獲取所得期間較爲固定且有脈絡可尋，而支出形態往往呈現時間落後及較具規則性，爲避免「收付分際」形成交易過程中的困擾，保有貨幣以備交易實屬必需。至於應該保有多少方屬恰當，Keynes 認爲必須視所得水準與收支時距長短而定，函數型態係承襲 Wicksell 學派說法：

$$M_t^d = l_t(Y) = kPy \tag{5.7}$$

⑵營業動機

　　廠商雇用因素與購買原料生產，必須保有貨幣應付各項成本支出。隨後，廠商銷售商品時，卻需面臨不確定的市場需求，故現金流入(cash inflow)隨機性極強。爲能銜接產銷間的時距，廠商自然需要保有貨幣供做週轉之用。

　　比較「所得」與「營業」動機的差異性包括：(a)前者是所得發生時間通常領先支出，後者恰好相反；(b)前者面臨的不確定性相對小於後者。至於「營業動機」貨幣需求，將視當期收益、成本與商品轉手次數而定。值得注意者：兩項動機雖有顯著差異，但是 Keynes 設定該函數時，卻將兩者合併處理，函數型態仍如上式所述。

㈡預防動機

　　家計部門往往「未雨綢繆」，爲應付意外事件(emergency)引發的「非預擬性支出」，以及廠商爲準備突發的有利購買機會，或應付未來某項未確定金額負債，如：保證或背書而引發的或有債務，而保留貨幣以備不時之需，凡此均構成預防性貨幣需求形成的原因，而其前身即脫胎於 Cambridge 學派的「安全動機」。

　　上述「交易」與「預防」兩項動機的貨幣需求具有下列基本差異：前者係確定狀況下，人們面臨「預擬收付分際」，而必需保有的貨幣；至

於後者係在不確定狀況下，人們遭遇「非預擬收付分際」，爲避免意外損失而必需保有的貨幣。

　　Keynes 雖然各自賦予「所得」、「營業」與「預防」三個動機獨立特色，但是卻將三者合併處理，而以 (5.7) 式做代表，且如(圖 5-1)的 $M_t^d + M_p^d = kPy$ 所示爲垂直線，完全缺乏利率彈性。

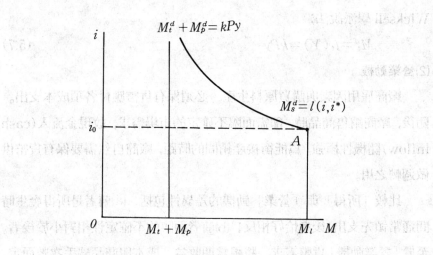

（圖 5-1）　　Keynes 貨幣需求曲線

㈢投資或資產動機

　　(表 5-2)的決策流程顯示：人們當期預擬消費的所得，將歸類爲「活動餘額」（涵蓋「交易」與「預防」動機），至於留待未來消費的所得將被視爲「閒置餘額」，而以各種資產型態儲存價值或保存財富。Keynes 指出每人心目當中均會預期一個正常利率水準 i^*，一旦金融市場利率波動造成生息資產價值起伏，爲袪避資本損失，必然捨棄生息資產而屈就貨幣，此即「投機」（「投資」）或「資產」動機貨幣需求由來的掌故，函數型態可設定如下：

$$M_s^d = l(\ i\ ,\ i^*) \tag{5.8}$$

$$(-)$$

上述函數將如 (圖5-1) 所示：A 點以上的曲線爲負斜率，以下部分是垂直線。累加(5.7)與(5.8)兩式，可得 Keynes 貨幣需求函數：

$$M^d = kPy + l(i,\ i^*) \tag{5.9}$$

歸納上述函數特色如下：

(1)貨幣需求函數可截然二分(dichotomized)成「活動餘額」及「閒置餘額」。

(2)名目貨幣需求的物價及所得彈性均小於1，利率彈性爲負或零。

(3)貨幣需求的利率彈性全是根源於投機動機，至於其他動機的利率彈性爲零。

Keynes 在推銷三個貨幣需求動機之際，附帶由「流動性偏好理論」引伸出利率決定理論：一旦央行決定貨幣供給量，當貨幣市場達成均衡時，體系內的利率隨之塵埃落地。不過稍後的 Robertson(1937)與 Ohlin(1937)卻宣稱該理論無法解釋「生產力」與「節儉」遞增時，利率隨之波動的情景。他們指出：體系內的利率理應取決於「新信用供給」(事前儲蓄)與「新信用需求」(事後投資)，由「可貸資金理論」(loanable fund theory)決定利率方屬合理，詳情見第十五章。

歷經衆人批評後, Keynes(1937)改弦易轍如下：廠商通常保有部分現金餘額以備執行投資計劃，該餘額歸屬於「交易餘額」。當資本邊際效率(MEC)、利率與消費函數已知時，對應既定產出水準將會出現單一投資需求，體系因而必需維持某一交易餘額。一旦廠商面臨 MEC 移動而投資意願擴張時，自然先對貨幣形成超額融通，此即「融資動機」貨幣需求的起源。

「融資動機」雖能彌補「流動性偏好理論」缺憾，卻逢二次歐戰隨之爆發，Keynes 爲國事而穿梭各國之間，深入研究隨之中止。直至

Tsiang(1956)重提往事,認爲: 在貨幣經濟體系中, 所有支出必須受「可接受支付工具」引導, 預擬支出計劃必須事先備妥資金方能執行, 顯示「預擬支出」是決定貨幣需求的主因。同時, Tsiang(1980)更深入批判當今 Keynesian 與貨幣學派盛行將貨幣需求函數設定爲所得函數的誤謬性, 體系內眞正貨幣需求函數應著眼於「融資動機」, 基本精神應回歸「Fisherian 學派」的貨幣需求型態, 強調貨幣扮演「交易媒介」角色而與實質支出血脈相連, 或是對支出行爲構成限制。基於該項理念,「融資動機」貨幣需求函數可設定爲:

$$M^d = L(C^p + I^p, \ i \ , \ \pi^e, \ A) \tag{5.10}$$
$$\qquad\qquad (+) \quad (-) \ (-) \ (-)$$

C^p 與 I^p 分別是預擬消費與投資。至於 Davidson(1965)更直接了當將交易性貨幣需求表明爲名目總支出的函數:

$$M_t^d = \alpha C + \beta I + \delta G \tag{5.11}$$

$0 < \alpha \ 、 \beta \ 、 \delta \leq 1$ 是固定時間內每元消費、投資或政府支出所需融通的貨幣。Davidson 甚至宣稱不僅總支出變化可以影響貨幣需求, 總供給面的因素價格、壟斷能力與生產函數變動均可經由「融資」變化而直接影響貨幣需求。換言之, Davidson 的處理方式實際上是「Fisherian 貨幣需求」函數的另一種變形而已。

Robertson(1937)接著指出, 人們在期初規劃消費支出後, 事先在債券市場買賣債券, 調整貨幣部位以便充分融資。在確定狀況下, 人們貨幣需求將完全內生決定於實質有效需求, 甚至當流通速度趨近於 1 時, 貨幣需求儼然是名目支出的化身, 貨幣數量並未構成交易過程中的束縛。然而當 Clower(1967)發表「流動性限制」模型後, 宣稱人們當期的預擬支出僅能以前期決定的貨幣數量融通, 企圖在金融市場取得融資將是緩不濟急。此種說法同時回應「Fisherian 學派」的另一層看法, 人們保有貨幣必然先於預擬支出決策, 貨幣需求縱然並非全爲「非自願性」, 但也

將礙於制度因素而被迫持有。

最後，古典「貨幣數量學說」與 Keynes《一般理論》是貨幣需求文獻的源頭，雖曾鉅細靡遺檢視貨幣功能與人們保有動機，但卻如 Brunner 與 Meltzer(1971)所稱：貨幣需求仍然是經濟學中屬於尚未解決的領域，舉凡「價格預期」、「利率變動」、「不確定性」、「法律與制度限制」、「流動性」與「跨時移轉」等因素均與貨幣需求密不可分。「後 Keynesian 經濟學」因而援用下列分析方式，嘗試為貨幣需求理論建立個體基礎，尋求更精確及適當的貨幣需求型態。

㈠直接效用方法

Walras(1872)在《純粹經濟學要義》(*Elements of Pure Economics*)中率先指出貨幣能夠用於購買商品與勞務，彌補「收付分際」肇致的困擾，產生的「方便」勞務直接滿足人們慾望。稍後的 Schlesinger(1941)承續 Walras 分析架構，區分貨幣需求原因為二：(1)基於確定「收付分際」(交易性需求)；(2)發軔於交易數量與日期不確定性（預防性需求)，並將「效用方法」限定於後者觀念。新古典學派的 Patinkin 與 Samuelson 兩人將此學說運用於推演貨幣需求函數，並發揮得淋漓盡致。

㈡風險收益方法(risk–revenue approach)

Markowitz(1952)率先以資產組合的「預期收益率」(平均數) 與衡量資產組合報酬分散度的「風險」(標準差或變異數) 兩項變數說明人們選擇資產組合內容。爾後，Tobin(1958)接續用於詮釋「投機」或「資產性」貨幣需求函數的形成。

㈢預期效用方法(expected utility approach)

Bernoulli(1738)、von Neuman 與 Morgenstern(1947)宣稱人們能夠衡量效用水準，並瞭解風險狀況下，各種資產選擇結果的機率分配，然後選擇預期效用最大者。爾後，Arrow(1965)提出「單期資產選擇」，Samuelson(1969)的「多期資產選擇」均是該類方法的推廣。「直接效用方法」通常著重於貨幣提供「方便」與「安全」勞務，減輕交易成本與削減不確定性，直接滿足人們慾望。至於「預期效用方法」強調貨幣作爲「價值儲藏」工具，將「不確定性」因素引入「直接效用方法」中。同時，人們的「預期效用函數」若進行 Taylor 展開式(Taylor's expansion)並加簡化，則又可轉換成「風險收益方法」。

㈣交易成本方法(transaction cost approach)

Baumol(1952)率先運用「存貨理論」說明人們保有「交易性」貨幣行爲的理由是：在貨幣經濟體系中，人們必須保有貨幣方能交易，類似廠商必須保有存貨方能營運一樣。一旦保有貨幣（存貨）過多，利息負擔必然增加，保有過少又有不便之處(必須負擔交易成本)，兩難之下自可決定最適貨幣保有量。爾後，Tobin(1956)與 Karni(1971)等人繼續推廣與發揚光大。Miller 與 Orr(1966)又將不確定性引進「存貨理論」說明廠商的「營業動機」貨幣需求，而 Whalen(1966)則首度將「存貨理論」引入「預防動機」貨幣需求理論中。值得注意者：「交易成本方法」尚有兩種演變方式：

(1)「交易成本」與「直接效用」方法的綜合：Feige 與 Parkin(1971)，Karni 與 Ben-zion(1978)宣稱人們保有「交易性」貨幣，不僅可以產生效用，兼可降低交易成本，結合「交易成本」與「直接效用」兩種方法詮釋將有其必要。

(2)「交易成本」與「風險收益」方法的綜合：Buiter 與 Armstrong
(1978)認爲人們安排「交易餘額」內容時，可能引進風險性資產，而「交
易成本」將是決定資產組合的重要因素之一，結合「交易成本」與「風
險收益」兩種方法詮釋亦有其必要。

§ 5.4. 新古典貨幣需求理論

　　古典學派的「貨幣數量學說」雖然特別突出貨幣扮演「交易媒介」
的角色，但卻未能詳細說明決定人們保有貨幣的因素，不過自從「邊際
效用學派」興起後，「效用分析方法」便逐漸融入詮釋貨幣需求領域中。
Walras(1872)在《純粹經濟學要義》書中指出貨幣如同「存貨」或「營
運資本」(circulating capital)，通常能及時提供「準備周全的勞務」
(services of availability)或效用。爾後的新古典學派 Patinkin(1965)
與 Samuelson(1968)接續指出，貨幣有助於人們安然度過不確定狀況，
兼能節省交易成本，實與耐久消費財雷同，經由提供「方便」與「安全」
兩種勞務而直接滿足人們慾望，故可與其他商品或勞務同列於個人效用
函數中：

$$U = u(x_1, x_2, \cdots, x_n; \frac{M}{P}) \tag{5.12}$$

$$(+) \quad (+) \qquad (+) \quad (+)$$

x_i是各種商品或勞務。在每段所得期間初始之際，個人擁有貨幣價值固定
的資產$\overline{A}$，分別以貨幣M與債券B保有。固定期間內，債券的單位報酬率
i，個人握有債券所獲收益爲$iB = i(\overline{A} - M)$。至於個人面臨的財富限制
爲：

$$\sum_{i=1}^{n} P_i(x_i - \overline{x}_i) - i(\overline{A} - M) = 0 \tag{5.13 a}$$

或 $\sum_{i=1}^{n} P_i x_i + iPm = \sum_{i=1}^{n} P_i \overline{x}_i + i\overline{A}$ (5.13 b)

$\overline{x}_i$是期初商品或勞務秉賦量。當人們追求(5.12)式的效用極大時,將需受(5.13 a)或(5.13 b)式的財富數量限制,故由 Lagrange 函數求解,可得下列最適條件:

$$\frac{\frac{\partial u}{\partial x_1}}{P_1} = \frac{\frac{\partial u}{\partial x_2}}{P_2} = \cdots = \frac{\frac{\partial u}{\partial m}}{iP} = \lambda$$ (5.14)

$m = \frac{M}{P}$, λ是所得的邊際效用或消費商品的邊際效用, $(\partial u / \partial m)$是保有實質貨幣餘額所獲的邊際效用, $P = \sum_{i=1}^{n} \alpha_i P_i$是一般物價水準,係所有商品價格的加權平均值, iP可視爲實質貨幣的價格, α_i是權數。由(5.14)與(5.13 a)諸式聯立求解,可得實質貨幣需求函數如下:

$$m^d = \frac{M^d}{P} = f(P_1,\ P_2,\ \cdots,\ P_n,\ iP,\ \sum_{i=1}^{n} P_i \overline{x}_i,\ \overline{A})$$ (5.15)

由於實質貨幣需求函數對所有價格與財富變數具有零階齊次性質,上述函數又可轉換成:

$$m^d = \frac{M^d}{P} = f(\frac{P_1}{P},\ \frac{P_2}{P},\ \cdots,\ \frac{P_n}{P},\ i,\ \frac{\sum_{i=1}^{n} P_i \overline{x}_i}{P},\ \frac{\overline{A}}{P})$$ (5.16)

再定義實質所得爲$y = \dfrac{\sum_{i=1}^{n} P_i \overline{x}_i}{P}$, 而實質貨幣需求的所得彈性爲 1, 上式將轉換成下列名目貨幣需求函數:

$$M^d = k(\frac{P_1}{P},\ \frac{P_2}{P},\ \cdots,\ \frac{P_n}{P},\ i,\ \frac{\overline{A}}{P}) Py$$ (5.17)

$$(+)\quad(+)\qquad\quad(+)\quad(-)\quad(+)$$

新古典學派循著 Walras 的「直接效用方法」軌跡前進,首先爲「貨

幣數量學說」尋求個體基礎，然而以「消費理論」詮釋貨幣需求卻會發
生下列困擾：

　　⑴人們保有貨幣所獲的「資產存量效用」(stock utility)必須等於用
貨幣購買商品享受的「支出流量效用」(flow utility)，由此均衡條件推
演的貨幣需求到底扮演流量或存量概念，必然產生混淆現象。

　　⑵新古典學派視貨幣為「消費財」，忽略貨幣扮演「交易媒介」的獨
特性質，容易造成指鹿為馬現象，(5.17)式能否反映真正貨幣需求函數，
值得商榷。

　　接著，再比較古典與新古典貨幣需求函數的異同。就(5.6)式的 Cam-
bridge 學派貨幣需求函數取自然對數，並進行全微分：

$$dlnM^d = dlnk + dlnP + dlny$$

$$= \varepsilon(k, i) dlni + dlnP + dlny \qquad (5.18)$$

$\varepsilon(k, i) = \partial lnk / \partial lni$ 是貨幣需求的利率彈性。上式顯示：古典貨幣需求
的價格彈性 $\varepsilon(M^d, P) = \partial lnM^d / \partial lnP = 1$，所得彈性 $\varepsilon(M^d, y) = \partial lnM^d / \partial lny = 1$。

　　再就(5.17)式的新古典貨幣需求函數取自然對數，並進行全微分：

$$dlnM^d = \varepsilon(k, i) dlni + \left[1 - \varepsilon\left(k, \frac{\overline{A}}{P}\right)\right] dlnP + dlny \qquad (5.19)$$

$\varepsilon(k, \dfrac{\overline{A}}{P})$ 是名目貨幣需求的實質財富彈性。上式顯示：新古典貨幣需求
的價格彈性小於 1，所得彈性仍為 1。

　　以下用(圖5-2)說明上述分析結果。依據 Pigou(1917)的說法，貨
幣的價格 π 是物價水準的倒數，m^d 是古典貨幣需求曲線。Patinkin
(1965)指出當貨幣供給為 M_0^s 時，新古典貨幣需求曲線為 m_0^d。一旦貨幣供
給增加至 M_1^s，人們基於手中財富增加引發實質財富效果而擴大保有貨
幣，新古典的短期貨幣需求將由 m_0^d 外移至 m^d 位置，新古典的短期貨幣需

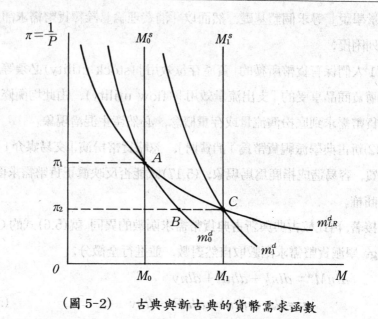

（圖 5-2）　　古典與新古典的貨幣需求函數

求曲線與M_1^s相交於C點，均衡貨幣價格將降至π_2。

　　總之，新古典貨幣需求曲線在短期財富固定下，斜率較陡而價格彈性小於1；古典貨幣需求曲線則在長期財富與物價同時調整下，斜率較平且價格彈性為1。至於古典與新古典貨幣需求的利率及所得彈性並無差異。值得注意者：決定古典貨幣需求的因素尚與預期通貨膨脹率密切相關，然而新古典貨幣需求卻會與商品相對價格息息相關。

§ 5.5.　貨幣學派的貨幣需求理論

　　Friedman(1956)繼承古典學派道統並以發揚光大為職志，故以〈貨幣數量學說的重述〉(A Restatement of Quantity Theory of Money)一文回應 Keynesian 學派的批評，指出該學說並非解釋產量、貨幣所得與貨幣存量關係的理論，實際上僅是總體模型當中的貨幣需求

函數罷了。同時，貨幣是爲金融資產或資本財，惟有採用「資本理論」觀點詮釋貨幣需求函數的形成，方屬恰當。

Friedman 認爲經濟成員的貨幣需求可分成兩部分：

(1)家計部門的貨幣需求：貨幣屬於消費耐久財的一環，能夠提供「方便」、「安全」與「榮耀」等勞務，讓人們由享受勞務中直接獲益，是以將屬最終需求。

(2)廠商的貨幣需求：在生產過程中，貨幣與其他因素一樣具有生產力，實與其他「資本財」無異，能爲廠商帶來收益，將是歸屬衍生需求。

人們的貨幣需求動機雖然有別，但是 Friedman(1956)卻認爲體系內貨幣需求函數可透過 (表 5-2) 的「資產替代」程序求得。人們在追求終身幸福下，將會決定目前最適消費C_1與儲蓄S（未來消費之用），隨後並將儲蓄或「財富累積」投入於「人力資本」(human capital,一技在身)與「非人力財富」(身外之物)。「貨幣」僅是衆多資產當中的一項，經過「資產替代」效果運作後，名目貨幣需求函數將如下所示：

$$M^d = f(\, P, \quad i\,, \quad i_b - \frac{1}{i_b}\frac{di_b}{dt}, \quad i_e + \pi - \frac{1}{i_e}\frac{di_e}{dt}, \quad \pi, \quad W, \quad \theta, \quad U\,) \quad (5.20)$$

$$\quad\quad\quad\quad (+) \;\; (-) \quad\quad (-) \quad\quad\quad\quad\quad (-) \quad\quad (-)\; (+) \quad\quad (+)$$

針對上述貨幣需求函數內涵，分別說明各項資產收益率的影響，並轉換成類似「貨幣數量學說」的貨幣需求型態：

(1)貨幣的主要功能是扮演「交易媒介」，購買力變化與通貨膨脹率 $\pi = (\frac{1}{P})(\frac{dP}{dt})$ 息息相關。人們保有實質資產的報酬率包括該類資產提供的勞務及避免通貨膨脹帶來的購買力損失，故通貨膨脹率對貨幣需求的影響爲負。

(2)貨幣市場上的短期票券屬於安全性資產，期限短且具高度流動性，係保有貨幣的最親密代替品，故其報酬率i的影響將具負面效果。

(3)債券市場的信用工具性質依發行方式而有三種:

(a)「面值固定而債券利率浮動」: 該類債券雖無資本損失, 但卻需承擔通貨膨脹降臨時的購買力損失, 報酬率隨市場利率浮動而爲i_b;

(b)「債券報酬固定而市值浮動」: 該類債券除固定報酬率i_b外, 尚須承受債券報酬率變動後形成的資本損失$(-\frac{1}{i_b}\frac{di_b}{dt})$, 同時也將負擔通貨膨脹肇致的購買力損失;

(c)「指數化公債」(indexed bond)或稱「實質公債」(real bond): 該類債券係以維持發行時之實質購買力不變, 內容若又屬於(b)的方式, 其報酬率將與股票報酬率雷同, 除債券報酬率i_b外, 尚包括資本利得$(\frac{1}{i_b})(\frac{di_b}{dt})$及通貨膨脹引起名目債券報酬率上昇$\pi$。

(4)股權是代表廠商實質資產的所有權, 報酬率涵蓋股利i_e、股利波動形成資本利得$(\frac{1}{i_e})(\frac{di_e}{dt})$與通貨膨脹引起股權名目價值上揚利得。不過依據實證結果顯示: 在通貨膨脹初期, 廠商成本揚昇速度遜於商品調價幅度, 獲利能力上昇; 此外, 投資大眾爲求保值而購買股票, 股價揚昇可能性較高, 通貨膨脹率的影響將爲正向。然而當通貨膨脹惡化, 人們購買力下降後, 成本漲幅超過商品價格調幅, 獲利率每況愈下。另一方面, 投資大眾爲求保值會棄股票轉而追求實質資產, 股價因而下跌, 通貨膨脹後期的影響將轉爲負向。

(5)人們擁有財富的價值W可用「人力資本」(W_h)與「非人力財富」(W_{nh})在未來產生預期「恆常所得」(permanent income)的現值來衡量, 前者產生「勞動所得」Y_h^p, 後者產生「財產所得」Y_{nh}^p, 而$Y^p=Y_h^p+Y_{nh}^p$且$W=W_h+W_{nh}=(Y_h^p+Y_{nh}^p)/i=Y^p/i$。

(6)「人力資本」與「非人力財富」的分配方式$\theta=W_h/W_{nh}$必然影響貨幣保有數量。當人們保有「人力資本」數量遞增時, 「預期勞動所得」必

然水漲船高，益形增加貨幣需求，此可稱爲「所得效果」。另外，人們保有「非人力財富」增加時，爲維持資產組合流動性，自然擴增貨幣需求，此即「資產替代效果」。綜合兩者效果顯示：θ值變化對貨幣需求發揮的影響，將無從確定。

除上述報酬率因素外，人們的「時間」與「資產選擇」偏好U對形成貨幣需求函數具有深刻影響。經過上述詮釋後，一旦物價與所有資產報酬率持穩時，(5.20)式亦可簡化爲：（$Y^p = Y$）

$$M^d = f(P,\ i,\ i_b,\ i_e,\ \pi,\ Y,\ \theta,\ U) \tag{5.21}$$

一旦人們洞悉物價變動而無幻覺時，名目貨幣需求將是一般物價P與名目所得Y的一階齊次函數，上式可重寫爲：

$$M^d/P = f(i,\ i_b,\ i_e,\ \pi,\ y,\ \theta,\ U) \tag{5.22}$$

$Y = P \cdot y$。Friedman 接著宣稱實質貨幣需求(M^d/P)具有單一所得彈性，或是對實質所得y爲一階齊次，上式又可爲：

$$M^d/P = y \cdot f(i,\ i_b,\ i_e,\ \pi,\ \theta,\ U) \tag{5.23}$$

假設央行將貨幣供給控制於$M^s = M_0$，則當貨幣市場達成均衡$M^d = M^s$後，經整理又回復到「貨幣數量學說」的型態：

$$MV = Py = Y$$

其中流通速度函數將是：

$$V^{-1} = f(i,\ i_b,\ i_e,\ \pi,\ \theta,\ U) \tag{5.24}$$

上式內容顯示：Friedman 利用「資本理論」推演貨幣需求函數，經過一番巧妙安排後，又回歸至「貨幣數量學說」的型態。唯一不同者是：「流通速度」乃是經過資產替代後的穩定函數，而非古典學派所稱全然歸之於由制度因素決定。另外，貨幣學派推演的貨幣需求已由「支出流量」概念轉變成「資產存量」概念，其決定因素亦變成是各種「資產報酬率」而非「商品相對價格」。

Friedman(1956)雖然利用「資產替代理論」爲基礎，重新詮釋「貨

幣數量學說」而獲得良好成果，但卻與貨幣數量學說強調貨幣扮演「交易媒介」功能的精神大異其趣，反而正如 Patinkin(1969)所稱僅是 Keynes 流動性偏好理論的延伸與推廣而已，同時 Friedman(1956)本人亦承認係在深受 Keynes 流動性偏好分析影響下進行詮釋工作。依據 Rousseas(1972)說法，Friedman 理論係 Keynes 理論的推廣，兩者差異性約有下列數項：

(1) Friedman 擴大財富範圍為「人力」與「非人力」兩種財富，認為體系內所有實質與金融資產均可替代貨幣，結果造成貨幣學派所稱貨幣對任何資產的利率彈性均低的現象；至於 Keynes 理論縮水為僅考慮狹義的財富定義，剔除「人力資本」項目，並宣稱只有債券（股票）方可替代貨幣，實質與金融資產間的替代性極為薄弱，致使貨幣需求的利率彈性極大，而實質資產的利率彈性卻是相當微小；

(2) Friedman 將貨幣定義擴大至包含定存在內的 M_2；至於 Keynes 考慮的貨幣定義卻僅是狹義的 M_{1a} 而已；

(3) Friedman 引進預期概念定義「恆常所得」取代無法衡量的「財富」概念，用於詮釋貨幣需求函數而具有長期性質；至於 Keynes 卻採「實際所得」或「衡量所得」(measured income)概念詮釋貨幣需求函數而偏向短期性質；

(4) Friedman 採用預期通貨膨脹率、生息資產報酬扣除銀行存款利率後的淨預期報酬率做為保有貨幣成本；至於 Keynes 則以持有債券報酬率及心目中預期報酬率做為持有貨幣成本。

§5.6. 長期與短期貨幣需求函數

新古典貨幣需求理論指出：由於人們短期內擁有的名目財富值固定不變，貨幣需求彈性的物價水準將小於 1；至於名目財富值在長期將隨

物價變動充分調整至均衡後, 貨幣需求的物價彈性將等於1。新古典學派
的上述說法即道出體系內貨幣需求函數應有長短期之分。爾後, 貨幣學
派設定貨幣需求函數時, 所得變數通常採用 Friedman 的「恆常所得」
概念。由此衍生之問題為: 所得概念可分成「衡量所得」及「恆常所得」
兩種, 一旦採用不同所得概念設定貨幣需求函數時, 即代表強調「交易
動機」或「資產動機」, 進而促使推論的貨幣需求出現長期及短期兩種狀
況。

　　針對上述說法, Chow(1966)設定兩種貨幣需求函數如下:

　　(1)長期或均衡貨幣需求是資產A及利率i的函數, 若以直線函數表
示:

$$M_t^* = f(A_t, \ i_t) = b_0 + b_1 A_t + b_2 i_t \qquad b_1 > 0 > b_2 \qquad (5.25)$$

　　(2)短期貨幣需求函數的設定僅能從「存量調整程序」(stock adjust-
ment process)間接獲得:

$$M_t - M_{t-1} = \lambda(M_t^* - M_{t-1}) + d(A_t - A_{t-1}) \qquad (5.26)$$

M_t與M_{t-1}分別為本期及前期貨幣存量。至於M_t^*是當期體系內的貨幣需
求量, A_t及A_{t-1}分別是本期與前期資產存量。至於λ與d為部分調整係數
(partial adjustment coefficient)且$0 < \lambda$、$d < 1$。上式代表本期實際
貨幣存量變動係由下列兩部分構成:

　　(a)體系內預期貨幣調整數量, 即$(M_t^* - M_{t-1})$再經部分調整係數λ修
正後的項目;

　　(b)殘差項變動(residual change), 係取決於當期體系內資產變動
量$(A_t - A_{t-1})$, 然後經調整係數d修正後的項目。假設體系內當期資產
變動 (亦即當期儲蓄S_t)同時定義為目前所得Y扣除消費的部分, 且依
Friedman 的恒常消費理論內容, 消費近似於與恆常所得Y_p成等比例,
儲蓄項目因而是: (θ是邊際消費傾向)

$$A_t - A_{t-1} = S_t = Y - \theta Y_p \qquad (5.27)$$

將(5.25)與(5.27)兩式代入(5.26)式,可得短期貨幣需求函數如下:

$$M_t^* = \lambda b_0 + \lambda b_1 A_t + \lambda b_2 i_t + (1-\lambda) M_{t-1} + dY_t - d\theta Y_t^p \quad (5.28)$$

假設A_t包括「人力資本」在內而近似於Y_t^p的折現值,則「恆常所得」發揮的效果有二:(1)貨幣長期使用的正效果($\lambda b_1 A_t$)與(2)儲蓄短期分配的負效果($-d\theta Y_t^p$),同時(5.28)式亦可重新整理為:

$$M_t^* = \left[\lambda b_0 + dY_t + (1-\lambda) M_{t-1} \right] + (\lambda b_1 - d\theta) Y_t^p + \lambda b_2 i_t \quad (5.29)$$

比較(5.25)與(5.29)兩式可知:短期貨幣需求將較長期貨幣需求具有利率彈性。

最後,綜合本章重要貨幣需求文獻內容,分別列於(表5-3)作為比較:

特性＼學派	Fisherian 學派	Cambridge 學派	Keynesian 學派
1.貨幣功能	1.交易媒介 2.非自願性貨幣需求 3.融資動機	1.強調價值儲藏功能 2.自願性貨幣需求	1.將貨幣區分為三個動機 2.特別強調價值儲藏功能 3.自願性貨幣需求
2.函數型態	$M^d = PT/V$ *Wicksellian 學派的型態為: $M^d = \dfrac{Py}{V} + l(i)$	$M^d = k_1 Py + k_2 Pa$ $= k(i, \pi^e, u)Py$	$M^d = kPy + l(i, i^*)$
3.個體基礎	由制度性因素決定,並無個體基礎	資產選擇的結果	1.存貨理論 2.資產選擇理論
4.決定變數	1.預擬支出或交易量 2.流量與動態理論	1.貨幣與其他資產的相對報酬率 2.存量與靜態理論	強調預期與實際利率間的差異

特性			
5.利率彈性 $\varepsilon(M^d, i)$	無	缺　乏	缺　乏
6.價格彈性 $\varepsilon(M^d, P)$	單　一	單　一	缺　乏
7.所得彈性 $\varepsilon(M^d, y)$	單　一	缺　乏	缺　乏

(表 5-3-1)　　重要貨幣需求文獻的比較

特性＼學派	付現交易模型	新古典學派	貨幣學派
1.貨幣功能	1.強調交易媒介功能 2.自願性或被制度性因素強迫持有	1.將貨幣視為消費耐久財，能夠產生方便與安全兩項勞務 2.自願性貨幣需求	1.將貨幣視為資本財 2.同左
2.函數型態	$M^d = f(C^p + I^p, i_b, i_e, \cdots)$ $= \alpha C + \beta I + \delta G$	$M^d = k(i, \dfrac{P_i}{P}, \overline{A}/P) Py$	$M^d = P \cdot f(y^p, i_b, i_e, \pi^e, \theta, u)$
3.個體基礎	在消費與生產決策中再考慮支出限制式的條件	立基於消費理論的「直接效用方法」	資產替代理論
4.決定變數	1.預擬支出或交易量 2.流量與動態理論	1.期初秉賦、實質餘額與商品相對價格 2.流量與靜態理論	1.恆常所得與其他資產報酬率 2.存量與動態理論
5.利率彈性 $\varepsilon(M^d, i)$	缺　乏	缺　乏	缺　乏

6.價格 　彈性 　$\varepsilon(M^d, P)$	單　一	缺　乏	單　一
7.所得 　彈性 　$\varepsilon(M^d, y)$	未　詳	單　一	單　一 *實證結果是不 一定

（表 5-3-2）　重要貨幣需求文獻的比較

〔本章重要參考文獻〕

1. 謝德宗：〈貨幣需求理論發展之檢討〉，企銀季刊，五卷三期，民國七十一年，pp.98-112.

2. ＿＿＿：〈貨幣需求文獻發展綜覽〉，台灣經濟金融月刊，二十八卷四期，民國八十一年，pp.25-38。

3. 陳晨鐘：《臺灣貨幣需求之實證研究：由傳統到開放性》，臺大經研所碩士論文，民國七十一年七月。

4. 陳師孟：〈貨幣起源與貨幣需求的綜合檢討〉，《貨幣金融論文集》，臺大經研所，民國七十四年，pp.247-278.

5. ＿＿＿：〈預防動機的貨幣需求理論：綜合檢討〉，企銀季刊，十卷一期，民國七十五年，pp.43-54.

6. Baumol, W., *The Transactions Demand for Cash: An Inventory Theoretic Approach*, QJE, 1952, pp.545-556.

7. Chow, G. C., *On the Long-Run and Short-Run Demand for Money*, JPE, 1966, pp.111-113.

8. Clower, R., *A Reconsideration of the Microfoundations of Monetary Theory*, WEJ, 1967, pp.1-9.

9. Davidson, P., *Keynes's Finance Motive*, OEP, 1965, pp.47-56.

10. Fisher, D., *Monetary Theory and the Demand for Money*, N. Y., John Wiley & Sons, 1978.

11. Fisher, I., *The Purchasing Power of Money*, N. Y.: Macmillan, 1911.

12. Friedman, M., *The Quantity Theory of Money-A Restatement*, in Studies in the Quantity Theory of Money, 1956, pp.

3-24.

13. Hicks, J. R., *The Two Triads, Lecture I, II, III,* in *Critical Essays in Monetary Theory*, 1967, pp.1-60.

14. Keynes, J. M., *The General Theory of Employment, Interest and Money*, 1936.

15. _____, *The Ex-ante Theory of the Rate of Interest*, EJ, 1937, pp.663-669.

16. Laidler, D., *The Demand for Money: Theories and Evidence*, Harper & Row, Publisher, 1977.

17. Lieberman, C., *The Long-Run and Short-Run Demand for Money, Revisited*, JMCB, 1980, pp.43-57.

18. Makinen, G. E., *Money, the Price Level, and Interest Rates: An Introduction to Monetary Theory*, Prentice-Hall Inc., 1977.

19. Nagatani, K., *Monetary Theory*, North Holland, 1978, pp.3-98.

20. Niehans, J., *The Theory of Money*, Johns Hopkins University Press, 1978.

21. Patinkin, D., *Money, Interest and Prices*, Harper & Row, 1965.

22. _____, *The Chicago Tradition, the Quantity Theory and Friedman*, JMCB, 1969, pp.46-70.

23. Robertson, D., *Mr. Keynes and 'Finance'*, EJ, 1937, pp.314-318.

24. Rousseas, S., *Monetary Theory*, N. Y.: Knopf, 1972.

25. Samuelson, P. A., *What Classical Monetary Theory Really*

Was, Canadian JE, 1968, pp.1-15.

26. Tsiang, S. C., *Keynes 'Finance' Demand for Liquidity, Robertson's Loanable Funds Theory, and Friedman's Monetarism*, QJE, 1980, pp.469-491.

27. Wrightsman, D., *An Introduction to Monetary Theory*, N. Y.: The Free Press, 1971.

第六章 「交易」與「預防」動機貨幣需求理論

　　在經濟發展過程中,貨幣出現的主要貢獻在於提昇人們的交易效率,進而減輕交易成本。Hicks (1967) 在「複式三分」文獻中直接指出, 古典學派的「貨幣數量學說」領銜針對交易媒介功能討論貨幣需求函數,成為「交易性」貨幣需求理論的先驅。此外, Pigou (1917) 曾經宣稱人們保有貨幣將可免於發生意外事件的恐懼,「預防性」貨幣需求隨即油然而生, 同時逐漸在貨幣需求理論中展露頭角。

　　Keynes 承襲 Cambridge 學派衣缽, 分割貨幣需求成三種動機, 同時各自賦予特色。然而「一般理論」設定貨幣需求函數時, 卻採分成「交易」(「所得」及「營業」)與「預防」兩項動機的「活動餘額」, 以及「投機」動機的「閒置餘額」等截然「二分」型態。值得注意者:「活動餘額」中的三項動機各具特色, 彼此差異性極大, Keynes 卻籠統歸為一類, 並且均視所得水準而定,顯然有不妥之處。有鑑於 Keynes 的貨幣需求型態未能盡如人意, 是以「後 Keynes 經濟學」紛紛為各種貨幣需求動機尋求個體基礎, 企求函數型態臻於完善。

　　本章首先引進Baumol-Tobin的「存貨模型」推演家計部門的「交易性」(所得動機)貨幣需求, 進而分別陳述推演結果衍生的涵義。在簡單存貨模型中, 任何交易行為均屬「銀貨兩訖, 概不賒欠」, 然而金融創新層出不窮, 採取「信用卡」或「聯合簽帳卡」的交易方式日益流行, 故將分別說明國內盛行的信用交易內涵、流程及衍生之利弊得失, 隨後再推演考慮「信用交易」可能性後的 Sastry 模型。由於Baumol-Tobin模型忽略消費型態與保有貨幣行為間的親密關係, Karni 與Ben-zion

(1976) 遂結合「直接效用方法」與「存貨理論」推演最適交易性貨幣需求。爾後，Policano 與 Choi (1978) 更運用兩者理論探討商品相對價格調整對交易性貨幣需求的影響。接著，由於廠商與家計部門的收支型態截然不同，故將引進 Miller-Orr 的「存貨模型」，另行推演廠商部門的「交易性」(營業動機)貨幣需求。第六，將就 Weinrobe 與 Whalen 模型說明人們保有「預防性」貨幣的決定因素。最後，「交易」與「預防」性貨幣均是因應「收付分際」而生，兩者具有替代性質，Tsiang (1969) 因而接續認為兩者必須同時而非獨自決定，從而出現兩者的理論綜合模型。

§ 6.1.　Baumol 存貨模型

Niehans (1978) 定義「所得動機」貨幣需求為：家計部門所得來源雖然穩定卻具有間斷性，而支出通常富於變化且呈連續性，是以為避免「收付分際」產生無法清償 (insolvency) 的困擾，自須保有貨幣備用。Keynes (1936) 認為保有該動機的貨幣多寡，需視所得水準以及「收付分際」程度而定，函數將可設定成 $M_t^d = kPy$ 型態。爾後，Hicks (1967) 認為 Keynes 與 Fisherian 學派的交易性貨幣需求 $M_t^d = PT / V$ 均屬「非意願性」，理由是：在貨幣經濟體系下，人們受交易制度限制，為能完成交易行為將被迫保有貨幣，並無理性選擇成分。

針對上述看法，文獻上出現兩種學說證明家計部門雖因「收付分際」而保有貨幣，但保有數量仍是理性選擇結果。

⑴「存貨理論」方法

Baumol (1952) 與 Tobin (1956) 領銜將廠商的「存貨投資理論」應用於詮釋交易性貨幣需求，認為人們保有交易媒介如同廠商保有存貨，雖能融通交易獲取方便，卻需負擔交易成本，故在謀求方便與負擔交易成

本兩難間，將可決定最適貨幣保有量。

⑵「直接效用」方法

　　Friedman (1956)、Patinkin (1965) 與 Samuelson (1968) 認為貨幣提供流動性勞務滿足人們交易之需，實際上與其他商品無異，故可由追求效用極大觀點尋求「所得動機」貨幣需求，詳情可見第五章。

　　本節將先推演「Baumol 存貨模型」內涵，然後探討其中經濟意義。

　　由於 Baumol 模型(1952)是貨幣需求存貨理論先驅，爾後汗牛充棟的存貨模型文獻均係脫胎於此，是以詳列該模型假設乃有其必要性：

　　⑴所得係以儲蓄存款 $Y = B_0$ 形式給付(直接撥入儲蓄存款帳戶)，每次所得給付期間訂為 T。至於所得若是改用現金形式給付，其保有貨幣行為仍未改變。

　　⑵所得期間內的預擬支出可用金融資產型式保有，故又稱為「交易餘額」。一旦所得全部以均勻速度支用，完整的所得支出型態將是「鋸齒狀」資產曲線(sawtooth asset curve)。

　　⑶貨幣是唯一支付工具，人們無法採用「透支」(overdraft)或「信用」交易。

　　⑷「交易餘額」組合包括貨幣與儲蓄存款，後者為安全性資產，無任何風險且報酬率為貨幣利率 i。

　　⑸儲蓄存款需依提領次數負擔固定貨幣成本 H，毋須等待「領先時間」(lead-time)通告，便能迅速提領現金 M。

　　基於上述假設，人們保有貨幣的總成本 TC 為：

$$TC = H \cdot \left(\frac{Y}{M}\right) + \frac{iMT}{2} \tag{6.1}$$

　　若依 Niehans (1978) 說法，人們安排交易餘額組合所獲「理財利潤」(financial management profit) π 為：

$$\pi=\frac{iT}{2}(Y-M)-H\cdot(\frac{Y}{M}) \tag{6.2}$$

當人們追求保有交易餘額成本最小或利潤最大時，分別就上述兩式對 M 微分，可得每次最適現金提領量：

$$\frac{HY}{M^2}-\frac{iT}{2}=0 \tag{6.3}$$

$$M^*=\sqrt{\frac{2HY}{iT}} \tag{6.4}$$

再就 (6.1) 或 (6.2) 式求二階條件，證明 (6.4) 式確實是利潤最大或成本最小的結果：

$$\frac{\partial^2 TC}{\partial M^2}=\frac{2HY}{M^3}>0$$

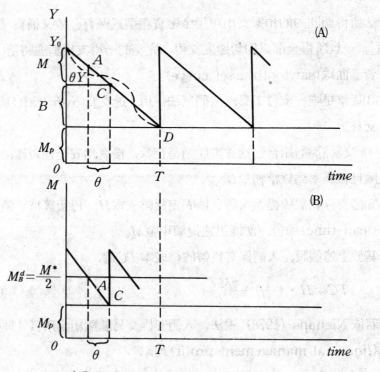

（圖 6-1）Baumol 的所得支出型態

（圖 6-1 A）顯示個人期初獲取確定所得 $Y_0 = B_0$ 後，若預期以均勻速度購買商品，則支出軌跡將如 $Y_0 D$ 直線所示。假設人們期初提款 M_T 均勻使用至 C 點耗盡現金後，再前往銀行廠商提款。由於小額提款無須事前通告，故 Tsiang (1969) 稱呼的「現金耗盡點」(cash exhaustion point) 將與「現金補充點」(cash replenishment point) 完全一致，此時提款的半數即是交易性貨幣需求。一旦人們係屬大額提款者，存款性質為須先通知銀行廠商才能提款的「通知存款」(call deposit)，人們惟有提前某期間宣告提款行動，方不至於釀成現金匱乏現象，故兩時點將不會一致。值得注意者：人們的實際支出非如 $Y_0 D$ 直線所示為均勻狀況，往往呈隨機的曲線現象，兩線間的差距乃是「非預擬支出」變動部份，是以唯有另外保有預防性貨幣 M_P 方能渡過非預期收付分際的難關。

（圖 6-2）中，固定期間內，由於人們預擬支出（所得）及交易成本均為已知，$(\dfrac{HY}{M})$ 的交易成本曲線將是雙曲線型態，至於 $(\dfrac{iMT}{2})$ 的利息

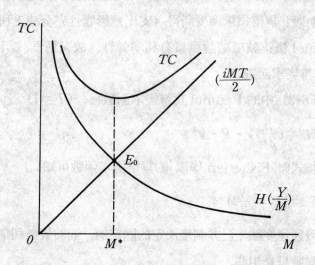

（圖 6-2）最適所得動機貨幣需求量的決定

成本曲線係由原點出發的直線，一旦兩線相交，將獲得 (6.3) 式內涵，每次最適提款數量因而決定。至於每次提款期間內，人們願意保有的「所得動機」貨幣需求量將是如下的「平方根公式」(formula of square root)：

$$M_B^d = \frac{M^*}{2} = \sqrt{\frac{HY}{2iT}} \qquad (6.5)$$

就上式取自然對數，並進行全微分：

$$dlnM_B^d = dlnP + \frac{1}{2}dlnh + \frac{1}{2}dlny - \frac{1}{2}dlni - \frac{1}{2}dlnT \qquad (6.6)$$

$y = \dfrac{Y}{P}$ 是實質所得（支出），$h = \dfrac{H}{P}$ 是實質交易成本。

綜合 (6.5) 及 (6.6) 兩式內容，將可歸納出 Baumol 貨幣需求函數特色如下：

(1)Baumol貨幣需求函數的「所得彈性為(1/2)，利率彈性為(-1/2)，價格彈性為 1」。值得注意者：「Fisherian 學派」或 Keynes 主張「所得動機」貨幣需求僅受所得（支出）影響且完全缺乏利率彈性，然而 Baumol 修正該項結論為具有利率彈性，故又稱為「新 Fisherian 學派」的貨幣需求函數。

(2)(圖 6-3) 中的 Baumol 貨幣需求函數為：（$T=1$）

$$M_B^d = (\frac{h}{2i})^{\frac{1}{2}} \cdot P \cdot y^{\frac{1}{2}}$$

比較該式與「Fisherian 學派」的貨幣需求函數可知：

$$V = k^{-1} = (\frac{h}{2i})^{-\frac{1}{2}}$$

貨幣流通速度顯然已非制度決定的固定值，而與貨幣利率、交易成本等經濟變數息息相關。

(3)「Fisherian 學派」面臨支出(或所得)遞增時，貨幣需求將會等比

例增加; 但是「新 Fisherian 學派」在每次提款成本固定下, 預擬支出數量增加, 人們保有貨幣將與所得 (支出) 的平方根成正比, 從而出現節省使用貨幣的規模經濟現象, 理由是: 人們增加提款將誘使單位交易成本($\frac{H}{M}$)遞減所致。

(4) Baumol 貨幣需求曲線係為「等利率彈性曲線」(iso-elasticity of interest rate curve), 利率彈性恆固定為(-1/2)。不過當貨幣利率驟降至$i^* = \frac{2H}{Y} = \frac{2h}{y}$時, 人們在所得期間開始後, 就將「交易餘額」全部轉換為現金($M_B^d = \frac{Y}{2}$), 是以$l(y_0)$曲線出現「Keynes 轉折點」(Keynesian kink)A後轉為垂直線, 符合 Keynes 以及「Fisherian 學派」的「缺乏利率彈性」說法。

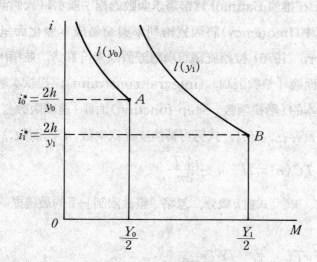

(圖 6-3) Baumol 貨幣需求曲線

(5) Baumol 貨幣需求曲線的價格彈性為1, 符合 Keynes 及「Fisherian 學派」的說法, 顯示在物價波動係屬「一次終結」(once and for all)狀況下, 名目交易性貨幣需求將與物價同比例進退, 人們將無物

價水準幻覺存在。不過若將「Fisher 方程式」($i=r+\pi^e$)引進 (6.5) 式後，實質交易性貨幣需求(m_B^d)可表爲：

$$m_B^d = \frac{M_B^d}{P} = \sqrt{\frac{hy}{2(r+\pi^e)T}} \tag{6.7}$$

由該式可知：一旦物價揚昇演變成通貨膨脹後，人們對未來經濟前景自然產生通貨膨脹預期($\pi^e>0$)，實質交易性貨幣需求反因貨幣利率上昇（機會成本提高）而出現縮水現象。

(6)運用平方根公式決定「所得動機」貨幣需求量時，必需考慮交易成本過高或利率偏低因素，兩者均使「所得動機」貨幣需求簡化成僅是預擬支出的函數，又回復至 Keynes 或「Fisherian 學派」描述的現象。換言之，Baumol 貨幣需求函數乃是一般化設定方式，而前兩者卻是特例現象。

最後, 在推演 Baumol 貨幣需求函數過程中顯示:「人們前往銀行廠商提款頻率(frequency)將因貨幣利率與交易成本變化而呈連續性反應」。Barro (1976) 接續疵議該項隱匿假設未符實情，並指出任何資產交易均須面臨「整數限制」(integral constraint)，提款次數乃是利率與交易成本的「階梯函數」(step function)而非「連續函數」。有鑑於該項限制事實存在, (6.1) 式另可轉換成提款次數(n)的函數：

$$TC(n) = H \cdot n + \frac{iYT}{2n} \tag{6.8}$$

$n=Y/M$。就上式對n微分，忽略「整數限制」下的最適提款次數n^*自可求得：

$$\frac{\partial TC}{\partial n} = H - \frac{iYT}{2n^2} = 0$$

$$n^* = \sqrt{\frac{iYT}{2H}} \tag{6.9}$$

由於最適提款次數n^*未必恰爲整數，故可設定下列整數關係：

$$[n_j] < n^* < [n_j+1]$$

$[n_j]$ 是 n^* 的整數部份。將上述次數分別代入 (6.8) 式，求算家計部門在所得期間內保有交易性貨幣所須承擔的交易成本如下：

$$TC(n_j) = H \cdot n_j - \frac{iYT}{2n_j} \tag{6.9 a}$$

$$TC(n_j+1) = H \cdot (n_j+1) - \frac{iYT}{2(n_j+1)} \tag{6.9 b}$$

家計部門衡量上述成本孰者為低後，「次佳」(sub-optimal)的「整數」提款次數就可呼之而出，每次提款數量及保有交易動機貨幣數量隨後間接可得。

§ 6.2. Tobin 存貨模型

Baumol 模型通常適用於一般薪水階級(自然人)，其交易餘額內涵包括現金與活期儲蓄存款，提款成本往往依次數計算而為固定值，成本內容為 Karni(1973、1974)指稱的「實質成本」及「時間成本」(time cost)。然而對交易金額鉅大的廠商 (法人) 而言，卻因法律限制無法將交易金額投入「活期儲蓄存款」，只好轉向選擇保有貨幣市場信用工具(票券或可轉讓定存單)。由於在貨幣市場上買賣「短期票券」所需負擔成本乃是固定的進出利率差價 (國內狀況為 1%)，係依兌現數量承擔「比例性」交易成本，是以當 Baumol 模型用於詮釋廠商或法人交易性貨幣需求的例子時，將是頗難勝任。

有鑑於此，Tobin (1956) 修改 Baumol 模型的「固定成本」假設為「比例成本」，另尋最適「交易動機」貨幣需求。其重要修正假設如下：

⑴人們以現金形式獲取所得後，保留部分現金 M，剩餘部分在貨幣市場上購買短期票券 B，報酬率固定為 i。

(2)人們耗盡現金後，立即兌現短期票券，並依兌現數量負擔比例成本，亦即須損失進出利率差價或名目交易成本ρ。

（圖 6-4）中，人們在期初獲取現金所得 Y，除保留現金 M 外，剩餘部分購買短期票券 B。期初貨幣經過 θ 期間使用後，人們將在「現金耗盡點」C 兌現票券。由於買賣票券可瞬間完成且無資本損失，C 點因而同時爲「現金補充點」。以下將分兩階段推演 Tobin 模型的最適貨幣需求：

⑴期初留存之最適貨幣數量（θ 期間）

人們在期初獲取現金所得 Y 後，預留現金 M 用於消費所損失之利息收益C_1：

$$C_1 = (1/2) \cdot M \cdot i \cdot \theta \tag{6.10}$$

期初保有貨幣期間爲 θ：

$$\theta = \frac{MT}{Y} \tag{6.11}$$

在所得期間 T 內，人們全部保有票券所獲之總收益 R 爲：

$$R = (1/2) \cdot Y \cdot i \cdot T \tag{6.12}$$

此外，人們選擇交易餘額與兌現票券，尚須負擔下列交易成本：

$$C_2 = 2\rho(Y - M) \tag{6.13}$$

綜合以上各式，人們在「所得期間」內安排交易餘額可獲理財利潤爲：

$$\pi = \frac{iT}{2}\left(Y - \frac{M^2}{Y}\right) - 2\rho(Y - M) \tag{6.14}$$

假設人們追求安排交易餘額所獲利潤最大，就上式求解可得期初最適貨幣保有量：

$$\frac{\partial \pi}{\partial M} = \frac{-iMT}{Y} + 2\rho = 0 \tag{6.15}$$

$$M^* = \frac{2\rho Y}{iT} \tag{6.16}$$

同時，上述結果亦滿足極大化條件:

$$\frac{\partial^2 \pi}{\partial M^2} = -\frac{iT}{Y} < 0$$

上述諸式顯示: 人們期初保有「所得動機」貨幣餘額應爲:

$$M_T^d = \frac{M^*}{2} = \frac{\rho Y}{iT}$$

值得注意者: 人們在期初留存的貨幣餘額並無規模經濟現象，且所得彈性爲 1，利率彈性爲 (-1)，價格彈性爲 2 (由於 ρ 與 Y 均爲名目值)。

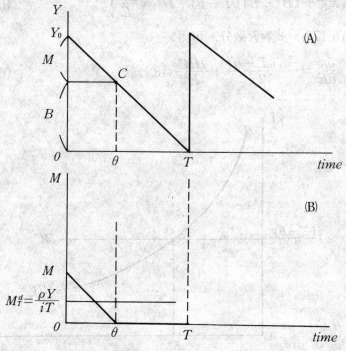

(圖 6-4) Tobin 的所得支出型態

⑵期初現金耗盡後之最適貨幣需求量 ($T - \theta$ 期間)

一旦人們在 C 點耗盡期初預留的現金後，將視預擬支出狀況隨時出

售票券。在$(T-\theta)$期間內，人們每次出售票券換取現金的數量為E，則保有$(Y-M^*)=B^*$交易餘額所獲利潤為π^*：

$$\pi = \frac{i}{2}(B^*-E)(T-\theta) - \rho \cdot E \cdot \left[\frac{B^*}{E}\right] \tag{6.17 a}$$

就 (6.17 a) 式對E微分，可得：

$$\frac{\partial \pi}{\partial E} = -\frac{i}{2}(T-\theta) < 0 \tag{6.18 a}$$

此外，對照 (6.2) 式的 Baumol「固定成本」模型設定方式：

$$\pi = \frac{i}{2}(B^*-E)(T-\theta) - H \cdot \left(\frac{B^*}{E}\right) \tag{6.17 b}$$

就 (6.17 b) 式對E微分，可得：

$$\frac{\partial \pi}{\partial E} = \frac{-i(T-\theta)}{2} + \frac{HB^*}{E^2} = 0 \tag{6.18 b}$$

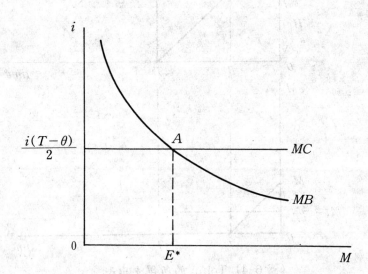

(圖 6-5) Tobin 與 Baumol 的最適貨幣需求量

(6.18 a) 及 (6.18 b) 兩項結果可用 (圖 6-5) 說明。在$(T-\theta)$期間內，基於前往銀行廠商提款或出售票券均無需預先通告，人們增加保

有貨幣必須負擔邊際成本（利息損失）$MC = (i/2)(T - \theta)$。不過 Baumol 模型卻因提款增加而享受單位交易成本節省的邊際利益$MB = HB^*/E^2$，兩相比較下最適交易性貨幣數量$E^* = \sqrt{2HB^*/i(T - \theta)}$ 自然出籠。至於 Tobin 模型改採「比例性成本」緣故，無法享有交易成本節省的好處$(MB = 0)$，造成人們惟有面臨支出時刻，才會隨即出售票券應急，手中並不持有交易性貨幣以免徒然損失利息。

§6.3. 信用交易與 Sastry 存貨模型

由第二章的「貨幣演進」內容顯示：經濟體系由「商品貨幣」而「紙幣」，再演變至使用「支票」交易，目的均在提昇交易效率及方便性。然而以「支票」充當交易媒介勢必涉及票據交換，清結過程不僅需要人力與物力投入，更在支票數量擴張至某一程度後，完成支票交換的時間隨之延長，使用支票利益因而遭致削減。有鑑於此，金融產業於民國 73 年開始推展「信用卡」或「聯合簽帳卡」業務，後者係指持卡人先行在銀行廠商「簽帳卡存款」帳戶上存款證明支付能力，在「先付款、後享受」條件下才能簽帳。此業務發軔於美國發展第四代電子資金調撥系統之際，由「信用卡」衍生出的新產品而以塑膠卡透過電腦聯線系統(on line terminal device)直接由消費者的存款帳戶中扣除款項，係銀行廠商提供消費者方便而透過電腦處理的資金傳送作業。

在簽帳卡體系中，發卡銀行純屬中立的清算機構，持卡人憑卡簽帳消費而由銀行廠商將帳款自持卡人帳戶轉入特約商店帳戶。在交易過程中，銀行廠商係提供扣帳服務而非「信用」。由於該業務風險小、佣金少，實務上此種先存款再消費之簽帳卡大多發給信用欠佳或評等未明之新客戶，因而缺乏市場競爭性。此外，在特約商店全面裝置端末機建立銷售

點(point of sales, POS)系統，採取線上即時作業將所費不貲。惟因簽帳卡制度具有便利資金清算且無擴張信用優點，對資金尚不寬裕、信用制度不全之開發中國家卻別具吸引力。

至於國內探行「聯合簽帳卡」的內涵為：持卡人向特約商店提示簽帳卡並在帳單上簽名購物，不僅對發卡銀行（包括發卡銀行及信託投資公司）指示轉讓資金，同時向特約商店表明願將消費金額自其帳戶轉入特約商店帳戶。由於發卡銀行乃清算機構並不提供信用，持卡人需先開立帳戶，俾交易發生時提供轉帳扣抵之用。不過簽帳卡運作主要係靠電腦功能自動轉帳，國內零售商使用電腦尚未普遍之際，其實施將有困難。

依據財政部訂定的「銀行辦理聯合簽帳卡業務要點」規定，參加聯合簽帳卡處理中心（簡稱簽帳卡中心）的銀行廠商及信託投資公司為發卡人，由簽帳卡中心依發卡銀行彙送持卡人資料統籌製卡，再轉由發卡銀行發行。持卡人向特約商店以記帳方式消費，每月有最高消費支出限制，並得享受一定透支額度。惟目前簽帳卡消費係採定期清算而非即時結帳，是以消費當時是否透支無從知悉，持卡人只要在期限內繳足消費金額即可。一旦逾期或約定扣款日之存款不足扣繳應付簽帳卡消費額，則先由發卡銀行墊款，持卡人除需歸還墊款外，並按日加計萬分之七的違約金。

簽帳卡之消費帳單由特約商店送簽帳卡中心彙總後，定期彙送發卡銀行按月自持卡人帳戶扣付並轉入簽帳卡中心之帳戶，然後再扣除特約商店支付的手續費，再由簽帳卡中心將淨額轉入特約商店帳戶；持卡人存款不足可由發卡銀行先行墊付，並通知其於次月十五日前繳足，否則停止使用簽帳卡。(表 6-1) 顯示國內簽帳卡的使用流程如下：

(1)「持卡人」：向發卡銀行申請簽帳卡，經信用調查後，在發卡銀行開立指定扣款專戶而取得簽帳卡。爾後，持卡人消費時無需付現，而由發卡銀行自帳戶扣除消費金額。

(2)「發卡銀行」: 發行簽帳卡、負責審核持卡人信用、推廣持卡人口數及對合格消費帳單擔保付款。此外, 發卡銀行在既定時間內自持卡人帳戶扣繳減除特約商店手續費後, 轉入簽帳卡中心帳戶。一旦帳戶存款不足, 發卡銀行可先行墊付, 但持卡人須於次月十五日前補足墊款。

(3)「特約商店」: 提供商品與勞務給持卡人簽帳消費之商店, 除發現簽帳卡失效或經洽簽帳卡中心 (或發卡銀行) 未獲消費授權外, 不得拒絕簽帳消費。

(4)「簽帳卡中心」: 推動聯合簽帳卡業務, 負責簽帳卡全盤業務規劃、卡片印製及遴選特約商店、建立持卡人基本檔案資料等, 同時將持卡人消費額扣除特約商店手續費後的淨額撥入特約商店帳戶。

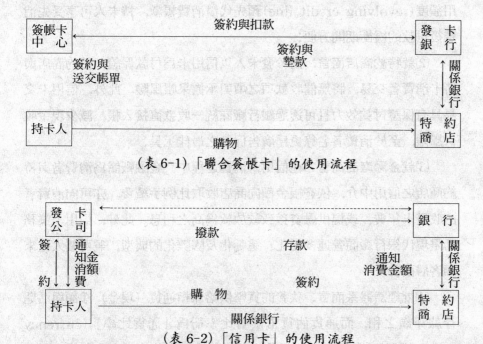

（表 6-1）「聯合簽帳卡」的使用流程

（表 6-2）「信用卡」的使用流程

目前國內盛行的信用交易方式包括「聯合簽帳卡」與「信用卡」交易, 兩者差異之處是: 前者在消費前需於發卡銀行帳戶中已有存款; 後

者則係特約商店給予消費者「透支」方便提前消費。(表 6-2) 係「信用卡」的使用流程: 持卡人首先與發卡公司訂約, 發卡公司除自行發卡外, 並與特約商店訂約, 由後者提供持卡人在店內消費而無須付現。接著, 特約商店向發卡公司通知信用卡消費額, 再由其通知持卡人付款。爾後, 發卡公司將信用卡消費額扣除手續費後之淨額撥入特約商店帳戶, 持卡人則將消費額存入發卡公司帳戶。

瞭解國內盛行的「信用交易」方式後, 接著說明採取「信用卡」交易的優點:

(1)就消費者而言: 信用卡兼具交易媒介與信用工具特性, 尤能迎合體系消費質量變遷之需。由於發卡人依其對個別持卡人認可或循環性信用額度(revolving credit line)預先代償消費帳款, 持卡人可享受先消費後付款的緩衝期間方便;

(2)就特約商店而言: 由於發卡人以信用卡爲付款保證, 特約商店與持卡消費者交易, 將無催收款項之煩與承擔呆帳風險。此外, 信用卡交易具有保證付款效力且可透過銀行廠商統一收款直接入帳, 減少現金收付風險, 至於消費者名錄更爲廣告促銷之最佳工具;

(3)就金融廠商而言: 在信用卡消費過程中, 金融廠商爲消費者與特約商店之信用中介, 依簽帳金額向商店收取比例手續費, 亦可向消費者酌收發卡年費, 或提供融資獲致較放款爲高之利息。此外, 信用卡業務乃是現代銀行廠商營運多元化、電腦化及國際化的典型, 兼可擴大往來顧客層面;

(4)就經濟體系而言: 狹義的貨幣供給係指通貨 (現金) 淨額與活期存款淨額之和, 而通貨佔貨幣供給比率稱爲「通貨比率」(currency ratio), 該比率將可反映一國的貨幣化程度。在落後或高度通貨膨脹國家, 由於現金交易盛行致使通貨比率偏高, 每年需換新之髒舊鈔票愈多, 造成通貨發行費用日漸上昇。爲節省通貨使用量及降低換發新鈔成本,

決策當局應當大力推廣使用「信用卡」交易。

推廣「信用卡」交易雖具上述優點，但也難逃下列可能弊病：

(1)蓄積通貨膨脹壓力：信用卡既能取代現金、支票作為交易媒介，同時兼具先消費後付款功能，因而逐漸改變持卡人消費偏好而「寅吃卯糧」，導致儲蓄意願下降。尤其信用卡如具消費融資功能，將會出現創造信用、增加貨幣供給及有效需求現象，益增通貨膨脹壓力；

(2)可能用於逃匯：利用信用卡雖可助益觀光事業發展，外國觀光客使用信用卡簽帳者漸趨普遍，但因國外發卡銀行多數未在國內設置分支機構，僅透過在臺代理人負責支付新臺幣給國內特約商店。此時，該在臺代理人於國外銀行廠商帳戶內之存款即相對地增加，透過此一轉帳程序將有機會從事逃匯行為；

(3)推展費用龐大：信用卡制度必須借重電腦、通信連線、端末機等設備，用於配合銀行廠商或發卡公司、特約商店及持卡人間之交易清算工作，同時尚須發展處理徵信資料、信用卡遺失、停用及解約等事項，凡此均使採取信用卡交易耗費成本過鉅，嚴重阻礙該項交易方式發展。

綜合以上所述，推廣「信用卡」或「聯合簽帳卡」將屬利弊並存，不過經濟與金融環境若能配合得宜，「信用交易」在降低交易成本及提昇交易效率上將屬顯而易見。值得注意者：在 Baumol 與 Tobin 模型中，任何交易行為同時附有立即付現義務，並無信用借貸狀況。此種交易方式應屬長期「銀貨兩訖」現象，人們的「交易動機」貨幣需求將屬長期性質。就短期而言，一旦信用卡交易方式盛行於世，人們往往僅需負擔有限成本就能取得「信用」，Sastry (1970) 因而考慮「信用交易」存在可能性後，另行推演短期的交易動機貨幣需求函數。

在整段所得期間 T 內，人們消費行為可分成 t_1 與 t_2 兩個階段。在(圖 6-6)中，人們期初擁有現金 M 應付 t_1 期間支出，並於剩下期間 t_2 內，在負擔每單位「現金欠缺」成本(cash-out cost)或信用融資利率 ρ_1 後，以「信

用卡」應付mt_2支出數量，m是t_2期間內均勻的單位支出數量。所得期間結束後，人們將前往銀行廠商提領現金A，償還透支mt_2，同時展開新的所得期間，期初現金又回復爲M。總之，在所得期間內，人們若能採取信用交易方式，則交易餘額組合將包括現金、票券與信用，共需負擔的總成本包括兌現成本、保有現金的利息損失與進行透支所需負擔的「現金欠缺」成本。一旦任何交易必須銀貨兩訖時，則人們在期初提領現金A^*後，即依 Baumol 模型安排交易餘額，而無t_1與t_2兩段期間出現。

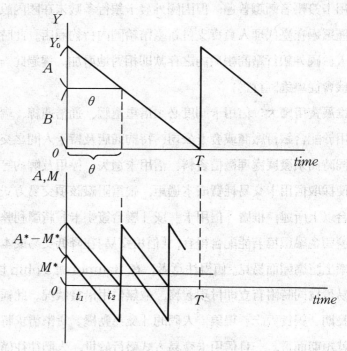

(圖 6-6) Baumol 與 Sastry 的所得支出型態

(1) t_1期間的利息損失

$$C_1 = (\frac{M}{2}) \cdot t_1 \cdot i \cdot (\frac{Y}{A}) \tag{6.19}$$

(2) t_2期間內的現金欠缺成本或信用融資成本

$$C_2 = (\frac{A-M}{2}) \cdot \rho \cdot t_2 \cdot (\frac{Y}{A}) \tag{6.20}$$

⑶兌現成本

$$C_3 = H \cdot (\frac{Y}{A}) \tag{6.21}$$

H是每次前往銀行廠商提領現金的成本, Y是T期間內的預擬支出數量。

綜合上述成本可得:

$$TC = [(\frac{M}{2})\,t_1 i + (\frac{A-M}{2})\rho t_2 + H](\frac{Y}{A}) \tag{6.22}$$

由相似三角形定理可得: $t_1 = \theta(\frac{M}{A})$, $t_2 = \theta(\frac{A-M}{A})$, θ是每次提

款所能使用的時間, 而$\theta = (\frac{AT}{Y})$。將這些時間變數同時代入(6.22)式,

經整理可得:

$$TC = (\frac{M^2 \cdot T}{2A}) \cdot i + \frac{(A-M)^2 \cdot T}{2A} \cdot \rho + H(\frac{Y}{A}) \tag{6.23}$$

由於人們追求保有交易餘額的成本最小, 故就上式對M與A偏微分,

並聯立求解, 可得下列最適值:

$$A^* = (\frac{2HY}{iT})^{\frac{1}{2}} \cdot (\frac{i+\rho}{\rho})^{\frac{1}{2}} \tag{6.24}$$

$$M^* = (\frac{2HY}{iT})^{\frac{1}{2}} \cdot (\frac{\rho}{i+\rho})^{\frac{1}{2}} \tag{6.25}$$

由(6.25)式可得考慮信用交易後的 Sastry 貨幣需求函數:

$$M_s^d = \frac{M^*}{2} = (\frac{HY}{2iT})^{\frac{1}{2}}(\frac{\rho}{\rho+i})^{\frac{1}{2}} \tag{6.26}$$

接著, 就上式取自然對數, 再進行全微分:

$$dlnM_s^d = dlnP + \frac{1}{2}dlnh + \frac{1}{2}dlny - \frac{1}{2}dlnT$$

$$-\frac{1}{2}(1 + \frac{i}{i+\rho})\,dlni + \frac{1}{2}(\frac{i}{i+\rho})\,dln\rho \tag{6.27}$$

比較 (6.5) 式「Baumol 貨幣需求」及 (6.26) 式「Sastry 貨幣需求」異同後，將可歸納出下列結論：

(1)人們在短期內採「透支」或「信用」方式交易，僅需負擔有限的「現金欠缺成本」$0<\rho<1$，「Sastry 短期貨幣需求」是「Baumol 長期貨幣需求」與 $[\rho/(i+\rho)]$ 的乘積，前者顯然小於後者，可見金融產業推動信用交易後，貨幣需求自然相對萎縮。一旦央行未能同時採取緊縮銀根政策，推動使用「信用卡」或「聯合簽帳卡」交易方式，無疑地將會帶來通貨膨脹壓力。

(2) Sastry 短期貨幣需求曲線的利率彈性為：

$$\varepsilon(M_s^d,\ i)=(\frac{-1}{2})(1+\frac{i}{i+\rho})$$

上述彈性非但大於 $(\frac{1}{2})$，且隨利率上昇趨於擴大，故由 (圖 6-7) 可知：Sastry 曲線 M_s^d 最具利率彈性，其次則為 Baumol 曲線 M_B^d，而 Keynes 設定的貨幣需求曲線 M_K^d 將是完全缺乏彈性。

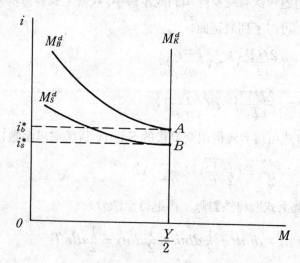

(圖 6-7) Keynes、Baumol 及 Sastry 貨幣需求曲線

(3)所得期間內，一旦預擬支出 Y、交易成本 H 及「現金欠缺成本」
ρ（或利率 i）均屬已知時，由 (6.26) 式自可求出人們全部以現金保有交
易餘額的臨界利率（critical rate）與現金欠缺成本條件：

$$M_s^d = \frac{Y}{2} = (\frac{HY}{2iT})^{\frac{1}{2}}(\frac{\rho}{\rho+i})^{\frac{1}{2}}$$

$$i_s^* = (\frac{1}{2})\{[\rho^2 + \frac{8\rho H}{YT}]^{\frac{1}{2}} - \rho\} \qquad\qquad (6.28\,a)$$

$$\rho^* = \frac{i^2 YT}{2H - iYT} \qquad\qquad (6.28\,b)$$

比較 Sastry (i_s^*) 及 Baumol (i_b^*) 模型的臨界利率：

$$i_b^* - i_s^* = \frac{2H}{YT} + \frac{\rho}{2} - \frac{1}{2}(\rho^2 + \frac{8\rho H}{YT})^{\frac{1}{2}}$$

$$= (\frac{2H}{YT} + \frac{\rho}{2}) - (\frac{\rho^2}{4} + \frac{2\rho H}{YT})^{\frac{1}{2}} > 0$$

當 $0 < \rho < 1$ 時，將可預期 $i_b^* > i_s^*$，此即顯示（圖 6-7）中的 M_B^d 曲線
將於較高利率水準時就轉爲缺乏利率彈性的垂直線。此外，由 (6.28 b) 式
可知：銀行廠商訂定信用融資利率或現金欠缺成本必須低於 ρ^*，否則人
們將放棄使用信用卡進行消費。

*§ 6.4.　「直接效用方法」與「存貨模型」的結合

在第五章「新古典學派」貨幣需求理論中曾經提及：若視貨幣爲提
供「方便」與「安全」勞務的消費財，並以「直接效用方法」推演貨幣
需求，則貨幣扮演「交易媒介」的獨特性質勢必無法突顯出來。「存貨理
論」雖可彌補該項缺憾，並以「交易成本」存在來突顯貨幣特質，但 Karni
與 Ben-zion（1976）卻對「存貨理論」內涵進行質疑：

(1)「存貨理論」的分析基石爲均勻消費定額所得，故「交易餘額」將

是「鋸齒式」資產曲線，此種假設或許與領取固定薪資所得人們的消費型態雷同，然而卻無法反映其他不規則的所得來源，如：紅利、加班費與金融資產收益。當人們的所得與支出呈現「季節性」波動時，「存貨理論」說服能力立即遭致懷疑。

(2)「存貨理論」隱含假設個人消費型態已知，隨後再決定交易動機貨幣需求。此種逐次決策方式(sequential decision)顯然不符實情，人們的消費決策及交易餘額內容選擇往往是同時決定，而無先後次序之分。

有鑑於此，Karni 與Ben-zion (1976) 擷取「存貨理論」與「新古典學派」的精華，認為貨幣一方面提供人們「安全」與「方便」兩項勞務而能產生直接效用，他方面又可降低交易過程中的「摩擦性」(friction)而減輕交易成本，是以兩種理論乃是相輔相成而可綜合討論。

人們的效用係源自名目消費支出C與貨幣M提供的勞務：

$$U = U(C, M) \qquad (6.29)$$
$$\quad\quad (+) \;\; (+)$$

在所得期間內，人們若將交易餘額Y_0全部以儲蓄存款形式保有至期末，將有$(1+i)Y_0$的所得。由於人們必需保有貨幣M作為交易媒介，因而損失利息收入iM。同時，人們必需前往銀行廠商提款才能進行消費，而需負擔固定的交易成本$H(C/M)$，是以預算限制為：

$$C + iM + H(\frac{C}{M}) = (1+i)Y_0 \qquad (6.30)$$

經由設定Lagrange函數求解，可得下列最適條件：($\lambda > 0$是Lagrange 乘數)

$$[\frac{\partial U/\partial M}{\lambda}] = i[1 - \frac{HC}{iM^2}] = i^* \qquad (6.31)$$

由於C相當於 (6.4) 式的Y，並令忽略貨幣產生直接效用之 Baumol 貨幣需求為M_b。同時，令上式推演之貨幣需求是M_a，則該式又可表

爲:

$$\frac{\partial U}{\partial M_a} = \lambda i [1 - \frac{1}{2} (\frac{M_b}{M_a})^2] > 0$$

由於貨幣的邊際效用必須爲正，故由上式可得 $\sqrt{2} M_a > M_b$ 的關係。另外，新古典貨幣需求理論並未考慮交易成本存在 $(H=0)$，人們保有最適貨幣 M_c 的條件爲:

$$\frac{\partial U / \partial M_c}{\lambda} = i \tag{6.32}$$

在 (圖6-8) 中，假設貨幣的邊際效用 (MU) 遞減，比較 (6.31) 與 (6.32) 式的結果顯示: 一旦考慮使用貨幣能夠減輕交易成本後，$i^* > i$，人們將會保有較新古典貨幣需求理論爲多的貨幣，$M_a > M_c$。至於 Baumol (M_b) 與新古典學派 (M_c) 貨幣需求數量間孰者較大，則尙未有定論。

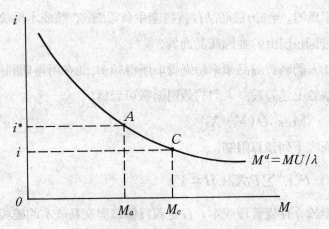

(圖6-8) 貨幣的邊際效用曲線

大部分交易性貨幣需求文獻通常假設體系內僅有單一「複合商品」，一旦體系爆發通貨膨脹，個別商品價格勢必等比例揚昇，名目支出自然

水漲船高而帶動名目交易性貨幣需求遞增。不過 Policano 與 Choi (1978) 卻不以為然，指出體系內存在多元性商品，「非預期性」(unanticipated)通貨膨脹發生可能釀成商品相對價格出現異動，進而改變商品間的相對支出水準，「交易性」或「融資性」貨幣需求總額如何變化仍未確定。為使交易性貨幣需求理論更符合實際現象，Policano 與 Choi 遂將上述模型中的消費支出區分為對 X_1 與 X_2 兩種物品的消費，同時再作下列假設：

(1)所得期間 T 內，人們獲取所得 Y 除購買兩種商品外，並支付購買與保有商品的儲藏與交易成本等兩種存貨管理成本 H；

(2)人們的決策變數包括：(a)選擇最適消費組合以使效用最大；(b)選擇最適存貨量以使存貨管理成本最小。換言之，一旦商品均可儲藏時，購買與消費商品的時間無須契合；

(3)人們選擇的資產包括貨幣與商品存貨。前者做為交易媒介，名目報酬率為零。至於 j 種商品存貨將產生負報酬 α_j，該成本反映商品的易毀性(perishability)並因商品而異；

(4)人們購買商品頻率超過獲取所得頻率，並在所得期間內消費怠盡。

基於上述假設，人們的效用函數可表為：

$$\text{Max} \quad U(X_1, X_2) \tag{6.33}$$

並且面臨下列預算限制：

$$\text{S.t.} \quad \sum_{j=1}^{2} P_j X_j + H = Y \tag{6.34}$$

至於「存貨管理成本」H 定義為儲藏與交易成本的總和：

$$H = \sum_{j=1}^{2} \alpha_j \overline{G}_j + \sum_{j=1}^{2} \beta_j g_j \tag{6.35}$$

β_j 是每次前往商品市場必需負擔的運輸與時間成本。g_j 是前往 j 種商品市場購物的次數。假設人們消費商品速率固定，j 種商品平均存貨的名目價

值 $P_j\overline{G}_j$ 爲:

$$P_j\overline{G}_j = P_jX_j/2g_j \tag{6.36}$$

實質平均商品存貨爲:

$$\overline{G}_j = X_j/2g_j \tag{6.37}$$

接著, 在所得期間 T 內, 人們將分 s 次獲取所得 Y, 每次可獲 (Y/s) 所得:

$$Y/s = (\sum_{j=1}^{2} P_jX_j/s) + (H/s) \tag{6.38}$$

隨後, 再依人們購買商品類別所需貨幣區分爲 M_1 與 M_2 兩部分。人們的所得除支付 (H/s) 的交易成本外, 尙購買 j 種商品 (P_jX_j/g_j), 剩下 $(P_jX_j/s) - (P_jX_j/g_j)$ 將以貨幣形式持有以融通臨時購物支出。爲購買 j 種商品而持有之平均貨幣餘額 $\overline{M}_j$ 爲:

$$\overline{M}_j = \frac{P_jX_j}{2s} - \frac{P_jX_j}{2g_j} = \frac{P_jX_j}{2s} - P_j\overline{G}_j \tag{6.39}$$

值得注意者: 人們購買與消費商品時間若屬一致, $\dfrac{P_jX_j}{2g_j} = 0$。一旦兩個時點不同, 則人們持有之平均總貨幣餘額 $\overline{M}$ 爲:

$$\overline{M} = \sum_{j=1}^{2} \overline{M}_j = \sum_{j=1}^{2} [\frac{P_jX_j}{2s} - P_j\overline{G}_j] \tag{6.40}$$

將 (6.37) 式代入 (6.35) 式:

$$H = \sum_{j=1}^{2} \alpha \frac{X_j}{2g_j} + \sum_{j=1}^{2} \beta_j g_j \tag{6.41}$$

由以上諸式可設定 Lagrange 函數如下:

$$L = U(X_1, X_2) + \lambda[Y - \sum_{j=1}^{2} \alpha_j \frac{X_j}{2g_j} - \sum_{j=1}^{2} \beta_j g_j - \sum_{j=1}^{2} P_jX_j] \tag{6.42}$$

再對 X_1, X_2, g_1, g_2 與 λ 進行偏微分, 並聯立解得最適商品需求函數與購買頻率的一般化函數:

$$X_j^* = X_j^*(P_1, P_2, \alpha_1, \alpha_2, \beta_1, \beta_2, Y) \tag{6.43}$$

$$g_j{}^* = g_j{}^*(P_1,\ P_2,\ \alpha_1,\ \alpha_2,\ \beta_1,\ \beta_2,\ Y) \qquad j=1,\ 2 \quad (6.44)$$

其中的 (6.44) 式又可表爲:

$$g_j{}^* = [\frac{\alpha_j X_j{}^*}{2\beta_j}]^{\frac{1}{2}} \tag{6.45}$$

將 (6.45) 代入 (6.36)、(6.39) 與 (6.40) 三式, 可得最適商品存貨與貨幣餘額的平均持有量:

$$P_j\overline{G}_j{}^* = P_j[\frac{\beta_j X_j{}^*}{2\alpha_j}]^{\frac{1}{2}} \qquad j=1,\ 2 \tag{6.46}$$

$$\overline{M}_j{}^* = \frac{P_j X_j{}^*}{2s} - P_j G_j{}^* \qquad j=1,\ 2 \tag{6.47}$$

$$\overline{M}^* = \sum_{j=1}^{2}\overline{M}_j{}^* = \sum_{j=1}^{2}\frac{P_j X_j{}^*}{2s} - \sum_{j=1}^{2}P_j\overline{G}_j{}^* \tag{6.48}$$

假設體系內出現未預期性通貨膨脹, 致使P_1上升而P_2維持不變。此種因通貨膨脹而附帶相對價格調整的現象, 將會誘使消費者調整全部消費支出, 進而改變平均貨幣與商品存貨數量。就 (6.46) ～ (6.48) 三式對P_1微分, 經整理可得:

$$\frac{\partial M_1{}^*}{\partial P_1} = (\frac{X_1{}^*}{2s} - \frac{X_1{}^*}{2g_1{}^*}) + (\frac{X_1{}^*}{2s} - \frac{X_1{}^*}{4g_1{}^*})\varepsilon(X_1,\ P_1) \tag{6.49}$$

$$\frac{\partial M_2{}^*}{\partial P_2} = (\frac{P_2}{P_1}) + (\frac{X_2{}^*}{2s} - \frac{X_2{}^*}{4g_2{}^*})\varepsilon(X_2,\ P_1) \tag{6.50}$$

$$\frac{\partial \overline{M}^*}{\partial P_1} = (\frac{X_1{}^*}{2s} - \frac{X_1{}^*}{2g_1{}^*}) + (\frac{X_1{}^*}{2s} - \frac{X_1{}^*}{4g_1{}^*})\varepsilon(X_1,\ P_1)$$
$$+ (\frac{P_2}{P_1}) + (\frac{X_2{}^*}{2s} - \frac{X_2{}^*}{4g_2{}^*})\varepsilon(X_2,\ P_1) \tag{6.51}$$

(6.51) 式顯示: P_1上漲對所得動機貨幣需求總量的影響並不確定。換言之, Policano 與 Choi 認爲未預期通貨膨脹勢必涉及商品相對價格調整, 而其對貨幣需求影響端視產品的價格彈性$\varepsilon(X_1,\ P_1)$、交叉彈性$\varepsilon(X_2,\ P_1)$, 以及相關商品的購買頻率而定。

* § 6.5. 廠商貨幣需求理論

　　以上各節推演之函數均屬家計部門的「交易性」貨幣需求，由於所得支出型態堪稱規律以及數量較小，Keynes (1936) 因而稱為「所得動機」貨幣需求。至於體系內廠商部門進行生產必須雇用因素與購買原料，銷售商品獲取收益時又存在隨機的時距，為消除產銷分際的困擾，因而必須握有貨幣週轉。針對此種顯著異於規律化所得支出型態而展現高度隨機性的收付型態，Keynes (1936) 特別獨立探討廠商貨幣需求，並另行稱為「營業動機」貨幣需求。

　　爾後，Miller 與 Orr (1966) 觀察實際現象，宣稱廠商在營運期間內的現金流量類似 (圖 6-9) 中的 $M(t)$ 軌跡。廠商通常視現金為生產資源或存貨，而現金波動往往較生產循環變動為大，是以財務主管經常採

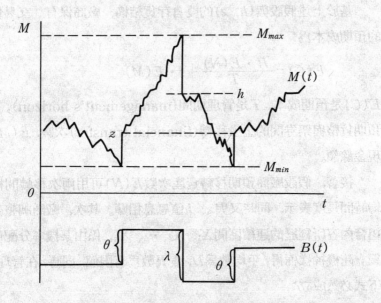

(圖 6-9)「醉步過程」的現金流量

取「簡單雙倉式」最適存貨策略(simple two-bin optimal inventory policy)決定貨幣保有量,該項策略基於兩項原則: (1)當廠商保有貨幣數量M波動至上限M_{max}時, 則需換購生息資產降低貨幣數量至h; (2)保有貨幣數量波動至下限M_{min}時, 則需出售生息資產提高現金餘額至Z。該圖下半部中, $\theta = z - M_{min}$是出售票券量, $\lambda = M_{max} - h$是增購票券量。

在推導Miller-Orr模型前, 先做下列假設:

(1)廠商的交易餘額中包括現金與票券, 後者報酬率固定爲i。另外, 兌現資產無需「領先時間」的通告, 但每次交易均需負擔交易成本H。

(2)「補償餘額需要」(compensating balance requirement)是廠商向銀行廠商借款後, 在活存帳戶中必須維持的最低存款餘額, 並以此做爲決定握有超額貨幣數量的基礎。

(3)淨現金流量是完全隨機且由「靜止的醉步」過程(stationary random walk) 所支配。

基於上述假設與(h, z)的雙倉存貨結構, 廠商保有「交易性」貨幣的預期成本爲:

$$E(C) = \frac{H \cdot E(N)}{T} + i \cdot E(M) \tag{6.52}$$

$E(C)$是預期成本, T是管理期間(management's horizon), $E(N)$是預期貨幣與票券間的金融移轉(financial transfer)次數, $E(M)$是平均現金餘額。

接著, 假設廠商預期移轉資產次數$E(N)$可用兩次移轉間相隔之平均時間長度表示, 同時又與z、h值息息相關。其次, 廠商調整交易餘額組合內容所經歷的連續區間X_1、X_2、$\cdots$、X_n, 係由某機率分配母體進行獨立隨機抽樣而得, 平均數爲D, 變異數爲有限值。同時, 在管理期間內, 下式必然成立:

$$X_1 + X_2 + \cdots + X_n \leq T \leq X_1 + X_2 + \cdots + X_{n+1} \tag{6.53}$$

就上式取預期值：

$$E(\sum_{i=1}^{n} X_i) \le T \le E(\sum_{i=1}^{n+1} X_i) \tag{6.54}$$

此外，上式預期值可再轉換成「預期次數」$E(N)$ 及平均時間長度 (D) 的相乘值：

$$E(X_1 + X_2 + \cdots + X_n) = E(X)E(N)$$
$$= D \cdot E(N) \tag{6.55}$$

綜合以上各式可得：

$$D \cdot E(N) \le T \le D \cdot E(N) + D \tag{6.56}$$

上式將隱含下式會成立：

$$\frac{1}{D} - \frac{1}{T} < \frac{E(N)}{T} \le \frac{1}{D} \tag{6.57}$$

當管理期間 T 趨於無窮大時，$E(N)/T$ 自然逼近於 $1/D$。Feller 曾證明：在對稱的「Bernoulli 醉步過程」下（機率 $p=q=1/2$），廠商若由 z 點出發進行單位資產交易，而終止於零或 h，則「醉步」存續期間(duration)的預期值 $D(z, h)$ 可用下式表達：

$$D(z, h) = (z)(h-z)/t \tag{6.58}$$

隨後，再定義新的貨幣變數 $z'=z \cdot m$，$h'=h \cdot m$，而將 z 與 h 兩項時間單位轉變成貨幣。如此一來，(6.58) 式可轉換成：

$$D(z', h') = (z')(h'-z')/m^2 t \tag{6.59}$$

一旦管理期間 T 足夠長時，$E(N)/T$ 趨近於 $1/D(z, h)$，(6.52)式的預期成本函數中之「交易成本」可表為 H 與 (6.59) 式倒數值的乘積。

另外，廠商長期保有貨幣或「靜止狀態」下保有現金機率分配的平均數，同樣可用 z 與 h 值表示。Feller 認為廠商調整交易餘額組合區間的機率可表為：

$$f(X) = pf(X-1) + qf(X+1) \qquad X \ne z \tag{6.60}$$

邊界條件(boundary condition)分別爲:

$$f(z)=p\ [f(z-1)+f(h-1)]+q\ [f(z+1)+f(1)] \qquad (6.61)$$

$$f(0)=f(h)=0$$

密度條件(density condition)爲:

$$\sum_{x=0}^{n} f(X)=1$$

在$p=q=1/2$的 Bernoulli 分配狀況下, (6.60) 式將會產生下列型態解值:

$$f(X)=A_1+B_1 X \qquad\qquad 0<X<z \qquad (6.62\ a)$$

$$f(X)=A_2+B_2(h-X) \qquad\qquad z<X<h \qquad (6.62\ b)$$

綜合 (6.60) ～ (6.62 b) 等條件可知: 廠商保有現金的靜止狀態分配係以衆數z與基數h爲主的不連續「三角分配」(triangular distribution), 而平均數爲$(h+z)/3$。

再令$Z=h-z$, (6.52) 式的預期成本函數將轉換成:

$$\mathop{\text{Min}}_{\{Z,\ z\}} E(C)=\frac{Hm^2 t}{zZ}+\frac{i(Z+3z)}{3} \qquad (6.63)$$

就(6.63) 式對z與Z偏微分:

$$\frac{\partial E(C)}{\partial z}=\frac{-Hm^2 t}{z^2 Z}+i=0 \qquad (6.64)$$

$$\frac{\partial E(C)}{\partial Z}=\frac{-Hm^2 t}{zZ^2}+\frac{i}{3}=0 \qquad (6.65)$$

由上述兩式聯立求解可得最適值如下:

$$Z^*=(\frac{3Hm^2 t}{4i})^{\frac{1}{3}} \qquad (6.66)$$

$$Z^*=2z^* \qquad (6.67)$$

將其代回原先關係式可得$h^*=3z^*$。當 Bernoulli 分配中的$p=q=1/2$時, 該樣本分配之$\mu_n=0$, $\sigma_n^2=nm^2 t$, 每日現金餘額波動所產生之變異數

$\sigma^2 = \sigma_n^2/n = m^2 t$（$n$是樣本數），廠商交易性貨幣需求$M_f^d$因而是（$\frac{h+z}{3}$）：

$$M_f^d = \frac{4}{3}(\frac{3Hm^2 t}{4i})^{\frac{1}{3}} = \frac{4}{3}(\frac{3H\sigma^2}{4i})^{\frac{1}{3}} \tag{6.68}$$

由上式可知：固定管理期間內，廠商交易性貨幣需求函數與票券報酬率、交易成本、每日現金餘額波動幅度（變異數）息息相關。此外，在Miller-Orr模型中，廠商交易性貨幣需求的利率彈性僅有1/3，顯然低於 Baumol 模型的 1/2。

最後，Miller-Orr模型假設廠商買賣金融資產負擔的交易成本具有對稱性，顯然與現實不符。一般而言，廠商缺乏現金而需出售票券融通所負擔的機會損失，通常超過用現金購買票券所需承擔的成本，Weitzman（1968）因而修正（6.52）式為：

$$E(C) = \frac{a \cdot E(N_1)}{T} + \frac{b \cdot E(N_2)}{T} + i \cdot E(M) \tag{6.69}$$

a與b分別是出售票券及購買票券所需支付的固定成本，N_1與N_2分別是預期出售及購買票券次數。同時，Miller 與 Orr（1968）再考慮下列因素影響，如：廠商的資產組合擴充為貨幣、短期與長期生息資產，並引進短期資產與現金波動上下限(H, Z)與長短期資產波動上下限(h, z)等兩組「雙倉式」存貨；將固定交易成本改為比例交易成本；購買與銷售票券成本並非對稱等項目，另行修正模型，但均獲得類似結論。

§ 6.6. 「預防動機」貨幣需求理論

Keynes（1936）在《一般理論》第十五章定義「預防動機」貨幣需求為：「個人預防意外事件引發突然支出，廠商面臨意外有利購買機會或應付未來某項負債，而保留固定金額資產」。由該定義顯示：未來支出存在「不確定性」與如何維持手中資產「流動性」將是決定「預防性」貨

幣需求的主要因素。

「交易」與「預防」動機貨幣需求具有基本差異：前者係個人面臨確定狀況，基於預擬「收付分際」而需保有貨幣，至於後者強調人們面臨突發事件引發「非預擬收付分際」，為免信用破產遭致損失，因而需「未雨綢繆」預先保有貨幣。兩者雖然南轅北轍，但是 Keynes 卻將「交易」與「預防」動機的貨幣需求混為一談，主張兩者僅受所得水準影響，顯然脫離現實太遠。

Weinrobe (1972) 與 Laidler (1977) 由追求保有「預防性餘額」(precautionary balance)成本最小觀點出發，主張人們在固定期間 T 內保有預防性貨幣的成本有二：

(1)機會成本或利息損失

預防性現金餘額 M_p 若用於購買短期票券所獲的收益，將相當於保有貨幣的機會成本 $C_1 = i \cdot M_p \cdot T$

(2)缺乏流動性成本(illiquidity cost)

一旦人們保有預防性貨幣卻仍不足以應付意外支出 X，則需緊急兌現或變賣資產換取流動性，從而遭致每單位必須負擔比例成本 ρ 的損失。假設意外淨支出機率分配 $f(X, \mu_x, \sigma_x)$ 如同 (圖 6-10) 所示：當 $X > M_p$

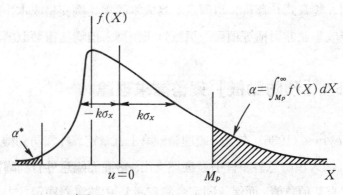

(圖 6-10) 意外淨支出的機率分配

時，人們必然遭致缺乏流動性的成本，「預期缺乏流動性成本」可表爲：

$$C_2 = \int_{M_p}^{\infty} \rho (X - M_p) f(X) \, dX \tag{6.70}$$

加總 C_1 與 C_2 可得保有「預防性貨幣」必須負擔的總成本 TC，再對 M_p 微分，可得最適條件如下：

$$iT = \rho \int_{M_p}^{\infty} f(X) \, dX \tag{6.71}$$

（圖 6-11 B）中，人們增加保有預防性貨幣所需負擔的利息 iT（即邊際成本 MC），正好等於多保有預防性貨幣而減輕「缺乏流動性的成本」（即邊際利益 MB 將隨 M_p 增加而遞減），此時正好決定最適預防性貨幣數量 M_p^*。

接著，稍早的 Whalen (1966) 由 Tchebycheff 不等式求出 (6.71) 式中的機率值 $\alpha = \int_{M_p}^{\infty} f(X) \, dX$，該不等式內容爲「隨機變數 X 散落於平均值 μ 旁的距離若在 k 個標準差 σ 範圍內，則其發生機率會大於或等於 $1 - (1/k^2)$」。

$$\text{Prob}\{|X - \mu| < k\sigma\} \geq 1 - (\frac{1}{k^2}) \tag{6.72}$$

一般而言，人們進行任何決策時，往往戒愼恐懼，（圖 6-10）中的意外淨支出分配因而呈現左偏的機率分配，左尾機率 $\alpha^* = \text{Prob}\{(X - \mu) \leq -k\sigma\}$ 趨近於 0，上式可另行轉換成：

$$\alpha = \text{Prob}\{(X - \mu) \geq k\sigma\} < \frac{1}{k^2} \tag{6.73}$$

就長期而言，人們面臨意外淨支出機率分配的預期值爲 $\mu = 0$，同時令 $X = M_p$，則可得 $k = \frac{M_p}{\sigma}$，意外淨支出超越預防性貨幣餘額的機率將是 α：

$$\alpha < \frac{1}{(M_p/\sigma)^2}$$

由於人們通常採取最保守心態，發生缺乏流動性的最大機率因而為 $\alpha = \sigma^2/M_p^2$。另外，Whalen 認為人們只要碰上流動性不足，便需負擔固定成本 H，故保有預防性貨幣的總成本為：

$$TC = iM_p T + H \cdot (\sigma^2/M_p^2) \tag{6.74}$$

假設人們尋求保有預防性貨幣所需負擔成本最小，故就上式對 M_p 微分，並令其為零：

$$\frac{\partial TC}{\partial M_p} = iT - 2H\sigma^2 (M_p)^3 = 0 \tag{6.75}$$

由上式可得最適預防性貨幣需求的「立方根公式」(formula of cube root)：

$$M_p^d = \sqrt[3]{\frac{2H\sigma^2}{iT}} \tag{6.76 a}$$

再對 (6.74) 式二次微分：

$$\frac{\partial^2 TC}{\partial M_p^2} = \frac{6\sigma^2 H}{M_p^4} > 0$$

上式結果保證人們保有「預防性」貨幣之總成本曲線將會存在最低點。

(圖 6-11 A) 中，短期票券利率水準固定於 i，保有預防性貨幣之機會成本將是圖中的 $iM_p T$ 直線，隨 M_p 值遞增。至於「預期缺乏流動性成本」或相當於保有預防性貨幣的收益 $[H \cdot (\sigma^2/M_p^2)]$ 將隨 M_p 數量增加而下降，即該曲線呈現負斜率。將兩條曲線垂直相加，可得保有 M_p 的 U 字型總成本曲線，曲線最低點對應的 M_p^* 即是最適預防性貨幣數量。

再就 (6.76 a) 式取自然對數，且進行全微分：

$$dlnM_p^d = \frac{2}{3}dln\sigma + \frac{1}{3}dlnH - \frac{1}{3}dlni \tag{6.77}$$

由上式可得下列結論：

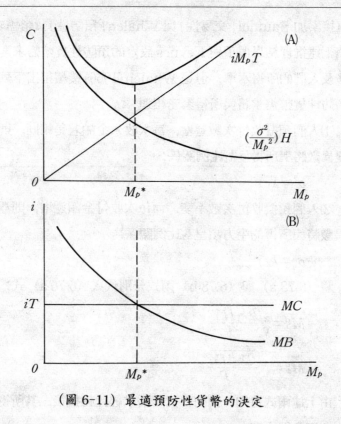

（圖 6-11） 最適預防性貨幣的決定

　　(1)人們保有M_p數量將與意外淨支出分配變異數σ^2立方根同步遞增，顯示意外收支不確定性擴散有助於增加保有M_p。

　　(2)一旦所有商品物價齊漲導致交易量增加，「預期缺乏流動性成本」亦等量提高，則預防性貨幣需求具有單一價格彈性，即標準差變動的彈性爲 (2/3)，交易成本增加的彈性爲 (1/3)。反之，當體系內出現「非預期」通貨膨脹之際，人們淨支出分配的標準差將有擴大趨勢，預防性貨幣需求遞增幅度必然超越預期通貨膨脹下的變化狀況。

　　(3)「預防」與「交易」性貨幣需求的性質頗爲類似，只不過M_p是用於特定期間內融通意外支出而已。因此，Tsiang (1969) 指出：人們保有M_p與M_T兩者均能互相支援，因而必須同時決定，實際的總貨幣需求並

非直接累加 Baumol「交易性」與 Whalen「預防性」貨幣需求兩者而得。

上述推理結果似乎與 Keynes 設定的預防性貨幣需求全然迴異，並未涉及人們的所得水準，但是 Whalen (1966) 接續指出下列兩個狀況促使預防性貨幣需求將與所得緊密相連：

(1)人們預擬收付次數遞增，每次收入金額若是相同，則淨支出分配的變異數將與所得呈 k_1 比例關係：

$$\sigma^2 = k_1 Y \qquad\qquad (6.78\ a)$$

(2)人們預擬收付次數不變，而每次收付金額遞增，則淨支出分配的變異數將與所得的平方項呈 k_2 比例關係：

$$\sigma^2 = k_2 Y^2 \qquad\qquad (6.78\ b)$$

將 (6.78 a) 與 (6.78 b) 兩式分別代入 (6.76 a) 式：

$$M_p^d = \sqrt[3]{\frac{2k_1 HY}{iT}} \qquad\qquad (6.76\ b)$$

$$M_p^d = \sqrt[3]{\frac{2k_2 HY^2}{iT}} \qquad\qquad (6.76\ c)$$

由上述兩式可知：預防性貨幣需求經此轉換後，其所得彈性將會介於 1/3 與 2/3 之間。

* § 6.7. 「交易」與「預防」性貨幣需求的綜合

在所得期間內，人們若能完全掌握支出，則僅需保有交易性貨幣餘額即可。然而實際支出與預期支出往往未能密切吻合，為避免非預期「收付分際」釀成不必要困擾，人們除保有交易性貨幣外，尚需保有預防性貨幣以防萬一。由於兩者均屬為應付「收付分際」而生，Tsiang (1969) 因而認為人們擬定保有貨幣決策時，必須同時決定「交易」與「預防」兩種動機的貨幣需要而無法各自討論。

在固定期間內，人們進行支出過程中，將因出現兩個意外事件而調整決策：

(1)人們在所得期間內未能確知總支出，惟有保有大量現金或是付出重大成本方能避免因缺乏支付工具而遭致困窘。不過人們為避免該型態風險，無須期初即保有預防性貨幣，僅需重新規劃期初交易性貨幣何時耗盡而需補充，進而將耗盡現金前之支出經驗列入考慮，並於修正的預期支出基礎上調整下期交易餘額數量。如此一來，人們只有面臨補充現金時，才會在交易餘額之外另行持有預防性貨幣。

(2) Baumol (1952) 與 Tobin (1956) 假設人們只有耗盡現金後才會進行補足，而且此種補足通常能瞬間達成。不過在實際社會中，兌現短期票券往往需要通告時間，方能免於資本損失或負擔額外成本，顯示補充現金行為必須在現金耗盡前即需進行。如果兌現短期票券所需最小通告時間是所得期間長度的 θ 倍，人們以均勻速度進行支出 Y，當現金餘額僅剩 θY 時即須補充現金，以備現金耗盡之際即能派上用場。人們的支出型態雖不確定，卻受某一機率分配限制，故須在現金餘額降至 θY 以前便開始補充，理由是：縱使現金餘額降至 θY，人們兌現短期資產或無損失，但此通告期間實際上仍可能過於短暫。一旦通告期間內的實際支出超過 θY，而新的現金供給未能即時支應，現金匱乏現象隨即發生，促使人們勢必改採下列方式應對：

(i)蒙受變現損失，緊急變現資產；

(ii)緊急謀求融資，或忍受支出計畫延後可能遭致的不便。

(圖 6-1 A)中的直線 Y_0D 是人們的預期消費支出軌跡，實際支出是隨機環繞在預期支出兩旁的曲線，至於兩線差額即是人們面臨的意外支出 X，假設其機率分配為 (圖 6-12)中 $f(X)$ 所示的偏態 Possion 分配。M_T 是期初保有之交易性貨幣，M_p 是預防性貨幣，θ 是現金補充期間。至於「預防性貨幣」係指人們在補充現金期間內，原先預留不用之超額貨

幣, 而保有M_p的收益將定義爲: 「由於人們保有預防性貨幣, 致使遭逢意外支出而需緊急出售資產之預期損失下降」。

綜合以上所述, 在現金補充期間內, 人們預期現金耗盡所可能負擔的成本分別如下:

(1)固定成本

$$C_1 = a \int_{\theta Y + M_P}^{\infty} f(X) \, dX \tag{6.79}$$

a是人們進行資產交易、借款或修正支出計畫必須負擔的固定成本, 假設各種狀況下的成本均屬相同。至於該式涵義爲: 在現金補充期間內, 一旦人們的意外支出X超過 (圖 6-12) 中的$\theta Y + M_p$, 將立即變現短期票券與長期債券, 而預期負擔的固定成本是a與發生機率的乘積。

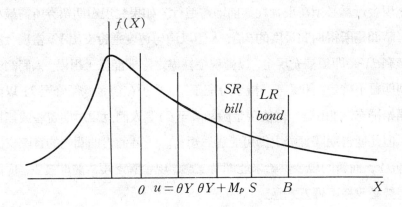

(圖 6-12) Tsiang 模型的意外支出機率分配

(2)短期票券變現的預期損失

$$C_2 = \int_{\theta Y + M_P}^{\theta Y + M_P + \delta_1 (S - M_p)} q_1 (X - \theta Y - M_p) f(X) \, dX$$

$$\tag{6.80}$$

上式中各符號內涵如下:

$$q_1 = \min\left(\frac{\pi_1}{1-\pi_1},\ \theta_1\right)$$

π_1是緊急變現短期票券遭致的每元損失再加上固定比例的手續費用。θ_1是延緩預擬支出計畫至取得現金的過程中，人們遭受困窘之係數值，或謀求融資所需負擔之額外成本。δ_1是短期票券變現價格比例：

$$\delta_1 = \begin{cases} 1 & \text{if } \theta_1 < \pi_1/(1-\pi_1) \\ (1-\pi_1) & \text{if } \theta_1 > \pi_1/(1-\pi_1) \end{cases}$$

上式涵義為：q_1是意外支出超過$(\theta Y + M_p)$時，每單位赤字所需負擔成本與出現機率相乘即是預期損失，其發生之下限是$\theta Y + M_p$，上限是$\theta Y + M_p + \delta(S - M_p)$，$(S - M_p)$是扣除期初$M_p$及$M_T$後所持有之短期票券。

(3)長期債券變現的預期損失

$$C_3 = \int_{\theta Y + M_p + \delta_1(S - M_p)}^{\infty} \{q_2\left[X - \theta Y - M_p - \delta_2(S - M_p)\right]$$
$$+ q_1\delta_1(S - M_p)\}f(X)\,dX \tag{6.81}$$

上式中各符號內涵如下：

$$q_2 = \min\left(\frac{\pi_2}{1-\pi_2},\ \theta_2\right)$$

π_2是緊急變現長期資產遭致的每元損失再加上固定比例的手續費用。θ_2是延緩預擬支出計畫直到以較合理方式變現長期債券時，所遭致不便的係數。δ_2是長期債券變現價格比例：

$$\delta_2 = \begin{cases} 1 & \text{if } \theta_2 < \pi_2/(1-\pi_2) \\ (1-\pi_2) & \text{if } \theta_2 > \pi_2/(1-\pi_2) \end{cases}$$

在現金補充期間，意外支出超過長、短期資產價值之機率若可忽略或意外支出值不可能超越（圖 6-12）中的長期債券數量B，則上式中的預期損失將由兩部份構成：

⑴出售長期債券遭致的預期損失$q_2[X-\theta Y-M_p-\delta_2(S-M_p)]$；

⑵處理長期債券前，必須先出售短期票券而遭致損失爲$q_1\delta_1(S-M_p)$，至於預期損失發生下限是$[\theta Y+M_p]$及變現短期票券價值$\delta_1(S-M_p)$之和，上限爲∞。

綜合上述討論，人們若未持有M_p，可能遭致預期損失將是$C_1+C_2+C_3$的總和。假設人們保有短期資產超越意外支出的標準差四倍以上，上述預期損失函數可簡化成：

$$E(L)=a\int_{\theta Y+M_p}^{\infty}f(X)\,dX+\int_{\theta Y+M_p}^{\infty}q_1(X-\theta Y-M_p)f(X)\,dX \qquad (6.82)$$

在單一現金補充期間，人們以增加預防性貨幣取代短期票券之邊際收益爲：（$F(X)$是累積機率分配）

$$-\frac{\partial E(L)}{\partial M_p}=aF(\theta Y+M_p)+\int_{\theta Y+M_p}^{\infty}q_1f(X)\,dX \qquad (6.83)$$

在任一現金補充期間，人們擁有財富狀況若未顯著改變，則全部所得期間內，保有預防性貨幣的邊際收益將爲$-n\partial E(L)/\partial M_p$（$n$：預擬補充現金次數）。假設人們追求預期所得最大，則保有預防性貨幣的部份均衡條件爲：（i是短期票券的報酬率）

$$-n\frac{\partial E(L)}{\partial M_p}=i$$

在所得期間內，人們保有最適M_p須視M_T保有量而定，後者取決於預期支出及補充現金次數而定。相對於預期支出，人們若是保有較少交易餘額，即將面臨較多補充現金機會，現金耗盡風險自然擴大，從而必須考慮保有較多的M_p，凡此顯示兩種貨幣需求是彼此互相依存。以下將就（圖6-13）的所得支出型態說明人們同時保有「交易」與「預防」性貨幣所需負擔的成本：

㈠保有 M_T 的交易成本

$$C_1 = \underbrace{[a+b(Y-F)]}_{①} + \underbrace{[a+bM_T]\,(\frac{Y-F}{M_T})}_{②} \qquad (6.84\text{ a})$$

Y 是預期支出，a 是資產交易的固定成本，b 係比例成本。F 是期初保留的交易性貨幣，M_T 是每次補充交易性貨幣數量。$(Y-F)/M_T$ 是補充現金次數，$[(Y-F)/M_T]+1$ 是人們保有 M_T 所將耗盡次數。上式可分兩部份說明：

(1)人們在預期支出中保留部份貨幣供做交易，剩下 $(Y-F)$ 用於購買短期票券而需負擔交易成本的金額；

(2)人們每次補充現金，出售短期票券所付出的成本為 $(a+bM_T)$，共需進行 $[(Y-F)/M_T]$ 次，因而必須負擔的總成本即是兩者乘積。

重新整理 (6.84 a) 式，可得：

$$C_1 = a + [a+2bM_T]\,(\frac{Y-F}{M_T}) \qquad (6.84\text{ b})$$

㈡保有 M_T 的利息成本

$$C_2 = \underbrace{\frac{1}{2}(\frac{F}{Y}) \times F \times i}_{①} + \underbrace{\frac{M_T}{Y} \times \frac{M_T}{2} \times \frac{Y-F}{M_T} \times i}_{②} \qquad (6.85)$$

上式可分兩部份說明：

(1)(圖 6-13) 中斜線三角形面積 $(\frac{1}{2} \cdot \frac{F}{Y} \cdot F)$ 與短期票券利率乘積，即是期初保有交易性貨幣的機會成本；

(2)每次變現短期票券所需承擔之機會成本，$(\frac{M_T}{Y} \cdot \frac{M_T}{2})$ 即圖中黑色

小三角形面積，與利率及兌換次數的乘積，可得全部兌換過程中放棄之利息收益。

㈢保有 M_p 的利息成本

$$C_3 = M_p \times i \tag{6.86}$$

（圖 6-13）中，人們由始至終保有預防性貨幣 M_p，因而損失賺取其他資產收益 iM_p 的機會。

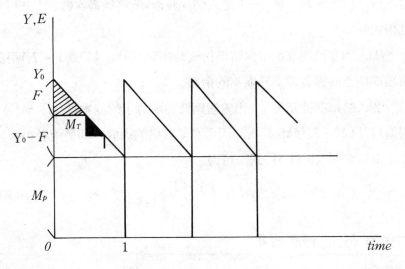

（圖 6-13）Tsiang 的所得支出型態

㈣預期現金耗盡的損失

$$C_4 = (\frac{Y-F}{M_T} + 1) \times E(L) \tag{6.87}$$

人們面臨現金耗盡機會除補充現金次數外，尚需加上全部交易餘額用完必然產生之現金耗盡。至於每次耗盡現金遭致預期損失若屬相同，總成本即如上式所示。

　　總之，人們同時保有M_T及M_p的成本將由$C_1 + C_2 + C_3 + C_4$四者構成：

$$TC(M_T, F, M_p) = a + (a + 2bM_T)(\frac{Y-F}{M_T}) + i\Big[(\frac{F^2}{2Y}) +$$

$$\frac{(Y-F)M_T}{2Y} + M_p\Big] + (\frac{Y-F}{M_T} + 1)E(L) \qquad (6.88)$$

　　假設忽略兌換次數須為整數的限制，經由TC分別對M_T, F, M_p偏微分，令其為 0 可得各項變數最適值：

$$M_T = \sqrt{2Y\,[a + E(L)]/i} \qquad \text{if} \quad Y > F \qquad (6.89)$$

$$F = \frac{Y}{iM_T}\,[a + E(L)] + \frac{1}{2}M_T + \frac{2bY}{i} \qquad (6.90)$$

$$= M_T + \frac{2bY}{i}$$

$$-\Big[\frac{Y}{M_T}(1 - \frac{2b}{i})\Big]\frac{\partial E(L)}{\partial M_p} = i \qquad \text{if} \quad 1 > \frac{2b}{i} \qquad (6.91)$$

　　人們保有M_p的邊際收益為 (6.83) 式，將其代入 (6.91) 式：

$$M_T = \frac{Y}{i}(1 - \frac{2b}{i})\Big\{aF(\theta Y + M_p) + \int_{\theta Y + M_p}^{\infty} q_1 f(X)\,dX\Big\}$$

$$(6.92)$$

　　上式顯示：人們面臨既定的M_T值，M_p的準最適值(quasi-optimal value)同時亦可決定。同理，由(6.89)式亦可得知：人們若決定保有任一M_p數量，則M_T的準最適值亦可確定。以下再用 (圖 6-14) 說明M_T與M_p的決定。

　　由 (6.89) 式可知：當人們並未保有M_p時，M_T曲線在M_T軸上的截距值為$\sqrt{2Y\,[a+E(L)]/i}$，該線會呈遞減而以$\sqrt{(2aY/i)}$為漸近線：

$$\frac{dM_T}{dM_p}\Big|_{M_T} = -\frac{1}{M_T}\frac{Y}{i}\Big[aF(\theta Y + M_p) + \int_{\theta Y + M_p}^{\infty} q_1 f(X)\,dX\Big] < 0$$

　　再由(6.92)式可知：當人們保有M_p數量趨近無窮大，M_p曲線會呈

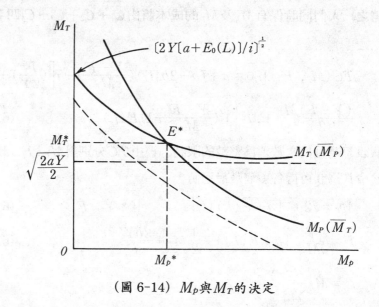

(圖 6-14) M_p 與 M_T 的決定

遞減而趨近於 M_p 軸：

$$\left.\frac{dM_T}{dM_p}\right|_{M_p} = \frac{Y}{i}(1-\frac{2b}{i})[aF'(\theta Y+M_p)-q_1(\theta Y+M_p)]<0$$

由於 $X \leq \theta Y$ 且 $f(X)$ 屬對稱機率密度函數或是左偏 Possion 分配，M_p 曲線會從高於 $\sqrt{2Y\ [a+E(L)]/i}$ 處隨著 M_p 值增加而趨近於橫軸，並與 M_T 曲線交於水平線 $\sqrt{(2aY/i)}$ 上方。假設 $M_T>\theta Y$，對應每一相關的 M_p 值，M_p 曲線斜率將大於 M_T 曲線。一旦兩線存在交叉點，體系內將會出現最適的 $M_p{}^*$ 及 $M_T{}^*$ 值。兩線若缺乏交點，則最適 $M_T{}^*$ 值為 $\sqrt{2Y\ [a+E(L)]/i}$，而最適 $M_p{}^*$ 值為 0。另外，由 (6.90) 式可求出人們在期初保留的最適交易性貨幣：

$$F^* = M_T{}^* + (2bY/i)$$

最後，影響預防性貨幣需求的因素可歸納如下：

⑴「預期支出」

假設最適補充現金次數與預期支出溫和調整無關，預期支出變動僅是透過影響現金補充期間內的支出機率密度函數，進而改變M_p保有量。在θ期間內，預期支出增加導致短期票券及預防性貨幣兩者之和相對支出的標準差降低，人們為提供相同的安全津貼(safety allowance)，M_p不僅與意外支出的標準差呈比例性擴大，甚至超越以求補償下降的短期票券，亦即M_p需求變動將小於預期支出調整。

⑵「短期票券流動性」

影響短期票券流動性的因素有二：(i)變現票券而未遭致損失所需之最小必要通告時間θ；(ii)變現票券卻缺乏足夠通告時間而遭致損失的百分比π_1。

①θ值降低

現金補充期間，人們支出的機率密度函數若屬 Possion 分配，則意外支出標準差將與θ平方根等比例下降，導致人們保有M_p的意願下降。假設人們期初擁有的短期票券超過$\sqrt{\theta Y}$，則M_p會與θ平方根成反比。一旦短期票券數量小於$\sqrt{\theta Y}$，則M_p降低比例會大於θ平方根。

②π_1值降低

惟有當π_1值下降使$\pi_1/(1-\pi_1)$低於θ_1，才會對M_p需求發揮影響。

綜合上述結果得知：當θ或π_1下降，或短期票券流動性提高，將會擴大對貨幣的代替性而降低其需求。

⑶「期初短期票券數量」

現金補充期間內，以支出標準差衡量的短期票券數量足夠大時，短期票券供給增加，經由替換貨幣需求而使M_p變為 0，進而出現類似貨幣供給增加效果。

⑷「短期票券利率」

短期票券利率提高將產生兩種效果：（ⅰ）增加保有成本；（ⅱ）藉著

擴大現金耗盡成本以提昇保有M_p的邊際收益，兩者均將降低保有M_p的意願。

〔本章重要參考文獻〕

1. 謝德宗:〈所得動機貨幣需求理論之評價〉(上)、(下), 企銀季刊, 八卷三期與四期, 民國七十四年, pp.142-160, pp.191-208。

2. ＿＿＿＿與謝玉玫:〈「後 Keynes 學派」的個體貨幣需求理論〉(上), 臺北市銀月刊, 十六卷十二期, 民國七十四年, pp.4-19。

3. ＿＿＿＿:〈交易與預防性貨幣需求理論的綜合詮釋〉, 企銀季刊, 十五卷四期, 民國八十一年, pp.71-98。

4. 陳師孟:〈預防動機的貨幣需求理論: 綜合檢討〉, 企銀季刊, 十卷一期, 民國七十五年, pp.42-54。

5. 吳文科:〈聯合簽帳卡業務簡介〉, 臺北市銀月刊, 十四卷十一期, 民國七十二年, pp.85-94。

6. 高大均:〈我國聯合簽帳卡使用情形〉, 臺北市銀月刊, 十七卷二期, 民國七十五年, pp.46-55。

7. Barro, R. J., *Integral Constraints and Aggregation in an Inventory Model of Money Demand*, JF, 1976, pp.77-87.

8. Baumol, W. J., *The Transaction Demand for Cash: An Inventory Theoretic Approach*, QJE, 1952, pp.545-566.

9. Fisher, D., *Monetary Theory and the Demand for Money*, 1978.

10.. Friedman, M. & Schwartz, A., *Monetary Statistics of the U. S.: Evidence, Sources and Methods*, N. Y.: Columbia Univ. Press, 1970.

11. Frost, P. A., *Banking Services, Minimum Cash Balances, and the Firm's Demand for Money*, JF, 1970, pp.1029-1039.

12. Karni, E., *The Transactions Demand for Cash: Incorporation of the Value of the Time into the Inventory Approach*, JPE, 1973, pp.1216-1225.

13. Laidler, D., *The Demand for Money, Theories and Evidence*, Harper & Row, Publisher, 1977.

14. Miller, M. & Orr, D., *A Model of the Demand for Money by Firms*, QJE, 1966, pp.413-435.

15. _____ & _____, *The Demand for Money by Firms: Extension of Analytic Results*, JF, 1968, pp.735-760.

16. Policano, A. J. & Choi, E. W., *The Effect of Relative Price Changes on the Household Demand for Money*, JME, 1978, pp.743-753.

17. Sastry, A. S. R., *The Effect of Credit on Transactions Demand for Cash*, JF, 1970, pp.777-781.

18. Tobin, J., *The Interest Elasticity of the Transactions Demand for Cash*, REStatistics, 1956, pp.241-247.

19. Tsiang, S. C., *The Precautionary Demand for Money: An Inventory-Theoretical Analysis*, JPE, 1969, pp.99-117.

20. Weinrobe, M., *A Simple Model of Precautionary Demand for Money*, SEJ, 1972, pp.11-18.

21. Whalen, E. J., *A Rationalization of the Precautionary Demand for Cash*, QJE, 1966, pp.314-324.

22. Weitzman, M., *A Model of the Demand for Money by Firms: Comment*, QJE, 1968, pp.161-164.

第七章　資產選擇理論

　　Hicks(1935)首先扭轉「貨幣數量學說」是貨幣需求的「所得理論」傳統而成「資產理論」，更精確地說，Hicks是推動「資產選擇」的貨幣需求理論先驅。Hicks在「資產選擇理論」中針對各類資產的風險程度給予相異貼現率，然後尋求各種未來預期收益貼現值中之極大者，故已兼顧「預期報酬」與「風險」兩種因素。不過Hicks理論的致命缺陷在於：不論個別資產的預期報酬如何經過風險因素修正，人們仍將選擇預期報酬率最高的資產，「資產多元化」(asset diversification)現象必然無從發生。

　　爾後，Markowitz(1952)發表〈資產選擇〉(Portfolio Selection)一文，率先以「資產組合」爲基礎，配合投資者的風險態度，佐以資產組合報酬(平均數, mean)與風險(變異數, variance)兩項參數，正式展開資產選擇分析，進而成爲近代「金融理論」(theory of finance)的始祖。稍晚的Tobin(1958)接續發表〈流動性偏好係爲風險下之行爲〉(Liquidity Preference as Behavior Towards Risk)文獻，再次運用於詮釋「資產動機」貨幣需求，而爲學者爭相引用的經典名作。

　　本章首先說明人們選擇資產組合的原因，同時介紹詮釋股價走勢的文獻，進而推演「預期效用函數」的形成過程。其次，將逐一介紹「技術分析法」(technical analysis)中評估股價短期走勢的原則。第三，再探討Keynes的「流動性偏好理論」內涵及潛在缺陷。第四，再說明Markowitz-Tobin資產選擇理論內涵，連帶說明資產性貨幣需求函數的形成。接著，綜合說明相關批評文獻，進而推演「偏態分配」(skewed distribution)下的資產選擇理論。最後，再分別介紹「資產」與「交易」動機相結合的貨幣需求理論。

§ 7.1. 選擇資產組合原因與預期效用形成

「資產」係指盈餘支出單位從事投資的工具或憑證。隨著經濟與金融發展，各類型信用工具紛紛出籠，「收益率」、「風險」、「流動性」與「到期日」迥異的資產處處可見。然而在目前經濟體系中，金融資產種類繁多，其交易及訊息成本相對買賣其他實質資產爲低，是以「資產選擇」範圍通常係以「金融證券」（尤其是股票）爲主要選擇對象。

人們安排資金用途時，未必將全部資金集中購買某一資產，往往依偏好與判斷同時選擇數種資產，各自購買某一數量而成資產組合，而決定資產組合內容因素約有下列數項：

(1)「風險」：未來經濟前景充斥不確定性，干擾因素隨時出現，造成大部份資產的未來報酬率與市場價值均無從確知。值此狀況下，爲避免資本損失，進而獲取資本利得，人們自須預先評估各種資產的預期收益及其分散度(dispersion)或風險，而後才能進行最適資產組合決策；

(2)「交易成本」：大部份資產雖能產生收益，卻無法在交易過程中充當「支付工具」。任何資產兌換成現金時，可能會因缺乏「流動性」而遭受資本損失。此外，在兌現資產過程中，除須負擔租稅外，人們尚需支付「金融成本」與「時間成本」，故在經過評估後，資產組合將會包括無金融收益的貨幣；

(3)「資產不可分割性」(indivisibility)：在金融市場（包括貨幣與資本兩個市場）流通交易的各類型有價證券，往往爲求方便及提昇交易效率而採取「標準化」單位(standardized unit)進行。對某些成員而言，「資產不可分割性」將造成人們無法在既定價格下，買賣任何數量的資

產。小額投資者因而可能成為貨幣或資本市場的拒絕往來戶，僅能參與資產充分細分的「制度性儲蓄市場」，資產組合侷限於各類型儲蓄存款與定期存款；

(4)「特殊效用存在」：大部份資產通常僅能產生預期收益，並不提供其他的「非金融性勞務」。不過貨幣雖無「金融性報酬」，但是 Friedman (1956) 與 Patinkin (1965) 均認為貨幣在交易過程中能夠產生方便勞務，因而會列為資產組合一員。另外，對大股東而言，擁有股票代表能夠掌握經營權，可由控制經營權獲致額外好處，故通常忽略股票預期報酬波動而衍生的風險，進而保有大量股票。

「金融證券」價格由供需決定，係各種主觀與客觀因素變動的綜合反應指標，而研究證券價格（尤其是「股價」）波動趨勢的文獻可分成三大主流：

㈠「技術分析」

該類方法係以「空中樓閣理論」(the castles-in-the-air theory) 為基礎，使用股價、成交值及成交股數等交易訊息，運用股價走勢圖形分析等技巧，經由預測投資大眾心理趨向，尋求由短期股價波動的峰谷之間謀取資本利得，係屬「回顧」(backward-looking) 性質的理論。

「空中樓閣理論」完全基於投資者的心理預期，其淵源可溯及 Keynes (1936) 在《一般理論》書中專章討論股市及預期心理的重要性，專業投資者偏好分析人們的未來可能行為及在樂觀時期如何把希望築成空中樓閣，而非致力於估計股票的內在價值 (intrinsic value)。由於後者牽涉預測廠商未來盈餘、股利支付，問題複雜而難以估計，是以大多數人不在意正確預測長期孳息，卻很關心人們的投資心理趨向。換言之，Keynes 運用心理法則而非財務評價方法來研究股票市場的運作。

依據群眾心理，人們在景況看好時總是相信股價會持續揚昇，從而

競相爭出高價購買節節哄擡，故要變爲成功的投資者，必須預測人們的
空中樓閣心理可能塑造的投資環境，看準時機搶先購買便能獲取暴利，
Keynes 自己身體力行輕易地以此賺得數百萬英鎊之譜。然而若迷亂於
狂熱之中，可能錯過時機而致傾家蕩產。此種方法目前最常用於詮釋「金
融證券」價格走勢，同時在「金錢遊戲」(money game) 風潮中更廣泛
用於判斷股價走勢。至於當中著名例子，J. K. Galbraith 在有關《金融
狂熱的短篇故事》書中指陳遠自十七世紀以來發生在歐美重大的投資風
潮，如：1929 年 10 月美國華爾街 (Wall's Street) 大恐慌、1987 年 10 月
的黑色星期一、近年日本盛行的股票與土地「泡沫經濟」事件……等，
都是股市投機熱的代表作，而「泡沫經濟」始祖更可追溯至十七世紀荷
蘭的鬱金香球根，十八世紀英國的南海股票事件。

　　荷蘭在 1602 年創設東印度公司壟斷香料群島貿易後，帶給荷蘭鉅大
財富及阿姆斯特丹日趨繁華。到了 1634 年，經濟繁榮到達巔峰，有錢階
級競相從事各種投機遊戲，選中鬱金香球根爲標的物，盛況時曾創下一
個球根值四千荷幣的紀錄。無獨有偶者是：1980 年的台灣在類似環境背
景下，亦曾選中蘭花球根爲標的物，瘋狂之際曾出現達摩蘭花球根值仟
萬台幣紀錄。另外，英國東印度公司在 1600 年以印度爲據點發揮獨占貿
易本事而大發利市，進而引發英國人對海外投資的興趣。英國議會在
1711 年通過「南海公司」設立法案（南海即指南美洲一帶的廣大海域），
該公司由國王 George 一世掛名總裁，貴族、大臣、議員、銀行家……等
也都是大股東，因而吸引投資大眾參與興趣。「南海」股票面值一百鎊，
在 1720 年前半炒到高潮時漲了十倍。不僅如此，眼見大眾如此熱衷投資，
許多泡沫公司如雨後春筍般設立，只要公開說明投資遠景就可吸收資金，
投資成爲「全民運動」。然而物極必反，1720 年 8 月後，南海公司股價由
每股千鎊天價大幅滑落，9 月跌到 190 鎊，高價套牢者自殺消息成爲報紙
題材。

　　至於臺灣股市亦在多年累積大量外匯準備與財富的環境下，於75年元月初指數未及壹仟點起漲，經由媒體大肆宣傳及人為炒作而匯為巨大的全民投資運動洪流，並於79年2月12日將股價指數推昇至12682.41點的高峰，形成許多金融股價格高達面額百倍以上的瘋狂現象。爾後，因政治及經濟因素衝擊接踵而至，股價一洩千里至同年10月12日的低點2485.25點，此亦「金錢遊戲」盛行下釀成之世界奇觀。由上述例子揭示：在短短數年間，國內股市空前的驟升與遽降之間，預測到大衆心理趨向的投資者可在數日間成為巨富，迷亂於狂熱的人則傾家蕩產，這種股市景況捨「空中樓閣理論」，實別無他途加以解說。

　　股市投資的「空中樓閣理論」為了分析人們的心理趨勢，遂發展出「技術分析方法」，其中最為大家熟悉的是「繪圖技術分析法」或是構成所謂「技術分析派」或「繪圖派」。該學派研究股價及交易量走勢以探求未來股價脈動，其基本假設認為市場活動有90%為心理因素造成，僅約一成可歸諸理性決策。

　　「技術分析」雖然發展各種不同的交易法則，邏輯上仍存有兩個缺陷：

　　(1)該學派惟有在股價變化形成趨勢確定後才買進，也只有在股價變化趨勢改變後才賣出。然而市場轉變可能源自意外，人們若是坐等上昇趨勢明顯後再進行投資決策時，股價早已漲過一段時間。若要獲利則須在走勢變動前事先預測到而搶先購買，但預測越早越難準確；

　　(2)技術分析技巧本身最終會自我破壞，同一技巧若有多人信服而同時使用，大投資者可藉此分析結果進行反向操作，造成該分析的實用性自然隨之瓦解。

㈡「基本分析法」(fundamental analysis)

　　該方法著眼於整體經濟環境、產業動態及廠商營運狀況等因素的變

遷, 進而查探股票的長期基本價值水準。換言之, 該方法基於「廠商基礎理論」(the firm-foundation theory)運用公開財務報表進行股價分析, 係屬具有「前瞻」(forward-looking)性質的理論。該理論認爲任何信用工具的「內在價值」均可經由深入分析現狀及未來遠景而加以決定。當市場價值低於 (高於) 內在價值便是購買 (出售) 時機, 價格最終必會趨向眞實的內在價值。依此觀點, 投資乃在實際市價與內在價值之間作比較並採取買賣行動。

在「廠商基礎理論」發展過程中, S. E. Guild是最早被提及的學者, 其後J. B. Williams對技巧改進具有顯著貢獻, 而Yale大學的I. Fisher則是有名的擁護者。由該理論衍生的「基本分析法」與前述的「技術分析法」截然不同, 主張市場活動有九成可邏輯推理, 僅有一成屬於心理因素。該分析方法藉著分析公開財務報表, 探討成長率、股利支付額、風險及一般利率水準, 以決定股票內在價值作爲投資決策準繩。

Malkiel(1981)指出「公司基礎理論」係站在長期投資立場, 認爲股票價值就是預期廠商未來所有現金股利的折現值, 基於此種看法可歸納出影響普通股價值的因素如下:

(1)「預期成長率」: 基於複利成長觀念, 若廠商每年成長9%, 不出五年股利就會增長1.5倍以上。不過廠商營運往往受景氣變動影響, 本身有生命週期(life cycle)限制, 實際上不可能維持同樣成長率。然而不同股價仍然反映不同成長率, 至於可能成長期間長短也非常重要。換言之, 理性投資者對股利成長率越高的股票, 所願付出價格也越高;

(2)「預期股利」: 在其他條件相同下, 支付股利越多的股票價值越高。廠商由盈餘中分配股利的比率高, 可能是投資不足所致。相反的, 許多廠商在快速成長期間往往傾向保留盈餘而極少分配股利。但是兩家成長率相同的廠商, 股利分配比率越高的廠商越具投資價值, 換言之, 在其他條件相同時, 盈餘分配現金股利比率越大, 理性投資者越願意支付較

高價格購買此種股票;

　⑶「風險程度」: 在報酬相同的前提下, 風險越低表示股票的品質越高。多數投資者較偏好低風險股票, 致使這些股票會具有較高的本益比值(cost-benefit ratio)。換言之, 在其他條件相同時, 風險趨避投資者願意支付較高價格, 購買風險性低的股票;

　⑷「貨幣市場利率」: 若貨幣市場利率夠高的話, 則此穩定獲利機會將吸走投資股市資金。換言之, 在其他條件相同下, 利率越低時, 理性投資者越願意支付較高價格購買股票。

　基於上述因素, 「基本分析法」接著衍生出下列兩種理論:

　⑴Tobin的「q比例理論」(theory of q ratio): Tobin與Brainard (1977)指出:「證券市場將對廠商投資行為進行評估, 如果新投資方案造成預期市場價值增加超越投資資本, 股價自有揚昇動力而應予執行。反之, 一旦投資方案提昇預期市場價值幅度小於投資成本, 股價挫跌乃在預料中而應予放棄」。由此敍述可接續引伸出: 股價(P_e)高低應與廠商「重置成本」(P_k)(replacement cost)息息相關, 一旦股價超越重置成本, 亦即$q = \dfrac{P_e}{P_k} > 1$, 實質投資活動 (發行或出售股票募集資金) 將大行其道。

　⑵「現值法」(present value approach)或「本益比法」(cost-benefit ratio approach): 人們投資股票目的若是企求廠商每年發放的股息, 則就長期而言, 預期股息與購入股票成本比值應和市場利率相近, 否則股價將脫離合理水準。另一方面, 人們亦可將預期股利以市場利率折現的價值和購入股票成本相較, 兩者若是相近, 股價將屬合理。

　由於「基本分析法」依然存有缺陷, 用於判斷股價變動趨勢時, 仍需受到限制:

　⑴對未來的預測假設未必正確: 預測未來盈餘與股利必須承擔高度

風險，不但要具備經濟學知識與技術，也需具備心理學家敏銳的洞察力，致使一般預測不易準確；

(2)訊息不全誠難求得精確的廠商價值：在預測廠商股利成長率及持續期間無法確知情形下，要計算股票內在（眞正）價值實有困難。但由於股利、預期成長率、風險及利率卻仍會反映在本益比值上，故該比值可做爲不同股票間的評價參考；

(3)預期成長率較高的成長股固然會有較高本益比值，但同一成長股在不同時間的成長貼水又會有很大差異，投資者採用本益比值供作決策參考時，不可不注意及此。

(三) 「醉步理論」(random walk theory)

上述兩種股價分析各有擅長，而投資者能否借助兩者發展交易法則(trading rule)獲取超額利潤呢？文獻上接續提出「醉步理論」檢定股價能否立即反應市場訊息，或檢定股市是否具有訊息的效率性，答案若是肯定，那麼「技術分析」與「基本分析」方法所能發揮功效便值得懷疑。

「醉步」概念係指未來變動無法基於過去行爲予以測知，應用在股市則表示短期股價變動無法事先測得。股價的「醉步理論」假設股票市場具有訊息的效率性，任何訊息發生皆會充分而立即地反映在股價上，投資者無法利用某種訊息發展交易法則謀取超額利潤。基本上，它係針對不同訊息層次檢定市場訊息的效率性。一般而言，股市訊息可分爲過去股價資料、公開及未公開訊息，是以依 Fama(1969)定義，由於訊息假設迥異，股價的「醉步理論」可分成「弱式型」、「半強式型」及「強式型」三種臆說：

(1)「弱式型臆說」：任何人無法利用過去股價含有的訊息，發展交易法則獲取超額利潤。換言之，股價的歷史資料不含可使投資者獲取超過長期持有策略所獲利潤的有用訊息。未來股價會受隨機事件發生影響，

很難以過去股價預測。若弱式型假設成立，股價應能充分立即反映這些隨機性訊息。由於訊息並非局部逐漸地反應，投資者永遠來不及從股價上找到賺取超額利潤的線索，亦即前後期股價應該完全獨立不具相依性。就實際現象而言，前後期股價並非經濟學家所說的完全獨立，實證或有發現彼此間具有輕微相依性，但其系統性關係非常微弱，投資者花費昂貴成本取得微量訊息，可能會得不償失。

(2)「半強式型臆說」：任何人無法利用已公開訊息發展交易法則，找出真正價值低（高）估的證券進行買賣以獲取超額利潤。市場價格結構迅速反映資產負債表、損益表、股利宣佈等各種公開訊息，因此再專業的訊息分析也無法跟得上價格反應速度，對投資者獲取超額利潤無所助益。

(3)「強式型臆說」：任何人無法利用已公開或尚未公開訊息發展交易法則，以獲取超額利潤。無論已經或尚未公開訊息都能充分而立即地反映在股價上，投資者無法據以獲取更高利潤，此處所謂未公開訊息係指公司內部訊息。

比較上述三種假設型態的界定強度，越後者越嚴謹。某一股票市場若前者能成立，後者不必然成立；反之，後者成立，前者必能成立。因此三者蘊涵的關係為：強式型臆說→半強式型臆說→弱式型臆說。

「醉步理論」又稱「效率性市場臆說」（efficient market hypothesis），其「狹義」型式（指弱式型）說明「技術分析」回顧過去股價對投資者無所助益；而「廣義」型式（含半強式及強式型）則主張「基本分析」研究關於廠商盈餘與未來股利成長的公開訊息及其他有利或不利廠商發展情況，都會迅速反映在股價上，「基本分析」必將徒勞無功，因此採用任何分析所獲利潤未必勝過隨機購買而長期持有的策略。

雖然「醉步理論」曾做嚴謹定義，基本假設仍有下列缺點：

(1)假設股市存在完美訂價，股票以最佳的內在估計價值成交。但就

實際現象而言，股票內在價值很難估計，而其成交價值也非恰為各人估計之內在價值。

(2)假設訊息係「瞬間」傳遞。實際上，訊息傳遞受限於客觀環境結構，往往很難迅速傳遞，而有價值的內部訊息更不易傳遞到每個人。

(3)此理論隱含無人擁有影響市場力量，但經紀商或投資顧問公司卻往往能引導資金進出市場。同時，人們蒐集的股票訊息要能轉換成真正估計值誠屬不易，且隨分析能力不同，估計的準確程度也有差異，投資者所獲報酬便不盡相同。

介紹過詮釋股價波動趨勢的文獻後，接著推演「預期效用」函數的形成方式。在投資期間內，一旦廠商擁有實質資產的名目價值不變，則股價將與其發放股利水準有關。由於廠商發放股利能力與經營成果緊密相連，故在經濟前景未明下，預期股利將成為隨機值，進而帶動股價亦為隨機變數。換言之，人們投資各類型股票，實際上係持有「風險性資產」而非穩賺不賠，故當安排資產組合求取財富(W)衍生之效用極大時，其實是追求「預期效用」極大。

首先，假設人們在期初擁有確定財富數量W_0，全數投入購買A與B兩種股票，兩者報酬率（風險）分別為$\tilde{r}_a(\sigma_a)$及$\tilde{r}_b(\sigma_b)$。當兩種股票可充分細分成微小單位時，人們追求期末財富$\widetilde{W}_1$衍生之預期效用極大的問題可表示如下：

$$\text{Max } EU(\widetilde{W}_1) \tag{7.1}$$

$$\text{S.t. } W_0 = A + B \tag{7.2}$$

A、B是兩種股票數量或價值。假設效用函數具有高階可微分特性，人們期初握有兩種股票直至期末所獲報酬率$\widetilde{R}$為：（x是投資於A股票的比例）

$$\widetilde{R} = x\tilde{r}_a + (1-x)\tilde{r}_b \tag{7.3}$$

期末財富價值因而成為：

$$\widetilde{W}_1 = (1+\widetilde{R})\,W_0 \tag{7.4}$$

將(7.4)式代入(7.1)式後，同時選擇期初財富單位為 $W_0=1$，

$$EU(\widetilde{W}_1) = EU\,[(1+\widetilde{R})\,W_0]$$

$$\approx EU(\widetilde{R}) \tag{7.5}$$

上式意謂著：人們尋求期末財富衍生之預期效用 $EU(\widetilde{W}_1)$ 極大，將近似於追求由資產組合報酬率 $\widetilde{R}$ 衍生之預期效用 $EU(\widetilde{R})$ 最大。就效用函數 $U(\widetilde{R})$ 以預期報酬率 $E(\widetilde{R})$ 為中心，進行 Taylor 展開式：

$$U(\widetilde{R}) = U\,[E(\widetilde{R})] + U'\,[E(\widetilde{R})]\,\{\widetilde{R}-E(\widetilde{R})\}$$

$$+ \frac{U''\,[E(\widetilde{R})]}{2!}\,\{\widetilde{R}-E(\widetilde{R})\}^2 + \frac{U'''\,[E(\widetilde{R})]}{3!}$$

$$\{\widetilde{R}-E(\widetilde{R})\}^3 + \cdots + \frac{U^{(k)}\,[E(\widetilde{R})]}{k!}\,\{\widetilde{R}-E(\widetilde{R})\}^k$$

$$+\cdots \tag{7.6}$$

再就上式取預期值，同時忽略包括四次以上的高階展開項目：

$$EU(\widetilde{R}) \approx U\,[E(\widetilde{R})] + \frac{U''\,[E(\widetilde{R})]}{2!}\sigma^2 + \frac{U'''\,[E(\widetilde{R})]}{3!}m$$

$$\approx V\,[E(\widetilde{R}),\ \sigma^2,\ m] \tag{7.7}$$

$$\quad\ \ (+)\qquad\ (?)\quad (+)$$

$\sigma^2 = E\,\{\widetilde{R}-E(\widetilde{R})\}^2$、$m = E\,\{\widetilde{R}-E(\widetilde{R})\}^3$ 分別是資產組合報酬率的「變異數」、「三級動差」(third moment)，而「三級動差」m 再以標準差的三次方 σ^3 平減，自可得出資產組合報酬率的「偏態係數」(skewness)，$SK = m/\sigma^3$。總之，人們的預期效用函數歷經上述轉換過程後，自然改頭換面成為「平均數」、「變異數」及「三級動差」（或「偏態係數」）等三種統計動差的函數。

接著，Markowitz(1952) 與 Tobin(1958) 假設人們的效用函數為「二次式」(quadratic) 與常態的資產組合報酬率機率分配，(7.7)式的預期效用暫時簡化成「平均數」與「變異數」兩種動差的函數：

$$EU(\widetilde{R}) \approx V \ [E(\widetilde{R}), \ \sigma^2(\widetilde{R})] \tag{7.8}$$
$$(+) \qquad\qquad (?)$$

以下可用（圖7-1）說明在「預期報酬率及風險」平面上，投資者的預期效用曲線型態：

(1)「風險袪避者」(risk averter)：效用函數若滿足「單調遞增」與「嚴格凹入」(strictly concave)型態，即 $V'>0$ 且 $V''<0$，則在不確定狀態下，人們將扮演「風險袪避者」角色，$\dfrac{\partial V}{\partial E(\widetilde{R})}>0$，$\dfrac{\partial V}{\partial \sigma(\widetilde{R})}<0$。預期效用曲線將如（圖7-1）的 V_c^i 系列所示為正斜率，顯示「預期報酬率」與「風險」必須同進退，方能維持預期效用不變。

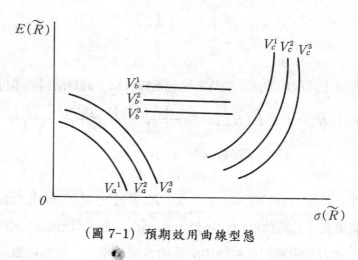

（圖7-1）預期效用曲線型態

(2)「風險中立者」(risk neutral)：效用函數為直線式的「單調遞增」型態，即 $V'>0$ 且 $V''=0$，則人們在不確定狀態下將歸類為「風險中立者」角色，$\dfrac{\partial V}{\partial E(\widetilde{R})}>0$，$\dfrac{\partial V}{\partial \sigma(\widetilde{R})}=0$，預期效用曲線將是 V_b^i 系列的水平線，人們僅重視「預期報酬率」，全然忽視「風險」存在。

(3)「風險愛好者」(risk lover)：一旦效用函數轉為「單調遞增」與

「嚴格凸出」(strictly convex)型態，即 $V'>0$ 且 $V''>0$，人們在不確定狀態下將更動爲「風險愛好者」角色，$\dfrac{\partial V}{\partial E(\widetilde{R})}>0$，$\dfrac{\partial V}{\partial \sigma(\widetilde{R})}>0$，預期效用曲線將是 V_a^i 系列所示爲負斜率。人們寧願放棄較高預期報酬率，改爲承擔更大風險，以謀求獲取更大實際資本利得機會。

最後，Tsiang(1972)指出：現實社會中，金融市場往往有各種累進稅制、「停損賣出」(stop-loss sales)、股價漲跌幅限制、金融廠商提供各類避險(hedging)工具等現象林立，有助於增進投資收益的「正向偏態」(positive skewness)分配，顯示人們的資產選擇行爲具有「偏態偏好」。有鑑於此，Simonson(1972)認爲人們的預期效用函數絕非二次式，但符合(7.7)式描述爲三種統計動差的函數。同時，面對不確定投資環境，人們將會遭遇股價波動幅度的「變異性風險」(variability risk)或「變異數」，及股價出現極端值可能性的「投機性風險」(speculative risk)或「三級動差」(「偏態係數」)。前者是否「正效用」端視投資者偏好而定，至於後者通常視爲「負風險」(negative risk)可增進人們預期效用水準。

§ 7.2.　「技術分析方法」

C. H. Dow(1884)率先選擇當時美國股市中的 11 種股票價格建立加權股價指數，進而利用股價指數波動預測未來股市動向，同時提供預測景氣循環的領先指標。爾後，Dow 氏股價理論經過 W. P. William 持續推廣而爲「技術分析方法」的始祖。

Dow 理論首先指出，每項足以影響股市供需情況的利空或利多因素必定會反映在股市交易，股價指數漲跌自然有其道理。此外，任何時刻上的股價時徑(time path)將如 (圖7-2) 所示，同時存在三種趨勢

(trend)，其震盪起伏有如海水漲落一般：

(1)「主要趨勢」(primary trend)：通常可延續一年多或更長時間，好比浪潮(tide)一樣。「主要趨勢」是中長期投資者主要考慮的變動趨勢，一旦確定股市屬於多頭市場(bull market)型態時，則應買進股票，直到空頭市場(bear market)型態確定形成後再行賣出；

(2)「次要趨勢」(secondary trend)：可視爲「主要趨勢」的修正波，好比是浪花(wave)，股價的反向變動會干擾「主要趨勢」。在多頭市場中，股價滑落是中期「回檔」；在空頭市場，股價上揚往往是「反彈行情」；

(3)「細微趨勢」(minor trend)：又稱爲短期變動或指市場內的每日股價變動，好比是波浪(ripples)。

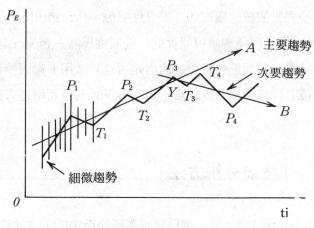

(圖 7-2) Dow 理論的股價趨勢

在 (圖 7-2) 中，「細微趨勢」係依每日最高與最低成交股價畫出的直線，「次要趨勢」是由每日波動的平均值所繪出的趨勢線，「主要趨勢」爲長期股價趨勢。對投資者而言，在「細微趨勢」中，由於股票市場供需無時不在異動，很難預測市場交易價格變化情形。至於「主要趨勢」出現多頭 (即漲多跌少) 情形時，每一股價「次要趨勢」高峰定會超過

前一高峰點；反之，一旦「主要趨勢」反轉成空頭（即跌多漲少）格局時，每一股價「次要趨勢」谷底定會低於前一谷底價格。「次要趨勢」的時間要比「主要趨勢」短，同時環繞在「主要趨勢」上下成週期性波動。由圖中$P_1 < P_2 < P_3$可知「主要趨勢」A是多頭市場。對投資者而言，若要確定主要趨勢係在上升，可在Y點價格突破第二高峰價格後，就能確定股價主要趨勢係在上漲。若「次要趨勢」線未能突破Y點，製造另一高峰價格，那麼投資者尚無法斷定「次要趨勢」線的升降。同理，當價格跌過第三個谷底T_3後(即跌過X點)，投資者才能確定前一「主要趨勢」已經結束，目前「主要趨勢」線已是身陷於空頭市場中了。

　　上述說法僅是指出股價時徑的走勢而已，並未揭示股市目前型態係屬「多頭」或「空頭」，是以 Dow 理論接續提出下列判斷原則：

　　⑴用不同股價指數確認：Dow 認為股價走勢只有在互證情況下才能明確顯示，亦即工業指數和運輸指數必須同時上升，才能確認市場前景看好；相反的，一旦兩者同時下跌時，表示多頭市場隨即結束。

　　⑵觀察成交量變化趨勢：在上升趨勢，必須價漲量增，價跌量縮，即價量配合；在下降趨勢，必須價跌量增，價漲量縮，即價量背離。此種趨勢需配合較長時間觀察成交量變化，僅由一、二天短期變動判斷則容易失去正確性。

　　⑶利用線路確認：市場經過相當程度升降後，股價指數波動趨於水平，亦即股市呈現盤局，價位在 5% 上下波動，顯示買賣雙方勢均力敵。一旦股價往上突破盤局上限，便是多頭市場徵兆；相反的，往下跌破盤局下限，便呈空頭市場徵兆。

　　⑷除非反轉訊號出現，否則趨勢不會改變：當一個新趨勢形成時，短期內雖有波動，但未出現反轉訊號前，升降趨勢不會改變。

　　自從「Dow 理論」出現鼓動研究股價「技術分析法」的風潮後，各種利用股價及成交量（或成交值）資料研判股價未來走勢的方法即屢屢

創新，以下選擇較具經濟意義的方法分別說明：

㈠「相對強勢分析」(relative strength analysis)

Levy(1967)指出某種股票投資報酬率若是優於其他股票，則此種股票即具有「相對強勢」。換言之，「相對強勢分析」是用於分析個別股票而非對證券市場的預測，其計算方法是比較個別股價與證券市場指數的相對變化，也可比較個別股票與產業指數，或比較產業指數與證券市場指數。

(表7-1)顯示不同期間內股價的三種相對強勢比率。第(6)欄是塑膠化工產業指數除以證券市場指數，此一比率上升意謂著產業指數在下降，可是市場指數下降更多，比率才會上升，表示特定產業股價跌幅較市場平均跌幅要小。換言之，該特定產業在市場上的表現要勝過市場上其他產業的平均水準，所以值得投資。第(5)欄是臺塑公司股價與市場指數比較，此一比率上升表示臺塑股票表現較市場一般股票的表現要強。第(4)欄是臺塑股價與塑膠化工產業指數的比例，該比例下降顯示臺塑股票較同類股票的平均表現為差。

股價 時間	(1) 臺塑公司 股價	(2) 塑膠化工類 加權指數	(3) 臺灣證券市 場加權指數	相對強勢		
				(4)=(1)/(2)	(5)=(1)/(3)	(6)=(2)/(3)
80.6.11	61.5	281.02	5851.16	0.219	0.0105	0.048
80.8.27	46.7	222.55	4411.60	0.210	0.0106	0.0504

(表7-1)「相對強勢分析」比例

依據「相對強勢比率」變動方向，將可歸納出下列結果：

⑴相對強勢比率上升，股票價格與股市指數都下跌，表示市場指數跌幅較股價更多；

⑵相對強勢比率上升，股票價格與股市指數都上漲，表示股價漲幅

大於市場指數，該股表現優於市場平均表現；

　　(3)相對強勢比率下跌，股票價格與股市指數都下跌，股價跌幅大於市場指數，該股表現遜於市場平均表現；

　　(4)相對強勢比率下跌，股票價格與股市指數都上升，可是股價漲幅較小，該股票表現遜於市場上一般平均值。

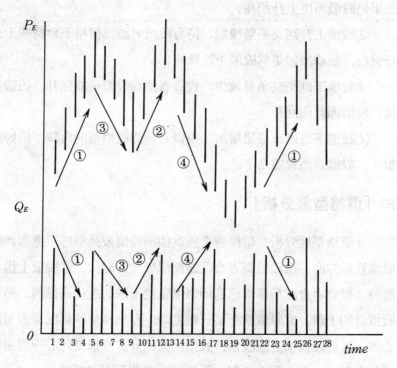

（圖 7-3）股價與交易量變化趨勢

㈡「交易量分析」(volume of trading)

　　「交易量分析」係藉分析股票交易量變化進而判斷股價波動趨勢。對個別股需求而言，當投資者普遍預期股價上升時，持有者寧願等股價上升再出售以便擴大利益，市場上這種股票供給自然減少。至於其他投

資者若預期該股價格上升，市場上需要因而增加，該股需要大於供給，股價自然會上漲。反之，如果投資者普遍預期股價會下跌，持有股票者立刻趁高價拋售，價格自然會下跌。(圖 7-3) 中顯示：股價與成交量的變動趨勢可有下列四種：

(1)股價上升而交易量減少：賣方認為股價仍會繼續揚升，大家惜售結果是股價再度上升預兆；

(2)股價上升而交易量增加：持有股票者認為價格不會持續上升，見好就收，紛紛出售是為股價下跌徵兆；

(3)股價下跌而交易量減少：投資者預測股價可能回升，紛紛停止拋售，股價因此而回升；

(4)股價下跌而交易量增加：投資者預測股價可能再跌，紛紛將股票脫手，股價自然會隨之下跌。

(三)「價格型態分析」

「價格型態分析」是投資者觀察個別股價波動型態，進而判斷未來股價變動方向。由於投資者心理隨股價變動而起伏，當股價上揚某一程度時，投資者會認為漲幅已高而恐懼股價下跌，遂趁高拋售，結果將使股價真的下跌。當股價跌至某一幅度時，自然產生跌幅已深而可能回升心理，從而逢低補進該股票，股價因而回升。股價受此心理因素影響，自然會形成一個上限與下限，股價就在這個範圍內波動。

依據統計分析，股價波動型態通常如 (圖 7-4) 所示可簡化為六種主要型態：

(1)第一組為最單純型態，(A)稱為「圓底」(rounding bottom)，(B)稱為「圓頂」(rounding top)。圓底的股價功能是碰到下限立即折回，由於上限並不明顯，所以股價隨時可突破上限而上升，圓頂的股價型態是碰到上限立即折回，未來股價可能突破下限而下跌。

(2)第二組爲「頭肩形」(head and shoulder)型態，像一個人頭兩個肩膀。(C)爲「反頭肩形」(inverted head and shoulder)是倒著的頭和肩形狀，(D)爲「正頭肩形」。這兩種型態圖形中的頸線爲股價不易突破的限制線，當股價漲（或跌）至頸線，勢將回檔（反彈），經過來回數次波動，而後終於突破限制線而上升（下跌）。(C)圖的「反頭肩形」圖中，股價上升到頸線後回檔形成圖中的頸部後又再回升，再度回檔的幅度較小，表示股價向上突破力量極大，所以才會一股作氣衝出上限。同樣的(D)圖是下跌的壓力極大，最後跌破底限而一洩千里。

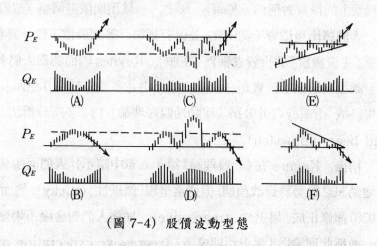

（圖 7-4）股價波動型態

(3)第三組爲三角型態的股價波動，(E)圖爲上升三角形(ascending triangle)，(F)圖爲下降三角形(descending triangle)。上升三角形揭露每次股價揚升到上限就回檔，顯示投資者心理阻礙無法突破。但因下限不斷提昇，亦即每次回檔股價下限都比前回爲高，顯示向上突破力量越來越強，股價最後終於突破上限。同理，(F)圖中向下跌壓力愈來愈大，終於突破底限而下跌。

§ 7.3. 流動性偏好理論

所謂「流動性偏好理論」係指固定時點上，人們對體系內各類「流動性資產」的喜好程度或對各種資產的需求。就狹義而言，「貨幣」乃流動性資產的一環，「流動性偏好」將專指「貨幣需求」而言。Keynes 在《一般理論》第十三章中指出：人們預期股價（或債券價格）趨於上漲，目前將買入與保有債券(或股票)，等到價格上揚方予獲利了結，此種「先買後賣」的投資者稱為「多頭」。反之，一旦預期債券價格（或股價）趨降，人們將出售債券（或股票）並保有貨幣，等到股價下跌才獲利補回，此種「先賣後買」的投資者稱為「空頭」。Keynes 因而認為人們會有「資產」動機貨幣需求，實是在金融市場上由「多頭」轉為「空頭」的必然結果，故 Motley(1979)稱「流動性偏好理論」為「多空分析法」(bulls and bears approach)。

稍後，Keynes 在《一般理論》第十五章中暗示：人們面臨利率或股價變動訊息後勢將修改預期，但通常呈現「僵硬性」(sticky)，然而 Tobin (1958)卻修正成「累退性」(regressive)，加強人們對金融市場變化的反應，並稱此理論為「累退預期模型」(regressive expectation model)。

在「流動性偏好理論」中，人們安排資產組合係以「預期報酬率」高低為依歸，未曾顧及「預期」與「實際」報酬率間的變異程度。換言之，人們屬於「風險中立者」，預期效用函數中僅有「預期報酬率」單一變數，是以追求預期效用最大相當於追求預期收益率極大。假設人們能夠選擇的信用工具僅有「貨幣」（狹義貨幣定義M_{1a})與「長期債券」（或股票）兩種資產，前者係風險與收益俱無，後者雖有收益，但市場價值卻不穩定。至於保有債券（或股票）的報酬有二：

(1)「債券利息收益率」：每元債券可獲之收益率$r = B/P_b$，B是債券

的固定利息收益，P_b 係債券價格。若不考慮其他非經濟因素影響，債券價格與利率通常存在 $P_b = B/r$ 關係。

(2)「債券資本利得率」：人們以價格 P_b 購買債券後，預期以 P_b^e 價格出售，兩者差額佔買進價格的比例：

$$g = \frac{P_b^e - P_b}{P_b}$$

同時，對應預期價格 P_b^e，人們心中自然存有「預期利率」或「正常利率」(normal rate) $r^e = B/P_b^e$。將上述關係略加整理可得：

$$g = \frac{\dfrac{B}{r^e} - \dfrac{B}{r}}{\dfrac{B}{r}} = \frac{r}{r^e} - 1$$

人們預期保有債券可獲之報酬率(e)爲：

$$e = r + g = r + \frac{r}{r^e} - 1$$

接著，人們依據預期利率值 r^e，估算促使債券（或股票）報酬率等於 M_{1a} 貨幣收益的「臨界利率」r_c，或令 $e = 0$ 便可求得該值：

$$r = \frac{r^e}{1 + r^e} = r_c$$

隨後，Keynes 在《一般理論》第十五章中宣稱：「當利率降至某一水準後，流動性偏好可能成爲『絕對性』，大部份人寧願握有貨幣，而不願持有利率極低的債券。」換言之，人們衡量「市場」與「臨界」利率大小後，將決定全部保有 M_{1a} 貨幣或債券（股票），謀求預期效用或收益最大，Friedman(1970)因而稱爲「絕對流動性偏好」(absolute liquidity preference)。

以下用（圖7-5）說明 Keynes 的「流動性偏好理論」內涵。個人的財富總量若爲 W_0，當市場利率高於 r_c 時，全部財富投入購買債券，而列於「多頭」陣營，此時將無資產性貨幣需求。一旦市場利率低於 r_c，個人

立刻轉成「空頭」身分，將債券全部出售改持貨幣，「資產性貨幣」需求將是 W_0。至於利率恰好 r_c 時，保有貨幣或債券所獲報酬率並無不同，貨幣需求無法確定。此種現象顯示：「絕對流動性偏好理論」的個人貨幣需求曲線將如圖中的 Lr_cBAW_0「階梯狀型態」所示的軌跡。

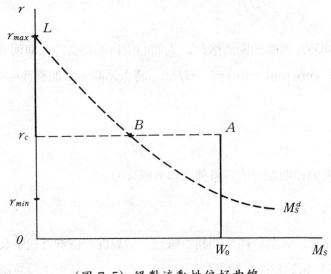

（圖 7-5）　絕對流動性偏好曲線

個人「資產性貨幣」需求曲線雖呈階梯型態，然而經過累加的總體貨幣需求卻爲圓滑曲線，理由是：金融市場短期內不斷變動，引起人們的利率預期並非一致，而係呈某一機率分配。假設金融市場利率由最極端高限 r_{max} 下滑，自然引發兩種現象：

(1)人們預期利率若爲僵固值，「臨界利率」亦爲固定值。市場利率滑落之際，不斷有人面臨低於「臨界利率」的命運，基於袪避保有債券（或股票）遭致資本損失風險，勢必一路賣出債券而改持貨幣；

(2) Keynes(1936)進一步指出，理性投資者參與金融市場交易時，往往有「衆人皆醉我獨醒」的想法，進而形成「低買高賣」的「累退預期」，「預期利率」隨市場利率反向波動($r^e=f(r)$, $\partial r^e/\partial r<0$)，「臨界利率」

將隨市場利率逆向變動，$\dfrac{\partial r_c}{\partial r^e} \cdot \dfrac{\partial r^e}{\partial r} < 0$，更加速人們出售債券改持貨幣的決心。

　　綜合兩者效果，當市場利率滑落至最低限r_{min}時，所有成員均將債券（或股票）出清，而以貨幣形式保有財富，總合「資產性貨幣」需求曲線將如（圖 7-6）所示的圓滑負斜率曲線M_s^d。值得注意者：人們僅能選擇貨幣與債券（或股票）兩種資產，後者係以「固定報酬變動價值」方式發行。隨著市場利率變動，債券或股票價值隨之婆娑起舞。（圖 7-6）中，體系原先利率水準為r_1，「資產性貨幣」需求量為M_1。一旦利率下跌至r_2，必然有較多投資者因利率低於個人臨界利率水準，紛紛脫售債券（或股票）而投入「空頭」陣營，貨幣需求量擴增至M_2，此即「利率效果」(interest rate effect)。另外，市場利率下跌，提昇債券（或股票）價值$(P_b = B/r)$，投資者能夠兌得之貨幣數量將會增加，$l(a_1)$ 曲線因而外移至$l(a_2)$曲線，貨幣需求量終將擴增至M_3，此即「財富效果」。綜合兩者效果顯示：經過累加的「資產性貨幣」需求曲線將是A與C點連線的

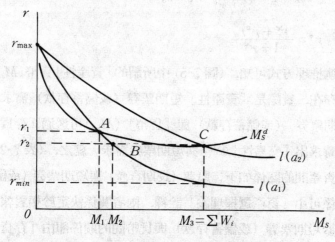

（圖 7-6）總體資產性貨幣需求曲線

M_s^d，利率彈性相對地擴大。

Keynes 的「流動性偏好理論」雖經 Tobin(1958)精緻描述，然而推演過程中使用的假設卻引人爭議，從而引發多方批評如下：

(1) Fellner(1946)認爲「絕對流動性偏好理論」基於在動態社會中金融市場經常處於調整狀況，致使人們形成利率預期發生分歧現象，有助於形成圓滑的負斜率曲線。爾後, Leontief(1947)指出一旦金融市場長期回歸均衡，人們因經驗累積而相信目前利率能夠持續下去，相異利率預期自然歸於一統，累加後的「資產性貨幣」需求曲線仍將復原爲階梯狀函數，絕無負斜率可能。

(2)一旦人們可選擇的資產對象擴大爲貨幣、短期票券(或儲蓄存款)與股票三種時，短期票券（或儲蓄存款）因具有收益而無風險，必然優於貨幣(M_{1a})，「資產性貨幣」需求將自資產組合當中隱退。換言之，當預期利率值r^e已知下，人們估算促使股票報酬率等於短期票券報酬率r_s的「臨界利率」可由$e=r_s$中求得：

$$e=r+g=r+\frac{r}{r^e}-1=r_s$$

$$r^*=\frac{r^e+r^e r_s}{1+r^e}$$

再依前述推理方式可知，（圖 7-5) 中所謂的「資產性」貨幣(M_{1a})需求曲線並不存在，實際是「資產性」短期票券（或儲蓄存款）需求曲線。至於「短期票券」(或儲蓄存款) 與「貨幣」(M_{1a})可透過「存貨理論」聯繫，同時求出「交易性」貨幣與短期票券需求。總之，(表 7-2) 揭示體系內各資產間的關係如下：股票（長期資產）與短期票券（或儲蓄存款）間的關係可由「資產選擇理論」詮釋，兩者關係決定於相對報酬率及風險；至於短期票券（或儲蓄存款）與貨幣間的關係卻由「存貨理論」說明，兩者關係視利率與交易成本而定。

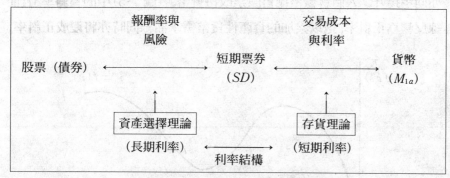

（表 7-2）不同期限資產間的關係

(3)「趨吉避凶」乃人之天性，資產組合多元化亦屬人之常情，但 Keynes 的「流動性偏好理論」卻認為人們比較兩種資產組合報酬率後，僅會保有單一資產，對於預期資產收益分散度或風險卻視若無睹，此乃暗示人們扮演「風險中立者」角色，在決策過程中僅重視預期報酬率高低，並不在乎風險大小。

(4)「流動性偏好理論」推演出負斜率的總合資產性貨幣需求曲線，顯然歸功於「僵固性」或「累退性」預期假設。就實際現象而言，利率或股價對預期利率或股價的影響過程將如（圖 7-7）所示：當股價由低檔回昇之際，人們心理往往傾向樂觀勇於「追高買進」，自然出現「累進預期」(progressive expectation; $\frac{\partial r^e}{\partial r} > 0$ 或 $\frac{\partial P_b^e}{\partial P_b} > 0$)情景。隨著股票揚昇某一幅度後，人們心理轉趨保守而呈「僵固預期」($\frac{\partial r^e}{\partial r} = \frac{\partial P_b^e}{\partial P_b} = 0$)。一旦股價持續揚昇，人們逐漸表露「落袋為安」或「眾人皆醉我獨醒」的「累退預期」($\frac{\partial r^e}{\partial r} < 0$, $\frac{\partial P_b^e}{\partial P_b} < 0$)現象。

總之，投資者參與金融市場操作心理往往與實際股價或利率波動共舞，一旦「累進預期」當道盛行於世，隨著實際利率攀升（或實際股價下跌），預期利率順勢水漲船高（預期股價則順水推舟滑落），「臨界利率」

亦同步揚升，人們會繼續拋售股票改持貨幣，(圖7-5)中的負斜率M_s^d曲線反轉爲正斜率，是以累加的資產性貨幣需求曲線同時亦將變成正斜率。

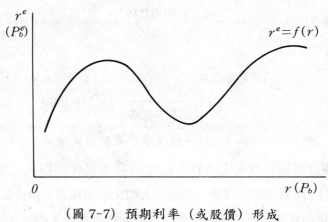

(圖7-7)　預期利率（或股價）形成

§ 7.4.　Markowitz–Tobin 資產選擇理論

Keynes 的「絕對流動性偏好理論」既然無法描述現實社會中的「資產組合多元化」現象，Markowitz (1952) 與 Tobin (1958) 只有另起爐灶，嘗試以「平均數」（預期報酬率）與「變異數」（風險）兩個統計動差詮釋「一般化流動性偏好理論」，進而成爲近代「金融理論」廣泛使用的分析工具。

假設人們選擇的資產簡化成A與B兩種股票，預期報酬率與風險分別爲$E(\tilde{r}_a) > E(\tilde{r}_b)$與$\sigma(\tilde{r}_a) > \sigma(\tilde{r}_b)$，兩種股票間具有相關性，股票報酬率均呈常態分配。其次，兩種股票均可充分細分，每人均能保有任何數量的資產組合。假設人們期初財富爲W_0，投資於A股票比例爲x，分配於B股票比例爲$(1-x)$，每單位資產組合報酬率$\tilde{R}$將是兩種報酬率$\tilde{r}_a$與$\tilde{r}_b$的加權：

$$\widetilde{R} = x\widetilde{r}_a + (1-x)\widetilde{r}_b$$

由於股票報酬率均呈常態分配，資產組合報酬率仍呈常態分配，預期報酬率 $E(\widetilde{R})$ 與風險 $\sigma^2(\widetilde{R})$ 分別為：

$$E(\widetilde{R}) = xE(\widetilde{r}_a) + (1-x)E(\widetilde{r}_b) \tag{7.9}$$

$$\sigma^2(\widetilde{R}) = x^2\sigma^2(\widetilde{r}_a) + (1-x)^2\sigma^2(\widetilde{r}_b)$$
$$+ 2x(1-x)Cov(\widetilde{r}_a, \widetilde{r}_b) \tag{7.10}$$

由(7.1)與(7.2)兩式出發，Markowitz-Tobin將人們追求由期末財富衍生之預期效用極大化問題轉化成：在(7.9)與(7.10)兩式限制下，尋求由資產組合報酬率衍生之預期效用極大。在此新的最適化問題中，預期效用曲線形成過程已於第一節討論完畢，至於(7.9)與(7.10)兩項限制式則由 Markowitz(1952、1959)另外定義「效率投資前緣」(efficient investment frontier)為：⑴在既定風險階層(risk class)中，相對其他資產組合具有更大收益者；⑵在既定收益階層(yield class)中，較其他資產組合具有更小風險者。以下就此定義為基礎推演「效率投資前緣」或「投資機會組合」(investment opportunity set)。

由(7.9)式解出 x 值：

$$x = \frac{E(\widetilde{R}) - E(\widetilde{r}_b)}{E(\widetilde{r}_a) - E(\widetilde{r}_b)} \tag{7.11}$$

將 x 值代入(7.10)式，可得 Markowitz 的「效率投資前緣」如下：

$$\sigma^2(\widetilde{R}) = \left\{\frac{E(\widetilde{R}) - E(\widetilde{r}_b)}{E(\widetilde{r}_a) - E(\widetilde{r}_b)}\right\}^2 \cdot \sigma^2(\widetilde{r}_a) + \left\{\frac{E(\widetilde{r}_a) - E(\widetilde{R})}{E(\widetilde{r}_a) - E(\widetilde{r}_b)}\right\}^2 \cdot$$
$$\sigma^2(\widetilde{r}_b) + 2\left\{\frac{E(\widetilde{R}) - E(\widetilde{r}_b)}{E(\widetilde{r}_a) - E(\widetilde{r}_b)}\right\} \cdot \left\{\frac{E(\widetilde{r}_a) - E(\widetilde{R})}{E(\widetilde{r}_a) - E\widetilde{r}_b)}\right\} \cdot \rho \cdot$$
$$\sigma(\widetilde{r}_a) \cdot \sigma(\widetilde{r}_b) \tag{7.12}$$

兩種股票報酬率的相關係數可定義為：

$$\rho = \frac{Cov(\widetilde{r}_a, \widetilde{r}_b)}{\sigma(\widetilde{r}_a) \cdot \sigma(\widetilde{r}_b)}$$

$-1 \leq \rho \leq 1$。以下就$\rho=1$與$\rho=-1$兩種極端狀況討論「投資機會集合」的形成：

(1)若A與B兩種股票報酬率具有完全正相關，將$\rho=1$代入(7.12)式後，可得「效率投資前緣」如下：

$$E(\widetilde{R})=E(\widetilde{r}_b)+\left[\frac{E(\widetilde{r}_a)-E(\widetilde{r}_b)}{\sigma(\widetilde{r}_a)-\sigma(\widetilde{r}_b)}\right][\sigma(\widetilde{R})-\sigma(\widetilde{r}_b)] \quad (7.13)$$

當$E(\widetilde{r}_a)$、$E(\widetilde{r}_b)$、$\sigma(\widetilde{r}_a)$、$\sigma(\widetilde{r}_b)$值均爲已知，上式的效率投資前緣將是（圖7-8）所示的AB線。

(2)若A與B兩種股票報酬率呈完全負相關，先將$\rho=-1$代入(7.10)式，並求出當資產組合風險爲零時，個人保有A股票的比例x_0爲：

$$x_0=\frac{\sigma(\widetilde{r}_b)}{\sigma(\widetilde{r}_a)+\sigma(\widetilde{r}_b)}$$

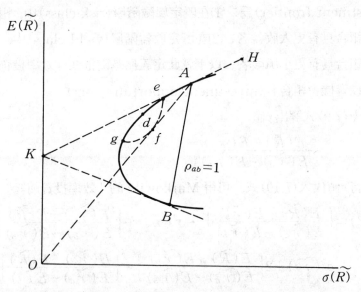

（圖7-8）Markowitz「效率投資前緣」

隨後，當個人投資A股票比例較大（即$x>x_0$），將$\rho=-1$代入(7.12)式，可得「效率投資前緣」如下：

$$E(\widetilde{R}) = E(\widetilde{r}_b) + \left[\frac{E(\widetilde{r}_a) - E(\widetilde{r}_b)}{\sigma(\widetilde{r}_a) + \sigma(\widetilde{r}_b)}\right][\sigma(\widetilde{R}) + \sigma(\widetilde{r}_b)]$$

$$(7.14)$$

上式即是 (圖7-8) 上的AK線。另外，當個人投資B股票比例擴大 $(x < x_0)$時，將$\rho = -1$代入(7.12)式，亦可獲得另一「效率投資前緣」如下：

$$E(\widetilde{R}) = E(\widetilde{r}_b) - \left[\frac{E(\widetilde{r}_a) - E(\widetilde{r}_b)}{\sigma(\widetilde{r}_a) + \sigma(\widetilde{r}_b)}\right][\sigma(\widetilde{R}) - \sigma(\widetilde{r}_b)]$$

$$(7.15)$$

上式即是(圖7-8)上的BK線。換言之，當$\rho = -1$時，人們面對的投資機會軌跡包括AK與BK兩個線段。

在一般狀況下，任何x值$(0 < x < 1)$面臨$\rho = 1$時會出現資產組合報酬的標準差最大值，而$\rho = -1$時會出現最小值，是以「資產組合多元化」應指在後者$(\rho < 0)$狀況下方才具有意義可言。至於$0 < x < 1$且$-1 < \rho < 1$時，投資機會軌跡必然會落在AB線左邊，而在AK與BK兩線右邊。當A與B兩種股票收益的相關性不完全時，投資機會軌跡必然呈現$ABgde$形狀，此即(7.12)式顯現的結果。至於$AefgB$軌跡必然不會出現，此因e與g恰好分別是A與B資產組合形式之一，而當相關係數落於$-1 < \rho < 1$時，e與g組合又為A與B組合，故efg部份應落在e與g連線左方。再依 Markowitz「效率投資前緣」定義，上述$AedgB$投資機會軌跡必須再去除ABg部份，僅存$Aedg$曲線才屬於最具效率的投資前緣。

接著，B股票若改為安全性短期票券或M_{1a}貨幣時，兩者報酬率分別為$E(\widetilde{r}_b) > 0$或$E(\widetilde{r}_b) = 0$，風險$\sigma(\widetilde{r}_b) = 0$，將兩者代入(7.12)式中，可得「效率投資前緣」如下：

(1)短期票券與股票共組的「效率投資前緣」將是 (圖7-8) 中的AK直線，$E(\widetilde{r}_b) = OK$，函數為：

$$E(\widetilde{R}) = E(\widetilde{r}_b) + \left[\frac{E(\widetilde{r}_a) - E(\widetilde{r}_b)}{\sigma(\widetilde{r}_a)}\right] \cdot \sigma(\widetilde{R}) \qquad (7.16)$$

(2) M_{1b} 貨幣與股票共組的「效率投資前緣」將是（圖 7-8）中的 AO 直線，函數爲：

$$E(\widetilde{R}) = [E(\widetilde{r}_a) \cdot \sigma(\widetilde{R}) / \sigma(\widetilde{r}_a)] \qquad (7.17)$$

以下再用（圖 7-9）說明資產性貨幣需求曲線的決定。(7.17) 式的「效率投資前緣」將是（A 圖）中的 OC 線，此線是人們進行資產選擇決策面臨的限制式。至於（B 圖）中的 OB 線係顯示保有股票比例與資產組

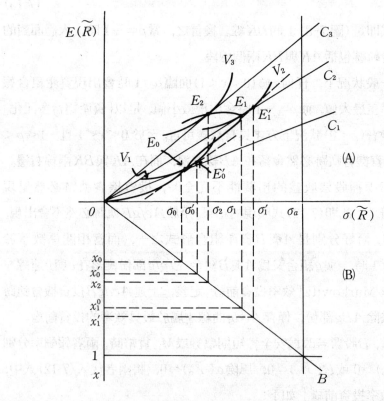

（圖 7-9）貨幣與股票的均衡

合風險的關係,可由(7.10)式中令$\sigma(\widetilde{r}_b) = Cov(\widetilde{r}_a, \widetilde{r}_b) = 0$,求得:

$$\sigma(\widetilde{R}) = x\sigma(\widetilde{r}_a)$$

再引進風險袪避者的預期效用曲線,令其與「效率投資前緣」分別切於E_0、E_1與E_2點,聯結這些點的軌跡即是「資產組合擴張軌跡」(portfolio expansion loci)。在既定財富總量W_0下,由該曲線與對應的投資組合比例x,自能求出 (圖 7-10) 的「資產性貨幣」M^d與「風險性股票」A^d兩種需求曲線。

(圖 7-9) 中投資者原先均衡在E_0點,當股票報酬率遞增而使「效率投資前緣」由OC_1旋轉至OC_2。在維持原先預期效用不變下,投資者均衡由E_0點移至E_0',資產組合風險遞增至σ_0',顯示保有股票 (或債券) 比例提高至x_0,資產性貨幣需求量下降,此即「代替效果」。爾後,人們發現較高預期報酬率能提高他的所得,當「預期報酬」與「風險」均為正常財時,均衡點進一步由E_0'移至E_1點,資產組合風險再次遞增至σ_1,顯示保有股票(或債券)比例會再度提高至x_1,資產性貨幣需求量再下降,此即「所得效果」。在該階段中,所得與代替效果均為正值,故在(圖 7-10)中,報酬率$E(\widetilde{r}_a)_1$以下的資產性貨幣需求曲線為負斜率,風險性股票需求曲線為正斜率。

不過 Steindle(1973) 指出,一旦所得遞增至某一程度,人們袪避風險態度日益明朗,當風險轉變成 Giffen 商品後,預期報酬率上昇,「效率投資前緣」OC_2旋轉至OC_3,「代替效果」使資產組合風險由σ_1遞增至σ_1',「所得效果」使資產組合風險降至σ_2,「資產組合擴張軌跡」自E_1點開始內彎,顯示負所得效果大於正代替效果。此種現象反映於 (圖 7-10) 中,股票需求曲線於E_1點轉為負斜率。由於金融市場的價格調整速度較快,一旦貨幣供給曲線同為正斜率,而貨幣供給曲線斜率小於需求曲線斜率時,金融市場必然呈現不穩定現象。央行執行銀根寬鬆政策時,M_1^s貨幣供給曲線下移至M_2^s,股價報酬率將由E_2點迅速滑落至E_3點,然後循著

M_2^s曲線向外發散而無從收斂。

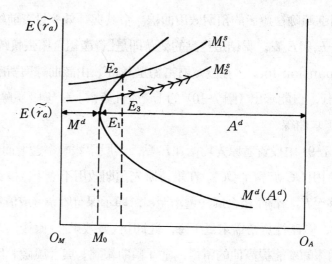

(圖 7-10) 貨幣市場的不穩定均衡

由Markowitz-Tobin理論推演的「資產性」貨幣需求函數雖較第三節「絕對流動性偏好理論」具說服力,但是使用模型所需假設卻招來眾多批評,致使「資產性」M_{1a}貨幣需求中道夭折,無從發生。相關的重要評論可分述於下:

(1)蔣碩傑(1969)主張一旦在資產組合中引進短期票券等安全性資產後,(圖 7-8)中的OA效率投資前緣將變成AK軌跡,後者顯然優於前者,人們為獲取較高預期效用,自然以短期安全性資產取代「資產性貨幣」需求。

(2)Tobin 為求得內部解,排除風險「中立者」、「愛好者」或「投機者」(plunger)狀況,避免「效率投資前緣」轉為直線時,「隅解」(corner solution)出現造成「資產性」貨幣需求消失的現象。為解決該種困擾與擴大模型適用性,Feldstein(1969)認為當物價不穩定時,保有貨幣將需

承擔購買力損失風險，或其報酬率是爲預期通貨膨脹率。一旦考慮該項因素後，(圖7-9)中的*OC*直線自然轉變成曲線。經此修正後，不論人們係以何種態度面對風險，多少均會保有資產性貨幣。

(3) Feldstein(1969)反駁「兩個參數機率分配」均能標準化的說法，主張只有類似常態分配的兩個參數機率分配，平均數$E(\widetilde{R})$與標準差$\sigma(\widetilde{R})$方能充分顯示分配「位置」(location)與「規模」(scale)，而後才能標準化。至於其他具有兩個參數的機率分配，如:「對數常態」(lognormal)分配或「Beta分配」，則無法從事類似轉換。此外，蔣碩傑(1972、1974)批評「風險性股票」報酬率呈現「常態分配」的假設，排除所有不對稱(asymmetric)或偏態機率分配存在可能性將是不符事實。一旦代之以偏態機率分配後，預期效用曲線斜率的範圍將受限制。Feldstein以對數效用函數取代Tobin的「二次式」型態:

$$U(R) = log\ R$$

至於股票報酬率若由「對數常態分配」支配取代:

$$f(R) = (\sigma \cdot \sqrt{2\pi})^{-1} \cdot exp[-(log\ R - E(R))^2 / 2\sigma^2]$$

綜合上述兩式可推演出預期效用曲線將是(圖7-11)中的U_1或U_2曲線，斜率爲:

$$\frac{dE(\widetilde{R})}{d\sigma(\widetilde{R})} = \frac{\sigma}{E(\widetilde{R})}(1 + \frac{\sigma(\widetilde{R})}{E(\widetilde{R})^2})^{-1}$$

該組無異曲線群具有轉折點(inflection point)，斜率的變化率($d^2E(\widetilde{R})/d\sigma^2$)將在$[\sigma/E(\widetilde{R})] = \sqrt{0.5}$時由正轉爲負，此時斜率爲0.3536達於極大，但卻遠小於1。在這種狀況下，人們若以股票取代貨幣，預期收益增加幅度遠超過增加保有股票肇致的風險。人們必然持續以股票取代貨幣，「資產性」貨幣需求終將消失無蹤。

(4) Jean(1971、1973)認爲「風險性股票」報酬率呈現偏態分配乃屬司空見慣之事，因而接續將Markowitz「平均數與變異數」的資產選擇

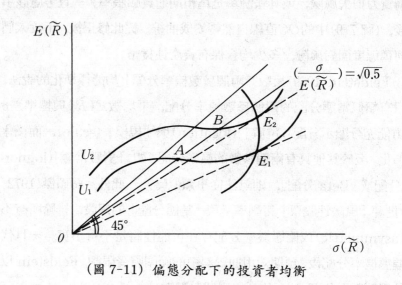

（圖 7-11）偏態分配下的投資者均衡

理論推廣成包含「偏態係數」在內的資產選擇理論，預期效用函數將如(7.7)式所示。

　　至於三個變數的 Jean「效率投資前緣」可修正成如下三個定義：

　　⑴在預期報酬率與風險固定下，偏態係數最大者；

　　⑵在預期報酬率與偏態係數水準固定下，風險最小者；

　　⑶在偏態係數與風險固定下，預期報酬率最大者。

　　基於上述定義，Jean「效率投資前緣」可用（圖 7-12）表示：當資產組合內的項目均屬風險性資產，Jean「效率投資前緣」將成為橢圓形的錐狀體。一旦將安全性短期票券引進資產組合後，「效率投資前緣」將是由 R 點（票券報酬率）出發與錐狀體相切的直線。經此修正後，（圖 7-8）中以平均數與變異數表示的「效率投資前緣」將隨「偏態係數」調整而變，不再是固定軌跡。由於(7.7)式的預期效用函數亦呈立體形狀，一旦與「效率投資前緣」相切時，最適資產組合自可決定。

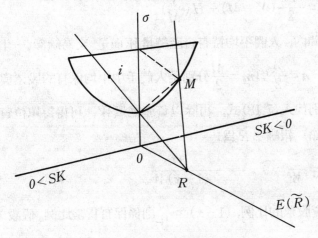

(圖 7-12) Jean「效率投資前緣」

§ 7.5. 「交易」與「資產」性貨幣需求理論的綜合

綜合各家批評後,《一般理論》宣示的流動性偏好三大動機, 僅剩「交易」與「預防」性貨幣需求兩項, 且以後者對貨幣需求利率彈性大小最具貢獻。爾後, Niehans(1978)、Buiter 與 Armstrong(1978)認爲貨幣主要還是扮演「交易媒介」功能, 人們保有貨幣旨在於減輕交易過程所需負擔的成本。不過由事實顯示: 人們安排交易餘額, 可能涵蓋貨幣、短期票券與股票三種資產, 而非 (表7-1) 所示的涇渭分明, 故 Ochs (1968)率先擷取「交易成本臆說」與「流動性偏好模型」的優點, 重新檢討最適貨幣需求的決定。

Buiter 與 Armstrong(1978)修正 Baumol 模型, 指出人們在所得期間內安排交易餘額內涵時, 會選擇保有現金及股票 (取代原先的儲蓄存款), 故安排交易餘額所獲「財務管理利潤」$\tilde{\pi}$ 爲:

$$\widetilde{\pi} = \frac{\widetilde{r}_a}{2}(Y-M) - H(\frac{Y}{M}) \tag{7.18}$$

所得期間內，人們平均持有資產總量 W 僅是「交易餘額」一半，$W = \frac{Y}{2} = a + m$，$a = \frac{A}{2}$ 與 $m = \frac{M}{2}$ 分別是人們手中平均保有的股票與貨幣數量。將其分別代入(7.18)式，再除以資產總量 W，可得每單位資產組合（或交易餘額）報酬率 $\widetilde{R}$ 爲：

$$\widetilde{R} = \frac{\widetilde{\pi}}{W} = \widetilde{r}_a \cdot x - \frac{H}{(1-x)W} \tag{7.19}$$

$x = \frac{a}{W}$ 是投資股票的比例，$(1-x) = \frac{m}{W}$ 則係保有貨幣比例。假設 $\widetilde{r}_a$ 是股票報酬率且呈常態分配，每單位資產組合的預期收益爲：

$$E(\widetilde{R}) = x \cdot E(\widetilde{r}_a) - \frac{H}{(1-x)W} \tag{7.20}$$

每單位資產組合風險爲：

$$\sigma(\widetilde{R}) = x\sigma(\widetilde{r}_a) \tag{7.21}$$

綜合(7.20)與(7.21)兩式便能求得投資者的「效率投資前緣」，即(圖7-13) 中的 PP' 曲線所示：

$$E(\widetilde{R}) = [\frac{E(\widetilde{r}_a)}{\sigma(r_a)}]\sigma(\widetilde{R}) - \frac{H}{W[1 - \frac{\sigma(\widetilde{R})}{\sigma(\widetilde{r}_a)}]} \tag{7.22}$$

上式首項顯示 $E(\widetilde{R})$ 與 $\sigma(\widetilde{R})$ 間的直線關係，次項係由 $(-H/W)$ 出發的曲線 $(x = \sigma(\widetilde{R}) = 0)$。當 x 趨近於 1 時，$\sigma(\widetilde{R})$ 將趨近於 $\sigma(\widetilde{r}_a)$，其遞減的正斜率將趨於負無窮大，而(7.21)式是 (圖7-13) 中的 OK 線。

Markowitz-Tobin模型經此修正後，人們若爲風險袪避者，均衡點爲 E_1 並保有 $1 - x_1$ 比例的貨幣；若爲風險中立者，均衡點爲 E_2 而握有貨幣比例爲 $1 - x_2$，人們的預期資產組合收益將達於最大。最後，縱使投資者爲風險愛好者，但在 E_3 均衡點上，保有貨幣比例仍達 $1 - x_3$，不過遠低

於前述兩種型態的投資者。

　　最後，Buiter 與 Armstrong(1978)另外修正 Tobin 模型，探討人們在不確定狀況下，如何安排交易餘額內涵。在所得期間內，人們所得 Y 若全部支用，則平均交易餘額或資產總量仍為 $W = \dfrac{Y}{2} = a + m$，$a = \dfrac{A}{2}$，$m = \dfrac{M}{2}$。依第六章的 Tobin 模型處理方式，人們安排交易餘額所獲

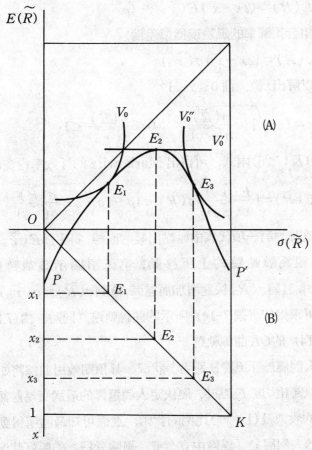

(圖 7-13) 風險狀態下的 Baumol 模型

利潤，再除以資產總量 W，可得每單位資產組合（或交易餘額）報酬率 $\widetilde{R}$ 為：

$$\widetilde{R}=\frac{\widetilde{\pi}}{A}=\widetilde{r}_a \cdot x \cdot (2-x)-4\rho x \qquad (7.23)$$

$x=\frac{a}{W}$ 是投資股票比例，$(1-x)=\frac{m}{W}$ 則為保有貨幣比例。$\widetilde{r}_a$ 是股票報酬率且呈常態分配，而預期資產組合報酬率為：

$$E(\widetilde{R})=(2x-x^2)E(\widetilde{r}_a)-4\rho x \qquad (7.24)$$

至於資產組合報酬率的風險或標準差為：

$$\sigma(\widetilde{R})=(2x-x^2)\sigma(\widetilde{r}_a) \qquad (7.25)$$

就上式可以解出 x 值，而 $0\le x\le 1$：

$$x=1-\sqrt{1-\frac{\sigma(\widetilde{R})}{\sigma(\widetilde{r}_a)}} \qquad 0\le \frac{\sigma(\widetilde{R})}{\sigma(\widetilde{r}_a)}\le 1 \qquad (7.26)$$

綜合 (7.24) 及 (7.26) 兩式，可得出 Markowitz 的「效率投資前緣」：

$$E(\widetilde{R})=[\frac{E(\widetilde{r}_a)}{\sigma(\widetilde{r}_a)}]\sigma(\widetilde{R})-4\rho+4\rho\sqrt{1-\frac{\sigma(\widetilde{R})}{\sigma(\widetilde{r}_a)}} \qquad (7.27)$$

上式機會軌跡的第一項代表由原點出發的直線，斜率為 $E(\widetilde{r}_a)/\sigma(\widetilde{r}_a)$，第二項可視為該軌跡的上下移動；第三項顯示該軌跡由 4ρ 開始 $[\sigma(\widetilde{R})=0]$，且隨 $\sigma(\widetilde{R})$ 快速增加而遞減，直到 $\sigma(\widetilde{R})=\sigma(\widetilde{r}_a)$ 時將為 0。綜合三項可求得如（圖 7-14）所示的曲線軌跡。同時，由 (7.26) 式可求出（圖 7-14）的 OK 曲線軌跡。

　　假設人們屬於「風險袪避者」狀況，其預期效用曲線將如 V_0 所示，而與機會軌跡相切於 E_0 點時，便決定人們選擇的最適交易餘額內容分別為 x^* 比例的股票及 $(1-x^*)$ 比例的貨幣，進而可知最適所得動機貨幣需求量。至於人們屬於「風險中立」或「風險愛好」的偏好狀況時，其均衡點分別落於 E_1 點或 E_2 點，貨幣需求量相對前者為小。

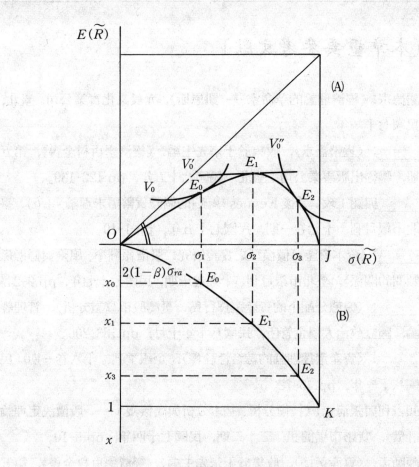

（圖 7-14）風險狀態下的 Tobin 模型

〔本章重要參考文獻〕

1. 謝德宗:《經濟理論的革命家——凱恩斯》, 允晨文化實業公司, 臺北, 民國七十一年。

2. ＿＿＿:〈貨幣需求〉, 收集於于宗先主編:《經濟學百科全書》, 第五冊, 聯經出版事業公司, 臺北, 民國七十五年, pp.122-139。

3. ＿＿＿與謝玉玫:〈「後 Keynes 學派」的個體貨幣需求理論〉(下), 臺北市銀月刊, 十七卷一期, 民國七十五年, pp.1-10。

4. ＿＿＿:〈資本資產訂價模型之實證研究: 股價報酬率、風險與偏態係數間的關係〉, 臺北市銀月刊, 十九卷十期, 民國七十七年, pp.2-24。

5. ＿＿＿:〈偏態分配下的資產選擇行為: 臺灣股市實證分析〉, 管理評論, 國立政治大學企管所, 民國八十年十月, pp.183-200。

6. ＿＿＿:〈資產選擇理論的綜合性詮釋〉, 企銀季刊, 十六卷一期, 民國八十一年, pp.45-72。

7. 顏吉利與張清福:〈技術分析、基本分析與隨機漫步——股價決定理論評價〉, 貨幣市場簡訊, 三十二期, 民國七十四年, pp.5-10。

8. 陳師孟:〈資產選擇〉, 收集於于宗先主編:《經濟學百科全書》, 第五冊, 聯經出版事業公司, 臺北, 民國七十五年, pp.164-180。

9. 殷乃平:〈投資學與投資問題〉, 收集於《保險資金運用研討會議》, 保險事業發展中心, 民國七十八年二月, pp.11-28。

10. Buiter, W. H. & Armstrong, C. A., *A Didactic Note on the Transaction Demand for Money and Behavior Towards Risk*, JMCB, 1978, pp.529-538.

11. Fama, E. F. & Miller, M. H., *The Theory of Finance,* 1972.

12. ＿＿＿, L. Fisher, M. C. Jensen and R. Roll, *The Adjustment*

of Stock Prices to New Information, IER, 1969, pp.1-21.

13. Feldstein, M. S., *Mean-Variance Analysis in the Theory of Liquidity Preference and Portfolio Selection*, REStudies, 1969, pp.5-12.

14. Francis, J. C. & Archer, S. A., *Portfolio Analysis*, 1979.

15. Hicks, J. R., *A Suggestion for Simplifying the Theory of Money*, Economica, 1935, pp.1-19.

16. Jean, W. H., *The Extension of Portfolio Analysis to Three or More Parameters*, JFQA, 1971, pp.505-515.

17. _____, *More on Multidimensional Portfolio Analysis*, JFQA, 1973, pp.475-490.

18. Keynes, J. M., *The General Theory of Money, Interest and Employment*, Chap.13 & 15, 1936.

19. Levy, R. L., *Relative Strength as a Criterion for Investment Selection*, JF, 1967, pp.595-610.

20. Malkiel, B. G., *A Random Walk Down Wall Street*, W. W. Norton & Company, New York, 1981.

21. Markowitz, H., *Portfolio Selection*, JF, 1952, pp.77-91.

22. _____, *Portfolio Selection: Diversification of Investments*, 1959.

23. Motley, B., *A Note on the Speculative Demand for Money*, J. of Macro., 1979, pp.359-403.

24. Nagatani, K., *Monetary Theory*, North-Holland, 1978.

25. Niehans, J., *The Theory of Money*, 1978.

26. Steindle, F. G., *Money and Bonds as Giffen Goods*, Manchester School, 1973, pp.418-424.

27. Tobin, J., *The Liquidity Preference as Behavior Towards Risk*, REStudies, 1958, pp.65-86.

28. Tsiang, S. C., *The Rationale of the Mean-Standard Deviation Analysis, Skewness Preference and the Demand for Money*, AER, 1972, pp.354-371.

29. _____, *The Rationale of the Mean-Standard Deviation Analysis: Reply and Errata for Original Article*, AER, 1974, pp.442-450.

第八章　公司財務與資本市場理論

　　廠商營運旨在不斷追求利潤成長，進行多元化投資勢在必行，而在投資計畫付諸實行之際，更需大量資金週轉運用，至於資金來源可採「舉債」及「股權」兩種方式融通。一般而言，任何投資報酬或未來利潤通常存在不確定性，此即「營運風險」(business risk)。股東報酬係由廠商所得扣除利息費用所剩餘額，故隨營業風險而變動。相對地，債權人報酬係由廠商支付約定利息，利潤多寡與其並無直接關係。股東負擔營運風險而債權人置身事外，是以投資者面對營運風險，如何選擇股權與負債比例，遂成廠商關心的「財務結構問題」。

　　從投資者立場而言，一旦考慮廠商營運風險時，股票被視為「風險證券」而債券則屬「安全證券」，投資者如何分配資金在兩者間方可獲得最大報酬，則為「資產選擇」決策。當廠商發行股票與債券後，投資者經由選擇最適投資比例，透過證券市場交易形成資本市場價格，而解析資產價格形成之理論即係「資本市場理論」。由證券市場均衡觀點而言，股票與債券市價總值之和即是「廠商價值」，係廠商使用資金產生之經濟價值，而投資者目的實際上係在追求廠商價值極大化。至於「最適財務結構」則為能使廠商價值極大化之資本負債組合方式，是以最適財務結構與廠商評價(firm valuation)存有密切關係。

　　Modigliani 及 Miller (1958) 兩人率先建立廠商價值評價模型，文獻通稱「MM 理論」而為公司財務理論的經典著作。至於資產選擇理論若運用於詮釋資本市場如何達成一般均衡，則演變為「資本資產訂價模型」(capital asset pricing model, CAPM)，爾後又接續繁衍出「套

利訂價理論」(arbitrage pricing theory, APT)、「選擇權」(option)
與「認股權證」(warrants)的訂價理論。

　　本章首先就廠商決策流程做一說明。接著，研究廠商財務決策及價
值評估之文獻，大抵分成四個階段：(1)古典評價理論，(2)新古典評價理
論(neoclassical valuation theory)或 MM 理論，(3)資本資產訂價模
型及(4)選擇權訂價理論，這些文獻分別基於特定的財務決策環境探討財
務策略與財務決策績效之關係。本章將依各階段文獻發展，逐一說明各
種理論內涵，從而瞭解金融市場上各種生息資產供給函數的來源。

§ 8.1. 廠商財務決策流程

　　廠商是體系內最基本的生產單位，其在貨幣經濟內從事生產活動時，
往往必須進行投資決策、融資決策(financing decision)、股利決策
(dividend decision)及作業性決策(operational decision)等四項決
策。其中，「作業性決策」屬於經常性例行工作，決策過程通常不會對廠
商價值產生重大影響，故文獻大都視前三項決策為主要財務決策範疇：

　　(1)「投資決策」：主要部份為資本預算(capital budgeting)，亦即
廠商如何分配資金於預期產生收益之投資計畫，並以預期報酬率及風險
來衡量其價值。

　　(2)「融資決策」：旨在探討最適財務結構或融資組合(financing
mix)方式，進而尋求長期資金成本與財務風險達於最低；至於短期則慎
選金融證券種類與發行量，以降低資金成本。

　　(3)「股利決策」：包括分配股東的現金及股票股利比率、絕對股利穩
定性及股票再購回等政策。

　　一般而言，廠商的財務決策流程可用 (表 8-1) 內容表示，並將逐項
說明如下：

㈠經營環境限制條件

廠商在營運過程中勢必面臨多重限制，以下依其執行不同決策所遭致的限制條件逐一進行說明：

(1)「融資決策」

廠商進行營運之前，必須擬定募集資金的融資決策，此時將立即面臨「資本市場結構」問題，而其遭逢的財務決策環境依其所處資本市場的完全性，將有完全與不完全兩種之分。所謂「完全資本市場」係指具有下列特性者：

①無交易成本存在：無交易成本存在，政府措施不致影響資本市場交易，以及金融資產可無限制分割；

②利息、股利及資本利得的個人所得稅稅率相同或無需繳納；

③廠商發行的任何證券（股票及債券）可完全替代，投資者係典型的價格接受者；

④投資者及廠商皆可以相同條件借貸資金，或發行請求權；

⑤任何人對預期報酬率與風險的看法皆相同；

⑥無訊息成本、破產成本(bankruptcy cost)或財務困難成本(cost of financial distress)，如：訴訟成本、會計成本與營業中斷成本等；

⑦租稅損失可以讓售(salability of tax losses)。

至於對應的「不完全資本市場」係指：

①存在交易成本：如買賣證券應承擔的手續費、佣金或交易稅；

②個人借貸資金限制：如保證金、貸款手續費等；

③個人稅率結構不同：如資本利得稅率較一般所得稅率為低；

④訊息成本、發行成本、財務困難成本與監督成本(monitoring cost)均會存在，金融資產不具可分割性；

⑤不完全競爭或有限市場(limited markets)。

此外，廠商融資決策尚需考慮「租稅制度」問題，目前稅法規定發行公司債募集資金的利息成本，可視爲費用而由營運利潤中扣除，此舉有助於節省公司所得稅。至於廠商若採發行股權募集資金，其發放的股利將無法由利潤中扣除，造成公司所得稅遞增。由於稅法規定的偏誤，廠商因而偏好發行公司債募集資金。此外，有些廠商營運項目可能符合獎勵投資條例，發行股票融資可部份抵繳公司或個人所得稅，因而有時亦會偏好發行股票。

(2)「投資決策」

廠商預擬投資決策包括「實質投資」與「金融投資」兩種，影響兩者的環境因素涉及「產品市場投資機會」與「公司經理人價值觀」。就前者而言，係指投資機會產生之邊際投資效率(marginal efficiency of investment, MEI)是否超越資金成本。至於後者係因廠商規模擴大造成經營權與所有權分離，經理人效用函數或價值觀直接影響投資決策。

(3)「股利決策」

廠商營運獲利如何分配或擬定「股利決策」之際，將會面臨「公司經理人價值觀」與「股東及債權人預期」的影響。就前者而言，經理人對廠商發展前景、股票價格穩定性看法，將會影響股利組合內容（現金或股票股利）。另外，投資者亦可透過股東會對經營者形成壓力，進而改變其股利決策內容。

(4)「作業性決策」

廠商日常營運的例行性工作係在上述財務決策擬定後，再付諸實施，故無法反轉影響財務決策之虞。至於廠商執行作業性決策之際，勢必面對政府與社會大眾態度，營運過程必須考慮負擔社會責任問題。

瞭解廠商擬定財務決策所需面對的限制條件後，有關該類決策的特性可歸納爲下列決策變數：①負債對淨值比率、②資產規模、③盈餘成長率、④資金成本或投資者要求之報酬率、⑤發行公司實際獲得之報酬、

⑥稅後現金流量、⑦平均投資水準、⑧舉債能力(debt capacity)、⑨決策期間及⑩付息率(dividend payout ratio)。綜合決策變數內容又可轉換化成「風險」與「預期獲利能力」兩項變數，兩者實際係構成廠商經理人的預期效用函數內涵。另一方面，經理人尋求達成本身決策目標之前，仍須兼顧投資者目標，而後者追求目標通常存在下列三種型態：

(1)「股東財富現值最大」

投資者財富來源包括「勞動」與「財產」所得兩種，就來自「勞動所得」的財富(V_t)而言：

$$V_t = Y_0 + \sum_{t=1}^{T} \frac{Y_t}{\prod_{j=1}^{T}(1+i_j)}$$

Y_0與Y_t是目前與t期勞動所得，i_j是j期利率。另外，投資者擁有ρ比例之廠商股權與公司債，而廠商價值V將是廠商股票價值S與公司債價值$\overline{B}$兩者之和：

$$V = S + \overline{B}$$
$$= D_0 + \sum_{t=1}^{T} \frac{D_t}{\prod_{j=1}^{T}(1+i_j)}$$

D_0是期初股票在支付利息前之利潤，D_t是t期獲利。綜合上述兩者可知投資者目前擁有財富的總值(W)為：

$$W = V_t + \rho V$$

投資者追求財富現值W最大，相當於追求廠商價值V最大。

(2)「股權價值最大」

一旦廠商向股東發行股票募集資金，並向其他投資者發行公司債進行融資，則「股權價值」V_c與「廠商價值」V將有所差異，前者可表為：

$$V_c = (D_0 - i_0 B_0) + \sum_{t=1}^{T} \frac{D_t - i_t B_t}{\prod_{j=1}^{T}(1+i_j)}$$

(3)「普通股每股價值最大」

投資者購買股票旨在追求每股價值最大而獲利，經理人如何分配股利及其組合內容，均會影響股價水準高低。

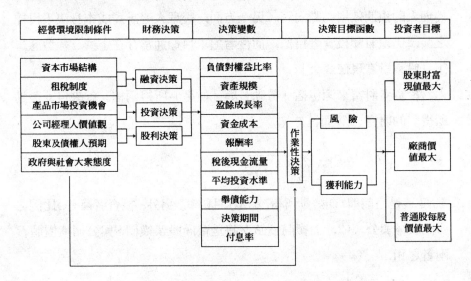

(表 8-1) 廠商財務決策流程

§ 8.2.　古典評價理論

廠商擬定財務決策所追求之目標大體可分為三類：(1)以廠商利益為導向（company oriented）、(2)以股東權益為導向（stockholder oriented）及(3)以社會責任或社會成本為導向。就財務理論而言，廠商應以追求「股東財富現值」、「股東權益現值」或「股東預期效用」最大為主要目標，並以之評估普通股股票的每股真正價值。在其他情況不變下，股東權益現值最高時，廠商價值亦為最高，而 Durand(1959)率先立基於該項前提，進行推演廠商的最適財務結構。在推演「Durand 評價臆說」（Durand valuation hypothesis）之前，必須先做下列假設：

(1)金融市場屬於完全市場，特性如前節所示；

(2)理性投資者行為具有一致性，偏好財富越多越好；

(3)每位投資者依廠商營運狀況形成對其未來收益預期，並且可用預期報酬率與風險表示；

(4)每位投資者擁有相同訊息，故其預期完全相同(homogenous expectation)；

(5)廠商將所有盈餘（扣除利息）分配給股東；

(6)廠商的每期盈餘完全相同並未成長；

(7)經理人目標在追求股東財富或廠商價值最大。

基於上述假設，廠商價值V是由股權S與公司債B兩者的市場價值構成：

$$V = S + B \qquad (8.1)$$

在固定期間內，廠商營運收益$\overline{X}$將分配給公司債(iB)與股票(E)投資者：

$$\overline{X} = iB + E \qquad (8.2)$$

i是市場利率，iB是公司債利息支付，E是股息。至於公司債市場價值可用債券利率r_b貼現而得：

$$B = \frac{iB}{r_b} \qquad (8.3)$$

同理，投資者以股票報酬率r_e貼現股權收益，可得股權市場價值：

$$S = \frac{E}{r_e} = \frac{\overline{X} - iB}{r_e} \qquad (8.4)$$

最後，廠商價值可用貼現率ρ對營運收益$\overline{X}$貼現而得：

$$V = \frac{\overline{X}}{\rho} \qquad (8.5\,a)$$

或 $\quad V = S + B = \dfrac{\overline{X} - iB}{r_e} + \dfrac{iB}{r_b} \qquad (8.5\,b)$

由(8.3)～(8.5 a)三式可求得廠商使用各種資金必須支付的成本如下：

$$r_b = \frac{iB}{B} = i \tag{8.6}$$

$$r_e = \frac{\overline{X} - iB}{S} \tag{8.7}$$

$$\rho = \frac{\overline{X}}{V} \tag{8.8}$$

一般而言，$\rho > r_b$ 的理由是：投資者認為廠商負擔營運風險賺取營運收益 $\overline{X}$ 的機會顯然小於僅賺取當中的 iB 部份。至於 r_e 除反映全部財務風險(financial risk)外，並且包括廠商營運風險在內，三種資金成本關係因而為 $r_e > \rho > r_b$。同時，廠商使用債券與股權兩種資金營運所需負擔成本為：

$$\rho = \frac{\overline{X}}{V} = \frac{E}{V} + \frac{iB}{V}$$

$$= r_e(\frac{S}{V}) + r_b(\frac{B}{V}) \tag{8.9}$$

上式揭示：廠商使用全部資金營運的成本將是股權報酬率與公司債利率的加權平均值。將上式移項整理，可得股權融通(equity finance)所需負擔成本 r_e 如下：

$$r_e = \rho + (\rho - r_b)(\frac{B}{S}) \tag{8.10}$$

上式意謂著廠商舉債營運將引發額外的「財務風險」，致使投資者購買股權往往要求在正常報酬率 ρ 之外，尚須附加財務風險貼水(financial risk premium)。

基於上述分析，Durand(1959)接續提出兩種評估廠商價值的方法：

㈠「淨所得方法」(net income approach)

該方法認為不論公司債或股票投資者均未體會廠商債務遞增可能擴大個人收益風險, 亦即如 (圖8-1 A) 所示: 不論廠商財務槓桿 (finanical leverage, $\frac{B}{S}$)為何, 投資者要求之報酬率均持平不變。若依

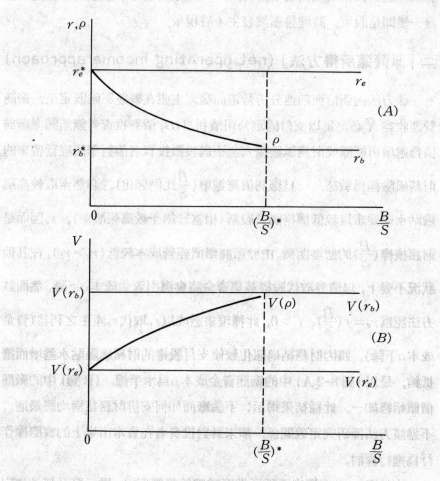

(圖 8-1)「淨所得方法」

(8.9)式的資金成本加權公式顯示: 廠商持續以利率較低的債券融通
(debt finance)取代高成本的股權融通, 則全部資金成本ρ將呈遞減現
象, (B)圖中的廠商價值因而持續攀昇。

　　該方法指出一旦廠商全部舉債經營時, 廠商價值自然臻於最大。然
而令人非議者: 設立公司營運必然存在自備資本限制, 此舉將使廠商價
值或最適財務結構無從發生。再則, 一旦廠商全部舉債經營, 債權人搖
身一變即是股東, 該理論顯然發生矛盾現象。

㈡「淨營運所得方法」(net operating income approach)

　　該方法內涵恰與前述分析背道而馳, 主張在營運風險既定下, 廠商
營運收益$\overline{X}$必定足以支付固定公司債利息iB, 債券投資者無須顧慮廠商
債務遞增可能釀成財務風險擴大。不過股票投資者卻對舉債經營帶來的
財務風險極為敏感, 一旦廠商債務遞增($\frac{B}{S}$比例惡化), 必然索取較高風
險貼水或要求以較低價格購買股票(相當於給予較高報酬率), r_e因而是
財務槓桿($\frac{B}{S}$)的遞增函數。由於廠商舉債經營成本較低($r_e > r_b$), 在其他
狀況不變下, 以債券取代股權募集資金將會導引資金成本ρ下降。然而該
方法認為$r_e = f(\frac{B}{S})$、$f' > 0$, 此種現象造成以r_b取代r_e產生之利益(資金
成本ρ下降), 將因財務結構惡化致使支付股權的財務風險貼水遞增而遭
抵銷, 是以 (圖 8-2 A) 中的廠商資金成本ρ為水平線, (B 圖) 中的廠商
價值始終如一。此種結果揭示: 不論廠商如何安排財務結構均屬最適。
不過該方法僅研究定義關係, 卻未針對投資者在資本市場上的實際操作
行為進行探討。

　　由於 Durand 提出兩種極端廠商價值評價理論, 顯示廠商無法決定
單一最適財務結構, 是以「古典評價理論」或「傳統方法」(traditionalist

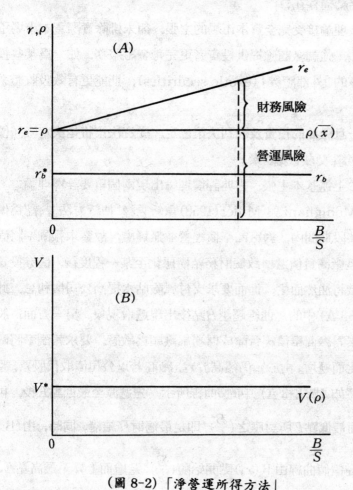

(圖 8-2)「淨營運所得方法」

approach)遂提出介於兩者間的折衷理論:

(1)當廠商適度舉債經營時, 股票及債券投資者通常忽視財務風險, 要求的報酬率容或未見增加。當廠商財務槓桿程度超越理想目標時, 投資者勢必索求較高報酬做爲營運與財務風險貼水;

(2)假設廠商舉債並未影響營業所得, 則由加權資金成本觀念可知, 在理想槓桿目標下, 可產生最低平均資金成本與最高價值, 故廠商應有

最適財務結構存在；

(3)該理論接受完全資本市場的主張，卻未排除實際資本市場不完全性的看法，強調廠商應提供投資者更完善金融服務，如：爲某些投資者發行更多的「外部證券」(exotic securities)，期能更有效吸收體系內資金；

(4)一旦廠商的投資及股利決策已定，融資決策將是決定廠商價值與影響財務績效的主要因素。

基於上述基本主張，古典評價理論出現兩個重要詮釋理論：

(1) Modigliani 與 Miller(1958)重新詮釋「傳統方法」，認爲債券投資者在某段期間內，對廠商舉債經營並無疑慮，故索求報酬率將固定爲 r_b^*。一旦廠商負債遞增致使財務結構惡化至某一程度後，債券投資者的風險意識將油然而生，進而要求支付風險貼水提高公司債利息，此舉將使(圖 8-3 A)中的 r_b 曲線超越 B 點後出現遞增現象。另一方面，股票投資者平素對廠商舉債經營釀成財務風險頗爲敏感，要求報酬率將隨財務結構惡化而遞增。由於 r_e 仍然高於 r_b，廠商若以公司債取代股票，整體資金成本將如(圖 8-3 A)中的 ρ 曲線所示，先遞減至最低點 E 後，再轉而遞增，而最低點 E 所對應之 $(\frac{B}{S})^*$ 即是最適財務結構。同時，由(B 圖)可知：廠商價值曲線由 $V(r_e)$ 點開始隨 $(\frac{B}{S})^*$ 遞增而上昇至最高點 E，然後因財務結構惡化而遞減。

(2) Solomon(1963)指出廠商價值與資金成本變動方式通常呈現三階段，股票與公司債投資者要求之報酬率均有某一穩定階段，然而前者對財務結構惡化較爲敏感，故由(圖 8-4 A)中的 E 點開始即要求遞增的財務風險貼水，股票報酬率因而轉呈遞增狀況。至於後者對財務結構惡化較爲魯鈍，遲至 B 點才要求遞增的財務風險貼水，公司債報酬率方才呈

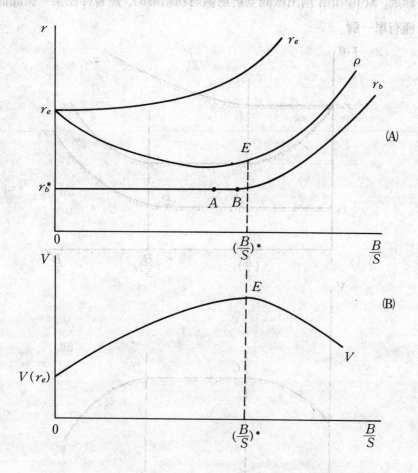

（圖 8-3）Modigliani-Miller 的古典觀點

現遞增狀況。當廠商以公司債取代股票募集資金之際，全部資金成本ρ在$(\frac{B}{S})_1$之前將呈下降趨勢。一旦財務結構游移於$(\frac{B}{S})_1$與$(\frac{B}{S})_2$區間時，採用債券融通所降低的資金成本恰爲股票融通成本上漲所抵銷，致使廠商的全部資金成本ρ將持平不變，（B 圖）中的廠商價值達於最高而不變。爾後，隨著財務結構惡化，r_e與r_b同時遞增帶動ρ攀昇，廠商價值隨之遞減。

總之，Solomon 指出廠商安排最適財務結構時，將會存在某一區間而非僅有單一解。

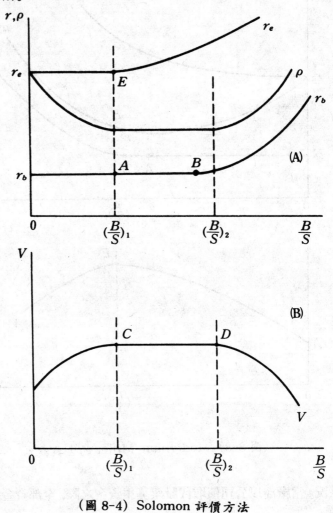

（圖 8-4）Solomon 評價方法

§ 8.3. Modigliani-Miller 理論

傳統公司財務理論僅憑財務管理經驗累積形成而欠缺邏輯推理，直

至 Modigliani 與 Miller(1958、1963)藉投資者套利交易(arbitrage trade)行爲詮釋當資本市場達成均衡時，廠商評價原理如何成立，從而對探討資本市場均衡模型貢獻至鉅。在推演 Modigliani 與 Miller 理論（MM 理論）前，除需考慮古典評價理論列舉的假設外，尚需增加下列假設：

⑴資本市場具有完全性，免費提供訊息給投資者且無交易成本，所有證券可無限制分割；

⑵廠商追求之營業淨利可用主觀隨機變數表示，投資者的機率分配預期值皆相同；

⑶廠商可依「風險階層」歸類，屬於同一階層的廠商營業風險均相同。

基於上述假設，Modigliani 與 Miller(1958)率先提出三大財務決策原理，內容分別說明如下：

〔定理 I〕

凡屬於同一風險階層之廠商，在未課徵公司所得稅下，不論其財務結構（負債股權比率）如何，皆不影響廠商市場價值高低。換言之，根據「價值加法原則」(value-additivity principles)或「價值保守法則」(law of the conservation of value)可知，廠商價值決定於各種實質資產的投資決策，而與融資決策無關。

Modigliani 與 Miller 利用投資者套利行爲證明該項定理。假設兩家廠商融資方式迥異而市場價值亦不同，U廠商無負債而L廠商兼採債務融資，兩者市場價值分別爲$V_u = S_u$與$V_l = S_l + B_l$。就負債廠商而言，其股東報酬爲$X_l - r_b B_l$，而投資者擁有α股U廠商股票，其所得爲αX_u而投資額爲$\alpha S_u = \alpha V_u$。假設兩家廠商淨收益相等（$X_u = X_l = \overline{X}$），而令$V_u > V_l$，則投資者將出售U廠商股票αV_u，轉而買進L廠商股票αS_l及債

券aB_l，總投資爲aV_l而淨收益仍爲$a(X-r_bB_l)+ar_bB_l=aX$。若$V_u>$ V_l，投資者尚有資本利得$a(V_u-V_l)>0$，故將持續出售U廠商股票直至$a(V_u-V_l)=0$。反之，若$V_l>V_u$，投資者將出售L廠商股票aS_l，同時由資本市場借入資金aB_l，購買U廠商股票數額爲$aS_u=aV_u$，總投資額爲$a(V_u-B_l)$。若$V_l>V_u$，投資者可獲資本利得$a(V_l-B_l)=aS_l>a$ (V_u-B_l)，其淨收益爲$(aX-ar_bB_l)$與交易前持有aS_l之股票收益相同。只要V_l大於V_u，投資者將持續拋售L廠商股票而購買U廠商股票，直至$V_u=V_l$無從套利方才停止。

稍後，Modigliani 與 Miller (1963)接續考慮財政部課徵公司所得稅產生的影響。由於公司債利息屬費用支出，負債廠商營運所得可扣除利息費用後再繳交所得稅，淨營運收益因租稅節省而較高，致使廠商市場價值因而攀昇，舉債融資顯然較股票融資有利，此舉促使廠商價值顯然與財務結構有關。考慮課徵公司所得稅的影響後，MM 理論之〔定理Ⅰ〕爲L廠商價值等於U廠商價值加上負債乘上稅率(tB_l)：$V_l=V_u+tB_l$。

假設$X_u=X_l=\overline{X}$，U廠商股東稅後收益爲$(1-t)X$，L廠商股東稅後收益爲$(1-t)(X-r_bB_l)$，L廠商債權人收益爲r_bB_l，因此L廠商稅後收益爲$(1-t)(X-r_bB_l)+r_bB_l=X(1-t)+tr_bB_l$，其中$tr_bB_l$是扣除利息所發生之租稅節省。$U$廠商價值爲$V_u=X(1-t)/r_e$，而$L$廠商價值$V_l=[X(1-t)/r_e]+[tr_bB_l/r_b]=\dfrac{X(1-t)}{r_e}+tB_l$，$V_l=V_u+tB_l$。當投資者擁有$L$廠商股票爲$aS_l$，其收益爲：$a(1-t)(X-r_bB_l)=a(1-t)X-a(1-t)r_bB_l$。

一旦$V_l>V_u+tB_l$，投資者將賣出L廠商股票aS_l而買進U廠商股票aS_u，並由資本市場借入$a(1-t)B_l$，總投資額爲$aS_u-a(1-t)B_l=a[V_u-(1-t)B_l]$。一旦$V_l=S_l+B_l>V_u+tB_l$，則$S_l>V_u-(1-t)B_l$

或 $\alpha S_l > \alpha[V_u - (1-t)B_l]$，投資者進行套利交易將有利可圖，其交易前所得爲 $\alpha(1-t)X$，交易後所得仍爲 $\alpha(1-t)(X-r_bB_l) - \alpha(1-t)r_bB_l = \alpha(1-t)X$。因爲投資者享有資本利得，故將增購 U 廠商股票(股價較便宜)而出售 L 廠商股票。反之，若 $V_l < V_u + tB_l$，投資者擁有 αS_u 股票收益爲 $\alpha(1-t)X$，此時若出售 αS_u 而買進 L 廠商股票 αS_l，同時也買進 L 廠商公司債 $\alpha(1-t)B_l$，總投資額爲 $\alpha[S_l + (1-t)B_l]$，交易後收益變爲 $\alpha(1-t)(X-r_bB_l) + \alpha(1-t)r_bB_l = \alpha(1-t)X$。然而當 $V_l < V_u + tB_l$ 時，$\alpha V_l < \alpha V_u + \alpha tB_l$ 或 $\alpha[S_l + (1-t)B_l] < \alpha V_u$，淨收益大於總投資額，故有資本利得存在。投資者只要發現資本利得存在，必然持續抛售 U 廠商股票而購買 L 廠商股票及公司債，直至 $V_l = V_u + tB_l$ 無從套利方才停止。

〔定理 II〕

負債廠商發行普通股之預期報酬率 r_e 將會等於「純粹股權源流的資本化率」ρ(capitalization rate of a pure equity stream)再加上舉債誘發之財務風險貼水：

$$r_e = \rho + (\rho - r_b) \cdot \left(\frac{B_l}{S_l}\right) \qquad (8.11\,a)$$

Modigliani 與 Miller (1958)指出在未課徵公司所得稅下，投資者保有股票價值或報酬率爲：$S_l = \dfrac{\overline{X} - r_bB_l}{r_e}$　或　$r_e = \dfrac{\overline{X} - r_bB_l}{S_l}$。至於廠商價值或使用全部資金必須支付的報酬率爲：

$$V = \frac{\overline{X}}{\rho} \quad 或 \quad \rho = \frac{\overline{X}}{V} = \frac{\overline{X}}{S_l + B_l}$$

將 $\overline{X} = \rho(S_l + B_l)$ 代入 r_e，

$$r_e = \frac{\overline{X} - r_bB_l}{S_l} = \frac{\rho(S_l + B_l) - r_bB_l}{S_l}$$

$$= \rho + (\rho - r_b) \left(\frac{B_l}{S_l} \right) \tag{8.11 b}$$

上式中的 ρ 係在固定營運風險階層 ($\overline{X}$ 相同) 下，廠商收益川流之貼現率，或純粹以股權經營所獲之報酬率。至於 $(\rho - r_b) \left(\frac{B_l}{S_l} \right)$ 係廠商發行公司債取代股權募集資金所需附加之「財務風險貼水」。以下可用「淨營運所得方法」的 (圖 8-2) 說明上述結果。ρ 係在固定營運風險階層 ($\overline{X}$) 下的報酬率，r_b 爲固定公司債利息，r_e 則隨財務結構 ($\frac{B_l}{S_l}$) 比例惡化而遞增，其與 ρ 間的差距即是財務風險。

前述〔定理II〕係指無公司所得稅時的股票預期報酬率決定情形，Modigliani 與 Miller (1963)接續考慮所得稅存在對股票預期報酬率的影響。假設公司 (t_c) 與個人 (t_p) 所得稅率完全一致，U 廠商稅後盈餘 ($\overline{X_u}$) 與價值 (V_u) 分別爲：

$$\overline{X_u} = (1 - t_c) \overline{X}$$

$$V_u = \frac{(1 - t_c) \overline{X}}{\rho}$$

另外，L 廠商繳納公司所得稅而未付公司債利息前的盈餘 $\overline{X_l}$：

$$\overline{X_l} = (1 - t_c) (\overline{X} - r_b B_l) + r_b B_l$$

$$= (1 - t_c) \overline{X} + t_c r_b B_l \tag{8.12}$$

至於利用不同貼現率 ρ 與 r_b 可求得 L 廠商市場價值：

$$V_l = \frac{(1 - t_c) \overline{X}}{\rho} + t_c B_l$$

依據定義，$V_l = \frac{\overline{X_l}}{\rho}$ 或 $\rho^l = \frac{\overline{X_l}}{V_l}$，而 $\overline{X_l} = (1 - t_c) \overline{X} + t_c (r_b B_l)$，經過移項爲：$(1 - t_c) \overline{X} = \overline{X}_l - t_c (r_b B_l)$。接著，

$$V_l = \frac{\overline{X_l} - t_c r_b B_l}{\rho} + t_c B_l$$

$$= (\frac{\overline{X_l}}{\rho}) + t_c(\frac{\rho - r_b}{\rho}) B_l \qquad (8.13)$$

$$\therefore \quad \rho^l = \frac{\overline{X_l}}{V_l} = \rho - t_c(\rho - r_b)(\frac{B_l}{V_l}) \qquad (8.14)$$

由於(8.14)式係考慮課徵公司所得稅影響後，*L*廠商預擬支付股票報酬率的方式。將(8.12)式代入(8.13)式，

$$V_l = \frac{(1-t_c)(\overline{X} - r_b B_l) + r_b B_l}{\rho} + t_c(\frac{\rho - r_b}{\rho}) B_l$$

將上式兩邊分別減去B_l，

$$V_l - B_l = S_l = \frac{(1-t_c)(\overline{X} - r_b B_l)}{\rho} - (1-t_c)(\frac{\rho - r_b}{\rho}) B_l$$

重新整理上式：

$$\rho = \frac{(1-t_c)(\overline{X} - r_b B_l)}{S_l} - (1-t_c)(\rho - r_b)(\frac{B_l}{S_l})$$

$$= r_e^l - (1-t_c)(\rho - r_b)(\frac{B_l}{S_l})$$

由上式可得考慮課徵公司所得稅影響後，決定*L*廠商股票預期報酬率的因素將可表示如下：

$$r_e^l = \rho + (1-t_c)(\rho - r_b)(\frac{B_l}{S_l}) \qquad (8.15)$$

比較(8.15)與(8.11)兩式可知：考慮課徵公司所得稅影響後，廠商支付股票投資者的財務風險貼水將相對降低。此外，再以(圖8-5)比較 MM 理論與古典評價理論推演的資金成本。古典學派認為廠商使用資金成本ρ_2將隨財務結構$(\frac{B}{S})$惡化而先遞減至*E*點，隨後再逐漸攀昇，廠商價值因而存在最大值，且將出現單一最適財務結構。但就 MM 理論而言，一旦廠商無需負擔所得稅時，其使用資金成本固定為ρ_1，廠商價值亦固定為V^*，此即意謂著任何財務結構均屬最適。一旦廠商必須繳納公司所得稅，資金成本ρ_3將隨財務結構惡化而遞減，廠商價值亦因而直線遞增。此

種現象揭示: 若無成立公司的資本額限制條件, 廠商必然全部舉債經營, 然而卻也發生投資者不可能購買無股權廠商發行之公司債的矛盾現象。

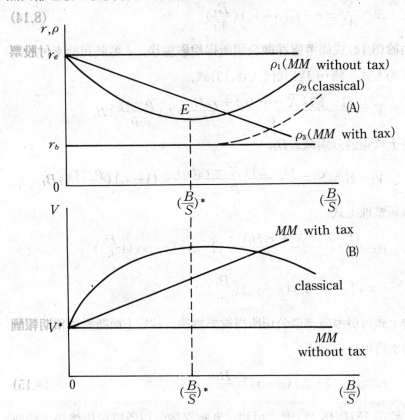

(圖 8-5) 古典與 MM 理論的比較

〔定理Ⅲ〕

　一旦廠商生產投資決策塵埃落地, 則對證券 (股票及公司債) 投資者而言, 廠商財務決策 (不含股利政策) 無法影響其財富位置, 理由是: 人們經由創造財務槓桿而改變自己的財富位置。總之, 廠商生產投資決策與財務決策將是相互獨立, 此種現象稱為「分隔理論」(separation theorem)。

§ 8.4.　MM 理論的修正

　　Modigliani 與 Miller (1958)模型指出，在完全資本市場與免徵公司所得稅情況下，廠商財務決策中與整體財務績效相關者僅有投資決策一項，至於融資及股利決策則與廠商價值無關。另依「分隔理論」內容顯示：廠商投資與融資決策可分別進行，不致於影響最終財務績效。但在體系出現不完全資本市場與課徵公司所得稅狀況下，廠商財務決策多少與其財務績效高低有關。以下針對資本市場不完全性與課徵所得稅影響，在各期投資決策既定下，探討融資決策與廠商價值的關係。根據稅法規定，公司債利息屬於費用項目而可減免公司稅負，只要廠商能夠有效地對外舉債，當可因減免各期稅賦而提升價值。假設廠商向外融資方式屬於永續債券，未來各期稅負節省現值即為債券融資之租稅效果(tax effect)。但因財務決策環境時有變化，致使稅負節省價值隨其變化而調整。一般而言，租稅效果將因投資者類型不同而有差異：

　　(1)散戶投資股票心理係採「落袋為安」主義，且因所得稅法規定每年可有 27 萬元的儲蓄收益金額扣抵，致使股利與利息所得免繳所得稅，因而偏好股利愈多愈好之股利政策；

　　(2)大戶獲取現金股利通常均需繳納所得稅，從而偏好廠商保留盈餘（股票淨值提高）或發放股票股利（因獎勵投資條例而延緩課稅），由出售股票中獲取資本利得（未課徵證券交易所得稅時可以免稅）；

　　(3)基金管理人經營具有特定目的基金，投資股票旨在獲取紅利（現金股利），並有租稅抵繳辦法，但買賣股票卻需負擔重稅。不過也有謀利為主的信託公司卻偏好資本利得，其要求的股利政策即是保留盈餘提昇股票淨值。

接著, 將說明兩種租稅延遲效果:

(1)保留盈餘的租稅延遲效果

假設採取股權融資廠商 (*U*廠商) 保留本期稅後盈餘 $(1-t_c)\overline{X}$, 並全部投資於報酬率r_0的新投資計劃。下期期末之際, 廠商將全部投資與收益以紅利方式分配給股東。假設新投資計劃仍須繳納公司所得稅, 股東可獲紅利淨額為:

$$DV_t^a = (1-t_p)(1-t_c)[1+r_0(1-t_c)]\overline{X}$$

t_p是個人所得稅率。另外, 廠商全部分配本期稅後盈餘, 股東隨即進行具有相同報酬率r_0的新投資計劃, 直至下期期末可得總收益為:

$$DV_t^b = (1-t_p)(1-t_c)[r_0(1-t_p)+1]\overline{X}$$

比較DV_t^a與DV_t^b兩個結果, 將可產生下列「租稅延遲利益」(tax deferred advantage, *TDA*):

$$TDA = DV_t^a - DV_t^b$$
$$= (1-t_p)(1-t_c)r_0\overline{X}(t_p-t_c)$$

上述結果揭示: 大戶的稅率t_p通常超越公司所得稅率t_c, 故$TDA<0$而偏好廠商保留盈餘。但對散戶而言, $t_p<t_c$致使$TDA>0$, 故偏好廠商發放股利以便自行投資。

(2)資本利得與租稅延遲效果

假設廠商保留本期稅後盈餘 $(1-t_c)\overline{X}$, 並進行新投資計劃獲取報酬率r_0。新計劃若無需負擔公司所得稅, 股東將於下期期末獲得總收益 $(1-t_c)(1+r_0)\overline{X}$, 廠商股票將因保留盈餘政策而增值:

$$S = \frac{(1-t_c)(1+r_0)\overline{X}}{r_0}$$

廠商若未分配盈餘給股東, 財政部將無從向股東課徵個人所得稅, 只好改採課徵資本利得稅(t_g)取而代之, 股東稅後所得因而變為$DV_1 = (1-t_c)(1-t_g)(1+r_0)\overline{X}$。另一方面, 廠商若全部分配本期稅後盈餘,

股東再將稅後所得$(1-t_p)(1-t_c)\overline{X}$全部轉投資於相同報酬率$r_0$的新投資計劃，則下期期末可獲稅後所得爲$DV_2$：

$$DV_2 = (1-t_c)(1-t_p)\overline{X} + (1-t_p)[r_0(1-t_p)(1-t_c)\overline{X}]$$
$$= (1-t_c)(1-t_p)[1+(1-t_p)r_0]\overline{X}$$

比較DV_1與DV_2可得資本利得與租稅延遲利益(TDA)的關係如下：

$$TDA = DV_1 - DV_2$$
$$= \underbrace{(1-t_c)(1+r_0)(t_p-t_g)\overline{X}}_{①} + \underbrace{(1-t_c)(1-t_p)(r_0 t_p)\overline{X}}_{②}$$

由上式可知：第①項爲「資本利得利益」(capital gains advantage)需視$t_p \gtreqless t_g$而定，故大股東傾向保留盈餘獲取資本利得。至於第②項則是「租稅延遲效果」，若未考慮新計劃負擔公司所得稅狀況下，將恆爲正值。

綜合以上兩種個案討論顯示：縱使資本市場具有完全性，一旦引進租稅問題後，廠商財務決策顯然與投資決策息息相關，不再有「分離理論」的現象發生。除開上述有關租稅問題的討論外，文獻上對 Modigliani 與 Miller (1958、1963)模型的修正意見尚可列舉於下：

(1) MM 理論係基於免徵個人所得稅，或利息股利及資本利得等所得源流皆課徵相同的個人有效稅率條件推演而得，一旦上述條件不存在，負債廠商價值即不等於無負債廠商價值加上邊際稅率與公司債總額之乘積。爲說明個別邊際稅率不同對負債廠商價值影響，Miller (1977)假設財政部同時課徵公司及個人所得稅，廠商價值將隨債券融資租稅效果降低而下降。假設股東之個別邊際稅率不高，從利息所得產生的稅額節省現值，仍將高於股東個別稅負提高幅度，廠商繼續舉債不但提高廠商價值且對股東極爲有利。若股東個別稅率很高，舉債融資的租稅利益低於租稅成本，廠商應停止對外舉債，轉而朝股權融資途徑邁進。Miller 修

正的廠商價值衡量公式可表為：

$$V_l = V_u + [1 - \frac{(1-t_c)(1-t_p^s)}{1-t_p^b}]B_l$$

t_p^s與t_p^b分別是個人投資股票或債券而須負擔的所得稅率。

(2)由於公用事業調整價格前後之稅後付息前盈餘大抵保持相同，Gordon (1967)、Gordon-McCallum (1972)因而認為，凡風險類似之公用事業，不論財務結構為何皆應具備相同的平均資金成本。公用事業之各種所得源流（尤指稅額減免部份）應使用無負債廠商之資金成本折現，Gordon-McCallum將評價模型修正如下：

$$V_l = \frac{(1-t_c)\overline{X}}{\rho} + \frac{r_b}{\rho}t_c B_l$$

(3)為區分「利息所得」與「租稅損失」性質，Elton-Gruber (1971)指出凡具備確定性之利息所得應使用確定的債券利率折現，但對於因滿足特殊公共政策所擬訂之價格策略而可能產生租稅損失，則應使用無負債廠商之資金成本折現，其評價公式如下：

$$V_l = \frac{(1-t_c)\overline{X}}{\rho} + (\frac{\rho - r_b}{\rho})t B_l$$

(4)依據 Van Horne (1975)估計，廠商破產清算成本約佔營運資產的30%至70%，Arditti (1980)亦指出1969年美國破產成本佔可實現資產價值的23%，是以廠商擬定財務決策時，應隨時注意可能產生的破產風險及成本。破產或財務困難成本大抵係因舉債利息負荷過重，釀成無力清償債務本息所致，故Brealey-Myers主張稅額節省現值應扣除財務風險過鉅引發的破產成本現值，從而獲得淨稅額節省現值。換言之，考慮破產成本後的廠商價值可表為：

$$V_l = V_u + t_c B_l - K_b(B_l) \cdot B_l$$

K_b是單位公司債引發的破產成本，$\partial K_b / \partial B_l > 0$。（圖 8-6）中的 V_2曲線即是負債廠商價值＝無負債廠商價值＋稅額節省現值－財務困難成本現

值，將會出現最高點E_1或存在最適財務結構$(\frac{B}{S})_1^*$。

(5)在完全資本市場下，假設免徵公司或個人綜合所得稅，資本投資計劃宜儘可能使用內部融資，舉債融資次之，外部股權融資再次之。然而在不完全資本市場下，舉債經營之租稅效果易為財務困難成本、債券發行成本及監督成本（合稱舉債間接成本）所沖抵，計算淨稅額節省現值時應分別扣除此等成本，廠商價值將如（圖8-6）中的V_3曲線所示，最適財務結構比例$(\frac{B}{S})_2^*$將較前一狀況為小。

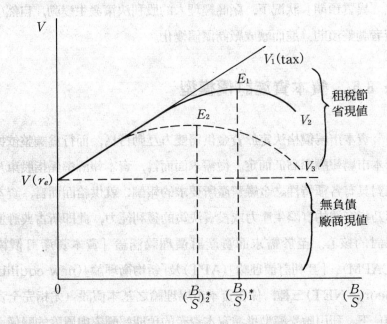

（圖8-6）廠商價值、稅負、破產成本與舉債間接成本之關係

最後，再就兩個違反 MM 理論前提的資本市場特質加以說明：

(1) MM 理論認為人們與廠商可在相同條件下向金融市場融資，經由創造財務槓桿進行套利，而使採取迥異財務結構的廠商價值趨於一致。

但就實際現象觀之，廠商可以在貨幣市場發行商業本票募集短期資金，個人則否；廠商融資議價能力強，較個人具有較佳套利能力。另一方面，廠商與個人面對財務結構所負義務並非相同，前者通常爲股份有限公司僅負擔有限債務責任，後者卻需負擔無限債務責任。在此種狀況下，人們創造個人財務結構轉而購買負債廠商股票套利，一旦考慮負債廠商可能破產風險後，收益可能變爲負值，MM 理論因而出現可議之處。

⑵資本市場上的投資者預期通常具有異質性，對廠商未來營運收益看法並未一致，要求報酬率自然迥異，釀成評估的廠商價值亦不相同。在「異質預期」狀況下，廠商經理人的股利決策發生變動，自然引發投資者調整預期，進而釀成廠商價值變化。

§ 8.5. 資本資產訂價模型

資本市場價格決定於資金供需雙方互動行爲，而行爲調整依據係視資本市場報酬率高低而定。從需求面而言，資本報酬率係指股東及債權人對具有各種特性之金融資產所要求的報酬；就供給面而言，資本報酬率乃指廠商的實際生產力或投資決策的獲利能力，此即新古典評價理論探討的核心。至於需求面資產訂價理論涵蓋「資本資產訂價模型」(CAPM)、「套利訂價理論」(APT)及「新均衡理論」(new equilibrium theory, NET)三種，係在資本市場理論之基本假設（尤指完全資本市場）下，利用數學模型推演資本資產的預期報酬率與風險的關係。根據CAPM 及 APT 理論可知，資本資產之取得代價皆可用風險性因素說明，如：CAPM 的市場或 Beta 風險，APT 的多重風險因素。爲兼顧資產的風險性及非風險性成本因素，「新均衡理論」整合影響資產或投資機會集合之所有成本因素，相當有利於觀察投資者行爲，該理論指稱資本資產訂價應該考慮下列因素：

(1)風險性因素包括 Beta 風險、通貨膨脹風險、實質利率風險及誤差風險(residual risk)或無系統風險(unsystematic risk)四種；

(2)稅賦包括租稅結構及其功能，一般所得及資本利得之稅率差異與特定租稅法令（如：提列折舊費用規定）；

(3)市場性成本(marketability cost)包括訊息、尋找交易與可分割成本。由於 NET 理論僅在發展與成形之中，本章將略而不談。

「資本資產訂價模型」(CAPM)是由 Sharpe（1963、1964）、Mossin(1966)及 Lintner（1965、1969）等人分別發展出決定風險性資產市場價格的理論，證明風險性資產之市場均衡收益率爲其與市場資產組合之互變異數的函數。爲求簡化分析，CAPM 模型通常基於下列假設：

(1)所有投資者均爲風險趨避者；

(2)投資者對證券報酬率均有主觀相同的機率分配；

(3)投資者均能以安全性資產的利率借貸資金；

(4)資金數量固定，所有資產均可在市場交易並完全分割；

(5)資產市場爲完全市場，投資者具有充分訊息；

(6)沒有稅賦及其它法令規定限制交易活動。

一般而言，投資者希望資金能作有效運用，在衡量風險與報酬之利害得失後而選擇最適證券組合。Markowitz（1952）與 Tobin（1958）率先推演資產選擇理論，組合多數證券而將投資風險減少至最低，Sharpe（1964、1970）、Lintner（1965）與 Mossin（1966、1969、1973）等人接續利用此理論各自導出「資本資產訂價模型」，即投資者作合理分散投資時，在何種條件下方能使資本市場達成均衡。由於 Sharpe、Lintner 與 Mossin 三人推演的模型雖然雷同，但仍有差異之處，故另以 Rubin-stein（1973）發表的「資本資產訂價模型」綜合說明單一證券報酬率的訂定方式，進而推演「證券市場線」(security market line, *SML*)的內涵。

假設i投資者將期初財富W_i分配於j種股票S_{ij}與公司債B_i：

$$W_i = \sum_j S_{ij} + B_i \qquad (8.16)$$

一旦i投資者保有j種股票（報酬率$\widetilde{R}_j$）與公司債（報酬率固定為R_f）直至期末，財富將成為隨機值$\widetilde{W}_i$：

$$\widetilde{W}_i = \sum S_{ij} \widetilde{R}_j + B_i R_f \qquad (8.17)$$

j種證券總值為$S_j = \sum_i S_{ij}$，而風險性證券的市場資產組合(market portfolio)報酬率為$R_m = \sum_j R_j S_j / \sum S_j$。投資者追求期末財富$\widetilde{W}_i$衍生之預期效用最大，且受 (8.16) 式的期初財富W_i限制：

$$\text{Max } EU_i(\widetilde{W}_i) = E\{U[\sum S_{ij}\widetilde{R}_j + B_i R_f]\} \qquad (8.18)$$
$$\{S_{ij}, B_i\}$$

由(8.18)與(8.16)兩式，可設立 Lagrange 函數如下：

$$L(S_{ij}, B_i, \theta_i) = EU_i(\widetilde{W}_i) + \theta_i[W_i - \sum^j S_{ij} - B_i] \qquad (8.19)$$

就上式分別對S_{ij}、B_i與θ_i偏微分，

$$E(U_i' \cdot \widetilde{R}_j) = E[U_i' \cdot R_f] = \theta_i \qquad (8.20)$$

$$W_i = \sum^j S_{ij} + B_i \qquad (8.16)$$

由(8.20)式可得：

$$E(U_i' \cdot \widetilde{R}_j) - E(U_i' \cdot R_f) = E[U_i'(\widetilde{R}_j - R_f)] = 0 \qquad (8.21)$$

上式再轉換為：

$$E(U_i')E(\widetilde{R}_j - R_f) + Cov(U_i', \widetilde{R}_j - R_f) = 0 \qquad (8.22)$$

為求簡化，假設投資者效用函數為二次式：

$$U(W_i) = W_i - a_i W_i^2 \qquad (8.23)$$

由上式可知投資者的財富邊際效用$U_i' = 1 - 2a_i W_i$，將其代入(8.21)式：

$$E[(1 - 2a\widetilde{W}_i)(\widetilde{R}_j - R_f)]$$

$$= E(\widetilde{R}_j) - R_f + 2a_i R_f E(\widetilde{W}_i) - 2a_i E(\widetilde{W}_i \widetilde{R}_j)$$

$$= E(\widetilde{R}_j) - R_f + 2a_i R_f E(\widetilde{W}_i) - 2a_i E(\widetilde{W}_i) E(\widetilde{R}_j)$$

$$- 2a_i Cov(\widetilde{W}_i, \widetilde{R}_j)$$

$$= 0 \qquad\qquad\qquad (8.24\ a)$$

重新整理上式可得：i投資者追求預期效用最大時，評估j種風險性資產(S_j)與安全性資產(B)兩者間報酬率的關係如下：

$$[E(\widetilde{R}_j) - R_f]\frac{E(U_i')}{2a_i} = Cov(\widetilde{R}_j, \widetilde{W}_i) \qquad (8.24\ b)$$

當資本市場投資者想法一致時，累加(8.24 b)式的個人投資均衡條件可得市場均衡條件：

$$[E(\widetilde{R}_j) - R_f][\sum^i \frac{E(U_i')}{2a_i}] = \sum_{i=1}^{i} Cov(\widetilde{R}_j, \widetilde{W}_i)$$

$$= Cov(\widetilde{R}_j, \sum_{i=1}^{i} \widetilde{W}_i) \qquad (8.24\ c)$$

其中，
$$\sum^i W_i = \sum^j S_j \widetilde{R}_j + \sum^i B_i R_f$$

$$= \sum^i \sum^j S_{ij} \widetilde{R}_j + \sum^i B_i R_f$$

$$= \widetilde{R}_m \sum^j S_j + R_f \sum^i B_i$$

S_j是期初j種股票價值，B_i是期初公司債價值，R_f是確定值。將$\sum_{i=1}^{i} W_i$代入 (8.24 c)式，

$$Cov(\widetilde{R}_j, \sum_{i=1}^{i} \widetilde{W}_i) = Cov(\widetilde{R}_j, \widetilde{R}_m \sum_{j=1}^{j} S_j)$$

$$= (\sum_{j=1}^{j} S_j) Cov(\widetilde{R}_j, \widetilde{R}_m)$$

將上述結果代回(8.24 c)式，可得Sharpe-Lintner評估j種風險性資產的預期報酬率$E(\widetilde{R}_j)$與風險$Cov(\widetilde{R}_j, \widetilde{R}_m)$關係的模型如下：

$$E(\widetilde{R}_j)=R_f+\left[\frac{\sum\limits_{j=1}^{j}S_j}{\sum\dfrac{E(U_i')}{2a_i}}\right]\cdot Cov(\widetilde{R}_j,\ \widetilde{R}_m)$$

$$=R_f+\lambda Cov(\widetilde{R}_j,\ \widetilde{R}_m) \tag{8.24 d}$$

$\lambda=\dfrac{\sum\limits^{j}S_j}{\sum\dfrac{E(U_i')}{2a_i}}$ 是「風險的價格」(price of risk)，將單一證券與市場

資產組合間之預期報酬率與風險關係表現於 (圖 8-7) 中即是「證券市場線」。再定義 j 種證券報酬率 $\widetilde{R}_j$ 爲:

$$\widetilde{R}_j=\widetilde{P}_j/P_j$$

P_j 是 j 證券目前價格，$\widetilde{P}_j$ 是未來證券價格 (或變動量)。就上述定義兩邊取預期值，並引入 (8.24 d) 式的關係:

$$\widetilde{P}_j=\frac{E(\widetilde{P}_j)}{R_f+\lambda Cov(\widetilde{R}_j,\ \widetilde{R}_m)} \tag{8.25 a}$$

$$=\frac{E(\widetilde{P}_j)-\lambda Cov(\widetilde{R}_j,\ \widetilde{R}_m)}{R_f} \tag{8.25 b}$$

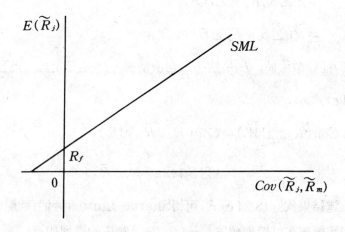

(圖 8-7) 證券市場線

(8.25 a)式爲經過風險調整的貼現率公式，(8.25 b)式係「確定等值」
(certainty-equivalent)公式。

接著，若定義α_j是任意資產組合價值p指定爲j證券的比例，$\widetilde{R}_p=\sum^j \alpha_j \widetilde{R}_j$，則所有可能證券資產組合將落在相同的「證券市場線」上，或
對任何資產組合p而言，

$$E(\widetilde{R}_p)=R_f+\lambda Cov(\widetilde{R}_p, \widetilde{R}_m) \tag{8.26}$$

由於風險性證券的資產組合本身即爲市場資產組合$(\widetilde{R}_p=\widetilde{R}_m)$，其
具有的風險與收益特性必然落在「證券市場線」上，

$$E(\widetilde{R}_m)=R_f+\lambda Cov(\widetilde{R}_m, \widetilde{R}_m)$$
$$=R_f+\lambda \sigma_m^2 \tag{8.27 a}$$

或　　$\lambda=\dfrac{E(\widetilde{R}_m)-R_f}{\sigma_m^2}$ \hfill (8.27 b)

另外，(8.24 d)式尙可表爲下列型態：(ρ是兩種報酬率的相關係數)

$$E(\widetilde{R}_j)=R_f+\lambda \rho(\widetilde{R}_j, \widetilde{R}_m)\sigma_j\sigma_m$$
$$=R_f+\left[\frac{E(\widetilde{R}_m)-R_f}{\sigma_m}\right]\rho(\widetilde{R}_j, \widetilde{R}_m)\sigma_j \tag{8.28 a}$$

或　　$E(\widetilde{R}_j)=R_f+[E(\widetilde{R}_m)-R_f]\cdot\left[\dfrac{Cov(\widetilde{R}_j, \widetilde{R}_m)}{\sigma_m^2}\right]$
$$=R_f+[E(\widetilde{R}_m)-R_f]\cdot\beta_j \tag{8.28 b}$$

由(8.28 a)式內容可對「風險」類型做一區分：投資者若單獨保有j
種證券時，其風險可用σ_j衡量而稱爲「總風險」(total risk)。一旦人們
將j證券納入市場或多元化資產組合中時，其風險則用$\rho(\widetilde{R}_j,\widetilde{R}_m)\sigma_j$或
$Cov(\widetilde{R}_j, \widetilde{R}_m)$衡量而稱爲「無法分散或系統化風險」(non-diversifia-
ble or systematic risk)。$-1\le\rho(\widetilde{R}_j, \widetilde{R}_m)\le1$可解釋成在預期報酬率
持平下，總風險中無法經由資產多元化而消除者，至於$[1-\rho(\widetilde{R}_j, \widetilde{R}_m)]\sigma_j$是衡量經由資產多元化而消除的總風險比例，或稱「可分散的或

非系統化風險」。

(8.28 b)式中的β係數(Beta coefficient)是衡量資本市場對單一證券之相對風險尺度，亦即股票超額報酬率變化與市場資產組合超額報酬率變化之關係。在（圖8-8）中，$\beta>1$意謂著股票超額報酬率變化比市場資產組合報酬率快，單一股票風險大於市場資產組合風險，此類股票通稱「進取性證券」(aggressive security)。相對的，$\beta<1$顯示單一股票風險小於市場資產組合風險，這種股票則稱爲「防衛性證券」(defensive security)。至於SML線上之K點，其預期報酬率小於安全性資產報酬率R_f，傳統財務分析認爲這種證券具有成長潛力，致使價格偏高而預期報酬率極低。現代投資學卻將這種現象歸諸於Beta係數爲負值的緣故，這些證券報酬率與市場資產組合M報酬率的互變數及相關係數也均爲負值。由Markowitz–Tobin資產選擇理論顯示：一旦資產組合包含這種證券，總風險必定下降。投資者爲了降低資產組合總風險，寧願高價買入這類證券，造成此類證券之預期報酬率自然低於R_f。

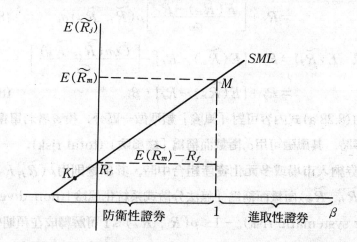

（圖 8-8）SML與β係數

瞭解「證券市場線」的涵義後，一旦所有「可分散風險」已由資產

組合中消除殆盡時, 該資產組合即稱爲「效率資產組合」或落於Mark-
owitz-Tobin「效率投資前緣」上:

$$[1-\rho(\widetilde{R}_e,\ \widetilde{R}_m)]\sigma_e=0$$

$\widetilde{R}_e$及σ_e是效率資產組合報酬率與風險, 上式成立表示$\rho(\widetilde{R}_e,\ \widetilde{R}_m)=1$
或效率資產組合與風險性證券的市場資產組合呈完全正相關, 不過前者
尚包括安全性證券在內而已。將$\rho(\widetilde{R}_e,\ \widetilde{R}_m)=1$代入(8.28 a)式, 可得
「資本市場線」(capital market line, *CML*)如下:

$$E(\widetilde{R}_e)=R_f+\left[\frac{E(\widetilde{R}_m)-R_f}{\sigma_m}\right]\sigma_e \tag{8.29}$$

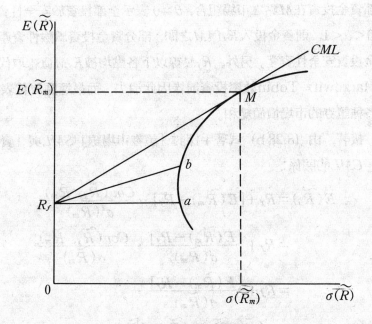

(圖 8-9) 資本市場線

　　以下用 (圖 8-9) 說明「資本市場線」的形成。資本市場上的「機會
組合」(opportunity sets)包括市場上所有證券之線性組合, 而*M*爲市
場的資產組合。當資本市場存在安全性資產時, 其與Markowitz-Tobin

「效率投資前緣」上之證券組合可構成新的線性組合群，如圖中的R_f與b也可組成線性組群R_fb，但因$b>a$，所以R_fb線性證券組合群要較R_fa線性證券組合群為佳，而R_f、M兩點組成之證券線性組合即成為新效率前緣，將較所有舊效率前緣為佳，當然也要比R_fa與R_fb為佳。該圖顯示：Markowitz-Tobin效率投資前緣上的市場組合與安全性資產點之連線有無限多條直線，惟有與該市場組合軌跡相切的連線最佳，該軌跡可稱為「資本市場線」。至於相切點M稱為「市場效率組合」，該組合包括資本市場的全部風險性資產。若保有風險性資產比例$\theta = \dfrac{\sum S_j}{\sum(S_j)} = 1$表示全部資金投資在$M$點之市場組合，$\theta = 0$表示全部投資於安全性資產。如果$0 < \theta < 1$，則資金投入$R_f$與$M$之間，部分資金投資風險性資產，部分資金投資安全性資產。另外，R_fM線以下各點均被R_fM直線取代，原來之Markowitz-Tobin效率投資前緣因此消失，而最適點M代表資本市場各種證券的市場價值總和。

接著，由 (8.28 b) 式著手探討「證券市場線」SML與「資本市場線」CML的關係：

$$E(\widetilde{R}_j) = R_f + [E(\widetilde{R}_m) - R_f] \cdot \frac{Cov(\widetilde{R}_j,\ \widetilde{R}_m)}{\sigma^2(\widetilde{R}_m)}$$

$$= R_f + \frac{[E(\widetilde{R}_m) - R_f]}{\sigma(\widetilde{R}_m)} \cdot \frac{Cov(\widetilde{R}_j,\ \widetilde{R}_m)}{\sigma(\widetilde{R}_m)}$$

$$= R_f + \frac{[E(\widetilde{R}_m) - R_f]}{\sigma(\widetilde{R}_m)} \cdot$$

$$\frac{\rho(\widetilde{R}_j,\ \widetilde{R}_m)\,\sigma(\widetilde{R}_j)\,\sigma(\widetilde{R}_m)}{\sigma(\widetilde{R}_m)} \tag{8.30}$$

當$\rho(\widetilde{R}_j,\ \widetilde{R}_m) = 1$，上式變為$E(\widetilde{R}_j) = R_f + \dfrac{[E(\widetilde{R}_m) - R_f]}{\sigma(\widetilde{R}_m)} \cdot \sigma(\widetilde{R}_j)$，此即所謂之「資本市場線」。有鑑於此，一旦$\rho(\widetilde{R}_j,\ \widetilde{R}_m) = 1$，則

$SML = CML$；而$\rho(\widetilde{R}_j, \widetilde{R}_m) \neq 1$, 則$SML \neq CML$。總之, CML及SML市場線是非常雷同, 差異性在於坐標軸上: 一爲$\sigma(\widetilde{R}_p)$又叫「總風險」, 另一爲$Cov(\widetilde{R}_j, \widetilde{R}_m)$亦稱「系統性風險」。同時, 總風險＝非系統性風險＋系統性風險, $\rho(\widetilde{R}_j, \widetilde{R}_m) = 1$ 表示當市場效率資產組合(M)包括的任何個別證券或證券組合與市場效率資產組合M報酬率的相關係數爲1時, 投資者評估單項證券或證券組合預期報酬率與風險的均衡關係, 將可使用資本市場線或證券市場線模型。

「資本資產訂價模型」(CAPM)旨在評估單一證券預期報酬率與風險間的關係, 預期報酬率愈高表示面對風險愈大, 而風險是以β係數衡量, 其意義乃是單一證券報酬率對市場資產組合報酬率變動之敏感度。不過「資本資產訂價模型」仍然具有下列缺點:

(1)CAPM 爲單一期間模型, 將未來視爲單一期間而未劃分階段, 故無法討論各種不同時點到期債券之利率期限結構關係, 亦即 CAPM 並未考慮到期期限長短。此外, 在單一期間內, $\sum^i \beta_i = 0$ 表示證券組合的個別證券β_i總合爲 0, 一旦市場達成均衡時, 所有債務人在未來期間之債務應全部償還, 屆時債務總和爲 0, 此種現象與事實相反。

(2)CAPM 模型考慮資產侷限於資本資產, 對個人資產(如: 人力資本) 卻未予考慮, 尤其在勞務價值隨經濟發展而日趨重要時, 更是彰顯其中缺失。

(3)CAPM 隱含假設貨幣購買力穩定, 但資產市價波動而不確定, 且貨幣數量在時間歷程中不斷成長, 致使購買力呈現反向變動, 該假設顯然有極大問題。

(4)CAPM 模型的前提值得檢討:

①完全資本市場無租稅及交易成本存在,每人可無償獲取所需資訊, 故其精義爲「單一價格法則」或相同資產只能同價出售, 此在現實體系

中卻付之闕如;

②安全性資產的借貸利率相同將不符事實。在現行金融體系內，資金市場若愈健全或具效率，則借貸利率差距將會縮小，但是兩者趨於一致實際上是不可能出現;

③投資者具有同質預期，人們在資本市場上對未來預期都是一樣，實際現象卻是異質預期乃為常態;

④決策時只考慮兩個變數(μ, σ^2)，未理會各種資產報酬率分配之差異性，如: 偏態係數不同。

「CAPM 模型」係基於眾多假設推演而成，為能詮釋資本市場實際交易狀況，文獻分別針對特有假設逐一修正原有模型:

(1)「安全性資產不存在」

Black (1972)針對資本市場欠缺安全性證券的狀況，設定零 Beta 係數的資產組合(zero-Beta portfolio)以及投資j種證券比例可正可負的狀況，重新檢討資本市場理論。如果投資者對各證券預期報酬率之機率分配看法一致，則各證券報酬率預期值與變異數也都一致。在此狀況下，資本市場上由風險性證券構成之最小變異數資產組合集合只有如(圖8-10)中的$ZSMB$曲線所示，該曲線係向左下方及右上方無限延伸出去。同時，市場上由風險性證券組成之效率前緣也只有一條，即如圖中的SMB曲線向右上方無限制延伸出去。

(2)借貸利率迥異

Brennan (1971)假設借貸資金利率並無風險，貸出利率r_l通常小於借入利率r_b，自兩者分別引伸兩條直線各切由風險性證券構成之Markowitz-Tobin效率投資前緣於M_l與M_b，可得 (圖 8-11) 中新的CML曲線$r_lM_lM_bA$，此時的效率資產組合可分三大類:

①預期報酬率較低者，此類效率資產組合屬於貸出資金者，且為圖中始自r_l而終於M_l之直線;

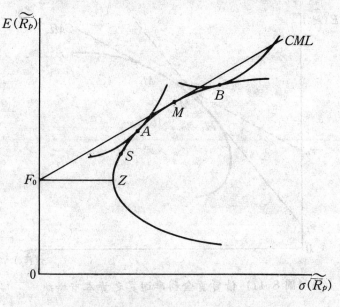

（圖 8-10）零 Beta 係數的資產組合

②預期報酬率為最高者，此類效率資產組合屬於借入資金者，且為
圖中始自M_b而向右上方無限延伸出去之曲線M_bA；

③預期報酬率介於前面兩類效率資產組合之間，此類效率資產組合
係M_l與M_b間之M_lMM_b曲線。

至於在證券市場線方面，不同借貸利率則有迥異的證券市場線：

$$E(\widetilde{R}_j)=r_l+\frac{E(\widetilde{R}_{mb})-r_l}{\sigma_{ml}^2}\quad E(\widetilde{R}_j)\leq E(\widetilde{R}_{ml})\qquad (8.31\,a)$$

$$E(\widetilde{R}_j)=r_b+\frac{E(\widetilde{R}_{mb})-r_b}{\sigma_{mb}^2}\quad E(\widetilde{R}_j)\geq E(\widetilde{R}_{mb})\qquad (8.31\,b)$$

⑶投資者對預期報酬率之機率分配看法迥異

當投資者對預期報酬率之機率分配的看法迥異時，則證券預期報酬
率與變異數也不同，資本市場上之Markowitz-Tobin效率投資前緣將
不只一條，共同的資本市場線與證券市場線並不存在。

⑷資產無法細分

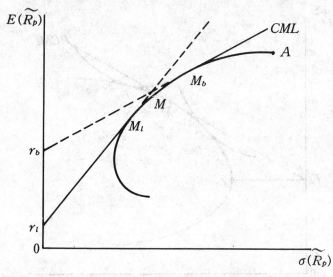

(圖 8-11)　借貸資金利率迴異之資本市場線

　　當資產無法細分時，證券市場線將是由多點連成之虛線而非實線，每點代表各自完整股數所顯示的證券預期報酬率與風險的關係。

(5)交易成本與租稅存在

　　當買賣證券需要交易成本時，證券報酬率預期值將會減少，但變異數、互變數或 Beta 係數值並未改變，資本市場線及證券市場線因而下移。另外，投資證券若需負擔交易所得稅(t_g)及股利所得稅(t_d)時，報酬率計算必須修正為：

$$\widetilde{R}_{jt}=\frac{\text{資本利得}(1-t_g)+\text{股利}(1-t_d)}{\text{期初購價}}$$

　　由於投資者負擔之所得稅率並不一樣，預估同一證券報酬率值也不相同，因此對同一證券報酬率預期值與變異數的看法也不一致。

(6)通貨膨脹存在致使名目利率浮動

　　體系內影響安全性資產名目利率的因素為實質利率、預期通貨膨脹率、證券到期期限及交易成本，其中尤以前面兩者最為重要。實際上，

實質利率將隨生產力波動而起伏,而通貨膨脹也如影隨形幾乎年年都有,安全性資產實際上並不存在。換言之, CAPM 模型中的R_f已非安全性證券而是無違約風險(default-free)之債券報酬率, R_f之標準差必定大於零。(圖 8-12)中, R乃無違約風險之債券, 由資本市場上可再找到風險性股票組成之資產組合K, K與R存在最小之相關係數。如果ρ_{rk}不等於完全負相關, 則可得最小風險之投資組合S而稱為「安全性資產組合」, 此時之Markowitz-Tobin效率前緣當為SKA曲線, 該曲線向右上方無限延伸出去。如果ρ_{rk}為完全負相關, 則可得無風險投資組合S', 此時Markowitz-Tobin 效率前緣當為$S'KC$。如果投資者可依安全性資產利率r_b借入資金, 卻無法按安全性資產利率r_l貸出資金時, 新的效率前緣當為SKD (如僅S存在時) 或$S'KD$ (如可得到S'時)。由於安全性資產的貸出利率及市場資產組合都不存在, 證券市場線將只適用於$E(\widetilde{R}_j)$大於$E(\widetilde{R}_k)$之部分:

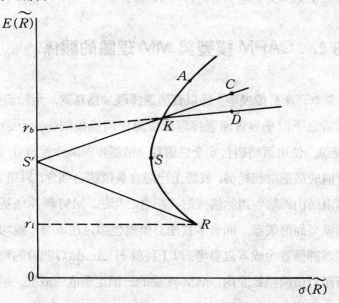

(圖 8-12)　無違約風險證券存在時之效率前緣

$$E(\widetilde{R}_j) = r_b + \frac{E(\widetilde{R}_k) - r_b}{\sigma_k^2} Cov(\widetilde{R}_j, \widetilde{R}_k)$$

(7)偏態機率分配

Ingersoll (1975)、Kraus 與 Litzenberger (1976)指出 CAPM 模型係基於「常態分配」而推演的「資本資產訂價理論」，忽略「偏態係數」在機率分配中扮演的重要性，是以另行推演出涵蓋「標準差」$\sigma(\widetilde{R}_p)$ 與「偏態係數」$\sqrt[3]{m_3}(\widetilde{R}_p)$ 在內的資本資產訂價方式如下：

$$E(\widetilde{R}_p) = \widetilde{R}_f + \theta_1 \sigma(\widetilde{R}_m) + \theta_2 \sqrt[3]{m_3}(\widetilde{R}_m) \tag{8.31}$$

$$\theta_1 = -a \left[\frac{\partial U / \partial E(\widetilde{R}_p)}{\partial U / \partial \sigma(\widetilde{R}_p)} \right]$$

$$\theta_2 = -a \left[\frac{\partial U / \partial \sqrt[3]{m_3}(\widetilde{R}_p)}{\partial U / \partial E(\widetilde{R}_p)} \right]$$

a 是風險性資產占總資產組合的比例，而投資者的預期效用函數爲 $EU(\widetilde{R}_p) = U[E(\widetilde{R}_p), \sigma(\widetilde{R}_p), \sqrt[3]{m_3}(\widetilde{R}_p)]$。

*§ 8.6. CAPM 模型與 MM 理論的關係

「資本資產訂價模型」係以資產選擇理論爲基礎，至於前述之 MM 理論乍看之下似乎與資產選擇理論並無任何直接關聯。不過廠商基於 MM 理論，使用策略組合安全性證券（債券）與風險性證券（股票）進行融資構成最適財務結構，實際上已隱含負債組合觀念，只是 MM 理論尚未出現僅由風險性證券構成財務組合之想法。MM 理論係基於市場部份均衡模型而形成者，而資本資產訂價模型卻是在市場一般均衡模型內提供廠商評價資金成本之參考。以下將就 Hamada(1969)的理論檢討在資本資產訂價模型範圍內，MM 理論的三個定理能否成立，進而確認該理論的一般性。

〔定理 I〕

MM 理論假設市場僅有兩家廠商，一家僅發行股票融資，另一家採取發行債券與股票進行融資。當完全性資本市場達成均衡時，$V_u = S_u = S_l + B_l = V_l$將可成立。另外，兩家廠商營業收益相同($x_u = x_l = x_j$)，其股票預期報酬率如下：

$$E(\widetilde{R}_u) = \frac{E(\widetilde{x_j})}{S_u} \tag{8.32 a}$$

$$E(\widetilde{R}_l) = \frac{E(\widetilde{x_j}) - R_f B_l}{S_l} \tag{8.32 b}$$

接著，將(8.24 d)式的Sharpe-Lintner「資本資產訂價模型」分別代入上述兩式：

$$\frac{E(\widetilde{x_j})}{S_u} = R_f + \lambda Cov(\widetilde{R}_u, \ \widetilde{R}_m) \tag{8.33 a}$$

$$\frac{E(\widetilde{x_j}) - R_f B_l}{S_l} = R_f + \lambda Cov(\widetilde{R}_l, \ \widetilde{R}_m) \tag{8.33 b}$$

上述兩式之λ相同，由兩式之互異變數項可推演出下列三式：

$$Cov(\widetilde{R}_u, \ \widetilde{R}_m) = E\left\{ \left[\frac{\widetilde{x_j} - E(\widetilde{x_j})}{S_u} \right] [\widetilde{R}_m - E(\widetilde{R}_m)] \right\}$$

$$= \frac{1}{S_u} Cov(\widetilde{x_j}, \ \widetilde{R}_m) \tag{8.34 a}$$

$$Cov(\widetilde{R}_l, \ \widetilde{R}_m) = \frac{1}{S_l} Cov(\widetilde{x_j}, \ \widetilde{R}_m) \tag{8.34 b}$$

$$Cov(\widetilde{R}_j, \ \widetilde{R}_m) = \frac{1}{S_l S_m} Cov(\widetilde{x}_j, \ \sum_{k=1}^{m} \widetilde{x}_k) \tag{8.34 c}$$

將(8.34 a)與(8.34 b)式分別代入(8.33 a)與(8.33 b)式，然後提出兩式之$E(\widetilde{x_j})$，使兩式成為恆等式：

$$S_u\left[R_f+\frac{1}{S_u}\lambda Cov(\widetilde{x}_j,\ \widetilde{R}_m)\right]=S_l\left[R_f+\frac{1}{S_l}\lambda Cov(\widetilde{x}_j,\ \widetilde{R}_m)\right]$$
$$+R_fB_l$$
$$S_uR_f+\lambda Cov(\widetilde{x}_j,\ \widetilde{R}_m)=S_lR_f+\lambda Cov(\widetilde{x}_j,\ \widetilde{R}_m)+R_fB_l$$
$$S_uR_f=R_f(S_l+B_l)$$
$$V_u\equiv S_u\equiv S_l+B_l\equiv V_l$$

上式即是 MM 理論之〔定理 I〕。從上述證明結果可知：在完全資本市場達成一般均衡下，廠商市場價值與其財務結構並無任何關聯。

〔定理II〕

MM 理論〔定理II〕旨在說明廠商採取財務槓桿操作後的股票預期報酬率如何決定，其公式如下：

$$E(\widetilde{R}_l)=E(\widetilde{R}_u)+[E(\widetilde{R}_u)-R_f](\frac{B_l}{S_l}) \tag{8.35}$$

將(8.34 a)及 (8.34 b)兩式代入(8.33 a)及(8.33 b)兩式：

$$E(\widetilde{R}_u)=R_f+\frac{1}{S_u}\lambda Cov(\widetilde{x}_j,\ \widetilde{R}_m) \tag{8.36 a}$$

$$E(\widetilde{R}_l)=R_f+\frac{1}{S_l}\lambda Cov(\widetilde{x}_j,\ \widetilde{R}_m) \tag{8.36 b}$$

再將(8.36 b)式減(8.35)式之後，又代入(8.36 a)式，可得 MM 理論的定理II：

$$E(\widetilde{R}_l)=E(\widetilde{R}_u)+[E(\widetilde{R}_u)-R_f](\frac{B_l}{S_l})$$

另外，(8.36 a)式亦可用下式表示：

$$E(\widetilde{R}_u)=R_f+\lambda Cov(\widetilde{R}_u,\ \widetilde{R}_m)$$

然後將上式代入(8.35)式：

$$E(\widetilde{R}_l) = R_f + \lambda Cov(\widetilde{R}_u, \widetilde{R}_m) + \lambda Cov(\widetilde{R}_u, \widetilde{R}_m)\left(\frac{B_l}{S_l}\right)$$

$$(8.37)$$

由上式可區分「營運風險」與「財務風險」，右邊第二項為營運風險貼水，係因廠商投資報酬不確定性而產生之風險，大小將視廠商投資決策、外部變動（如：景氣、政治或社會變動）及所屬產業景氣波動而定。至於右邊第三項為財務風險貼水，係指廠商舉債而釀成股票(自己資金)報酬率不確定性所衍生之風險，將隨負債比率變動而定。

〔定理III〕

MM 理論〔定理III〕主要說明新投資之最低報酬率與資金來源完全無關。換言之，廠商資金調度方法與投資政策完全分開。

將(8.33 b)式代入(8.34 c)式：

$$\frac{E(\widetilde{x}_j) - R_f B_l}{S_l} = R_f + \frac{\lambda}{S_l S_m} Cov\left(\widetilde{x}_j, \sum_{k=1}^{m} \widetilde{x}_k\right) \qquad (8.38\,a)$$

$$E(\widetilde{x}_j) - R_f B_l = S_l R_f + \frac{\lambda}{S_m} Cov\left(\widetilde{x}_j, \sum_{k=1}^{m} \widetilde{x}_k\right) \qquad (8.38\,b)$$

$$S_l + B_l = \frac{1}{R_f}\left[E(\widetilde{x}_j) - \frac{\lambda}{S_m} Cov\left(\widetilde{x}_j, \sum_{k=1}^{m} \widetilde{x}_k\right)\right] \qquad (8.38\,c)$$

假設 $\lambda^* = \dfrac{\lambda}{S_m}$，可得下式：

$$V_j = \frac{1}{R_f}\left[E(\widetilde{x}_j) - \lambda^* Cov\left(\widetilde{x}_j, \sum_{k=1}^{m} \widetilde{x}_k\right)\right] \qquad (8.38\,d)$$

在 j 廠商進行投資必須有利於現有股東條件下，投資後之廠商價值 (V') 必須大於投資前之廠商價值 (V) 加上投資。該廠商投資後之營業收益為：

$$x'_j = x_j + R_i I$$

R_i 是投資報酬率，I 是投資金額。至於上式的預期值為：

$$E(\widetilde{x}'_j) = E(\widetilde{x}_j) + E(\widetilde{R}_i)I$$

風險尺度如下:

$$Cov(\widetilde{x}'_j, \widetilde{x}'_m) = Var(\widetilde{x}_j) + \sum_{k \neq j}^{m} Cov(\widetilde{x}_j, \widetilde{x}_k) + 2Cov(\widetilde{x}_j, \widetilde{R}_iI)$$

$$+ Var(\widetilde{R}_iI) + \sum_{k \neq j}^{m} Cov(\widetilde{R}_iI, \widetilde{x}_k)$$

綜合上述兩式可得投資後之廠商價值:

$$V'_j = \frac{1}{R_f}[E(\widetilde{x}'_j) - \lambda^{*\prime} Cov(\widetilde{x}'_j, \widetilde{x}'_m)]$$

$$= \frac{1}{R_f}\{E(\widetilde{x}_j) + E(\widetilde{R}_i)I - \lambda^{*}[Var(\widetilde{x}_j) +$$

$$\sum_{k \neq j}^{m} Cov(\widetilde{x}_j, \widetilde{x}_k) + 2Cov(\widetilde{x}_j, \widetilde{R}_iI) +$$

$$Var(\widetilde{R}_iI) + \sum_{k \neq j}^{m} Cov(\widetilde{R}_iI, \widetilde{x}_k)]\} \tag{8.39}$$

若未考慮新投資計劃對λ^{*}的影響, $\lambda^{*} = \lambda^{*\prime}$。將(8.38 d)式代入(8.39)式, 經整理可得:

$$V'_j = V_j + \frac{1}{R_f}\{E(\widetilde{R}_i)I - \lambda^{*}[2Cov(\widetilde{x}_j, \widetilde{R}_iI) + Var(\widetilde{R}_iI)$$

$$+ \sum_{k \neq j}^{m} Cov(\widetilde{R}_iI, \widetilde{x}_k)]\}$$

將$V'_j \geq V_j + I$條件代入上式:

$$\frac{1}{R_f}\{E(\widetilde{R}_i)I - \lambda^{*}[2Cov(\widetilde{x}_j, \widetilde{R}_iI) + Var(\widetilde{R}_iI) +$$

$$\sum_{k \neq j}^{m} Cov(\widetilde{R}_iI, \widetilde{x}_k)]\} \geq I \tag{8.40}$$

惟有新投資計畫能使廠商價值增加時, 方才能夠付諸實行。再由(8.40)式可得下列二式:

$$E(\widetilde{R}_i) \geq R_f + \lambda^{*}[2Cov(\widetilde{x}_j, \widetilde{R}_i) + IVar(\widetilde{R}_i) +$$

$$\sum_{k \neq j}^{m} Cov(\widetilde{R}_i, \widetilde{x}_k)] \tag{8.41 a}$$

$$E(\widetilde{R}_i) - \lambda^*[2Cov(\widetilde{x}_j, \widetilde{R}_i) + IVar(\widetilde{R}_i) +$$

$$\sum_{k \neq j}^{m} Cov(\widetilde{R}_i, \widetilde{x}_k)] \geq R_f \tag{8.41 b}$$

(8.41 a)式左邊表示最低投資報酬率，右邊第二項λ^*爲風險價格，以 $[2Cov(\widetilde{x}_j, \widetilde{R}_i) + IVar(\widetilde{R}_i) + \sum_{k \neq j}^{m} Cov(\widetilde{R}_i, \widetilde{x}_k)]$來測定風險，故投資 風險貼水是由$\lambda^*$乘上$[2Cov(\widetilde{x}_j, \widetilde{R}_i) + IVar(\widetilde{R}_i) + \sum_{k \neq j}^{m} Cov(\widetilde{R}_i, \widetilde{x}_k)]$ 而得。

綜合上述結果顯示：無論廠商係採何種融資政策，均不會影響其市 場價值。

* § 8.7. 套利訂價理論

「套利」(arbitrage)係指「低價買入商品而高價出售獲利的過程」， 強調在安全且無資金投入情況下，投資者利用市場價格扭曲而由交易中 獲利的過程。「套利」的主要觀念是「單一價格法則」，套利活動經由供 需調整促使價格差異消失，從而維持在無利潤的套利均衡點上。因此， 資本市場若允許賣空存在，無套利機會將是市場均衡的必要條件。

Ross(1976)基於多因素報酬產生過程發表「套利訂價理論」(APT)， 運用無套利機會與線性關係推演「資產訂價模型」，其基本假設如下：

⑴資本市場具有完全性；

⑵投資者具有同質預期，認爲預期報酬率是循k因素的推導模型(k-factor generating model)；

⑶模型中的資產數目n必須大於共同因素個數k，$n > k$；

⑷效用函數並無特殊型態。

基於上述假設，i種資產報酬率$\widetilde{R}_i$產生過程(return generating process)係依k個因素而行：

$$\widetilde{R}_i = E(\widetilde{R}_i) + b_{i1}\widetilde{F}_1 + \cdots + b_{ik}\widetilde{F}_k + \widetilde{\varepsilon}_i \tag{8.42}$$

$\widetilde{F}_k$是所有資產的k共同因素(common factor)，$E(\widetilde{F}_k)=0$, $Cov(\widetilde{F}_j, \widetilde{F}_k)=0$。$b_{ik}$是$i$資產對$k$共同因素變動的敏感度(sensitivity)，$Cov(\widetilde{R}_i, \widetilde{F}_k)=b_{ik}$。$\widetilde{\varepsilon}_i$是$i$資產的殘差干擾項，

$$E(\widetilde{\varepsilon}_i)=0, \quad Cov(\widetilde{F}_k, \widetilde{\varepsilon}_i)=0,$$
$$Cov(\widetilde{\varepsilon}_i, \widetilde{\varepsilon}_j)=0, \quad i \neq j, \quad Cov(\widetilde{\varepsilon}_i, \widetilde{\varepsilon}_i)=\sigma^2。$$

(8.42)式顯示：資產實際報酬率＝預期報酬率＋因素敏感度・因素變動＋非系統風險。接著，投資者在財富不變下，經由調整資產組合內的投資比率θ_i而得無風險利潤之「套利組合」(arbitrage portfolio)：

⑴若未增加資金投入且允許賣空($\sum_{i=1}^{n}\theta_i=0$)，套利組合報酬率$\widetilde{R}_p$為：

$$\widetilde{R}_p = \sum_{i=1}^{n}\theta_i\widetilde{R}_i = \sum\theta_iE(\widetilde{R}_i) + \sum\theta_ib_i\widetilde{F}_1 + \cdots + \sum\theta_ib_{ik}\widetilde{F}_k + \sum\theta_i\widetilde{\varepsilon}_i$$

⑵當n夠大時，則可分散「非系統風險」，$\sum^i\widetilde{\varepsilon}_i=0$。

⑶若為求得無風險套利組合，則須分散系統風險，$\sum\theta_ib_{ik}=0$。

⑷在均衡狀況下，套利組合若未增加資金投入且無風險存在，則將導致資產組合報酬率為零。

$$\widetilde{R}_p = \sum\theta_i\widetilde{R}_i = \sum\theta_iE(\widetilde{R}_i)=0$$

綜合上述可知：一旦投資者未增加資金投入，$(\sum\theta_i)\varepsilon=0$；同時，在無風險存在時，$\sum\theta_ib_{ik}=0$。由此將推得資產組合報酬率為零，$\sum\theta_i \cdot \sum(\widetilde{R}_i)=0$。

依據線性代數定理可知，某向量與其他$N-1$個向量正交(orthogonal)，若存在第N個向量亦與該向量正交，則第N個向量可表爲其他$N-1$個向量的線性組合，即存在$K+1$個係數λ_0, λ_1, …, λ_k使得：

$$E(\widetilde{R}_i)=\lambda_0+\lambda_1 b_{i1}+\lambda_2 b_{i2}+\cdots+\lambda_k b_{ik} \tag{8.43 a}$$

λ_k是第K個共同因素的風險貼水。上式是 APT 模型關係式可討論如下：

(1)資本市場若存在安全性資產報酬率R_f，$b_{ik}=0$且$\lambda_0=R_f$。

(2)若無安全性資產存在，則利用分散良好之非套利零 Beta 係數的資產組合代替，其報酬率爲$E_0=\sum^i E(\widetilde{R}_i)=\sum^i \lambda_i=\lambda_0, \sum \theta_i b_{ik}=0, \sum \theta_i=1$，理由是：$\sum \theta_i b_{ik}=0$, $\sum \theta_i=1$。

綜合前兩者可得λ_0爲安全性資產利率或零 Beta 係數的資產組合報酬率，所以不同組合之λ_0應相等且顯著不爲零。

(3)(8.43 a)式可改寫爲超額報酬率的型式，（令$\lambda_0=R_f$）。

$$E(\widetilde{R}_i)-R_f=b_{i1}(E^1-R_f)+b_{i2}(E^2-R_f)+\cdots+\lambda_k(E^k-R_f) \tag{8.43 b}$$

E^k是除第k個因素外，其他所有因素敏感度b_{ik}均爲 0 時之報酬率。上式中報酬率若爲常態分配，一旦僅考慮單一因素且令$E^1=\widetilde{R}_m$爲市場資產組合報酬率，可得：

$$E(\widetilde{R}_i)=R_f+(\widetilde{R}_m-R_f)b_i \tag{8.43 c}$$

上式即爲 CAPM 公式，可視爲 APT 在報酬率爲常態分配下的特例。由於 APT 推演過程無需借重Markowitz-Tobin的平均數與變異數理論，僅視套利可能性存在與否而定，故較 CAPM 更爲一般化。接著，投資者形成預期報酬率時，會將可預期變動列爲有效訊息而調整預期報酬率，唯有未被預期的訊息才對資產訂價發揮實質影響效果，因此未被預期的變動將是實際報酬率的主要風險來源。依據該項說法，APT 基本模型可變爲：

$$\widetilde{R}_i^{\,t} = E(\widetilde{R}_i^{\,t}|\phi_{t-1}) + b_{i1}\widetilde{F}_1^{\,t} + \cdots + b_{ik}\widetilde{F}_k^{\,t} + \widetilde{\varepsilon}_i^{\,t} \qquad (8.44\,a)$$

$E(\widetilde{R}_i^{\,t}|\phi_{t-1})$ 是在 t 期初利用有效訊息集合 ϕ_{t-1} 對 i 資產第 t 期報酬率的預期值, $\widetilde{\varepsilon}_i^{\,t}$ 是可透過安排資產組合多元化的誤差項風險, $F_1^t \sim F_k^t$ 是 k 個因素在 t 期初是未曾預期, 其平均數為零。再將上式改寫成:

$$\widetilde{R}_i^{\,t} - E(\widetilde{R}_i^{\,t}|\phi_{t-1}) = \sum_{j=1}^{k} b_{ij}\widetilde{F}_j^{\,t} \qquad (8.44\,b)$$

上式的等式左邊是未預期的報酬率, 等式右邊的 $\widetilde{F}_j^t$ 也是因素未預期到的部份。Ross 在推演 APT 模型過程中並未界定「共同因素」的意義, 但後續文獻詮釋「共同因素」即為總體經濟因素, Chen、Roll 與 Ross (1983) 率先使用總體經濟因素實證, Berry、Burmeister 與 McElroy (1988) 也歸納出 APT 模型的「共同因素」需具下列條件:

⑴在每期期初是完全不可預期, 投資者無法由昔日資料預測;

⑵需對股票報酬率發揮普遍性 (pervasive) 影響, 若只對特定廠商發揮影響, 因可藉資產組合分散風險, 將非為 APT 的共同因素;

⑶該因素需對預期報酬率發揮影響, 亦即存在非零的「風險價格」。

最後, 再將 CAPM 與 APT 的資本資產訂價模型表示於下:

CAPM: $E(\widetilde{R}_i) = R_f + [E(\widetilde{R}_m) - R_f] \dfrac{Cov(\widetilde{R}_i, \widetilde{R}_m)}{\sigma^2(\widetilde{R}_m)}$

APT: $E(\widetilde{R}_i) = R_f + [E(\widetilde{r}_1) - R_f] \dfrac{Cov(\widetilde{R}_i, \widetilde{r}_1)}{\sigma^2(\widetilde{r}_1)} + \cdots +$

$$[E(\widetilde{r}_k) - R_f] \dfrac{Cov(\widetilde{R}_i, \widetilde{r}_k)}{\sigma^2(\widetilde{r}_k)}$$

$$= R_f + \lambda_1 b_{i1} + \lambda_2 b_{i2} + \cdots + \lambda_k b_{ik}$$

比較上列兩式顯示: CAPM 將所有影響 i 種資產報酬率之因素變動風險籠統湊合, 並以 $\dfrac{Cov(\widetilde{R}_i, \widetilde{R}_m)}{\sigma^2(\widetilde{R}_m)}$ 衡量這種綜合風險, 而以 $[E(\widetilde{R}_m) - R_f]$ 代表綜合風險價格。至於 APT 則個別剖析影響 i 種資產報

酬率的每一因素變動風險，而以 $\dfrac{Cov(\widetilde{R}_i,\ \widetilde{r}_j)}{\sigma^2(\widetilde{r}_j)}$ 衡量第 j 個因素風險量，

以 $[E(\widetilde{r}_j)-R_f]$ 代表第 j 個因素風險價格。一旦 $\lambda_2=\lambda_3=\cdots=\lambda_k=0$ 且 $r_1=R_m$ 時，就可看出 CAPM 為 APT 的特例。除開上述關聯外，由下列原因可知 APT 較 CAPM 完備：

(1) CAPM 假設投資者是追求預期效用極大的風險怯避者，而 APT 卻未涉及效用函數型態；

(2) CAPM 假設資產報酬率分配為常態分配，而 APT 並未設定資產報酬率的機率分配類型；

(3) CAPM 假設投資者的預期完全一致，因而決定相同的效率投資組合（市場資產組合）包括所有資產（如：股票、不動產、黃金、藝術品、……等），因此驗證 CAPM 須對個別資產加以驗證。至於 APT 模型係自全部資產中以「因素分析法」(factor analysis) 抽取共同因素進行驗證，故對其中任何一部分的資產訂價均能適用。

＊§ 8.8.　選擇權訂價理論

現貨市場完成交易時，賣方必需交付商品或表彰權利之證券，買方則應給付全額價金。爾後，新持有人即需負擔商品或證券價格波動的風險。至於期貨市場交易雙方針對未來商品，買方同意在到期時以某價格買進，賣方則同意以相同價格出售，雙方必須在到期日才實際進行交易。在訂定期貨契約時，交易雙方僅需就未結清之期貨契約按交易所規定繳付履約保證金，無需交付全額價金。期貨買方不受交易客體現貨價格直接或立即影響，理由是：未來實際交割價格在契約訂定時即已敲定，若契約屆期而實際價格遠低於期貨契約價格，買方實際上已因到期現貨價格下跌而受損；反之，當屆期現貨價格超過契約價格，則買方獲利。期

貨特點即在鎖定價格，避免現貨市場價格鉅幅波動造成不可彌補損失。

「選擇權市場」基於現貨市場需交付全額價金且負擔全部風險，以及期貨市場仍有無法預期之損失等兩項缺失而創立之市場，目的旨在提供交易者僅需負擔有限風險而可獲利無限。「選擇權」提供投資者選擇買進或賣出權利，取得以某價格買進商品或證券之權利即稱「買進選擇權」(call option)，取得以某一價格出售商品或證券之權利即稱「賣出選擇權」。選擇權發票人通常爲大型證券廠商，因其立場與投資者相反，一旦投資者決定買進時，發票人有義務以買進選擇權所載之價格賣出而不能拒絕，此爲執行買進選擇權。當決定賣出時，發票人也有義務以選擇權所載之價位買進，此爲執行賣出選擇權。至於選擇權的特性約有下列數端：

(1)選擇權發行人訂有明確價格，該價格即爲執行買進或賣出選擇權時所應遵守之價格(strike or exercise price)，雙方均不得另作主張。

(2)選擇權訂有權利存續有效期間，投資者需在期間內決定買進或賣出，否則過期即失效。

(3)投資者初次付出價格即爲發行選擇權收取之價金，其後在次級市場轉售價格與發行人無關。

(4)選擇權投資者支付價金即爲取得選擇權代價，不論是否執行選擇權，其可能損失即以此價金爲限。

(5)選擇權分爲買進與賣出選擇權，故存在買進與賣出選擇權兩種市場。

(6)任何選擇權均有實際交易客體，如：基金、股票、小麥、國庫券等，選擇權價值端視選擇權所訂成交價格與實際交易客體價格間之價差而定。

接著，若以選擇權之基礎商品進行區分，現貨方面包括九十天期存單、美國公債、股票、股票指數、金、銀、外幣、農產品等，在期貨方

面大致與現貨市場有相同之基礎商品。每種選擇權均有特定對象，如：實體商品或表彰權利之證券或期貨，故其市場是介於現貨及期貨市場間之避險市場。選擇權訂有存續期間及交易價格，投資者需在到期日前決定按其所訂價格執行買賣權利，逾期則選擇權自動失效。投資者有權選擇執行或放棄，當市場現貨價格較選擇權所訂價格不利時，投資者才願意執行選擇權賦予之權利。反之，當投資者在有效期間放棄權利而令選擇權自然失效，其損失僅以購進「買進」-或「賣出」選擇權所付價金為限，不致再發生額外損失。換言之，投資者執行利得可隨市場變化而為無限大，放棄損失僅原先所付價金而已。對投資者而言，選擇權市場是極具避險功能之信用工具。

瞭解選擇權特性後，接著將分析交易雙方買賣「買進」及「賣出」選擇權的判定狀況。在 (圖 8-13) 中，K點是履約時的股票價格，線段P是權利金 (即選擇權價格)，B點是交易雙方互不吃虧的損益平衡點，$\triangle W$是個人財富變動額，$\triangle S$代表股價變動，$+C$與$-C$兩線分別是購買與出售「買進選擇權」的損益曲線。當股價低於履約價格(K)時，買方將放棄「買進選擇權」訂定的較高履約價格買入股票，虧損全額即為權利金總額(P)。一旦股價超過K後，每上漲一元就少虧一元，既然履約的買入價格低於市價，此時自然會執行買進選擇權以減少損失；當股價超過B以後，「買進選擇權」之買者就開始獲利。由此顯示：「買進權」的買方可能蒙受損失係以付出的權利金 (買進選擇權價格) 為下限，而潛在利益可能無限。就「買進選擇權」買方而言，市價若大於履約價，行使權利將有價值而稱為「獲利中」(in-the-money)；市價若小於履約價，將會放棄而為「賠損中」(out-of-money)；市價若等於履約價，行使與否結果都相同 (仍然損失權利金總額) 而為「損益兩平」(at-the-money)。同時，「買進選擇權」交易是屬於零合遊戲，交易雙方損益正好相反，賣方收益上限為收取權利金，機會損失在理論上可能是無限的。

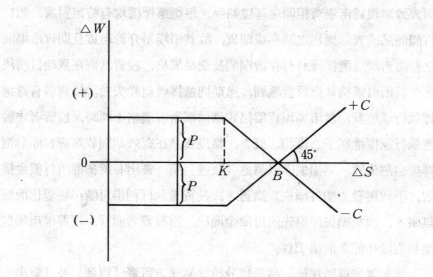

(圖 8-13)「買進選擇權」之交易雙方損益

　　在 (圖 8-14) 中，−P 與 +P 分別是「賣出選擇權」交易雙方的損益曲線。當股價高於 K 點 (履約價格) 時，「賣出選擇權」之買方將放棄權

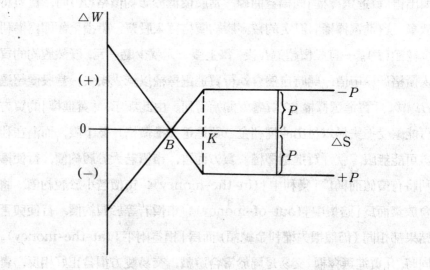

(圖 8-14)「賣出選擇權」之交易雙方損益

利，寧可在市場上以較高行情賣出，「賣出選擇權」對其毫無價值，但損失原先買入所付權利金P；但若股價下跌低於履約價格時，「賣出選擇權」能使買方以較高履約價格賣出股票，而值得執行。當股價下跌至B點以下，「賣出選擇權」之買方開始獲益，當股價跌至零時，收益臻於最大而等於履約價格與付出權利金之差額。反之，當股價高於履約價格時，由於買方拒絕執行賣出選擇權，賣方因而坐收契約權利金P，其利潤亦以此為上限；反之，股價滑落低於履約價格，「賣出選擇權」之買方將按較高履約價格出售股票給「賣出選擇權」之賣方，賣方理論上損失以履約價格扣除權利金數額為下限（當股價＝0時），損益正好與「賣出選擇權」之買方相對。

上述分析顯示：交易雙方損益總和正好相反而互補，是以投資者可採相同契約價格同時買入「買進」與「賣出」選擇權的「兩邊觀望」（straddle）作法時，則由（圖8-15）可知：當股票市價正好等於履約價格時，兩者均無履行價值（都是損益平衡），損失將臻於最大即是兩者的權利金總和。但只要市價高於K，「買進選擇權」價值開始攀昇，當股價

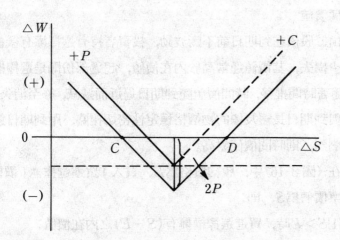

（圖8-15）「兩邊觀望」時之損益

上升幅度超過兩者權利金總和時, 投資者將會獲利(圖中超過 D 點部分);
反之, 當股價跌勢凶猛時, 「買進選擇權」雖因賠損而損失權利金, 「賣
出選擇權」卻隨股價下跌而收益漸增, 一旦股價跌到 C 點以下, 投資者不
僅收回原先權利金且可產生收益。在股價波動劇烈期間, 投資者同時買
入「買進」及「賣出」選擇權, 可能獲取很高的報酬。

最後, 將推演 Black 與 Scholes (1973) 的「選擇權訂價理論」, 探
討投資者僅能在未來固定日期執行權利的「歐洲式選擇權」(European
option)價值如何訂定。一般而言, 選擇權價值係由「內在價值」(本身
具有價值) 加上「時間價值」(time value) (視標的物到期日價格可能
變化而賦予價值) 兩者所構成:

(1)內在價值

投資者面對當時股價行使選擇權而處於有利可圖狀態時, 履約價格
與實際價格差額即為選擇權之內在價值。至於在損益平衡或損失情況下,
行使選擇權均無法帶來實質利益, 投資者勢必放棄執行而等待至到期日
為止, 選擇權真正價值因而為 0。

(2)時間價值

由於股價在到期日前不斷波動, 投資者持有選擇權有機會增加利潤
或減少損失, 其價值通常高於內在價值, 超過部份即是選擇權的時間價
值。隨著時間推移, 時間價值隨到期日逼近而遞減, 終至消失為 0。時間
價值與到期日長短及標的物價格穩定性密切相關, 距到期日愈長與價格
波動劇烈, 則時間價值愈高。

在 (圖 8-16) 中, 履約價格為 E, 買入「買進選擇權」價格為 C, 當
時股票價值為 S, 則:

(1) $S > E$ 時, 買進選擇權擁有 $(S-E)$ 之內在價值;

(2) $S = E$ 時, 內在價值＝0。

(3) $0 < S < E$ 時, 內在價值亦為 0。

再就時間價值來考慮:

(1)$S>E$，隨著S增大，時間價值逼近到期日亦接近零;

(2)$S<E$，隨著S減少，時間價值逼近到期日亦接近零;

(3)S趨近E時，顯示選擇權距到期日尚有很長距離 (剛發售)，故時間價值最大，即圖中斜線部分。

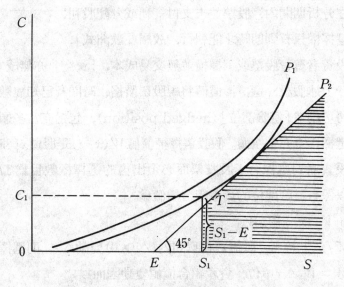

(圖 8-16) 選擇權的實質價值與實際價格

　　若合併考慮「內在價值」與「時間價值」，更可清楚顯現「買進選擇權」之權利金的圖形，其中T之範圍是時間價值，$(S-E)$之斜線部份是內在價值(S_1-E)。如果在市價X時買入「買進選擇權」之權利金為C_1，$C_1=$內在價值＋時間價值$=(S_1-E)+T$。同時，隨著至到期日的時間(t)縮短時 (由$t_1 \blacktriangleright t_2$)，「買進選擇權」的權利金曲線亦由$P_1$變成$P_2$ (時間價值減少)。若在到期日購入「買進選擇權」，則時間價值變成 0，權利金曲線P會與內在價值之直線重合，貼水全由內在價值構成。

　　瞭解決定選擇權價值的因素後，Black 與 Scholes(1973)接續推演

以股票價格表示的選擇權價值，模型假設如下：

　(1)短期安全性資產利率固定，投資者可用該利率融資買股票；

　(2)股價在連續時間內呈「醉步」走勢，變異率與股價平方根呈比例性。此外，在任何期限將屆之際，可能的股價分配為「對數常態」分配，股票報酬變異率(variance rate)為固定值；

　(3)在分析期間內，股票並未支付紅利或分配股利；

　(4)選擇權只有到期時才能執行，故屬「歐洲式」；

　(5)投資者買賣股票或選擇權並無交易成本，「賣空」亦無成本負擔。

　基於上述假設，選擇權價值將視股票價格、時間及已知變數而定。投資者將可創造「避險部位」(hedged position)，包括充當多頭保有股票與在選擇權上充當空頭。假設選擇權價值$W(x, t)$是股價x與時間t的函數，投資者對應保有1股股票而必須出售的選擇權數目為$1/W_x(x, t)$，是以保有避險部位的資產組合價值為：

$$V = x - W/W_x \qquad (8.45)$$

$W_x = \partial W/\partial x$。接著，股價若在瞬間內($\triangle t \blacktriangleright 0$)變動$\triangle x$，則選擇權價值變動$\triangle W = W_x \triangle x$單位，資產組合價值變動因而為：

$$\triangle V = \triangle x - \triangle W/W_x$$
$$= 0 \qquad (8.46)$$

　上式顯示：股價變動前後之資產組合價值相同，投資者保有股票價值變動會被賣出「買進選擇權」價值變動所抵銷，故「避險部位」價值不受股價波動影響。假設選擇權價值呈現連續性變動，則利用隨機微積分(stochastic calculus)將$\triangle W$展開：

$$\triangle W = W(x + \triangle x, t + \triangle t) - W(x, t)$$
$$= W_x \triangle x + \frac{1}{2} W_{xx} \sigma^2 x^2 \triangle t + W_t \triangle t \qquad (8.47)$$

σ^2是股票報酬的變異率。將上式代入(8.46)式，可得「避險部位」中的資

產價值變動狀況：

$$\triangle V = -(\frac{1}{2} W_{xx}\sigma^2 x^2 + W_t)\triangle t / W_1 \qquad (8.48)$$

由於「避險部位」的投資報酬確定將是 $r\triangle t$，甚至當「避險部位」並非連續變動時，其風險極小且可經由資產多元化予以消除，避險部位的預期報酬因而是短期利率。一旦上述狀況並未出現，投資者將借入大量資金創造避險部位謀利，進而促使報酬逐漸跌至短期利率。有鑑於此，(8.48)式將等於(8.45)式的資產組合價值乘上 $r\triangle t$：

$$-(\frac{1}{2} W_{xx}\sigma^2 x^2 + W_t)\triangle t / W_1 = (x - W/W_1) r\triangle t \qquad (8.49)$$

重新整理上式，可得選擇權價值的微分方程式：

$$W_t = rW - rxW_x - \frac{1}{2} W_{xx}\sigma^2 x^2 \qquad (8.50)$$

假設 t^* 是選擇權到期日， C 是執行價格，

$$W(x,\ t^*) = x - C \qquad\qquad x \geq C \qquad (8.51)$$
$$= 0 \qquad\qquad x < C$$

爲能求解(8.50)的微分方程式，可做下列替換：

$$W(x,\ t) = e^{r(t-t^{\,\prime})} y\{(2/\sigma^2)(r - \frac{1}{2}\sigma^2) \cdot [ln(x/C) - (r - \frac{1}{2}\sigma^2)]$$

$$[ln(x/C) - (r - \frac{1}{2}\sigma^2)(t - t^*)] -$$

$$(\frac{\sigma^2}{2})\ (r - \frac{1}{2}\sigma^2)^2(t - t^*)\} \qquad (8.52)$$

經由上述替換，微分方程式將是：

$$y_2 = y_{11}$$

而邊界條件(boundary condition)爲：

$$y(u, o) = 0 \qquad\qquad u < 0$$
$$\qquad\quad = C\ [e^\theta - 1] \qquad\qquad u \geq 0 \tag{8.53}$$

$$\theta = u(\frac{1}{2}\sigma^2) /\ (r - \frac{1}{2}\sigma^2) \tag{8.54}$$

(8.53)式是物理學上的熱傳導(heat transfer)方程式，其解值如下：

$$y(u, s) = (\sqrt{2\pi})^{-1} \int_{-u/\sqrt{2s}}^{\infty} C[e^{\alpha_1} - 1]e^{\alpha_2} dg \tag{8.55}$$

$\alpha_1 = (u + g\sqrt{2s})(\frac{1}{2}\sigma^2)/(r - \frac{1}{2}\sigma^2)$, $\alpha_2 = -g^2/2$。將上式代入(8.52)式，並經簡化可得下列結果：

$$W(x, t) = xN(d_1) - Ce^{r(t-t^*)}N(d_2) \tag{8.56}$$

其中，$d_1 = [ln(x/C) + (r + \frac{\sigma^2}{2})(t^* - t)\ [\sigma V t^* - t]$

$$d_2 = [ln(x/C) +\ (r + \frac{\sigma^2}{2})(t^* - t)\ [\sigma\sqrt{t^* - t}]^{-1}$$

由上式揭示：選擇權價值是股價的函數而與股票報酬無關，至於選擇權的預期報酬將決定於股票的預期報酬。當股價上漲幅度擴大時，股權價格將會透過(8.56)式的關係快速上漲。此外，到期日延長對股權價值影響效果將同於r與σ^2的等比例上漲。

* § 8.9.　認股權證訂價理論

「認購權證」係投資者在特定期間內有權以固定價格向發行公司認購特定數量標的物的憑證，標的物可為黃金、外幣、股票等。不過投資者並無義務必須認購，而係有權決定認購與否。其中，「認股權證」即是

以股票爲標的物的認購權證，投資者有權在特定期間內以固定價格向公司認購特定數量的該公司普通股票。一般而言，「認股權證」是快速成長的中小型廠商用來促銷公司債的工具，理由是：其公司債經常被歸類爲高風險群，只有在高利率與嚴格契約條款下才能順利出售。爲避免發生此種不利情況，中小型廠商通常採用附認股權證公司債做爲籌資工具，而依其處理方式可有下列形式：

(1)「分離型」(detachable)：認股權證可與公司債本體分開，單獨在市場上流通交易，故稱爲「分離型」。資本市場上因而存在認股權證、公司債和附認股權證公司債三種金融產品流通交易。

(2)「非分離型」：認股權證需與公司債本體同時在資本市場上買賣，故稱爲「非分離型」。

至於廠商發行附認股權證公司債募集資金將具有下列優點：

㈠就投資者而言

(1)「投資」、「投機」兩相宜：附認股權證公司債不僅保證利息收入，一旦未來股價攀昇超越認股價格時，投資者可執行認股權利，低價認股而後高價拋售謀利，故兼具「投資」與「投機」性質。

(2)有限風險而收盒可期：附認股權證公司債可以固定價格認購股票，因而兼具股票特色，股價上漲必然帶動其價格尾隨攀昇。在認股權利存續期間內，縱使股價未超過認股價格而使認股權利喪失價值，但是公司債部份仍可定期領息、到期還本。投資者最大損失僅是債息低於市場利息差額而已，故獲利潛力可期而風險相當有限。

(3)投資決策具有彈性：資本市場若是存在健全的債券次級市場，在認股權證可和公司債分離交易的狀況下，投資者可選擇保有公司債而出售認股權證，或持有認股權證而出售公司債，投資決策相當具有彈性。

(4)交易成本較低：財政部爲促進債券市場蓬勃發展，訂定債券交易

成本較股票爲低,目前國內股票交易成本包括經紀商手續費 0.3%與證券
交易稅 0.6%而爲 0.9%,而債券交易成本包括經紀商手續費 0.2%與證券
交易稅 0.1%而爲 0.3%。

(5)具有優先求償權:廠商經營不善而有破產之虞時,公司債投資者
對公司財產享有優先求償權,但認股權證投資者則與普通股股東具同等
求償地位。

㈡就發行公司而言

(1)資金成本較低:認股權證通常做爲促銷公司債的工具,可降低公
司債票面利率,減輕廠商利息負擔。同時,公司債票面利率低於市場利
率,造成債券價值低於票面金額形成折價現象,如稅法容許折價部份以
特定方式分攤至債券存續年限中做爲利息費用,則將出現節稅效果。

(2)有益於股價穩定:認股權證的認股價格通常訂得較發行時的股價
爲高,避免投資者過早執行認股權利,有助於股價穩定。

(3)隨時有資金挹注:投資者執行認股權利必須繳納股款,繳款認股
時間雖不易控制,但認股金對需要較多營運資金之高成長廠商猶如及時
雨,此即廠商偏愛發行的原因之一。

(4)改善財務結構:國內中小企業常以短期負債融通長期資金需求,
致使財務危機發生頻繁。附認股權證公司債不僅可募集大量長期資金,
且會計處理係將其債券部份以同期間與同風險之市場利率設算價格而列
於負債科目,發行總面額減除公司債設算價格之差額則列於股東權益。
該項處理方式異於一般公司債全數列於負債科目,故其導致負債比率提
高幅度小於一般公司債。

「附認股權證公司債」與「可轉換公司債」性質極爲類似,如:具
有促銷公司債及減輕利息負擔效果。前者可以固定價格認購股票,後者
亦可以固定比率或價格轉換爲股票,兩者兼具股票特色,又稱「普通股

等值」(common stock equivalent)。當股價上漲時，兩者價格均會尾隨攀昇；當股價滑落之際時，兩者又可回復債券特色，理論上獲利潛力並無限制，風險卻屬有限。至於兩者均由股票上市公司發行，投資者執行認股權或轉換權時，廠商必須增加發行股數，故具有稀釋股權淨值與股價效果。不過兩者差異處仍有下列數端：

(1)就會計帳而言，「可轉換公司債」因其轉換權利與公司債無法分割，若要執使轉換權利則須放棄保有公司債，故應將其售價作爲公司債價格列於負債項下，不單獨認列轉換權價值。認股權證可與公司債本身分離而獨具價值，故應將其公司債部份以同期間、同風險之市場利率設算價格列於負債科目，再以發行總面額減去公司債設算價格，差額列於股東權益項下的資本公積內，亦即認股權證之設算發行價格屬股東權益科目。

(2)就投資者而言，投資者執行可轉換公司債轉換權利時，無需繳納款項，轉換後債權人身分隨即消失。反之，投資者執行附認股權證公司債認股權利時需繳交股款，而同時發行的公司債若未單獨出售，則債權人身分仍將持續存在。

(3)就發行公司而言，投資者執行認股權利雖可增加廠商流動資產與股本，卻無法降低負債。反之，投資者執行可轉換公司債轉換權利後，廠商負債減少而股本增加，流動資產雖未增加，但降低負債比率效果卻較大。因此規模龐大、成長穩定且負債比率偏高的廠商較偏好發行可轉換公司債；至於中小型廠商預期未來將快速成長，極需資金流入，較偏好發行附認股權證公司債。

(4)在轉換或認股時間控制上，可轉換公司債可採「贖回條款」(call provision)，強迫債券投資者在市場利率滑落時執行轉換權利。理由是：贖回價格若低於轉換價值(conversion value)，投資者自會選擇執行轉換權利以避免廠商贖回債券。在廠商債務消除後，可依資金需求情形，另以較低市場利率融資。至於認股權證雖無任何條款可強迫投資者執行

認股權利，但廠商仍可運用策略誘使投資者繳款認股，如：發放較高現金股利，使投資者為避免因股票除息而受損，而在除息前執行認股權利；或訂定遞增的彈性認股價格誘導提前認股。另外，認股期間即將結束且股價高於認股價格時，投資者也會前來認股，詳情可見第十章。

除開上述性質類似的信用工具外，廠商尚可發行「選擇權」賦予投資者在一定期間內以固定價格買賣特定股票之權利，其中「買進選擇權」內容非常類似認股權證，但仍有差異之處：

⑴認股權證為股票上市公司發行，而選擇權則只要有人願意買，任何人均可發行；

⑵認股權證之權利期間通常較長，以五至七年最為常見，而股票選擇權之權利期間較短只有三、六、九個月；

⑶認股權證之可認購股數由發行廠商自行訂定，而選擇權之可認購股數一律標準化；

⑷投資者執行認股權利後，廠商必須增加發行股數，對股價具有稀釋效果，但執行選擇權權利則無稀釋效果。

認股權證因具有認購股票權利，當標的股票市價超過認股價格時，認股權證將具執行價值。一般而言，認股權證市價通常較執行價值高，投資者寧可在市場直接出售獲利落袋，也不願意執行認股權利再行售股。除非標的股票面臨除息、認股價格調高或認股權利期間即將結束，投資者才會執行認股權利，認股權證市價超過執行價格的部份稱為貼水。在認股權證市場中，貼水現象均屬常見。至於貼水幅度及認股權證價值通常會受下列因素影響：

⑴發行公司股價：發行公司股價上漲，認股權證價值隨之揚昇，兩者具有高度正相關。

⑵認股價格：認股價格（認股成本）愈高，認股權證價值便愈低，兩者將呈負相關。

(3)標的股票價格波動性：波動性愈大表示股價漲跌機率及幅度較大。股價上漲時，認股權證價值隨之揚昇；一旦滑落，認股權證價值頂多跌至零而已。兩相權衡仍以上漲居於優勢，故標的股票價格波動性愈大，認股權證價值愈高。

(4)認股權利期間長短：認股價格通常偏高目的旨在避免投資者過早執行認股權利，是以執行價值一般很低甚至爲零。不過認股權證價格卻不會爲零，理由是：認股期間愈長將擴大不確定性，股價上漲機率與幅度可能愈大，認股權證價值因而水漲船高。

(5)安全資產利率水準：利率愈高，認股價格的現值就愈低，認股權證價值便愈高。

(6)稀釋比率：一旦投資者執行認股權利，廠商必須發行新股支應認股。「稀釋比率」係指認股權證若全數執行認股，廠商必須增加發行之股數相對既存股數之比率。在其他條件不變下，稀釋比率愈高，認股權證價值則愈低。

(7)現金股息：股價會因標的股票除息而下跌，投資者執行認股權利前並不能享有股息，故現金股利愈多將使認股權證價值愈形滑落。至於廠商發放股票股利亦使股價因除權而下跌，但認股價格通常會以同一比率調低，且認股數會以同一比率調高，對認股權證價值並無影響。

最後，Emanuel(1983)由發行認股權證對廠商價值之影響著手，進而推演認股權證評價公式，基本假設如下：

(1)短期無風險資產的利率固定；

(2)所有資產持續以任何數量在交易，且無交易成本或稅賦；

(3)所有資產評價皆能使其獲得確定投資報酬率 r；

(4)廠商擁有市場價值 $V(t)$ 的資產，而且每期支付固定資產比率 α 的股利，亦即股東可獲股利總值爲 $V\alpha\triangle t$，期間爲 t 與 $t+\triangle t$ 之間；

(5)投資者對廠商的請求權包括 n_1 相同的股權及 n_2 認股權證。其中，

認股權證可在未來任一時間執行，且在執行前無股利收益，廠商由認股權執行所獲資金將用於購買資產與擴充廠商規模；

(6)所有認股權證會在其執行價值最大時同時認股，而且認股權證將無法分割。

基於上述假設，執行認股權後之廠商價值 $V_n{}^*(n_1, n_2)$ 是由發行在外的 n_1 股權 S 及 n_2 認股權證 W 兩者構成(亦即 $V = n_1 S + n_2 W$)。假設資產報酬率 r 及股利 a 均為固定值，廠商價值將以 $(r-a)$ 比例成長。假設目前廠商價值 V 小於 $V_n{}^*(n_1, n_2)$，而在 t 點自然成長至 $V_n{}^*(n_1, n_2)$：

$$Ve^{(r-a)t} = V_n{}^*(n_1, n_2)$$

或　$e^{rt} = [V_n{}^*(n_1, n_2)/V]^{[r/(r-a)]}$ \hfill (8.57)

由於所有認股權利在 t 點均會付諸執行，而須支付執行價格 $(n_2 X)$，廠商價值因而變為 $[V_n{}^*(n_1, n_2) + n_2 X]$，執行認股權利後的每股價值為 $[V_n{}^*(n_1, n_2) + n_2 X]/(n_1 + n_2)$，$(n_1 + n_2)$ 是等值的股數總量。至於在執行認股權利前的剎那，由於必須支付執行價格，是以每一認股權價值是 X 且小於上述每股價值。換言之，t 點的認股權價值為 $[V_n{}^*(n_1, n_2) + n_2 X]/(n_1 + n_2) - X$，再將此價值以利率 r 貼現還原至 t_0 時點的價值：

$$
\begin{aligned}
W_n(V, n_1, n_2) &= e^{-rt} W_n[V(t), n_1, n_2]\\
&= e^{-rt}[(V_n{}^*(n_1, n_2) + n_2 X)/(n_1 + n_2) - X]\\
&= e^{-rt}(V_n{}^*(n_1, n_2) + n_2 X)/(n_1 + n_2) \quad (8.58\,a)
\end{aligned}
$$

將(8.57)代入上式：

$$W_n(V, n_1, n_2) = (V/V_n{}^*)^{[r/(r-a)]}(V_n{}^* - n_1 X)/(n_1 + n_2)$$

\hfill (8.58 b)

由於投資者將在適當時間執行認股權，而使(8.58 b)式的認股權價值達於最大：

$$V_n{}^* = rn_1 X/a = \theta n_1 X/(\theta - 1) \hfill (8.59)$$

$\theta = r/(r-\alpha)$。只要$r > \alpha$，上式即是最適而自然的策略。當$r < \alpha$時，只要$V > n_1 X$，最適策略即是迅速執行認股權利。將(8.59)式代回(8.58 b)：

$$W_n(V, n_1, n_2) = [V(\theta-1)/(\theta n_1 X)]^\theta n_1 X/[(n_1+n_2) \cdot (\theta-1)]$$

$$(8.60 \text{ a})$$

$$= [V_\alpha/(r n_1 X)]^{[r/(r-\alpha)]} (r-\alpha) n_1 X/[(n_1+n_2)\alpha]$$

$$(8.60 \text{ b})$$

由上式可歸納出下列觀察結果：

(1)θ是單一參數，且能充分描述α與r的效果。

(2)重新整理(8.60 a)式：

$$W_n(V, n_1, n_2) = (V/V_n^*)^\theta n_1 X/[(n_1+n_2) \cdot (\theta-1)]$$

上式顯示「股權稀釋因子」(equity dilution factor)$[n_1/(n_1+n_2)]$將以乘數形式引進公式，或認股權證價值僅是透過執行認股權利而來，故執行認股權的報酬率將與每股價值（股數）息息相關。

(3)假設認股權證執行策略接續而行，合理股價將是：

$$S_n(V, n_1, n_2) = [V-n_2 W_n(V, n_1, n_2)]/n_1$$

$$S_n(V, n_1, n_2) - W_n(V, n_1, n_2)$$

$$= [V-(n_1+n_2) W_n(V, n_1, n_2)]/n_1$$

$$= \{V-[V(\theta-1)/(\theta n_1 X)]^\theta \cdot n_1 X/(\theta-1)\}/n_1$$

檢驗上式可知：假設$\theta > 1 (r > \alpha)$且$V \leq V_n^*$（假設執行權利在V_n^*），則上述價值將是($\leq X$)，是以$S-W \leq X$，此即認股權證欠缺套利的限制。

(4)當$\theta > 1$時，由(8.59)式可得下列有趣結果：

$$\triangle V_n^*/\triangle n_1 > X$$

接著，Emanuel再進一步分析廠商資產報酬率具有風險性時，投資者對認股權證的評價方式。在此，Emanuel增列兩個假設：

(1)資產報酬率必定高於或至少等於任何投資組合報酬率；

(2)廠商資產報酬率呈現對數常態分配，且報酬率的變異率為固定常數，其瞬間增加率可定義為：

$$dV/V = (u-\alpha)\,dt + \sigma dz$$

u是廠商的預期報酬率，α是固定股利率，σ是報酬率的標準差。dz是$z(t)$的瞬間增加率，其為平均數是 0 且變異率為 1 的 Weiner 隨機過程。由於廠商價值與認股權證均可交易，故可建立安全性避險組合，亦即保有$\partial W_n/\partial V$乘上廠商價值與出售一個認股權證。由於該項避險組合不具風險，因而將可獲取無風險利率，並可構成下列微分方程式：

$$(rV-\alpha V)(\partial W_n/\partial V) - rW_n + (\sigma^2/2)\,V^2\,(\partial^2 W_n/\partial V^2) = 0 \qquad (8.61)$$

上式中的偏微分若屬一般的微分，並無時間依存關係，而且n_1與n_2僅在$V_n{}^*(n_1,\ n_2)$邊境變動。上式恰與前節 Black 與 Scholes(1973)模型類似，該式的所有解值均具下列型態：

$$W_n = AV^{\theta_1} + BV^{\theta_2} \qquad (8.62)$$

θ_1與θ_2是二次方程式的兩根：

$$(r-\alpha)\theta - r + (\sigma^2/2)\,\theta(\theta-1) \qquad (8.63)$$

(8.62)式的較小根θ_2必須為負值，而在r、α及σ均是正值下，θ_1必須大於 1。由於$W(0,\ n_1,\ n_2)=0$，(8.62)式的$B=0$，

$$W_n(V,\ n_1,\ n_2) = A_n(n_1,\ n_2)\,V^\theta \qquad (8.64)$$

而$\theta = \{-(2r-2\alpha-\sigma^2) + [(2r-2\alpha-\sigma^2)^2 + 8r\sigma^2]^{\frac{1}{2}}\}/2\sigma^2$。假設認股權證是自然的同時執行，而下列的邊界條件可由$V_n{}^*(n_1,\ n_2)$上獲得：

$$W_n[V_n{}^*(n_1,\ n_2),\ n_1,\ n_2] = [V_n{}^*(n_1,\ n_2) - n_1 X]/(n_1+n_2) \qquad (8.65)$$

上述關係來自與(8.57)式的相同說法，綜合(8.64)與(8.65)兩式，可得：

$$A_n(n_1,\ n_2) = W_n[V_n{}^*(n_1,\ n_2),\ n_1,\ n_2]/V_n{}^{*\theta}$$

$$= [V_n^* (n_1, \ n_2) - n_1 X] / (n_1 + n_2) \ V_n^{*\theta} \qquad (8.66)$$

綜合以上說明，認股權證的評價模型可表示如下：

$$W(V, \ n_1, \ n_2) = (V / V_n^*)^\theta \cdot \{ [V_n^* (n_1, \ n_2) - n_1 X] / (n_1 + n_2) \}$$

$$(8.67)$$

〔本章重要參考文獻〕

1. 江世珍:《公司財務結構、資金成本與貨幣政策》，臺大經研所碩士論文，民國六十六年。

2. 陳錦村:〈公司財務決策及價值評估之研究〉，臺北市銀月刊，十五卷六期，民國七十三年，pp.51-71。

3. 楊耀塘:〈企業評價與資本結構之研究〉，臺北市銀月刊，十六卷四期，民國七十四年，pp.36-54。

4. 謝德宗:〈資本資產定價模型之實證研究：股票報酬率、風險與偏態係數間的關係〉，臺北市銀月刊，十九卷十期，民國七十七年，pp.20-24。

5. ＿＿＿＿:〈偏態分配下的資產選擇行為：臺灣股市實證分析〉，管理評論，政大企業管理研究所，民國八十年，pp.183-200。

6. ＿＿＿＿:〈公司財務與資本市場理論發展之探討：(上)、(下)〉，企銀季刊，十六卷三期與四期，民國八十二年。

7. 郭明錫:《套利理論應用於規模效應之研究：臺灣地區股票上市公司之實證》，臺大商學研究所碩士論文，民國七十八年十一月。

8. 朱美娟:《臺灣股票報酬率與總體經濟因素關係之實證研究：套利定價理論之應用》，臺大商學研究所碩士論文，民國七十九年六月。

9. 張勝文:《套利定價理論在臺灣股票市場之實證研究》，臺大商學研究所碩士論文，民國八十年六月。

10. 于政長:〈選擇權市場投資與操作〉，臺灣經濟金融月刊，二十五卷九期，民國七十八年，pp.28-47。

11. Berry, M. A., Burmeister, E. & McElory, M. B., *Sorting Out Risks Under Known APT Factors,* Financial Analysis Journal, 1988, pp.29-41.

12. Black, F., *Capital Market Equilibrium with Restricted Borrowing*, JB, 1972, pp.444-454.

13. _____ & Scholes, M., *The Pricing of Options and Corporate Liabilities*, JPE, 1973, pp.637-654.

14. Brennan, M. J., *Capital Market Equilibrium with Divergent Borrowing and Lending Rates*, JFQA, 1971, pp.1197-1205.

15. Chen, N. F., Roll, R. & Ross, S. A., *Economic Forces and the Stock Market*, Working Paper Series B.73, University of California at Los Angeles, 1983.

16. Copeland, T. E. & Weston, J. F., Financial Theory and Corporate Policy, Reading, M. A.: Addison-Wesley, 1983.

17. Cox, J. C. & Rubinstein, M., *A Survey of Alternative Option Pricing Models*, in Menachem Brenner, ed., Option Pricing, Lexington, Mass.: D. C. Health, 1983.

18. Deangelo, H. & Masulis, R. W., *Optimal Capital Structure Under Corporate and Personal Taxation*, JFE, 1980, pp. 3-29.

19. Durand, D., *The Cost of Debt and Equity for Business: Trends and Problems of Measurement*, in E. Solomon (ed.), The Management of Corporate Capital, Free Press, 1959.

20. Emanuel, D., *Warrant Valuation and Exercise Strategy*, JFE, 1983, pp.211-236.

21. Fama, E. F., *Foundations of Finance*, New York: Basic Books, 1976.

22. _____ & MacBeth J. D., *Risk, Return, and Equilibrium: Empirical Tests*, JPE, 1973, pp.607-636.

23. Francis, J. C. & Archer S. H., Portfolio Analysis, Englewood Cliffs, N. J.: Prentice-Hall, 1977.

24. Galai, D., *On the Boness and Black-Scholes Models for Valuation of Call Options,* JFQA, 1978, pp.15-27.

25. _____ & Schneller, M. I., *Pricing of Warrants and the Value of the Firm,* JF, 1978, pp.1333-1342.

26. Haley, C. W. & Schall, L. D., *The Theory of Financial Decisions,* New York: McGraw-Hill, 1973.

27. Hamada, R. S., *Portfolio Analysis, Market Equilibrium, and Corporation Finance,* JF, 1969, pp.13-31.

28. Ingersoll, J. E., *Theory of Financial Decision Making,* Rowman & Littlefield, Publishers, 1987.

29. Koutsoyiannis, A., Non-Price Decision: the Firm in Modern Context, Macmillan Press, LTD, 1982.

30. Kraus, A. & Litzenberger, R. H., *Skewness Preference and the Valuation of Risk Assets,* JF, 1976, pp.1085-1100.

31. Lintner, J., *Security Prices, Risk and Maximal Gains From Diversification,* JF, 1965, pp.587-615.

32. _____, *The Valuation of Risky Assets and the Selection of Risky Investments in Stock Portfolios and Capital Budgets,* REStatistics, 1965, pp.13-37.

33. Merton, R. C., *Captial Market Theory and the Pricing of Financial Securities,* in Handbook of Monetary Economics: Vol.I, Chap.11, North Holland, 1990, pp.497-581.

34. Miller, M. H., *Debt and Taxes,* JF, 1977, pp.261-276.

35. Modigliani, F. & Miller, M. H., *The Costs of Capital, Corpo-*

ration Finance and the Theory of Investment, AER, 1958, pp.261-297.

36. ＿＿＿ & ＿＿＿, *Corporate Income Taxes and the Cost of Capital: A Correction,* AER, 1963, pp.433-443.

37. Mossin, J., *Equilibrium in a Capital Asset Market,* Econometrica, 1966, pp.768-783.

38. Ross, S., *The Arbitrage Theory of Capital Asset Pricing,* JET, 1976, pp.341-361.

39. ＿＿＿, *The Current Status of the Capital Asset Pricing Model,* JF, 1978, pp.885-901.

40. Rubinstein, M. E., *A Mean-Variance Synthesis of Corporate Financial Theory,* JF, 1973, pp.167-181.

41. Sharpe, W. F., *Capital Asset Pricings: A Theory of Market Equilibrium under Conditions of Risk,* JF, 1964, pp.425-442.

42. Solomon, E., *Leverage and the Cost of Capital,* JF, 1963, pp.273-279.

43. Van Horne, J. C., Fundamentals of Financial Management, Prentice-Hall, N. J., 1986.

44. Warner, J., *Bankruptcy Costs: Some Evidence,* JF, 1977, pp. 337-347.

第九章　資金融通與金融管理

　　依據前面各章分析可知：經濟成員爲應付預擬支出需要，或基於未雨綢繆心態，經常會在當期收入中預留部分供未來不時之需，此種當期收入大於支出者稱爲「盈餘支出單位」。相對應的，因意外事故發生，或欲捕捉有利投資機會而致當期支出超越收入的經濟成員，則稱爲「赤字支出單位」。一般而言，兩者出現乃是基於對本身所得流量之「時間偏好」而產生，然而不論何種型態的經濟成員卻立即面臨另一存量之「流動性偏好」選擇。就前者而言，收入大於支出而出現儲蓄將立即累積成財富，該以何種方式持有，則因各類資產流動性迥異，在取捨上將成爲流動性偏好問題。以後者而言，入不敷出形成資金挹注需要，需以出售資產或借款才能克服難題，這種取捨也是流動性偏好問題。「金融廠商」就是在此存量之流動性偏好選擇過程中應運而生，介入兩者間提供「中介勞務」(intermediation service)，溝通雙方資金（資產）交流，重新分配金融與實質資源，提昇資金運用效率與增進社會福祉。

　　「經濟發展」與「金融發展」的關係有如「焦孟難離」密不可分，孰者應該領先發展的爭議頗多，不過一個高度發展的金融產業是推動企業持續現代化成長的後援部隊，將屬無庸置疑。完整金融體系涵蓋「金融市場」、「信用工具」與「金融廠商」三部分，共同實現溝通一國儲蓄與投資管道的基本功能，進而降低「盈餘支出單位」與「赤字支出單位」互通資金（資產）所需承擔的風險及交易成本。

　　本章首先說明「赤字支出單位」盛行的融資方式，以及由融資方式衍生之金融體系架構。其次，將推演借貸雙方採取「直接融資」時如何

達成均衡，進而分別說明「直接融資」衍生之地下（未納入管理）金融體系，其中包括「民間借貸市場」、「存放廠商」、「融資性租賃」與「融資性分期付款」等類型。接著，由於「直接融資」弊病叢生而使資金互通有無窒礙難行，「金融廠商」應運而生以紓解困擾，是以「間接融資」均衡的達成及產生福利效果將值得探討。最後，金融廠商執行「間接融資」必須承擔各種風險，營運成敗可能釀成「金融危機」(financial crisis)，而其倒閉更具第二次外溢效果(secondary spillover effect)。決策當局為求「未雨綢繆，有備無患」，監督與管理金融廠商運作將是任重道遠。央行與財政部將扮演重要擔綱者，前者主要負責執行貨幣政策，後者專司行政監督與業務管理任務。

§9.1. 融資方式與金融體系架構

在任何時點上，體系內經濟成員基於不同理由而分成「盈餘支出單位」及「赤字支出單位」兩個群體，前者忙於為剩餘資金謀求出路，後者四處奔波尋求融資。當兩者間尚未發生借貸前，本期「赤字支出單位」往往以先前各期剩餘挹注，此即「內部融資」，如：「赤字支出單位」為融通本期投資而以前期保留盈餘應付。至於「盈餘支出單位」將保留部分當期所得，以備來日之需。

就 (圖9-1) 所示：當「內部融資」無法滿足資金需求數量後，「赤字支出單位」必須向外謀求融資，此即「外部融資」起源。一旦「外部融資」透過的「中間商」（地下錢莊）未經法律或制度規範，則此融資方式因而形成「未納入管理」或「地下金融」體系的一環。同時，「赤字支出單位」為獲取融資，往往必須提供「盈餘支出單位」各種憑證，如：「口頭信用」(parole credit)、「帳簿信用」(open book credit)或「書面信用」(written credit)等「初級證券」以確認債務關係存在，而「初

級證券」係指最終借款者(final borrower)發行的「債務請求權」(debt claims)。

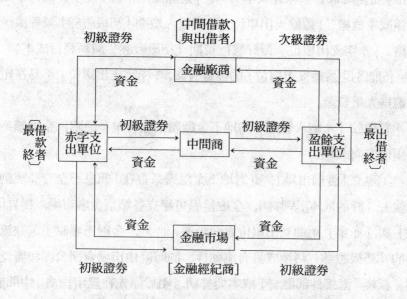

（圖 9-1）融資流程與金融體系

上述「直接外部融資」是「赤字支出單位」與「盈餘支出單位」雙方直接商議資金借貸，雖可紓解「內部融資」數量不足問題，卻是缺陷叢生：

⑴直接融資雖由「口頭信用」或「帳簿信用」進展爲由前者對後者提供借款單、債券或股權等「初級證券」供作融資憑證，但因彼此隔閡不易碰頭，融資訊息成本自然大幅提昇；

⑵「盈餘支出單位」難以評估「赤字支出單位」發行初級證券的信用，或因評估成本(evaluation costs)負擔及「風險貼水」(risk premium)要求，而擡高利率增加融資交易困難；

⑶「初級證券」缺乏流動性，未到期前不易轉讓而存在「流動性風險」(liquidity risk)，致使「盈餘支出單位」常藉「流動性貼水」(liquidity premium)理由要求擡高利率，阻礙融資交易完成；

(4)雙方融資條件常有差距，致使融資不易順利實現，如：「赤字支出單位」希望降低利率減輕成本負擔，「盈餘支出單位」要求提高利率補償上述成本負擔；「盈餘支出單位」希望買入短期「初級證券」減輕流動性風險，「赤字支出單位」偏好發行長期「初級證券」減輕發行成本；

(5)個別「盈餘支出單位」的儲蓄有限，「赤字支出單位」不易在短期內籌得大量資金。

有鑑於「未納入管理」的地下金融體系存有衆多缺陷，金融體系遂朝兩個方向改進：

(1)建立「金融市場」：針對地下金融體系存在「訊息不全」、「流動性風險」、「評估成本」等弊病，金融當局可建立各類型金融市場，提昇「盈餘」與「赤字」兩個支出單位會面頻率。此外，金融市場賦予欠缺流動性的「初級證券」轉換成具有流動性，同時經由市場資訊公開與廣泛流傳，減輕「直接外部融資」成本與弊病。至於原先在黑市扮演「中間商」（地下錢莊）角色者，在金融市場上將搖身變爲代客買賣證券的「經紀商」或自行買賣證券的「交易商」。至於「赤字支出單位」在金融市場募集資金時，將依發行「初級證券」性質不同而有「股權融通」及「債券融通」之分。

(2)「金融廠商」興起：當貨幣經濟進行至某一階段後，「盈餘支出單位」與「赤字支出單位」間存在的「中間商」逐漸演變成「金融廠商」。金融廠商憑藉本身信用發行債務憑證，向「盈餘支出單位」換取資金轉而購買「赤字支出單位」發行的「初級證券」，促使融資順利完成而爲「間接外部融資」，至於發行的債務憑證因係籌措資金轉貸給「最終赤字單位」之用，故稱爲「次級證券」。總之，「金融廠商」係指對儲蓄者(SSU)發行各種「次級證券」籌得資金，用於購進投資者(DSU)發行之「初級證券」，完成資金移轉功能者。這種因避免直接外部融資困難，經由金融廠

商而完成資金轉移的融資活動，一般稱爲「間接融資」。同時，原本在黑市扮演「中間商」(地下錢莊)角色者，在金融廠商出現之際將轉型成「銀行廠商」或「非銀行金融廠商」。

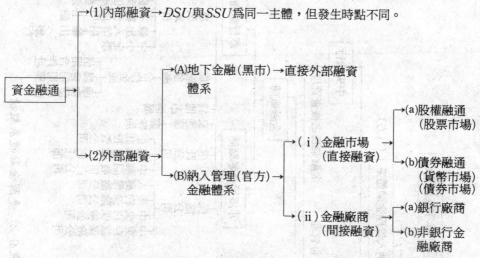

(表 9-1)　資金融通方式

　　綜合以上所述，體系內「赤字支出單位」盛行的融資方式可歸納於 (表 9-1)，由該表融資方式可再度引伸出 (表 9-2) 的金融體系架構。

　　臺灣金融體系基本上具有「金融雙元性」(financial dualism)特性，產生原因有二：

　　(1)落後國家邁向開發國家行列途中，爲求加速體系飛躍成長，往往提供現代化工業部門相對優惠條件與誘因，引導傳統農業部門資源移向工業部門，進而釀成實質經濟出現雙元性部門(dual sector)的壁壘分明現象。由於決策當局優先將官方(formal)金融體系的資金融通工業部門使用，農業部門在告貸無門下只好求助於地下金融體系，「金融雙元性」於焉成形，詳情見第十七章。

　　(2)決策當局壓抑名目利率在均衡水準之下，形成「金融壓抑」(financial repression)現象而需實施「信用分配」制度。一旦「赤字支出單位」

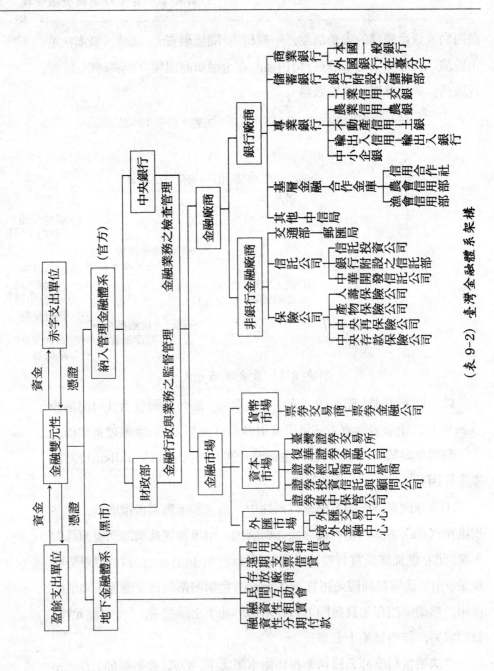

（表 9-2）臺灣全融體系架構

無法在官方金融體系獲得足夠融資,自須另行設法在黑市籌得所缺資金,此爲「金融雙元性」形成的另一原因。

　　(表 9-2) 中,「地下金融」或稱「未納入管理」的金融體系將屬「直接外部融資」的一環,型態涵蓋「信用及質押借貸」、「遠期支票借貸」、「存放廠商」、「民間互助會」、「融資性租賃」及「融資性分期付款」等項目。至於「官方」或「納入管理」金融體系將由「金融市場」與「金融廠商」兩大主體構成,並受「央行」與「財政部」兩大決策當局監督。其中,「財政部」轄下的金融局及保險司將負責監督管理金融體系內的行政與業務內容,至於「央行」則在監督檢查金融廠商營運以及執行貨幣政策。

　　在「金融廠商」類別中,凡是依法得發行貨幣性「次級證券」的金融廠商,可稱爲「銀行廠商」或「貨幣機構」。這些廠商發行貨幣性「次級證券」向「盈餘支出單位」募集資金,買進最終「赤字支出單位」的「初級證券」完成中介資金功能。未能發行貨幣性次級證券的金融廠商稱爲「非貨幣機構」或「非銀行金融廠商」,該類廠商發行非貨幣性「次級證券」籌得資金,買進「初級」或「次級」證券進行融資業務。在此,最終「盈餘」與「赤字」兩個支出單位若透過「金融廠商」互通資金,則將屬於「間接外部融資」方式。至於在「金融市場」類型中,理論上應該涵蓋「制度性儲蓄市場」、「貨幣市場」、「資本市場」及「外匯市場」四種,但因「制度性儲蓄市場」係指銀行廠商發行的負債,故被剔除在金融市場範圍內。同時,「盈餘」與「赤字」兩個支出單位若經由「金融市場」互通資金,將是歸類於「直接外部融資」方式。

§9.2. 「直接融資」均衡的決定與類型

　　前節分析顯示: 在「金融市場」與「金融廠商」尚未出現之際,「盈

餘支出單位」的初級資金供給（證券需求） F^c 是其要求利率 γ_c 及初級證券具有各種特性 $L_i^c(i=1,2,\cdots,n)$ 的函數：

$$F^c=F^c(\gamma^c,\ L_1^c,\ \cdots,\ L_n^c)$$

為求簡化，Mangoletsis(1975)假設各種證券彼此差異之處僅在「期限」或「流動性」而已，高度流動性 L^c 隱含較短期限，上式因而濃縮為：

$$F^c=F^c(\gamma_c,\ L^c) \tag{9.1}$$
$$\quad\ (+)\quad(+)$$

同理，「赤字支出單位」的初級資金需求（證券供給） F^p 是其預擬支付利率 γ^p 及流動性（期限） L^p 的遞減函數：

$$F^p=F^p(\gamma^p,\ L^p) \tag{9.2}$$
$$\quad\ (-)\quad(-)$$

在無「金融廠商」及「交易成本」狀況下，當初級資金（證券）供需達於均衡時，借貸雙方面臨的利率及流動性必然相等：

$$\gamma^c=\gamma^p \tag{9.3}$$
$$L^c=L^p \tag{9.4}$$

其次，「盈餘支出單位」在各種既定 F^p 限制下，尋求 F^c 極大的過程中將可推演出借貸雙方的「擴張曲線」(expansion path)，Lagrange 函數可表為：

$$L=F^c(\gamma^c,\ L^c)+\lambda_1\ [\overline{F}^p-F^p(\gamma^p,\ L^p)]+\lambda_2(\gamma^p-\gamma^c)$$
$$+\lambda_3(L^c-L^p) \tag{9.5}$$

就上式分別對 γ^c、L^c、γ^p、L^p、λ_1、λ_2 及 λ_3 偏微分，同時令其結果為零，可得滿足「擴張曲線」上各點的最適均衡條件：

$$\frac{d\gamma^c}{dL^c}=\frac{d\gamma^p}{dL^p} \tag{9.6}$$

(圖 9-2 A)的 Edgeworth-Bowley 箱形圖顯示：體系內最高利率及流動性分別為 γ_m 及 L_m，而 F_2^c、F_c^*、F_8^c 是「盈餘支出單位」（出借者）

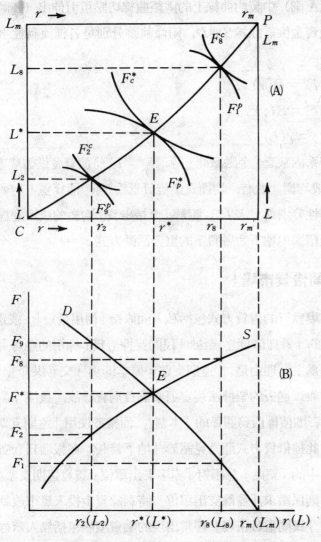

(圖 9-2)「直接融資」均衡的決定

的「固定資金曲線」(constant-fund curve)，F_1^p、F_p^*、F_9^p是「赤字支出單位」(借款者) 的「固定資金曲線」，當兩者分別相切時，所有切點連線軌跡即是借貸雙方「直接融資」的「契約曲線」(contract curve)，條件正如 (9.6) 式所示。

由（A 圖）中契約曲線上的兩組曲線切點可引伸出（B 圖）的借貸雙方初級資金供需曲線 S 與 D，兩條軌跡分別是各種流動性水準下的利率函數：

$$F^p = D(\gamma) \tag{9.7}$$

$$F^c = S(\gamma) \tag{9.8}$$

$$\gamma = \gamma(L) \tag{9.9}$$

當體系內缺乏「金融廠商」時，$F^p = F^c$ 將使資金供需雙方的「直接融資」達成均衡。此時，均衡資金借貸量為 F^*，借貸雙方均願接受的利率與流動性分別為 γ^* 及 L^*。瞭解「直接融資」均衡的決定過程後，以下將分別介紹國內地下金融體系的重要活動方式。

㈠「民間借貸市場」

該市場盛行的借貸方式包括私人間直接「信用借貸」，或透過「中間人」媒介的「質押借貸」。至於「民間質押借貸」採用的憑證通常以「遠期支票」為主，理由是：「遠期支票」原本即為「交易媒介」，隨時可移轉他人，兼以過去的票據法規定退票需負刑責緣故，致使「盈餘支出單位」捨棄彰顯債權債務關係的「本票」，而樂於使用「遠期支票」充當債權憑證。此種借貸方式通常見諸於「地下錢莊」在報端刊登廣告使用的術語，其中的「票貼」意指對「赤字支出單位」簽發遠期支票給予貼現，「金主」則係徵求「盈餘支出單位」將剩餘資金投入黑市放款。

國內「民間借貸市場」經常出現的融資型態包括無人牽線的「民間互助會」以及由中間人居中撮合的「地下錢莊」兩類，兩者各有淵源可分述於下：

⑴「互助會」或「合會」

「互助會」或稱「合會」，係指互相幫助、合作無間的民間商業信用關係，原為盛行於我國、日本、印度及韓國的獨特平民金融制度。臺灣

在日據時代曾由日人將民間盛行的「合會」變爲企業組織，成立「臺灣合會儲蓄股份有限公司」。臺灣光復後，省政府於民國37年頒佈「臺灣省合會儲蓄業管理規則」，並於臺北、新竹、臺中、臺南、高雄、花蓮、臺東等地設立區合會公司。復因民國64年修正銀行法後，爲協助中小企業改善生產設備及財務結構，決策當局於民國65年間分別將所有合會公司改制爲中小企業銀行，同時逐步淘汰原有合會業務。至於民間盛行的「合會」通常由數十人組成，金額視參加階層而異。由於「合會」缺乏保障亦無管理制度，主要特色爲「重人的信用」超過「重物的信用」，倒帳風險甚高，民國71年臺南縣佳里鎮發生的連環倒會案即是著名例子。

「互助會」通常由會首邀請親朋好友參加，參加會員人數愈多，籌措會款也愈多，繳交會款時間越長。一般而言，國內「互助會」具有下列形式：

①依支付形式劃分

(i)「實物會」：通常盛行於農村社會，由於參加會員大多爲農民，繳納會款大都以稻穀或其他實物繳納；

(ii)「支票會」：通常盛行於商業社會，由於參加會員大都爲商場老闆，繳納會款係以不同付款地的支票繳納；

(iii)「現金會」：通常以現款繳納會款。

②依開標日期劃分

(i)「月標」：互助會通常由會員每月約定固定時日聚集一堂，由會員填寫金額進行開標，出價最高者得標，而這項金額就是利息所得；

(ii)「非月標」：隨著經濟結構轉變，國民所得日益提高，月標已經無法滿足會員的資金需求。有些互助會因而改爲半月標、十日標、旬標或日日標，國內臺南縣佳里鎮發生連環倒會案，債權金額不但高達新臺幣貳拾億元，且屬於日日標型態。

③依獲得會款劃分

(i)「內標」: 活會者每月自會金減除標息後繳納, 已得標者每期繳納約定會金;

(ii)「外標」: 未得標者每期按約定會金繳納, 已得標者每期除繳會金外, 還要再加標息金額繳納。值得注意者: 第一期會款通常由「會首」無息使用, 酬庸召集成員標會及代收會款的勞務。

(2)「地下錢莊」

錢莊的歷史演進, 由來已久。根據統計, 民國 38 年 4 月間, 臺灣各地之地下錢莊近 500 家, 其中在臺北市者近 150 家, 最大一家的存款額高達 2500 餘億元舊臺幣。決策當局爲健全金融發展與維護金融秩序, 遂於民國 40 年頒佈取締地下錢莊辦法, 地下錢莊盛行狀況方才稍微收斂。不過基於前面所述的各種原因,「地下錢莊」仍爲地下金融體系的重要中介角色。國內「地下錢莊」的主要資金來源約有下列數端:

(i)自有資金, 向親友或透過親友吸收游資;

(ii)籌組「民間互助會」;

(iii)在傳播媒體刊登「徵金主」廣告, 高利吸收游資;

(iv)「地下錢莊」業務員四處遊說游資擁有者;

(v)向其他「地下錢莊」同業借款;

(vi)自金融機構借款轉貸者。

此外,「地下錢莊」主要貸放對象包括中小企業、一般社會大衆與急需資金者, 這些資金需求者通常因財務結構或經營管理欠佳, 或因緩不濟急無法由金融廠商迅速獲得融資, 只好轉向「地下錢莊」求貸。至於「地下錢莊」貸放方式主要採取「遠期支票調現」、「不動產抵押」及「動產抵押」(汽車貸款) 三類爲主。

(二)「存放廠商」

依據銀行法規定, 只有金融廠商才能辦理放款業務, 非金融性廠商

不得吸收存款及辦理放款業務。不過經濟部在公司法中卻有放鬆規定，廠商基於本身營運所需，可向股東（「股東往來」）或具有公司員工身分者借款，提供廠商本身營運之用。廠商向員工借款，毋需提供抵押品及保證人，又可免除繁瑣申貸手續及金額限制，員工借錢給公司最少可獲銀行貸款利率，遠高於銀行定存利率。在雙方有利可圖下，所謂「員工存款」的地下金融活動自此蓬勃展開，並由一般生產性廠商擴展至專門吸收資金轉而從事各類投機活動的「地下投資公司」，前者以「國泰塑膠公司」，後者以「鴻源」、「龍祥」等投資公司聞名於世，鼎盛時期的吸金數量高達數仟億臺幣之譜，並用於炒作股票及哄擡房地產價格。

㈢「融資性租賃」

「租賃」（lease）係指以租金借貸或為租金轉借貸而定之契約，在既定期限內將其所有物之占有權與使用權轉讓他人的借貸行為。廠商經營過程中的發展關鍵在於設備投資與資金籌措之有效配合，尤以現代企業經營應重技術創新、設備現代化及資本充實為然，若對機器設備投下鉅額資金時，勢將招致資金凍結，成為謀求更多發展之阻力。為解決此類矛盾現象，機器設備租賃制度乃應運而生，可使廠商追求利潤時，毋需獲得機器設備所有權，即可藉租賃方法得到使用權利。就實際而言，租賃不但能擴大廠商的信用額度，並且不被視為債務。同時，廠商若採長期租賃時，不僅可提供長期理財所需經費，並對股東所有權與管理者控制權不致受到債務帶來之損害。

目前國內盛行的租賃型態有二：

⑴「融資性租賃」（financial leases）或稱「資本租賃」（capital leases）：係指廠商使用之機器設備由租賃公司提供融資，而以分期收取租金方式回收全部融資成本。租賃可視為融資的一種，實際上係以「融物」形式代替「融資」的方法，而融資性租賃契約購買機器設備（租賃

標的物) 風險及產生利益實質上全由承租人 (使用設備廠商) 承受。「融資性租賃」的特點是:

(i)出租人不提供機器設備維修、保養及管理服務;

(ii)租賃契約不可單方面取消;

(iii)出租人回收租金等於出租設備全部價格及其收益, 亦即可完全攤銷;

(iv)出租人保有租賃財產之所有權。

(表9-3) 的融資性租賃流程圖顯示: 首先由使用機器設備廠商 (承租人) 選擇所需設備, 並與製造商直接商談售價及交付條件。其次, 再由承租人向租賃公司提出申請, 由租賃公司 (出租人) 根據簽定的買賣契約, 繳付機器設備價款。然後由機器製造廠商將機器送交使用廠商, 並提供維修服務, 而使用廠商則須定期繳納租金給租賃公司。

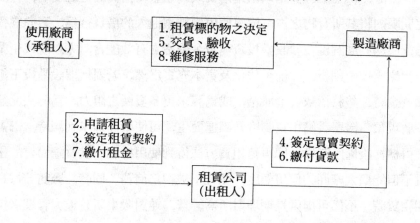

(表9-3) 融資性租賃流程

(2)「營業性租賃」(operating leases): 如同租借, 出租人仍保有機器設備等租賃物的所有權, 營業性租賃具有融資及維護等特性:

(i)出租人必須負擔維護租賃設備, 及各項稅捐、保險等費用, 並承擔租賃產生性能陳舊或價值貶低風險, 所收租金已將維修及管理費用計

算在內；

(ii)出租人所收租金通常無法回收出租設備的全部成本，出租年限往往短於出租設備之預期壽命。不過出租人以後可將設備再出租，由所收租金或處置設備來回收成本；

(iii)租賃契約可以中途解約，亦即當設備陳舊效率較差，承租人可以退還該項設備。

綜合上述租賃方式的特性，將可歸納出「租賃」存在對廠商營運的貢獻可有下列數端：

(1)由於租賃不在廠商資產負債表中顯現，負債比例因而較低，較直接舉債更易獲得較佳財務槓桿；

(2)可保留較多資金營運，或用於較具生產性用途；

(3)可避免設備陳舊風險；

(4)租金支付款小於借款利息及折舊之和，並可作費用支出列帳而節省稅賦；

(5)向金融廠商貸款不但需要擔保品抵押，且手續複雜又較費時，不像租賃公司為推廣業務而主動提供服務。

依據定義劃分，國內租賃公司承辦之租賃業務，應屬「融資性租賃」。自民國 61 年，首先由中聯、第一、中國、國泰及華僑等五家信託投資公司開始辦理融資性租賃業務，財政部接著在 62 年 1 月公佈「信託投資公司辦理機器設備租賃業務辦法」，供其辦理租賃業務之依據。由於信託投資公司辦理租賃業務受到許多限制，業務推廣不甚理想。往後融資性租賃公司紛紛成立，信託投資公司之租賃業務幾呈停頓，遂另行成立專業租賃公司取代經營。最早成立之專業租賃公司為 62 年 1 月之國泰租賃公司，同年 10 月中央國際租賃公司成立，而中國租賃公司亦於 66 年 10 月成立。此後，國內各企業集團投資之租賃公司紛紛成立，就其股東來源而言，大概分為以下幾類：

第一類屬於信託投資公司系統，國內最初設立之租賃公司全由信託投資公司出資，故此系統之租賃公司規模較大，業績較佳，計有中國、國泰、國信、亞信、華僑、華信及亞洲等七家。

第二類屬於關係企業系統，計有統一、國建、富邦、爲邦、建新、國際、臺灣、永欣、永安及新光等九家。

第三類屬於金融廠商系統者，計有中國國際租賃公司。

第四類屬於大貿易商系統，計有高林、匯僑兩家。

第五類係由個人集資成立之租賃公司，計有中南、中聯、中泰、東華、祥華等家。

最後，廠商預擬添置機器設備時，擁有使用權是否亦擁有所有權，將視是否買斷或租借而有所不同。在實際商業交易上，由購買至付租金使用別人財物，型態計有下列三種：

(1)「買斷」：一方支付一定金額後，他方將財物所有權移交由付款者保有之交易行爲；

(2)「租借」(rental)：一方擁有數種財物，按他方要求收取約定租金後出借他人使用；

(3)「包租」(charter)：爲利用船舶與飛機等運輸工具方面之租借形式，可分爲「總包」與「單包」兩種，如：將飛機連同駕駛員及機上工作人員全部定期租借者，或營造用之重機械連同操作技工等全部租用，即屬於「總包」。至於「單包」與一般租借型態相同，僅以某特定標的物爲對象，性質與「融資性租賃」極爲近似。

綜合上述說明可知：「租賃」、「租借」與「包租」均係以借貸形式使用機器及設備，其涵義與內容皆極爲相似而容易混淆，故可將其差異性列於（表9-4）進行比較：

種類 項目	租　　賃 (融資性租賃)	租　　借 (營業性租賃)	包　　租
標的	以機器設備爲主，不論特殊與否皆爲租賃對象。	以機器設備及一般耐久消費財爲對象。	以運輸產業所需交通工具與重機械產業之建設機械爲主要對象。
庫存情形	依廠商需求再向製造廠商訂購後出租。	應以一定庫存貨品爲主。	依廠商需求購置轉租。
契約期間與效力	出租者與承租人簽定契約，以所訂期限維持租賃關係，契約期間較長並具約束力。出租人於該項期間內依法收取租金，承租人則依約定如期支付租金，不得中途解約。	出租者與承租人訂有契約，惟契約期間較短，一旦期滿，出租者可租予不特定承租人。租賃契約一定要雙方具名簽署，依法方有約束力，惟可預先通知中途解約。	出租者與承租人間訂有包租契約，期限屆滿後，除續約者外，出租人再行出租。出租期間係以租賃之耐用期限爲簽訂依據，契約具有法定效力。
租金	因租賃期間長短而有所不同，以按月支付爲原則。	不論租用期間長短，租金係屬固定。	因包租期間長短及係屬總包或單包而有區別。
維護	租賃物如屬泛用機種，由出租者負責維護及保養，如屬專用機種則由承租人自行維護。	由出租人負責任何維護及保養責任。	視包租種類而有所不同，如屬「單包」則與「租賃」相同；如屬總包則又與租賃相似。
承租者	以法人爲主。	法人或自然人。	同左。
用途	配合生產或營業需求添置新式機器設備。	暫時性使用。	配合營運需要使用。
使用形態	以融物方式代替融資，只需使用權而不求所有權，除需自行訓練員工機器設備操作外，其他問題由出租人承擔風險。	在租用期間，機器設備使用由承租人擔負有關各項必要責任。	如係總包，承租人可連同機器設備或交通工具與操作人一起使用。如係單包，則與租賃相似。

(表 9-4)　租賃、租用與包租間的差異性

㈣「融資性分期付款」

國內分期付款業務在民國 40 年代即已出現,民間家電製造廠商藉著分期付款擴展市場, 而金融廠商如: 合會公司(改制為中小企銀)、土銀、中國商銀等亦先後分別開放物產合會及消費性分期償還貸款業務, 前者類似美國之銷售融資公司(sales finance company), 後者類似消費者貸款公司(consumer loan company)之業務, 惟專業性分期付款公司則在民國 67 年以後才出現。探究「分期付款公司」逐漸興起理由約有下列數端:

(1)由消費者觀之, 分期付款服務需求提高大抵上歸因於: (a)國民所得提高, 國內經濟發展進入「大量消費」(mass consumption)階段, 消費大量增加; (b)人們消費偏好改變, 逐漸接受「先享受後付款」之消費觀念; (c)通貨膨脹預期心理存在, 分期付款消費可避免通貨膨脹損失。由於消費者對分期付款服務需求日增, 而銀行產業資金供給卻未能相應增加, 無法充分滿足人們需求, 致使分期付款公司崛起;

(2)由中小企業及貿易商來看, 在資金緊縮時期, 中小企業本就甚難由銀行產業獲取足夠融資, 促使轉向租賃公司或分期付款公司求援, 甚至向地下錢莊融資, 因而刺激分期付款公司興起;

(3)專業性分期付款公司剛出現時, 市場需求殷切導致利潤率頗高, 加以設立並無特別限制, 因此吸引不少同業加入, 造成民國 69 年間家數突增現象。

國內目前現有的分期付款公司除南紡集團設立者以臺南市為主要營業地區外, 其餘均集中於臺北市營業, 而於臺中、臺南、高雄等地設立辦事處。至於分期付款公司的資金來源除股本外, 主要係以分期付款買賣所收票據為副擔保, 向銀行廠商申請無擔保放款, 或由金融廠商保證發行融資性商業本票自貨幣市場取得資金; 其次為股東墊款及向特定人

借入資金(向不特定人借款則是吸收存款，爲法律所禁止)，爲社會大衆
資金。

　　接著，再就 (表 9-5) 說明分期付款公司的融資流程。(表 9-5) 中，
消費者首先前往分期付款公司特約店或經銷商選購產品並填寫申請書，
由分期付款公司進行徵信審查及簽定契約，然後收取「頭期款」(dow-
npayment) (約佔總價值 5%至 25%間) 及通知製造廠商出貨給特約商
店，由其交貨給消費者。接著，分期付款公司支付推介勞務費用給特約
店，並支付貸款給廠商。爾後，消費者應履行按時攤還分期付款，期間
在 30 天至 3 年之間，但以一年期居多，而廠商必須提供保證及售後服務。
上述「分期付款」的融資流程係屬最複雜狀況，尚有經銷商與製造商合
而爲一，以及製造廠商 (兼爲經銷商) 自行銷售商品之際，同時辦理分
期付款業務。

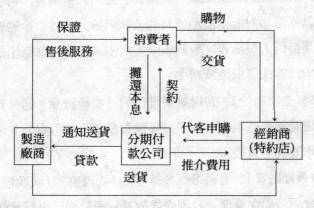

(表 9-5)「分期付款」的融資流程

*§ 9.3.　「金融廠商」與「間接融資」均衡

　　「盈餘支出單位」與「赤字支出單位」彼此「直接融資」情景，有
如人們從事「物物交換」一般，整個融資過程所需負擔成本與風險極高，

迫使資金市場規模萎縮狹隘, 進而阻礙經濟發展。有鑑於此,「金融廠商」出現有如「貨幣」誕生一般, 提昇體系的融資效率, 充分暢通儲蓄與投資管道, 進而加速資本累積與經濟成長。綜合「金融廠商」在體系當中扮演的主要功能約有下列數端:

(1)「降低融資成本」: 金融廠商經由兩個途徑降低融資成本: (i)資金供需雙方經由金融廠商媒介, 將可減輕彼此尋覓及探索對方信用的成本, 進而降低不確定性存在; (ii)金融廠商以專業徵信人員對意欲借款者作信用評估, 基於「大數法則」原理所需負擔成本當然低於自行放款的評估成本。從「出借者」來看, 融資成本降低乃是淨利息收入增加; 從「借款者」來看, 融資成本降低乃是利息負擔減輕, 對儲蓄及投資意願都有激勵作用;

(2)「降低融資風險」: 金融廠商匯集資金並對大眾融資, 可收分散風險之效, 放款風險相對低於個別成員的放款風險。此外, 金融廠商放款事前都由專業徵信人員審查, 放款風險大為削減, 故可降低出借者附加風險貼水要求, 亦即降低放款利率;

(3)「提高資金流動性」: 金融廠商發行的「次級證券」通常具有較大流動性, 可隨時轉換為現金, 因而提昇儲蓄意願, 並可降低支付存款者的流動性貼水及利息負擔;

(4)「承辦長期融資」: 金融廠商發行短期「次級證券」吸收短期資金, 利用存戶不會同時提存原理, 合理安排放款期限結構, 進行比較長期融資, 滿足借款者融資期限要求, 有助於促進資本累積;

(5)「促進證券多元化」: 金融廠商可視資金供給者偏好, 促使「次級證券」發行多元化, 提高「盈餘支出單位」的儲蓄意願, 進而加速「金融深化」減輕通貨膨脹壓力。

基於上述功能, 金融廠商若未雇用資本財且自身並無資金需求時, 「金融中介化」(financial intermediation)提供的流動性 L' 將是「初

級」出借者與借款者各自屬意的流動性差距：

$$L^t = L^c - L^p \tag{9.10}$$

初級出借者屬意的流動性超越初級借款者要求的部分 L^t 若由金融廠商以每單位資金成本 γ^t 生產，則「資金轉換成本函數」(transformation cost function)可為：

$$\gamma^t = T(L^t, F) \tag{9.11}$$

上述函數若對資金數量 F 具有規模報酬不變特性，上式將可簡化成：

$$\gamma^t = t(L^t) \tag{9.12}$$

至於金融廠商宣告的利率 γ^t 將是「初級資金」供需雙方各自要求利率的差額：

$$\gamma^t = \gamma^p - \gamma^c \tag{9.13}$$

以下將依金融廠商係為「完全競爭」或「完全壟斷」型態分別推演「間接融資」均衡的達成：

㈠「完全競爭」的金融廠商

在「直接融資」時，「初級資金」供給係針對潛在初級借款者提出，「初級資金」需求則係針對潛在初級出借者提出。一旦踏入「間接融資」境界，「初級資金」供需轉而向金融廠商提出後，前節由「契約曲線」推演所獲的「初級資金」供需函數自此將推廣為「初級出借者」、「金融廠商」及「初級借款者」間的「初級」與「次級」資金供需函數。

在「間接融資」下，「初級資金」供需雙方的契約曲線形成類似於「直接融資」狀況，亦即「初級資金」供給者面臨 (9.2)、(9.10)、(9.11) 及 (9.12) 等式限制下，故 Lagrange 函數可為：

$$L = F^c(\gamma^c, L^c) + \lambda_1 [\overline{F^p} - F^p(\gamma^p, L^p)] + \lambda_2(\gamma^p - \gamma^c - \gamma^t) + \lambda_3(L^c - L^p - L^t) + \lambda_4 [\gamma^t - t(L^t)] \tag{9.14}$$

就上式分別對 γ^c、L^c、γ^p、L^p、λ_1、λ_2、λ_3 及 λ_4 偏微分，並令其為零，

經整理可得:

$$\frac{d\gamma^t}{dL^t} = -\frac{d\gamma^c}{dL^c} = -\frac{d\gamma^p}{dL^p} \tag{9.15}$$

上式涵義爲: 金融廠商提供「淨流動性」(net liquidity, L^t)的邊際成本必須等於「次級」借款者及出借者屬意的流動性邊際價值。接著, 再用 (圖9-3) 及 (圖9-4) 說明上述結果。

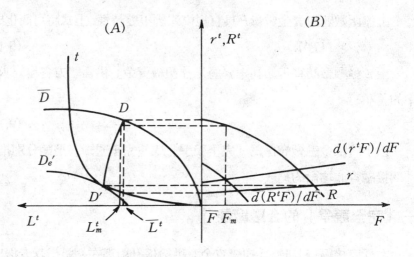

(圖 9-3) 最適「間接融資」方式

(圖9-3 A) 中, 金融廠商生產的單位「資金轉換成本」函數 t 將如 $t\overline{F}$ 軌跡所示, (圖9-4 A) 的Edgeworth-Bowley箱形圖構成與(圖9-2 A) 相同, CP 軌跡是「直接融資」下的契約曲線, E 是均衡點。再將 t 曲線圓點放置於 F^c_e 曲線上的任意點上, 進而沿 F^c_e 曲線滑動至 t 曲線與最高的 F^p_l 曲線相切爲止, A_1 是 F^c_e 曲線上的 t 曲線圓點。另外, B_1 是 t 曲線與 F^p_l 曲線的切點, 由該點描繪出的 t 曲線與 F^c_e 曲線切於 A_1 點, 此時 A_1 與 B_1 兩點均符合 (9.15) 式的條件。同理, 由 F^p_e 或 F^c_b 曲線描繪出與 t 曲線相切的 A_2 與 B_2 兩點亦可滿足相同條件。

由 A_1 點繪出的 t^c_e 曲線或 A_2 點繪出的 t^c_b 曲線分別是「次級」出借者或

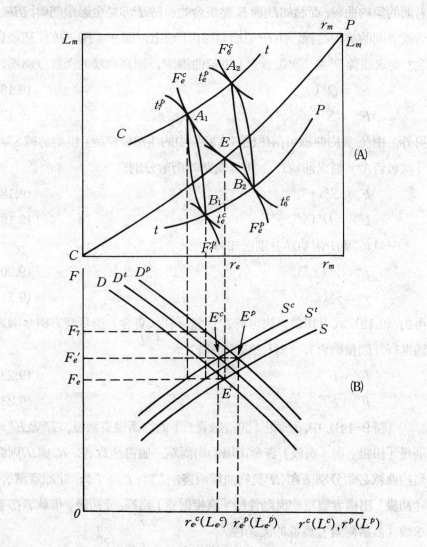

(圖 9-4)「間接融資」均衡的達成

金融廠商的「固定資金曲線」F_e^p 或 F_e^p。同理，由 B_1 點繪出的 t_e^p 曲線或 B_2 點繪出的 t_e^p 曲線分別是「次級」借款者或金融廠商的「固定資金曲線」F_e^p 或 F_e^p。類似 A_1 與 A_2 點集合的軌跡或 tC 曲線即是金融廠商與「初級」放款

者間的契約曲線, 而諸如 B_1 與 B_2 點集合的軌跡 tP 即是金融廠商與「初級」借款者間的契約曲線。由 tP 契約曲線再衍生出 (圖 9-4 B) 中的「初級資金」需求曲線 D^p 及「次級資金」供給曲線 S^t, 兩條軌跡的函數分別為:

$$F^p = D^p(\gamma^p) \tag{9.16}$$

$$F^{st} = S^t(\gamma^c, \gamma^t) \tag{9.17}$$

另外, 由 tC 契約曲線可衍生出 (B 圖) 中的「初級資金」供給曲線 S^c 及「次級資金」需求曲線 D^t, 兩條軌跡的函數分別為:

$$F^c = S^c(\gamma^c) \tag{9.18}$$

$$F^{dt} = D^t(\gamma^p, \gamma^t) \tag{9.19}$$

一旦 tC 及 tP 兩軌跡分別已知時,

$$\gamma^p = \gamma^p(L^p) \tag{9.20}$$

$$\gamma^c = \gamma^c(L^c) \tag{9.21}$$

再由 (9.12) 式可知: γ^t 決定於 L^t。當「初級資金」借貸雙方與金融廠商進行「間接融資」, 一旦達成均衡時:

$$F^p = F^{st} \tag{9.22}$$

$$F^c = F^{dt} \tag{9.23}$$

(圖 9-4 B) 中, F_e 是「間接融資」下的均衡融資數量, E^c 及 E^p 分別是「初級」與「次級」資金市場的均衡點。值得注意者: tC 與 tP 兩條契約曲線必須分別落在 CP 契約曲線兩邊, $L_e^{c'} > L_e > L_e^{p'}$, 此即意謂著:「初級」出借者屬意的流動性較「直接融資」為高,「初級」借款者卻要求較「直接融資」為低的流動性。

㈡「完全壟斷」的金融廠商

假設金融廠商僅有一家, 而此金融壟斷者追求總利潤極大:

$$\pi = (R^t - \gamma^t)F \tag{9.24}$$

R^t 是「資金轉換」的需求價格, 將視「淨流動性」L^t 及資金數量 F 兩者

而定：

$$R^t = \gamma^p - \gamma^c \tag{9.25}$$

$$R^t = R^t(L^t, F) \tag{9.26}$$

值得注意者：在完全競爭下，人們進行「直接融資」並無任何障礙，然而一旦改由金融壟斷者提供「初級資金」借貸雙方各種利率與流動性組合後，其組合至少需等於無金融廠商存在時的可得組合。換言之，一旦金融廠商提供利率與流動性組合遜於「直接融資」的可用組合，人們對金融壟斷者提供的勞務自然興趣缺缺。至於兩種狀況提供的組合若屬一致，該類金融勞務需求將屬未定，亦即 (9.26) 式成立的前提爲 $F > F^e$。

（圖 9-3 A）中，$\overline{D}$ 曲線係單位資金收益軌跡，是爲 L^t 的函數，而且 $F = \overline{F}$ 趨近於 F_e。該曲線係符合下列條件的各點集合：

$$\frac{d\gamma^c}{dL^c} = \frac{d\gamma^p}{dL^p} \tag{9.27}$$

在 D 點上亦符合下列條件：

$$\frac{dR^t}{dL^t} = \frac{d\gamma^t}{dL^t} \tag{9.28}$$

當資金數量爲 $\overline{F}$ 時，金融壟斷者生產「淨流動性」$\overline{L}^t$ 所獲利潤臻於極大。D_e' 曲線是在 $F = F_e'$ 下，符合 (9.27) 式條件的點集合，而 D' 點的利潤爲零。至於 DD' 曲線是滿足 (9.28) 式條件的點集合軌跡。（圖 9-3 B）中，R 是需求價格，γ 是單位資金轉換成本，分別爲由 DD' 曲線給定「淨流動性」值下的資金需求函數：

$$R^t = R(F) \tag{9.29}$$

$$\gamma^t = \gamma(F) \tag{9.30}$$

$$F = F(L^t) \tag{9.31}$$

同時，當金融壟斷者尋求利潤最大時，

$$\frac{d(R^t F)}{dF} = \frac{d(\gamma^t F)}{dF} \tag{9.32}$$

(圖9-3) 中，金融壟斷者達成均衡時的資金及流動性值將是$F_m >$ $\overline{F}$, $L_m^t > \overline{L}^t$。換言之，在$F \geq \overline{DF}$時，該壟斷者的邊際收益會等於邊際成本，一旦兩者不等，該金融廠商將交易$\overline{DF}$資金，進而充分避免「初級」出借者及借款者對購買其勞務的無差異性。

§ 9.4. 金融廠商的管理與管制

隨著經濟金融環境日新月異，金融廠商類型與業務同時隨之增長。各種金融廠商間的分野雖因金融自由化與金融創新盛行而日愈模糊，但仍有下列差異可供區分:

(1)金融廠商名稱的差異係源自法令或管理辦法不同所致，如:「銀行法」對銀行及信託公司、「保險法」對產險及壽險公司在名稱、業務內容及限制各有不同規定，進而凸顯各類金融廠商在金融產業的特色;

(2)金融廠商發行不同的「次級證券」，同時購進不同生息資產。商銀可創造活期負債，購進中短期放款資產。儲蓄銀行創造中長期負債，購進中長期資產。壽險與產險公司發行契約性保險單(insurance policy)，根據業務限制及營業需要安排資產結構;

(3)金融廠商發行的「次級證券」，在市場性、流動性及獲利性等方面都有很大差異。有些歸類為「貨幣」，如: 支票存款;部分視為「近似貨幣」，如: 定存與儲蓄存款;其餘則為其他生息資產，如: 金融債券。

在上述差異中，「貨幣供給」文獻特別著重金融廠商為吸收資金而發行債務的差異性。一般而言，金融廠商發行「次級證券」多少具有流動性，或帶有若干程度的貨幣性，必要時得以某種代價轉變成貨幣。在金融廠商發展過程中，有些「次級證券」轉換貨幣的成本逐漸下降，甚至無成本轉為貨幣，故逐漸歸為貨幣同類。有鑑於此，「舊觀點」貨幣供給理論進一步區分金融廠商發行的「次級證券」為「貨幣性次級證券」

(monetary secondary securities)及「非貨幣性次級證券」，前者已列入體系內貨幣定義的一環，後者則仍屬金融資產而已。就前者的發行廠商而言，當國家獨占發行利益而將紙幣發行權國有化後，發行紙幣的金融廠商將演變成「中央銀行」。爾後，隨著經濟發展脚步前進，市場規模與交易值逐日遞增下，以經營紙幣替代品業務爲主的金融廠商因而蓬勃發展，此即「存款貨幣銀行」的興起。「中央銀行」及「存款貨幣銀行」的主要債務都是「貨幣性次級證券」，兩者因而合稱「貨幣機構」或「銀行廠商」。至於後者的發行廠商係因經濟成長帶動國民所得提昇，小額儲蓄者增多，吸收小額儲蓄資金轉換爲其他用途的各類型金融廠商紛紛應運而生。彼此吸收資金所採方式雖然有別，但其「次級證券」不具貨幣性則屬一致，故該類金融廠商僅能歸屬「非銀行金融廠商」的範圍內。由於兩類金融廠商在經濟活動中均是扮演溝通「儲蓄」與「投資」的中介角色，「新觀點」貨幣供給理論由創造「銀行信用」觀點來看，認爲兩者本質上並無重大差異。不過「舊觀點」貨幣供給理論另由創造「貨幣供給」觀點著眼，嚴加區分兩者的異同。

　　金融廠商出現固可提昇融資的配置效率，促進經濟成長與發展，然而各國政府對金融廠商設立及業務都採嚴格管制與管理措施，事實上，金融廠商間的差異性形成也與管制措施息息相關，詳情見第十七章。至於決策當局管制金融廠商的主要理由有四：

　　(1)「金融訊息不全」：在金融市場上，生產者（金融廠商）對其產品固然具有完整資訊，但是消費者（資金供給者）顯然居於劣勢。一般而言，人們購買物品前，通常訴諸過去使用經驗或是蒐集相關產品訊息供作決策依據。不過兩者對金融產品都不適用，理由是：個人託付的金融廠商一旦倒閉，除使本人遭致損失外，更將外溢至干擾實質部門運行；此外，金融活動牽連甚廣，並非個人有閒或有能力獲得充分的專業知識。有鑑於此，決策當局對金融活動便須採取某些管制措施，如：責令金融

廠商定期提供訊息及建立存款保險制度，有助於補足人們的金融知識。

(2)「抑制經濟力量集中」：在貨幣經濟體系中，掌握金融資源即是控制實質資源，而金融廠商是藉運用他人資金而獲利，其運用方式及匯集資金能力對經濟活動及社會安定都會產生重大影響。超大型金融廠商漫無節制的動員資金能力常會導致經濟力量集中，進而產生扭曲資金配置效果。為避免資金被壟斷而形成資源錯誤配置，決策當局對金融廠商及其設置分支機構便需採取嚴格管制措施，對資金用途也列有管制規定。

(3)「指導資金運用」：在「金融雙元性」體系下，金融當局為提昇資金運用效率，往往會對某些特定廠商給予專案融資，或特許創辦專業金融廠商指導資金用途，促進經濟健全發展，詳情見第二十章。

(4)「控制體系內流動性」：「銀行廠商」是目前體系內的貨幣供給者，而「非銀行金融廠商」則屬銀行信用資金供給者。「貨幣」及「銀行信用」都是體系「流動性」的主要構成分子，其增減變動對經濟活動將會產生重大影響。為能避免「流動性」急遽變動，並配合經濟活動需要而適度成長，央行將需制訂金融管理法規，對金融活動進行必要干預。

基於上述理由，各國決策當局對金融廠商營運均有明文規定，而依(表9-2)顯示：國內管理與監督各金融廠商營運的機構包括央行及財政部兩大主管官署，兩者採取的金融管制方式，若依時間發生先後可分為事前與事後管制。前者係於金融廠商設立前，就其設立條件、地點、營業項目、組織結構、及資本額等作適當規定；後者則於其成立營業後，就其安全性與健全性進行監督管理。決策當局若欲充分發揮功能，尚有賴於妥善運用管制工具，才能達成目的。一般而言，較常運用的管制工具約有下列數端：

(1)「執照的許可」：銀行廠商營運通常採取特許制，需事先取得主管機關核准才能營業。主管當局在決定是否發給執照時，考慮因素涵蓋資本額是否適當、市場佔有率及未來獲利能力、股權是否分散、是否符合

大眾利益或地區需要、銀行董監事的組成及經營能力等。

(2)「設立分支機構」：限制設立分支機構動機在於避免競爭可能帶來不利影響。分支機構增加雖可提昇市場競爭性，但是同一地區存在過多銀行廠商勢將形成惡性競爭，不僅降低經濟效益，也阻礙整體經濟均衡發展，甚至威脅到銀行廠商利潤及償付能力，尤其是小銀行廠商更無法達到規模經濟及分散區域性風險。

(3)「存款保險」：實施存款保險目的旨在提昇人們對金融體系信心，及防止銀行擠兌造成恐慌。若銀行廠商未參加存款保險，一旦謠傳發生嚴重金融問題，存款者將迅速提款，結果將釀成金融危機，即使健全的銀行廠商亦無法承受擠兌，因此參加存款保險有降低提款誘因，詳情見第十二章。

(4)「金融檢查」：金融業務檢查是執行金融管理的有效工具，決策當局透過檢查瞭解金融廠商的業務經營是否健全、是否遵照法律規章辦理，以及是否配合政府政策等。就消極面而言，金融檢查可防止金融弊端或倒閉事件發生；積極面而言，更可作為建立金融制度參考，或提供調整金融決策依據，是以完善的金檢制度是穩定金融產業運作的核心。

(5)「資本適足性」(capital adequacy)：「資本適足性」存在目的除防止銀行廠商從事過多風險行為外，將促使銀行廠商獲取合理報酬率。自有資本比率越低，營運風險就越大，但股東的預期報酬率則越高。銀行資本高低雖與經營成敗無絕對關係，合理資本比率亦無標準存在，但過低資本水準將提高銀行廠商失敗機率，目前國際清算銀行(BIS)已要求在 1992 年以前自有資本比率必需達到風險性資產的 8%，詳情見第十二章。

(6)「問題金融廠商的處理」：金融廠商出現問題的性質有二：(i)目前經營環境下極可能失敗者；(ii)目前經營雖陷於困境，但仍能持續營運者。存款保險公司一般採行方法如下：(a)提供財務支援具有償債能力

之問題銀行, 以渡難關; (b)尋找健全銀行予以合併, 損失由保險公司付予承受銀行; (c)清算銀行廠商資產, 支付存款保險人, 並儘可能賠償超過承保額之存款戶; (d)由存款保險公司接收後再繼續經營, 詳情見第十一章。

(7)「禁止從事非銀行業務」: 金融當局禁止銀行廠商從事非銀行業務, 目的在於防止下列現象發生: (i)銀行廠商若從事另一行業, 將會降低其安全性; (ii)銀行廠商利用管制優點與其他行業從事不公平競爭; (iii)運用銀行廠商鉅額資金控制市場。

接著, 將逐一說明央行與財政部在金融體系中扮演的角色:

㈠央行執行貨幣政策

央行是金融廠商核心, 非以營利爲目的, 並且是控制或調節全國信用的最高金融機構。央行主要職能是執行貨幣政策, 亦即在任何時機供應最適貨幣數量, 以維持體系穩定均衡發展。在此, 「貨幣政策」係指貨幣管理策略, 亦是央行爲實現經濟金融穩定目標而採取控制「貨幣供給」與「銀行信用」之行動。貨幣政策目標通常涵蓋「經濟穩定」、「充分就業」、「經濟成長」與「國際收支平衡」四項, 其中的前三項係屬封閉體系問題, 「平衡國際收支」則屬開放體系範圍。至於「貨幣政策」內涵將留待第十九章與第二十章另行探討, 此處不再重覆贅言。

㈡行政管理

除了央行採取各類型貨幣政策會影響金融廠商運作外, 國內訂定之「銀行法」係採積極指導原則, 除規範銀行廠商業務經營, 樹立金融產業紀律外, 並針對銀行廠商業務營運直接進行指導, 以及授權財政部負責執行與監督金融廠商的行政管理。以下分別說明財政部在金融體系中扮演的行政管理角色:

⑴銀行廠商設立許可

　　(a)財政部得視國內經濟金融環境，於一定區域內限制增設銀行或分支機構。同時，可依國際貿易及工業發展需要，允許與指定外國銀行得設立之地區；

　　(b)銀行廠商經許可設立、增設分支機構、合併或解散，均須經過財政部同意與核定。

⑵勒令銀行廠商停止營業、復業及撤銷設立許可

　　(a)銀行廠商發生(i)無法撥補應付票據差額，經央行停止票據交換；(ii)無法支付即期債務與妨礙健全經營等兩種狀況時，財政部得勒令停業，限期清理。一旦勒令停業銀行於清理期限內已回復支付能力者，得申請財政部核准復業；逾期未經核准復業者，應撤銷其許可，並視停業時起為解散，原有清理程序視為清算；

　　(b)在資本虧損逾三分之一時，銀行廠商董事或監察人應即申報財政部並需限期補足資本，逾期未經補足資本者，應勒令停業；

　　(c)銀行廠商經股東會決議解散，應向財政部申請核准後進行清算。隨後，財政部依規定核准解散時，應即撤銷其許可。

⑶財務管理

　　(a)為健全銀行廠商財務結構與保持資產適當流動性，央行經洽商財政部後，得隨時規定銀行廠商流動資產與各項負債比率的最低標準，以及主要負債與淨值比率最高標準；財政部得視國內各區域人口、經濟發展及銀行廠商類型規定最低資本額；

　　(b)每屆營業年度終了，銀行廠商應將營業報告書、資產負債表、財產目錄、損益表、盈餘分配決議，於股東會承認後十五日內，分別報請財政部及央行備查。

㈢業務管理

財政部可依管理事務性質核定金融廠商經營業務範圍:

(1)核定銀行廠商業務範圍

(a)銀行廠商經營業務項目,由財政部依其個別性質分別核定可以從事的業務內容;

(b)銀行廠商爲供給中長期信用,依有關規定報經財政部核准方可發行金融債券募集資金。同時,除法律另有規定外,非銀行廠商不得收受存款,受託經理信託資金、公衆財產或辦理國內外匯兌業務。

(2)限制銀行廠商業務經營

(a)財政部於必要時經洽商央行後,得適當限制銀行廠商從事無擔保放款或保證,以及訂定金融債券發行辦法;

(b)定存未到期前不得提取,但得以質借或於七日以前通知銀行廠商中途解約,利息按已存期間定存利率計算,辦法由財政部洽商央行訂定。

㈣金融業務檢查

金融業務檢查目的在於健全銀行廠商經營、保護存款者及配合經濟發展需要,檢查範圍涵蓋下列三者:

(1)評估受檢單位財務狀況確實性;

(2)調查受檢單位是否遵照政府頒訂之有關法令辦理業務;

(3)評估管理階層之能力與品格。

國內金融業務檢查是由財政部扮演主導角色,但於民國69年10月間頒訂「財政部委託央行檢查金融機構業務辦法」,將部分業務交由央行金融檢查處協助處理,而財政部金融局與保險司居於襄助角色。兩者分工方式如下:

(1)財政部委託央行檢查之金融廠商包括商業銀行、農漁會信用部、

儲蓄銀行、保險公司之授信部門、專業銀行、票券金融公司、信託投資公司、證券金融公司、外國銀行、郵政儲金匯兌局、信用合作社與其他依法設立之金融廠商，同時訂定檢查全國金融廠商業務辦法；

　　(2)央行每年對全國金融廠商總管理單位至少檢查一次，分支單位則視情況需要不定期檢查，檢查報告應以一份送財政部；

　　(3)央行以金融業務檢查報告作為金融決策依據，並隨時通知金融廠商應注意及糾正事項，且以副本抄送財政部備查；

　　(4)財政部於必要時直接派員或令由央行檢查金融廠商，檢查結果告知涉及行政與法律事項應建議財政部處理之；

　　(5)財政部對金融廠商發布行政命令，應隨時抄送央行備查，但如有發佈業務指示命令，必要時應先商徵央行意見。

〔本章重要參考文獻〕

1. 郭豐有：〈租賃之基本概念〉，臺北市銀月刊，十卷九期，民國六十八年，pp.53-60。

2. 張火旺：〈黑市資金市場與利率〉（上）、（下），臺灣經濟金融月刊，十七卷八、九期，民國七十年，pp.1-13, pp.13-20。

3. 邱靖博：〈利用租賃融資促進投資〉，臺北市銀月刊，十三卷七期，民國七十一年七月，pp.10-18。

4. 黃永仁、楊金龍、羅庚辛與黃博怡：《臺灣地下金融問題：民間合會與地下錢莊》，基層金融研究發展叢書 13，民國七十三年。

5. 許嘉棟：〈我國金融體制之檢討〉，收集於《當前經濟問題研究》，中國經濟學會，民國七十二年四月。

6. 許欽洲：〈淺談分期付款公司管理問題〉，臺北市銀月刊，十四卷二期，民國七十二年，pp.100-105。

7. 王建民：〈民間互助會的形成、問題與對策〉，臺北市銀月刊，十四卷一期，民國七十二年，pp.80-89。

8. ＿＿＿：〈地下錢莊的形成、問題與對策〉，臺北市銀月刊，十四卷五期，民國七十二年，pp.79-85。

9. 錢釧燈：〈地下經濟之估計〉，臺北市銀月刊，十四卷五期，民國七十二年，pp.56-71。

10. 梁國樹與侯金英：〈我國金融制度與金融政策〉，收集於《貨幣金融論文集》，臺大經濟系，民國七十三年，pp.279-328。

11. 沈英明：《地下金融之研究》，財政部金融研究小組，民國七十三年。

12. 楊雅惠：《雙元性金融體系之經濟政策效果》，臺大經研所博士論文，民國七十三年七月。

13.陳龍騰：〈由金融自由化談金融管制〉，臺北市銀月刊，二十二卷七期，民國八十年，pp.41-46。

14. Gurley, J. G. & Shaw, E. S., *Financial Aspects of Economic Development*, AER, 1955, pp.515-5380.

15.＿＿＿ & ＿＿＿, *Financial Intermediaries and the Saving Investment Process*, JF, 1956, pp.257-276.

16. Mangoletsis, I. D., *The Microeconomics of Indirect Finance*, JF, 1975, pp.1055-1063.

第十章　金融廠商與金融市場

由前章說明可知：一旦體系內缺乏金融廠商中介資金時，資金供需雙方彼此「直接融資」過程將是迂迴多艱，進而釀成投資與儲蓄間的溝通管道堵塞，資本累積與經濟發展必然窒礙難行。為能紓緩該項困擾，提昇融資效率與減輕融資成本，「直接融資」方式將朝發展「金融廠商」與建立「金融市場」兩項途徑邁進。就前者而言，資金供需雙方經由「金融廠商」中介轉化為「間接融資」，融資成本與風險歷經金融廠商大規模生產運作下顯著遽降。再就後者而言，資金供需雙方共同面對「初級證券」標準化與特定交易場所狀況，「流動性」需求未能契合與訊息不全問題將可獲得適度紓緩。

本章首先陳述國內「銀行廠商」類型與剖析其所創造之銀行信用種類。再則，將逐一說明國內「非銀行金融廠商」類型內涵與資金運用狀況。接著，將剖析金融市場誕生對經濟體系貢獻，同時介紹金融市場分類狀況。最後，將逐項介紹體系內融通短期資金的「貨幣市場」、長期資金的「資本市場」與外幣資金的「外匯市場」等主要金融市場實際運作情形。至於有關期貨市場的交易狀況，將於第十八章再行簡單介紹。

§ 10.1.　「銀行廠商」類型

凡是依循「銀行法」規定而由財政部特許成立，並經營銀行業務之金融廠商即可定義為「銀行廠商」，至於國內「銀行廠商」將涵蓋「商業銀行」、「儲蓄銀行」與「專業銀行」等三類以及類似銀行廠商的「信託

投資公司」。由於「銀行廠商」在體系內主要從事「受信」(吸收資金)與「授信」(貸放資金),「銀行法」第五條因而率先劃分「銀行信用」期限爲「短期」及「中長期」信用兩種,規定銀行廠商授信期限在一年以內者爲「短期信用」;超過一年而在七年以內者爲「中期信用」;超過七年者爲「長期信用」,但最長期限不得超過二十年。隨後,「銀行法」再對銀行廠商提供之「銀行信用」進行分工:

(1)「商業銀行」以供給短期信用爲主要任務;

(2)「儲蓄銀行」以供給中期及長期信用爲主要任務;

(3)「專業銀行」以供給特定部門所需專業信用爲主要任務;

(4)「信託投資公司」以從事與資本市場有關的特定投資爲主要信用。

除上述「金融分工」差異性外,財政部再依個別銀行廠商特質,分別核定經營業務範圍,內容分列於 (表 10-1) 中做爲比較。

首先,依據「銀行法」第 70 條定義:凡是以收受「支票存款」,供給「短期信用」爲主要任務之銀行廠商,即稱爲「商業銀行」。直至 81 年11 月底,國內經營「商業銀行」業務之一般銀行包括原已存在的臺灣銀行、交通銀行、農民銀行、中央信託局、土地銀行、合作金庫、臺北市

(表 10-1) 各類銀行業務範圍比較

項目　　　銀行	一般銀行	商業銀行	儲蓄銀行	信託投資公司
a.資金來源 　(受信)	1.收受支票存款	1.同左		
	2.收受其他存款	2.收受活存 3.收受定存	1.收受儲蓄存款 2.收受定存 3.收受活存	
	3.受託經理信託資金			1.收受、經理及運用各種信託資金 2.募集共同信託基金
	4.發行金融債券		4.發行金融債券	

b.資金用途 （授信）	5.辦理放款	4.辦理短期及中期放款	5.辦理企業生產設備中期放款、長期放款及中、長期分期償還放款 6.辦理企業建築、住宅建築中期放款及中、長期分期償還放款	3.辦理對生產事業之中、長期放款
	6.辦理票據貼現	5.同左	8.同左	
	7.投資有價證券	6.投資公債、短期票券、公司債及金融債券	7.投資公債、短期票券、公司債及股票	4.同左
	8.直接投資生產事業			
	9.投資住宅建築及企業建築			
c.提供經紀勞務	10.辦理國內外匯兌	7.同左	10.辦理國內匯兌	
	11.辦理商業匯票承兌	8.同左	9.同左	
	12.簽發信用狀	9.簽發國內外信用狀		
	13.辦理國內外保證業務	10.同左	11.保證發行公司債券 14.辦理經中央主管機關核准之國內外保證業務	5.同左 11. 6.辦理國內外保證業務
	14.代理收付款項	11.同左	12.同左	
d.信託業務	15.承銷及自營買賣或代客買賣有價證券		13.承銷公債、國庫券、公司債券及公司股票	7.承銷及自營買賣或代客買賣有價證券

	16.辦理債券發行之經理及顧問事項			8.擔任債券發行受託人
	17.擔任股票及債券發行簽證人			9.擔任股票及債券發行簽證人
	18.受託經理各種財產			10.受託經理各種財產 11.受託執行遺囑及管理遺產
	19.辦理證券投資信託有關業務			
e.其他服務	20.買賣金銀及外國貨幣			
	21.辦理與前列業務有關之倉庫、保管及代理服務業務	13.同左21. 12.代銷公債、國庫券、公司債券及公司股票	15.同左21.	12.提供證券發行、募集之顧問服務，及辦理與前列各款業務有關之代理服務事項 13.代理證券發行、登記、過戶及股息紅利發放事項 14.擔任公司重整監督人
	22.經政府對專業銀行核准辦理之其他有關業務			

銀行、第一銀行、華南銀行、彰化銀行、中國國際商業銀行、華僑銀行、
上海銀行、世華銀行及高雄市銀行等 15 家，分支機構遍及國內外各地。
國內「商業銀行」不但名義上表明爲「商業銀行」者屬之，原屬「儲蓄
銀行」之上海銀行，原屬「信託公司」之中央信託局亦同時兼營商銀業

務。此外，財政部於 80 年 6 月底宣佈開放新銀行設立，並通過 16 家設立申請案，而於民國 81 年開始營運者包括萬通、大安、聯邦、中華、華信、亞太、玉山、萬泰、泛亞、中興、臺新、遠東、富邦、大眾、寶島等 15 家新商銀。同時，中國信託投資公司(15)於民國 81 年 7 月改制為商銀，而安泰商銀則尚未正式營運。

　　上述銀行中的臺銀(72)除作為臺灣省政府「省庫」外，更同時代理央行部分業務，如：臺銀依然保持代理發行新臺幣關係（括弧內數字是國內分支機構）。臺北市銀行(37)與高雄市銀行(10)亦具有代理臺北市與高雄市政府的「市庫」角色。另外，一銀(120)、華銀(99)、彰銀(113)係國內具有悠久歷史的股票上市銀行，無論是本身擁有資產或市場佔有率均屬名列前茅，近年來更是財政部積極推動開放民營的首要目標，並已逐步在股票市場上出售官股。中國國際商業銀行(30)則於民國 60 年由國營銀行改組為民營形式，實際上仍由行政院開發基金主控而委託中央投資公司代為經營，不過也於民國 80 年 6 月份起積極釋出官股而朝民營化邁進。

　　在純粹民營商銀中，華僑銀行(23)成立於民國 50 年 3 月 1 日，係由華僑（菲僑為主）回國投資開設。至於世華銀行(21)係由海外華僑與國內銀行共同出資，而於民國 64 年 5 月設立，官股幾達一半以上，近年來在國內股市扮演集中收付與買賣股票價款劃撥的重要任務，並擁有華僑信託投資公司高達 99%的股權。上海銀行(19)係唯一由大陸來臺復業的民營商銀，民國 4 年創辦於上海已具七十七年歷史。全盛時期分支行處達 94 個單位，為當時全國商業銀行之冠，並於民國 12 年 8 月創立中國旅行社，在全國各大城市遍設招待所以推廣業務、增加信譽，為一極具經營效率之民營銀行。不過於民國 54 年 6 月 16 日獲財政部核准在臺復業後，長期本著審慎穩健原則經營，規模擴充相當緩慢。

　　其次，金融當局針對體系未來發展趨勢，就特殊部門所需信用分別

建立專業金融廠商，此即「專業銀行」的起源。至於特殊部門所需專業信用可有下列六種：

　　(1)「工業信用」：工、礦、交通及其他公用事業所需之信用；

　　(2)「農業信用」：為調節農村金融，供應農、林、漁、牧生產及有關事業所需之信用；

　　(3)「輸出入信用」：協助拓展外銷及輸入國內工業設備與原料所需之信用；

　　(4)「中小企業信用」：協助中小企業改善生產設備及財務結構，暨健全營運管理所需之信用；

　　(5)「不動產信用」：供給土地開發、都市改良、社區發展、道路建設、觀光設施及房屋建築等所需之中、長期信用；

　　(6)「地方性信用」：供給地區發展及國民所需之信用；

　　為能供給上述專業信用，「銀行法」接續規定「專業銀行」類型涵蓋下列六種：

　　(1)「工業銀行」：金融當局為配合未來經濟與工業發展趨勢，促進創導性投資及中長期開發性融資，指定交通銀行籌辦「開發銀行」業務，並將銀行法規定「工業銀行」供給信用對象之工、礦、交通及其他公用事業，列為「開發金融業務」範疇。

　　(2)「農業銀行」：「農業貸款」係指以土地為主要生產工具而融通有關墾殖、培育、收成、運銷等所需資金，因係直接利用自然資源生產——「第一級產業」，貸款性質自然顯著異於商業性與設備投資性貸款——「第二級產業」，且具有下列特點：

　　(a)營運資金受季節性及自然環境影響而使週轉率遲緩；

　　(b)生產過程中所獲收益除以公債、公司債、郵政儲金方式保存外，往往轉至都市支用致使資金回流率不高。

　　基於上述特殊情形，為配合農業生產週轉性與農民生產習慣的特色，

在一般金融廠商無法勝任下，成立專門農業銀行仍為各國發展農業政策的重要措施之一。目前國內辦理農業貸款機構共有數十單位，其中以中國農民銀行(46)、省合作金庫(96)、臺灣土地銀行(64)及農會信用部較為重要。

　(3)「輸出入銀行」：我國於民國 68 年 1 月 11 日正式成立中國輸出入銀行(2)以提供「輸出入信用」為主要任務，營運內容包括下列數項：

　(a)辦理輸出機器設備及資本財所需價款或技術服務費之保證融資與保險；

　(b)辦理出口廠商為掌握重要原料供應，或為拓展外銷從事對外投資，以及承包國外工程所需資金與合約責任之保證，與各種期限融資；

　(c)辦理出口廠商輸入與其外銷有關之原料、零件所需價款之保證、融資與保險；

　(d)提供國內外市場調查、徵信、諮詢及服務事項。

　此外，中央信託局(5)成立於民國 24 年，為金融與貿易之多元性事業機構。38 年遷臺後，除信託處辦理存款、放款、保證、外匯、證券及保管等銀行信託業務外，其餘各處分別辦理進出口貿易、貨運、倉儲、人壽保險及公務人員保險等業務。

　(4)「中小企業銀行」：中小企業在任何國家的經濟結構中均占有顯著地位，但因無法取得正常融資只好求助於黑市，加重利息成本負荷，導致生產設備及技術無法改善、對外競爭力薄弱及財務結構不健全的現象發生。針對上述缺點，決策當局輔導合會儲蓄公司改制為中小企銀以供給「中小企業信用」，臺灣合會儲蓄公司即於民國 65 年 7 月 1 日正式改制為臺灣中小企銀(93)，區域性[臺北區(46)、新竹區(36)、臺中區(42)、臺南區(28)、高雄區(30)、花蓮區(12)、臺東區(13)] 合會儲蓄公司亦陸續改制為區域性中小企銀，除維持合會儲蓄公司原來融通基層金融特色外，再則使各地區合會儲蓄公司就原區域改制，不致涉及營業區域變

動問題。

改制後之中小企銀除得辦理支票存款業務外，仍兼辦合會業務，但需保持獨立會計，不得以一般性存款移充放款資金，且每年需以 10%比率逐漸縮減規模。其中，臺灣中小企銀於民國 74 年 6 月刪除「合會業務」項目，將「合會部」改爲「消費金融部」，致力推展消費性貸款。該行合會業務於 74 年 7 月起全面停止受理新案，舊案則依契約規定繼續存續至契約滿期爲止。

(5)「不動產銀行」：「不動產信用」係以土地或房屋擔保承做之融資，因屬「資本性貸款」而缺乏流動性，如承做過鉅必將影響銀行資金週轉率而損及流動性。商銀吸收活存及定存期間都在一年以內，儲蓄存款亦未超過三年，均難適應可長達廿年之長期資金需要。有鑑於此，不動產信用所需長期資金來源，惟有求助於公共資金——政府指撥專款，或發行金融債券募集之。國內土銀係接管日據時期日本勸業銀行在臺分行而成立於民國 39 年 9 月，主要任務除配合推行土地改革及農業政策供給「農業信用」外，並且提供「不動產信用」。

(6)「國民銀行」：各國爲促進區域建設及均衡發展，進而繁榮國民經濟，針對其資金需求而設置供給「地方性信用」之專業銀行，此即「國民銀行」的起源。國內目前尚未成立「國民銀行」，不過中小企銀、信用合作社、農會與漁會信用部等基層金融廠商卻有「國民銀行」味道在內。金融當局爲加強對各地區中小企業及一般客戶融資，除將公民營合會儲蓄公司改制爲中小企銀外，對基層金融廠商亦加以輔導與協助。臺灣基層金融制度係採城市信用合作社（目前計 74 單位及 432 個分支機構）、農會信用部（目前計 285 單位，764 個分支機構）與漁會信用部（目前計 27 單位，33 個分支機構）平行發展政策。農、漁會信用部辦理農、漁民存款、放款、匯兌、代理收付等金融業務，調節會員資金，促進農、漁業生產。農會信用部又承辦土銀、合作金庫、農銀與其他政府機構的農

貸及土地金融貸款之轉放，並代理鄉（市）公庫。依「農會信用部管理辦法」，除受託放款、或與其他金融廠商聯合放款，或確因農業季節性需要而辦理之放款外，省轄市、省縣轄市農會信用部放款總額不得超過存款總額78%，鄉鎮地區農會信用部不得超過80%。農、漁業貸款具有高度季節性，農、漁民將來出售商品而償還本息能力，係農、漁民信用評等的主要判斷標準。

國內信用合作社根據自有、自營及自享原則，以調節平民金融與促進地方經濟發展爲職責，故當財政部開放銀行廠商設立後，各地區信用合作社亦積極要求改制爲國民銀行。依「金融主管機關受託統一管理信用合作社暫行辦法」規定，業務經營範圍爲：(1)對社員收受活期、定期及儲蓄存款、辦理放款或貼現及承兌票據；(2)代理收付及經財政部核准辦理之業務，例如支票存款業務。至於收受非社員存款經財政部核准亦得辦理，惟其額度不得超過社員已繳股額、保證金額及公積金之總額。依「信用合作社資金融通及管理辦法」規定，信用合作社放款總餘額以不超過該單位當時存款總額78%爲原則。

合作金庫除供給「農業信用」外，更是合作金融廠商之「中央銀行」，隨時收受基層合作金融廠商之剩餘資金，適時調節其資金需要與充分優先提供融資，便利資金調度與輔導其業務健全發展。此外，合作金庫承央行委託，辦理臺灣地區信用合作社暨農、漁會信用部業務檢查，並督導受檢單位辦理內部查核工作。

國內廠商籌措資金的重要特徵在於「直接融資」比例偏低，透過銀行廠商「間接融資」比例佔壓倒性地位。換言之，銀行產業在經濟發展過程中扮演極重要角色，支持企業以有限自有資金積極投資與擴大生產規模，引進新技術提高生產效率與國際競爭能力。一般而言，「國內導向」(inward orientation)經濟發展可能導致價格扭曲、「金融淺化」(financial shallowing)、嚴格管制進口與外匯，進而招致外人投資萎縮現象，

對長期經濟成長發生不良影響。相反地,「國外導向」(outward orientation)經濟發展卻重視輸出競爭能力,爲提高輸出競爭力自需減輕國內市場扭曲,維持物價穩定與促進金融深化,提高生產效率並創造生產力較高的就業機會,提昇人們生活福祉。

「金融發展」與「經濟發展」息息相關、形影相隨,更因臺灣地區係採「國外導向」發展策略,銀行廠商業務國際化將屬勢在必行,而主要途徑有二: 由國外銀行在臺增設分行與本國銀行在國外設立分支機構。其中,「外國銀行」係指依外國法律規定登記成立之銀行廠商,經我國認許並依公司法及銀行法登記營業之分行。外國銀行在臺設立分行者共計 36 家,當中的美國運通銀行、多倫多道明銀行、泰國盤谷銀行、荷蘭銀行、加拿大皇家銀行、香港上海匯豐銀行、法國巴黎銀行、里昂信貸銀行及英商標準渣打銀行同時在臺北及高雄兩市分別設有分行,美商花旗銀行則有四家分行,而美國運通銀行則係在臺北設有兩家分行,至於其餘國外銀行在臺分行均只一家而已。

最後,外國銀行在臺分行的主要業務是辦理外匯、放款、票據貼現及承兌業務,吸收存款(活期及定期)總額不得超過匯入資本之 12.5 倍。外國銀行在臺分行的另一業務係以預售外匯方式融通出口廠商,但央行爲抑制短期外資流入,維持貨幣供給適度成長,於 69 年 9 月修定「外國指定銀行以預售外匯方式辦理外銷貸款要點」,規定辦理此項貸款之最高限額,並視國內金融情況隨時調整。此外,財政部於 74 年 7 月間重新規定外國銀行授信限額: 對任一客戶授信總額,新臺幣部分不得超過新臺幣授信總額之 7%或新臺幣二億元,以兩者中較高者爲準。外幣部分不得超過總行淨值的 25%,但對政府機構、公營企業及政府專案貸款可不受限制。

§ 10.2. 「非銀行金融廠商」

「銀行廠商」具有創造貨幣與銀行信用能力，但「非銀行金融廠商」僅能吸收閒置資金創造「銀行信用」而已。不過近年來金融產業快速成長，「金融創新」此起彼落，致使「新觀點」貨幣供給文獻認為對「銀行廠商」與「非銀行金融廠商」進行嚴格劃分有事實上困難，不過上述劃分標準在理論上卻有重要意義：「非銀行金融廠商」擴大創造「銀行信用」後，體系內既存貨幣存量的流通速度將會上昇，貨幣定義亦將趨於模糊。以下將就國內重要「非銀行金融廠商」類型及運作方式分別說明：

㈠「郵政儲金匯業局」

國內吸收民間儲蓄的一個有效途徑，是郵政儲金匯業局以遍佈各地的郵政網吸收「郵政儲金」與「簡易壽險」資金。直至民國 81 年 10 月底，郵局及郵政代辦所共計 1574 處。郵政儲金快速成長原因為：郵政分支機構林立遍佈全省各縣市鄉鎮，吸收郵政儲金亦多；營業時間較一般金融廠商為長，星期六下午亦辦理儲匯業務；郵政存簿儲金在 100 萬元最高限額內免稅。

（表 10-2）係郵匯局在體系中如何溝通儲蓄與投資流程，而郵匯局的主管機關為交通部。郵匯局發行「存簿儲金」、「定存憑單」與「簡易壽險保單」等三種「次級證券」向小額儲蓄者募集資金，然後將大部分資金以「一年期定存」轉存央行與專業銀行，部分以一、三與六個月「短期定存」轉存其他商業銀行，小部分購買公債或央行發行的儲蓄券，並且進行定存與保險單的質押放款。該流程顯示：郵匯局與其他金融廠商的最大差異在於：後者具有完整溝通儲蓄與投資間的管道，由「受信」開始直至「授信」間具有一系列完整溝通資金流程。至於郵匯局溝通資

金管道並不完整，僅有吸收儲蓄資金的「受信」行爲而已，至於「授信」活動仍需透過「專業銀行」與「商業銀行」爲之。換言之，郵匯局扮演「小額儲蓄者」與「其他金融廠商」間的中間人角色，「零售」「次級證券」給小額儲蓄者，然後再以「批發」型態將吸收資金轉存其他銀行廠商。由於郵匯局吸收資金高居全國金融廠商首位，大部分必須轉存央行，故在國內貨幣市場狹隘與信用工具屈指可數下，郵匯局轉存款遂成央行

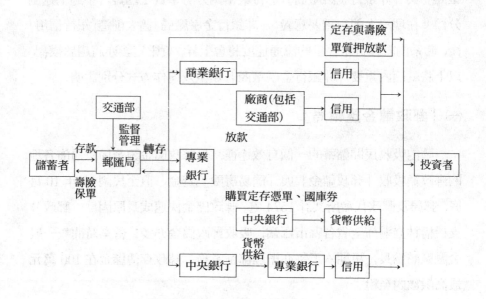

(表 10-2) 郵匯局、央行與銀行廠商間的相互關係

擁有的最重要貨幣政策工具。在民國 71 年 3 月以後，央行爲配合「專業信用」需求成長，遂將部分「郵匯局轉存款」轉存交銀、土銀、農銀與臺灣中小企銀等四家專業銀行，扮演央行放鬆與收縮銀根工具更是益形重要。

㈡「信託投資公司」

　　所謂「信託」(trust)係指財產所有權人爲自己或第三人利益，將財產權移轉於可信賴的他人，而委託他人依一定目的代爲管理、運用或處分其財產之行爲。基於該項定義，「信託投資公司」係指以受託人地位按照特定目的收受、經理及運用信託資金與經營信託財產，或以投資人中間地位從事與資本市場的特定投資之金融廠商。國內目前共有國泰(10)、第一(11)、華僑(7)、亞洲(5)、中聯(11)、中華開發及臺灣土地開發(8)等七家信託投資公司。(括弧內是分公司家數)

　　信託投資公司主要發行「信託基金」募集資金，然後創造「銀行信用」。至於「信託基金」係指信託廠商以受託人地位收受信託款項，依照信託契約約定條件爲信託人指定之受益人利益而經營之資金。值得注意者：「信託投資公司」與「銀行廠商」間的差異性主要在於吸收資金所發行的憑證，即「信託基金」與「銀行存款」具有下列差異性：

　　(1)「利益關係人」：「信託基金」計有「信託人」、「受託人」、「受益人」三個關係人並具「他益性」；至於「銀行存款」僅有「銀行廠商」、「存戶」兩個關係人及具「自益性」。

　　(2)「收益分配」：「信託基金」收益於支付直接費用、手續費及保證本息後，悉歸信託人所有且得採「實績分紅制」；「銀行存款」支付之利息係由銀行廠商負擔，與「存戶」無涉且不得採「實績分紅制」。

　　(3)「資金運用」：「信託基金」之營運方式、範圍、收益分配及所負責任均應照信託契約條款辦理；「銀行存款」之營運概由銀行廠商綜合營運，存款人不能指定營運方式。

　　(4)「繳存準備金」：「信託基金」既非銀行存款，無需繳交「存款準備」，但需繳存「信託基金準備」並可用央行認可之有價證券抵繳；「銀行存款」應繳交「存款準備」，不得以公債、國庫券等有價證券抵交。

(5)「發給憑證」:「信託基金」必須與信託人簽訂信託契約或發給信託憑證;「銀行存款」則發給存摺或存單。

至於「信託基金」類型有「特別」與「普通」信託基金兩種:

(1)「特別信託基金」: 由信託人指定用途之信託基金, 其運用對象、用途、利率、期間、擔保物等均由信託人指定, 營運盈虧由信託人負責。在資本市場尚欠發達, 人們普遍缺乏理財知識情況下, 此類信託投資方式較少。

(2)「普通信託基金」: 信託人未指定信託基金運用方法, 而由信託投資公司全權負責, 出現盈利由信託人與公司共同分配, 虧損當由公司負責賠償, 目前國內信託投資公司收受之基金幾乎全屬該種類型。

總之, 信託投資公司異於一般銀行廠商之處在於資金來源性質有異, 至於兩者運用資金或創造銀行信用能力則無顯著不同。

(三) 「保險公司」

所謂「保險」(insurance)係指當事人約定一方交付保險費於他方, 他方對於因未能預料或不可抗力事故所致之損害, 負擔賠償財物之行為。在經濟前景未明與訊息不全下, 「保險公司」出現對經濟體系將可發揮下列貢獻:

(1)就經濟成員而言

(a)保障私部門安全: 對個人具有「未雨綢繆、有備無患」作用, 降低未來前景的不確定性; 對廠商而言, 發生損失可獲補償, 且可投保營業中斷險而使廠商生命不致中斷;

(b)提高個人信用, 提昇儲蓄意願: 用保險為手段可增加個人信用; 此外, 加入保險 (尤其人壽保險) 必須按期繳納保費, 無形中隱含強制儲蓄(forced saving)性質。

(2)就經濟體系而言

(a)促進經濟發展：由要保人繳納保費提存之鉅額責任準備將形成社會資金來源，運用得當有益於累積財富，加速經濟發展；

(b)加強國際經濟關係，促進社會安全：鉅額保險須透過國際再保安排以分散風險，間接促進國際間關係；同時可藉保險保障大眾生活，提昇社會安全。

國內目前現有本國與外籍保險公司 44 家，本國壽險公司包括國泰、新光、國華、第一、中國、臺灣、南山、中信局壽險處與郵匯局簡易壽險等 9 家，產險公司則包括國泰、新光、明臺、中央、太平、中國、航聯、臺產、國華、友聯、華南、華僑、第一、泰安等 14 家，分支機構遍佈全省各地。至於中央再保險公司係於民國 57 年成立，承受及轉分國內外保險業之財產及人身再保險業務。至於中央存款保險公司成立於民國 74 年，旨在保障存款者在銀行廠商存款的權益，附帶作用是：透過存款保險公司對銀行廠商定期業務檢查，將可進一步強化其營運體質，同時減輕央行與財政部的金檢負擔。

保險產業係依「危險分散」與「大數法則」兩項原則，將可能發生損害透過保險而由多數人共同承擔。保險分為人身保險與財產保險；前者包括人壽保險、健康保險及傷害保險，保單大部分均為長期保單，並於到期時多數需要還本並附加保證紅利，故壽險公司資金來源較為穩定且具長期性質；至於後者包括火災保險、海上保險、陸空保險、責任保險及其他財產保險，保單均屬短期性質且無持續性，到期時無需償付本息，故產險公司資金來源欠缺穩定且具短期性質。

接著，再用（表 10-3）的流程圖說明保險公司創造「銀行信用」的流程。「產險」或「壽險」投保人向保險公司繳納保費換取「保單」後，自可享受保險公司生產的「安全」勞務，至於保險費率將視利率（壽險）、費用率及損失率（或死亡率）大小而定。保險公司收取保費後，必須提存「責任準備」，並配合勞動、資本與其他生產因素共同生產「保險勞務」

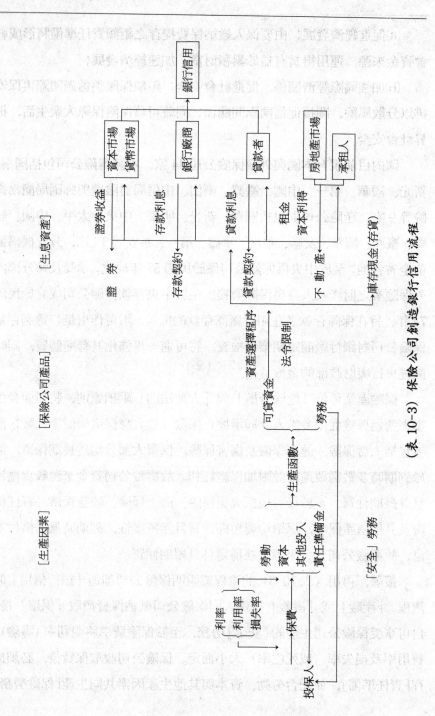

（表 10-3）保險公司創造銀行信用流程

(安全) 與「可貸資金」兩種產品。隨後，保險公司在「保險法」146 條規範下，經過資產選擇程序安排資金於「證券」、「存款」、「放款」及「不動產」等生息資產，經由釋出保險資金而創造「銀行信用」。

保險產業營運收益來源有二：「承保收益」與「投資收益」。前者在國內收取保費計算公式中訂有一定標準，承保利潤不致偏高，且主管機關將視實際損失率調整，故不論國內外保險產業幾無承保利潤可言，加以同業間業務競爭激烈或有承保損失現象，必須用投資收益挹注，因而凸顯資金運用之重要性。保險廠商資金來源通常有「自有資金」及「外來資金」兩類：

(1)「自有資金」：保險廠商依法籌集之資本及提存法定盈餘公積、特別盈餘公積、資本公積、固定資產重估準備及未分配盈餘等，亦即「資本淨值」或「股東權益」；

(2)「外來資金」：保險廠商基於業務產生之法定責任準備，其他責任準備及應付未付項目：

(i)「法定責任準備」：在壽險為責任準備及特別準備，在產險為未滿期保費準備及賠款特別準備。

(ii)「其他責任準備」：保險產業於年度終了尚應提存之其他準備，如：賠款準備、員工退休準備、存入再保責任準備等均屬之。

(iii)「應付未付負債」：在日常業務處理上常有應付未付或其他負債發生，由於資金尚未給付，通常僅供週轉之需，但若金額龐大超出週轉所需時，業者常作靈活運用。

最後，保險資金運用是否適當，對被保險人權益及體系穩定關係重大，故決策當局對於資金運用常加限制。依保險法第 146 條規定，保險資金運用除法律另有規定外，以下列為限：

(1)「存放銀行廠商」與「購買公債與國庫券」

保險資金存放銀行廠商或購買政府發行債券，旨在保障被保險人權

益，兼具安全與流通性，故在法律上不受限制。不過在每一銀行廠商之存款，不得超過自有資金與責任準備總額的 10%。

(2)「購買股票或公司債」

　　(i)依法核准公開發行之股票或公司債，且其最近三年稅後淨利必須平均在 6%以上；

　　(ii)購入股票及公司債總額不得超過本身資金及責任準備總額 35%；同時，購入單一股票及公司債總值亦不得超過自有資金與各種責任準備總額 5%，以及該公司資本額 5%。

(3)「不動產投資」

　　投資不動產應即時利用並有收益，除營業用房屋總值不得超過資本淨值外，投資總額不得超過自有資金及責任準備總額的 19%。

(4)「抵押放款」

　　(i)需以公債及合於上述標準之股票或公司債爲質押放款，但不得超過自有資金及責任準備總額、該發行公司資本額 10%，同時亦可以不動產爲抵押之放款。此外，壽險業得以本身簽發之壽險保單爲質押放款，放款利率應比照銀行產業之擔保放款利率；

　　(ii)每一單位放款金額不得超過自有資金及責任準備總額 5%，放款總額不得超過自有資金及各種責任準備總額 35%。同時，產險公司辦理抵押放款時，以短期放款爲限；壽險公司則未受限制。

(5)「國外投資」

　　(i)購買受益憑證總額不得超過其上半年度稅後淨值之 10%；

　　(ii)外幣風險以不超過自有資金及各種責任準備總額 5%。

§ 10.3. 「金融市場」類型

　　「金融市場」誕生有如「物物交換體系」出現「市集」一般，經由

提供固定交易場所以及「債權憑證」標準化兩項措施，自然紓解「直接融資」過程中無可避免的「流動性」、「訊息不全」與「交易成本過重」等諸多困擾。在金融市場上，信用工具的流動性提昇家計部門、廠商、銀行廠商及財政當局籌措及運用資金的方便性，亦使央行執行貨幣政策時能夠圓滑流暢。以下將逐一說明「金融市場」出現對體系內各部門的貢獻：

(1)對家計部門而言，金融市場提供長短期金融資產供儲蓄者選擇為保值工具，同時維持金融資產流動性，在必要時能以相對較低成本變現，有助於提高人們儲蓄意願及收益。

(2)就廠商而言，需要資金的廠商可在金融市場上發行各類證券獲得融資。此外，金融市場有助於短期資金安排，與長期資本市場上的信用工具存有競爭性便利，進而引導資金流入需要殷切的部門，並使儲蓄做最有效運用。

(3)就銀行廠商而言，銀行廠商在每天票據交換過程中，難免會發生交換差額，而需經常持有無收益的超額準備。一旦金融市場健全發達，銀行廠商得在金融市場迅速獲得融資，則無需持有太多超額準備，資金將能充分效率利用。

(4)就財政當局而言，將可經由金融市場銷售公債，減少向央行融資而避免通貨膨脹危險；他方面可避免政府存款變化造成銀行廠商的流動性資產經常波動，危及金融體系穩定。

(5)就央行而言，健全的金融市場可增進貨幣政策執行效率，理由是：金融市場是反應靈敏之地，任何金融情勢變遷及短期利率趨向都可作為擬訂貨幣政策指標。同時，金融市場結構若是完整，任何風吹草動勢必迅速擴散至金融市場的其他部分，央行可透過公開市場操作影響銀行廠商的超額準備及貨幣供給，經由影響利率水準而與經濟活動發生聯繫。

基於上述看法，金融市場雖可提昇「直接融資」效率，但其發揮作

用係以健全發達爲前提，而至少需具備下列條件：

(1)「儲蓄資金豐沛」：惟有人們的儲蓄或財富累積至某一水準時，才會衍生資產多元化需求，進而對金融市場信用工具產生需求。換言之，信用工具多元化的前提是體系內存在豐沛儲蓄資金或累積衆多財富。同時，個別儲蓄者因訊息不全或受限資金規模，經常被排除參與金融市場交易，故健全發達的金融市場往往存在機構投資人作爲儲蓄與投資間的中介者，或匯集資金直接參與信用工具交易，促進金融市場發展。

(2)「信用工具多元化」：健全而發達的金融市場必須發展出多元化信用工具，以滿足投資者的流動性需要。各種信用工具都須達到各自形成分類市場的規模，確保適量交易存在以維持流動性，甚至各分類市場更應彼此依存及相互影響。此外，各分類市場也應互相補充，促使體系內資金具有合理流動性，各種資產報酬率不但對市場訊息反應敏感，且對來自其他市場衝擊也具有充分敏感性。

(3)「央行與銀行產業健全運作」：當金融體系內流動性過剩或缺乏時，惟有央行能以最後貸款者地位出現，調整體系內的流動性，金融市場方能穩定運作。但若只有央行而無健全銀行產業，金融市場要能蓬勃發展仍屬癡人說夢。銀行廠商是短期資金主要供給者，一旦出現銀根緊縮現象，金融市場必然首當其衝；反之，出現寬鬆銀根必先反映於短期金融市場。在這種情況下，整個銀行產業必須承受金融市場中可能發生的衝擊，進而轉嫁部分衝擊給央行代爲承擔。

總之，經濟體系若能符合上述條件，金融市場將屬效率市場，具體表現這種競爭效率的是「廣度」(breadth)、「深度」(depth)及「彈性」(resiliency)三項市場特性。「廣度」係指市場中有各種資金來源的投資者參與交易；「深度」則指在現行價格下存在大量交易；「彈性」指稱一旦市場價格稍有起伏，就會招來套利而產生大量交易。具備三項特性的高效率金融市場，證券價格變動幅度及交易量會較大，有助於提高資金

動員效率。

　　瞭解「金融市場」對經濟體系貢獻及健全發展的先決條件後，接著說明「金融市場」的分類方式：

⑴「信用工具期限」

　　依據金融市場信用工具期限，將可區分爲「貨幣市場」與「資本市場」。前者係指一年期內短期證券交易的市場，其交易活動以非人際關係(impersonal)爲基礎，由參與交易廠商、個人與經紀商利用電話、電報及其他通訊設施，構成買進與賣出的「店頭市場」(over-the-counter market)。至於後者係指一年期以上或未訂期限的證券交易市場，同時係中長期資金供需橋樑，須依不同性質的資金需要，發行中長期債務工具吸引各類型投資者(儲蓄者)。此外，爲能提昇信用工具的流動性，資本市場必須具備健全發展的「流通市場」(circulation market)；同時，「資本市場」既然需爲資金需求者籌措資金，自然需有健全的「發行市場」(issue market)。

⑵「納入管理與否」

　　依據金融市場組織是否合法或制度化，將可區分爲「有組織的市場」(organized market)與「無組織的市場」(unorganized market)。前者通稱「公開市場」(open market)或稱「證券市場」，意指在制度化的交易場所買賣標準化證券。後者又稱「商議市場」(negotiated market)或稱「放款市場」，即借貸雙方直接商議貸款，貸款細節及其條件因個別貸款不同而異。

　　一般而言，兩類市場重要差異約有下列數端：(i)公開市場需備有標準化工具，商議市場則否；(ii)公開市場工具通常有政府或銀行廠商保證，風險較小；商議市場工具則具較高風險性；(iii)公開市場工具經常有「流通市場」可供交易而流動性較大；商議市場工具欠缺流通場所而流動性較小；(iv)公開市場工具可透過公開競價過程，供需迅速獲得撮

合; 商議市場則缺乏此種機能, 故前者利率通常低於後者。

⑶「有價證券新舊與否」

　　依據金融市場上供作交易證券新舊, 將有「初級市場」(primary market)與「次級市場」(secondary market)兩者之分。前者又稱「發行市場」,「赤字支出單位」所需資金多由發行證券募集, 再由「盈餘支出單位」購入。一般而言, 由於證券需求者爲數衆多, 證券發行者不易與之逐一交易, 兩者間需有中介廠商或稱「證券經紀商」居中撮合, 故「發行市場」又稱「經紀商市場」。至於「次級市場」或「舊證券市場」, 又稱「流通市場」, 任何成員持有證券均可在「次級市場」出售, 或以貨幣在此購入證券。爲求便利貨幣與證券間的移轉, 經紀商將是不可或缺的。

⑷「信用工具性質」

　　依據金融市場信用工具性質, 將可區分爲「債務市場」(debt market)與「股權市場」。前者係指各種債務工具, 包括各種債券、商業本票、存單乃至於放款等, 基本特點涵蓋固定期限、確定收益率以及全額請求權。至於後者通稱「股票市場」, 除非廠商結束營運, 否則無法對廠商資產有立即請求權。不過當廠商營運獲利, 投資者將享有分配股息權利, 但因預期股息與經營環境變遷息息相關, 股價波動幅度自然較大。

§ 10.4. 「貨幣市場」與「短期融資」

　　「貨幣市場」係指短期資金互通有無的場所, 目前國內盛行短期融資的「有組織貨幣市場」可分爲「短期票券」與「金融業拆款」市場兩大類型。

㈠「短期票券市場」

　　在民國 63 年,以劉大中與蔣碩傑為首的六位經濟院士針對當時石油危機造成國內外經濟巨幅衝擊, 主張控制貨幣供給以穩定物價, 為求提昇央行控制貨幣數量能力, 因而建議成立貨幣市場。民國 64 年 12 月 5 日, 財政部頒佈「短期票券交易商管理規則」規範貨幣市場各種制度, 同時指定臺銀、中國商銀及交銀分別發起籌設貨幣市場專業中介廠商——票券金融公司。民國 65 年 5 月 20 日中興票券金融公司正式成立, 國際票券及中華票券金融公司陸續於 66 年元月及 67 年 12 月成立,國內融通短期資金的票券市場因而逐漸成型。

　　「短期票券市場」溝通「盈餘支出單位」與「赤字支出單位」兩者的短期資金供需居功至偉, 對體系內各部門貢獻可分述於下:

　　⑴對廠商而言: 短期資金需求不能完全仰賴銀行廠商融資, 故需有健全的貨幣市場。同時, 透過貨幣市場信用工具, 廠商亦可相互融資, 從而構成商業信用之調節。

　　⑵對銀行廠商而言: 透過存放款過程, 銀行廠商可以創造信用融通個人及廠商。同時, 每一銀行廠商因資產負債表變動關係, 每日資金盈絀各有不同, 透過貨幣市場也可相互融資。

　　⑶對央行而言: 央行是貨幣市場之最後資金融通者, 其貼現政策及公開市場操作透過貨幣市場信用工具才能發揮效果, 進而機動調節商業信用及控制銀行信用。

　　⑷對財政部而言: 在貨幣市場發行短期票券獲取短期融資, 降低向央行融資以避免貨幣供給過度擴張。同時, 透過貨幣市場提昇政府債券流通性, 誘導投資者購買政府債券興趣, 有利政府資金調度。

　　由 (表 10-4) 揭示的貨幣市場短期資金流程圖可知: 貨幣市場交易成員有三: (1)工商業、銀行廠商、政府 (央行) 等資金需求者, 分別發

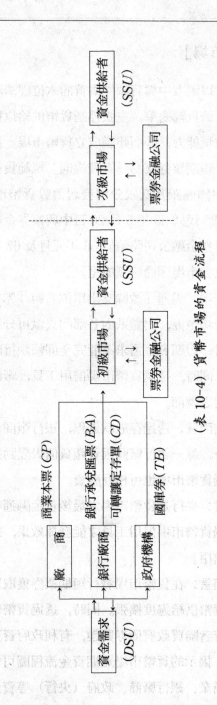

（表 10-4）貨幣市場的資金流程

行商業本票、銀行承兌匯票、可轉讓定存單及國庫券募集短期資金；(2)
銀行廠商、其他金融廠商、保險公司、工商業、個人等資金供給者；(3)
中介廠商——票券金融公司。票券金融公司除能以承銷、簽證及保證人
身分在初級市場協助工商業發行短期票券外，並可以交易商與經紀商身
分在次級市場買賣短期票券。根據「短期票券交易管理規則」，中興、國
際、中華三家票券金融公司分別於65年5月、66年1月及67年12月開
業，均屬民營且為寡頭壟斷型態，同時經營下列業務：

(1)買賣國庫券、可轉讓銀行定期存單、銀行承兌匯票、商業承兌匯
票、商業本票及其他經財政部核准之短期債務憑證；

(2)擔任商業票據簽證、承銷、保證或背書，同時充當短期票券交易
經紀人；

(3)依政府債券經紀人買賣公債辦法規定或財政部指定充當政府債券
經紀人，同時提供廠商財務諮詢服務。

票券金融公司利用初級市場創造的信用工具，以承銷人或經紀人身
分來媒介次級交易。除採用「賣斷」、「買斷」方式進行交易外，票券金
融公司並採「附買回」或「附賣回」條件方式交易，確保客戶能於一定
時日後依約定價格賣回或買回票券。代客保管票券原為推動次級交易不
可少的措施，但因受目前管理規則禁止，票券金融公司只得安排銀行廠
商代客保管，徒增交割之繁瑣。此外，為符合管理規則明示價格的規定，
除以專線方式與客戶電話議價後派員交割外，並於營業廳設置專櫃，隨
時按市價掛牌從事門市交易。至於銀行廠商在貨幣市場中扮演重要角色，
一方面以貨幣市場工具為投資對象，並發行可轉讓定存單(CD)募集短
期資金。同時，銀行廠商可應交易賣方委託，在法令許可範圍內承兌其
簽發之匯票，此即「銀行承兌匯票」(BA)。

瞭解貨幣市場存在的重要性及短期融資流程後，體系內若要建立健
全的貨幣市場，充分發揮供應短期資金並兼顧穩定貨幣價值功能，最重

要條件是須有足夠及優良的短期信用工具。至於優良的短期信用工具應
具備下列條件：

(1)就資金供給者而言：短期優良投資工具必須能獲安全保障、適當
利息收益與保持流動性；

(2)就資金需求者而言：短期優良融通工具必須能爲資金供給者所願
接受，並在貨幣市場廣泛流通，合理利息負擔以及在貨幣市場資金緊俏
時，能透過銀行廠商獲得央行再融通；

(3)就央行而言：信用工具必須符合央行調整貼現政策能對貨幣市場
利率及信用鬆緊發生實質影響，以及能作爲公開市場操作與選擇性管理
工具，以控制貨幣數量與流向。

目前國內貨幣市場盛行的短期信用工具共有下列四種：

(1)「國庫券」

國庫券爲臺灣貨幣市場最早流通的信用工具。依據民國 62 年修訂公
佈之「國庫券發行條例」，財政部爲調節國庫收支與穩定金融得照面額發
行「甲種國庫券」，期限不得超過 270 天，到期時連同本息一次清償。至
於「乙種國庫券」由央行在民國 62 年 10 月 18 日開始以貼現方式公開標
售，以超過所訂最低售價者按超過多寡依次得標，到期時照面額清償，
最初僅有 91 天期，直至民國 64 年 4 月 17 日以後發行期限可達 182 天
期。央行原則上每兩週循環發行一次，且視金融情勢決定發行額度及日
期，通常在資金緊俏時期（如：新舊曆年關期間）均未發售國庫券。民
國 74 年央行再度延長國庫券發行期限可達 364 天，目的在於利用國庫券
提昇貨幣政策的施行效果。國庫券在各國貨幣市場中均屬重要信用工具，
理由約有下列三者：

①就資金供給者而言：國庫券代表政府信用，其發行係連續按週分
批標售，個人、工商企業及銀行廠商均可按需要選購作爲短期資金投資
工具。國庫券流動性極高可隨時出售，銀行廠商因而常以國庫券作爲「次

級準備」(secondary reserve)。

②就資金需求者而言：財政部發行國庫券調節季節性及臨時性國庫收付分際需要，並可作爲發行中長期公債過渡期間之調度。

③就央行而言：央行發行「乙種國庫券」利率（按票面之貼現率）常爲貨幣市場最敏感指標，間接影響市場短期利率水準。此外，經紀人隨時買進或賣出，以調節市場信用。

(2)「商業本票」

基於實際交易行爲產生之商業本票稱爲「自償性」或「交易性」票據，又稱第一類商業本票；至於爲籌集短期資金而經由票券公司承銷發行者稱爲「融資性」商業本票，又稱第二類商業本票。在國內貨幣市場交易情況以後者佔絕大多數，至於前者交易微不足道原因有三：

①廠商習慣以遠期支票作爲信用支付工具，甚少使用本票；

②僅有信用良好廠商或優良國營企業方能將所持本票經背書而向票券公司貼現，致使該類本票在貨幣市場甚少流通；

③投資者爲求安全保障起見，商業本票若無金融廠商保證，購買意願自然不高。

商業本票發行可有不同面額及期限，期限通常爲三個月至六個月，且按面額貼現出售給自營商，再轉售於銀行廠商與其他投資者。至於商業本票在貨幣市場中逐漸成爲優良信用工具的原因可分述於下：

①就資金供給者而言：由於發行者通常爲信譽卓著規模極大之廠商（自營商在轉售前常對發行廠商徵信調查），不僅安全無虞且有合理收益，尤以流動性極高隨時變現，爲短期資金投資之優良工具，進而吸引一般企業樂於購買。銀行廠商亦可購買商業本票充作「次級準備」，保持高度流動性。

②就資金需求者而言：廠商發行商業本票籌措短期資金，支付利率通常較向銀行廠商貸款爲低，並可免除繁雜貸款手續，也毋需提供質押

品，發行數額可按實際需要靈活調整。此外，商業本票在貨幣市場廣泛流通，可增加人們對發行公司信任與瞭解，有助於建立信譽及業務擴展。

(3)「銀行承兌匯票」

　　由出口商或售貨人作爲發票人向銀行廠商開發匯票，請其在未來特定日支付發票人或指定第三人一定金額。該匯票經銀行廠商在票面表明承兌顯示屆時付款意願後，可在次級市場上買賣，或由承兌銀行貼現而

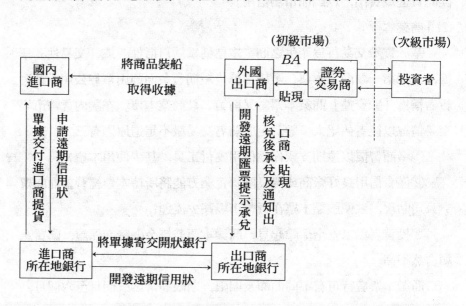

（表 10-5）銀行承兌匯票的融資流程

持有至到期以賺取利息。(表 10-5)係銀行承兌匯票的融資流程。假設國內進口商向外國出口商以九十天遠期信用狀(usance letter of credit)購買商品，並申請所在地銀行依照規定條件開發遠期信用證，再經出口商所在地之銀行轉知國外公司。隨後，出口商依信用狀規定條件將貨物裝船取得應具備之貨運單據，同時開發九十天付款之匯票，及檢付貨運單據向外國銀行提示承兌（開發信用狀銀行得自任承兌人，亦得委請出口商所在地之往來銀行爲承兌人）。外國銀行核對匯票及貨運單據，如與

信用狀條款相符，乃在匯票上簽章承兌而成爲「銀行承兌匯票」，仍退還出口商持有。接著，外國銀行將貨運單據寄送國內銀行，後者收到後轉交國內進口商提貨。由於出口商爲免積壓資金，通常將其貼現融通短期資金，可能貼現途徑包括向承兌銀行、其他往來銀行以及貼現窗口(discount window or house)申請貼現，或是直接售予票據交易商。

銀行承兌匯票在貨幣市場中發揮的功能約有下列數端：

①就資金供給者言：銀行承兌匯票由外匯銀行承兌，安全性大且按市場利率貼現而有合理收益，並有公開市場隨時轉售而流動性大，故爲短期資金投資者的優良對象。

②就資金需求者言：此類交易表面上似爲融通國外進口商，事實上可協助產品外銷，尤其貼現資金來源非僅限於銀行信用，尚可透過重貼現獲得央行信用支援。此外，銀行承兌匯票因信用卓著可爲短期投資最佳工具，進而成爲以貨幣市場資金融通國際貿易所需。

③就央行而言：央行爲調節貨幣市場，透過銀行承兌匯票重貼現及變動重貼現率，可調節貨幣數量並影響市場利率水準。另依「銀行學派」之「實質票據學說」(real bill doctrine)內涵，銀行廠商對基於交易行爲產生之實質票據進行貼現具有「自動清償」(selfliquidating)作用，銀行信用隨交易行爲消長而增減，央行對此類貼現票據再給重貼現，亦可達到控制貨幣流向的目的。

臺銀自 64 年 3 月 1 日起開始辦理國內遠期信用狀業務，其他銀行廠商相繼效法，69 年底銀行承兌匯票流通餘額達 66 億餘元。70 年 7 月起又因外商銀行爲拓展授信業務，積極對交易賣方提供承兌信用，部分發行商業本票廠商改以銀行承兌匯票取得融資，因而造成突破性成長，71 年底激增至 602 億元，72 年 6 月已凌駕商業本票，成爲廠商在貨幣市場籌措資金的主要工具，不過至 80 年 6 月底餘額卻降至 567 億元。

⑷「可轉讓定存單」

　　臺銀在民國64年8月首創發行可轉讓定存單，存單期限分為一個月、三個月、六個月、九個月及一年期等五種，未到期前不得兌現，但可自由轉讓流通。由於可轉讓定存單不記名且可自由轉讓，發行額日增且有後來居上之勢，探究其中理由如下：

　　①就資金供給者而言：可轉讓定存單多由大型銀行廠商發行，信用卓著而安全無虞，兼可自由轉讓而流動性極大；

　　②就資金需求者而言：由於可轉讓定存單具有安全性、獲利性及流動性而深受投資者歡迎，使銀行廠商在銀根緊縮之際得以順利取得資金；

　　③就央行而言：央行為控制貨幣供給與銀行信用，除發行乙種國庫券調節外，亦可發行可轉讓定存單在貨幣市場流通以調節體系內的資金供需狀況。

　　最後，再將上述短期票券的主要特性列於（表10-6）作為比較：

項目 ＼ 類別	國庫券	商業本票	銀行承兌匯票	可轉讓定存單
1.票期	91天、182天、364天	一年內不定期	按交易協議而定	3個月、6個月、9個月及12個月
2.面額	1萬、5萬、10萬、50萬、100萬五種	10萬或其倍數	按交易金額而定	10萬、20萬、30萬、50萬、100萬、500萬
3.發行方式	貼現發行、公開競價標售	經保證後貼現發行	貼現發行	照面額發行
4.最低投資額	10萬元	同左	同左	同左
5.獲利率	競標利率	貨幣市場利率	同左	初級市場：定存利率 次級市場：貨幣市場利率
6.還本付息方式	貼現折扣賣出、到期照面額償付	同左	同左	到期加息還本

7.到期償還者	國庫（央行）	發行公司	承兌銀行	發行銀行
8.利息稅負	20%分離課稅	同左	同左	同左
9.記名與否	通常爲無記名	無記名	記名	記名
10.發行機構	央行	大規模企業	通常爲出口商	各銀行
11.交易機構	政府債券經紀人	票券公司	票券公司	銀行、票券公司
12.主要投資者	各銀行、保險公司	銀行、民營企業	銀行	銀行、企業
13.轉讓與否	可轉讓	不可轉讓	通常不做轉讓	可轉讓
14.質押	可質押及予公務保證	不可質押	通常不可質押	可質押

(表 10-6) 貨幣市場信用工具的主要特性

㈡「金融業拆款市場」

「金融業拆款市場」原先爲「同業拆款市場」，係指銀行同業間爲調節準備，撥補票據交換差額而彼此作短期相互融通的市場。同業拆款市場經由銀行同業借貸雙方協議達成拆借利率，將能確實反映市場實際資金供需情況及銀根鬆緊程度，將是央行擬定貨幣政策與調整利率與否的重要金融指標。

依據「同業拆款中心設置要點」規定，該中心成立於民國 69 年 4 月 1 日，會員僅限於辦理存款業務並在央行設有準備帳戶之銀行廠商，會員在一旬內向同業拆借總金額不得超過該旬之法定準備。外商銀行在臺分行、信託投資公司及票券公司因而被排除經由拆款中心獲得充裕資金的機會，是以央行於民國 69 年 3 月邀集本國銀行廠商會商，經協議上述金融廠商得以拆款、放款、透支等方式向本國銀行廠商短期融通，原來的「銀行同業拆款市場」因而分割成「同業拆款」與「同業短期融通」兩

個市場。爾後，央行於民國80年8月核准「銀行同業拆款市場」擴大爲
「金融業拆款市場」，並於10月初正式完成改制。當「銀行同業拆款市
場」擴大爲「金融業拆款市場」後，增加7家信託公司、36家外商銀行、
3家票券金融公司、及復華證券金融公司參與拆款交易，據拆款中心統
計，參與拆款市場的銀行已達百家以上。

此外，目前拆款市場僅限「隔夜拆款」的交易也將比照國際市場，
增加「二到十天」、「十一到卅天」、「卅一到六十天」、「六十一天到九十
天」、及「九十一天到一百八十天」五種，將使拆款市場更符合金融廠商
的資金需求，拆款交易因而更趨多元化。同時，由於參與者擴及國內所
有金融廠商，金融業拆款利率將可視爲臺幣短期(一天到一百八十天期)
資金利率的指標。

§ 10.5. 「資本市場」與「長期融資」

「資本市場」係指一年期以上信用工具交易的市場，而依信用工具
性質不同，目前國內資本市場將包括「股票市場」與「債券市場」兩個
直接融通中長期資金的證券市場。(表10-7)揭示國內資本市場的資金流
程，並且指出當前國內資本市場包括: (1)主管機構──財政部證券市場
管理委員會與半官方的證券發展基金會; (2)交易機構──證券交易所;
(3)業務經營廠商，包括買賣證券中介廠商(證券經紀商)、自行買賣證券
廠商 (證券自營商)、證券承銷廠商 (證券承銷商)、融通廠商 (證券金
融公司)、基金發行廠商 (證券投資信託公司計15家)、提供資訊 (證券
投資顧問公司計84家) 及保管有價證券 (臺灣證券集保公司) 等。其中
證券市場管理委員會，成立於民國49年9月，爲證券市場之監督管理機
構，證券交易所係證券集中交易場所，目前僅設臺灣證券交易所一家，
於民國50年10月成立，而於次年2月正式開業。

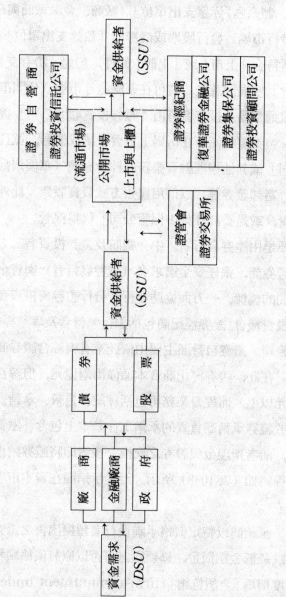

（表 10-7）資本市場的資金流程

在 (表 10-7) 中，體系內「赤字支出單位」(廠商、金融廠商與政府)
將在初級市場 (或發行市場) 發行股票或債券向「盈餘支出單位」募集
資金。如果公司股票符合「上市」或「上櫃」條件，經過「證券交易所」
與「證券管理委員會」核准同意後，將可在臺灣證券市場 (公開市場)
或店頭市場上進行流通交易。投資者可由「證券投資顧問公司」獲取投
資訊息，然後透過「證券經紀商」在市場上買賣股票或債券，並且可向
「復華證券金融公司」或其他辦理融資業務的綜合券商 (華僑銀行、中
國商銀、建弘證券、富邦證券等) 以信用擴張方式買賣股票。此外，買
進股票亦可自行保管，或是委託「集中保管公司」代爲保管。

　　證券市場上主要是由證券發行者、中介廠商及證券投資者三方面構
成。中介廠商即指證券商，擔任資金需求者 (證券發行者) 與資金供給
者 (證券投資者) 間的橋樑，一方面協助發行者發行證券籌措資金，另
一方面提供購買者投資機會。證券經紀商包括銀行兼營者及專業經紀商，
以及各經紀商之分公司。證券自營商主要由信託業者與綜合證券商的自
營部門兩部分構成。在此，證券經紀商資本額僅需兩億元，但綜合證
商資本額需達十億元以上，而經營業務可包括經紀、自營、承銷、融資
與融券等項目。至於證券承銷商負責的承銷工作基本上包含「融資」與
「配銷」兩個程序，前者指現金與證券之交換，後者即將證券銷售給不
同投資者，完整流程將如 (表 10-8) 所示。至於承銷商在資本市場中扮
演的功能包括：

　　(1)「購買功能」：承銷商以特定價格承購發行者預擬出售之證券，發
行者因而獲得特定或最低金額價金，毋須顧慮可否以原訂價格順利售罄
問題，此種承銷制度稱爲「全額包銷」(firm-commitment underwrit-
ing)。換言之，當市場狀況不佳或價格太高，致使該證券無法售罄時，
承銷商將承擔損失的風險。

　　(2)「分銷功能」：承銷商將承購證券透過分銷管道售予投資者。若承

銷商只負責分銷任務，僅是協助批發承銷商(wholesaling under-writer)分銷證券，故扮演零售商角色而賺取固定佣金，將無任何售不完而遭致損失的顧慮。

(3)「顧問功能」(advisory function)：承銷商與發行廠商業務往來時，可提供資本市場訊息作爲發行廠商籌募資金參考，並依其財務結構與證券市場狀況，建議發行證券種類、時機及價格等，俾能順利募得資金。

(4)「保護功能」(protective function)：承銷商於銷售新發行證券期間，將維持市價穩定以建立投資者信心，增加證券銷售效果。對投資者言，將具有保護功用，避免買入發行價格偏高證券；對承銷商言，可順利承銷並降低包銷風險。

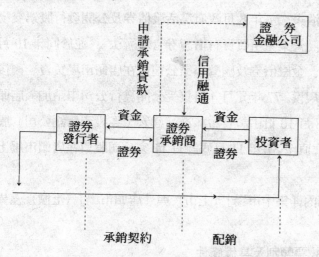

(表 10-8)　證券承銷商的中介過程

民國 77 年 7 月國內開放證券公司設立後，迄民國 80 年 7 月時臻於高峰而計有證券經紀商 374 家。此後，自民國 80 年 8 月起，由於國內股市交易量萎縮，經紀商不堪虧損，紛紛停業或合併，直至 81 年 11 月底止，證券經紀商尚有 292 家，其中兼營自營商者 43 家，辦理融資融券業

務者爲 33 家。此外，復華證券金融公司於 69 年 4 月成立，接辦原先由臺銀、交銀及土銀辦理的融資業務，同年 7 月開辦融券業務，70 年 9 月開辦證券集中保管業務。直至 79 年，財政部正式開放綜合證券經紀商開辦融資融券業務，迄 80 年 8 月底計有 19 家券商投入該項業務。同時，民國 78 年正式成立「集保公司」專辦證券集中保管業務，其獲利來源係向券商依買及賣成交金額的萬分之 0.15 收取集保費用。至於目前國內證券市場包括在證券交易所以集中競價方式交易的「集中市場」與分散在證券商營業處所採議價方式交易的「店頭市場」兩種。民國 38 年至 42 年間，政府爲實施「耕者有其田」政策，以臺泥、農林、工礦、臺紙股票及土地債券交換地主土地並由民間自由買賣，是爲國內證券店頭市場肇始。直至 51 年臺灣證券交易所成立，強制股票上市及禁止場外交易，店頭市場乃告消失。71 年 8 月政府爲活潑債券及公開發行股票交易活絡，頒佈「證券商營業處所買賣有價證券管理辦法」，並於同年 10 月正式開放政府債券、金融債券及國營事業公司債在店頭市場買賣。爾後，爲擴大證券市場規模，77 年元月 4 日接受公開發行公司申請加入店頭市場，並於 78 年 8 月 10 日由證管會核准「建宏證券投資信託公司」股票上櫃買賣申請案，直至 81 年 11 月底計有 11 家公司股票在店頭市場上流通交易。

至於國內「集中市場」（上市）與「店頭市場」（上櫃）差異性可比較於下：

(I)上市(櫃)股票類別及具備條件

類別＼條件		實收資本	獲利能力	資本結構〔淨值／總資產〕	股權分數	審核機關及單位主管
	第一類	四億以上	1.最近兩年均達10% 2.最近兩年均達5%，且金額均達	最近一年達⅓以上	1.股東需達 2000 人以上 2.小股東需達1000 人以上	

集中市場（上市）			8,000 萬元 3.最近兩年，一年符合(1)或一年符合(2)		3.小股東持股佔 20%或 1000 萬股以上	1.證券交易所 2.財政部證管會
	第二類	二億以上	1.最近一年達10% 2.最近兩年均達 5%以上，且最近一年大於前一年者或二年度均達 5%以上者	無	1.股東需達 1000 人以上 2.小股東需達 500 人以上 3.小股東持股佔 20%或 1000 萬股以上	
店頭市場（上櫃）		伍仟萬以上	開業滿兩年，最近一年達 2%以上		1.100 人以上 2.占 10%以上	1.臺北市證券商公會 2.財政部證管會

(2)交易方式

市場 方式	集　中　市　場	店　頭　市　場
(1)交易方式	1.交易地點在證券商處所與證券交易所 2.股票為主，債券為副 3.交易時間為週一至週五的上午九點至十二點，週六為上午九點至十一點 4.自己買賣	1.交易地點在證券商處所 2.債券為主，股票為副 3.週一至週五的上午九點至下午三點，週六則為上午九點至十一點 4.由證券商推薦交易
(2)委託與交割方式	1.限價與市價委託 2.第二日交割，可作信用交易 3.買賣各負擔百分之 1.5 的手續費及千分之六交易稅	1.限價委託 2.交現款現貨交易，無信用交易 3.同左
(3)價格決定與變動方式	1.以前一日收盤價為準而集中競價 2.當日漲跌限幅為 7%	1.以前一日最高與最低的平均價為準而個別議價 2.同左

(3)其他差異

市場 項目	集　中　市　場	店　頭　市　場
(1)過戶或股務代理	在臺北市或上市(櫃)地點無過戶或股務代理處所	同左

(2)應繳年費	依股票面值總額繳費，最高爲30萬元	依股票面值總額繳費，最高爲20萬元
(3)稅負減免	1.上市公司營利事業所得稅減征15% 2.股利 27 萬元免稅	營利事業所得稅與股利並無免稅優惠

　　接著，國內資本市場目前流通的信用工具包括普通股、特別股、債券及共同基金四類。其中，「特別股」係指公司發行股票優先給予保證股息，一旦當年度公司未能出現盈餘時，可累積至下年度發放，如：中鋼特別股。至於依發行者不同，債券可分爲公債、金融債及公司債三種。其中公債爲地方或中央政府承諾於到期日向債券人無條件支付固定金額的債券，金融債券是由金融廠商發行的公司債，發行條件除受公司法相關條文限制外，還須受銀行法規範，條件較爲嚴格。此外，債券也分爲無記名和記名兩種，通常以無記名較多。無記名債券附有息票，每屆付息期，持有人只須將到期息票剪下，持往代付利息的金融廠商兌現。記名債券則分附息票及未附息票兩種，未附息票者則由發行公司將利息以記名支票寄給持票人。債券因以無記名較多，交易私密性高而逐漸受到投資者喜愛。尤其目前市場上以附買回或附賣回方式的交易越來越流行，部分股市投資者利用股市回檔或滑落之際，從事該類債券交易，不但可彈性運用閒置資金，且可賺取利差。

　　此外，按照我國公司法規定，公司債分爲無擔保、擔保、轉換及分期付款四種。其中「可轉換公司債」爲證管會全力推動的投資工具，性質上介於股票與債券之間，債券持有者可依一定條件轉換爲股票。「可轉換公司債」與普通股變換比率可用「轉換比率」(conversion ratio)或「轉換價格」表示，即換回普通股數目爲轉換比率，可轉換公司債面額除以轉換比率即爲「轉換價值」，如：甲公司發行利率 4.5% 之轉換公司債(面額 1000 元)，轉換價格爲 59 元，即每張轉換公司債可以轉換成 16.95 股

(1000÷59)普通股。假設普通股市價爲 60 元，則該轉換公司債之轉換價值爲 1017 元(60×16.95)。由此可知，轉換比率越大，則轉換價格越小而轉換價值越高。國內證券市場上流通之可轉換公司債包括：裕隆、宏碁、聲寶等公司發行之債券。

至於轉換公司債優點可由投資者與發行公司兩方面說明如下：

㈠對投資者而言

⑴投資者在公司業績未臻理想時，可以繼續持有轉換公司債領取固定利息，安全性高；一旦公司業績進入佳境時，則可轉換爲股票享受優厚股利及其他股東權益。

⑵轉換公司債具有市場價格，下限爲公司債市價，上限即股票市價，且隨發行公司股價攀昇而水漲船高。因此，轉換公司債不但保值性較股票強，亦可與股票同樣享受資本利得。

⑶轉換公司債是否轉換與何時轉換，在轉換期間內完全由持有者自行決定，非常方便及有利。

㈡對發行公司而言

⑴新創立公司因無業績表現，發行股票甚難吸引人們認購，改採轉換公司債較易被接受而順利籌集資金。

⑵轉換公司債因附有轉換權，轉換價格通常較發行時的股價爲高，故可在較普通公司債債息爲低的情況下發行。

⑶增資發行新股立即增加股數，對股利分配產生稀釋效果。至於轉換公司債之轉換權因分次行使，減輕對於股價壓力，也不會立即引起股權變化而影響經營權。

⑷轉換公司債到一定期間後轉換爲股票，可望改善財務結構，且無普通公司債到期需籌款償還之困擾。

　　最後，財政部為促進股市國際化，鼓勵外人投資國內股市，遂於72年10月由9家國際知名證券公司及國內6家銀行合資組成國際證券投資信託公司，發行受益憑證四千一百萬美元，間接向國外投資人募集資金投資國內證券，藉助國外專業人員操作，提高證券市場品質。稍後，財政部為提高法人機構在國內股市的投資比例，再度核准成立建弘、光華、中華等3家證券投資信託公司，分別在國內發行「開放基金」與「封閉資金」募集資金投資國內上市公司股票，其募集資金與運用流程將如（表10-9）所示。此外，財政部更於81年8月核准11家證券投資信託公司，正式開放基金設立與發行。值得注意者：「開放基金」是由投資者直接與證券投資信託公司進行交易，而「封閉基金」則係透過經紀商在股票市場上買賣。

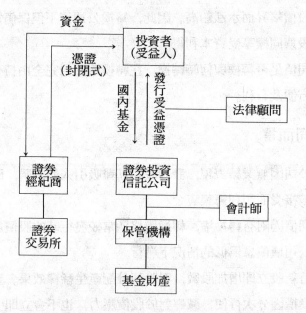

（表10-9）國內共同基金的募集與運用流程

　　一般而言，共同基金的類型包括下列數種：

(1)「積極成長型基金」(aggressive growth funds)：基金運用是以

追求高風險和高報酬率爲目標，投資對象爲有高成長潛力的中小企業、高科技或可能被兼併公司的股票，投資收益主要來自股票交易的資本利得。

(2)「成長型基金」(growth funds)：以追求長期資本利得爲主，股利分配僅佔投資收益的一小部分，投資對象多爲長期穩定增值的大型績優公司股票。

(3)「成長收益型基金」(growth and income funds)：基金運用除兼顧增值潛力，同時選擇能夠分紅股票。基金經理人通常將資金投入配息較多而成長尙佳的上市公司股票，並且將轉換公司債列入投資對象。

(4)「收益型基金」(income funds)：以追求最大收益爲主，通常投資於公用事業股票或公司特別股。

(5)「貴重金屬基金」(precious metals funds)：此種基金通常是規避通貨膨脹風險的投資利器，購買標的物爲金塊、金條或金礦開採公司股票。

(6)「國際基金」(international funds)：此類基金專在國外地區從事金融性投資，對國內投資者而言，是分散「國家風險」(country risk)的有利工具。

(7)「平衡基金」(balance funds)：此類基金同時投資股票與債券，投資債券部分滋生利息收入，投資股票部分可以產生資本利得，對於期望有固定收益，但又願意多冒風險賺取資本利得的投資者來說是很適合的投資工具。

(8)「貨幣市場基金」：基金係運用在購買貨幣市場信用工具，或是短期內到期的公司債與政府債券，通常是閒置資金的投資對象，可以取代銀行儲蓄存款。

至於目前國內證券市場上流通的基金包括「封閉式」與「開放式」兩類，其優劣點將如下表所示：

類型	封　閉　式　基　金	開　放　式　基　金
優　　　　點	(1)基金可全部投資，資產總值不會因投資人進出頻繁而受影響 (2)交易成本較低 　・買賣手續費 0.15% 　・賣出手續費 0.15% 　・證券交易稅 0.1% (3)將來如改爲開放型時可賺取市價與淨值之間的差價 (4)變現較爲靈活	(1)較符合共同基金分散風險原則 (2)提供的服務較好 　・股息轉投資 　・支領計劃 (3)可隨時要求經理公司贖回，投資人權益較有保障 (4)買賣價格相當於基金淨值，投資人無需自負盈虧風險
缺　　　　點	(1)通常是折價出售 (2)提供服務不如開放型 (3)買賣方式有如股票，必須承擔風險 (4)由於交易價格與基金淨值不同，分散風險作用大打折扣	(1)基金無法全部投資，須應付受益人申請買回，長期績效難免會受影響 (2)交易成本較高 　・買賣手續費 2.15% 　・賣出手續費 1% 　・證券交易稅 0.1% (3)變現較不靈活，只能向經理公司要求買回，不能在公開市場買賣

§10.6. 「外匯市場」與「外幣融資」

　　民國 67 年 7 月之前, 我國根據國際貨幣基金(IMF)協定, 實施匯率平價制度, 基本匯率調整由財政部與央行會商決定。在實施平價匯率制度 (通稱固定匯率) 時期, 外匯收支採取由央行統籌收付之外匯清算制度。在國際收支順差時期, 外匯餘額與準備貨幣同步增加, 產生貨幣擴張效果; 反之, 在國際收支逆差時期, 產生銀根緊縮效果。爾後, 行政院爲因應國際情勢鉅幅變動, 確保國內經濟穩定成長, 遂於 67 年 7 月 10 日宣佈新臺幣匯率不再釘住美元而改採機動匯率制度, 並且籌設外匯市場。在機動匯率制度下, 匯率係由外匯交易中心執行小組議訂, 除順應市場供需情勢外, 並且參考新臺幣購買力平價有效匯率指數, 作連續輕微調整。

　　國內外匯市場包括下列兩者:

(1)「顧客市場」(customer market or retail market)：顧客與外匯指定銀行間的交易市場，而進出口廠商是最主要的外匯需求與供給者。廠商或個人進行外匯交易是基於：商品交易、勞務交易、片面移轉捐贈及資本移動等因素，而顧客與外匯指定銀行間之交易反應在國際收支帳上，成為決定匯率走勢之基本因素。

(2)「銀行間市場」(interbank market or wholesale market)：外匯銀行接受顧客買賣外匯後之拋補(covering)，或為其他目的進行之金融性交易。「臺北外匯市場發展基金會」擔任外匯買賣、換匯及外幣拆借等之中介業務，央行基於調節供需或政策性考慮，必要時在「銀行間市場」進行調節或政策性干預。

國內外匯市場成立後的發展，可分成三個重要階段：

(1)「顧客市場」供需決定匯率階段 (68 年 2 月 1 日至 71 年 8 月 31 日)

外匯市場成立初期，新臺幣匯率由央行代表與 5 家銀行（臺銀、中國商銀及第一、華南、彰化等三商銀）主要負責人視「顧客市場」外匯供需情況會商議訂，每日變動幅度不得超過前一營業日中心匯率之上、下各 0.5%。69 年 3 月 3 日起央行退出議訂匯率，同時放寬新臺幣匯率每日可變動幅度為上、下各 1%。70 年 8 月 12 日起，匯率議訂除根據「顧客市場」外匯供需外，再增加新臺幣實值有效匯率指數做為參考，每日變動幅度再放寬為上、下各 2.25%。

(2)「中心匯率」階段 (71 年 9 月 1 日至 78 年 4 月 2 日)

由於根據顧客市場外匯供需決定之匯率無法反映政策層面考慮，同時在外匯管制情況下亦未能反映基本經濟情勢，因此央行自 71 年 9 月 1 日起將新臺幣匯率改由「銀行間市場」供需決定，以銀行間美元交易價格之加權平均數作為次營業日之「中心匯率」，外匯銀行依據中心匯率加減一角作為「顧客市場」交易價格。

(3)自由匯率階段 (78 年 4 月 3 日以後)

　　爲配合匯率自由化政策目標,央行於78年4月3日廢止中心匯率制度,取消銀行間每日即期美元交易價格不得超過當日中心匯率上、下各2.25%之規定。不過爲方便銀行與顧客間小額交易進行,乃由9家外匯銀行每日議定「小額結匯議定匯率」,適用於三萬美元以下非現金之外匯交易。同年7月24日此項小額交易標準降爲一萬美元,至79年12月29日完全取消小額議訂匯率,各銀行廠商得依據本身資金成本及外匯供需情況、外匯部位水準等自由調整匯率。

　　最後,再就國內外匯市場目前已有的業務類型介紹於下:

(1)「即期交易」(spot transaction)

　　外匯市場交易的交割日期(value date)在兩個營業日以內之交易即是「即期交易」。不論顧客市場或銀行間市場,國內外匯市場均以即期交易爲主,近一年來顧客市場上即期交易(進出口押匯、匯出入款等)佔全部外匯交易99%以上;銀行間市場中即期交易佔八成三左右。國內外匯市場「即期交易」之幣別以美元爲主,佔市場交易八成五左右。

(2)「遠期交易」(forward transaction)

　　外匯市場交易的交割日期在兩個營業日以後之交易即是「遠期交易」。61年4月3日央行實施「遠期外匯買賣辦法」,開辦美元以外國際主要通貨之遠期外匯交易。67年7月10日政府宣佈採行機動匯率制度,8月11日央行開辦美元遠期外匯交易,外匯銀行承做後再轉向央行拋補,匯率風險全由央行承擔。73年5月9日以後,央行規定外匯銀行承做遠期交易,得在八成比率內向央行拋補;此項比率嗣後逐漸降低至四成,並於76年7月15日外匯管制解除後完全取消。在民國75年以後,由於央行採取漸進升值方式因應當時長期貿易順差情勢,釀成新臺幣將持續升值預期,遠期外匯交易因而呈現一面倒現象,進而對即期市場造成甚大衝擊。央行因此於76年7月15日解除外匯管制,同時爲避免熱錢大量流入乃改變銀行外匯部位定義(凡遠期交易未屆交割時均不視爲

銀行外匯部位)，因而限制銀行廠商承做遠期交易之抛補能力。嗣後央行雖於 76 年 10 月 1 日起恢復銀行外匯部位包括遠期交易，旋因即期市場遭受衝擊太大，而於 11 月 6 日起再度將未屆交割之遠期交易排除於外，導致遠期市場幾乎關閉迄今。

(3)「換匯交易」(swap transaction)

「銀行間市場」在 72 年 1 月 14 日成交首筆換匯交易後，「換匯市場」自然形成。換匯交易多爲美元與新臺幣間之交換，爲銀行產業資金調度提供另一管道，至於顧客市場目前尚未允辦換匯交易。

(4)「境外金融中心」(offshore financial center)

爲吸引國際銀行參與國內外匯交易，並促使臺北發展成爲區域性國際金融中心，決策當局於 73 年 6 月 15 日開辦境外金融業務 (國際金融業務)。一國金融產業發展決定於所在地經濟活動市場大小，以國內目前狀況而言，欲使金融市場規模大幅成長，勢必採取下列途徑：(i)增加國內金融廠商的海外分支據點；(ii)吸收國外廠商及個人使用國內金融廠商。但在各國不同金融稅務政策下，惟有提供一個不受法規管制，稅賦方面又能給予優惠的環境，則境外的他國廠商及個人才會願意使用國境內金融服務，「境外金融銀行」(offshore banking)乃因此大量出現。

「境外金融中心」服務對象是外國之個人、廠商、甚至政府，營業範圍包括存放款業務、國際貿易業務、證券交易等，但因所處環境不同、營業範圍不一，本質上可分爲「實質中心」(functional center)和「帳面中心」(booking center)兩種。「帳面中心」乃存款吸收及金融資產存放處，但實際吸收存款行爲及有關授信交易均不在此中心所在地發生。國際性金融廠商一般利用其做爲「帳面中心」的目的，不外乎「帳面中心」實質業務僅爲一連絡紀錄處，不能帶動當地任何實質金融交易活動，更遑論促進當地經濟發展。至於「實質中心」乃一交易中心，影響所及甚至成爲當地經濟主幹之一，如：香港及新加坡等。至於國內設立「境

外金融中心」將可發揮下列效益:

(i)訓練國際金融專業銀行, 提高勞動品質;

(ii)有助於法律與會計事務所、金融經紀商、保險等服務業發展;

(iii)國內銀行廠商可就近參與國際金融活動, 學習國際金融操作技巧及專業知識, 促進本身經營現代化;

(iv)強化與國際金融中介連繫與合作, 培育知識密集的金融產業, 有利於蒐集國際金融訊息及引進運用外資。

不過除上述利益外, 成立「境外金融中心」尚需涉及下列問題:

(i)法律與制度架構必須現代化, 以配合金融業務國際化需要;

(ii)國際金融業務分行的境內貸款將由央行採逐案核定方式。不過強調引進低利外資以支持國建計劃資金需求, 則境外市場與境內市場不易隔離, 設立「境外金融中心」將降低國內貨幣政策自主性;

(iii)「境外金融中心」設立可能導致逃稅與資金逃避;

(iv)國內外匯指定銀行調度外匯資金主要透過新加坡與紐約等國外金融市場操作, 國內銀行廠商在這些金融中心設立之分支機構扮演重要角色。如果成功發展「境外金融中心」, 則本國銀行國外分行將不易與國外大銀行廠商設立之國際金融業務分行競爭。發展「境外金融中心」與鼓勵本國銀行廠商增設國外分支機構, 兩者間如何取捨將屬政策選擇問題。

⑸「外幣拆款業務」

民國78年8月7日國內外幣拆款市場成立, 除便利外匯銀行外幣資金調度, 降低資金成本外, 更成為訓練國際金融業務人才場所。央行為扶助外幣拆款市場成立, 有效運用外匯存底, 特提供三十億美元為種子基金, 嗣後種子基金增加為五十億美元及五億馬克, 更逐步放寬限制, 使本國銀行海外分行、在臺外商銀行之海外分行及聯行均得以參與拆款。

此外, 臺北外幣拆款市場於80年2月8日及8月20日分別與新加

坡及香港拆款市場完成連線，交易幣別逐漸增加，美元、日圓、馬克以外的其他幣別交易額受民間需求影響，成交量並不大。不過零星出現的結果卻使得我國外幣拆款的交易幣別增至九種之多，有助於拆款市場國際化的腳步向前邁進。

　　國內外幣拆款市場初期拆款幣別以美元、馬克爲主，隨著中日經貿關係發展，日圓在臺北外幣拆款市場的需求也逐漸增加。由於東京市場排外性強，外匯發展基金會因而以邀請日本大型銀行廠商進入我國外幣拆款市場的方式，促使外幣拆款市場的日圓價位能透過這些銀行廠商而符合東京行情。80 年 6 月底，日本太陽神戶、三井銀行繼日本勸業、東京、三菱銀行之後，加入我國外幣拆款市場。由於拆款利率競爭趨於激烈，不僅使我國銀行廠商可享受較優惠的利率水準，對日圓拆款市場的擴大亦具正面貢獻。

〔本章重要參考文獻〕

1. 李紹盛：〈國內外貨幣市場之比較研究〉（上）、（下），臺北市銀月刊，十卷八期與九期，民國六十八年，pp.37-50，pp.37-52。

2. 黃永仁：《臺灣的基層金融：過去、現在與未來》，基層研究發展叢書，民國七十年六月。

3. 侯金英：〈我國金融機構的特徵與其發展〉，臺北市銀月刊，十二卷七期，民國七十年，pp.1-26。

4. 李孟茂：〈金融市場與利率之決定〉，臺北市銀月刊，十三卷三期，民國七十一年，pp.41-52。

5. 鄭濟世：〈論保險業之資金運用〉（上）、（下），產險季刊，四十五期與四十六期，民國七十一年，pp.6-14，pp.19-30。

6. ＿＿＿＿：《保險業之監督與管理》，保險事業發展中心，民國七十六年一月。

7. 陳木在：〈我國開發金融的現況與檢討〉，臺北市銀月刊，十三卷四期，民國七十一年，pp.1-12。

8. ＿＿＿＿、盧坤發、李文齡與趙健談：〈可否依據現有民營銀行之經營反對銀行開放民營之研討〉，臺北市銀月刊，十四卷二期，民國七十二年，pp.55-89。

9. 李文齡：〈信託投資業財務概況分析〉，臺北市銀月刊，十四卷十期，民國七十二年，pp.66-74。

10. 李庸三與陳上程：〈臺灣金融發展之回顧〉，收集於《貨幣金融論文集》，臺大經濟系，民國七十三年，pp.11-44。

11. 錢橋松：〈談境外金融中心〉，貨幣市場簡訊，六期，民國七十三年三月，pp.6-9。

12.楊夢龍：《新銀行法》，五南圖書公司，臺北，民國七十五年。

13.黃得豐：〈我國金融市場之檢討〉，臺北市銀月刊，十七卷三期，民國七十五年，pp.82-90。

14.陳思明：〈銀行制度與保險事業〉，收集於《保險資金運用研討會》，保險事業發展中心，民國七十八年二月，pp.1-7。

15.何顯重：〈貨幣市場概述〉，收集於《保險資金運用研討會》，保險事業發展中心，民國七十八年二月，pp.143-155。

16.林華德與謝德宗：《郵政儲金匯業局在金融體系的定位》，郵匯局委託研究計劃，民國七十八年十一月。

17.許瑞茂：〈明日之星——店頭市場〉，貨幣市場簡訊，六十期，國際票券金融公司，民國七十八年十一月，pp.1-5。

18.陶宏麟：《壽險公司資產選擇行為研究：銀行理論之應用》，東吳大學經研所碩士論文，民國七十九年六月。

19.《臺灣產業景氣與證券市場》，大華證券股份有限公司年度研究報告，民國八十一年。

第十一章　銀行廠商理論

在現實社會中，廠商通常分爲「生產者」與「經紀商」兩類。前者組合各種因素投入生產實質商品，或實質性轉變商品型態而創造「形式效用」(form utility)；至於後者在技術或地理上提供勞務協助交易活動順利進行，以降低交易成本。其中，廠商將商品在不同地方間移轉而創造「地方效用」(place utility)，如：運輸業(transportation industry)；廠商在不同時點上移轉商品而創造「時間效用」(time utility)，如：倉儲業(storage service industry)。在「經紀商」當中更有發行負債吸金，用於購買生息資產謀利者。這些廠商在「受信」(吸收資金)與「授信」(貸放資金)過程中，提供金融勞務而創造金融性「產權效用」(ownership utility)，因而泛稱「金融廠商」或「金融中介」。文獻上再依「金融廠商」能否發行通貨與支票而分爲「銀行廠商」或「非銀行金融廠商」，前者包括央行與銀行廠商，後者涵蓋信託投資與保險公司。此外，「金融市場」上尚有純粹中介金融交易者，提供中介勞務收取經紀費用的「金融經紀商」，其中包括票券公司、證券及外匯經紀商。

「銀行廠商」通常定義爲：「由政府特許成立之金融廠商，主要業務是吸收短期資金，授予短期融資以獲取利潤者。此外，當銀行廠商成立儲蓄部、國外部與信託部後，業務範圍將擴及募集中長期資金，從事中長期融資，亦可進行外匯與信託投資業務操作」。依據該定義，銀行廠商對體系提供的「金融產品」多至不可勝數，有如開設「金融百貨公司」(department store of finance)一般，其對經濟活動影響自是不可言喻。

本章首先說明「銀行廠商」在體系中提供的「經紀勞務」(brokerage service)與「資產轉換勞務」(asset transformation service)內容，進而揭示完整的生產流程，並比較與製造業者間的差異性。其次，將說明「銀行產出」(banking output)的衡量方式，進而介紹如何由成本函數推演銀行廠商的「規模經濟」(economics of scale)與「範圍經濟」(economics of scope)。第三，將分別介紹「銀行產業」(banking industry)組織結構類型的優劣性，進而說明「聯行制度」(correspondent banking)、「信託銀行」(trust banking)與「國際銀行」(international banking)的內涵。接著，針對銀行廠商經營陷入泥沼導致「銀行失敗」(bank failure)的原因加以探討，同時說明「金融預警制度」(Early Warning System, EWS)扮演的功能及內涵。最後，將討論銀行廠商的成長型態，以及進行「合併」(merger)的原因與評估標準。

§ 11.1. 銀行廠商功能與決策流程

依據我國銀行法第 2 條規定，凡是依據銀行法組織登記，經營銀行業務之機構均稱為「銀行廠商」。至於銀行業務範圍則如第 3 條所列計有 22 項，詳細內容可見 (表 10-1) 中的一般銀行業務項目。同時，由該法第 20 條規定，國內銀行計有商業銀行、儲蓄銀行與專業銀行等三種類型，而對銀行設立的規定可分述於下：

(1)除法律另有規定或經專案核准外，銀行廠商應以股份有限公司組織型態為限。

(2)設立銀行廠商應報請中央主管機關許可並載明下列內容：(i)銀行之種類、名稱及公司組織類型；(ii)資本總額、營業計劃、本行及分支機構所在地；(iii)發起人姓名、籍貫、住居所、履歷及認股金額。

(3)銀行廠商經許可設立，在收足資本額並辦妥登記後，再檢同下列

文件申請中央主管機關核發營業執照：(i)公司登記證件及央行驗資證明書；(ii)銀行章程、股東名冊及股東會會議記錄；(iii)董事、常務董事與監察人名冊，以及三者的會議記錄。

接著，由營運內容觀之，銀行廠商扮演的功能可歸納成兩大類：

㈠「資產轉換功能」(asset transformation function)

銀行廠商發行不同期限的金融負債吸金，如：活存、儲蓄存款、定存、金融債券與信託基金等，並配合實質資源，如：雇用行員與電腦設備對客戶徵信調查，從事不同性質放款。換言之，銀行廠商創造高度流動性的支票或「近似貨幣」吸金（受信），透過選擇最適資產組合，如：放款、票據貼現、投資生產事業與有價證券而衍生缺乏流動性的「銀行信用」（授信）。此種資金流動性、風險與期限等性質的轉換現象，降低資金供需雙方必須承擔的風險與交易成本，促成彼此的流動性需求能夠契合，因而稱爲「資產轉換功能」。

Keynes(1930)早在《貨幣論》書中就已提出「資產轉換功能」，宣稱銀行廠商在體系中從事「創造信用」(credit creation)與「流動性供給」(liquidity provision)的雙重活動：「現代銀行家提供兩組不同勞務，經由扮演『清算中心』(clearing house)角色，供給國家貨幣的替代品，……但又扮演關於各種特殊型態貸款的中間人，將向大眾吸收的存款運用於購買有價證券，或貸放給企業……」。

由於銀行廠商扮演上述功能，Keynes 指出：「銀行廠商對經濟活動影響，是源自對貨幣供給或流動性的控制，故『銀行信用分配』將是體系發生循環性波動的重心」。此外，銀行廠商在「受信」與「授信」過程中，實際上又提供經濟成員下列金融產品：

⑴「交易媒介」：銀行廠商在「受信」過程中，同時賦予支票存款充當交易媒介，得在體系內流通的權利。當人們使用支票交易時，實際上

同時消費「方便」、「安全」與「對帳」等勞務, 故「支存」背後隱含銀行廠商提供的多種「聯帶產品」(joint product)。

(2)「價值儲藏」: 銀行廠商在「受信」過程中, 提供儲蓄存款與定存等儲蓄工具做爲保值工具, 人們實際上同時消費「安全」、「保值」與「獲利」等勞務, 故這些儲蓄工具背後隱含銀行廠商提供的多種「聯帶產品」。

(3)「銀行信用」: 銀行廠商在「授信」過程中, 對經濟成員融資以換取未來還本付息的承諾, 人們實際上係享受銀行廠商提供之「流動性」勞務。

㈡ 「經紀功能」 (brokerage function)

人們在資金市場進行交易必須承擔固定費用與風險, 而銀行廠商經由大規模作業, 降低資金供需雙方的單位交易成本, 有益於增進金融資源分配效率。綜合銀行廠商在體系內展現的經紀功能或提供的經紀勞務約有下列數端:

(1)「收付通貨」: 銀行廠商的最基本業務係由本身的「業務部」或「銀行部」吸收短期資金 (活存與支存), 然後從事短期放款, 由「受信」至「授信」的過程中提供人們「流動性」與「融資性」兩種金融性勞務。

(2)「儲蓄服務」: 銀行廠商成立「儲蓄部」後, 便可吸收中、長期資金 (定存與儲蓄存款), 然後進行中、長期放款, 由此而提供人們「價值儲藏」與「融資性」兩種金融勞務。

(3)「國內外匯兌」: 銀行廠商經由全國跨行連線作業, 提供人們進行國內匯款。此外, 銀行廠商亦可成立「國外部」, 提供人們買賣外匯、簽發信用狀與辦理國外保證業務, 本身亦可從事外匯操作謀利。

(4)「信託服務」: 銀行廠商基於成立證券商所需條件成立「信託部」, 提供承銷、經紀、經理信託財產、有價證券簽證與證券信託投資等服務。

(5)「其他服務」: 銀行廠商可提供倉儲、保管及代理服務, 以及承辦

政府核准之相關業務。

(6)「提供資訊」: 銀行廠商爲求降低放款的倒帳風險, 往往成立徵信調查部門搜集產業或廠商營運與財務資料, 並對個別產業景氣進行調查研究, 從而形成體系內「個體經濟資料」的重要來源, 除供銀行廠商是否放款參考外, 更是廠商擴廠或參與投資的重要訊息之一。

瞭解銀行廠商在體系內扮演的功能後, 接著說明銀行廠商與製造業間的差異性:

(1)廠商性質

大部份製造業從事的業務內容較爲確定, 營運過程中面臨的限制較少。由於產品型態通常能夠量化, 縱使生產實質勞務亦屬單一產品居多, 價值易於衡量。就銀行廠商而言, 營運範圍廣泛而不確定, 生產之金融勞務 (如: 支票存款隱含之安全與方便) 不僅區分困難且無從量化, 價值難予估算而以無償提供居多。

(2)決策程序

(表11-1) 顯示: 製造業首先在資本市場上選擇最適財務結構, 尋求單位資金成本最低而決定公司債與股票發行量, 此即「融資決策」。製造業募集資金後, 接著購買資本財營運生產, 進而形成「投資決策」。經過固定期間營運, 製造業決策者在追求廠商價值最大的目標下, 擬定分

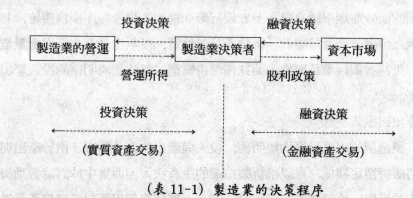

(表 11-1) 製造業的決策程序

派股利決策而形成「股利政策」。

　　另一方面，(表11-2)顯示：銀行廠商基於財務理論而於存款、貨幣與資本市場上募集資金，尋求最適財務結構而使資金成本與財務風險達於最低，此即「銀行負債與資本管理決策」。接著，銀行廠商安排資金於各類生息資產（如：放款與購買有價證券）獲取收益，從而形成「銀行資產管理決策」。經過固定期間運作後，經營者在追求銀行廠商價值最大的目標下，擬定分派股利決策而形成「股利政策」。

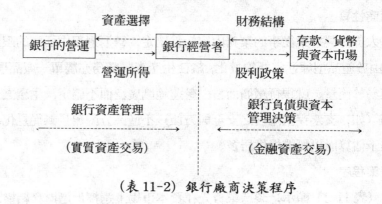

(表11-2) 銀行廠商決策程序

⑶生產程序與產品內容

　　大部分製造業係採「單一」或「多元」程序生產單一或多元產品，縱使經由單一程序生產「聯帶產品」，但因成品均能明確劃分，產品與投入間的區分並無爭議之處。至於銀行廠商採取的生產程序極爲複雜，其生產之金融勞務通常屬於「聯帶產品」性質，既無法分割亦無從衡量價值，更甚者銀行產品與投入間往往混淆難清，無法釐清明確的投入產出程序。

⑷產出與投入型態

　　製造業的生產程序均屬明確，投入與產出的區分明顯。由於產出與原料維持穩定關係，是以剖析製造業的生產決策因而集中於討論勞動與資本的雇用，原料並非研究焦點。同時，製造業使用原料或銷售產品往

往採用買斷或賣斷型態，原先持有者完成交易後，即放棄擁有所有權。但就銀行廠商而言，生產程序並不明顯，投入與產出間的區分模糊。由於銀行廠商雇用勞動（銀行行員）與資本（營業場所與電腦設備等）生產所支付成本占總成本比重微不足道，故生產決策重點就在原料(資金)取得上，而其成本即是利息支出。此外，銀行廠商使用原料或出售產品通常採取租用型態，當其購買原料（吸收存款）之際，資金擁有者同時取得未來還本付息的「連續請求權」(continuing claims)，銀行廠商負有隨時歸還的義務。至於銀行廠商銷售產品（銀行信用）之際，亦是同時取得購買者承諾未來償付的請求權，而非賣斷型態。由於銀行廠商購買原料（受信）與出售產品（授信）間衍生之流動性並不一致，因而構成營運過程中必須面對風險的主要來源之一。

　　綜合以上所述，接著再以（表 11-3）說明銀行廠商的產銷過程。銀行廠商雇用勞動與資本等「實質投入」(physical input)，再配合吸收之存款等「金融投入」(financial input)，經過徵信調查等生產或資產轉換程序後，在各種法令限制下生產「勞務產品」與「金融產品」兩大類型。就前者而言，銀行廠商生產「交易方便」（支票存款）、「安全保值」（儲蓄存款）、匯兌、信託、保險箱保管勞務等，並且售予大眾收取勞務費用或無償提供。就後者而言，銀行廠商先提存法定準備(非賣品)，剩餘的「可貸資金」經由「資產選擇」程序而分成「出售資金使用權」（銷貨）與「超額準備」（存貨）兩類。至於「出售資金使用權」將以「有價證券」與「放款契約」的「銀行信用」型態出現，從而獲取股票、債券與放款產生的收益與資本利得。

　　由於銀行廠商在體系內同時扮演「受信」（貨幣供給與儲蓄工具）與「授信」（銀行信用）兩種角色，在中介資金過程中往往面臨多重風險，為確保存款者權益與維持金融環境穩定運行，財金當局通常對銀行廠商設立與營運採取各類管制措施。至於財金當局通常採行的管制措施約有

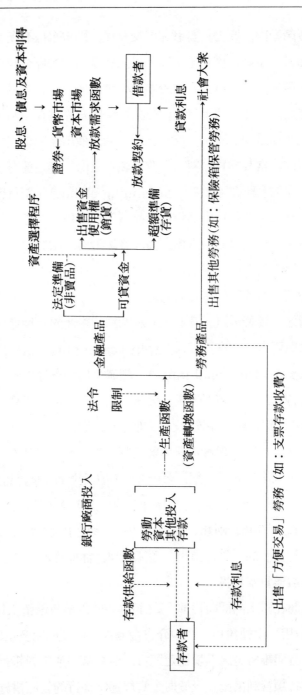

（表 11-3）　銀行廠商的產銷過程

下列五種：

(1)銀行廠商須依公司法及銀行法設立，本國銀行應同時滿足需為股份有限公司型態及經營授受信用業務兩項條件。基於這些規定，銀行廠商決策成員包括股東會、董事會、監察人及總經理。股東會為最高權力機構，但因股東人數眾多而無法全部參與經營，大部分權力因而委託董事會及監察人處理。董事會決定業務方針，指派總經理負責實際業務，而由監察人負監督責任。此外，央行與財政部透過金融檢查措施瞭解銀行廠商營運狀況，一旦發現違規營運，可依銀行法規定的罰則對經營者施以罰款或進行撤換。

(2)管制參與家數：銀行產業可經由新設銀行與原有銀行開辦分行兩種方式擴大參與金融活動，銀行廠商家數增加提升彼此間的競爭程度，競相以高利率爭取資金來源，增高風險放款及投資行為。同時，銀行廠商家數增多促使規模趨小，降低經營效率，迫使利潤率下降甚或發生虧損，進而危及存款客戶權益。有鑑於此，決策當局在審查新銀行廠商的營業計劃及發起人資歷時，必須評估營業計劃能否獲得合理利潤率及配合體系需要，發起人是否具有健全經營才能等，作為核准的標準。此外，銀行法第 26 條規定：「中央主管機關得視國內經濟金融情形，於一定區域內限制銀行或其分支機構之增設。」是以財政部對於銀行廠商設立分行時，除規定經營效率必須符合一定條件外，每年能夠開設的分行數目不得超過五家。

(3)規定資本額：銀行廠商主要係依賴外來資金營運，一旦業務規模擴大，自有資金比率自然不斷下降，倒閉與財務風險隨即相對提高。有鑑於此，金融當局為維護銀行廠商健全營運，往往須規定最低資本額，此即「資本適足性」的由來。我國銀行法規定：「中央主管機關將全國劃分區域，審酌各區域人口、經濟發展情形及銀行之種類，分別核定或調整銀行最低資本額。銀行資本未達前項標準者，中央主管機關應指定期

限，命其辦理增資；逾期未完成增資者，應撤銷其許可。」接著，民國78年7月公佈「商業銀行設立標準」規定，設立商銀之實收最低資本額訂為新臺幣一百億元。同時，為配合銀行廠商業務國際化需要，同年修正銀行法第44條為：「為健全銀行財務基礎，非經中央主管機關核准，銀行自有資本與風險性資產比率不得低於8%，凡實際比率低於規定標準之銀行，中央主管機關得限制其分配盈餘。」上述規定的目的旨在限制銀行廠商參與家數、促進銀行廠商健全發展以及保障存戶存款安全。

(4)利率管制：美國銀行廠商在1930年代初期，進行漫無管制的惡性競爭，競相擡高利率吸金及從事高風險的資金運用，進而釀成倒閉風潮的金融危機。為求減低銀行廠商營運風險，央行管制利率措施因而出籠。我國中央銀行法第22條曾經規定：「央行得視金融及經濟狀況，隨時訂定各種存款之最高利率。」但在民國69年11月為推動金融自由化而公佈「銀行利率調整要點」後，已逐步放寬利率管制。直至78年7月，為配合銀行法修正條文實施廢止此要點規定，央行已放棄管制利率政策。

(5)業務限制：銀行廠商以承辦短期融資為主要業務，隨著經濟金融環境進展，業務種類雖然逐漸增加，但仍受主管機關限制。此外，銀行法與中央銀行法亦分別對銀行廠商的資金來源（必須提存準備與不得對支票存款付息）與資金用途（放款額度、投資股票、不動產、流動性資產比例）等均有限制，目的均在遏阻銀行廠商擴張過度而危及金融體系穩定性，詳情可見第二十章內容。

§ 11.2. 「銀行產出」的衡量與成本函數

（表11-4）係固定時點的銀行廠商資產負債表，負債項目是營運資金來源，資產項目則為資金運用方式。就前者而言，銀行廠商募集資金方式有二：

(1)「舉債融通」：銀行廠商在「制度性儲蓄市場」吸收各類存款資金（包括「貨幣性」與「儲蓄性」存款、外幣存款等），以及在「貨幣市場」發行「同業拆款」與「貨幣信用工具」募集資金；

(2)「股權融通」：銀行廠商以「銀行資本」與「公積金與保留盈餘」兩種自有資金營運。

就後者而言，銀行廠商募集資金提存「準備」後，隨即投入創造「銀行信用」（「證券投資」與「放款」）、購買固定資產與保有國外資產等。不論由「受信」（資金來源）或「授信」（資金用途）過程觀之，銀行廠商屬於「資源密集」(resource-intensive)產業將屬無庸置疑，其成本函數型態對經營者評估營運績效或擬定經營策略（增設分行、合併與擴張業務）將是影響深遠。

資產（資金用途）	負債（資金來源）
準備	(A)舉債融通
1.在央行的存款	(1)存款
2.庫存現金	貨幣性存款
3.同業往來	儲蓄性存款
銀行信用	外幣存款
1.證券投資	(2)借入款
2.放款	同業拆款
固定資產投資	貨幣信用工具
國外資產	(B)股權融通
	銀行資本
	公積金與保留盈餘

（表 11-4）銀行廠商的資產負債表

一般而言，銀行廠商生產的金融產品不僅琳瑯滿目，而且難以定義。若要探討銀行廠商在生產過程中呈現的「規模經濟」與「範圍經濟」效果，如何區分與定義銀行產出與投入將屬重要課題。不過銀行投入與產

出長久以來即缺乏一致且明確的定義，隨著學者研究目標迥異，各種衡量銀行投入與產出的代理變數(proxy variable)紛紛出籠。綜合各家文獻內容，Mackara(1975)指出「銀行產出」衡量方式可有下列四種，不過每種研究方式內涵仍屬眾說紛紜：

㈠「單一產品」衡量方法(single-value measure approach)

Sealey 與 Lindley(1977)將「銀行產出」區分為：

(1)「技術性產出」(technical output)：依據 Frisch(1965)的定義，生產的「技術性過程」(technical process)係指某些商品或勞務經由轉換過程(transformation process)而變為其他商品或勞務。基於是項定義，銀行廠商由盈餘支出單位借入資金，再貸放於赤字支出單位，由此轉化過程中產生的一系列金融勞務皆屬之，此種產出通常不考慮價值衡量標準。至於銀行廠商生產的金融勞務可歸類成三種：(a)提供活期存款客戶的支付機能管理；(b)存款者與貸款者間的「中介勞務」；(c)信託部門活動及資產選擇顧問等勞務。

(2)「經濟性產出」(economic output)：依據 Frisch 的定義，「生產」的經濟意義係指創造較原先投入因素更具價值的商品。基於是項說法，當銀行廠商追求最大利潤時，唯有能賺取利潤的生息資產，如：各種放款與證券投資，才可視為最終產出(經濟性產出)，存款僅能視為生產過程中的因素投入。

至於 Mackara(1975)接收 Frisch 的定義方式，認為銀行廠商在體系內是生產多元產品廠商，衡量方式可由下列兩個觀點來看：

(1)「個體觀點」或「信用觀點」(credit view)

Alhadeff(1954)、Horvitz(1963)以銀行廠商創造的「銀行信用」或擁有的生息資產（包括放款與投資）來衡量銀行產出，Schweiger 與

McGee(1961)、Gramley(1962)、Grebler與Brigham(1963)、Brigham
與 Pettit(1970)則以銀行廠商擁有的總資產來衡量。該類文獻以銀行廠
商資產負債表上的「生息資產」項目充當「銀行產出」的理由是：銀行
廠商吸收儲蓄資金，經過徵信調查後，以「放款」與「有價證券」方式
融通「赤字支出單位」的消費與投資支出。換言之，銀行廠商由「受信」
至「授信」過程中，重新分配體系內金融與實質資源，使其運用更具效
率而有貢獻。有鑑於此，若由「資源配置」的個體觀點來看，銀行廠商
購買生息資產而創造「銀行信用」，將可充分顯現對經濟活動的貢獻。

　　假設銀行廠商的生產或資產轉換函數的一般型態可表爲：

$$F(Q_i, \sum L_i + \sum S_i, \ DD, \ SD; \ K, \ N) = 0 \qquad (11.1)$$

Q_i爲各種金融勞務，$\sum L_i + \sum S_i$爲「銀行信用」（各類放款與有價證券），
DD與SD爲活期與儲蓄存款，K與N爲銀行廠商雇用的資本與行員。就
個體觀點而言，銀行廠商在體系內若扮演金融中介者角色，以提供金融
勞務爲職責，則(11.1)式可重新表爲：

$$Q_i = f(\underbrace{\sum L_i + \sum S_i, \ DD, \ SD};\ \underbrace{K, \ N}) \qquad (11.2)$$
$$\qquad\qquad 金融投入 \qquad\quad 實質投入$$

此時，銀行產出乃是各種金融勞務或「技術性產出」（安全、方便、融資、
信託），資產負債表上的資產與負債項目將是「金融投入」，銀行廠商雇
用行員與資本存量則屬「實質投入」。至於銀行廠商在體系內若扮演「授
信」角色，以進行融資創造更高的附加價值爲主，則(11.1)式另外又可表
爲：

$$\sum L_i + \sum S_i = BK = G(\underbrace{DD, \ SD},\ \underbrace{K, \ N}) \qquad (11.3)$$
$$\qquad\qquad\qquad\qquad 金融投入 \quad 實質投入$$

此時，銀行產出乃是各種放款與有價證券的「經濟性產出」，「金融投入」

爲各類存款或資金來源,「實質投入」仍是銀行廠商雇用的行員與資本存量。值得注意者: 若以資產負債表上的「銀行信用」(放款與各種有價證券總值) 衡量「銀行產出」價值時, 將會出現下列缺陷:

(i)「銀行產出」屬於流量概念, 而「銀行信用」總額乃是過去放款與各種有價證券總值累積的存量概念,係爲過去發揮配置資源貢獻的累積,以此衡量「銀行產出」將有重複計算之嫌。爲解決此項困擾, 應以當期新增的銀行信用 (融通當期消費與投資支出) 充做衡量「銀行產出」的替代變數。

(ii)「銀行信用」中的放款與有價證券型態及性質迥異, 對經濟成員產生之融資效果各不相同。(11.3)式的累加方式意謂著每種放款與有價證券產生之融資貢獻均屬一致, 形成低估「銀行產出」現象, 故宜授予每種「銀行信用」權數後, 再進行累加較爲適當。

(2)「總體觀點」或「貨幣論者觀點」(monetarist view)

Pesek(1970)與 Saving(1977)關切銀行廠商創造活存 (貨幣供給) 與經濟活動間的關係, 故活存可視爲銀行廠商的主要產出或「技術性產出」, 理由是: 活存可充當交易媒介, 提供「流動性」或「貨幣性」, 經由提昇交易效率與降低交易成本, 增進社會福祉。有鑑於此, 活存總量可視爲銀行產出的替代變數, 而生產函數可修正爲:

$$DD = h(\underbrace{\sum L_i + \sum S_i}_{\text{金融投入}};\ \underbrace{K,\ N}_{\substack{\text{實質}\\\text{投入}}}) \tag{11.4}$$

此時, 銀行產出將是活期存款, 各種放款與有價證券構成之「銀行信用」將是「金融投入」, 而銀行廠商雇用行員與資本存量將是「實質投入」。值得一提的是: 在銀行資產負債表上的活存負債皆爲存量變數, 然而生產理論著重的卻是固定期間內的生產流量。Pesek 因而認爲要將資產負債表上的項目視爲流量, 應將其比擬爲一條河流, 不斷由河谷中漏損,

亦不斷由山中挹注，而銀行廠商則控制此水閘維持河流的存量不變。誠如 Pesek 與 Saving 指出，活期存款持續流動，在美國平均只維持六天且不斷縮短，銀行廠商惟有不斷生產活存，方能維持資產負債表上存量不變。由於兩人皆將銀行廠商生產活存視爲流量概念，故可與傳統生產理論相配合。

　　不過「銀行產出」係指固定期間內銀行廠商創造之附加價值，至於銀行資產負債表上的「活期存款」終究是就固定時點上的存量而言，兩者概念並不相同。爲能弭平兩者間的歧異性，可採固定期間內的平均活期存款存量乘上平均流通速度，自可轉換成流量概念，此即銀行廠商在固定期間內生產的「流動性」或「貨幣性」數量。

　　綜合上述「個體」與「總體」觀點來看，不論是以「銀行信用」或「活期存款」衡量銀行產出，其眞正內涵即是銀行廠商扮演提供「貨幣性」或「流動性」角色，促進經濟成員順利完成交易。基於是項共識以及整合個體與總體觀點的差異性，Goldschmidt (1981) 遂提出「貨幣性」作爲衡量銀行產出的工具，而所謂「貨幣性」則指由銀行存款延伸出來的流動性勞務流量。

㈡「產品加權指數」衡量方法(weight index of output approach)

　　Greenbaum (1967) 與 Powers (1969) 提出以「實值指數」(real valued index)衡量產出，理由是：銀行產出與社區福利(community well being)間存有密切關係，故可由銀行廠商提供金融勞務的社會價值來衡量銀行產出，最簡單估算方法是由社區願意支付金融勞務的代價來衡量。Greenbaum 率先用「銀行收入毛額」(gross income)衡量銀行產出，並區分爲「貸放產出」(lending output)與「非貸放產出」(nonlending output)。「貸放產出」與「非貸放產出」兩種生產活動若在同一條

迴歸方程式進行估計,將會出現嚴重線性重合(multicollinearity)現象,故需分別進行處理。其中,Greenbaum 爲估計「貸放產出」,利用銀行廠商經由貸放的收入毛額R_i對十六種生息資產E_{ij}作迴歸:

$$\frac{R_i}{A_i} = b_o + \sum_{j=1}^{16} b_j \cdot \left(\frac{E_{ij}}{A_i}\right) + \sum_{k=1}^{3} b_k \cdot X_{ik} + \varepsilon_i \tag{11.5}$$

A_i是i家銀行總資產,在此作爲規模平減變數:X_{ik}是第k銀行廠商的結構變數,包括i銀行所在州人口數、各州的虛擬變數(dummy variables)及i銀行所在地的銀行廠商數目,目的在於分離出由產品市場不完全性引起的利率差異。接著,對上式實證分析可得各種生息資產的平均收益率b_j,以此收益率做爲權數與相對應的十六種資產年底金額相乘,加總後即得貸放收入毛額。此外,Greenbaum 亦曾以「收入毛額」對活存、定存、信託帳等作迴歸以求得「非貸放產出」的成分,結果並不理想。不過「貸放產出」與「非貸放產出」之和即爲銀行總產出。

爾後,Powers 亦將銀行產出分爲「貸放產出」與「非貸放產出」兩種,並指出銀行廠商進行各式投資計劃產生的社會福祉各不相同,預期收益自然迥異,顯示銀行廠商創造的資產間具有異質性。Powers 同時突出定存角色,認爲在其他狀況不變下,銀行廠商對存戶收取的金融勞務費用愈高,如:管理與安全保管費用,將意謂著存戶對金融勞務的評價愈高。Powers 接續採用「當期營業收入」(current operating revenue)衡量銀行產出Q_i,其定義爲:

$$Q_i = \sum_j b_{ij} E_{ij} + \sum_j b_{ij} Z_{ij} + \delta_i D_i \tag{11.6}$$

E_{ij}是i銀行廠商創造j種生息資產流通在外帳面餘額,Z_{ij}是i銀行廠商創造j種「非貸放產出」流通在外帳面餘額,D_i是i銀行廠商定存餘額,δ_i是9到12月政府公債利率減i銀行廠商的定存利率。

Greenbaum 與 Powers 定義「銀行產出」方式仍具缺陷:營業收入毛額實際上是生息資產的需求彈性、風險性與生產成本的函數,但是

Greenbaum 僅以平均收益率 b_j 調整個別銀行廠商所面臨的廻異需求彈性，Powers 雖已考慮各類生息資產間的異質性，卻仍忽略資產間的風險差異。此外，兩者皆認為消費者貸款較抵押放款更具社會價值，卻也忽略銀行信用生產方式與存款結構型態對成本的影響。

最後，Benston、Hanweck 與 Humphrey(1982)利用 Caves、Christensen 與 Diewert(1982)發展的 Divisia 多邊統計指數(multilateral statistical index)累加活期、定期與儲蓄存款以及不動產、商業與分期償還放款作為「銀行產出」的複合衡量(composite measure)，不過 Kim(1985)指出這種加總程序仍有兩個缺陷：

(1)此種加總方式將喪失某些重要訊息，如：不同產品型態對成本影響，以及產品間可能存在的互補性（範圍經濟）；

(2)若有部分產出向量為內生時，任何加總程序都將使複合產出的衡量不明確。

㈢「帳戶數目」衡量方法(number of account approach)

現代銀行廠商經營型態逐漸趨向於多角化經營，業務範圍遍及放款、投資、貼現、存款、信託、匯兌等，此種現象造成上述單一指數的衡量銀行產出方式並不符於事實，是以文獻因而主張將銀行視為生產多元產品的廠商。Benston(1965)、Bell 與 Murphy(1968)將「銀行產出」區分為六種業務：活存、定存、不動產放款、分期償還放款、商業放款與證券投資，各項業務各有獨立的Cobb-Douglas生產過程，彼此間不具「聯合性」(jointness)。同時，銀行廠商係依顧客開設帳戶（存款、放款、信託、保險箱）提供金融勞務，與帳戶金額多寡並無直接關係，故「銀行產出」宜由銀行廠商提供帳戶數目的累加來代表較為妥當。

接著，Adar、Agmon 與 Orgler(1975)、Gilligan、Smirlock 與 Marshall(1984)強調在生產過程中，由於銀行產出具有「聯合性」而對

生產成本與產品組合產生特定影響，故宜採各種存款與放款帳戶數總和衡量銀行產出。至於造成銀行廠商生產過程具有「聯合性」的主要原因如下：

(1)各產品共同使用某些投入因素，如：放款徵信可利用顧客的存款資料，廣告宣傳使用共同品牌名稱(brand name)；

(2)因素價格波動具有相關性，因素投入數量將呈聯動現象；

(3)銀行產品需求的交叉彈性可能並不爲零，致使銀行產出供給亦呈聯動現象。

基於「銀行產出」具有「聯帶產品」特性，Adar、Agmon 與 Orgler 設定三種型式的銀行廠商利潤函數(π)如下：

(1)「具直線可加性」(linear additive)

$$\pi = \sum P_i Q_i - \sum W_i Q_i \qquad (11.7\,a)$$

(2)「非直線可加性」(nonlinear additive)

$$\pi = \sum P_i Q_i - \sum C_i(Q_i) \qquad (11.7\,b)$$

(3)「非直線不可加性」(nonlinear nonadditive)

$$\pi = \sum P_i Q_i - C(Q_1,\ Q_2,\ \cdots,\ Q_n) \qquad (11.7\,c)$$

P_i是i種產品價格，Q_i是i種產品產量，W_i是i種產品的因素成本，C_i是i種產品單位成本，C則強調聯合生產的成本函數型式。

(四) 「國民產出帳」衡量方法(national product accounting approach)

在固定期間內，銀行廠商對體系的貢獻或其產出價值可用其生產之最終產品價值或生產過程中創造之「附加價值」(value-added)來衡量。換言之，由「附加價值」或「因素所得」觀點衡量國民所得的過程爲：

$$GNP = \sum (附加價值)$$
$$= 工資 + 地租 + 利息 + 利潤$$

　　由上述計算過程可知：只要估算銀行廠商創造的利潤，即可獲知其參與體系生產活動所形成之貢獻。至於銀行廠商利潤函數可表爲：

$$\pi = \sum r_i^l L_i + \sum r_i^s S_i - r_d D - r_t T - WN - \rho K \qquad (11.8)$$

$r_i^l(L_i)$、$r_i^s(S_i)$ 分別是各種放款與有價證券的報酬率（或數量），$r_d(D)$、$r_t(T)$ 分別是銀行廠商吸收支票與儲蓄存款所支付的資金成本（或數量）。WN 與 ρK 是銀行廠商雇用行員與資本所支付的工資與資本使用成本（利息），兩者已分別列入國民所得中。由於銀行廠商當期生產的附加價值爲「利潤」一項，「銀行產出」價值因而可用「利潤」衡量。然而令人非議者是：銀行產業並非穩賺不賠，以民國 76 年爲例，臺幣大幅升值釀成國內銀行當年度出現鉅額匯兌損失，是否就意謂著銀行廠商存在將會妨礙 *GNP* 成長或具有負面效果？換言之，以「利潤」衡量銀行廠商對經濟活動的貢獻，實際上意謂著「銀行產出」僅有「銀行信用」一項而已，至於其吸收資金而發行的負債全視爲「金融投入」處理，其支付的利息並以成本項目扣除。

　　由銀行廠商功能觀之，銀行廠商爲募集資金而創造支票存款，並且提供人們「交易方便」勞務，進而節省經濟資源，故對其而言雖屬「負債」與「金融投入」項目，但對體系而言卻是未曾收費的「金融商品」。有鑑於此，爲確實衡量「銀行產出」價值，「支票存款」內含的金融勞務（交易方便）價值應該加以設算，並將設算價值（imputed value）併入銀行廠商利潤而成爲「銀行產出」眞正價值。至於「交易方便」的金融勞務「設算價格」或「影子價格」（shadow price）可分成兩部分：

　　⑴「顯現價格」（explicit price）：銀行廠商生產一單位支票存款必須耗費的人員及設備成本，將是構成「交易方便」勞務價格的一部分，可用支票存款的邊際生產成本（$\partial C/\partial D = C_d$）代表；

　　⑵「隱含價格」（implicit price）：銀行廠商吸收支票存款後，經由授信而爲社會創造之附加價值，將是構成「交易方便」勞務價格的另一

部分。至於「隱含價格」的設算方式如下：銀行廠商吸收支票存款D，必須支付利息成本r_dD。接著，在提存準備θ比例後，銀行廠商若將其全部用於放款$(1-\theta)D$，可獲$(1-\theta)r_lD$的收益。由此過程可知：銀行廠商生產一單位存款而貸放出去後，爲體系創造之附加價值爲$[(1-\theta)r_l-r_d]$。

累加兩種價格可得「支票存款」內含的「交易方便」金融勞務價格$P_d=C_d+[(1-\theta)r_l-r_d]$，而「銀行產出」價值將成爲$GNP_b=\pi+P_dD>0$。值得注意者：上述設算方式雖然提昇銀行廠商對$GNP$的貢獻，但卻出現高估嫌疑。理由是：並非所有享受「支票存款」內含「交易方便」金融勞務價值均可列入GNP，而是僅有家計部門使用支票交易時，其享受之金融勞務係屬「最終商品」方可計入。至於廠商使用支票交易，此時的金融勞務將屬「中間財」，價值已反映於產品價格當中，故宜將該部分價值剔除，避免重複計算。

瞭解銀行產出與投入的可能型態後，接續推演 Sealey 與 Lindley (1977) 模型，說明銀行廠商生產與成本函數的形成方式，必要假設分列於下：

⑴銀行廠商在「計劃期間」(planning period)的期初擬定產出與投入決策；

⑵銀行廠商在放款與證券市場上屬於完全競爭，並在完全競爭的資本、勞動及非存款因素市場上雇用因素；

⑶銀行廠商在固定地理區域（僅有少數銀行廠商競爭）吸收存款，故將面對非完全彈性的存款資金供給曲線。

基於上述假設，銀行廠商視存款爲生產過程中的因素投入，人們則是存款資金供給者，存款資金供給或存款需求函數爲：

$$D_g=D_g(r_g) \tag{11.9}$$
$$(+)$$

r_g是g種型態存款的利率。

　　銀行廠商在計劃期間內需受資產負債表限制:

$$R + \sum_i^m L_i + \sum_j^n S_j \leq \sum_g^p D_g \tag{11.10}$$

$i=1, 2, \cdots, m, j=1, 2, \cdots, n, g=1, 2, \cdots, p$。上式意謂著: 銀行廠商在計劃期間內保有法定準備$R$, 需負擔生產成本而無儲藏成本; 同時保有$M$類放款與$N$類證券, 每類生息資產均屬同質, 到期後全額還款且無倒帳風險。至於銀行廠商負債包括P類存款, 每類存款提供「隱含的勞務支付」(implicit service payment)或「顯現的利息支付」吸引人們保有, 而該式爲不等式的理由是: 銀行廠商可能保有超額準備。

　　接著, 銀行廠商係由概念上截然迥異的部門所構成, 各部門爲處理不同類型的放款、證券與存款活動均需因素投入, 而因素投入與產出間的關係則由個別獨立的生產函數控制。銀行廠商面臨(11.10)式的資產負債表限制, 其產出需受下列限制:

$$\sum_i L_i + \sum_j S_j \leq \sum_g (1-d_g) D_g \tag{11.11}$$

d_g是g類存款的法定準備比例。就銀行廠商而言, 生產「銀行信用」產品必須使用資本、勞動與其他投入, 經由提供勞務吸收存款獲取資金方能奏功, 這些勞務包括「支票交換」、「資金存提」、「簿記」與「保管」等。假設銀行廠商生產g類存款的「存款勞務」與存款數量息息相關, 則生產函數爲:

$$D_g = D_g(X_k^g) \quad k=1,2,\cdots,t \tag{11.12}$$

X_k^g是生產g類存款所需的k種變動因素投入(資本與勞動)。(11.11)式的生產程序僅反映銀行廠商生產所需面對的其中一種限制, 然而生產「銀行信用」產品不僅需要可貸資金, 且需資本與勞動等其他因素配合。這些因素用於生產提供貸款與證券帳戶、執行信用支票、管理銀行廠商握有的證券等工作, 而與可貸資金間成爲生產過程中的互補品。是以銀行廠商生產「放款」與「證券」的函數可表爲:

$$L_i = L_i(X_k^i) \tag{11.13}$$

$$S_j = S_j(X_k^j) \tag{11.14}$$

X_k^i，X_k^j是處理i類放款與j類證券所需的k種變動因素投入。是以銀行廠商的生產函數將進一步受到下列限制：

$$\sum_i L_i + \sum_j S_j = \sum_i L_i(X_k^i) + \sum_j S_j(X_k^j) \tag{11.15}$$

將(11.12)與(11.15)兩式代入(11.11)式，銀行廠商的生產函數將轉換爲：

$$\sum_i L_i + \sum_j S_j = \mathrm{Min}[\sum_g (1 - d_g) D_g(X_k^g) ; \sum_i L_i(X_k^g)$$
$$+ \sum_j S_j(X_k^j)] \tag{11.16}$$

生產函數 Min［·；·］顯示是最小型態(minimal form)函數，亦即銀行產出受(11.11)與(11.15)兩式中的最小值限制。至於若由追求因素組合經濟化觀點著眼，(11.11)與(11.15)兩式將是相互限制，不致於出現過剩未用的生產因素，是以銀行產出若以最具效率化型態生產，則需取決於兩式相等狀況：

$$[\sum_g (1 - d_g) D_g(X_k^g)] = [\sum_i L_i(X_k^i) + \sum_j S_j(X_k^j)] \tag{11.17}$$

上式勾勒出銀行廠商使用生產函數的合理途徑或區域，亦即其他因素投入維持不變時，任何生產因素增加均無法帶動總產出數量遞增。換言之，銀行廠商將面臨合理生產途徑或區域範圍限制，一旦生產存款帳戶（可貸資金）的「金融投入」遞增，若無生產貸款與證券帳戶的「實質投入」對應增加，「銀行信用」產出自無增加可能，此即意謂著(11.16)式的「等產量曲面」(isoquant surfaces)將是固定與變動比例的組合。

由於(11.16)式的生產函數係屬 Leontief 型態而不可微分，各項成本函數無法聯立求解，是以僅能由銀行廠商的最佳生產效率條件著手，求出各部門產出的成本函數如下：

$$C_i = C_i(L_i) \tag{11.18}$$

$$C_j = C_j(L_j) \tag{11.19}$$

$$C_g = C_g(L_g) \tag{11.20}$$

由於不同類型的存款間均爲替代品，故亦可決定成本最小存款組合是銀行產出的函數。同理，利用最佳生產效率方法，在(11.11)的限制下，經由(11.12)及(11.20)之和的極小化，將可求得存款總成本函數C_d如下：

$$C_d = C_d(\sum_i L_i + \sum_j S_j) \tag{11.21}$$

值得一提的是：在既定的資金需求水準下，銀行廠商雇用各類型存款的最適組合條件，將是各類存款的邊際成本（包括利息與資源成本）比值等於存款間的邊際代替率，詳情可見第十二章。

*§ 11.3.　銀行廠商的「規模經濟」與「範圍經濟」

　　瞭解銀行產出與投入型態後，本節將由銀行成本函數探討銀行廠商在生產過程中展現的生產效率，而影響生產效率的因素除技術進步（金融創新）外，尚有生產的「規模經濟」（增設分行）或「範圍經濟」（擴充業務）等因素。就理論而言，「規模經濟」可由實質面的生產函數與金融面的長期平均成本(LAC)曲線兩種方式著手探討。由實質面看，一旦所有因素投入同比例增加，而產量增加超過該比例，則稱爲「規模報酬遞增」；若「等於」或「小於」該比例，則存在規模報酬「不變」或「遞減」現象。此外，假設因素價格與生產技術不變，「規模報酬」便與「規模經濟」概念連成一氣。再由金融面來看，經濟學者關心生產規模擴充過程中的單位成本變化情形，故以LAC隨生產規模擴大而下降的現象來衡量規模經濟，所有生產因素是否同比例變動則非關心焦點。

　　文獻上在討論銀行廠商規模經濟時，可由「生產函數」或「成本函

數」著手。生產函數描述因素投入與最大產出間的關係，成本函數則描述既定產出數量、因素價格與最小生產成本間的關係，兩者間存在對偶 (duality) 關係。惟在應用上，「生產函數分析法」的產出水準爲內生變數，由因素數量所決定；至於「成本函數分析」則假設產出水準已由外生決定。銀行廠商通常屬於相當受管制的產業，某些業務（如：放款、證券投資等）往往必須受制於某一高限，是以文獻偏好以「成本函數分析法」處理規模經濟問題。

綜合銀行廠商規模經濟的實證文獻內容，其研究方式約可分成下列四種：

㈠「表格分析法」(tabular analysis)

Alhadeff(1954) 與 Horvitz(1963) 率先研究銀行廠商規模經濟，而以「總營業成本」對生息資產（「放款」與「投資」）的比例作爲單位成本，並使用「表格分析」研究銀行廠商規模經濟。Alhadeff 以存款額大小爲標準，將銀行廠商分爲九種不同規模等級，發現單位成本隨規模擴大而遞減。至於「表格分析法」通常忽略銀行廠商擁有生息資產型態（異質性）、存款結構（定期或活期）、地理區位（都市或鄉村）與組織型態（分行或單一）的差異，從而無法對其規模經濟提出有意義的結論。

㈡「迴歸分析法」

Schweiger 與 McGee(1961)、Gramley(1962) 首先以多元迴歸分析銀行廠商的單位成本與經濟變數間的關係，模型設定如下：

$$C_i/A_i = b_0 + b_1 S_i + b_2 D_i + \sum_j b_j E_{ij} + b_m G_i + \sum_k b_k O_{ik} \quad (11.22)$$

C_i/A_i 是 i 銀行廠商總營業成本以總資產平減而成爲單位成本，S_i 是規模變數可用存款或總資產做爲替代變數。D_i 是定存佔總存款比例，目的在

分析銀行廠商間利息成本的差異；E_{ij}是各種生息資產佔總資產比例，目的在分析生息資產異質性對成本的影響。G_i是銀行廠商資產成長比例，O_{ik}是其他結構變數。在上式中，b_1係數值若爲負號，將意謂著銀行廠商存在大規模經濟。另外，Grebler 與 Brigham(1963)、Brigham 與 Pettit(1970)亦以多元迴歸分析儲蓄暨放款協會的營業成本，模型設定爲：

$$C_i/A_i = b_0 + b_1 S_i + \sum_j b_j H_{ij} \tag{11.23}$$

S_i是以總資產代表規模變數，H_{ij}是產出同質變數。「迴歸分析法」雖可驗證銀行廠商在擴大生產規模的過程中是否具有「規模經濟」，然而卻仍存有下列瑕疵：

(1)由於因變數皆以總資產平減，將使b_1規模係數存在負的偏誤（低估）；

(2)以存量資料估計勞務流量將會產生雜音(noise)而有概念不合現象，而且「窗飾效果」(window dressing effect)存在促使係數發生未知的偏誤；

(3)銀行廠商成本與產出係以金額衡量，忽略存款與放款帳戶數量形成的影響；

(4)成本函數設定型態屬於特定的(Ad hoc)，非由生產理論的對偶關係推演求得，理論基礎相當薄弱。

(三)「Cobb-Douglas 生產函數」方法

爲了彌補上述分析欠缺理論基礎的缺點，Benston(1965)、Bell 與 Murphy(1968)嘗試由生產理論推演成本函數，主張銀行廠商各項業務均有獨立生產過程，而且生產函數爲「Cobb-Douglas型態」。在產出水準外生固定下，利用成本極小化準則推演各項業務的成本函數，可得「縮

減式」型態如下:

$$C = b_0 \cdot Q^{b1} \cdot H^{b2} \cdot P^{b3} \cdot U^{b4} \tag{11.24}$$

C是每期營業成本, Q是每期產出, H是產出同質變數, P是因素價格差異、組織型態與廠商管理能力, U是其他未設定因素。Bell 與 Murphy 接著設定銀行廠商某項業務的直接成本DC_i爲對數型態:

$$DC_i = b_0 + b_1 Q_i + b_2 S_i + b_3 N_i + b_4 M_i + b_5 R_i + b_6 C_i$$
$$+ b_7 O_i + b_8 W_i + \sum b_{8+j} B_{ij} \tag{11.25}$$

Q_i是以帳戶數衡量的產出, S_i、N_i、M_i、R_i、C_i分別是帳戶大小、帳戶數目、帳戶活動量、帳戶混合型態、放款風險與企業型態集中度, O_i是其它成本同質因素, W_i是因素價格, $\sum B_{ij}$是組織結構變數, 式中各變數皆爲對數型式。至於銀行廠商是否存在規模經濟, 可由b_1是否小於一判別之。另外, 各項業務的間接成本, 如: 管理、企業發展與土地房舍租金 (occupancy), 函數型態設定如下:

$$IC_i = c_0 + c_1 A_i + c_2 D_i + c_3 RE_i + c_4 I_i + c_5 BL_i$$
$$+ c_6 TS_i + \sum_{j=1}^{5} c_{6+j} B_{ij} \tag{11.26}$$

A_i是總資產用於衡量產出, D_i是活存佔總存款比例, RE_i是(1－實質資產/全部生息資產), I_i是(1－分期攤還放款/全部生息資產), BL_i是(企業放款/全部生息資產), TS_i是 (有價證券總額/全部生息資產), B_{ij}是分行的虛擬變數。至於銀行廠商規模經濟是否存在, 可由c_1是否小於一判別之。由於上述模型已考慮銀行產品異質性、地區間工資差異W、放款風險R_i、銀行廠商經營專業化C_i與組織型態B_{ij}等影響, 顯然是較具理論基礎與設定較完整的模型, 不過用於實證分析時, 仍存在以下缺失:

　(1)探特定函數型態 (C-D生產函數) 推演成本縮減式固然相當方便, 但同時亦受諸多生產條件限制, 如: 產出通常以單一規模變數表示, 生產函數需假定爲具有單一或固定替代彈性的齊次函數;

(2)該項分析僅能推估個別業務的規模經濟，而未衡量總營業成本是否具有規模經濟；

(3)由於未將大規模銀行廠商資料納入，或使用C-D生產函數無法驗證出U型的平均成本曲線，故無法決定銀行廠商最適規模或最低成本規模；

(4)逕以虛擬變數或營業處數目作為代理分行變數，就「分支行銀行制」(branch banking)而言，某一分行的營業成本即為總營業成本的某一固定比例，致使「單一銀行制」(unit banking)與「分支銀行制」的效率比較將會發生偏差。

㈣ 「先驗對數成本函數」(translog cost function)方法

當銀行廠商的「先驗對數成本函數」具有二次可微分的二階近似式(second-order approximation)的性質，且允許各種銀行產出為個別變數，生產因素間無固定替代彈性、齊次性等限制時，Benston、Hanweck 與 Humphrey(1982)首先由銀行產業生產勞務觀點來設定生產技術，並以「先驗對數成本函數」克服C-D生產函數的限制，總成本函數(TC)型態可設定成對數型式：

$$TC = a + c + a_q Q + S \cdot \beta_{qq} \cdot Q^2 + aB + S \cdot \beta \cdot B^2$$
$$+ \beta_{bq} B \cdot Q + a_a A + S \cdot \beta_{aa} \cdot A^2 + \beta_{aq} A \cdot Q + a_h H$$
$$+ \beta_{hb} H \cdot B + \sum_j a_j P_j + S \cdot \sum_j \sum_k r_{jk} \cdot P_j \cdot P_k$$
$$+ \sum_j \beta_{jq} P_j \cdot Q \qquad (11.27)$$

除H外，式中其他變數皆已取對數型式，且j, $k = L, K$。Q是銀行總產出，分別採用「Divisia 指數」、存放款帳戶數與存放款餘額三種方式定義。B是銀行營業處數目，A是存放款帳戶平均餘額，H是多銀行控股公司聯盟的虛擬變數(若有加入多銀行控股公司，其值為1；反之為零)，

P_j是勞動N與資本K的因素價格。至於三位學者對上式實證研究後, 獲得下列結論:

　　⑴不論銀行產業係採「分支銀行制」或「單一銀行制」, 兩者的平均營業成本爲U型, 因此存在最適成本規模, 但此最適規模水準並不大。

　　⑵「單一銀行制」經由單一營業處的帳戶擴充, 將導致規模不經濟; 而「分支行銀行制」經由設立更多分行, 可維持衆多最適規模的分行網。至於「規模經濟」係指銀行廠商總經營成本變動百分比對銀行產出變動百分比, 即$\partial TC/\partial Q \gtrless 1$ 分別代表規模不經濟、固定成本與規模經濟。

　　接著, 再以Baumol與Braunstein對成本函數的「轉換射線凸性」(trans-ray convexity)定義說明「範圍經濟」或「跨產品互補性」(inter-product complementarity)的概念, 定義內容如下: 在產品空間(output space)內的某一點Y, 若至少存在一個負斜率的橫斷面(cross section)或「轉換射線」使得內部點上的成本不高於邊緣點上的成本, 或同時生產產品組合成本會低於單獨生產各種產品成本總和, 此種現象可稱爲成本函數在Y點具「轉換射線凸性」。具體而言, 對應產品向量$Y=(Y_1, \cdots, Y_n)$, 若存在非負值的產品價格向量$W=(W_1, \cdots, W_n)$, 則當任何兩組產品向量$Y^a=(Y_{1a}, \cdots, Y_{na})$及$Y^b=(Y_{1b}, \cdots, Y_{nb})$能滿足$\sum W_i Y_{ia}=\sum W_i Y_{ib}=\sum W_i Y_i$, 而且$C[kY^a+(1-k)Y^b] \leq kC(Y^a)+(1-k) \cdot C(Y^b)$, $0>k>1$, 則成本函數$C(Y)$將在Y點上具有「轉換射線凸性」。

　　(圖11-1) 係爲廠商的生產成本曲面, 具有「轉換射線凸性」與「遞減射線平均成本」兩個特性。當所有產品採取同一生產程序時, 廠商採取產品組合方式生產, 平均生產成本將會較低, 且隨所有產品等比例生產而遞減。但就銀行廠商而言, 由於係採多元生產程序, 直接驗證「跨產品互補性」頗爲困難, 且需硬性將固定成本的某一部分分配於各種產出。在固定產出向量下, 一旦銀行廠商採取的生產程序同時顯現「規模

經濟」與「範圍經濟」時，大型銀行廠商生產所有商品將較小型銀行廠
商分別生產相同商品具有較低成本。此外，分支銀行廠商採用較具效率
生產方式是每一分行同時生產全部產品而非當中一部分，此即妥善利用
「跨產品互補性」的特質而謀取利得。

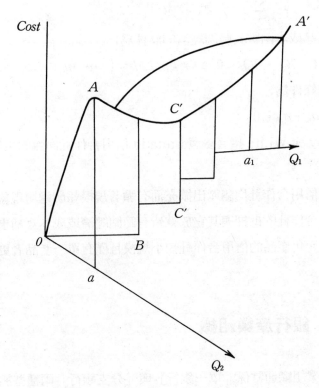

(圖 11-1)「跨產品互補性」的成本函數曲面

　　Murray 與 White(1983)使用「先驗對數成本函數方法」驗證銀行
廠商在生產過程中是否具有「範圍經濟」，由於該函數具有二次可微分的
二階近似式的性質，因此對產出數量Q_i與因素價格W_j作 Taylor 數列展
開，銀行廠商成本函數將表爲：

$$C = \alpha_0 + \sum_{i=1}^{n} \alpha_i Q_i + \sum_{j=1}^{m} \beta_j W_j + \sum_{i=1}^{n} \sum_{k=1}^{n} \sigma_{ik} \cdot Q_i \cdot Q_k$$

$$+ \sum_{j=1}^{m} \sum_{h}^{m} \gamma_{jh} \cdot W_j \cdot W_h + \sum_{i=1}^{n} \sum_{j=1}^{m} \delta_{ij} \cdot Q_i \cdot W_h \qquad (11.28)$$

上述成本函數應滿足下列性質: 所有因素價格的線性齊次, W_j 的凹函數, Q_i 與 W_j 的遞增函數, 而欲滿足齊次條件為:

$$\sum_{j}^{m} \beta_j = 1, \quad \sum_{j}^{m} \delta_{ij} = 0 \text{ 與 } \sum_{j}^{m} \gamma_{jh} = 0$$

至於多元產品成本函數具範圍經濟的條件為:

$$\partial^2 C / \partial Q_i \cdot \partial Q_k < 0 \quad i \neq k, \ i, \ k = 1, \cdots, n$$

其近似檢定條件為:

$$\alpha_i \alpha_k + \sigma_{ik} < 0$$

Murray 與 White 接著驗證 Canada 信用合作社面臨的生產技術, 結果顯示:

⑴多數信用合作社均隨產出擴充而有顯著規模報酬遞增現象;

⑵信用合作社的抵押與其它放款皆有範圍經濟或成本互補事實, 大規模且具多元化產品的信用合作社較小規模且僅有單一產品者更具生產效率。

§ 11.4. 銀行產業組織

銀行產業組織通常係「單一銀行」與「分支銀行」兩種型態兼容並蓄, 併行於世。前者係屬美國銀行制度演進的結果, 後者出自英國銀行制度發展的延伸, 至於國內目前係採「分支銀行」型態的產業組織。有關兩種銀行產業組織對經濟與金融發展貢獻的爭議, 非常類似「完全競爭」與「完全壟斷」廠商何者較具資源配置效率的爭議, 迄今異見雜陳未有定論。綜合兩種銀行廠商內涵, 以下將逐一分項敍述兩者優劣所在。

㈠定義與特色

「單一銀行」制度係指銀行廠商設立後，有一個章程、一個董事會，只經營一個營業單位而未設置分支機構者。一旦銀行產業隸屬該項組織結構，銀行廠商只要合於設立標準即可自由進入(free entry)產業，遭致虧損之際亦可隨時退出(free exit)。銀行廠商雖可自由進出產業，卻因座落位置有別，資本額與營運業務均有限制，故應傾向於「壟斷性競爭」型態。此外，「單一銀行」制度允許銀行廠商自由進出，營運規模通常較小，再因彼此間替代性高，個別銀行廠商擁有之壟斷力不高。

至於「分支銀行」制度係指銀行廠商設立後，有一個章程、一個董事會，卻經營兩個以上的營業單位，其中一家為總行，其餘為分行。一般而言，體系若採「分支銀行」的產業組織，銀行產業將有「寡頭壟斷」現象，「參與」及「退出」產業均屬困難重重。以國內銀行產業為例，直至民國 81 年 11 月底本國銀行廠商共計四十一家，每家銀行廠商最少有三家以上的分行或辦事處，故屬「分支銀行」產業組織。另外，外國銀行在臺分行卻達三十六家之多，除少數設立二家或四家分行外，均僅有一家分行在營運，同時只要符合我國法律規定，外國銀行可隨時申請來臺設立分行或是撤離，故又屬於「單一銀行」產業組織。

㈡營運風險與經營成本

「單一銀行」具有「區域性銀行」(local bank)性質，股東、經營階層、職員與顧客多數均屬地方人士，致使營運活動易與當地經濟社會組織融為一體，個別業務的營運風險將因訊息充分而降低。但就整體環境而言，「單一銀行」僅此一家營運規模狹隘，致使銀行廠商所須承擔風險較為集中。此外，實證結果顯示：「單一銀行」廠商本身規模擴大，將會帶來「規模經濟」與「範圍經濟」，長期平均成本將有遞減趨勢。

　　另一方面，「分支銀行」廠商的分支機構遍及各地，具有「全國性銀行」(national bank)性質，營運規模顯然較前者爲大。不過經營者與顧客間的關係較爲疏離，個別分行擁有訊息較「單一銀行」廠商缺乏，致使個別業務所需承受風險較高。但就整體而言，「分支銀行」廠商擁有衆多分行，營運風險在「大數法則」運作下趨於分散而較「單一銀行」爲低。至於「分支銀行」廠商規模擴大方式有二：

　　(1)個別分行規模擴大，將屬類似「單一銀行」廠商成長狀況，可享有「規模」與「範圍」兩項經濟利益；

　　(2)分行家數遞增，此種現象類似開設新銀行，僅能擴大市場佔有率，至於是否享有「規模」與「範圍」經濟則屬未定。

㈢「受信」與「授信」

　　「單一銀行」廠商「受信」與「授信」對象均以「區域市場」爲主，在座落位置「受信」時具有「寡頭專買」(oligopsony)地位，「授信」之際卻扮演「寡頭專賣」(oligopoly)角色，亦即兼具雙重壟斷色彩。不論是「受信」或「授信」，「單一銀行」廠商面對區域性資金市場，因座落位置迥異致使彼此產品異質化，形成「吸收」與「貸放」資金利率多元化現象。此外，「單一銀行」僅此一家別無分店，易生資金配置欠缺效率狀況，在面臨金融危機之際缺乏其他分行奧援，容易釀成「銀行失敗」而致倒閉現象。

　　但就「分支銀行」廠商而言，由於衆多座落各地分行分頭匯集資金，故擁有來自全國各地區域市場的資金。此外，「分支銀行」廠商更可在全國性貨幣或資本市場上發行金融債券募集資金，又兼具全國性市場性質。另一方面，「分支銀行」廠商可將各地分行資金統籌調度分配，並於全國性資金市場貸放而使資金配置效率臻於最佳。由於「分支銀行」產業往往僅由少數廠商構成，彼此透過協商勾結，利率必然展現單一化趨勢。

最重要者，每家銀行廠商擁有衆多分行互相支援，除非面臨全面性金融危機，否則營運失敗與倒閉風險顯然遜於「單一銀行」廠商。

㈣金融資源配置效率

「單一銀行」廠商主要針對所在地的區域性存款市場進行吸收資金，其信用工具因屬異質而具專買性質，專買力量強弱端視「區域性」與「全國性」存款市場替代性高低而定。至於「單一銀行」廠商放款雖具區域性質，但因「赤字支出單位」不會貪求方便而就近借款，故與「全國性」放款市場的替代性大而壟斷性低。「單一銀行」廠商規模通常較小，「受信」與「授信」過程所需負擔的不確定性與訊息成本較高，致使資金運用或金融資源配置效率較差。同時，「單一銀行」廠商營運範圍通常侷限於「區域性」市場，募集資金有限而對經濟發展助益不大。

另一方面，「分支銀行」廠商轄下分行遍佈全國，「受信」與「授信」對象將是面對「全國性」資金市場的顧客，壟斷力量超越「單一銀行」廠商。此外，「分支銀行」廠商的分行衆多及規模龐大，在「大數法則」運作下必須承擔的訊息成本顯著下降，資金運用或金融資源配置效率通常較佳。同時，「分支銀行」廠商的觸角遍及全國，吸金數量較大而對經濟發展的融通效果較爲顯著。

㈤銀行產出內容

「單一銀行」廠商以區域性市場爲主要營運對象，營運方向往往切合「區域利益」(local interest)，至於生產的「銀行產出」內容則有兩種說法：

(1)「全額服務」(full service)：所謂「麻雀雖小，五臟俱全」，「單一銀行」廠商在「受信」與「授信」過程中將會生產全部的金融勞務，舉凡存款與放款的「零售操作」(retail operation)，外匯業務、信託服務、

研究部門與徵信調查等，以滿足消費者需求；

(2)「部分服務」(partial service)：「單一銀行」廠商在本身規模狹隘與「區域性」市場需求數量有限的雙重限制下，若是生產「全額服務」將不符合經濟利益，故往往僅生產基本「受信」與「授信」的「部分服務」，其餘的匯兌、信託、研究等勞務則委託其他規模較大的銀行廠商代為辦理而不自行生產。

再就「分支銀行」廠商而言，營運對象係以全國性資金市場為主，但其個別分行仍部分顧及區域性利益，而生產的「銀行產出」內容亦有兩種說法：

(1)「全額服務」：「分支銀行」廠商生產規模通常均極龐大，且因營運對象為全國性市場，故其總行必然生產「全額服務」以滿足消費者需求，同時享受「規模」與「範圍」經濟；

(2)「部分服務」：「分支銀行」廠商的各個分行規模類似「單一銀行」廠商，營運對象主要係滿足區域性市場需求，故僅生產「部分服務」為主，其餘業務則委託總行代為處理。

㈥管理效率

「單一銀行」廠商係採集中管理，可提昇經營效率而降低管理風險。一旦生產規模擴大，容易出現「內部經濟」現象。不過「單一銀行」廠商僅有一家，規模較小而阻礙行員升遷機會，降低工作誘因。

至於「分支銀行」廠商通常是分行林立，往往在總行設立總管理處統一擬定營運方針，然後授權各部門或分行經理自行營運，此種現象容易形成內部不經濟現象。不過「分支銀行」廠商規模龐大，分行眾多而使行員升遷機會較大，有助於提昇工作誘因。

綜合上述說明顯示：體系若採「單一銀行」產業組織，雖可避免銀行廠商寡頭壟斷對經濟、社會與政治釀成不良影響，但卻形成「單一銀

行」廠商配置金融資源欠缺效率與金融勞務生產無法滿足消費者需求的現象。爾後，銀行產業面對通貨膨脹橫行帶來營運成本上漲壓力、電子資金支付系統與電腦使用技術進步提昇交易效率、銀行業務管制逐步解除帶來競爭壓力等結構性因素轉變，銀行產業逐出現「聯行制度」、「信託銀行」、「電子銀行」(electronic banking)與「國際銀行」等型態的銀行廠商。以下將逐一說明各種銀行廠商在體系內提供的勞務：

㈠「聯行制度」

「聯行制度」係指由「往來銀行」(correspondent bank)提供勞務給「加盟銀行」(respondent bank)，亦即前者是「銀行家們的銀行」(bankers' bank)提供各種「聯行勞務」(correspondent services)給後者，如：一般銀行勞務、安全勞務、保險計劃、信託與信用勞務、資產組合與投資顧問勞務、國際金融勞務，以換取後者在前者活期帳戶中的「補償餘額」。大體上說，「往來銀行」與「加盟銀行」結成聯行關係後，「加盟銀行」將可享有下列好處：

(1)美國的「加盟銀行」通常都不是聯邦準備制度的會員銀行，依規定無法享受利用聯邦準備的票據交換設備、領取通貨、資金融通等權利。透過聯行關係，非會員銀行便能由「往來銀行」間接享受這些權利；

(2)「加盟銀行」若接到大筆貸款的申請，而本身財力不足承貸時，則可要求「往來銀行」參與聯合貸款計劃；同時，「加盟銀行」若有剩餘資金亦能參與「往來銀行」的聯合貸款計劃；

(3)「加盟銀行」因規模小，無法羅致大量專業人才，其「往來銀行」能以其人才、技術及經驗對「加盟銀行」提供有關買賣證券、外匯、參與聯邦資金市場、經濟情勢分析、管理技術、資料處理，甚至協助訓練人員等服務。

至於「聯行制度」對「往來銀行」亦可產生利益：

(1)「加盟銀行」存入的資金部分屬於「活期存款」帳戶，補償「往來銀行」免費提供「聯行勞務」的成本，此種資金的「顯現成本」較其他資金來源爲低，有助於降低「往來銀行」的資金成本，且擴大其資金來源；

(2)參與「加盟銀行」之聯合貸款，促使「往來銀行」能夠吸收新顧客，擴大其營業範圍；

(3)充分利用其人員設備，降低單位營運成本與享有規模經濟。

總之，「聯行制度」能夠成立與持續存在的原因即是：「往來銀行」與「加盟銀行」彼此必須評估提供「聯行勞務」的成本（或價值）與「補償餘額」產生收益（或機會成本）的大小。同時，「往來銀行」除提供勞務給「加盟銀行」外，並與「加盟銀行」競爭市場佔有率，由此而成爲「銀行合併」的先驅。

㈡ 「信託銀行」

銀行產業面對通貨膨脹、電腦技術進步、競爭與管制解除等結構因素變更衝擊，迫使其「信託部門」發展各種「信託服務」以滿足消費者廠商需求，此即「信託銀行」或銀行廠商信託部門日漸重要的理由，如：國內的中國信託商業銀行係惟一由信託投資公司改制而成。至於「信託銀行」營運的主要業務範圍有三：

(1)「信託」：「信託銀行」受「信託人」(trustee)委託，基於受益人利益代爲管理與運用財產；

(2)「房地產」：「信託銀行」充做人們處分房地產的授與人、監護人及管理人；

(3)「代理」(agency)：「信託銀行」做爲其他經濟成員的「代理人」(agent)，代爲處理財產移轉，如：股票過戶代理。

「信託銀行」的營運收益係由提供上述勞務中收取勞務費用，同時

附帶扮演下列功能：

　　⑴「顧問勞務」(advisory service)：提供經濟成員安排資產組合建議與投資企劃研究；

　　⑵「操作勞務」(operations service)：提供資料處理、窖藏與安全服務；

發展層次	銀行產品與勞務	市場涵義
⑴第一層次 多數消費者能夠明瞭且以獨力基礎評估銀行產品與勞務價值。	1.支票與 NOW 帳戶 2.儲蓄帳戶 3.汽車與家庭保險 4.期限壽險 5.固定利率抵押放款 6.信用卡與聯合簽帳卡 7.信用額度	尋求組合個別產品與勞務的機會，統合成轉換後的包裝形式，進而建立系統化顧客關係。金融勞務可用電子系統傳送，而且備好各式報表供消費者參考。
⑵第二層次 銀行產品與勞務須經初步評估才能確定價值，而其交貨係採一般化包裝方式。	1.貨幣市場基金 2.其他共同基金 3.直接保險產品 4.年金（養老金）產品 5.貼現經紀勞務 6.變動利率抵押放款 7.比較上的購買勞務	
⑶第三層次 銀行產品與勞務必須具有細節的技術知識及提供優劣判斷建議的捷徑。	1.經紀商與中間商的「全額服務」 2.資產組合管理 3.簡單財務規劃 4.簡單個人保險規劃 5.簡單租稅規劃 6.實質房地產中介與管理 7.其他有限合夥投資與借貸	消費者經由私人接觸與投入判斷資源而做決策。提供消費者廣泛訊息，支持消費者接觸職員，節省私人接觸所需耗費的資源。
⑷第四層次 銀行產品與勞務必須具備消費者、家庭與個人狀況、合理判斷與良好技術知識的詳細訊息。	1.複雜的房地產規劃 2.複雜的財務規劃 3.複雜的租稅規劃顧問 4.信託勞務	經由提供詳細的消費者狀況、合理判斷及良好技術知識，提昇消費者接觸職員與增加價值的機會。

(表 11-5) 銀行廠商的發展層次

(3)「帳戶管理」(account administration)：聯絡顧客與檔案維持；

(4)一般信託部門管理與企業發展。

最後，依據「美國銀行家協會」(ABA)銀行期刊 (1982) 的說明，(表 11-5) 係銀行產品與勞務發展的四個層次內容，隨著層次越高即是朝「信託銀行」角色發展。

㈢「電子銀行」

貨幣型態由「實體物品」進化至類似不可捉摸的「電子刺激」(electronic impluse)資金傳送，而現實社會中則係「通貨」、「支票」與「電子資金」(electronic funds)三種貨幣型態並行於世。至於銀行廠商為何採行「電子資金移轉系統」(EFTS)，進而演進成「電子銀行」的理由有三：

(1)經由提昇交易效率與安全性，保護原有市場在競爭下不致流失，進而提高市場占有率；

(2)經由替代實質資本與勞動使用技術而降低營運成本；

(3)創造銀行廠商的新收益來源。

「電子資金移轉系統」係指各種用於傳送銀行勞務的技術，此種銀行勞務包括「電話帳單付款」、「自動轉帳」、「支票驗證」(check verification)、「支票止付」(check truncation)以及未來家庭銀行等服務。此外，「電子資金移轉系統」包含三部分：

(1)「自動櫃員機」：銀行廠商發展「自動櫃員機」的理由在於擴大市場占有率，降低成本與創造收益，早期用途僅供自動提款而已，目前使用範圍已發展至包括進行存款、償還放款 (loan repayments)、支付公用事業費用、帳戶間的資金移轉等。

(2)「自動票據交換所」(automated clearing houses, ACHs)：「票據交換所」係銀行廠商彼此清算或交換支票的系統，「自動票據交換所」

則係電腦影像、卡帶及打卡(punched cards)的交換，在掌握預先授權的存款或付款等循環性交易上非常具有效率。

(3)「銷售點系統」(POS)：「銷售點系統」屬於「聯線系統」，允許人們購買物時，能夠將其銀行帳戶內的資金迅速移轉至廠商帳戶。

(四)「國際銀行」

隨著體系開放程度遞增，國際間互通有無日益頻繁致使銀行廠商的「國外部門」角色逐漸展露頭角，甚至演變成「跨國銀行」(multi-national bank)型態。至於銀行廠商提供國際銀行勞務時，往往採取下列組織型態：

(1)「聯行制度」：銀行廠商與其他國際銀行廠商結盟成「聯行制度」後，無須從事任何實質投資即可提供顧客完整的國際勞務；

(2)建立「國外部門」：國內銀行廠商邁向「國際銀行」途中，成立「國外部門」將是在國內操作的首要基礎。由於「國外部門」提供勞務範圍廣泛，操作方式特殊，記帳與職員需求異於其他部門，因而另稱為「銀行內的銀行」(a bank within a bank)；

(3)「參與」(participations)：銀行廠商透過「貨幣中心銀行」(money-center banks)參與國際聯合貸款，此舉除可藉由評估國際放款而嘗試踏入國際市場外，並能逐漸在市場上揚名立萬；

(4)「代表處」(representative offices)：銀行廠商赴國外設立「代表處」收集訊息與建立聯繫據點，做為設立海外分行(overseas branches)的敲門磚，不過「代表處」不得從事受信與授信業務；

(5)「海外分行」：銀行廠商直接至國外設立分行，直接供應國際勞務與吸收新企業顧客。

綜合上述方式，Baer 與 Galow (1977) 接著認為銀行廠商的國際化成長程序將如 (表 11-6) 所示：首先，銀行廠商展開國際化操作的基本

核心是融通區域性進出口廠商; 其次, 銀行廠商開始對外國銀行放款及參與聯合放款; 接著, 銀行廠商嘗試建立境外分行與國外代表處, 著手對國外非金融性廠商進行放款或接觸; 最後, 銀行廠商正式建立「全額服務」的分行, 購買國外銀行股權成立「利益活動公司」(Edge Act corporations)及建立合作關係。

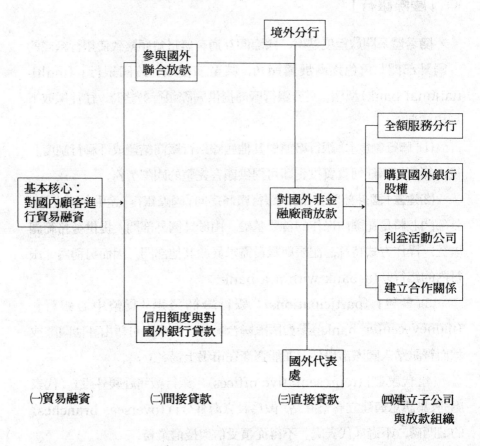

(表 11-6) 銀行廠商國際化步驟

§ 11.5. 「銀行失敗」與「金融預警制度」

　　銀行廠商在體系內兼具「受信」與「授信」角色，並於中介資金過程中面臨眾多風險橫阻於前，如果再因經營不善，必將導致「銀行失敗」而陷入倒閉泥沼之中。民國 70 年以前，國內金融廠商少有倒閉情事發生，少數信用合作社及農會信用部雖因營運不善而宣佈解散或由其他銀行廠商吸收合併，不過卻對體系影響不大。民國 70 年以後，金融廠商脫軌事件頻傳且屬重量級個案，如：71 年 8 月的亞洲信託擠兌風潮，73 年 2 月的華僑商銀股權風波釀成信心危機，74 年 2 月臺北十信、2 月的國泰信託、9 月的華僑信託均爆發經營危機，進而釀成喧然大波，凡此均使「銀行失敗」原因及建立「金融預警制度」值得做一說明。

　　在眾多探究「銀行失敗」原因的文獻中，Sinkey (1975) 採用 1969 年至 1972 年間美國問題銀行資產負債表與損益表資料，使用多變量區別分析法(multiple discriminant analysis, MDA)與同期間正常銀行作比較，分析兩組銀行廠商財務特徵的差異性。在其實證研究中選擇變數內容及涵義列於（表 11-7）中，綜合該表內容及實證結果顯示問題銀行廠商財務特徵如下：

分析指標	變　數　定　義	變　數　涵　義
1.流動性	（現金＋政府證券）/資產總額	衡量銀行廠商應付短期流動性需求的能力。
2.放款比重	放款總額/資產總額	衡量放款資產佔該銀行廠商資產組合的比重，以評估其長期流動性、潛在風險。
3.放款品質	放款備抵呆帳損失/營業費用	衡量銀行廠商管理階層預期放款損失數額佔營業費用的比重。

4.資本適足性	放款總額／（資本＋準備項目）	衡量銀行資本是否足敷應付彌補放款損失，銀行廠商運用財務槓桿是否過高、自有資金是否足夠。
5.經營效率	營業費用/營業收入	衡量銀行廠商的營運效率。
6.收入來源	(a)放款收入/收入總額 (b)政府證券收入/收入總額	(a)評估承作放款收入佔全行收入的比重。 (b)評估投資政府證券收入佔全行總收入的比重。
7.收入用途	(a)存款利息支出/收入總額 (b)其他費用支出/收入總額	(a)衡量收入總額中用於支付存款利息的比重。 (b)衡量該銀行廠商對費用的管制情形。

(表 11-7) Sinkey 實證研究的變數定義及涵義

(1)「流動性」：問題銀行短期流動性資產佔資產總額比率低於正常銀行。

(2)「放款比重」：問題銀行之放款資產佔資產總額比率高於正常銀行，應付長期流動性需求能力較低，承受財務風險較高。

(3)「放款品質」：問題銀行之放款損失準備佔營業費用比重高於正常銀行，差距呈逐年擴大現象。

(4)「資本適足性」：若以銀行廠商擁有之放款與貼現總額對資本及放款呆帳損失準備的比例來衡量「資本適足性」，則問題銀行資本適足性較正常銀行呈現相當匱乏且逐年惡化現象。

(5)「經營效率」：問題銀行經營效率顯然低於正常銀行，營業費用佔營業收入比率呈現遞增現象。

(6)「收入來源」：問題銀行在證券投資收入比重均低於正常銀行，放款收入比重則高於正常銀行。

(7)「收入用途」：問題銀行支付存款利息比重低於正常銀行，顯示資金來源較依賴「購入資金」(purchased fund)而非存款。同時，問題銀

行支付其他費用比重較正常銀行爲高，財務負擔沉重，營運方式傾向於圖利自己的管理(self-serving management)而缺乏效率。

　　綜合 Sinkey 的研究結果顯示，「銀行失敗」的原因均屬「冰凍三尺，非一日之寒」，事前均有徵兆可尋：

㈠「內部因素」(internal factor)

　　⑴經營階層能力與管理欠佳，缺乏健全經營之正確理念、好大喜功甚至圖利自己。

　　⑵資產負債管理失當：

　　(i)流動性與負債管理失當：「借短放長」的偏差放款策略、資產負債期限結構嚴重失衡、短期流動性資產不足、高估短期借入資金能力、迷信貼現借款；

　　(ii)資本適足性偏低：資本額未隨業務量擴張而成長、過度發放現金股利、獲利能力偏低或虧損而未增資；

　　(iii)資產品質欠佳：對特定產業或單一客戶授信比重偏高、爲求擴張放款業績而貸放風險較高之邊際客戶致倒帳風險(default risk)偏高、投資高風險證券、徵信與貸款後管理作業流於形式、催收不良放款行動消極；

　　(iv)外匯交易鉅額虧損：「國外部門」投機過度、預測匯率走勢錯誤、外匯交易管理與控制過於鬆弛。

　　⑶經營績效與獲利能力欠佳，營業費用佔營業收入的比率過高，人事費用或營業外支出過鉅。此外，放款呆帳損失過鉅導致獲利能力遜於同業，從而釀成銀行廠商經營危機。

　　⑷內部管理制度鬆弛、會計制度不健全、內部稽核流於形式、人力欠缺適當規劃、管理階層決策功能不佳、圖利自己的管理方式、以及違反法令規章經營等現象均是釀成「銀行失敗」的重要原因。

㈡「外部因素」(external factor)

除了上述銀行廠商內部因素將危及健全營運外，舉凡往來銀行倒閉牽連、經濟循環衝擊、突發性存款流失、金融市場動盪不安、不可預期投資資產大幅貶值、以及金融自由化衝擊等外在環境遽變，亦將危及銀行廠商營運。

Horace Secrist (1938) 在研究美國銀行廠商倒閉情形時，曾提及聯邦政府金融司若能充分運用銀行廠商的資產負債表與損益表資料，當能正確區別正常與問題銀行，此即「金融預警制度」的最早起源。爾後，Sinkey (1972) 在聯邦存款保險公司鑽研問題銀行與正常銀行財務特性差異時，遂正式採用「金融預警制度」名詞。「金融預警制度」係指用科學化、有系統方法在銀行廠商經營逐漸惡化初期即能測知財務缺陷，「未雨綢繆」發出信號或警報(signal or alarm)，提供金融當局、超逾存款保險限額的存戶、股東及其他利害關係人參考之金融管理制度。

依據 Sinkey (1972) 的說法，有效的「金融預警制度」在金融體系內將扮演下列功能：

⑴預防銀行廠商倒閉：實施預警制度可及早確認問題銀行，金融當局可以採取特別監督，預防銀行廠商倒閉及降低存款保險基金的損失。

⑵協助金融當局有效分配管理資源：有效率的檢查制度可以降低金檢成本，重新分配檢查方向、程序、範圍、強度(intensity)及頻率。若能趁早確認問題銀行，金融當局將可節省處理問題銀行所需耗費資源。同時，對銀行廠商專案檢查(particular examination)頻率與程度可依財務評估而作決定，金融管理資源分配與運用將更具效率。

⑶金融當局有效運用訊息：建立「預警制度」目的在協助金檢人員先行評估銀行廠商財務狀況，使用資訊均為定期提供之資產負債表與損益表，促使這些資訊能夠發揮應有效果。

(4)問題銀行確認標準更爲客觀：預警制度係綜合評估各項變數，將可消除對單一項目因評估者主觀認定差異造成失誤現象。

(5)提供金融當局評估金融檢查與管理績效的資訊：預警制度評估銀行廠商財務狀況，可瞭解並評估平日的金檢績效，亦可作爲訓練金檢人員教育工具，及測試實施預警制度的成效。

(6)實施「變動存款保險費率」（variable deposit-insurance premium）之標準：存款保險公司若欲對個別金融廠商實施變動保險費率，則預警制度評定之風險將是最客觀的依據，詳情可見第十二章。

(7)預警制度與金融檢查具有互補功能：實地檢查報告可作爲官方紀錄，提供金融當局採取行動的依據，而預警制度則屬非正式提早發現銀行財務缺陷的輔助工具，並非完全取代金檢功能。

由金融廠商營運過程可知，經營困境出現並非一朝一夕，而是內部與外部因素經年累月累積而成，錯誤決策與圖利自己的經營方式對金融廠商的傷害並非立即顯現，是以洞燭機先、防範銀行倒閉於未然，促進金融體系穩定與保護存款者權益，就成爲金融當局責無旁貸的責任。有鑑於此，建立預警制度有益於發揮預防銀行廠商倒閉、分配金融管理資源、客觀評估金融檢查與金融管理績效等各項積極功能，至於目前銀行法對於規範銀行廠商健全經營的內容如下：

(1)「存款準備與流動性」

銀行法 42 與 43 條分別原則性規定銀行廠商存款準備之調整與查核、最低流動比率，基本上係對全部銀行廠商劃一規定，但在實際評估流動性時，尚需就個別銀行廠商情況詳予分析。

(2)「資本適足性」

銀行法 23 條規定由主管機關將全國劃分區域，審酌各區域人口、經濟發展情形及銀行廠商類型，分別核定或調整其最低資本額。另外，64條規定銀行廠商虧損逾資本三分之一時，董事或監察人應即申報中央主

管機關。

(3)「強化財務結構」

銀行法44條規定中央主管機關爲健全銀行廠商財務基礎,經洽央行後得規定銀行廠商主要負債與淨值比率之最高標準, 凡實際比率超越規定標準得限制其分配盈餘。事實上銀行法對銀行廠商經營績效與財務結構的規範即淵源於本條文, 金融當局若欲推動「預警制度」, 法令依據亦將立基於本條文。

(4)「資料填報」

銀行法45與49條規定銀行廠商每屆營業年度終了, 應將營業報告書、資產負債表、財產目錄、損益表、盈餘分配決議於股東會承認後十五日內, 除報請主管機關及央行備查外, 並於所在地之日報公告。

(5)「內部與外部稽核」

銀行法對於銀行廠商內部稽核雖無明文規定, 惟各銀行廠商均設有稽核室統籌查核營業單位, 營業單位亦依總行規定定期自行查核。在外部稽核方面, 銀行法45條規定金融當局得隨時派員或委託央行, 或令地方主管機關派員檢查銀行廠商業務及帳目。目前金融檢查係由央行依「中央銀行法」第38條規定暨接受財政部委託, 訂定「中央銀行檢查金融機構業務辦法」以直接、會同或委託方式檢查全國金融廠商業務, 至於基層金融廠商 (信用合作社、農漁會信用部) 則另訂「中央銀行委託臺灣省合作金庫檢查基層金融機構業務辦法」與「臺灣省合作金庫檢查基層金融機構業務辦法」由央行委託合作金庫代爲檢查。

「預警制度」係就各金融廠商填送之報表進行書面檢查, 一旦發覺內部弊端與財務狀況變化後, 便據以採取有效措施, 不過實地檢查仍爲最直接有效方式。在推動實施金融預警制度時, 對現行金融檢查權的分配、進行方式、檢查內容等應該重新規劃, 兩者在金融管理上具有互補功能是應予肯定的。

(6)「規範內部利益衝突」

　　銀行法 32 與 33 條銀行廠商不得對負責人、職員或對有利害關係者為無擔保放款，即使為擔保放款的條件亦不得優於其他同類放款對象。35 條接續規定負責人或職員不得收取不當利益及限制兼職，凡此均在防範金融廠商營運流於圖利自己式的管理，若能配合訂定關係企業法規範關係企業貸款，必然更能督導金融廠商健全經營。

(7)「規範營運業務品質」

　　對於經營業務項目（3、4、22 條）與核准分支機構設立（26、27條）、限制無擔保放款或保證（36 條）、抵押品估價標準（37 條）、虧損逾資本三分之一之補足（64 條）、「受信」與「授信」期限之配合（72、82 條）、投資與自用不動產投資（74、75、76 條）與金融債券發行額度（80 條）等，均屬著眼於對金融廠商安全與健全經營之需要，同時亦兼具預警效果。

　　最後，在當前制度與銀行廠商經營現況下，金融當局實施預警制度的內涵可分三部分：

㈠「預警訊息來源」

　　主管機關依銀行法第 45 條授權應就預警指標所需訊息，函令金融廠商定期（依季別、半年別及一年別）填報作為研判評估依據，重要訊息內容包括：資產負債表、損益表、財務狀況變動表、業務、管理費用、呆帳損失與營業外支出彙計表、逾期款項（逾期放款及催收款項）增減變動或收回可能性分析表、盈虧撥補表、自用與非自用不動產投資（含承受債權所得之不動產）明細表、經營實績分析表（營業收入與營業費用比率、資產及淨值報酬率、總資金成本率、營運量值比較表、單位員工資金量、營運量及利益貢獻量……等）、存款準備調整與查核計算表、流動準備調整表、實際流動部位評估報告表、股權結構明細表、自行稽

核執行情形報表、營運政策與方針計畫表、員工舞弊或意外損失報告表、營運計畫執行成果檢討報告表、金融檢查缺失事項追蹤檢討報告表等,各項資料可由主管機關依評估需要與金融廠商性質自行增減。

(二)「各項配合措施」

(1)嚴格要求金融廠商有關會計事務處理程序、簿籍及憑證、科目、報告等內容應依「銀行業統一會計制度」之規定辦理,資產評價方法亦應力求統一, 促使經營績效有一致的評估基礎。

(2)決策當局應隨時對金融廠商報告及檢查資料作分析評估, 以期早日發覺問題銀行, 防範出現經營危機於未然。

(3)銀行廠商內部稽核與外部金融檢查應同時注意財務評估, 非僅著重於查核業務細節。

(4)以行政指導方式頒佈銀行法第 44 條所訂各項主要負債與淨值比率, 以及金融產業各項營運財務指標, 並督促金融廠商定期公佈經營內容, 以發揮市場監督紀律。

(5)配合現階段金融資訊系統的規劃, 建立金融當局與金融廠商間之完整資訊系統, 而能迅速、有效掌握每家金融廠商營運狀況。

(6)對各項評估指標之報表, 應就金融廠商業務內容完整設計。

(三)「選擇預警指標」

國內若欲建立「金融預警制度」, 採用下列指標將可涵括金融廠商實際經營內容與潛在風險評估:

(1)「資金管理評估」: 流動性管理(liquidity management)、資產品質管理、利率敏感性管理及資本適足性管理。

(2)「經營績效評估」: 資金運用情形、業務成長率、各項支出的控制及獲利能力。

(3)「內部管理制度評估」: 董 (理) 事、監察人 (監事) 功能之運作情形、營業廳操作管理、內部牽制與查核制度辦理情形及員工培育、分層負責、休假、輪調之辦理情形。

(4)「其他評估指標」: 股權結構變動分析、對關係企業融資情形及遵守金融法令情形。

§ 11.6.　銀行廠商成長與合併

由於銀行廠商擴大生產規模(分行數目與業務種類), 將可同時享受「規模經濟」與「範圍經濟」, 是以正常銀行在經營過程中日益茁壯成長乃是自然現象。一般而言, 銀行廠商成長方式將如 (表 11-8) 所示, 分為「國內」與「國際」市場擴張兩類。就「國內市場擴張」而言, 銀行廠商的成長方式又循兩種途徑發展:

(1)「內部擴張」(internal expansion): 銀行廠商增設分行及擴大營運項目, 將可強化本身生產金融勞務的異質性, 進而提昇市場佔有率。接著, 銀行廠商可以從事「垂直合併」(vertical integration)操作, 合併不同生產階段之金融產業, 如: 銀行廠商合併下游從事「授信」的分期付款公司或租賃公司的業務, 合併票券公司的業務而將中介短期資金併入本身的一貫作業, 企求提昇「範圍經濟」效果。最後, 銀行廠商接續從事多元化投資而形成「投資銀行」型態, 如: 投入證券產業、保險產業、信託產業或其他生產事業, 逐漸形成由銀行廠商控制的「集團企業」(conglomerate)。

(2)「外部擴張」(external expansion): 銀行廠商藉由向外「合併」或「接管」(take-over)其他金融廠商或企業而達成擴張目的。其中, 銀行廠商可採「水平合併」(horizontal integration) 方式, 合併或接管生產類似產品的銀行廠商, 實現擴大分行數目或增加營業據點的目的, 如:

國內合作金庫於民國73年接管臺北第十信用合作社的18個營業據點。隨後，銀行廠商又可採取「垂直合併」方式，合併其他上下游金融廠商而形成「關係企業」型態，從事多角化經營，如：購併信託廠商、證券廠商、保險廠商、票券廠商。

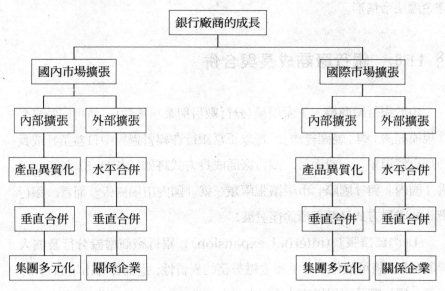

(表 11-8) 銀行廠商的成長方式

至於銀行廠商進行「國際市場擴張」即是邁向「國際銀行」或「跨國銀行」道路，成長模式將如第四節的「國際銀行」發展過程所示，先由銀行廠商的「國外部」開始擴充向海外成立「代表處」，接續再成立「海外分行」或「國外銀行子公司」。爾後，由此分行或子公司依照國內銀行廠商成長模式，逐漸擴大與成長。

上述成長型態中最引人注目者是銀行廠商採用「合併」或「接管」方式擴張，而兩者發生原因約有下列數端：

(1)經濟效果

(i)「生產技術」：銀行廠商垂直合併不同生產層次的金融廠商，促使

生產程序一貫化作業, 進而享受「規模經濟」與「範圍經濟」效果, 有助於降低生產成本;

(ii)「存貨經濟化」: 銀行廠商水平合併不同區域性銀行廠商後, 有助於提昇整體資金運用效率, 降低合併前必須保有的資金存貨 (超額準備) 總量;

(iii)「管理與研究發展」: 銀行廠商經由合併擴大規模, 將因「市場需求擴大」與「規模經濟效果」兩項因素刺激, 而有意願與能力進行金融創新, 從事多元化金融產品生產, 以擴大市場佔有率;

(iv)「財務結構改善」: 銀行廠商合併將可改善財務結構較差者, 營運較佳者亦可獲得稅賦減免。

(2)降低產品與因素市場風險

(i)「垂直合併」: 銀行廠商合併不同「受信」與「授信」階段的金融廠商, 將使金融投入與產出市場連成一氣, 資產轉換程序呈現一貫作業, 產品與業務趨於多元化, 除能享受「範圍經濟」外, 更可降低營運風險;

(ii)「水平合併」: 銀行廠商合併其他生產相似金融勞務的銀行廠商, 此舉類似在不同區域自行成立分行一樣, 有助於強化銀行廠商的壟斷力及擴大市場佔有率。

(3)創造或擴大參進阻止障礙(barrier to entry)

(i)銀行廠商經由合併, 促使本身生產的金融勞務日趨多元化, 競爭效果遠優於僅能生產「部分服務」的新銀行廠商;

(ii)銀行廠商透過合併而擴大生產規模, 容易邁向最適生產規模而使生產成本達於最低。如此一來, 既存銀行廠商可藉此對金融產品訂定低廉的參進阻止價格, 致使新銀行廠商在達成最小效率規模(minima scale of efficiency, MSE)前即知難而退。

瞭解銀行廠商何以進行合併或接管的緣由後, 接著就其評估標準分述於下:

(1)銀行廠商發生合併或接管的狀況，主要是當中的問題銀行營運陷入泥沼，惟有假手外援方能免於倒閉。有鑑於此，正常銀行是否合併問題銀行往往是基於下列考慮：

(i)合併後是否對兩家銀行廠商均屬有利？問題銀行是否因合併而起死回生，而正常銀行能否不受拖累？

(ii)金融當局為求避免問題銀行倒閉釀成金融危機，以及力求降低社會成本的政策考慮，而要求正常銀行進行合併。

(iii)銀行廠商合併後，由於生產規模擴大帶來之內部經濟是否超越外部不經濟，從而降低管理成本？

(2)銀行廠商合併後的財務與資產結構是否改善？

(i)正常與問題銀行的資產組合與財務結構間的相關性：如果兩種相關係數趨近完全正相關，合併結果造成資產與財務組合內容日益集中，正常銀行必須承擔的營運風險反而擴大。反之，一旦兩種相關係數為負值，合併結果有益於資產與財務組合多元化，正常銀行必需負擔的營運風險反而縮小。

(ii)預期營運狀況：銀行廠商合併後的壟斷力或市場佔有率是否上昇，經濟規模擴大能否增進管理與經濟效率，均是值得列入評估。

(iii)社會福利：大部分銀行廠商合併均屬正常與問題銀行合併狀況，一旦合併後能夠邁向正常營運，將可消除問題銀行倒閉所釀成之金融危機。不過銀行廠商合併將擴大營運規模與市場佔有率，促使壟斷力量強化殃及金融與經濟資源配置遭致扭曲。

最後，銀行廠商合併均屬慎思熟慮的結果，一旦合併計劃定案對預擬從事合併的銀行廠商股票將形成增值現象。至於衡量該項增值幅度的方法約有下列數者：

(1)「帳面價值方法」(the book-value approach)

「帳面價值方法」廣泛用於衡量「合併增值」(P_m)，計算方式為：

$$P_m = \frac{B_1 \cdot e - B_2}{B_2}$$

B_1是從事合併銀行廠商的每股帳面價值，B_2是被合併銀行廠商的每股帳面價值，e是兩者的交換比例。該項方法的優點如下：

(i)銀行廠商「帳面價值」易於瞭解與衡量；

(ii)銀行廠商「帳面價值」相對市場價值穩定；

(iii)銀行廠商「帳面價值」與股票市場反覆無常並無關聯。

「帳面價值」雖具有上述優點，但是忽略投資者關心的「市場價值」卻爲主要缺陷所在，理由是：「市場價值」係反映銀行廠商永續經營的價值(going-concern value)，而「帳面價值」卻屬「清算」(liquidation)或「公司消滅」(dead-concern)的概念，兩者實屬天淵之別。

(2)「市價與帳面價值方法」

由於投資者通常重視銀行廠商股票的市場價值，該價值乃是反映銀行股票現值，是以前述「合併增值」公式可修正如下：

$$P_m = \frac{MP_1 \cdot e - B_2}{B_2}$$

MP_1是從事合併銀行廠商的市場價值。至於該項方法缺陷是：銀行廠商的市場價值往往偏向高估，而且大量股票要能以某一主要價格交易，事實上係屬困難虛幻之事。

(3)「每股盈餘方法」（*EPS* approach）

第三種衡量「合併增值」方法是基於兩家銀行廠商的每股盈餘*EPS*，亦即前述公式再修正爲：

$$P_m = \frac{EPS_1 \cdot e - EPS_2}{EPS_2}$$

(4)「價格收益方法」(the price-earnings approach)

第四種方法是採用「價格收益比例」（*P/E* ratio）反映銀行廠商價值，亦即前述公式又再修正爲：

$$P_m = \frac{(MP/EPS)_1 \cdot e - (MP/EPS)_2}{(MP/EPS)_2}$$

MP_i是i家銀行廠商的市場價值。該項方法缺點是：銀行廠商股票必須在「效率市場」上交易，否則(P/E)比例將不具任何可信賴度。

〔本章重要參考文獻〕

1. 劉家祿:《臺灣商業銀行與專業銀行成本之研究》,臺大經研所碩士論文,民國六十五年。

2. 謝玉玲:《商業銀行資產管理理論與臺灣之實證研究》,政大經研所碩士論文,民國七十三年六月。

3. _____與謝德宗:〈臺灣地區銀行體系之資產需求實證分析〉,基層金融,九期,民國七十三年,pp.15-28。

4. 謝玉玫:《臺灣地區全體信託投資公司經營行爲之研究》,復文圖書出版社,民國七十五年二月。

5. 楊旭平:《銀行廠商理論之研究》,政大經研所碩士論文,民國七十五年六月。

6. 蔡有財:《銀行經營失敗之防範與對策之研究》,金融研究叢書(14),財政部金融司儲委會金融研究小組,民國七十五年一月。

7. 張火旺:《當代金融理論與政策》,第十五章,民國七十五年二月,三民書局,pp.171-232。

8. 陶宏麟:《壽險公司資產選擇行爲研究: 銀行理論之應用》,東吳大學經研所碩士論文,民國七十九年六月。

9. 謝德宗:〈銀行產業組織與生產成本文獻綜覽: (上)、(下)〉,臺北市銀月刊,二十三卷二期與三期,民國八十一年,pp.2-22, pp.39-57。

10. Adar, Z., Agmon T. & Orgler, Y. E., *Output Mix and Jointness in Production in the Banking Firm*, JMCB, 1975, pp.235-243.

11. Aigner, D. J. & Sprenkle C. M., *A Simple Model of Information and Lending Behavior*, JF, 1968, pp.151-166.

12. Alhadeff, D. A., *Monopoly and Competition in Banking*, Calif.: University of California Press, 1954.

13. Baer, D. & Galow, D., *International Banking in Sixth District*, Economic Review, FRB of Atlanta, 1977, pp.127-134.

14. Baltensperger, E., *Economies of Scale, Firm Size, and Concentration in Banking*, JMCB, 1972, pp.467-488.

15. ____, *Cost of Banking Activities: Interactions Between Risk and Operating Costs*, JMCB, 1972, pp.595-611.

16. Bell, F. W. & Murphy, N. B., *Costs in Commercial Banking: A Quantitative Analysis of Bank Behavior and Its Relation to Bank Regulation, Research Report*. No. 41, Boston: FRB of Boston, 1968.

17. Benston, G. J., *Economies of Scale and Marginal Costs in Banking Operations*, National Banking Review, 1965, pp. 507-549.

18. ____, *Economies of Scale in Financial Institutions*, JMCB, 1972, pp.312-341.

19. ____, Hanweck, B. A. & Humphrey D. B., *Scale Economies in Banking: A Restructuring and Reassessment*, JMCB, 1982, pp.435-456.

20. Gilligan, T., Smirlock M. & Marshall W., *Scale and Scope Economies in the Multiproduct Banking Firm*, JME, pp. 393-405.

21. Goldschmidt, A., *On the Definition and Measurement of Bank Output*, JBF, 1981, pp.575-585.

22. Gramley, L. E., *A Study of Scale Economies in Banking*,

Kansas City, Monthly Review: FRB of Kansas City, 1962.

23. Gup, B. E., *Bank Mergers: Current Issues and Perspectives*, Kluwer Academic Press, 1989.

24. Hancock, D., *A Theory of Production for the Financial Firm*, Kluwer Academic Publishers, 1991.

25. Horvitz, P. M., *Economies of Scale in Banking*, in Private Financial Institutions, Englewood Cliffs, N. J.: Prentice -Hall, 1963, pp.1-54.

26. Mackara, W. F., What Do Banks Produce? *Monthly Review,* FRB of Atlanta, 1975, pp.70-74.

27. Murray, J. D. & White, R. W., *Economies of Scale and Economies of Scope in Multiproduct Financial Institutions: A Study of British Columbia Credit Unions*, JF, 1983, pp. 887-902.

28. Powers, J. A., *Branch Versus Unit Banking: Bank Output and Cost-Economies*, SEJ, 1969, pp.153-164.

29. Rorabow, L., Stuhr, D. P. & Martin, D., *A Probabilistic Approach to Early Warning of Changes in Bank Financial Condition, Monthly Review*, FRB of New York, 1976, pp. 187-194.

30. Schweiger, I. & Lindley, J. T., *Inputs, Outputs, and a Theory of Production and Cost at Depository Financial Institutions*, JF, 1977, pp.1251-1266.

31. Sinkey, J. F., *A Multivariate Statistical Analysis of the Characteristics of Problem Banks*, JF, 1975, pp.21-26.

32. _____, *Commercial Bank Financial Management*, N. Y.: Macmillan Publishing Company, 1983.

第十二章　銀行負債與資本
管理理論

　　銀行廠商在「制度性儲蓄市場」募集存款資金往往扮演被動角色，加以存款利率與銀行資本額經常受到金融當局監督與管制，是以早期銀行理論文獻往往將銀行廠商的負債結構與總量視爲外生決定，而未進行最適化分析。然而兩次能源危機帶來通貨膨脹困擾，存款利率管制嚴重扭曲資金配置的價格機能，再因金融廠商彼此競爭日愈激烈，更是激發「金融創新」活動盛行不墮。另一方面，銀行產業係屬高風險產業，一旦金融經濟環境面臨遽變，銀行廠商倒閉事件頻傳，進而將釀成金融危機而傷及實質部門發展，致使「銀行資本適足性」問題越發令人重視。

　　隨著金融發展進行，金融信用工具日趨多元化，銀行廠商應主動積極安排財務結構，尋求降低資金成本，提高經營效率。誠如 Klein (1971) 指出銀行廠商追求利潤極大化的行爲準則：經由各項資金來源取得資金的邊際成本，應等於投入各種資產市場中可獲得的邊際收益。依循該項原則，銀行廠商妥善安排各種資金來源，將有益於提高經營效率。

　　本章首先說明銀行廠商的資金來源與特色。其次，銀行廠商在營運過程中可採「舉債融通」或「股權融通」募集資金，如何選擇最適財務結構將屬當務之急的決策。第三，銀行產業營運往往是多重風險橫阻於前，爲能確保存款客戶權益，金融當局常對銀行資本有所限制，從而形成「資本適足性」問題。第四，縱使銀行廠商同時「舉債」與「募股」籌措資金，但是存款仍屬最重要的資金來源，如何決定存款利率將是令人矚目的焦點。第五，存款類型眾多，而其提款風險與利率迥異，如何選擇最適存款組合亦是銀行廠商重要決策。第六，「利率上限」與「補償

餘額」是銀行廠商與往來顧客建立相互關係的重要例子，兩者存在造成的影響值得探討。接著，將就「存款保險制度」內涵及保險費率決定做一說明。最後，將就銀行廠商考慮「資本適足性」限制後，對其安排資產組合造成的影響進行說明。

§ 12.1. 銀行資金來源與特色

銀行廠商在體系內經由「受信」與「授信」過程，提供各種勞務謀取利潤。誠如第十一章所示：銀行廠商在生產金融勞務過程中，「實質投入」與「金融投入」俱屬不可缺少的生產因素，其中的「金融投入」泛指銀行廠商的資金來源或資產負債表上的「負債」與「淨值」兩項。以下就前章的（表 11-4）資產負債表內涵說明銀行廠商的資金來源。

㈠舉債融通

一般而言，銀行廠商係體系內最擅長運用財務槓桿經營的廠商，資金來源的絕大比重均是舉債募集而來。至於舉債募集方式與對象又依金融市場不同而分成兩種：

⑴「制度性儲蓄市場」

「舊觀點」貨幣供給理論指出，銀行廠商在「制度性儲蓄市場」扮演消極角色，僅能在既定利率上無限制供給存款契約，至於能夠吸收的資金數量端視儲蓄者偏好而定。有鑑於此，銀行廠商若欲擴大吸收存款，惟有經由提供服務扭轉儲蓄者偏好，方能達成目的，此種現象即稱為「傳統反應」(traditional response)，至於吸收存款類型可劃分如下：

①「存款工具性質」

依據銀行廠商為吸收資金而發行的信用工具性質，存款將分成「交易媒介」的「貨幣性存款」與「價值儲藏」的「儲蓄性存款」兩類。就

前者而言，存款工具到期日是立即且做爲「貨幣」使用，內容涵蓋「支票存款」與「活期存款」兩項。實務上，銀行廠商必將吸收之「貨幣性存款」用於投資或放款，但因一筆資金重複使用，理論上將對體系形成膨脹效果。就後者而言，存款工具到期日通常較長或有既定期限，僅能充做「價值儲藏」工具，內容涵蓋「活期儲蓄存款」與「定期存款」兩項。「儲蓄性存款」係人們保有儲蓄資金的工具，銀行廠商將其用於放款或投資，對體系並不發生膨脹性效果，卻有促進資本累積作用。

②「存款創造性」(creativeness)

銀行廠商吸收首筆存款通稱爲「原始存款」(primary deposit)，發生緣由或與經濟因素無關而又稱爲「自發性存款」(autonomous deposit)。爾後，銀行廠商利用「原始存款」或「自發性存款」創造銀行信用，經由「回存」而增加存款數量，此即「衍生性存款」(derived deposit)。另一方面，銀行廠商創造信用過程中，引發體系內經濟變數(利率、所得與物價) 發生調整，釀成存款數量變化，此即「誘發性存款」(induced deposit)。

③「存款到期日」

銀行廠商吸收存款，依到期日長短可分成三類：(i)「活期存款」：到期日係屬立即，流動性最高；(ii)「通知存款」：顧客預擬提款必須提前數日通知銀行廠商，此舉有助於降低「提款風險」(withdrawal risk)；(iii)「定期存款」：存款附有既定到期日，未到期而欲解約將會遭致利息損失。

④「存款來源」

依據提供存款的經濟成員類型劃分，銀行廠商提供的帳戶內涵計有以下四者：

(i)「家計部門」屬於小額儲蓄者，其在銀行廠商開立的帳戶通常屬於「零售帳戶」(retail account)。

帳戶種類	特　性	銀行提供服務	銀行收益	銀行成本
(1)交易帳戶 (i)支票存款帳戶	(1)可以立即移轉 (2)無最高額限制 (3)不付利息	(1)傳統的交易方便勞務 (2)對帳單	(1)收取勞務費用 (2)帳戶中之存款無息使用	(1)處理支票、存款帳戶成本 (2)對帳單的郵寄費用
(ii)綜合性存款戶 (general service account)	(1)除了不能簽發支票外,餘皆有之 (2)存款數量上限限制	(1)活期儲蓄工具 (2)各種費用之轉帳服務	(1)勞務收益 (2)投資收益	處理提供勞務成本
(2)儲蓄帳戶	(1)可以立即提款 (2)自然人才可開戶 (3)有利率上限管制(現已取消) (4)存款數量上限為100萬元	價值儲藏工具	吸收資金進行放款或投資的收益	(1)處理成本 (2)利息支付
(3)定存帳戶	(1)價值儲藏工具 (2)不可轉讓 (3)固定到期日	價值儲藏工具	(1)減少提款風險(少提準備) (2)提前解約顧客的利息損失與進行授信的收益	(1)處理成本 (2)利息成本

(ii)「廠商部門」通常屬於大額存款者, 故其在銀行廠商開立的帳戶通常屬於「躉售帳戶」(wholesale account)。

帳戶種類	特　性	銀行提供服務	銀行收益	銀行成本
(1)商業存款	(1)傳統的勞務 (2)可以簽發支票	(1)交易性勞務(代為搜集或交換支票) (2)轉帳、電匯 (3)提供「對帳單」 (4)外匯服務	(1)最低補償餘額無息使用(帳戶內須保持一定金額) (2)勞務收益	處理或提供勞務成本

(2)可轉讓定存單	(1)貨幣市場上的短期信用工具(已非存款) (2)可在貨幣市場上流通轉讓 (3)到期日可變 (4)利率自由化(利率由供需雙方議價結果)	資金管理: 在短期間作為交易餘額的組合內容	用於投資之收益	(1)處理成本 (2)支付由貨幣市場決定的利息成本

(iii)「政府部門」的收支由某些國營銀行廠商代理, 故其帳戶均屬活期帳戶性質。

帳戶種類	特　　性	銀行提供服務	銀行收益	銀行成本
活期存款	(1)為了應付例行支出而可簽發支票 (2)公款, 不付利息(銀行資金成本低)	代為支付政府支出, 及徵收租稅的帳戶	(1)無償使用資金 (2)代理費用收入	處理或提供勞務成本

(iv)「金融廠商」 在其他金融廠商的存款, 一般係為同業往來性質。

帳戶種類	特　　性	銀行提供服務	銀行收益	銀行成本
活期存款	(1)與央行往來 　(a)在央行存款(法定準備) 　(b)央行融通 (2)「同業往來」: 金融同業拆放市場(彌補準備不足)	(1)同業間的交易 (2)彌補準備不足	(1)補償餘額的放款或投資收入 (2)費用收入	處理費用成本

(2)「貨幣市場」

　　「新觀點」貨幣供給理論指出, 在金融市場規模日益發達下, 銀行廠商可視實際營運需要, 在「貨幣市場」發行「可轉讓定存單」或在「債

券市場」發行「金融債券」等有價證券募集資金。銀行廠商針對儲蓄者偏好，主動調整利率，擴大創造負債與資金來源，此種現象稱爲「創造性反應」(creative response)。至於銀行廠商主動創造「借入款」(borrowings)的來源有二：

①「央行融資」：銀行廠商以本身票據向央行「貼現窗口」要求貼現融資，此種狀況通常在面臨準備匱乏時才會發生；

②「貨幣市場」或「債券市場」融資：銀行廠商在貨幣市場發行短期可轉讓定存單或在債券市場發行中長期金融債券募集資金，隨後用於放款或投資以謀利。此外，銀行廠商亦可在「金融同業拆放市場」向其他金融廠商拆借資金，此種狀況出現於銀行廠商面臨資金短缺，而需進行短期借款以彌補準備不足。

㈡股權融通

銀行廠商營運資金除舉債融通外，尚可利用自有資金的「股權融通」方式經營。至於銀行廠商的「資本帳」係指銀行股東擁有之權益或銀行資產總額扣除負債後的淨值。至於銀行資本帳的內容主要包含下列三項：

(1)「資本額」

銀行資本係依公司法登記的實收資本總額，爲銀行廠商淨值之主要構成份子，包括發行在外普通股的面值總額加上在外流通優先股總額。

(2)「公積金」

公積金包含營業公積與資本公積兩類。前者係指銀行廠商盈餘依法提撥法定公積和特別用途之特別公積或準備；後者並非來自營業結果，而是來自銀行股票溢價發行，或外界捐贈與資產增值，此項利益經過資本化或留存帳面而爲股東共有，主要有輸納公積(paid-in surplus)，捐贈公積(donated surplus)及重估公積(reappraisal surplus)等。

(3)「未分配盈餘」

　　未分配盈餘為銀行廠商盈餘扣除各種法定公積、特別公積，及發放股利後之餘額保留於銀行廠商而逐年累積。

　　銀行資本如用於融通購置業務所需行舍與設備，此種支出操之於銀行廠商本身決策，屬於安全性用途。一旦銀行資本用來承作各種風險業務，當作各種損失的緩衝(cushion)工具，則將屬風險性用途。至於銀行資本可能面臨削弱的損失約有下列四者：

　　(i)「放款倒帳損失」

　　銀行資金用途中多數投入放款業務，是以倒帳損失將是銀行資本的重要減項。以民國80年為例，本國銀行逾期放款及催收款佔放款總額比率未及1%左右，約為全體銀行資本的20%左右；全體外商銀行在臺分行之逾放比率較本國銀行高出甚多，約為8%左右。雖然只有部份逾期放款連續催收仍無法收回而形成倒帳，但放款倒帳損失對銀行資本將是重大負項。

　　(ii)「投資跌價損失」

　　債券、股票、短期票券或金融週邊事業投資均為銀行廠商運用資金的重要去路，由於投入這些生息資產必須承擔相當風險，如：市場因素變動造成證券價格遽挫，促使銀行廠商必須出售證券以應付提款需求。

　　(iii)「營運損失」

　　銀行廠商營運通常極力袪避風險，採取以小風險業務取代高風險業務，但在非常時期仍可能發生營運費用超出收益，如：信用狀問題(L/C)或外匯業務造成之損失往往數額龐大，從而釀成虧損，故為銀行資本的減項。

　　(iv)銀行廠商自有不動產跌價損失及因盜用公款、訴訟案件，及地區性災禍造成意外損失，此類意外損失通常能由保險方式避免。

§ 12.2. 銀行財務結構與資本適足性

由前節分析的資金來源可知: 銀行廠商雖然採取「舉債」與「募股」兩種方式籌集資金營運, 但前者仍占銀行廠商營運資金的絕大部份, 顯示其為擅長財務槓桿操作的廠商。不過「銀行資本」在營運過程中仍有重要意義存在:

(1)「降低倒閉風險」: 就經營過程而言, 銀行廠商屬於擅長財務槓桿操作的廠商, 自有資本比例雖然偏低, 但卻具有象徵性保障存款者權益的意義。另一方面, 近年來金融當局為保障存款者權益與降低營運風險, 特別強調「資本適足性」概念。存款保險公司尤其重視銀行廠商的資本數量能否清償可能遭致的營運損失, 從而要求維持最低資本數量, 企求降低銀行廠商倒閉機率。

(2)「構成放款限制」: 金融當局通常規定對個別客戶放款數量不得超過銀行資本的某一比例, 轉投資金額不得超過實收資本的某一比例, 凡此促使銀行廠商若欲擴大授信活動, 則需擴大本身資本額。

(3)「股東權益」: 銀行廠商淨值代表股東擁有的權益, 而銀行廠商每年所獲利潤占資本的比例即是「資本獲利率」。該比例重要性在於決定銀行廠商能否吸收足夠資金, 進而達成最適財務結構, 或實現「資本適足性」的要求。

(4)「淨值與存款間的替代性」: 銀行廠商使用的「金融投入」涵蓋「淨值」(資本) 與「存款」兩項, 兩者的「財務風險」與「資金成本」迥異而存有替代性, 從而形成最適財務結構選擇的問題。

(5)「業務成長的基礎」: 銀行廠商保有適當的資本, 可供放款與投資之用, 進而提供未來存款成長的基礎, 達成業務成長目標。

瞭解「銀行資本」存在的重要性後, 接著利用 Baltensperger(1980)

模型說明銀行廠商面臨資產數量已知下，如何選擇最適財務結構，重要假設分述於下：

　　⑴銀行廠商在營運期初的資產組合與數量固定爲A；

　　⑵銀行廠商在期末可由生息資產獲得收益$\widetilde{Y}$，而且資產收益的事前機率密度函數爲$g(\widetilde{Y})$。

　　基於上述假設，銀行廠商在計劃期間預擬吸收的存款爲D，並支付存款利率i，故期末存款負債爲$D(1+i)$。至於銀行廠商在期末擁有的資產爲$A+\widetilde{Y}$，一旦小於負債將發生破產情況，其臨界條件是：

$$(A+\widetilde{Y})-D(1+i)<0 \tag{12.1 a}$$

$$\text{或}\quad \widetilde{Y}<D(1+i)-A\equiv \widehat{Y} \tag{12.1 b}$$

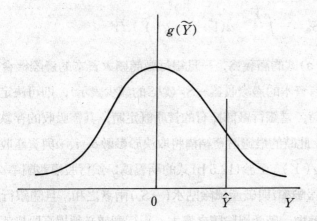

（圖 12-1）　銀行廠商收益的機率分配

　　（圖12-1）係銀行廠商收益的機率分配曲線，$\widehat{Y}$是銀行廠商面臨破產的臨界點。在其他情況不變下，破產機率與存款呈正向關係，而與資本$E(=A-D)$呈負向關係。接著，假設銀行廠商必須負擔的破產成本與資本不足$(\widehat{Y}-\widetilde{Y})$的數額呈正向關係，每單位資本不足成本爲$a$元，預期破產成本$S$可表爲：

$$S = \int_{-\infty}^{\hat{Y}} a(\hat{Y} - \widetilde{Y}) g(\widetilde{Y}) dY \tag{12.2}$$

綜合以上分析，銀行廠商在計劃期間內的預期利潤函數可表爲：

$$\text{Max } E(\widetilde{\pi}) = E(\widetilde{Y}) - iD - S - \rho E \tag{12.3}$$

$$\text{S.t. } A = D + E \tag{12.4}$$

ρ是銀行廠商募集資本的機會成本，$\rho > i$。就上式對E偏微分，並令其爲0，可得銀行廠商追求預期利潤極大的條件爲：

$$\rho - i = -S_e \tag{12.5 a}$$

$$或 \quad \rho = i - S_e \tag{12.5 b}$$

上式中的S_e可表爲：

$$S_e = -\int_{-\infty}^{\hat{Y}} a(1+i) \cdot g(\widetilde{Y}) dY$$

(12.5 a)式的涵義爲：一旦銀行廠商擴大資本的邊際機會成本($\rho - i$)等於保有資本的邊際收益$-S_e$(以S的減少表示)，則可決定最適資本數量。同時，當銀行廠商擁有的資產既定時，其需吸收的存款數量亦將同時決定，此時的最適財務結構將取決於參數ρ、i、a與資產收益的機率密度函數$g(\widetilde{Y})$。至於(12.5 b)式的涵義爲：銀行股權報酬率ρ將是無風險存款的報酬率i與破產風險貼水($-S_e$)兩者之和，且隨銀行廠商吸收存款負債遞增，破產風險隨之擴大，銀行廠商必須提高股權報酬率，方能順利發行股票吸收資金。

　　瞭解銀行廠商如何選擇最適財務結構後，接著再說明「銀行資本適足性」的內涵。一般而言，銀行廠商的資本數量多寡必須兼顧健全經營原則、符合法律規定、配合業務成長目標及維持合理股權報酬率。有鑑於此，「銀行資本適足性」乃指銀行廠商基於安全性、適法性、成長性及報酬率考慮，爲求發揮銀行資本展現的功能而必需維持的資本數額。個別銀行資本適足性問題除與銀行產業本身營運環境有關外，亦與下列因

素息息相關：

(i)銀行廠商投資策略與管理品質、管理能力；

(ii)銀行廠商資產與負債流動性。

一般而言，金融當局藉著定期實地檢查銀行廠商營運，評估放款結構、財務報表、及營運策略，決定其資本是否適當，進而要求該行是否必須辦理增資。至於評估「銀行資本適足性」指標經常隨經濟環境變遷及金融管理目標更替而變化，以下說明各種標準優劣並與我國現行規定比較：

(1)「法定最低資本額」

我國銀行法第23條規定：「各種銀行資本之最低額，由中央主管機關將全國劃分區域，審酌各區域人口、經濟發展情形，及銀行之種類，分別核定或調整之。」此種靜態規定無法有效確保銀行資本適足性，特別是在經濟體系持續成長下，銀行廠商同步快速成長時，僵化規定將顯得捉襟見肘，較佳規定方式應考慮到經濟環境變化。

(2)「資本對存款總額比率」

美國在廿世紀初期，認爲適當的資本存款比值應爲10%，「一對十」就成爲著名原則。然而該比率著重銀行廠商負債面之提款風險，比值高表示適應能力強，至於其他營運風險若非忽視，即隱含「一比十」原則已考慮其他風險在內。這種原則之主要缺點在於忽略銀行資產品質、存款的結構、穩定性與流通速度等因素，但因評估方法簡單又經長期使用，一般認爲仍是良好的衡量標準。

(3)「資本對總資產比例」

一般認爲銀行廠商的資金用途應該重視資產面，放款及投資應該皆由存款支應。由於這些資產具有潛在損失風險，需以銀行資本做爲面臨虧損的緩衝工具。是以美國聯邦存款保險公司(1939)認爲以「資本對總資產比例」衡量「資本適足性」至少應爲10%，「一對十」原則的法定基

數由存款總額改成資產總額，因存款總額比資產總額小，故銀行廠商所需資本更形提高。不過該比例主要缺點為忽略銀行資產組合中各種資產面對的風險不一，更精確的衡量方式仍有發展餘地。爾後，美國各銀行的資產負債逐漸累積，為維持流動性而持有大量無風險的政府債券，由於安全性資產與風險暴露程度無關，遂與資本適足性問題較無關聯，故又接續發展出以風險性資產為計算基礎的適當資本概念。

⑷「資本對風險性資產比例」

風險性資產係指排除現金及政府債券外的生息資產，一般認為此一比值應為 20%。二次大戰後，美國銀行廠商保有公債比例持續降低，放款數量卻顯著增加，銀行資本對風險性資產比率大幅遞減，聯邦準備銀行遂於 1946 年改採此標準，其缺陷為：風險性資產中仍有部份資產係屬安全，而安全性資產中的現金亦有被偷盜危險，公債價格亦非固定不變等。同時，隨著資產負債管理觀念進步，金融當局使用過於簡化比例衡量銀行資本適足性概念，宜採相當保留態度。

⑸「依各類資產規定最低資本額」

1950 年代美國紐約聯邦準備銀行將資產分為六大類，依風險性訂定不同比例的資本，資產中之現金、同業拆放、五年以內到期之公債、銀行承兌匯票、聯邦資金等風險小的資產不必有資本準備。五年以上公債、政府保證之放款、或由上列資產或定期存款質押之放款、優良商業票據等資產的資本準備為 5%，有價證券資產之資本需求為 12%。風險性較高資產的安全性不足或涉及其他因素，其資本需求為 20%以上。其他可疑股票及垃圾證券的資本需求為 50%以上。房地產等固定資產之資本需求為 100%。

爾後，美國聯邦準備在 1956 年訂定統一表格分析「銀行資本適足性」，基本原理與上述方法相同，認為銀行資本存在是為防範意外情況發生，如：大量存款擠兌、資產分配不當等因素。

⑹通貨監理官(the comptroller of the currency)評價指標

　　美國通貨監理官在 70 年代對銀行資本適足性評價係考慮下列因素：經營管理良窳、資產流動性、過去盈餘分配狀況、股東素質及分配情形、存款結構及波動性、銀行廠商作業方式、在其營業區內籌措資金能力、銀行同業競爭程度、支出負荷情形。

　　除參酌上述因素外，以資本和提存準備對放款及貼現總額比例測度銀行資本適足性時，一旦放款餘額超過資本總額七倍，意謂著銀行廠商應特別注意資本之數額。

　　至於國內衡量資本適足性指標原先為主要負債與淨值之比例，然而金融當局為配合金融國際化與自由化政策，貫徹銀行廠商健全經營原則，在民國 78 年 7 月 17 日修訂銀行法參酌國際清算銀行對銀行自有資本與風險性資產最低標準要求，明定兩者之比例，銀行法第 44 條規定：「為健全銀行財務基礎，非經中央主管機關之核准，銀行自有資本與風險性資產之比率不得低於 8%。凡實際比率低於規定標準之銀行，中央主管機關得限制其分配盈餘；其辦法由中央主管機關訂之。前項所稱自有資本與風險性資產，其範圍及計算方法，由中央主管機關訂之」。

　　根據是項之規定，財政部於 80 年 2 月擬定「銀行自有資本與風險性資產之範圍及計算方法」及「銀行自有資本與風險性資產之比率未達標準之限制分配盈餘辦法」，並自同年 7 月 1 日起實施，詳細內容可用(表 12-1) 說明。

㈠銀行資本適足性比例公式

　　⑴基本資本÷(資產負債表上資產×風險權數＋資產負債表帳外交易項目×信用轉換係數×風險權數)≧4%

　　⑵(基本資本＋輔助資本)÷(資本負債表上資產×風險權數＋資產負債表帳外交易項目×信用轉換係數×風險權數)≧8%

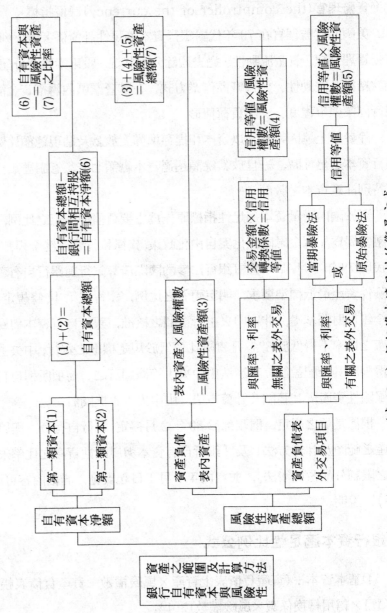

（表 12-1）　銀行資本適足性的衡量方式

㈡銀行資本定義

(1)「基本資本」(core capital)：或稱第一類資本，包括已繳股本(資本及預收資本)、帳面列示公積(disclosed reserves) (資本公積、法定盈餘公積、特別公積、累積盈餘)，加上少數股東權益及權益調整(包括兌換差價準備減未實現長期股權投資損失加減累積換算調整數)，再扣除商譽。

(2)「輔助資本」(supplementary capital)：或稱第二類資本，包括特別股、資產重估增值準備及證券隱含利益、可轉換公司債等複合資本憑證(hybrid debt capital instruments)、備抵呆帳等。

(3)限制規定：

(i)第二類資本額之計入以不超過第一類資本爲限。

(ii)第二類資本之備抵呆帳計入第二類資本之限額在 1992 年底前可佔風險性資產之 1.5%，1992 年底以後降爲風險性資產 1.25%。

(iii)自有資本總額應扣除銀行間的故意相互持股(intentional cross holding shares)。

(iv)營業用不動產重估及有價證券隱含利益之 45%可計入第二類資本中，有價證券市價與帳面價值之隱含利益差額。

(v)從事金融業之子公司以編製合併報表爲原則，不適用一般公認會計之「重要性原則」，如未合併者，對於未編製合併報表之銀行或金融子公司之投資應從自有資本中扣除。

㈢資產風險權數

(1)權數爲零：現金、對本國政府機構或經其無條件擔保之債權、對 OECD 諸國中央政府及央行之債權、對外國中央政府或央行之當地通貨債權，以存款或 OECD 政府債券爲擔保之債權。

(2)權數爲 10%: 對本國地方各級政府機構及其保證之債權（兩者均不含公營事業機構）。

(3)權數爲 20%: 對國際開發銀行（含國際開發銀行保證及債券擔保者）、本國銀行（含本國銀行債券及本國銀行保證之債權）與 OECD 各國銀行或由其保證等之債權, 對 OECD 各國以外銀行或其保證之短期債權（一年期以內）, 對 OECD 各國各級政府及其保證之債權及出口押匯餘額與買入匯款, 依銀行法規定經政府核准設立之信用保證機關保證之債權。

(4)權數爲 50%: 住宅抵押放款。

(5)權數爲 100%: 對民間部門與公營事業債權、營業用土地、建築物、動產或其他固定資產、不動產及其他投資等。

㈣資產負債表帳內交易之「信用轉換」係數(credit conversion factors)

(1)係數爲 100%: 包括直接代替授信之交易, 如: 擔保信用狀、票據承兌、銀行承擔信用風險之附買回協定與確實執行之承諾等。

(2)係數爲 50%: 包括若干與交易有關之或有負債, 如: 履約保證、投標保證、債券發行包銷承諾(note issuance facilities, NIF)、循環包銷轉融資承諾(revolving underwriting facilities)、原契約期限一年以上之其他承諾, 如: 正式借款預約契約及授信額度等。

(3)係數爲 20%: 包括與貿易有關之短期自償性或有負債, 如: 跟單信用狀等。

(4)係數爲零: 包括原契約期限一年以下之其他承諾業務或隨時可取消之其他承諾業務。

至於帳內風險性資產計算方式爲各項資產依其性質及交易對象分別乘上風險權數後加總即得, 惟應扣除自有資本「備抵呆帳」超過 1.5%(或

1.25%）之部分。

(五)帳外風險性資產之衡量方式

(1)外匯、利率交易以外之帳外交易係將各交易金額乘上適當信用轉換係數即得「信用風險等值」(credit risk equivalent)，再依交易對象分別乘上適當風險權數並且累加。

(2)外匯、利率交易係採「當期暴險法」(current exposure method)計算。首先就各筆交易依其殘存期限乘上權數（與外匯有關交易其殘存期間一年以內，權數為 1%，一年以上權數為 5%；與利率有關交易其殘存期間一年以內，權數為 0%，一年以上權數為 1.5%），次就各筆交易進行市場評估(mark-to-market)，計算其重置成本(市場評估有盈餘時不予計入)。合計以上二者即得「信用風險等值」，再依各筆交易對象分別乘上適當風險權數。

最後，國際清算銀行為因應國際金融市場日益整合趨勢，而提高資本與風險性資產比例，其優點有下列三者：

(1)較高資本比例有益於提昇銀行廠商承擔風險能力，強化銀行廠商能夠健全經營；

(2)矯正過去銀行廠商偏重資產成長缺失，使其轉向著重提昇獲利能力與維持資產品質；

(3)統一資本與資產比例適用範圍，將可提供各國金融當局協調金融管理一致的良好開始，亦可作為其他管理措施合作基礎，並對各國金融市場漸趨整體性發展深具意義。

不過，國際清算銀行規定風險性資產比例亦會發生副作用，其對銀行廠商經營影響可分述於下：

(1)銀行廠商營運成本因而上昇，勢將轉嫁於金融商品，迫使製造業廠商借款成本提高或另覓其他資金來源。

　(2)銀行廠商爲符合資本適足性規定，減少資本需求壓力，可能將傳統高風險的商業放款(commercial or business loan)轉爲較具週轉性的資產(active turnover of assets)；各銀行廠商短期可能購買本國公債 (零風險權數) 替代商業放款，唯雖無信用風險，卻具利率風險 (如：利率上升，銀行將遭受利息損失，債券價格亦將下跌)。就長期而言，銀行廠商可能逐漸改採投資銀行經營路線，重新包裝放款業務作爲債權讓售，形成以交易風險替代信用風險。

　(3)新的資本與資產比例規定雖對各種類型資產賦予不同風險權數，唯對同類資產品質差異化卻無法反映於風險權數。以商業放款爲例，各銀行廠商皆規定其風險係數爲 100%。另就實際狀況而言，國內良好公營事業債權並不亞於各級政府之債權，而根據 BIS 規定及財政部研擬草案，其風險權數仍高達 100%。

　(4)鼓勵銀行廠商將放款與其他資產證券化，在資產證券化以前，通常需引進財務保險保證公司(financial insurance guarantee companies)之保證，以提高資產品質；唯就實際言，資產本質之信用風險卻未消除。

　(5)資本對資產比例一致係金融自由化趨勢下的必要產物，唯因各國經濟發展型態迥異，國內不同地區亦有不同金融環境，若將此新規定付諸實施，將與各銀行廠商間發生互動、矛盾、排擠現象，金融當局的行政人員素質與能力將深受考驗。

§ 12.3.　存款利率的決定

　　銀行廠商在「受信」與「授信」過程中，資金來源隨著金融市場日益發達而趨向多元化，不過「存款資金」所占比重仍然居於顯著重要地位，如何訂定存款利率因而成爲銀行廠商決策過程的首要焦點。Spellman(1979)將銀行廠商訂定存款利率所需假設分列於下：

(1)銀行廠商的決策期間只有一期。

(2)銀行廠商吸收單一存款資金並未受到利率管制，隨後用於購買單一生息資產，報酬率亦無任何限制。

(3)體系內沒有賦稅存在，銀行廠商係採靜態預期形成方式。

基於上述假設，銀行廠商在區域性存款市場吸收資金，由於受到參與家數限制，自然具有寡頭專買性質，其面對的存款需求函數D^d爲：

$$D^d = D^d(\ r_d,\ r_m,\ y\ ,\ w\ ) \tag{12.6}$$
$$(+)\quad(-)\quad(+)\quad(+)$$

r_d是存款利率，r_m是其他資產報酬率，y是所得，w是財富。銀行廠商吸收存款必須提存準備比例θ後，方能投入購買生息資產(放款或購買有價證券)，而且「生息資產」市場屬於全國性而具有完全競爭特性。假設銀行廠商授信所獲報酬率爲r_a，同時依規定必須提存壞帳率β。至於「受信」(吸收存款)的生產成本爲$C(D)$，是以計劃期間內的利潤函數爲：

$$\pi = (1-\beta)r_a \cdot EA - r_d D - C(D) \tag{12.7 a}$$

由於銀行廠商追求利潤極大，$EA=(1-\theta)D$，故就上式對r_d偏微分，並令其爲0：

$$\frac{\partial \pi}{\partial r_d} = (1-\beta)r_a \frac{\partial EA}{\partial D}\frac{\partial D}{\partial r_d} - D - r_d \frac{\partial D}{\partial r_d} - \frac{\partial C}{\partial D}\frac{\partial D}{\partial r_d} = 0 \tag{12.8}$$

整理上式並遍除$(\partial D/\partial r_d)$，可得下列最適條件：

$$(1-\beta)(1-\theta)r_a = D \cdot \frac{\partial r_d}{\partial D} + r_d + \frac{\partial C}{\partial D}$$

$$= r_d(1 + \frac{D}{r_d}\frac{\partial r_d}{\partial D}) + \frac{\partial C}{\partial D} \tag{12.9}$$

由上式可得銀行廠商訂定存款利率的條件：

$$r_d(1 + \frac{1}{\varepsilon_d}) = (1-\beta)(1-\theta)r_a - \frac{\partial C}{\partial D} \tag{12.10 a}$$

或　$r_d{}^* = (\dfrac{\varepsilon_d}{1+\varepsilon_d})[(1-\beta)(1-\theta)\,r_a - \dfrac{\partial C}{\partial D}]$　　　　　(12.10 b)

$\varepsilon_d = \dfrac{\partial lnD}{\partial lnr_d} > 0$ 是存款需求的利率彈性。以下用(圖 12-2)說明銀行廠商

訂定存款利率所需考慮的因素:

⑴「生息資產報酬率」

　　銀行廠商吸收存款D, 必須提存準備比例θ, 因而僅存$(1-\theta)D$的資金投入購買生息資產, 獲取毛報酬率r_a。換言之, 在提存壞帳損失β比例後, 銀行廠商吸收存款衍生之淨收益率為$(1-\theta)(1-\beta)r_a$。當生息資產市場屬於完全競爭時, $(1-\theta)(1-\beta)r_a$亦是銀行廠商吸收存款之淨邊際收益產值(net marginal revenue product, MRP_n)。一旦生息資產毛報酬率r_a遞增、準備比例與壞帳損失比例下降, 存款的淨邊際收益產值必然上昇, 銀行廠商自然願意調高存款利率吸收資金。

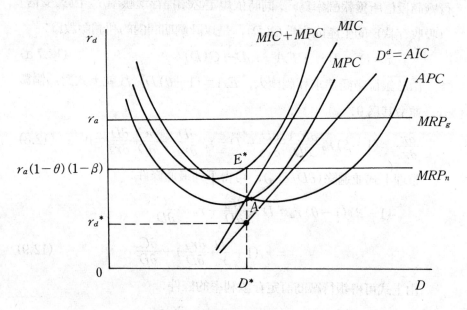

(圖 12-2) 存款利率的訂定

(2)「存款需求彈性」

　　由於銀行廠商在區域性存款市場具有寡頭專買地位，故面對的存款
需求曲線將如$D^d = AIC$所示，亦爲銀行廠商必須支付的平均利息成本
(average interest cost, AIC)曲線。由該曲線將可衍生出邊際利息成
本曲線MIC(marginal interest cost)，兩者關係爲：

$$MIC = \frac{\partial TIC}{\partial D} = AIC(1 + \frac{1}{\varepsilon_d})$$

TIC是總利息成本。由(12.5 b)式可知：$(\frac{\varepsilon}{1+\varepsilon})$係銀行廠商所獲淨邊際
收益產值扣除邊際生產成本$(\frac{\partial C}{\partial D})$(marginal production cost)後的
淨報酬率中移轉給存款者的比例。當存款需求曲線趨近於無彈性$(\varepsilon \to$
$0)$，AIC曲線轉成垂直線，MIC則爲無窮大，銀行廠商無須支付存款利
息即可吸收固定資金。反之，存款需求曲線若具有完全彈性$(\varepsilon \to \infty)$，
$AIC = MIC$變爲水平線，此時$r_d = (1-\beta)(1-\theta)r_a - \frac{\partial C}{\partial D}$，銀行廠商無
法謀得超額利潤。

(3)「生產成本」

　　銀行廠商必須雇用實質資本與勞動方能吸收存款，而其生產存款的
長期成本函數若可表爲下列型態：

$$C(D) = \delta D^\lambda \qquad\qquad \delta > 0 \qquad\qquad (12.11)$$

$\lambda \gtreqless 0$ 意謂著銀行廠商生產存款的成本遞增、不變或遞減。就上式分別求
平均(APC)與邊際生產成本(MPC)函數：

$$APC = \frac{C}{D} = \delta D^{\lambda-1} > 0 \qquad\qquad\qquad (12.12)$$

$$MPC = \frac{\partial C}{\partial D} = \delta\lambda D^{\lambda-1} = \lambda APC \gtreqless 0 \qquad\qquad (12.13)$$

　　當$\lambda = 1$時，$APC = MPC$。將(12.13)式代入(12.10 b)式，可得：

$$r_d{}^* = (\frac{\varepsilon_d}{1+\varepsilon_d})[(1-\beta)(1-\theta)r_a-\lambda APC] \tag{12.10 c}$$

由上式可知: 銀行廠商吸收存款資金若是享有規模經濟($\lambda<0$)時, 將會擴大吸收存款, 反而推動存款利率揚昇。至於在規模報酬遞減狀況 ($\lambda>0$)下, 銀行廠商將減少吸收資金以壓低存款利率。

綜合以上所述, 一旦銀行廠商生產存款的規模報酬具有三階段, 平均生產成本曲線APC因而呈U字型, 邊際生產成本曲線MPC勢必會與APC交於最低點A。將MPC與MIC垂直相加, 可得銀行廠商吸收存款所負擔的總邊際成本$MC=MIC+MPC$。當MC與MRP_n兩條曲線相交時, 最適存款數量D^*將可決定。由於銀行廠商擁有專買力量, 存款利率因而訂爲$r_d{}^*$。

就前述模型而言, 銀行廠商在生息資產市場扮演完全競爭角色, 但就實際狀況來說, 下列因素存在往往導引銀行廠商在生息資產市場上轉爲寡頭壟斷角色:

(1)「借款者類型」: 銀行廠商購買放款契約的型態通常分爲「消費貸款」(consumption loan)與「商業貸款」兩種類型, 兩者通常具有壟斷性質;

(2)「放款區域」: 銀行廠商面對的放款市場若屬區域性, 自然具有寡頭壟斷性質;

(3)「放款數量限制」: 央行基於風險分散原則, 規定銀行廠商對單一廠商放款總量不得超過本身資本額的某一比例, 其另一層涵義爲銀行廠商具有壟斷性而採「以量制價」策略;

(4)「利率上限」: 金融當局認定銀行廠商擁有壟斷力量, 爲防止剝削借款者而限制其放款利率, 至於目前銀行廠商係就放款給最績優廠商(無風險)之利率擬定「基本或中心利率」(prime rate), 而依放款風險遞增進行加碼。

基於上述原因可知: 銀行廠商在生息資產市場上乃是扮演壟斷者角色, (圖12-1) 中的 MRP_g 線變為負斜率, 亦即平均收益產值 $ARP_g >$ MRP_g, 或銀行廠商面臨之放款供給函數為:

$$r_a = r_a(EA) \qquad\qquad\qquad (12.14)$$
$$\underset{(-)}{}$$

銀行廠商的利潤函數因而變為:

$$\pi = (1-\beta)\, r_a(EA) \cdot EA - r_d D - C(D) \qquad\qquad (12.7\,b)$$

就上式對 r_d 偏微分, 而 $EA = (1-\theta)D$

$$\frac{\partial \pi}{\partial r_d} = (1-\beta) \cdot (\frac{\partial r_a}{\partial EA} \cdot \frac{\partial EA}{\partial D} \cdot \frac{\partial D}{\partial r_d} \cdot EA)$$

$$+ (1-\beta)\, r_a \cdot \frac{\partial EA}{\partial D} \cdot \frac{\partial D}{\partial r_d} - D - r_d \cdot \frac{\partial D}{\partial r_d}$$

$$- \frac{\partial C}{\partial D} \cdot \frac{\partial D}{\partial r_d} = 0 \qquad\qquad\qquad (12.15)$$

重新整理上式, 同時遍除 $\dfrac{\partial D}{\partial r_d}$,

$$(1-\beta)(1-\theta)(\frac{\partial r_a}{\partial EA} \cdot EA + r_a) = D \cdot \frac{\partial r_a}{\partial D} + r_d + \frac{\partial C}{\partial D}$$

$$(12.16\,a)$$

$$(1-\beta)(1-\theta)\, r_a(1 + \frac{\partial r_a}{\partial EA} \cdot \frac{EA}{r_a}) = r_d(1 + \frac{D}{r_d} \cdot \frac{\partial r_d}{\partial D}) + \frac{\partial C}{\partial D}$$

$$(12.16\,b)$$

或　$$(1-\beta)(1-\theta)\, r_a(1 + \frac{1}{\varepsilon_a}) = r_d(1 + \frac{1}{\varepsilon_d}) + \frac{\partial C}{\partial D} \qquad (12.16\,c)$$

$\varepsilon_a = \dfrac{\partial lnEA}{\partial lnr_a} < 0$, 是生息資產的報酬率彈性。由 (12.11 c) 式將可求得銀行廠商訂定存款利率的方式:

$$r_d = (\frac{\varepsilon_d}{1+\varepsilon_d})^{-1} \cdot \{(1-\beta)(1-\theta)\, r_a(1 + \frac{1}{\varepsilon_a}) - \frac{\partial C}{\partial D}\} \qquad (12.17)$$

上述決定存款利率因素除與前述分析雷同外，尚需考慮生息資產供給的報酬率彈性，一旦彈性值趨向無窮大時，(12.17)式將會近似於(12.5 c)式的結果。同時，隨著銀行廠商在生息資產市場的壟斷力量越強，ε_a 值隨即下降，其訂定的存款利率必然上昇。

§12.4. 最適存款組合的決定

營運期間內，銀行廠商面對預擬保有的資產組合數量與「銀行資本適足性」限制下，將會率先選擇最適財務結構，追求營運資金成本與破產風險達於最低。一旦「股權融資」與「舉債融資」比例已經確定，銀行廠商接續尋求各種負債資金來源，企求舉債營運成本與風險能夠降至最低。一般而言，除非受到經濟因素（吸收資金的生產成本）與金融管制影響，銀行廠商謀求負債多元化乃是自然結果。至於銀行廠商吸收多元化資金的方式有二：

(1)銀行廠商透過轉投資的銀行控股公司在各個區域性市場發行類似或相異的負債工具，用於吸收風險迥異的存款資金；

(2)銀行廠商在同一區域性存款市場同時發行到期日、流動性以及租稅處理方式迥異的負債工具，用於吸收不同偏好儲蓄者的存款資金。

一旦銀行廠商在不同資金市場發行各種負債工具，則因負債比例不同，成本結構自然發生變化。在推演銀行廠商如何選擇最適存款組合前，必須先做下列假設：

(1)銀行廠商在同一市場上發行活期存款D與儲蓄存款S兩種負債工具，兩者對儲蓄者而言係屬完全異質產品。

(2)銀行廠商吸收存款資金將混合使用，投資於相同資產組合。

(3)銀行廠商在營運期間內預擬保有的生息資產EA_0為固定值，預期報酬率為$E(\widetilde{r_a})$。

⑷銀行廠商追求預期利潤最大，並爲風險中立者。

基於上述假設，營運期間內的銀行廠商預期利潤$E(\widetilde{\pi})$函數可表爲：

$$\text{Max } E(\widetilde{\pi})=E(\widetilde{r_a}) \cdot EA_0-r_dD-r_sS-C(D, S)-E(L)$$

$$(12.18)$$

r_d與r_s分別是活期與儲蓄存款的報酬率，$C(D, S)$是銀行廠商吸收兩種存款的生產成本，$E(L)$是銀行廠商面臨準備不足所遭致的預期成本。此外，銀行廠商在營運期間內的任何決策均需受到資產負債表限制：

$$\text{S. t. } EA_0+R=D+S \qquad\qquad (12.19)$$

R是銀行廠商吸收兩種存款必須提存的準備。以下分別說明銀行廠商面臨的存款成本函數$[r_dD+r_sS+C(D, S)]$與預期準備不足的成本函數$E(L)$的內容：

㈠銀行廠商的存款成本函數$[r_dD+r_sS+C(D, S)]$

人們對活期存款D與儲蓄存款S兩者的需求函數可表爲：

$$D^d=D(r_d, r_s) \text{ 或 } r_d=r_d(D, r_s) \qquad (12.20)$$
$$\quad\; (+) \;\; (-) \qquad\qquad\quad (+) \;\; (-)$$

$$S^d=S(r_d, r_s) \text{ 或 } r_s=r_s(D, r_d) \qquad (12.21)$$
$$\quad\; (+) \;\; (-) \qquad\qquad\quad (+) \;\; (-)$$

銀行廠商在營運期間內必須負擔的存款成本涵蓋存款利息與生產存款成本，其函數可表爲：

$$TC(D, S)=r_dD+r_sS+C(D, S) \qquad\qquad C_d>C_s>0$$
$$\qquad\qquad\qquad\qquad\quad (+) \;\; (+)$$

$$(12.22)$$

再定義銀行廠商吸收兩類存款組合的等成本曲線(iso-cost curve)，或在銀行廠商生產兩種存款所需總成本固定下，活期與儲蓄存

款各種組合的軌跡,該軌跡函數即如(12.22)式所示。就該式進行全微分,並令$dTC=0$,

$$r_ddD+D\frac{\partial r_d}{\partial D}dD+C_ddD=-r_sdS-S\frac{\partial r_s}{\partial S}dS-C_sdS$$

(12.23 a)

將上式轉換成彈性概念, 並經移項可得銀行廠商生產兩種存款組合的等成本曲線斜率:

$$\frac{dD}{dS}\bigg|dTC=0=\frac{-[r_s(1+\frac{1}{\varepsilon_s})+C_s]}{[r_d(1+\frac{1}{\varepsilon_d})+C_d]}$$

(12.23 b)

$\varepsilon_s=\frac{\partial lnS}{\partial lnr_s}>0$ 是儲蓄存款需求的利率彈性, $\varepsilon_d=\frac{\partial lnD}{\partial lnr_d}>0$ 是活期存款需求的利率彈性。由兩種存款需求函數內涵可知: 銀行廠商調整某類存款報酬率可能誘使存款者將部份資金在不同帳戶間移轉, 此舉徒然釀成生產存款成本遞增。爲求減輕該類處理成本, 銀行廠商可採「帳戶區隔化」(segmentation of accounts)處理, 如: 將存款凍結在某期限上、定存提前解約的懲罰措施及最低存款水準限制等措施, 促使在存款利率調昇過程中, 能夠增進吸收新存款的可能性, 而非僅是不同存款帳戶間的資金移轉而已。此外,$\frac{\partial D}{\partial r_s}\gtrless\frac{\partial S}{\partial r_d}$顯示兩種存款需求的交叉項間並無對稱性, 亦即銀行廠商同時等幅反向調整兩種存款利率時, 其所發揮的影響效果未必一致。

綜合上述說法, (圖12-3) 中的第一種等成本曲線(ACB曲線)代表銀行廠商生產兩種存款的平均成本遞減, 或維持總成本TC不變下, 銀行廠商降低活期存款利率r_d,同時提高儲蓄存款利率r_s,兩種行動將會釀成$\triangle D$減幅小於$\triangle S$增幅, 致使吸收存款總量($D+S$)因而上昇, 故$AC=$

$\dfrac{TC}{D+S}$隨之遞減。圖中的第二種等成本曲線(AEB曲線)意謂著銀行廠商生產兩種存款的平均成本固定,當總成本TC持平時,同時調整活期與儲蓄存款利率,結果造成△D與△S變動幅度一致而使存款總量不變,平均成本因而持平不變。至於第三種等成本曲線(AFB曲線)顯示銀行廠商生產兩種存款的平均成本遞增,當總成本TC持平時,活期與儲蓄存款利率同時更動,將會造成△D減幅超越△S增幅而使存款總量縮水,平均成本因而隨之攀昇。

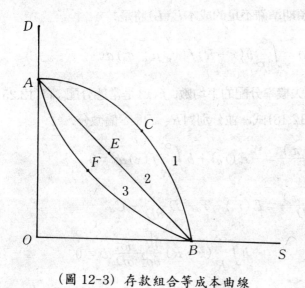

(圖 12-3)　存款組合等成本曲線

㈡銀行廠商預期準備不足的成本 E(L)

在營運期間內,銀行廠商若是維持存款結構($\dfrac{D}{S}$比例)不變,當存款總量$(D+S)$遞增時,淨存款流失機率密度函數$f(x)$的變異數σ^2將會變大。此外,一旦銀行廠商吸收存款總量不變,而活期對儲蓄存款比例($\dfrac{D}{S}$)

攀昇時，基於活存流動性超越儲蓄存款流動性，是以淨存款流失機率分配的變異數亦將隨之擴大。有鑑於此，淨存款流失機率分配的變異數將是活期與儲蓄存款兩者比例($\frac{D}{S}$)的函數：

$$\sigma_x^2 = \sigma_x^2(\frac{D}{S}) \qquad \frac{\partial \sigma_x^2}{\partial D} > \frac{\partial \sigma_x^2}{\partial S} > 0 \qquad (12.24)$$
$$(+)$$

同時，當銀行廠商面臨準備不足現象發生之際，必須負擔比例的懲罰成本b，故預期準備不足的成本$E(L)$將是：

$$E(L) = \int_R^\infty b(x-R)f(x, \mu_x, \sigma_x^2)\,dx \qquad (12.25)$$

μ_x是淨存款流失機率分配的平均數，$f(x)$是常態分配。將(12.25)與(12.19)兩式代入(12.18)式，並分別對R、D與S偏微分：

$$\frac{\partial E(\widetilde{\pi})}{\partial R} = -E(\widetilde{r_a}) + b\int_R^\infty f(x)\,dx = 0 \qquad (12.26)$$

$$\frac{\partial E(\widetilde{\pi})}{\partial D} = E(\widetilde{r_a}) - r_d - D\frac{\partial r_d}{\partial D} - C_d$$

$$\qquad\qquad - b\int_R^\infty (x-R)\frac{\partial f}{\partial \sigma_x^2}\frac{\partial \sigma_x^2}{\partial D}\,dx = 0 \qquad (12.27)$$

$$\frac{\partial E(\widetilde{\pi})}{\partial S} = E(\widetilde{r_a}) - r_s - D\frac{\partial r_s}{\partial S} - C_s$$

$$\qquad\qquad - b\int_R^\infty (x-R)\frac{\partial f}{\partial \sigma_x^2}\frac{\partial \sigma_x^2}{\partial S}\,dx = 0 \qquad (12.28)$$

綜合(12.26)至(12.28)三式，可得銀行廠商安排最適存款組合的條件如下：

$$E(\widetilde{r_a}) = b\int_R^\infty f(x)\,dx$$

$$= r_d(1+\frac{1}{\varepsilon_d}) + C_d + b\int_R^\infty (x-R)\frac{\partial f}{\partial \sigma_x^2}\frac{\partial \sigma_x^2}{\partial D}dx$$

$$= r_s(1+\frac{1}{\varepsilon_s}) + C_s + b\int_R^\infty (x-R)\frac{\partial f}{\partial \sigma_x^2}\frac{\partial \sigma_x^2}{\partial S}dx = 0$$

$$(12.29)$$

上述條件的涵義爲：營運期間內, 在銀行廠商授信數量EA_0已知下, 擴大吸收活期或儲蓄存款所獲之邊際收益產值MRP相當於生息資產報酬率$E(\widetilde{r_a})$或預期準備不足成本減輕$b\int_R^\infty f(x)\,dx$，必須等於吸收個別存款所需負擔的邊際利息成本、邊際生產成本與提款風險擴大醸成邊際預期準備不足成本的總和。以下用 (圖 12-4) 說明銀行廠商安排最適存款組合時, 採取「差別利率訂價」(interest rate discrimination)方式

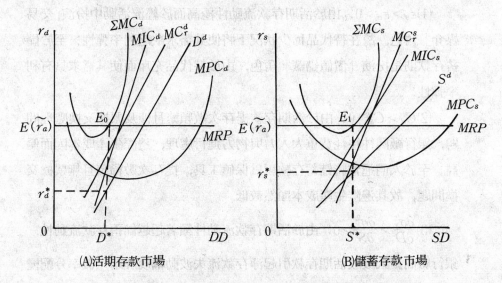

(A)活期存款市場　　　　　　　　(B)儲蓄存款市場

(圖 12-4)　差別利率訂價方式

的決定過程。

(圖12-4) 中，$E(\widetilde{r_a})$是活期與儲蓄存款市場上的邊際收益產值曲線。由於銀行廠商在兩個存款市場上扮演資金專買者角色，故面對的兩種存款需求曲線D^d與S^d將呈正斜率，而對應的邊際利息成本曲線分別為MIC_d與MIC_s。MC_r^d與MC_r^s曲線分別是銀行廠商吸收兩種存款引申的邊際預期準備不足成本，MPC_d與MPC_s曲線則為兩種存款的邊際生產成本。將邊際利息成本、預期準備不足成本與生產成本三條邊際成本曲線累加後，可得銀行廠商吸收兩種存款的個別總邊際成本曲線ΣMC_d與ΣMC_s。當個別總邊際成本曲線與邊際收益產值曲線相交於E_0與E_1點時，銀行廠商在兩個市場吸收存款數量D^*與S^*自可決定。至於兩種存款利率訂定將視兩者需求曲線而定，分別為r_d^*與r_s^*。

由上述分析顯示：銀行廠商在性質迥異的存款市場吸收資金時，將可訂定不同利率。至於儲蓄存款利率超越活期存款利率$(r_s^* > r_d^*)$的理由約有下列三者：

(1)$\varepsilon_s > \varepsilon_d > 0$：由於活期存款流動性極高而於經濟活動中扮演「交易媒介」角色，故在替代品稀少狀況下將使其需求缺乏利率彈性；至於儲蓄存款則是扮演「價值儲藏」角色，由於替代品充斥而使其需求具有利率彈性；

(2)$C_d > C_s > 0$：由於活期存款提存次數頻繁且涉及票據交換處理問題，銀行廠商往往耗費重大人力與物力進行處理，邊際生產成本因而偏高；至於人們通常將儲蓄存款視為保值工具，提存次數稀疏且無票據交換問題，故其邊際生產成本顯然較低。

(3)$\dfrac{\partial \sigma_x^2}{\partial D} > \dfrac{\partial \sigma_x^2}{\partial S} > 0$：由於活期存款流動性顯著超越儲蓄存款流動性，銀行廠商擴大吸收活期存款引起淨存款流失波動幅度加遽（機率分配變異數遞增）的可能性將會超越吸收儲蓄存款，故前者引發之預期準備不

足成本必將大於後者。

綜合上述三項原因，具有專買能力的銀行廠商在採取「差別利率訂價」時，自然必須對儲蓄存款支付較高利率，而對活期存款訂定較低利率。

§12.5. 「存款利率上限」理論

由於銀行廠商營運過程中充塞著性質迥異的風險，金融當局為求健全銀行廠商營運，因而經常附加各種限制，其中的「利率上限」更成為金融當局引用做控制貨幣或信用數量的政策工具。不過探討「利率上限」發揮效果的文獻通常侷限於總體經濟(如：對貨幣供給與銀行信用影響)層面，詳情可見第二十章，甚少涉及深究「利率上限」形成原因及對銀行廠商決策釀成的影響。Mingo (1980) 因而由下列兩項觀點，說明有關「利率上限」形成原因與釀成後果的各種爭論：

㈠ 「利率上限」是銀行廠商寡頭壟斷結果

傳統觀點認為一旦「利率上限」不存在時，銀行廠商可能從事惡性競爭吸收存款資金，而在生息資產報酬率持平下，銀行廠商利潤遭致削減而呈持續下降現象。為求防止該現象發生，銀行廠商往往組成聯盟 (cartel)，採取訂定「利率上限」的價格領導制行動，企求經由降低資金成本，確保銀行廠商利潤及維持彼此競爭性間的和諧。換言之，採取「利率上限」的價格領導策略實際上金融是體系面臨「存款者損失」與「維持銀行產業穩定」兩者間取捨的結果。

另一方面，新觀點卻持相反觀點，主張銀行廠商因其座落位置與提供勞務迥異，導致其吸收的存款具有異質性。Beston (1964) 指出銀行廠商一旦放棄用較高利率方式競爭吸收資金，必然改採「非價格競爭」

方式吸引資金，如：提供自由簽發支票或延長銀行廠商營業時間。Fried-
man（1970）接續指出在「利率上限」管制下，銀行廠商無從選擇最適
的「利息」與「非利息」方法組合，達成吸收存款資金所需負擔成本最
小的目標。換言之，採取「利率上限」策略不僅無法降低實際資金成本
（利息與非利息費用），反而釀成資金成本上漲，徒然削減銀行廠商利潤
及穩定性。

㈡「利率上限」束縛限制銀行廠商的授信行爲

傳統觀點認爲銀行廠商若無「利率上限」拘束，勢必競相提高存款
利率吸收資金。爲能抵銷資金成本揚昇釀成預期利潤滑落，銀行廠商勢
必將資金投入高風險高報酬的授信活動，結果反而加遽銀行廠商營運的
不穩定性。Gambs（1975）因而認爲活存利率攀昇（由無息轉爲付息）
相當於資金成本遞增，必然導致銀行廠商營運風險遞增。

另一方面，新觀點主張金融產業若無管制，由於存款是銀行廠商授
信的主要金融投入，係屬引伸需求的一環，故存款利率將視生息資產報
酬率而定。換言之，銀行廠商追求利潤最大過程中若是有利可圖，自然
會提高利率吸收資金用於授信。一旦「利率上限」對銀行廠商營運發揮
束縛作用時，則將出現兩種現象：

(1)「異質存款」狀況：「利率競爭」對吸收異質存款而言並不重要，
一旦生息資產報酬率攀昇及「利率上限」發揮束縛效果之際，銀行廠商
惟有大力從事「非價格競爭」方能吸收存款，故其營運成本必然加遽，
營運反而趨於不穩定。

(2)「同質存款」狀況：「利率競爭」對吸收同質存款而言將是扮演重
要角色，故當有利可圖機會降臨時，「利率上限」反而阻礙銀行廠商吸收
資金，甚至釀成存款流失而形成「反金融中介效果」，營運穩定性隨之下
降。

　　瞭解有關「利率上限」形成原因及其影響的正反爭論後，Mingo (1980) 接續探討「利率上限」策略對銀行廠商吸收「異質存款」與「同質存款」兩種狀況的影響。

(I)「異質存款」

　　銀行廠商在生產過程中必須使用存款做為金融投入，故存款將是銀行廠商授信的主要因素投入。假設人們的資金供給（或存款需求）曲線 D 將視存款利率 r_d 與提供顧客「非利息商品」(non-interest goods) 數量 a 兩者而定，後者內涵包括支票勞務、銀行廠商廣告、遍設分行及較長營運時間等。

$$\text{Max } D = D(\underset{(+)}{r_d}, \underset{(+)}{a}) \tag{12.30}$$

　　假設銀行廠商面對確定且未管制的金融環境，嘗試尋求吸收任何存款水準 D 所需負擔的成本極小，或在生產存款成本固定下，追求 (12.30) 式的存款數量極大：

$$\text{S.t. } \overline{C} = r_d D + P_a \cdot a \tag{12.31}$$

C 是生產存款的總成本，P_a 是「非利息商品」的單位價格（如：單位廣告價格）。由 (12.30) 與 (12.31) 兩式將可設立 Lagrange 函數：

$$L = D(r_d, a) + \lambda(\overline{C} - r_d D - P_a \cdot a) \tag{12.32}$$

　　就上式分別對 r_d 與 a 進行偏微分：

$$\frac{\partial L}{\partial r_d} = \frac{\partial D}{\partial r_d} - \lambda D - \lambda r_d \frac{\partial D}{\partial r_d} = 0 \tag{12.33}$$

$$\frac{\partial L}{\partial a} = \frac{\partial D}{\partial a} - \lambda P_a - \lambda r_d \frac{\partial D}{\partial a} = 0 \tag{12.34}$$

　　由 (12.33) 與 (12.34) 兩式可得銀行廠商追求吸收存款數量極大時，選擇「存款利率」與「非利息商品」兩項因素的最適組合條件：

$$\frac{\dfrac{\partial D}{\partial r_d}}{r_d\dfrac{\partial D}{\partial r_d}+D}=\frac{\dfrac{\partial D}{\partial a}}{P_a+r_d\dfrac{\partial D}{\partial a}} \tag{12.35}$$

上式涵義即是：

$$\frac{存款利率的邊際產量}{存款利率的邊際成本}=\frac{非利息商品的邊際產量}{非利息商品的邊際成本}$$

（圖 12-5）中，$D(r_d, a)$ 是銀行廠商使用各種「存款利率」與「非利息商品」組合，能夠生產相同存款數量的「等產量曲線」。至於「等成本曲線」C_1 的斜率可就 (12.31) 式進行全微分求得：$(d\overline{C}=0)$

$$d\overline{C}=0=Ddr_d+r_d\frac{\partial D}{\partial r_d}dr_d+r_d\frac{\partial D}{\partial a}da+P_ada$$

$$\frac{dr_d}{da}\bigg|_{d\overline{C}=0}=-\left(\frac{P_a+r_d\dfrac{\partial D}{\partial a}}{D+r_d\dfrac{\partial D}{\partial r_d}}\right)<0 \tag{12.36}$$

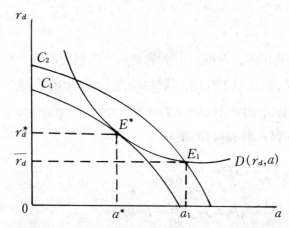

（圖 12-5）最適「存款利率」與「非利息商品」組合

「等成本曲線」C_1 爲負斜率且係向外凸出的軌跡（假設兩種生產因素的邊際產量遞減，$\dfrac{\partial^2 D}{\partial r_d^2}<0$，$\dfrac{\partial^2 D}{\partial a^2}<0$）。當等量曲線 $D(r_d, a)$ 與等成

本曲線相切於E^*點時, 將可決定最適的r_d^*與a^*組合。該均衡點顯示: 銀行廠商為求吸收存款數量$D(r_d, a)$時, 需將存款利率訂在r_d^*, 並且提供「非利息商品」銀行勞務數量a^*, 而僅付出總成本C_1。當銀行產業採取「利率上限」$(r_d = \overline{r_d})$的價格領導策略, 並且確實發揮作用時, 銀行廠商為能達成吸收相同存款$D(r_d, a)$, 必須耗費成本提供a_1的「非利息商品」銀行勞務, 亦即生產點將落於E_1點上。經過E_1點可求出與C_1等成本曲線平行的C_2等成本曲線, 此時C_2成本顯然大於C_1成本。換言之, 當銀行產業嚴格執行「利率上限」措施時, 銀行廠商勢必無法在最適均衡點上生產, 釀成生產存款成本反而上漲, 恰好違反採取「利率上限」的初衷。

(2)「同質存款」

假設所有銀行廠商生產的支票帳戶與銀行勞務在消費者心目中均屬同質, 此時銀行廠商採取「非價格競爭」方式吸收存款將如石沈大海而無效果。以下分兩種個案探討銀行產業採取「利率上限」措施對銀行廠商長期收益的影響。

①「完全專買」或「相互勾結的寡頭專買」(collusive oligoposony)

假設銀行產業中僅有一家銀行廠商(完全專買), 或有少數幾家銀行廠商卻彼此相互勾結, 同時存款者認為所有銀行廠商提供的勞務均屬同質而無差異, 故銀行產業面對的存款需求曲線為:

$$D^s = D(r_d) \quad 或 \quad r_d = r_d(D) \tag{12.37}$$
$$\quad\; (+) \qquad\qquad\qquad (+)$$

假設銀行廠商面對完全競爭的生息資產市場, 預期報酬率為$E(\widetilde{r_a})$, 並且無需負擔任何固定成本(如: 提存準備與實質因素成本), 則其利潤函數可表為:

$$\pi = E(\widetilde{r_a})D - r_d D \tag{12.38}$$

就上式對r_d偏微分, 並令其為零:

$$\frac{\partial \pi}{\partial r_d} = E(\widetilde{r_a})\frac{\partial D}{\partial r_d} - D - r_d \frac{\partial D}{\partial r_d} = 0 \tag{12.39}$$

由上式可得銀行廠商追求利潤極大條件如下:

$$E(\widetilde{r_a}) = D \cdot \frac{\partial r_d}{\partial D} + r_d$$

$$= r_d(1+\frac{1}{\varepsilon_d}) = MIC \tag{12.40}$$

ε_d是放款需求的利率彈性。由 (圖 12-6) 可知: 完全專買銀行廠商追求利潤最大過程時, 當$E(\widetilde{r_a})$曲線與邊際利息成本曲線MIC交於E^*點, 將可決定最適存款吸收數量D^*, 存款利率訂為r_d^*。一旦銀行產業擬定「利率上限」的價格領導策略, 將存款利率訂為$\overline{r_d} < r_d^*$, 結果造成銀行廠商能夠吸收的資金僅有D_1, 所獲利潤顯然遜於未設限前的利潤。

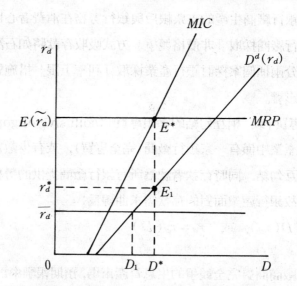

(圖 12-6) 「利率上限」對完全專買銀行廠商的影響

②「未勾結的寡頭專買」

銀行廠商決策方式若是類似 Cournot (假設對方吸收存款數量不變) 或 Bertrand (假設對方不會調整利率) 的行為假設, 而銀行產業面

對的存款需求函數為直線式：

$$r_d = f(D) = -\beta + \alpha D \qquad (12.41)$$

如同前述假設，生息資產預期報酬率仍為 $E(\widetilde{r_a})$，完全專買銀行廠商利潤函數仍如(12.38)式所示。將(12.41)式代入(12.38)式進行求解，可得完全專買銀行廠商未採「利率上限」策略時的存款吸收數量 $D^* = \dfrac{E(\widetilde{r_a}) + \beta}{2\alpha}$，存款利率訂為 $r_d^* = \dfrac{E(\widetilde{r_a}) - \beta}{2}$，所獲利潤為 $\pi^* = \dfrac{[E(\widetilde{r_a}) + \beta]^2}{4\alpha}$。

接著，當銀行產業出現雙頭專買(duopsonist)銀行廠商之際，存款需求函數可表為：

$$r_d = -\beta + \alpha(D_a + D_b) \qquad (12.42)$$

D_a 與 D_b 分別是 A 與 B 兩家銀行廠商吸收的存款數量，兩者利潤函數分別為：

$$\pi_a = E(\widetilde{r_a}) D_a + \beta D_a - \alpha D_a^2 - \alpha D_a D_b \qquad (12.43\,a)$$

$$\pi_b = E(\widetilde{r_a}) D_b + \beta D_b - \alpha D_b^2 - \alpha D_a D_b \qquad (12.43\,b)$$

就上述兩式求極大化，$\dfrac{\partial \pi_a}{\partial D_a} = \dfrac{\partial \pi_b}{\partial D_b} = 0$。由於 A 與 B 兩家銀行廠商的成本結構相同，而且面對相同存款需求函數及生息資產報酬率 $E(\widetilde{r_a})$，故兩者吸收存款數量為：$D_a^* = D_b^* = \dfrac{E(\widetilde{r_a}) + \beta}{3\alpha}$，利率為 $r_d^* = \dfrac{2E(\widetilde{r_a}) - \beta}{3}$。至於銀行產業吸收存款總量為 $D = \dfrac{2[E(\widetilde{r_a}) + \beta]}{3\alpha}$，顯然超越完全專買銀行廠商吸收之存款總量 $D^* = \dfrac{E(\widetilde{r_a}) + \beta}{2\alpha}$。此外，雙頭專買銀行廠商獲利總和 $\pi_a^* + \pi_b^* = \dfrac{2[E(\widetilde{r_a}) + \beta]^2}{9\alpha}$，將會小於完全專買銀行廠商獲利 $\pi^* = \dfrac{[E(\widetilde{r_a}) + \beta]^2}{4\alpha}$。

　　由上述未探「利率上限」策略的結果可知：兩家專買銀行廠商可共組聯盟訂定存款利率上限，此舉有助於提昇雙方利潤，亦即聯合專買利益係表現於訂定「利率上限」上。值得注意者：只要r_a決定於外生因素，一般所稱的「Cournot 機能」將無從發揮。由於生息資產市場仍爲完全競爭，銀行廠商競爭者吸收存款數量又被視爲固定，每一雙頭專買者將因市場占有率未定而無從追求利潤極大。

$$\left. \begin{array}{l} \dfrac{\partial \pi_a}{\partial D_a}=E(\widetilde{r_a})-\overline{r_d}=0 \\[2mm] \dfrac{\partial \pi_b}{\partial D_b}=E(\widetilde{r_b})-\overline{r_d}=0 \end{array} \right\} \ 無法決定$$

　　有鑑於上述結果無法決定，以下可採較爲合理假設是：兩家銀行廠商面對$r_d=\overline{r_d}$下，同時分享一半市場占有率：

$$\overline{r_d}=-\beta+\alpha(D_a+D_b)$$

$$D_a^*=D_b^*=\frac{\overline{r_d}+\beta}{2\alpha}$$

　　至於兩家銀行廠商獲利將是$\pi_a^*=\pi_b^*=\dfrac{1}{2}[E(\widetilde{r_a})-r_d][\dfrac{\overline{r_d}+\beta}{\alpha}]$。以支票存款禁止付息爲例$(r_d=0)$，在此狀況下的兩家完全專買銀行廠商利潤$\pi_a^*=\pi_b^*=\dfrac{E(\widetilde{r_a})\beta}{2\alpha}$顯然大於未採設限措施之利潤$\dfrac{[E(\widetilde{r_a})+\beta]^2}{9\alpha}$。換言之，禁止付息形成的「創造完全專買效果」(creating a monopsony effect)將被設定低於謀利極大之「利率上限」所抵銷。另外，設定「利率上限」對雙頭專買者利潤發揮之最終效果將視存款需求彈性與生息資產報酬率而定。當存款需求彈性越大，$\pi(r_d=r_d^*)>\pi(r_d=0)$越能成立，顯示雙頭專買者將能藉著對支票存款付息而獲利。至於生息資產報酬率越大，雙頭專買銀行廠商卻因「利率上限」而無法募集更多資金，妨礙其獲取較高資產報酬的機會。總之，取消禁止支付活存利息措施（亦即

取消「利率上限」措施),未必對銀行廠商發生不利影響。

*§12.6. 「補償餘額」的利弊與決定

「補償餘額」(或稱「回存」)是銀行廠商與顧客間的一項協定,規定借款者必須在銀行廠商的存款帳戶中平均維持一定比率(相對於借款數量)的支票存款(或活期存款),以補償銀行廠商因放款或提供一系列信用可能帶來的準備流失,同時做為抵充銀行廠商提供勞務(如:支票清償與收款、處理薪資帳戶等)之費用。一般而言,信用良好的大廠商是銀行廠商競相爭取的對象。就放款而言,大廠商的信用評估成本低,倒帳風險小,銀行廠商通常樂意對其授信;就存款而言,大廠商經常在存款帳戶中維持大量交易用途的支存與活存,在央行限制支存與活存付息情況下,兩者將是銀行廠商最便宜的資金來源;就收費的銀行勞務而言,如:匯款、保險箱,大廠商購買數量最多。銀行廠商除可利用各種積極手段排斥其他銀行廠商參與對大廠商授信外,規定補償餘額比率更是排斥其他銀行廠商參與競爭的有效手段。

銀行廠商對顧客授信(及訂定放款利率)通常立基於下列假設:借款者將持續購買銀行勞務,使用其發行之支存及活存充做交易媒介;為了保證借款者繼續維持這種關係,規定補償餘額比率將是簡便有效辦法。至於小廠商、農人、家庭(個人)等之情形與大廠商恰好相反,銀行廠商對這些顧客擁有相當的獨佔力,無懼於其他銀行廠商參與競爭;另一方面,銀行廠商規定補償餘額比率耗費之機會成本並不為零,因而較少對這些顧客設定補償餘額比率。

當金融市場呈現緊縮現象時,在不確定環境下(無法確定這種現象是暫時或將持續一段期間),銀行廠商與其迅速全面調整放款利率,不如暫時藉提高補償餘額比率而提高「有效放款利率」(effective loan rate)

比較有利；另一方面，當金融市場緊縮時，銀行廠商面對存款市場競爭將會增強。這兩項因素促使銀行廠商提高補償餘額比率，擴大補償餘額條件適用範圍。尤其是在存放款利率受到管制情況下，銀行廠商更可利用補償餘額條件，變相提高有效放款利率與減輕競爭存款壓力。

至於銀行廠商在授信過程中附加「補償餘額」條件，是否符合「理性化」（rationality）原則早已成為文獻長期爭議焦點。一般而言，文獻上出現兩組對立意見：

(1)「補償餘額條件」不符理性原則：Harvey（1974）與 Nadler（1972）利用數據顯示「補償餘額」必然同時增加銀行廠商與其顧客成本，並且提出銀行廠商未採補償餘額條件時的放款直接訂價計劃，該計劃不僅能夠增加銀行廠商利潤，同時又可兼顧減輕顧客成本負擔。另外，Hellweg（1961）、Mayer 與 Scott（1963）指出補償餘額條件本身缺乏理性，不過可採下列條件調和其存在的影響：「對存款者給予差別待遇、區隔基本利率的收益（receipts）、嘗試抵銷基本利率的欠缺浮動性、視補償餘額為預防性餘額」。

(2)「補償餘額條件」符合理性原則：Davis 與 Guttentag（1962、1963）、Shapiro 與 Baxter（1964）等人認為「補償餘額」能夠擴大銀行廠商收益或降低顧客成本，雖然兩者擇一，但不會同時傷害其他團體。此種狀況前提是補償餘額將用於融通其他放款，而新準備資金流入才是補償餘額具有合理性的必要條件。

上述兩種不同意見均有其道理，實際係視不同狀況而定。Lam 與 Boudreaux（1981）假設銀行廠商通常依信用評估（credit evaluation）結果區分顧客成不同風險階層，除了履行放款承諾外，同時追求由出借資金數量實現預擬報酬目標。銀行廠商提供的「信用額度」（line of credit）通常分成「實際使用數量」與「尚未使用部份」，顧客縱使未曾使用全部額度，致使銀行廠商並未立即面臨現金流出情景，但是為維持資

產組合流動性遞增，仍然採取要求「補償餘額」或「承諾費用」(commit-ment fee)條件以補償資金凍結留待顧客隨時取用的流動性損失。至於「補償餘額」或稱「保險貼水」(insurance premium)將視顧客信用、一般金融環境、競爭程度及銀行廠商流動性而定。在特定風險階層中的顧客均需支付名目利率i_c，該利率將視補償餘額數量$0 \leq c \leq 1$而定。當銀行廠商未要求補償餘額$(c=0)$時，顧客支付的名目利率爲i_0。至於顧客在銀行廠商中保持自願性(交易)餘額(voluntary balance)或可計入補償餘額，但通常無法充當支付銀行廠商供給其他勞務的代價，而這些銀行勞務係採分別計價。

假設顧客使用資金數量爲X，銀行廠商將補償餘額cX扣除法定準備後的剩餘部份用於融通放款X，同時再由借款(發行CD)或其他資金來源融通授信。假設銀行廠商發行CD募集資金數量爲Y：

$$Y = \frac{X\ [1-c(1-rr_d)]}{1-rr_b} \tag{12.44}$$

rr_d與rr_b分別是補償餘額存款與借入資金CD的法定準備率。假設銀行廠商授信並不要求補償餘額，則其借入資金數量爲$Y=X/(1-rr_b)$，利息收益爲i_0X。銀行廠商面對該風險階層顧客所尋求的目標收益R可表爲：

$$R = \frac{i_0X}{X/(1-rr_b)} = i_0(1-rr_b) \tag{12.45}$$

在目標收益既定下，銀行廠商將面臨無限多名目利率i_c與補償餘額c的組合。爲解出不同補償餘額數量下所對應的名目利率i_c值，可令：

$$R = i_cX/Y$$

將(12.44)與(12.45)兩式代入上式，可得銀行廠商對既定風險階層顧客授信的一般化訂價方式：

$$i_c = i_0\ [1-c(1-rr_d)] \tag{12.46}$$

假設顧客需要資金數量爲 L，並在銀行廠商帳戶中經常維持 $0 \leq T \leq L$ 的交易餘額存款，$t = T/L$ 是顧客保持交易餘額占總資金需要比例，該比例可能重複被視爲補償餘額。顧客在預擬借款數量 L 中，實際使用數量 X 將視其選擇的補償餘額數量而定。當顧客保有交易餘額大於或等於必要的補償餘額時，實際借款數量 X 恰好等於需求數量 L，此時 $0 \leq cX \leq tL$、$X = L$，顧客負擔的有效成本(effective cost) I_c 將是：

$$I_c = i_c X / L = i_c \tag{12.47}$$

當交易餘額小於必要的補償餘額時，顧客實際借款數量將大於需要量，理由是：增貸數量係用於滿足必要的補償餘額，亦即：

$$cX > tL \geq 0$$
$$X = L + cX - tL$$

$$\text{或} \quad X = \frac{1-t}{1-c}L \tag{12.48}$$

此時，顧客必須負擔的有效成本將變爲：

$$I_c = \frac{i_c X}{L} = \frac{1-t}{1-c}i_c \tag{12.49}$$

將(12.46)式代入(12.49)式：

$$I_c = i_0(1-t) \cdot \frac{[1-c(1-rr_d)]}{1-c} \tag{12.50}$$

就上式對 i_c 偏微分，銀行廠商授信附加補償餘額條件遞增，對顧客借款成本形成影響效果如下：

$$\frac{\partial I_c}{\partial c} = \frac{i_0(1-t)\,rr_d}{(1-c)^2} > 0 \tag{12.51}$$

當顧客保有交易餘額小於必要的補償餘額時，銀行廠商要求補償餘額越高，顧客實際負擔的有效成本隨之攀昇。當補償餘額數量遞增超過交易餘額時，每元資金需求的額外法定準備因而取消用於滿足法定準備需求。由於該法定準備對銀行廠商與顧客而言均不具生產力，在維持銀

行廠商預定目標報酬下，顧客負擔的有效成本自然較高。

以下用（圖 12-7）說明上述狀況。在某特定時點上，銀行廠商對特定風險階層顧客授信，在名目利率i_c與補償餘額c間的取捨關係可用負斜率直線MSN表示。當補償餘額遞增時，i_c將順著MSN線遞減而下。一旦顧客選擇拒絕回饋補償餘額時，名目利率將會臻於最大而為i_0。在$c > t$之際，顧客實際負擔的有效成本將視交易餘額多寡而定，且為遞增函數。當$t \geq c$時，有效成本函數I_c與名目利率函數i_c一致均呈遞減狀況。圖中的MQ曲線代表顧客未保有交易餘額$(t=0)$時的有效成本軌跡，$MSWZ$代表交易餘額為正$(t>0)$時的有效成本軌跡。

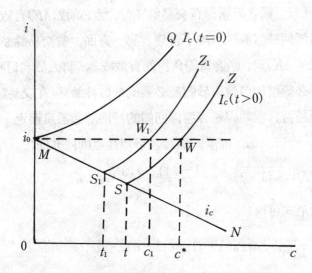

（圖 12-7）交易餘額無機會成本下的必要補償餘額效果

接著，再依顧客保有「自願性餘額」是否考慮機會成本，而分成兩種個案討論「補償餘額」具有合理性的條件。

(1)忽略自願性餘額的機會成本

Kolodny、Seeley 與 Polakoff(1977)將銀行廠商要求補償餘額是否符合「合理性」定義為：銀行廠商在授信過程中將因要求補償餘額而

使淨利息所得增加，且不會加重顧客利息成本負擔；或是顧客將因提供補償餘額反而使利息支出下降，卻不會導致銀行廠商在授信過程中的利息收益遞減。依據該項定義，在自願性（交易）餘額已知下，一旦顧客提供補償餘額後，其實際負擔的有效成本I_c若小於無此條件的有效成本I_0（或i_0）時，銀行廠商授信並要求「補償餘額」將具有合理性。

當顧客保有的交易餘額大於或等於必要的補償餘額$(0 \leq cX \leq tL)$時，其實際負擔的有效成本i_c將隨補償餘額遞增而下降，$i_c < i_0$，補償餘額因而具有合理性。（圖 12-7）中，MS曲線是顧客保有交易餘額超越或等於補償餘額時的有效成本曲線，任何補償餘額$0 < c \leq t$意謂著有效成本將會小於i_0。顧客若未保有交易餘額時，勢必面對MQ有效成本軌跡，此時要求任何補償餘額均屬不合理。另一方面，當交易餘額小於補償餘額$(0 \leq tL < cX)$時，顧客實際負擔的有效成本I_c將大於名目利率i_c，理由是：顧客必須增加借款用於彌補必要的補償性餘額。在交易餘額既定下，補償餘額是否合理端視顧客選擇回饋的補償餘額數量而定。在補償餘額已知下，一旦$I_c < i_0$，補償餘額將合乎理性原則，亦即：

$$I_c = i_0(1-t) \cdot \frac{[1-c(1-rr_d)]}{1-c} < i_0 \qquad (12.52\ \text{a})$$

簡化上式可得：

$$\frac{i_0}{1-c}\{crr_d(1-t) - t(1-c)\} < 0 \qquad (12.52\ \text{b})$$

由於$(1-c) > 0$、$i_0 > 0$，補償餘額合乎理性原則的條件將是：

$$crr_d < \frac{t(1-c)}{1-t} \qquad (12.52\ \text{c})$$

上式意謂著：當顧客在銀行廠商帳戶內保有的「自願性餘額」（包括交易餘額與移轉至銀行廠商的餘額），足以彌補必要的法定準備時，補償餘額自然合乎理性原則。就上式兩邊乘上借款數量X，

$$crr_d X < \frac{t(1-c)}{1-t} X \qquad (12.52\ d)$$

再引進 $X = (\frac{1-t}{1-c})L$，上式將變爲：

$$crr_d X < tL \qquad (12.52\ e)$$

(12.52 c)或(12.52 e)式係以「法定準備」與「交易餘額」表示的「補償餘額」合理化條件。在交易餘額既定下，合理性條件亦可改用補償餘額的臨界值 c^* 表示，c^* 係能使有效成本 I_c 等於 i_0 的補償餘額，可由令(12.52 c)式爲等式的狀況下求得：

$$c^* = t/\ [rr_d + t(1-rr_d)] \qquad (12.53)$$

上式顯示：當補償餘額大於 c^* 時，銀行廠商因應補償餘額遞增所需提存之法定準備將會大於交易餘額，此時的放款安排勢必不符理性原則 $(I_c > i_0)$。反之，補償餘額小於 c^*，交易餘額足以彌補法定準備時，該項放款安排必然合乎理性原則 $(I_c < i_0)$。

再用(圖 12-7)說明補償餘額大於交易餘額的狀況。SN 曲線是交易餘額既定下的名目利率 i_c 軌跡，而有效成本軌跡爲 SWZ。當補償餘額等於交易餘額時，顧客實際負擔的名目利率將等於有效成本，並且選擇有效成本曲線上的 S 點操作。當補償餘額遞增至超過交易餘額時，顧客必須貸款資金超越原先所需，目的在於彌補必要的補償餘額需求。這些額外借款雖然留在銀行廠商的帳戶中，然而其中部份被視爲法定準備，無法全數爲銀行廠商所用。至於顧客實際負擔的有效成本將隨補償餘額遞增，在達到補償餘額臨界值 c^*（亦即顧客選擇有效成本曲線上的 W 點營運）前，有效成本 I_c 將小於 i_0。當實際補償餘額大於臨界值 c^* 時，顧客將在有效成本曲線上的 WZ 部份營運，此時有效成本將大於 i_0。有鑑於此，顧客只有選擇在有效成本曲線的 SW 部份營運 $(t < c < c^*)$，銀行廠商要求補償餘額方才合乎理性原則。顧客保有的交易餘額越大，有效成本軌跡將

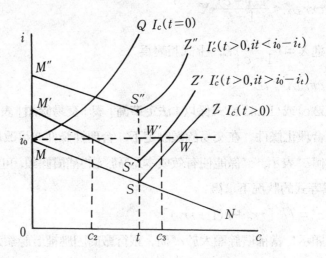

（圖 12-8）考慮交易餘額的機會成本後的必要補償餘額效果

會右移，補償餘額的臨界值 c^* 隨之遞增。

⑵考慮自願性餘額的機會成本

顧客在銀行廠商帳戶內保有自願性餘額若需負擔資金成本 i，總額爲 itL，則實際負擔的有效成本爲 I'_c：

$$I'_c = I_c + it \tag{12.54}$$

仿照前述個案分析，銀行廠商要求「補償餘額」而能符合理性原則的條件爲：

$$c > it/(1 - rr_d) \qquad\qquad t > c \tag{12.55}$$

$$crr_d < \left[\frac{t(1-c)}{1-t}\right] \cdot \left[\frac{i_0 - i}{i_0}\right] \qquad\qquad c > t \tag{12.56}$$

上述條件顯然較前述忽略機會成本個案嚴苛。當交易餘額大於必要的補償餘額時，由(12.55)式可知：符合理性原則條件將要求補償餘額提供的超額準備 $c(1 - rr_d)$ 足以彌補保有交易餘額的機會成本。另外，當補償餘額大於交易餘額時，由(12.56)式可知：符合理性原則條件是交易餘

額中的 $(\frac{i_0-i}{i_0})$ 比例必須大於法定準備。

用 (圖 12-8) 說明上述狀況。$M'S'W'Z'$ 是顧客的有效成本軌跡，該軌跡是由 $MSWZ$ 軌跡向上平移機會成本 it 距離。至於合理化區域可由 $c_2 < c < c_3$ 所示，與 c_2 與 c_3 分別由 (12.55) 與 (12.56) 兩式求出，而 c_2 與 c_3 存在前提是機會成本 it 將小於 i_0 與名目利率 i_t 的差額。一旦 it 值很大而使有效成本軌跡上移至 $M''S''Z''$，其最低點 S'' 高過 i_0 線，則交易餘額將不存在，MQ 仍是有效成本軌跡，此時不論補償餘額為何均不符理性原則。

*§ 12.7.　存款保險制度的內涵

金融廠商基於中介功能，透過受信與授信行為調節體系內資金供需，但因本身擅長財務槓桿操作而甚少用到自有資金，故其營運安全性因而顯得格外重要。一旦金融廠商經營失敗，廣大存款者蒙受損失將會引發金融風暴，進而波及整個金融產業穩定。有鑑於此，銀行廠商管理係以「存款保險」及「維持償付能力」之法令規章為主要支柱，而實施存款保險旨在降低金融廠商發生擠兌之機會，理由是：存款保險可使存款者建立對金融產業信心，一旦金融廠商倒閉，其存款可由存款保險基金獲得理賠，故可防止擠兌事件發生與降低銀行廠商營運風險。

我國金融當局為保障金融廠商存款者利益，維護信用秩序與金融產業穩定性，早在民國 62 年即著手蒐集各國存款保險制度與法規，經過多年研酌而於民國 71 年全國金融會議業務檢討會中，由第一、華南、彰化、土銀及合作金庫聯合提案建議，希望根據銀行法第 46 條規定設立存款保險機構。財政部隨即邀集央行及金融產業代表研議，並於民國 74 年元月 9 日由總統公布施行「存款保險條例」。財政部與央行依照該條例共同籌劃與出資，於 74 年 9 月 7 日成立「中央存款保險股份有限公司」(存保

公司)，並於 9 月 27 日正式開業接受金融廠商要保。成立初期的實收資本僅八億零五萬元，財政部及央行各出資四億元，其餘由交銀、農民銀行、中國商銀、世華銀行及上海銀行各出資一萬元。截至 79 年 4 月底止，實收資本已達十九億五千零五萬元。此外，存保公司為履行保險責任，得向央行申請特別融資。

我國存款保險制度是採自由投保方式，金融廠商應否參加並無強制規定，承保對象涵蓋所有金融廠商，承保項目包括支存（含本行支票、保付支票、旅行支票）、活存、定存、儲蓄存款及由要保機構確定用途之信託資金等。然而拒保項目亦有外幣及外匯存款、信託人指定用途之信託基金、共同信託基金、儲存會金、可轉讓定期存單、國民有獎儲蓄券、公庫存款、央行存款、要保廠商收受之銀行、郵匯局、信託投資公司、信用合作社及農、漁會信用部等金融廠商之存款（含帳列同業存款及其他科目之存款）與同一存款者之存款及信託基金超過最高保額之餘額等十項。

依據存款保險條例，存保公司對要保金融廠商中的每一存款帳戶最高保額，係由財政部會同央行訂定。存保公司成立初期的最高保額上限為新臺幣七十萬元，然而各類基層金融廠商普遍認為最高保額偏低，不足以產生穩定作用，而建議調整最高保額。存保公司經參酌業者意見，為強化對存款人保障，自 76 年 8 月 15 日起將最高保額提高為新臺幣一百萬元。

國內存款保險是採單一費率制，費率由存保公司擬定，報經財政部核定實施。存保公司成立初期，存款保險費率訂為保險金額基數萬分之五。保險費每半年繳納一次，以 6 月 30 日及 12 月 31 日或經主管機關調整指定之日期為計算基準日。保險費基數為上列基準日之存款總額扣除拒保項目存款及存款者超過一百萬之存款金額之餘額。實施萬分之五的費率以來，基層金融廠商普遍認為費率過高，存保公司為便於業務推展，

減輕要保廠商保費負擔，自76年7月1日起首度將費率降為萬分之四。爾後，由於各類金融廠商大致均已投保，惟家數最多之基層金融廠商(信用合作社及農、漁會信用部) 投保比率偏低，為期透過價格機能引導其早日納入存保體系與及早健全存款保險制度，存保公司基於政策性考量，自77年1月1日起大幅調低保險費率為保險費基數萬分之一點五。國內費率是以保額內存款為計算基礎，與他國採用存款總額為計算基礎不同，較之名目費率最低的日本，其費率為存款總額萬分之一點二，而我國名目費率雖為萬分之一點五，但目前各類要保廠商保額內存款佔其總存款之平均比率低於80%，故實質費率為全世界最低者。

接著，存保公司為保障要保廠商存款者利益，依存款保險條例第二十一條授權，必要時得報請財政部洽商央行核准後，檢查要保廠商業務及帳目，或通知要保廠商於限期內造具資產負債表、財產目錄或其他報告。存保公司依上述檢查結果或報告資料，得對要保廠商提出改進意見並限期改善，逾期不改善者，存保公司得報請財政部處理。存保公司檢查要保廠商業務方式包括「實地檢查」與「報表稽核」，為求適時掌握要保廠商營運及財務狀況，及早察覺經營缺失，俾能採取因應對策，近年來積極研究建立「金融預警制度」。目前該公司之預警系統分為「檢查資料評等系統」及「申報資料排序系統」兩類，其評等與排序結果可供作日後檢查重點、調整檢查頻率、以及應否採行進一步行政監督管理措施等之重要依據，而達到有效配置金融檢查資源之目的。

至於要保廠商對存款者無法履行支付義務，經自動或由主管當局命令停業後，存保公司將進行下列處理：

⑴清理停業廠商

要保廠商一旦停業，存保公司必須立即擔任法定清理人，組成清算小組，進駐停業要保廠商辦理清算工作。倘若清理後，發覺停業廠商尚有復業價值時，可報經財政部核准後，採用貸款或購買資產方式，協助

其復業。至於停業廠商無存活價值時，則應將清算所得按債權額比例清償所有債務，而結束停業廠商。

(2)賠付保額內存款

凡是在最高保額範圍內之存款都由存保公司先賠付存款者，至於採用何種方式則應考慮成本最小、對經濟金融衝擊最小以及迅速有效等客觀因素，方式有三：

(i)直接在停業廠商櫃檯以支票或現金賠付給存款者；

(ii)將賠付總額移轉至另一家要保廠商，以便利存款者前往提款及存款；

(iii)暫時以存保公司名義繼續經營停業要保廠商。

(3)處理保額外存款

停業廠商超過最高保額新臺幣一百萬元以上之存款，存保公司不負賠償責任，但將發給債權證明書，俟清理人處分停業廠商資產後，以所得價款依債權比例償還之。

現行存款保險係採「單一存款保險費率制度」(the system of flat-rate deposit insurance premium)，不論銀行廠商營運風險為何，一律訂定相同費率。美國聯邦存款保險公司 FDIC 在創始之時採取單一費率制度，是因 1930 年代金融管制與監理措施非常嚴格，金融廠商所能從事的高風險業務十分有限，促使存款保險基金承受風險受到有效抑制。這種經由管制與監督措施來控制風險的作法，可視為存款保險的「隱藏式訂價制度」。然而晚近的美國金融環境已漸開放自由，一些解除管制的金融改革法案中已消除存款保險某些類型的隱藏價格，如：「存款利率上限」等。金融廠商經營項目趨於多元化後，風險差異程度自然擴大，存保公司若持續採行單一費率制度，對愛好風險要保廠商欠缺懲罰效果，但對穩健經營的風險怯避廠商將是有失公平，實施「外顯訂價制度」的呼聲因而高漲。

　　有關對單一存款保險費率制度的批評，計有下列數端：

　　⑴個別銀行廠商繳納的保險費無法反映財務狀況、業務選擇及管理差異，凡此對存保公司構成不同的隱含成本。

　　⑵助長要保廠商偏好風險：在單一費率制度下，增加風險行為無需付出任何代價。只要兩家銀行廠商作為保險費基數的存款額相同，不論財務狀況及風險程度有何差別，支付保費都是一樣。經營風險增加而保險成本卻不增加，隱含獎勵銀行廠商將風險水準提昇至社會最適水準之上，將容易引發道德危險(moral hazard)。

　　⑶導致資源配置錯誤：實施單一費率制度相當於由經營健全的銀行廠商補助經營不善或從事高風險業務的銀行廠商，結果是：現行制度變相將財富移轉給高風險的要保銀行廠商之所有者及經理人。

　　⑷引發逆選擇(adverse selection)問題：營運健全而風險低的銀行廠商認為自己不易發生倒閉事件，不願與高風險銀行廠商負擔相同費率，投保意願因而較低，是以存保公司吸收的要保廠商可能都屬高風險群的銀行廠商。

　　⑸採取單一費率制度必須配合嚴格管理法規，用於規範要保廠商的風險行為，以保證存保公司面臨的資產和財務風險也都一致。然而面臨日益自由化的金融產業，存保公司逐漸無法控制其本身的風險暴露，單一保險費率制度已不合時宜。

　　由於單一保險費率制度存在諸多缺失，反使金融產業存在另一種無效率資源配置，進而引發對費率結構改革的評論與建議，認為理想的保費結構應針對各銀行廠商風險進行評估，再根據評估結果收取不同費率，此即風險導向存款保險費率制度。面對這種訂價方法時，個別要保銀行廠商在考慮擴大風險時，就會連帶考慮負擔較高保險費率，故其選擇的風險水準就會比現行單一費率制度之下為低。按照金融廠商風險程度實施差別費率構想，理論上雖屬公平合理，實務上卻有許多困難，導致幾

乎所有實施存款保險制度的國家僅能觀望而未付諸實施。至於針對風險
導向存款保險費率制度之批評亦有下列幾點:

(1)必須具備能將風險量化的技術: 金融廠商最重要的放款業務可分
成商業放款、資本放款、不動產放款等, 各類放款風險程度不但迥異,
就是同類放款的風險程度亦有差異。若要客觀地將要保廠商承作的每筆
放款風險量化, 則已屬不易, 更何況風險評估尚須考慮許多抽象因素,
如: 要保廠商管理品質、內部控制、授信準則等。

(2)風險隨時改變涉及決策時效性問題: 存款保險屬於政府保險, 而
政府部門共同特性乃是決策過程冗長遲緩, 即使存保公司可正確評估風
險種類與貼水, 但仍無法趕上市場變動速度, 所以風險導向費率僅能反
映過去事實而已。

(3)風險要由檢查人員認定, 然其判斷並非完全正確, 且對未來風險
預測能力亦屬有限,因此易因其主觀差異而對要保廠商產生不公平影響。

(4)評定為高風險的廠商必須支付較多保險費, 除增加財務負擔外,
更可能引起該金融廠商存款者恐慌而造成擠兌, 兩項因素都會削弱其復
原能力, 甚至加速其倒閉。

(5)過去倒閉銀行廠商家數不夠多, 欠缺足夠訊息研訂完善的差別費
率制度。

瞭解存款保險制度內涵後, 接著就Goodman與Santomero
(1986) 模型說明存保公司調整單一費率制度為差別費率制度, 對銀行
廠商授信業務形成的影響效果。為求簡化, 假設銀行廠商收益不確定性
全部源自信用風險, 其資產負債表可表示如下:

資　　　產	負　　債
風險性放款(L)	存款(D)
安全性放款與證券(S)	資本(C)

L、S、D與C均為正值，資本數量為外生值。假設風險性放款的風險完全一致，報酬率雖為r_l但需面臨倒帳可能性，故實際報酬率僅為(r_l-B)，B是放款損失率，預期放款收益將是$[r_l-E(B)]$。銀行廠商處理放款業務必須支付營運成本$K(L)$，$K'>0$，$K''>0$。此外，銀行廠商在存款市場扮演壟斷者角色，若要吸收更多存款時，必須要提高存款報酬率r_d，至於存款成本則與風險無關。

　　不論銀行廠商的資產組合內容為何，·單一保險費率制度對放款與證券要求的費率均為相同值。至於差別保險費率制度係對高風險放款要求較高費率，對低風險或安全性證券索取較低費率。由於銀行廠商資本數量假設為固定值，是以存款保險加諸於存款或生息資產，對其決策行為影響並無差別。假設銀行廠商追求期末預期價值極大，且受資產負債表限制。當銀行廠商在期末能夠清償債務時，預期價值即是當時的實際價值；一旦無法償付所有債務，則預期價值為零。銀行廠商預期價值因而為預期銀行資產組合價值加上存保公司保證清償部份的預期值：

$$\text{Max } EV = L\,[1+r_l-E(B)]+S(1+r_s)-K(L)$$
$$-D(1+r_d)+C-\alpha_l L-\alpha_s S$$
$$-G(L,S,D,C,\alpha_l,\alpha_s,r_l,r_s) \tag{12.57}$$
$$\text{S.t. } L+S-D-C=0 \tag{12.58}$$

α_l與α_s是存保公司對放款與證券要求的保險費率。G是存保公司保證清償部份的預期值，其內涵為：當銀行廠商期末價值淪為負數，則將面臨倒閉命運：

$$L(1+r_l-B)+S(1+r_s)-K(L)-D(1+r_d)$$
$$+C-\alpha_l L-\alpha_s S<0 \tag{12.59}$$

　　由上式可求出能使銀行廠商倒閉的倒帳損失率臨界值B^*：

$$B>[L(1+r_l)+S(1+r_s)-K(L)-D(1+r_d)$$
$$+C-\alpha_l L-\alpha_s S]/L=B^* \tag{12.60}$$

一旦銀行廠商發生倒閉，存保公司必須彌補所有債務直至淨值等於零為止，是以存保公司保證清償部份的預期成本為：

$$G = \int_{B^*}^{\infty} [-L(1+r_l-B)-S(1+r_s)+K(L)$$
$$+D(1+r_d)+\alpha_l L+\alpha_s S-C] \, f(B) \, dB \qquad (12.61)$$

$f(B)$是倒帳率B的機率密度函數。將(12.58)式代入(12.57)式，再分別對L與D偏微分，可得銀行廠商選擇最適放款、存款與證券數量：

$$\frac{\partial EV}{\partial L} = [(1+r_l)-E(B)]-(1+r_s)-\frac{\partial K}{\partial L}$$
$$-(\alpha_l-\alpha_s)L+\frac{\partial G}{\partial L}=0 \qquad (12.62)$$

$$\frac{\partial EV}{\partial D} = (1+r_s)-(a+r_d)-D\frac{\partial r_d}{\partial D}-\alpha_s+\frac{\partial G}{\partial D}=0 \qquad (12.63)$$

由上述兩式可知：僅有$(\alpha_l-\alpha_s)$的保險費率差額進入決定銀行廠商最適放款數量過程當中，同時僅有對證券的存款保險費率進入決定最適存款數量過程當中。存保公司原先係採單一保險費率$(\alpha_l=\alpha_s)$，現在若轉變為依銀行廠商安排資產組合內容的風險程度，分別收取差額保險費率。其中，高風險放款適用較高費率$(d\alpha_l>0$代表調高保險費率$)$，而低風險或安全性證券適用較低費率$(d\alpha_s<0$代表調低保險費率$)$，故就(12.62)式全微分，經整理可得：

$$\frac{\partial L}{\partial \alpha_l} = \frac{-1+\partial^2 G/\partial L\partial \alpha_l}{\partial^2 K/\partial L^2-\partial^2 G/\partial L^2}<0 \qquad (12.64)$$

$$\frac{\partial L}{\partial \alpha_s} = \frac{1+\partial^2 G/\partial L\partial \alpha_s}{\partial^2 K/\partial L^2-\partial^2 G/\partial L^2}>0 \qquad (12.65)$$

上述兩式的分母均為正值(二階條件必須滿足)，而$0<\partial G/\partial L<1$，故(12.64)式的分子為負值，(12.65)式的分子是正值。再就(12.63)式對α_s微分，並假設放款數量固定，則：

$$\frac{\partial D}{\partial \alpha_s} = \frac{-1 + \partial^2 G / \partial D \partial \alpha_s}{2(\partial r_d / \partial D) + D(\partial^2 r_d / \partial D^2) - (\partial^2 G / \partial D^2)} < 0 \quad (12.66)$$

依據二階條件,上式分母爲正值,而 $(\partial^2 G / \partial D \partial \alpha_s)$ 必然小於 1,故分子爲負值。綜合上述結果可知: 一旦安全性放款的保險費率攀昇,銀行廠商必然承做較少放款。一旦安全性證券的保險費率隨之調低,銀行廠商更是樂於承做較少放款,同時購買較多證券及發行較多存款。換言之,當存保公司將存款保險的成本結構由單一保險費率調整成差別保險費率時,必然釀成銀行廠商削減放款供給資金。一旦顧客對放款資金需求固定且爲負斜率時,放款市場必然在較高利率及較低數量上達成均衡。

§12.8. 銀行資本適足性的影響

銀行廠商在受信與授信過程中,往往遭逢多重風險考驗。金融當局爲求確保存款者權益,促使銀行廠商在營運過程中維持償付能力,經常對其資產負債組合附加各種限制,其中較爲重要者有二:

⑴限制銀行廠商財務槓桿操作上限,亦即要求「銀行資本適足性」必須滿足,詳情見本章第二節。

⑵限制銀行廠商營運過程中的資產負債組合內容,詳情可見第二十章。

由於金融當局實施「銀行資本適足性」目的旨在防止銀行廠商隨意授信而釀成破產下場,是以 Baumol (1963) 提出「預期獲利——信心極限標準」(expected gain-confidence limit criterion) 用於修正 Markowitz-Tobin 的「平均數——變異數法則」,進而揭示銀行廠商安排資產組合時,係在考慮該項限制下選擇一組最適效率組合。

Halpern 與 Kahane (1980) 指出銀行廠商關心的風險可用標準差 σ 表示,並利用「平均數——變異數標準」選擇資產組合,不過在實際營

運時尙需考慮「破產限制」(ruin constraint)。同時，銀行廠商由股本所獲的實際報酬率 r 一旦低於某一破產水準 h 時，倒閉破產命運勢必無法避免。至於該項破產值爲負，如：可能爲 -1 或 -100% 的報酬率，而「償付限制」(solvency constraint)可表爲：

$$P(r \leq h) \leq b \tag{12.67}$$

b 是銀行廠商發生破產機率的上限。將上式轉換爲標準常態分配型態：

$$P\left\{\frac{r - E(\widetilde{r})}{\sigma_r} \leq \left(\frac{h - E(\widetilde{r})}{\sigma_r}\right)\right\} \leq b \tag{12.68}$$

上述限制式即是標準常態分配處理型態，而由常態分配表可以尋得固定 $W(b)$ 值而滿足下列條件：

$$\frac{h - E(\widetilde{r})}{\sigma_r} \leq W(b) \tag{12.69}$$

重新整理上式，可得：

$$E(\widetilde{r}) + W(b)\sigma_r \geq h \tag{12.70}$$

上述限制式將如（圖12-9）中的直線 II 所示，銀行廠商可選擇的資

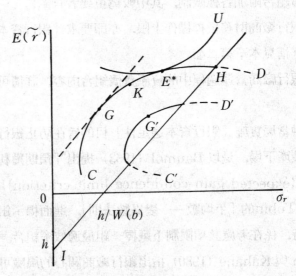

（圖 12-9）考慮破產限制下的Markowitz-Tobin效率前緣

產組合範圍將落於該線上方的區域。該直線與Markowitz-Tobin效率前緣CGD相交於H點，此舉將使效率前緣縮減成CH可適用區域，HD則爲不適用區域。至於銀行廠商選擇最適資產組合內容爲何，端視其爲風險中立或怯避者而定。風險中立銀行廠商在考慮破產限制下，將會選擇H點；反之，若爲風險怯避者，在考慮破產限制下，將會選擇E*點。此外，銀行廠商一旦考慮資本適足性限制，亦即存款與資本必須維持固定比例，則CGH效率前緣勢必再縮小範圍，其能選擇的資產組合範圍益形受到限制。同時，金融當局若是限制資產組合內容，目的雖在降低資產組合風險，但也迫使效率前緣由CGH向下移至C′G′D′位置，銀行廠商的預期收益必然遭致削減。

〔本章重要參考文獻〕

1. 林美華：《銀行負債管理之研究》，政大財政研究所碩士論文，民國六十八年六月。

2. 范尚文：《本國一般銀行存放款期限結構的分析》，臺大經研所碩士論文，民國六十九年七月。

3. 許嘉棟：〈臺灣公、民營企業的貨幣需求與補償性存款〉，收集於《臺灣與香港的經濟發展》，民國七十二年十二月，中央研究院經濟研究所，pp.223-254。

4. 許欽洲：〈我國銀行資本適足性問題之檢討與建議〉，臺北市銀月刊，十七卷四期，民國七十五年，pp.45-59。

5. 李儀坤：〈銀行自有資本比例之試算與實例〉，臺北市銀月刊，二十卷三期，民國七十八年，pp.11-20。

6. 謝德宗：〈銀行負債與資本管理理論的綜合探討〉，臺灣經濟金融月刊，民國八十二年。

7. 洪淑眞：《存款保險費率訂價模式之研究》，臺大商學研究所碩士論文，民國七十九年六月。

8. Baltensperger, E., *Economics of Scale, Firm Size, and Concentration in Banking,* JMCB, 1972, pp.467-488.

9. Boyd, J. H., *Household Demand for Checking Account Money: The Impact of Bank Pricing,* JME, 1976, pp.81-98.

10. Goodman, L. S. & Santomero, A. M., *Variable-Rate Deposit Insurance: A Re-examination,* JBF, 1986, pp.203-218.

11. Hannan, T. H., *The Theory of Limit Pricing: Some Applications to the Banking Industry,* JBF, 1979, pp.221-234.

12. Kolodny, R., Seeley, P. & Polakoff, M. E., *The Effect of Compensating Balance Requirements on the Profitability of Borrowers and Lenders,* JFQA, 1977, pp.801-815.

13. Lam, C. H. & Boudreaux, K. J., *Compensating Balance, Rationality, and Optimality,* JBF, 1981, pp.451-466.

14. Logbrake, W. A. & Haslem, J. A., *Productive Efficiency in Commercial Banking: The Effects of Size and Legal Form of Organization on the Costs of Producing Demand Deposit Services,* JMCB, 1975, pp.319-330.

15. Maisel, S. J., *Risk and Capital Adequacy in Commercial Bank*, University of Chicago Press, 1981.

16. Mingo, J. J., *The Microeconomics of Deposit Rate Ceilings: Inferences for NOW Accounts and Interest on Checking Accounts,* JBF, 1980, pp.387-395.

17. Pyle, D. H., *Capital Regulation and Deposit Insurance,* JBF, 1986, pp.189-201.

18. Santomero, A. M., *The Roles of Transaction Costs and Rates of Return on the Demand Deposit Decisions,* JME, 1979, pp.343-364.

19. Sharpiro, H. T. & Baxter, N. D., *Compensating Balance Requirements: The Theory and Its Implications,* SEJ, 1964, pp.261-267.

20. Shea, J. D., "Compensating Balance Requirements and the Money Demand of Private Enterprise in Taiwan",《經濟論文》, 十二卷二期, 中研院經濟研究所民國七十三年九月, pp.91-102。

21. Spellman, L. J., *The Depository Firm and Industry: The-*

ory, History and Regulation, Academic Press, 1982.

22. Szego, G. P., *Bank Asset Management and Financial Insurance,* JBF, 1986, pp.295-307.

第十三章　銀行資產管理理論

　　銀行廠商經由「受信」（吸收資金）與「授信」（創造銀行信用）過程，生產金融勞務謀取利潤。Watsong(1977)指出銀行廠商係體系內運用財務槓桿淋灘盡致的產業，營運成敗端視資金來源（負債與淨值）能否穩定成長與資金運用（資產）是否健全而定。同時，銀行廠商「授信」在本質上必須兼顧「安全性」、「流動性」與「獲利性」三個原則，良好的資金管理技術即在權衡三項原則輕重緩急，從而達成銀行資產與負債間的最適安排。

　　「銀行資產管理」係指在追求預期利潤極大前提下，銀行廠商如何分配資金於各種資產，提供適度流動性與滿足顧客信用需要，進而達成安排最適銀行資產組合目的。基於是項理念，有關「銀行資產管理理論」的文獻將可溯及 Adam Smith(1776)的「商業放款理論」(commercial loan theory)，爾後因金融市場日漸蓬勃發展致使「資金混合使用理論」(the pool of funds theory)，「資產可移轉理論」(shiftability theory)與「預期所得理論」(anticipated income theory)紛紛出籠，凡此理論雖然各具特色與缺陷，不過相同之處均在強調流動性對銀行資產組合的重要性。

　　本章首先說明銀行廠商保有準備資產原因及其內涵，進而推演最適準備與超額準備的決定方式。其次，分別說明銀行廠商從事放款的類型，進而探討銀行廠商採取的「資產負債管理」(assets-liabilities management, ALM)方式。第三，將推演銀行廠商的最適資產組合行為與基本放款利率訂定方式。第四，銀行廠商進行中長期授信時，為求確保債權，

往往要求貸款者提供適當的抵押品，Plaut(1985)曾就抵押品與其他放款條件的關係進行探討。接著，銀行放款制度包括短期的「特定交易的放款」(transaction-specific loan)與長期的「循環性授信額度」，兩種放款制度的利率與數量如何決定及其優劣點比較將值得探討。最後，傳統銀行理論僅是「資產選擇」與「財務」理論的綜合而已，自從 Klein (1971)將生產概念引進銀行理論後，銀行廠商不僅具有生產活動且屬資源密集產業，Baltensperger(1980)的「實質資源模型」充分揭示銀行廠商的完整決策過程或「銀行資產負債表管理」，由該模型將可瞭解確切的授信決定方式。

§ 13.1. 銀行最適準備決定模型

　　銀行廠商是體系內最擅長運用財務槓桿操作的金融廠商，其資金來源主要為各種類型的存款負債。然而影響銀行廠商吸收存款資金的因素繁多，舉凡座落位置的社區特徵(community characteristics)、經濟發展狀況、景氣循環、季節性波動、業務成長趨勢與其他金融廠商競爭資金程度等，莫不釀成存款資金未能如願所償的預期成長。此外，銀行廠商對顧客提款要求負有立即支付義務，稍有遲怠則易引發信心危機，是以存款負債因而隱含高度「提款風險」(財務風險)，促使銀行廠商安排資產組合更須謹慎行事首重「流動性」。

　　銀行資產組合流動性係指為能應付隨時突發的資金需求，銀行廠商保有可用資金與能迅速變現的資產數量，或能迅速向外融資的能力。至於維持資金流動性可採保持「資產流動性」或「負債流動性」方式，然而不論方式為何，銀行廠商在資產組合中必須保有準備資產將屬無庸置疑。綜合銀行廠商必須保有準備的原因約有下列數端：

(1)保障存款客戶權益

　　銀行廠商營運項目均具有高度風險性，營運資金多數源自制度性儲蓄市場的儲蓄者，為保障存款客戶權益不因營運風險高漲而受損，銀行廠商通常採取下列兩種方式安定客戶信心：

　　(a)提存法定準備：央行規定銀行廠商須依吸收存款類別，分別提存準備轉存央行活期帳戶，該部份法定準備不得動用，故具有保障存款客戶權益的特性；

　　(b)存款保險：銀行廠商就其吸收的存款帳戶向存款保險公司投保，一旦營運不善而有破產之虞時，存款客戶得就存款帳戶的某一上限金額獲得保險公司理賠，詳情可見第十二章。

(2)應付金融危機

　　銀行廠商為因應突發性金融危機引發擠兌或超額提款需求，如：股市崩盤或國際金融市場崩潰，往往在法定準備之外，再行保有超額準備，企求規避擠兌釀成之倒閉風險。

(3)避免準備不足遭致損失

　　央行通常規定銀行廠商必須提存法定準備，一旦準備不足而向央行重貼現或請求融資彌補準備不足差額時，則負擔「重貼現率」或「懲罰利率」等成本。由於上述成本往往較放款收益為高，致使銀行廠商為規避該項準備不足釀成的損失，自然願意多保有準備。

　　由於銀行廠商保有準備旨在維持本身流動性地位，進而規避擠兌風險，故文獻將銀行資產中歸類為「準備資產」者約有下列型態：

(1)「現金資產」或稱「初級準備」（primary reserve）

　　銀行廠商依據央行規定提存「法定準備」，必須轉存央行活期帳戶不得動用，但由央行支付活期存款利息。另外，銀行廠商應付日常流動性或提款需要而保有「庫存現金」或「銀行同業存款」，該部份即屬「超額準備」。「法定準備」與「超額準備」合稱「初級準備」，兩者特性是收益幾近於零，流動性則與現金雷同。值得注意者：銀行廠商握有之待交換

票據必須經過交換才能視爲現金，該部份稱爲「遺失的貨幣」而須由準備資產中剔除。此外，銀行廠商保有「初級準備」數量將視下列因素而定：

(i)存款性質(流動性)迥異致使必須提存之法定準備比例亦有差異，從而造成「初級準備」數量因存款組合有異而不同；

(ii)「差別準備制」(differential reserve system)：銀行廠商依據座落位置的商業環境，面對不同存款組合與提款型態，將會保有不同初級準備；

(iii)季節性波動：銀行廠商面對重要節日或較長假期來臨之際，爲應付流動性需要遽增，將會保有不同初級準備。

(2)「次級準備」或稱「保護性投資」(protective investment)

該類準備出現在銀行廠商資產負債表上的「短期投資」項目，內容涵蓋貨幣市場上的各種短期投資工具，如：國庫券、央行儲蓄券、商業本票、可轉讓定存單與銀行承兌匯票等。至於銀行廠商在保有「初級準備」外，接續保有收益率偏低而流動性較高的貨幣市場信用工具的理由是：銀行廠商遭遇金融危機後心有餘悸，尤其是在央行緊縮銀根期間，人們提款意願遽增，存款流失速度加快致使銀行廠商保有初級準備數量不敷應付流動性需求，釀成本身信用危機而有倒閉之虞。爲求怯避客戶喪失信心現象發生，銀行廠商將在保有初級準備之外，選擇投資具有高度流動性的短期票券，確保本身資產的流動性地位，故該部份資產又稱「保護性投資」。

(3)「實際準備」

銀行廠商實際保有「現金資產」或「初級準備」數量即是「實際準備」(R^a)，其中包括「法定準備」(RR)與「超額準備」(ER)兩部份：

$$R^a = RR + ER$$

銀行廠商欲維持本身資金流動性，可採「資產」與「負債」流動性

兩種方式取得資金:

(i)「資產流動性」: 銀行廠商藉由在制度性儲蓄市場吸收存款而提存準備, 此即稱為「非借入準備」(unborrowed reserve, UR)。在正常狀況下, 存款波動較為穩定致使提存之準備成為銀行廠商可以控制的資產, 由此方式而取得流動性即屬「資產流動性」方式;

(ii)「負債流動性」: 隨著金融市場蓬勃發展與規模擴大, 銀行廠商除向央行融資外, 更可在貨幣市場發行票券利用「購入資金」方式創造流動性, 此即歸屬「負債流動性」的範圍。至於銀行廠商透過該方式取得準備資金, 即稱為「借入準備」(borrowed reserve, BR)。

綜合上述銀行廠商準備金來源可知: 實際準備將是「借入準備」與「非借入準備」兩者之和:

$$R^a = UR + BR$$

一般而言, 「非借入準備」是銀行廠商就吸收存款而提存之準備, 通常較具穩定性與自主性。至於「借入準備」大部份是由央行對銀行廠商融資或對其持有票據給予貼現, 通常為短期且具政策性質, 非銀行廠商所能自由控制與運用。此外, 銀行廠商保有超額準備原因有二: (i)為怯避擠兌風險而意願性保有, (ii)銀根寬鬆釀成無法貸放出去而非意願性保有。其中, 銀根寬鬆可能緣自央行對銀行廠商融資 (或轉存款) 過多所刻意造成, 實際金融環境並非真正寬鬆。為衡量銀行廠商是否有餘力持續創造信用起見, 以下尚可定義「自由準備」(free reserve, FR)為「超額準備」(ER)扣除「借入準備」(BR)的剩餘部份:

$$FR = ER - BR \geq 0$$

瞭解銀行廠商保有各類準備的內涵後, 由於在「受信」與「授信」過程中充塞著不確定性與各類風險, 其中較重要者為來自負債面的「提款風險」或擴大成「流動性風險」, 是以早期銀行廠商文獻著重於探討「流動性管理」。至於探討銀行廠商保有最適準備文獻可溯及 Edgeworth

(1888)發表《銀行數學理論》(*The Mathematical Theory of Banking*)的經典著作，爾後 Orr 與 Mellon(1961)接續推廣而成近代最適準備模型的典範。爲求簡化，相關假設可分列於下：

⑴銀行廠商追求單期的預期利潤極大，且爲風險中立者；

⑵銀行廠商吸收存款負債數量視儲蓄者偏好而定，故爲外生既定值；

⑶銀行廠商僅保有準備R與生息資產（放款L）兩種資產；

⑷銀行廠商準備將因客戶隨機存提款D而具隨機性，而準備流失x的機率密度函數$f(x)$係呈常態分配；

⑸銀行廠商面臨準備不足時，必須負擔固定比例的懲罰成本b。

基於上述假設，銀行廠商的預期利潤函數$E(\widetilde{\pi})$可表爲：

$$\text{Max } E(\widetilde{\pi}) = E(\widetilde{r}_l) \cdot L - r_d D - \int_R^\infty b(x-R)f(x)\,dx$$

$$(13.1\,a)$$

$\widetilde{r}_l$是考慮倒帳因素後的隨機放款利率，而r_d是存款利率。銀行廠商追求上式極大時，需受期初資產負債表的限制：

$$\text{S.t. } L+R=D \tag{13.2}$$

將(13.2) 式代入(13.1 a)式，並對R偏微分：

$$\frac{\partial E(\widetilde{\pi})}{\partial R} = -E(\widetilde{r}_l) + b\int_R^\infty f(x)\,dx = 0 \tag{13.3 a}$$

或 $$E(\widetilde{r}_l) = b\int_R^\infty f(x)\,dx \tag{13.3 b}$$

上式涵義爲：當存款負債已知時，風險中立的銀行廠商保有最適準備條件爲：增加放款所獲預期收益$E(\widetilde{r}_l)$必須等於預期準備不足遭致的損失$b\int_R^\infty f(x)\,dx$。

由於上述模型過於簡化，文獻上接著由銀行廠商的風險怯避態度、

放款市場結構、最適準備部位的調整成本、訊息成本等方向進行修正。其中，假設銀行廠商追求利潤衍生之預期效用 $EU(\widetilde{\pi})$ 極大 $(u''<0<u')$，(13.1 a)式因而變爲：

$$\text{Max } EU(\widetilde{\pi}) = EU\left[\widetilde{r_l}L - r_dD - b\int_R^\infty b(x-R)f(x)\,dx\right]$$

$$(13.1 \text{ b})$$

銀行廠商追求上式的預期效用極大，且需考慮(13.2)式限制，故將限制條件代入(13.1 b)式，並對 R 偏微分：

$$\frac{\partial E(\widetilde{\pi})}{\partial R} = E\left[u'(\widetilde{\pi})\left(-\widetilde{r}_l + b\int_R^\infty f(x)\,dx\right)\right] = 0 \quad (13.4 \text{ a})$$

重新整理上式可得：

$$E\left[u'(\widetilde{\pi})\right]\left[-E(\widetilde{r}_l) + b\int_R^\infty f(x)\,dx\right]$$

$$+ Cov\left[u'(\widetilde{\pi}),\ \left(-\widetilde{r}_l + b\int_R^\infty f(x)\,dx\right)\right] = 0 \qquad (13.4 \text{ b})$$

比較(13.3 b)與(13.4 b)式可知：風險怯避的銀行廠商追求預期效用最大時，保有最適準備條件爲：增加放款所獲預期收益除需等於預期準備不足遭致的損失外，尚需附加風險貼水，故將較風險中立銀行廠商保有較多準備。

除開上述銀行廠商的準備需求如何決定外，Frost(1971)再由單期存貨模型推演銀行廠商的超額準備需求模型，進而提出詮釋銀行廠商保有鉅額超額準備的「調整成本臆說」(adjustment cost hypothesis)。銀行廠商期初保有「自由資產」(free asset) F_0 涵蓋證券 S_0 與超額準備 E_0，直迄期末仍保有超額準備 E_1：

$$F_0 = S_0 + E_0 \qquad\qquad (13.5)$$

$$E_1 = E_0 + N + Q \geq 0 \qquad\qquad (13.6)$$

N是存款者在營運期間內調整存款行為釀成超額準備變動數量,且如(圖13-1)所示呈現常態分配。Q是銀行廠商在營運期間內買賣證券數量,買進證券($Q<0$)將會削減超額準備,賣出證券($Q>0$)自然帶動超額準備攀昇。

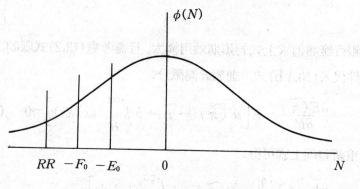

(圖 13-1) 存款數量波動的機率分配

為求簡化,銀行廠商僅考慮如何安排自由資產而使獲利達於最大,且未考慮資金來源成本,故其面對成本僅是存款流失釀成準備不足所遭致之預期損失。在期末時,銀行廠商若面臨下列狀況:

(1)$E_0+N>0$

營運期間內,銀行廠商若面臨淨提款流失($N<0$),卻能維持期末超額準備$E_0+N>0$,自然無須出售債券($Q=0$),也無庸負擔任何損失。

(2)$E_0+N<0$

營運期間內,銀行廠商若面臨存款大量流失($N<0$),致使期末超額準備可能轉為負值($E_0+N<0$),則出售債券[$Q \geq (E_0+N)$]換取現金以維持期末超額準備$E_1 \geq 0$將屬事在必行。(圖13-1)顯示:只要存款流失超過期初超額準備($N<-E_0$),銀行廠商即需出售證券,而可供出售的證券數量為$S_0=F_0-E_0$,同時必須支付固定成本G與比例成本b,預期損失將是:

$$G \int_{-F_0}^{-E_0} \phi(N) \, dN - b \int_{-F_0}^{-E_0} (-E_0 - N) \phi(N) \, dN$$

綜合以上所述，銀行廠商在營運初期安排「自由資產」所獲預期利潤爲：（r_s是短期證券報酬率）

$$\text{Max } E(\tilde{\pi}) = r_s S_0 - G \int_{-F_0}^{-E_0} \phi(N) \, dN -$$

$$b \int_{-F_0}^{-E_0} (-E_0 - N) \phi(N) \, dN \qquad (13.7)$$

銀行廠商追求上式預期利潤極大，須受(13.5)式期初自由資產數量 F_0 的限制，將後者代入(13.7)式中，並對 E_0 偏微分：

$$\frac{\partial E(\tilde{\pi})}{\partial E_0} = -r_s + G \cdot \phi'(-E_0) + b \int_{-F_0}^{-E_0} \phi(N) \, dN \leq 0$$

$$(13.8)$$

銀行廠商期初保有超額準備爲 $E_0 \geq 0$，一旦上式小於 0 時，$E_0 = 0$（隅解）。將上式移項，可得銀行廠商保有最適超額準備的條件如下：

$$r_s \geq G \cdot \phi'(-E_0) + b \int_{-F_0}^{-E_0} \phi(N) \, dN \qquad (13.9\,a)$$

上式涵義爲：銀行廠商增加保有超額準備所損失的收益 r_s 必須等於超額準備不足釀成之預期損失。同時，當銀行廠商期初保有最適超額準備爲正($E_0^* > 0$)時，超額準備需求 E_0^* 將是 r_s、G、b 與 $\phi(N)$ 機率分配的函數，而 $\phi(N)$ 函數若可用(μ, σ)參數表示，則：

$$E_0^* = \max \{ f(r_s, \ G, \ b, \ \mu, \ \sigma), \ 0 \} \qquad (13.9\,b)$$
$$\quad\;\; (-) \;\; (+) \;\; (+) \;\; (-) \;\; (-)$$

μ 與 σ 分別是淨提款的平均數與變異數。同時，(13.9 b)式的超額準備需求函數將如(圖 13-2)「拗折需求曲線」(kinked demand curve)所示。當短期證券報酬率高於 r_s^* 時，銀行廠商保有超額準備爲零。一旦該報酬

率低於臨界值r_s*時，銀行廠商預擬保有超額準備值將迅速遞增，其負斜率部份將隨$\phi(N)$分配的平均數增加而下移。至於$\phi(N)$的標準差遞增，將使ER^d曲線負斜率部份以接近r_s*的某點進行旋轉。

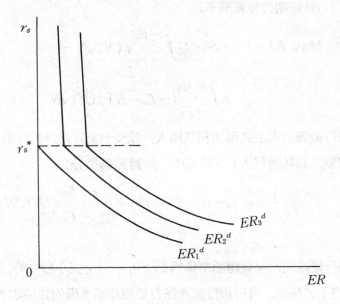

(圖 13-2) 拗折的超額準備需求函數

最後，文獻針對銀行廠商遭逢「銀行恐慌」(bank panic)之際，累積大量超額準備情景，分別提出下列說詞：

(1)「震憾效果臆說」(shock effect hypothesis)：Friedman 與 Schwartz(1963)認為銀行廠商面臨經營方向轉變與央行調整法定準備衝擊後，勢將遭致預期大量準備流失的震憾，經由誘使超額準備需求曲線移動而累積鉅額準備。

(2)「慣性效果臆說」(inertia effect hypothesis)：Morrison(1966)認為銀行廠商預期大量準備外流，導致超額準備需求移動而累積鉅額準備。依據該理論，預期準備流量與「暫時性潛在存款」(transitory potential deposit)呈反向變動，後者定義為「實際」D_t與「恆常」D_t*潛在存

款的差額。「潛在存款」係指在超額準備與現金爲零時，銀行廠商能夠維持的最大存款數量，至於「恆常性潛在存款」是過去潛在存款的指數化加權平均，該權數是銀行廠商「恆常性潛在存款」的調整係數 θ：

$$\frac{dD_t^*}{dt} = \theta (D_t - D_t^*)$$

「慣性效果臆說」強調當銀行廠商面臨金融危機或大量法定準備變動之際，調整係數 θ 將迅速遞減，然後隨著震憾消失後又緩慢回昇。

上述兩項臆說精義極其神似，同聲強調「預期準備流失」μ 係銀行廠商保有鉅額準備的主因。不過兩者主要差異是：「慣性效果」認爲除非有對應的準備流入，否則銀行廠商在經歷金融危機後不會累積大量超額準備。至於「震憾效果」卻認爲經歷每次金融危機後，銀行廠商必然增加保有超額準備。

(3)「調整成本臆說」：Frost(1971)在本節模型中強調銀行廠商投資短期證券所獲收益小於持續調整準備所需負擔的成本，一旦短期利率偏低之際，銀行廠商保有超額準備顯然較爲有利，同時釀成超額準備需求曲線出現拗折情景，此即銀行廠商在較低利率保有大量準備的眞正原因所在。

§ 13.2.　銀行放款類型與理論內涵

銀行廠商由「受信」（吸收資金）金額扣除提存適當準備後的剩餘資金必須從事「授信」（貸放資金）謀利，方能支付日常營運成本與資金成本負擔。銀行廠商授信（銀行信用）內容主要涵蓋「放款」與「投資」（證券）兩項，其中又以「放款」爲主要生息資產或獲利來源。一般而言，銀行廠商的放款類型可依下類標準劃分如下：

㈠「放款型態」

銀行廠商的放款型態可有下列兩組區分方式：

⑴放款、貼現與透支：銀行廠商若依面值買入放款契約，並於固定期間內收取本息，則稱爲「放款」；銀行廠商若依面值預扣利息買入票據，而於到期收回票據面值，則稱爲「貼現」；至於銀行廠商與顧客簽訂契約，允許客戶就其支票存款帳戶在某限額內超額使用，歸還日期雖然自定，但有最終期限，此即「透支」。此外，銀行廠商發行的「信用卡」亦屬「透支」範疇。

⑵「特定交易的放款」與「放款承諾」：銀行廠商針對某些特定交易活動的票據給予短期具有高度流動性的「商業放款」，此即「特定交易的放款」(*SPOT*)；至於銀行廠商針對長期性「資本放款」給予某一「循環性授信額度」，允諾廠商在允諾的信用數量範圍內隨時使用，此即「放款承諾契約」(loan commitment contract, *LCC*)。

㈡「放款期限」

⑴「定期放款」(time loan)：銀行廠商的放款具有既定的歸還期限；

⑵「活期放款」(demand loan)：放款的歸還期限由貸款者自行決定，不過仍然存在最後期限的限制，如：透支與信用卡；

⑶「通知放款」(call loan)：放款的歸還期限由銀行廠商決定，如：證券融資放款。

㈢「放款條件」

體系內最特殊的商品包括「銀行信用」與「勞動」兩種，兩者在市場交易時是價格與品質同等重要，有時「品質」更重於「價格」。其中，

「銀行信用」品質即是抵押品、保證人、放款期限與條件，故依放款條件中「抵押品」與「保證人」之有無可分成兩種：

(1)「信用放款」：銀行廠商依據借款人信用狀況放款，且未要求提供抵押品或保證人；

(2)「抵押放款」(mortgage loan)：借款人必須提供抵押品或保證人，方能由銀行廠商取得融資。

㈣「放款用途」

銀行廠商依貸款客戶需求授信，項目涵蓋「商業放款」、「資本放款」、「證券放款」、「房地產放款」與「國外放款」等。以下將就各類放款內涵及相關理論進行說明。

(1)「商業放款」

Adam Smith(1766)指出銀行廠商放款應以短期自償性及具有實質商業交易行為之票據為擔保之商業放款為主。「短期放款」是指放款期間在一年以內，目的旨在配合銀行廠商專以吸收活期及短期存款的負債結構，避免發生流動性匱乏危機。至於「自償性放款」是基於放款安全性考慮，指客戶借款用途本身能自動產生收益，作為未來償還貸款的財源，這種放款包括廠商週轉金或存貨放款等。至於「生產性放款」旨在協助廠商從事商品及勞務生產，這種放款不僅具有自償性，而且符合「實質票據學說」內容。

「商業放款理論」或「實質票據學說」認為銀行廠商安排資產組合應界定在短期商業放款範圍，放款必須具備短期自償性。至於銀行廠商投資政府債券、民間債券或股票都已違反該理論的資產管理理念，更遑論投資實質資產，理由是：這些資產風險性較大且流動性較差。此外，銀行資產期限結構通常必須維持與負債期限結構類似，而且資產（即商業放款）成長完全受制於存款成長。該理論雖然建議銀行廠商授信應以

貼現具有生產活動的商業票據為主，以維持銀行資產流動性，不過文獻仍然出現下列疵議：

①銀行廠商對具有流動性之實質票據貼現放款，若是無法適當安排到期日結構，一旦遭逢臨時性提款或放款需求時，仍將遭致流動性匱乏的困擾。

②實質票據自償性只有在繁榮期間方得實現，一旦體系陷入蕭條之際，「商業放款」反而可能成為無法履行自償性的放款；

③廠商若想獲取營運週轉金，首先需與銀行廠商建立良好「銀行關係」(bank relationship)，方能獲得持續融資與特別服務。至於銀行廠商為降低「倒帳風險」與「徵信成本」，往往與廠商維持良好「顧客關係」(customer relationship)。兩者水乳交融結果將使商業放款到期後又持續展期，儼然成為銀行資產中最不具流動性者。

(2)「資本放款」

「商業放款理論」指出銀行廠商資金來源多屬高提款風險的活期存款，若要維持資產流動性，自應避免中長期授信以凍結資金，亦即不得對廠商購買機器設備給予「資本放款」。然而隨著金融市場規模擴大與信用工具多元化，銀行廠商逐漸嘗試該類授信，所占比重顯著居於重要地位。追究此種轉變原因約有下列數端：

①「成立儲蓄部」

銀行廠商原本僅能設立銀行部或營業部吸收支票與活期存款，釀成惟有從事短期貼現放款，才不會出現流動性匱乏現象。一旦銀行廠商成立儲蓄部後，將可吸收儲蓄與定期存款的中長期資金，有能力進行中長期的資本放款而維持銀行資產與負債期限的類似性。

②「資產可移轉理論」與「預期所得理論」的興起

隨著金融市場快速發展與規模擴大，Suviranta(1933)發展出「資產可移轉理論」認為銀行廠商只要維持部分資產高度流動性就可滿足存戶

提兌需要，剩餘資金可從事收益較高的中長期授信，無須自限於短期商業放款。至於銀行廠商維持足夠流動性的方法是提列次級準備，一旦初級準備匱乏時，可透過金融市場變賣為初級準備，以應顧客提兌需求。換言之，次級準備可視為銀行廠商防範流動性不足的第二道防線，有此防範將可紓緩流動性不足之隱憂，餘裕資金將可從事中長期授信。銀行廠商甚至可從事股票或債券抵押的「資本放款」，兩者在高度發達的金融市場內將變相的具有高度流動性。不過該理論缺陷是個別銀行廠商認為低風險的票券或債券，對銀行產業而言未必仍然成立，理由是：一旦全體銀行廠商都告急需要現金時，金融證券價格在拋售賣壓下必然大跌，保有次級準備風險將會相對上昇。

接著，文獻另行演繹出「預期所得理論」，認為銀行廠商評估是否同意放款，應視放款對象償付能力而定，償付能力則端視借款者在放款期間的預期所得而定。基於該項看法，銀行廠商應適度擴大放款對象，無需自限於自償性或生產性放款，祇要借款者在放款期間內有穩定的預期所得償付，放款債權依然具有保障。依據該理論的經營原則，銀行資產組合將會顯得更趨多元化。在「商業放款理論」盛行時期，銀行資產組合以短期商業放款與存款準備為主，到了「資產可移轉理論」盛行時期，銀行資產組合又擴大至涵蓋短期票券及長期放款兩項。爾後的「預期所得理論」又指引銀行廠商擴大授信對象，使得銀行資產不再侷限於自償性及生產性放款。

③「階梯效果」(ladder effect)存在

銀行廠商進行「商業放款」授信時，到期才能收回本金，容易滋生流動性匱乏問題。然而銀行廠商承做「資本放款」時，往往要求貸款者分期攤還本息，經由適當安排還本付息到期日並相互配合，藉著正常攤還本息而時有現金流入紓解流動性需求，此即資金管理的「階梯效果」。

瞭解銀行廠商轉向「資本放款」的緣由後，接續說明該類放款的重

要特質如下：

①風險

「資本放款」期限通常跨越數年，由於夜長夢多容易滋生下列風險：

(i)「信用風險」或「倒帳風險」：資本放款期間過長，借款者面臨金融與經濟環境變遷頗鉅，致使償債能力發生變化。為求降低該類風險，銀行廠商通常附帶要求抵押品做為保障；

(ii)「購買力風險」：在資本放款持續期間，物價波動起伏致使貨幣購買力隨之起舞，釀成銀行廠商放款的實質購買力遭致貶低。

②「分期攤還」

銀行廠商進行「資本放款」前的首要工作即是評估廠商的長期償債能力，進而要求分期攤還本息，目的旨在紓解資金長期凍結壓力，進而維持銀行資產流動性以滿足日常提款與放款需求。

③「信用評等」(credit rating)

由於「資本放款」金額通常較為龐大，借款廠商並未立即需要使用全部貸款資金，是以銀行廠商往往承諾借款者可在某一額度範圍內隨時請求融資，此即稱為「信用額度」。另外，銀行廠商授信通常存在「信用風險」，為確保債權品質與保障存款者權益，授信前皆應評估借款者信用，作為准駁依據或額度多寡參考，進而避免發生不良債權。一般而言，「信用評等」係運用統計方法訂定授信客戶信用評等表及步驟，針對各項屬性評分，以得分高低精確地顯現客戶信用狀況，同時做為決定授信利率之準繩。至於實施「信用評等」目的可歸納為五項：

(i)徵信具體化：信用評等將廠商經營績效明顯劃出分野，授信人員藉此瞭解廠商營運消長與弱點，從而訂定授信準則要件，有益於銀行廠商徵信具體化與合理化。

(ii)審核授信依據：銀行廠商依據信用評等結果，訂定放款優先次序及優惠程度。

(iii)決定信用額度準繩: 徵信部門依信用評等標準建立往來客戶徵信調查資料, 進而評定信用等級, 並定期增補或檢修資料, 重新調整借款者的信用額度。

(iv)決定利率加碼參考: 銀行廠商放款通常採用基本利率 (放款優惠利率), 或加碼一級、二級利率 (每碼利率幅度大都爲年息 0.25%), 惟最高不超過央行核定之最高放款利率, 而銀行廠商決定差別利率前, 勢必參酌信用評等結果。

(v)強化廠商財務管理: 實施信用評等, 促使廠商必須配合提供正確財務報表, 有助於廠商加強重視財務管理, 提昇經營效率。

至於銀行廠商評估廠商信用等級, 由昔日注重三C、四C、五C或三F、四F, 直至近年來轉爲流行五P。所謂三C是指品格(character)、能力(capacity)及資本; 四C是指三C加擔保品; 五C是指四C另加企業狀況(condition of business)。三F是指個人因素(personal factor)、財務因素(financial factor)及經濟因素(economic factor); 四F是指三F另加組織因素(organized factor)。至於五P又稱五F, 內容可分述於下:

(i)「個人因素」: 包括借款者的責任感、經營績效及與銀行廠商往來情形等。責任感可由借款者平時與供應商、銷售商、同業及員工等處往來調查有無違約背信紀錄, 進而瞭解履約意願與能力; 經營績效可從主持人或部門主管是否具備專業知識與豐富經驗, 進而判定經營能力優劣; 與銀行廠商往來情形, 可由借款者存款、放款及外匯實績進行觀察。

(ii)「目的因素」(purpose factor): 銀行廠商徵信放款用途重點在於是否具有生產性。由借款者資產負債表觀之, 授信資金用途涵蓋取得資產、償還債務與替代股東墊款; 前者具有提昇生產力之積極效果, 後兩者將使銀行廠商承擔高度授信風險, 承做意願通常薄弱。

(iii)「還款財源因素」(payment factor): 分析借款者償還借款資

金來源與最佳還款時機，內容涵蓋：(a)分析借款者財務、業務現況及昔日營運資料，(b)估計借款者未來盈餘及經由舉債與增資方式籌集資金，(c)與借款者洽商還款時機，避免客戶捉襟見肘。一般而言，自償性貸款之應收票據融資，以應收票據為還款來源；臨時性與季節性週轉資金貸款以銷貨收入為還款來源；經常性週轉資金貸款以現金收支結餘作為還款財源；資本性貸款以現金流量為還款來源。

(iv)「債權保障因素」(protection factor)：良好放款體制理應包括「還款財源」與「債權保障」，後者旨在防範借款者無法由其主要還款財源履行還款義務時，仍可如數收回放款。該項保障分為「內部保障」與「外部保障」兩種；前者專屬借款者與銀行廠商間的關係，如：借款者提供抵押品，銀行廠商須注意抵押品完整性、可靠性及變現性，應查詢有無重覆抵押或設定他項權利等事。後者係指當然第三人必須財力穩厚，銀行廠商才允許其擔負保證責任。

(v)「借款者展望因素」(perspective factor)：銀行廠商接受客戶申貸後，必須評估風險與所獲利益的展望。具體而言，銀行廠商負擔風險包括資金套牢與喪失其他機會，所獲利益包括扣除貸款成本後之利息手續收入及由放款引申的其他業務往來。

④「補償餘額」

一般而言，「資本放款」多屬中長期授信，本質上極為欠缺流動性，一旦銀行廠商提供該類放款授信，無形中將長期凍結該部分資金。為求紓解「資本放款」帶來的流動性匱乏問題，銀行廠商通常要求貸款者回存部分貸款資金，此即「補償餘額」，詳情可見第十二章。

⑤「租賃」

銀行廠商為了降低借款者的「營運風險」，可由廠商提出投資計劃而請求銀行廠商購買機器設備，然後租賃給廠商使用。換言之，「租賃」相當於是「資本放款」的代替品，雖可免除「倒帳風險」，卻須承擔廠商部

分的「營運風險」。

⑶「房地產放款」（real estate loan）

銀行廠商的「房地產放款」授信內涵包括兩類：(i)「住宅抵押放款」：消費者以其住宅做抵押向銀行廠商申請貸款；(ii)「建築融資放款」：建築產業從事生產房屋活動，以土地向銀行廠商申請建築融資。

⑷「證券放款」（security loan）

銀行廠商的「證券放款」授信內涵包括兩類：(i)「證券抵押放款」：對合乎規定（如：公開發行公司與獲利能力達一定標準）之股票，依其價值的某一比例給予抵押貸款。假設股票係屬上市公司，銀行廠商則須承擔股價波動的「信用風險」。股票若屬未上市的公開發行公司，銀行廠商將間接擔負部分的廠商營運風險；(ii)「證券融資放款」：銀行廠商的信託部對投資者買進上市公司股票，給予某一比例融資，而股票則由銀行廠商保有。一旦股價滑落至某一幅度，銀行廠商將要求投資者補足跌價差額，否則將直接在證券市場出售以確保債權。

⑸「國外放款」（foreign loan）

多國籍銀行廠商可對各國廠商進行授信，此種「國外放款」面臨之風險通常包括下列各項：

①「倒帳風險」：國外借款廠商的信用若是發生變化，釀成無法償付本息，勢將形成「倒帳風險」；

②「匯率風險」（exchange rate risk）：由於「國外放款」係以外幣貸放，一旦匯率發生波動之際，以國幣表示的放款價值勢必隨之波動，從而釀成「匯率風險」；

③「國家風險」：「國外放款」所屬國家的政治與經濟環境穩定與否，將與銀行廠商收回放款的可能性息息相關，此即通稱「國家風險」而主要涵蓋兩項因素：

(i)「政治風險」（political risk）：一國政治情勢穩定與否, 將會影響

該國金融與經濟情勢，進而波及匯率穩定性；

　　(ii)「外匯準備問題」：一國擁有外匯準備數量多寡將與外匯管制息息相關，進而影響銀行廠商能否順利收回放款金額。

§13.3. 銀行資產負債管理

　　由於經濟發展造成體系急遽變遷，導致金融產業產生前所未有的變革。銀行產業為求因應環境遽變，紛紛調整經營與管理方式。1940 年代及 50 年代，銀行廠商資金來源穩定且資金成本波動幅度很小，銀行廠商營運通常偏向強調資產組合方式，在維持資金流動性原則下，安排最適化資產組合。到了 1960 年代，經濟持續發展帶動金融管制逐漸解除，銀行廠商面臨強大放款需求及業務競爭壓力。同期間內，資產選擇與財務理論蓬勃興起，「盈餘支出單位」對利率敏感度普遍提高，銀行產業吸收之無息活期存款巨幅縮減，為能應付放款和準備需求增加，因而紛紛轉向金融市場尋求「非存款負債」的資金來源。銀行廠商營運方向由消極受信，轉而積極尋覓資金，負債管理因而成為重點所在。1970 年代後，兩次能源危機導致世界經濟呈現停滯膨脹情景，而各國面臨龐大財政赤字、實施金融自由化與逐漸紓緩利率管制，凡此對物價與利率攀昇同俱推波助瀾效果，銀行廠商資金成本因而急遽增加。傳統的「資產管理理論」與「負債管理理論」無法因應環境遽變，從而顯現捉襟見肘和顧此失彼的窘境。有鑑於此，Baker (1978、1982)、Ahler (1980)、Binder (1980)、Land (1978) 等人紛紛倡導銀行廠商改採資金來源與用途並重的「資產負債管理」，期能引進低成本的穩定資金來源，並將資金做最適配置，俾在承擔適度風險下，尋取最佳收益。至於探討銀行廠商進行資產負債綜合管理的文獻可分別說明於下：

(1)「經驗法」

銀行廠商以歷年營運經驗，配合預測模型分析資產負債表、資金流量表與損益表等財務報表，進而提出經營管理方法，此即通稱的「經驗法」。該項方法是資產負債管理方法中最常見者，通常適用於中小規模的銀行廠商，但却欠缺理論基礎。

⑵「資金分配理論」

Zarker (1957) 發展的「資金分配理論」(assets allocation theory) 又稱「資金轉換理論」(the conversion of funds approach)，認爲銀行廠商使用資金應依資金來源不同而分別訂定分配比例，至於比例應視資金來源成本、被動性及週轉率(turnover rate)等因素而定。該項理論考慮個別資金來源性質的差異性，除可降低流動資產的準備數量外，更因區別資金成本與收益而能提昇資金運用效率與銀行廠商收益。不過該理論仍然具有下列缺陷：

(i)忽略資產管理的動態性質，將資金來源依其週轉率或流動性按固定比例分配於各項資產，此舉容易導致資金配置失當而削減運用效率。

(ii)將資金來源與用途視爲各自獨立，實屬不切實際。由於資金來源與用途經常相互牽連，明確而獨立的劃分將屬不易施行。

(iii)資金運用應依週轉率或變異性而行的說法將是過於含糊不清，如：就個別存戶而言，活期存款流動性及週轉率或許就非常小，故其不盡然就須分配至高流動性資產上。

⑶「資金混合使用理論」

Robinson (1963) 等人發展的「資金混合使用理論」認爲銀行廠商使用資金不必考慮來源迥異而劃定不同使用方法，應將資金統籌分配以應付各種信用需求，使資金能在合理情況下相互支援，提昇運用效率。該理論以斟酌資產安全性與流動性爲首要原則，故宜按初級準備、次級準備、放款及證券投資等項目順序處理。該理論雖然較「資金分配理論」具體分配所有資金運用的各種比例更合時宜，不過個別資金來源的成本

收益情形及對銀行廠商利潤的貢獻却付之闕如，而其「過於強調流動性」
更爲主要缺陷所在。

⑷「系統管理方法」(system approach)

　　有鑑於經營金融產品的複雜性與日俱增，爲使銀行廠商能積極適應
環境變遷，並在管理上獲致整體性與一致性運作，「系統管理方法」乃應
運而生，決策流程與決定因素將如（表 13-1）所示：

　　(a)編製日基礎資產負債表：以應計基礎逐日編製資產負債表，做爲
資金來源與用途的參考依據。

　　(b)預測利率走勢：根據當前經濟金融情勢預測利率走勢，以確定生
息資產及付息負債之預期利率。

　　(c)編製利息差價表：將預測利率乘以相關之生息資產及付息負債，
可得利息收入與支出，兩者差額就是「利息差價」(interest spread)。

　　(d)計算淨邊際利率：將利息差價除以生息資產可得「淨邊際利率」
(net interest margin, *NIM*)。

　　(e)預估銀行廠商的非利息負擔：將銀行廠商營運產生的非利息費用
（如：薪資及雜項費用）減去非利息收益（如：手續費）可得「非利息
負擔」(net burden)。

　　(f)將非利息負擔對生息資產的比率與淨邊際利率相減後的差額和事
先訂定的稅前生息資產報酬率做一比較,即可評估銀行廠商的營運績效。

　　（表 13-1）顯示：Olson 與 Sollenberg (1978) 指出影響銀行廠商
績效的主要因素是「非利息負擔」及 *NIM*，後者又可表爲利率、生息資
產與付息負債數量及其組合的函數。「系統管理方法」的特色在於著重銀
行廠商整體的營運績效，但其最大缺陷却在不易預測利率。尤其是在金
融自由化環境下，縱然預測模型非常完備，利率仍受多種非金融與經濟
因素影響而呈隨機波動狀態。若以預測利率做爲經營銀行業務的憑藉，
將是值得堪慮的決策方式。

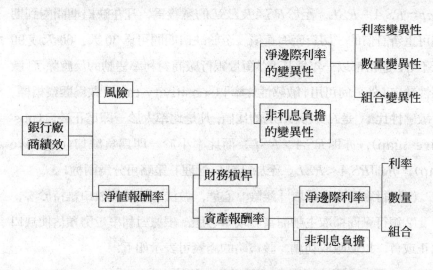

(表 13-1)　銀行廠商績效的決定模型

　　除開上述銀行資產負債管理方式外，由於金融業務競爭激烈、利率和匯率呈現遽烈起伏，銀行廠商爲穩定本身利潤，規避資產或負債的兌換風險，紛紛採取避險措施及發展新金融技術，期能開創收益來源與避免意外虧損。這些避險措施及新金融技術包括「外幣資產管理」、「金融期貨運用」、「缺口管理」(gap management)、「存續期間管理」(duration management)以及「資產證券化」等項，其中「缺口管理」及「存續期間管理」與利率敏感性息息相關。以下將就「缺口管理」、「存續期間管理」以及「資產證券化」三者的內涵加以說明：

㈠「缺口管理」

　　由於金融業務競爭激烈，釀成銀行廠商獲利能力逐漸下降，從而刺激各項因應措施紛紛出籠。其中，爲加強利率風險管理而引申出利率敏感性的「缺口管理」，此即「利率敏感性資產」(rate sensitive assets, *RSA*)與「利率敏感性負債」(rate sensitive liabilities, *RSL*)的差額：

$Gap = RSA - RSL$。至於RSA及RSL的意義爲：凡在缺口期間內到期或可重新訂價的一切資產與負債。至於缺口期間可爲 30 天、60 天或 90 天不等，通常都以一年爲基準。衡量銀行廠商對利率變動的反應除了「敏感性缺口」外，尙可用「敏感性比率」(sensitivity ratio)做爲觀察指標。「敏感性比率」是RSA與RSL的比值，凡是比率大於一即爲正缺口(positive gap)，亦即$RSA > RSL$；而比率小於一即爲負缺口(negative gap)，亦即$RSA < RSL$。至於「缺口管理」策略可分爲兩種：

(1)銀行廠商完全採取「避險」心態，做法上儘量使缺口維持於零；

(2)銀行廠商採取主動而富於攻擊心態，根據對利率走勢預估使缺口爲正或負，以便賺取利潤。該策略的涵義可表示如下：

$$E(\triangle NII) = RSA \cdot E(\triangle i) - RSL \cdot E(\triangle i)$$
$$= Gap \cdot E(\triangle i)$$

$E(\triangle NII)$爲「預期淨利息收益變動值」，而$E(\triangle i)$爲「預期利率變動值」。當預期利率攀升時，應採正缺口；而預期利率滑落，則採負缺口。另外，「缺口管理」型態可分爲兩種：

(1)「累計缺口模型」(cumulative gap model)：此即以一年爲期的缺口管理；

(2)「增量缺口模型」(incremental gap model)：將一般缺口期間劃分成數個「子期間」(subinterval)，以每個子期間爲新的缺口期間來進行更爲精確管理。

「缺口管理」雖可穩定銀行廠商的淨利息收益，甚或賺取利潤，不過操作失當亦可能肇致損失。因此，世界各大銀行廠商的 ALM 委員會多主張敏感性比率應維持在 95% 到 105% 之間。除了含有風險因素而可能遭致損失外，Mitchell 與 Santoni (1984) 認爲「缺口管理」尙有下列缺陷：

(1)同屬缺口期間裡的RSA和RSL所適用的利率並不一致,兩者利率

變動亦將迥異，利息收支不必然成等量同向變化。

　　⑵「缺口管理」僅考慮淨利息收益的風險，僅著重損益表中利率對盈餘的影響，忽略資產負債表中利率對淨值波動釀成的影響，故其執行易遭股東疑慮與不滿。

　　⑶對於 *RSA* 或 *RSL* 之提前清償貸款(loan prepayment)或非預期存款提領，缺口管理均無法提出良好的因應方式與對策。

　　「缺口管理」雖有以上缺失，但仍不失為短期有效的管理工具。至於銀行廠商採取的操作策略，將分別列於（表 13-2）中。

利率循環 項目	上升期	高峰	下降期	谷底
⑴流　動　性	下降	不足	增加	過多
⑵投　　　資	延長期限 增加投資	使期限最長 儘量取得投資	縮短期限 出售投資	使期限最短 儘量出售投資
⑶放　　　款	增加固定 利率放款	增加固定 利率放款	限制固定 利率放款	限制固定 利率放款
⑷資　金　取　得	短期	最短期	長期	最長期
⑸利率敏感性缺口	擴大缺口	使缺口最大	緊縮缺口	使缺口最小

（表 13-2）銀行廠商的缺口管理操作策略

㈡「存續期間管理」

　　股票投資者通常重視金融廠商淨值變化，由於「缺口管理」無法袪避利率波動對淨值變化釀成的風險，Macaulay (1938) 因而發展出「存續期間管理」用於分析銀行廠商淨值對利率變動的敏感性。值得注意者：「存續期間」(duration) 與「期限」不同，前者指信用工具以現值方式收回其價值的一段時間，後者係指信用工具的到期年限。一般而言，「存續期間」由於受到折現影響，因此普遍均較「期限」為短。

　　假設信用工具每年均可收到利息 C 元，直到第 n 年收回本金一百元。

當金融市場利率爲 i，且顯現資產收益率與期限關係的「收益曲線」(yield curve)爲平坦直線時，該信用工具折現價值爲：

$$PV = \frac{100}{(1+i)^t} + \sum_{t=1}^{n} \frac{C_t}{(1+i)^t} \tag{13.10}$$

至於「存續期間」D則定義爲：

$$D = [\frac{100t}{(1+i)^t} + \sum_{t=1}^{n} \frac{tC_t}{(1+i)^t}]/PV \tag{13.11}$$

由上式顯示：「存續期間」比「期限」更能衡量信用工具對利率變動的敏感性。以下即是「存續期間」、利率變動與信用工具價值變動間的關係：

$$\frac{dPV}{di} = -[\frac{100t}{(1+i)^{t+1}} + \sum_{t=1}^{n} \frac{tC_t}{(1+i)^{t+1}}] \tag{13.12 a}$$

$$(1+i)\frac{dPV}{di} = -[\frac{100t}{(1+i)^t} + \sum_{t=1}^{n} \frac{tC_t}{(1+i)^t}] \tag{13.12 b}$$

由(13.12 a)式及(13.12 b)式可知：

$$(1+i)\frac{dPV}{di} = -D \cdot PV \rightarrow \frac{dPV}{PV} = -D \cdot \frac{di}{1+i} \tag{13.13 a}$$

若以不連續型態而言，上式又可表爲：

$$\frac{\triangle PV}{PV} = -D \cdot \frac{\triangle i}{1+i} \tag{13.13 b}$$

由上式可知，「存續期間」愈大者，信用工具價值對利率變動敏感性就愈大。除了「存續期間」外，利率彈性亦可視爲衡量利率風險的指標。所謂「現值的利率彈性」ε就是信用工具現值變動對利率變動的敏感性：

$$\varepsilon = (\frac{\triangle PV}{PV})/(\frac{\triangle i}{i})$$

再將「現值的利率彈性」與「存續期間」結合在一起可爲：

$$D = \varepsilon \cdot \frac{-(1+i)}{i}$$

亦即「存續期間」愈大者，「利率彈性」也愈大。

Kaufman（1984)指出由於利率變動必然透過「存續期間」影響資產A與負債L價值，而資產或負債價值變動又會影響銀行廠商淨值(資產與負債價值之差額)，「存續期間」因而與淨值變動產生某種程度關聯。由(13.13 a)式可推得銀行廠商的資產與負債價值變動、利率變動與「存續期間」的關係如下：

$$\frac{\triangle PV_a}{PV_a} = (-D_a) \cdot \frac{\triangle i}{1+i}$$

$$\frac{\triangle PV_l}{PV_l} = (-D_l) \cdot \frac{\triangle i}{1+i}$$

將上述兩式相除，並令$\triangle PV_a = \triangle PV_l$，經整理可得：

$$D_a = D_l \cdot \frac{PV_l}{PV_a} = kD_l$$

由於$k<1$($PV_l<PV_a$)，是以資產的「存續期間」(D_a)必然小於負債的「存續期間」(D_l)。Kaufman(1984)接續指出銀行廠商資產與負債價值變動可表為：(i_a、i_l分別是資產與負債的利率)

$$\frac{\triangle A}{A} = -D_a \cdot \triangle i_a \qquad\qquad (13.14\ a)$$

$$\frac{\triangle L}{L} = -D_l \cdot \triangle i_l \qquad\qquad (13.14\ b)$$

銀行廠商資產A等於負債L與淨值W兩者之和，故其變動量為：

$$\triangle A = \triangle L + \triangle W$$

將(13.14 a)與(13.14 b)兩式代入上式，並令$\triangle i_a = \triangle i_l = \triangle i$：

$$\triangle W = (-AD_a + LD_l)\triangle i$$

再將上式兩邊遍除W，並令$\beta = L/A$

$$\frac{\triangle W}{W} = -(D_a - \beta D_l) \cdot \left(\frac{A}{W}\right) \cdot \triangle i \qquad\qquad (13.15)$$

由上式可知：銀行廠商淨值變動將視利率變動方向、幅度以及資產負債組合存續期間的差距($D_a - \beta D_l$)而定。Kaufman 藉此引伸出兩種

因應利率風險的資產負債組合管理策略:

(1)消極策略

在完全競爭金融產業中，銀行廠商無法控制金融市場利率，經理人惟有利用資產與負債存續期間的搭配來降低利率風險。假設銀行經理人關切銀行廠商淨值對利率變動必須具有「免疫性」（immunization）（$\triangle W/\triangle i=0$），由(13.15)式可知，只要維持資產與負債存續期間差距（$D_a-\beta D_l$）等於零，則可保持銀行廠商淨值不受利率變動影響。此時，銀行廠商經理人的具體作法是設法縮小資產存續期間或延長負債存續期間。不過該策略只能維持淨值帳戶具有免疫性，卻無法保障其他帳戶的免疫性，是以銀行廠商經理人只能「消極地」調整資產與負債存續期間來降低利率風險。

(2)主動策略

預期利潤與風險在不確定環境下係呈正相關，銀行廠商經理人若能正確預測利率走勢，維持資產與負債存續期間的固定差距，將可經由利率變動來牟利，如: 維持($D_a-\beta D_l$)＝1，則當利率全面滑落之際，銀行廠商可因淨值攀昇而獲利。不過採取主動策略前提是: 經理人須能正確預測利率走勢，且必須有資產負債表上各科目的充分資料，如: 約定利率、到期期限、期前買回價格、提前償還等，資料愈充足將使估算的存續期間愈正確。

最後，「存續期間管理」在理論上確能規避利率波動對銀行廠商淨值釀成的影響，但在實際執行上仍有缺憾:

(1)「存續期間管理」假設收益曲線爲平坦直線，此點與現實狀況不符。

(2)由於金融工具利率、支付條件及支付日期等資訊不易取得，且某些資產負債表的科目，如: 活期存款、抵押貸款等不易衡量，故「耗時費事」便成爲「存續期間管理」的主要缺陷。

(3)有關「提前清償貸款」與「非預期存款提取」，「存續期間管理」

亦無因應之道。

㈢「資產證券化」

　　「資產證券化」係以提昇廠商資產流動性爲重心，特別是當國際清算銀行規定自有資本比率後，銀行廠商爲能符合「資本適足性」要求與提昇資產收益率，進而謀求抑制負債成長，遂紛紛致力於尋求將缺乏流動性的資產轉變爲證券型式，再轉售投資者而使資金得以流通。另外，由於資產證券化成長迅速，廠商融資型態亦受波及，從而也跟進致力於資產證券化。至於「資產證券化」涵蓋範圍包括「企業金融證券化」（國內金融市場僅有此種形式的證券化）、「抵押擔保債權證券化」、「金融資產證券化」及「歐洲型證券化」四類，而其產生原因可由個體及總體因素兩方面說明：

⑴個體因素

　　廠商基於財務需求，採用經由證券化融資將具下列優點：

　　⒜「融資多元化」

　　以資產擔保之證券化有助於融資多元化，即使廠商本身信用評等欠佳，但以資產擔保有益於提昇償債性，資金成本亦可大幅降低。

　　⒝「改善財務結構」

　　廠商藉證券化出售應收債權與租賃債權，除規避兩種資產存續期間之利率風險外，兼具提昇資金部位流動性，改善財務結構。

　　⒞「資產帳外化」

　　出售資產可降低資產總額，提高自有資本比率，有益於提昇資產收益率。

⑵總體因素

　　⒜在 1960 年代末期，由於各國通貨膨脹加遽與名目利率揚升，加以停滯性膨脹造成廠商營運低迷與利潤滑落，內部保留盈餘往往偏低。另

外, 通貨膨脹促使廠商折舊不足、存貨資產評價偏低, 利潤虛增致令租稅與紅利的實質負擔擴大, 進而導致內部資金外流, 對外負債依存度(特別是短期負債) 因而急速上升。

(b)負債增加釀成廠商財務結構惡化, 短期支付能力 (流動比率) 滑落將削減償債能力, 從而影響資金籌措至鉅。當債券發行者信用欠佳時, 發行成本自然攀升, 為求融資多元化與降低成本, 轉而採取不令財務結構惡化之帳外融資方法。

(c)金融自由化誘導利率揚升, 銀行廠商自 60 年代末期起對貨幣市場資金依存度大幅提高, 基於資金來源成本上漲而轉嫁於放款利率隨之節節攀升, 廠商唯有透過多元化融資因應此種情勢, 促使資金成本低廉之證券化因而大受歡迎。

一般而言, 「資產證券化」定義有二:

(1)廣義言之, 資金流動由透過銀行廠商的貸放交易(間接融通), 轉為通過證券市場進行證券交易 (直接融通);

(2)狹義言之, 係指抵押債權經由證券化, 而使資產轉換成具有流動性。

以下將就兩者內涵分別說明之:

(1)「廣義證券化」 (以證券形式籌措資金)

該類證券化始於 1970 年代, 美國廠商透過證券市場融資頗為盛行, 而新融資方式與歐洲貨幣市場關聯日深更引人注目。

(a)商業本票市場擴大

大廠商或金融公司發行商業本票融資數量遽增, 特別是前者均以商業本票為主要融資工具, 較之向銀行廠商融資成本尤低。

(b)新型證券出現

1970 年代後半迄 82 年, 利率揚升與景氣低迷造成公司債發行條件惡化, 致令業績不振與信用評等滑落的公司從事長期融資(發行公司債)

比重隨之下降，中期債券(medium-term notes)或垃圾債券(junk bond)反而盛行於世。廠商發行無擔保中期債券係以汽車貸款之融資 GMAC 啓其端，至於垃圾債券係一般中小企業因信用評等低落無法在債券市場上市，但是合併收買(merger and acquision, M&A)推波助瀾及高收益高風險公司債流動性改善，以及投資者偏好高收益，促使垃圾債券市場急速成長，有助於信用欠佳廠商亦能從事證券化。

(c)歐洲貨幣市場(Euro-market)利用普及化

美國廠商在歐洲貨幣市場融資漸形普及，兼以銀行團以債券形態聯貸進行融資、運用，凡此均使美國廠商在歐洲市場中得以靈活從事融資，此即「歐洲型證券化」。

(2)「狹義證券化」(放款債權證券化)

放款債權流動化可追溯至 1970 年美國政府不動產貸款協會發行的不動產貸款抵押證券，爾後便成爲主要係以放款資產擔保證券發行，如：以汽車貸款爲擔保之證券(CARS)、以信用卡爲擔保之證券(CARDS)、租賃債權擔保證券(lease backed note)、應收帳款擔保證券、商業不動產債權擔保證券。至於發行該類債權前提是應具備金融市場規模大、債權同質化、呆帳風險低、資金流動較穩定等條件。該類債權證券化在發行之際，作爲擔保之放款債權應同時設立信託帳戶，而與改善財務結構之帳外交易處理相對應。在 1970 至 80 年代前期，廠商面對強烈資金需求，融資多數集中於證券形態。到了 80 年代後期，廠商財務結構變化(資產、負債面) 帶動放款資產證券化更上層樓，如：資產負債管理雖係銀行廠商特許的獨門行業，但就廠商而言，資產負債表管制或其資金管理亦逐漸受到重視。不過廠商業務大抵以實質投資(機器設備、存貨投資)爲主，而與銀行廠商資金管理有異，是以廠商追求證券化重點在於如何提昇資產流動性，俾能迴避風險。

廠商從事資產證券化促使金融廠商業務遭致重大衝擊，除傳統放款

交易外，證券業務與保證業務比重因而大幅提高。以下將就與廠商財務關聯最深之金融公司與銀行廠商分述之：

(1)金融公司(financial company)

證券化通常是以廠商金融子公司為主體，討論廠商進行資產證券化必然涉及在證券化過程中扮演重要角色的金融公司，尤其金融公司約佔商業本票發行者的半數，比重且與年俱增，而資產擔保之證券發行幾乎全為金融公司。金融公司可分為兩類：①汽車公司之金融子公司，如：GMAC(GM)、FMC(Ford 公司)與母公司之銷售金融、融資有密切關係；②與母公司業務毫無關係之獨立金融子公司。第一類子公司固可讓母公司享受諸多利益，卻易滋生問題，而其母公司享受利益如下：

(a)母公司透過子公司以租賃、應收帳款收買等方式進行融資。

(b)金融子公司與非金融母公司在會計上可不合併，故子公司負債增加不會導致母公司財務惡化。

上述金融子公司在廠商從事資產證券化過程中扮演重要角色，近來類似 GMAC 而與母公司業務無直接關係之金融子公司成長迅速，同時該類金融子公司不斷進行消費者金融、租賃、對廠商短期放款或不動產融資業務，儼然成為銀行廠商的強勁對手。

(2)銀行廠商

資產證券化帶動廠商融資多元化，從而釀成銀行廠商經營方式出現變革，如：優良大廠商憑藉良好信用得以商業本票融資，降低對銀行廠商短期資金依存度，此舉形成與後者交易常居優勢。面對此種情勢，銀行廠商轉而積極介入證券化業務，並以此為其重要收益來源。一般而言，銀行廠商常對證券發行提供保證，證券化因而得以順利進展；對信用欠佳廠商發行商業本票時，給予放款額度，商業本票更新時予以循環授信額度或對其發行擔保信用狀，凡此均使銀行廠商帳外交易(擔保信用狀、放款額度契約) 急速增加。

　　總之，廠商進行資產證券化發展已成潮流，然而證券化過程仍存在下列問題：

　　(1)廠商為求順利推動證券化，竟將最佳資產脫售，結果所剩資產品質惡劣，此種改善財務體質不禁令人產生疑慮。

　　(2)資產廣泛流動化有如將各種保證或風險分由眾多投資者承擔，萬一發生債務無法履行情事，對增加金融產業全體風險影響至鉅。

　　(3)資產證券化普及對金融政策、信用秩序如何維護的影響甚難掌握。

　　不過證券化發生緣由實為廠商的長期負債增加及財務體質惡化，銀行廠商資金供給能力不足，短期利率攀升所致。就長期觀之，證券化如欲滿足發行者與投資者雙方需求，則金融市場效率化不可或缺，蓋此將有益於證券化業務的順利進展。

§ 13.4. 　最適銀行資產組合與放款利率訂定

　　瞭解銀行廠商授信內容與「資產負債綜合管理」(ALM)方式後，相關文獻針對銀行廠商吸收存款負債D，如何授信(包含各類放款L與證券S)而使預期利潤極大的探討，有如汗牛充棟。以下將綜合重要文獻內容進行推演，簡化假設可分示於下：

　　(1)風險中立銀行廠商追求單期預期利潤最大，資產組合涵蓋準備R與授信 (證券S與放款L)；

　　(2)營運期間內，銀行廠商面對固定的預期存款負債D_0，存款利率r_d，同時忽略股權資金來源影響；

　　(3)銀行廠商面對實際淨存款流失的機率分配$f(x)$將屬常態分配；

　　(4)銀行廠商放款所獲報酬率r_l，但需提存呆帳比例β；至於證券投資所獲報酬率r_s，但需提存資本損失率θ；

　　(5)一旦遭逢準備匱乏之際，銀行廠商將需負擔固定比例的懲罰

成本b。

基於上述假設，風險中立銀行廠商在銀行信用市場上若屬獨占者，$r_l=r_l(L)$、$r_s=r_s(S)$，預期利潤函數可表爲：$(r_l'、r_s'<0)$

$$\text{Max } E(\widetilde{\pi})=(r_l-\beta)L+(r_s-\theta)S-r_dD_0-$$

$$\int_R^\infty b(x-R)f(x)\,dx \qquad (13.16)$$

銀行廠商追求期末預期利潤極大之際，須受期初資產負債表限制：

$$\text{S.t. } R+S+L=D_0 \qquad (13.17)$$

將上式代入(13.16)式，並分別對L與S偏微分：

$$\frac{\partial E(\widetilde{\pi})}{\partial L}=[(r_l-\beta)+L\cdot\frac{\partial r_l}{\partial L}]-b\int_R^\infty f(x)\,dx=0 \qquad (13.18)$$

$$\frac{\partial E(\widetilde{\pi})}{\partial S}=[(r_s-\theta)+S\cdot\frac{\partial r_s}{\partial S}]-b\int_R^\infty f(x)\,dx=0 \qquad (13.19)$$

重新整理上述兩式，可得風險中立銀行廠商安排最適銀行資產組合條件爲：

$$\left[(r_l-\beta)+L\cdot\frac{\partial r_l}{\partial L}\right]=\left[(r_s-\theta)+S\cdot\frac{\partial r_s}{\partial S}\right]=b\int_R^\infty f(x)\,dx$$

$$(13.20\,a)$$

上式涵義爲：在其他狀況不變下，銀行廠商擴大授信（放款或證券投資）所獲收益必須等於預期準備不足釀成的損失。重新整理上式：

$$r_l(1+\frac{1}{\varepsilon_l})-\beta=r_s(1+\frac{1}{\varepsilon_s})-\theta=b\int_R^\infty f(x)\,dx \qquad (13.20\,b)$$

$\varepsilon_l=\frac{\partial lnL}{\partial lnr_l}<0$ 是放款需求的利率彈性，$\varepsilon_s=\frac{\partial lnS}{\partial lnr_s}<0$ 是證券需求的利率彈性。上式結果可用(圖13-3)說明。由於銀行廠商在放款與證券市場同時扮演壟斷者角色，故面對的放款需求$r_l=r_l(L)$與證券需求$r_s=r_s$

(S)均爲負斜率曲線，兩者亦是授信的平均收益毛額(gross average revenue)曲線。再將兩者分別扣除「倒帳率」β與「資本損失率」θ後，自可獲得銀行廠商授信的平均收益淨額(net average revenue)曲線，由此可再推演出淨邊際收益曲線$(MR_l - \beta)$與$(MR_s - \theta)$。再將放款與證券的淨邊際收益曲線水平累加成(A 圖)中的銀行廠商授信的總和淨邊際收益曲線$\sum MR$，當其與邊際成本$(MC = b \int_{R}^{\infty} f(x)\,dx)$曲線相交時，

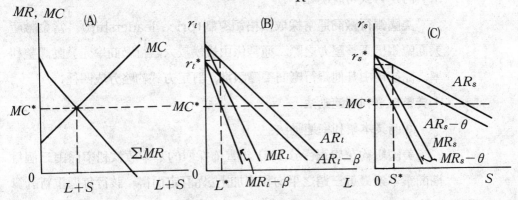

(圖 13-3)　放款與證券報酬率的訂定

將可決定邊際成本值MC^*與授信總量$(L+S)$。再將MC^*值分別代入(B)、(C)兩圖，分別與$(MR_l - \beta)$、$(MR_s - \theta)$兩曲線相交，將可決定銀行廠商在兩個分隔信用市場的最適授信數量L^*與S^*。兩者報酬率將視個別需求曲線位置而分別訂爲r_l^*與r_s^*，至於銀行廠商授信的淨平均報酬率將是$(r_l^* - \beta)$與$(r_s^* - \theta)$。由(13.20 b)式可知：銀行廠商遵循「資金混合使用理論」說法，分配資金於不同的區隔市場。由於放款與證券市場可充分區隔，故銀行廠商可依「差別利率訂價」方式，視個別市場需求彈性大小訂定相異報酬率。證券需求彈性大，則銀行廠商要求報酬率較低；放款需求彈性較小，則將索取較高報酬率，亦即：

$$r_l = (1 + \frac{1}{\varepsilon_l})^{-1} \left\{ \beta + b \int_R^\infty f(x)\,dx \right\} \tag{13.21}$$

由前述簡化模型分析可知：銀行廠商訂定放款利率將視放款需求彈性、倒帳率與預期準備不足的損失等因素而定。然而在實際營運過程中，銀行廠商通常針對信用評等最佳廠商的貸款申請，先行訂定「基本利率」或「中心利率」，然後依不同廠商信用狀況再行利率加碼。至於「基本利率」訂定方式可說明如下：

美國銀行廠商通常採取價格領導制(price leadership)，當金融產業面臨銀根調整壓力之際，通常係由規模較大銀行廠商率先發動調整利率，隨後再由其他銀行廠商委隨跟進，訂定方式約略分成四種：

(1)貸幣市場利率連動法

(a)商業本票利率連動法

美國紐約花旗銀行於 1971 年宣佈採取的基本放款利率係由三個月期商業本票最近三週之平均利率加上 α% 訂定而得。該行每週重新計算並調整一次，幅度以不超過 0.125% 為原則。α% 視銀行廠商決策、機會成本、同業間的競爭力、經營特性……等因素而定。

(b)定期存單利率連動法

美國大通銀行採用的基本放款利率是由定期存單利率加上 α% 訂定而得，α% 是考慮定期存單準備率、聯邦存款保險公司之保險費率而定。

(2)央行重貼現率連動法

日本銀行採取基本放款利率 (標準利率) 是由央行重貼現率加上 α% 訂定而得。

(3)資金成本法

(a)平均成本訂價法

以銀行廠商融資成本為基礎來計算基本放款利率：

基本放款利率＝儲蓄存款利率×($\frac{儲蓄存款}{總資金}$)＋定存利率×($\frac{定存}{總資金}$)

＋長期債券利率×($\frac{長期債券}{總資金}$)＋…＋α%（其中總資金＝儲蓄存款＋定

存＋長期債券＋…）

(b)邊際成本訂價法

新加坡以銀行廠商間短期拆款利率為基礎來計算基本放款利率。假

設一～六個月期同業拆借利率為$8\frac{7}{16}$%與$8\frac{5}{16}$%，其平均值為$8\frac{3}{8}$%。同

時，存款準備比率為26%，其中6%並未計息，10%購買公債，10%購買

國庫券，後二者平均利率為4.5%，以此計算資金成本如下：

$$100 \times 8\frac{3}{8}\% = (100-26) \times r + 6 \times 0 + 20 \times 4\frac{1}{2}\%$$

資金成本利率r＝10.10%

由於同業拆借利率經常變動，基本放款利率可按成本利率再行加碼

而得。

⑷綜合法

香港基本放款利率是隨貨幣市場利率與存款利率波動而調整，後者

是由銀行公會商議訂定。

綜合上述國外基本利率訂定方式可知：要建立基本利率制度，首先

必須形成一、二家領導性銀行廠商，其次是必須存在健全發展的貨幣市

場。由於國內貨幣市場規模仍小，商業本票品質差異大．國庫券交易量

少，從而無法形成合理利率提供銀行廠商訂定基本利率參考，故國內基

本利率形成主要係考慮衡量自身資金成本。至於銀行廠商如何衡量資金

成本，進而訂定基本利率將可分述於下：

⑴總資金平均成本法

總資金平均成本＝（存款與借入款的利息支出）÷（存款與借入款平

均餘額)

總資金營業成本率＝〔業務及管理成本×(放款與債券利息及股利÷營業收入)〕÷(存款與借入款平均餘額)

銀行廠商擬定基本利率時，以總資金平均成本率與總資金營業成本率之和作爲衡量資金成本基礎，隨後再行加碼而得。由於該項方法係依稅務會計概念估算而得，簡單易算。但因無法反映資金機會成本，較不適合作爲銀行廠商決策依據，理由是：銀行廠商吸收存款，在稅務會計上只能顯示利息支出情況，至於存款中提存準備無法授信而產生的機會成本將無從反映，故其估計的資金成本顯然偏低。

(2)運用放款所需最低利率法

存款成本＝〔名目存款利率－存款準備率×60%×2.4%×(1－營業稅率－福利金提撥率)〕÷(1－準備率)

其中60%是法定準備付息比率，2.4%是央行支付的法定準備利率。

運用放款所需最低利率＝存款成本率÷(1－營業稅率－印花稅率－福利金提撥率)

若以「運用放款所需最低利率」爲衡量資金成本基礎，則以定存、儲蓄存款、長期債券等佔總資金比例爲權數，將可求得各種存款利率之加權平均數，隨後再行加碼而爲基本利率。由於該項方法「運用放款所需最低利率法」係採財務會計概念，在計算存款成本時已考慮法定準備率，故可確切反映存款機會成本。不過在實際採用時，該方法仍有商榷之處：

(a)該方法採用「各期別存款名目利率」作爲計算基礎，實際上各期限存款利息支出卻非按名目利率計算，宜採會計報表上各期別存款平均利率作爲計算基礎較爲恰當。

(b)該方法計算存款成本所採「準備率」是以法定準備率爲依據，無法正確反映銀行廠商實際提存的準備，如：超額準備存在則不適用，若

改採實際準備率較能反映存款成本率。

(c)該方法係採稅前概念，但在衡量資金成本時以稅後概念（考慮所得稅率）爲宜。此外，該方法係採「直接成本」概念，只考慮因存放款衍生之直接成本，若能再考慮間接成本，則較完整。

(d)僅以存款負債成本衡量銀行廠商資金成本似嫌不足，若能全盤考慮各種資金來源成本較爲妥當。不過該方法在相同計算基礎下，可用於比較銀行同業間吸收各期限存款成本。

(3)存款成本率簡化法

存款成本率＝存款利率÷（1－存款準備率）

若以存款成本率做爲衡量資金成本基礎，則以定存、儲蓄存款、長期債券等佔總資金之比例爲權數，可求得各種存款利率之加權平均數，然後再行加碼而爲基本利率。

(4)歷史平均成本法

$$資金成本＝負債成本×（\frac{總負債}{總資產}）＋普通股成本×（\frac{普通股價值}{總資產}）$$

$$＋特別股成本×（\frac{特別股價值}{總資產}）$$

$$負債成本＝存款負債成本×（\frac{存款負債}{總負債}）＋其他負債成本×$$

$$（\frac{其他負債}{總負債}）$$

$$存款負債成本＝\frac{利息支出＋交易成本}{1－存款準備率}×（1－邊際稅率）$$

$$普通股成本＝\frac{普通股股利}{普通股股價}×（1＋預期成長率）$$

$$特別股成本＝\frac{特別股股利}{特別股股價}$$

綜合以上各項成本，基本利率即是資金成本加上 $α\%$，$α\%$ 爲加成百

分點。該項方法是探討銀行廠商資金來源成本，將資金來源分成負債與股權兩類資金，然後分別求算個別成本，再以負債、股權佔總資產比例爲權數，求得各種資金來源成本之加權平均數作爲訂定基本利率依據。這種方法有下列幾項優點：

　　(a)該方法是通盤考慮全部資金來源而求算出資金成本，並非僅是考慮存款成本而已。

　　(b)衡量負債成本時已經考慮機會成本，係以財務會計爲依據。

　　(c)該方法在衡量存款負債成本時，將稅前負債成本乘以(1－邊際稅率) 得出稅後負債成本。在衡量資金成本時，採用此種稅後概念較爲適當。

*§ 13.5. 抵押品理論

　　誠如前面分析所示：銀行廠商授信之際，通常對借款者缺乏強制性債權，故爲求確保債權因而要求借款者提供某些資產或請求權充做抵押品，促使其成爲信用市場交易條件的主要部份。Plaut (1985)認爲任何「放款交易」(loan transaction)應該可用(L_0, r, σ, T, N)組合表示，L_0是期初放款數量，r是放款利率，σ是還款速度，T是直至放款全部歸還的期間長度，N是借款者提供給出借者的抵押品資產單位。爲探討抵押品與其他放款變數間的相互關係，Plaut 提出下列假設：

　　(1)信用市場屬於完全競爭型態，衆多經濟成員可爲借款者或出借者；

　　(2)所有出借者的財富、預期與偏好完全相同，同時在達成競爭均衡(competitive equilibrium)時，出借者對借錢給他人或保有風險性資產兩者間並無差異。換言之，出借者並不在意將錢借給何人，而是經由調整放款條件來達成均衡。

　　基於上述假設，Plaut 利用出借者的「無異曲面」(indifference

surface)推演放款型態與放款變數間的關係。假設借款者在每段期間以
δ速度乘上外在放款數量歸還貸款本息, 而在T期間歸還全部債務。L_t是
t點涵蓋累積本息的放款數量,

$$\frac{dlnL_t}{dt} = r - \delta \tag{13.21 a}$$

由上式可解出:

$$L_t = L_0 e^{(r-\delta)t} \tag{13.21 b}$$

借款者在期初($t=0$)將價值V_t($V_0=1$)的抵押品或請求權質押給出
借者, 一旦在$0 \le t \le T$期間內發生倒帳, 出借者將可處分該項抵押品,
不過每單位抵押品在t點的處分價值爲C_t。依據 Telser(1980)的說法,
C_t與V_t兩者不等的理由如下:

(1)出借者處分抵押品時, 尚需考慮法律成本(legal cost), 以及由實
際取得至出售抵押品的時間遲延成本;

(2)抵押品對借款者具有某些內在價值, 對出借者卻無此價值, 如:
對借款者提供直接效用 (房子居住、高爾夫俱樂部) 或非市場化產品 (名
譽、信用評等、良心痛苦)。

V_t是借款者在t點倒帳時的總成本或損失 (包含非信用成本), 同時
也是稍後才倒帳的機會成本。當$\delta=0$時, V_t價值將是最高, 故倒帳絕對
不會在T點之前發生。V_t與C_t均爲隨機值, V_t的機率密度函數爲f_t
(V_t), 而$C_t = C_t(V_t)$。V_t可視爲指定的自然狀態, 且對應每一V_t均會
存在C_t, 其機率爲$f_t(V_t)$。此外, 只要借款者並未倒帳, 出借者無法藉
由取得抵押品而獲得效用, 故在整段或某些期間內, C_t價值或許爲零。
另外, 當$L_t > V_t N$時, 倒帳自然發生, 理由是: 借款者負債已經超越抵
押品價值或倒帳成本。換言之, V_t實際上係源自倒帳的總損失, 包括道
德上的負效用、名譽損失、延遲倒帳替換方案的損失、損失未來在信用
市場融資機會與有形抵押品損失等。至於借款者在t點的倒帳機率爲:

$$1 - \beta_t = \int_0^{(L_t/N)} f_t(V_t)\, dV_t \tag{13.22}$$

β_t 是 t 點不會發生倒帳的機率,而 $f_t(V_t)$ 為眾人皆知。β_t 是期初（$t=0$）至 t 點間不會發生倒帳的機率:

$$\beta_t = 1 - \int_0^t \beta_j(1 - \beta_j)\, dj \tag{13.23 a}$$

$$\frac{\partial \beta_t}{\partial t} = \beta_t(\beta_t - 1) \tag{13.23 b}$$

由 (13.23 b) 式可知:

$$\beta_t = exp \int_0^t (\beta_j - 1)\, dj \tag{13.23 c}$$

假設借款者與出借者雙方均在追求預期效用最大,出借者由放款衍生的預期效用將視 L_0、r、δ、T、N 與 f_t 而定。假設 $U(X)$ 是經由放款安排後開始進行還款 X 衍生之效用,$U(0)=0$,$U'' \gtrless 0$ 意謂著出借者係風險愛好、中立或袪避者,而所有出借者效用函數均屬完全相同。一旦倒帳未曾發生,出借者由放款可獲利潤如下:

$$L_0 \pi_t = L_0 \{\frac{\delta}{r - \rho - \delta} + 1\}[e^{(r-\rho-\delta)T} - 1] \tag{13.24}$$

上式涵義是:出借者在任何時間 $t\,(0 \le t \le T)$ 可獲還款 $\delta L_0 \cdot e^{(r-\rho-\delta)T}$。其中,$\pi_t > 0$ 是源自經過機會成本調整的還款,ρ 是類似安全性資產報酬率的貼現率。至於倒帳若在某時點發生,出借者利潤將是:

$$\pi_t L_0 + e^{-\rho t} NC_t - L_0 e^{(r-\rho-\delta)t} \tag{13.25}$$

其中,$\pi_t = L_0\{\frac{\delta}{r - \rho - \delta} + 1\}[e^{(r-\rho-\delta)t} - 1]$,$NC_t$ 是出借者在倒帳時點處置所有抵押品的價值,上式第三項代表 t 點的放款外在價值損失。所有出借者若係追求預期效用最大,預期效用函數將是發生與未發生倒帳衍生效用的加總:

$$E\{U(L_0,\ r,\ \delta,\ T,\ N)\}$$

$$= U(L_0\pi_t)B_t + \int_0^t B_t \int_0^{L_t/N} \{U[NC_t(V_t)e^{-\rho t}$$

$$+ L_0(\pi_t - e^{(r-\rho-\delta)t})]f_t(V_t)\}dV_t dt \qquad (13.26)$$

當信用市場屬於完全競爭型態時，出借者進行任何型態的授信交易組合$\{L_0, r, \delta, T, N\}$所獲預期效用為零，理由是：U係出借者授信所獲效用，而上式已經涵蓋所有機會成本，故當信用市場達成均衡時，由各種放款交易組合衍生的預期效用必須等於$U(0)=0$。以下將以(13.26)式的借款者效用函數說明放款變數間的相互關係，進而探究借款者的「五度空間」無異曲面型態。

就(13.26)式分別對放款變數偏微分，結果分述於下：（由於微分結果過於繁雜因而省略不列）

(1)$\dfrac{\partial EU}{\partial N}>0$恆成立，亦即借款者提供抵押品愈多，出借者債權保障程度愈大，致使效用遞增；

(2)$\dfrac{\partial EU}{\partial r}<0$，放款利率攀昇有助於提昇放款收益而使出借者效用水漲船高；

(3)$\dfrac{\partial EU}{\partial T}\gtrless 0$，在放款期限未達$T^*=\dfrac{-ln[1-\varepsilon(r-\delta-\rho)]}{(r-\delta-\rho)}$時點前，放款期限延長將使借款者預期效用上昇($\dfrac{\partial EU}{\partial T}>0$)，$\varepsilon$是銀行廠商收益的效用彈性；一旦放款期限超越$T^*$後，放款期限延長將使借款者預期效用下降($\dfrac{\partial EU}{\partial T}<0$)；

(4)不論出借者風險偏好為何，$\dfrac{\partial EU}{\partial L_0}<0$，亦即期初放款數量增加必然削減出借者效用；

(5)當還款速度 δ 微小而期限 T 極為遙遠時，$\dfrac{\partial EU}{\partial \delta} < 0$。不過在超越某時點後，$\dfrac{\partial EU}{\partial \delta}$ 將轉為正值。一旦 δ 趨近無窮大時，授信活動實際上已經停止，$E(U)$ 將趨近於零。

瞭解五個放款變數變動釀成的影響後，當信用市場達成均衡之際，所有放款交易組合均會落於既定的「無異曲面」上，任何放款交易在均衡時可視為 $(L_0,\ r,\ \delta,\ T,\ N)$ 五項變數值的組合而使 $E(U) = U(0) = 0$。以下將討論銀行廠商授信時，對不同放款變數的相互關係：

由前述分析顯示：$\dfrac{\partial EU}{\partial L_0} < 0$，$\dfrac{\partial EU}{\partial r} > 0$，當 δ、T、N 持平時，利率須隨授信額度增加而上昇，方能維持出借者效用不變。同時，$\dfrac{\partial EU}{\partial N} > 0$，當抵押品數量增加時，放款利率將下降而趨近於市場貼現率 ρ。其中，較為特殊例子是「槓桿貼水」(leverage premium)，銀行廠商授信若係用於融通購買資產所需部份資金，並以其充做抵押品，該放款即類似財務槓桿而以 (L_0/N) 表示。同時，

$$\partial EU / \partial (\tfrac{L_0}{N}) = (\partial EU / \partial L_0)\Big|_{\overline{N}} + \partial EU / \partial (\tfrac{1}{N})\Big|_{\overline{L_0}} < 0$$

(圖 13-4) 顯示：銀行廠商授信利率與放款抵押品槓桿結構間將呈正向關係。當抵押品數量遞增($\tfrac{L}{N}$ 趨近於 0)，放款利率自然逼近市場貼現率 ρ；一旦該項槓桿比例($\tfrac{L}{N}$)上昇，利率隨之攀昇，同時將存在一個極大的槓桿比例($\tfrac{L}{N}$ 趨近於 1)，此時對應的放款利率 r^* 將是銀行廠商要求的最高利率。值得注意者：上述「槓桿貼水」與出借者風險態度無關，甚至當出借者為風險愛好者時，較高放款抵押品槓桿的授信倒帳機率相對

增大，出借者仍會索取較高利率並不意外。

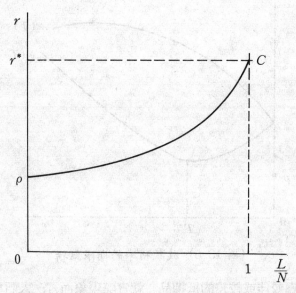

（圖 13-4）利率與放款抵押品槓桿比例的關係

　　再由（圖 13-5）中顯示：$\partial EU/\partial r > 0$，而 $\partial EU/\partial T$ 將視 $(T^* - T)$ 的符號而定。一般而言，對短期放款 $(T < T^*)$ 而言，當 $(r-\rho-\delta) > 0$ 時，放款利率的期限結構將會下降，直至 $T > T^*$ 後，風險性放款的到期利率才會反轉遞增，即如 $r_1(T)$ 曲線所示。至於當 $\delta = r$ 時，銀行廠商在外放款數量始終維持固定，每期利息收益迅速用於支付資金成本，故利率期限結構將如 $r_2(T)$ 所示為遞增狀況。至於在 $\delta > r - \rho$ 的狀況，仍將適用 $r_2(T)$ 的曲線。另外，借款者擬定還款時間表將與授信利率有關。在 T 期間內，還款速度越快，銀行廠商授信利率自然酌情調低，理由是：快速還款有助於削減出借者面臨的倒帳風險，故可給予較低放款利率作為補償。

　　接著，Plaut 指出抵押品品質良窳將會影響倒帳機率，進而改變借貸雙方效用水準，高風險（價值變異性較大）或具有較高預期報酬率的資

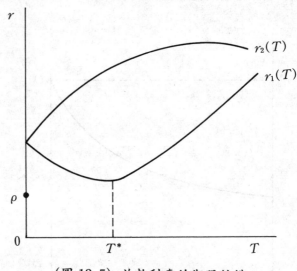

(圖 13-5) 放款利率的期限結構

產並非即爲較佳或較差的抵押品。就實際現象而言，人們拿來充當貸款
抵押品的資產，其價值通常超越 CAPM 理論評估之合理價值，是以銀行
廠商亦會就其評估的抵押品價值授予某一額度貸款，以確保本身債權。
至於借款者能夠提供的抵押品涵蓋動產與不動產兩項，前者包括廠商財
務報表上所列的流動資產，如：應收帳款、存貨、陳列備售商品與機器
設備等項目。

　　最後，國內銀行同業公會爲配合新銀行法實施，適應工商業融資需
要，依照銀行法第卅七條第一項規定，研訂借款者提供抵押品價值核估
標準，除報准財政部核備外，並分函各會員銀行自 65 年元月起實施。爾
後，銀行公會復於 72 年 9 月 2 日，根據 71 年全國金融業務檢討會結論
研訂「金融機構受理擔保品鑑價要點」，金融廠商辦理抵押品鑑價時，應
參酌下列原則而行：

　　(1)建築物：

　　(a)新建築物：以全國銀行同業公會按年調整公佈之建築物估價標準

爲依據；

(b)舊建築物：依銀行公會按年調整公佈之建築物估價標準扣除依法定耐用年數提列折舊後的淨額爲準，並得視其維護修繕及使用情形酌予增減估值。

(2)土地：以時價扣除按時價提列之應計土地增值稅爲準，無法獲知時價時，得以公告現值扣除按公告現值衡量之應計土地增值稅爲準。

(3)機器設備（包括船舶及航空器）：

(a)新機器：以購置成本爲準，依據買進之相關原始憑證核定，亦得參酌當時市價情形核估。

(b)舊機器：按原始購置成本扣除依法定耐用年數提列折舊後的淨額爲準，並得視其性能、使用保養及市場價格狀況等因素酌予增減估值。

(4)工業原料、成品、半成品：以成本與蠆售物價(wholesale price)孰低爲準。

(5)銀行定期存單：以面額爲準。

(6)國庫券、公債、金融債券及公司債：以面額與市價孰低爲準。

(7)上市股票：以最近三個月之平均市價與承做前一營業日之收盤價孰低爲準。

(8)其他抵押品：依據其時價及市場變現性等因素而做彈性決定。

*§ 13.6. 銀行放款制度的選擇

由前面各節分析顯示：銀行廠商早期信守「實質票據學說」精神，授信型態強調短期具有高度流動性的「特定交易放款」制度($SPOT$)爲主。然而邁入二十世紀後，隨著銀行廠商追求分散資產組合風險，授信型態逐漸轉向強調長期「顧客關係」的「放款承諾契約」制度(LCC)。兩類迴異的放款制度將具有下列顯著差異：

(1)前者($SPOT$)基於「特定交易型態」而對商業票據給予貼現放款,類似商業本票或公司債的交易方式;至於後者(LCC)則基於長期「特定顧客關係」而給予「循環授信額度」放款。

(2)$SPOT$制度屬於「特定交易型態」的貸款,借款者必須承擔借款數量增加而致風險貼水遞增,並已計入信用利率的邊際訂價公式中;至於LCC制度係為「特定顧客關係」的貸款,契約內容包含「固定利率」與「承諾費用」兩個價格變數,且需提供不同型態的抵押品補償銀行廠商面臨的倒帳風險。

(3)$SPOT$制度係借款者就每筆放款逐一與銀行廠商談判,而屬單一交易的放款制度。借款者須負擔銀行廠商索取遞增倒帳風險貼水的利率,該利率亦受放款期限與倒帳風險等因素影響。另一方面,LCC制度係銀行廠商同意在契約持續期間內供給借款者資金至某一既定額度,借款者則係支付浮動利率而未附加倒帳風險貼水。不過借款者使用資金前,必須支付固定的承諾或信用方便(credit facility)費用,而構成放款利率的兩種價格結構因素尚需視「倒帳風險」與「契約期間」等因素而定。

Melnik 與 Plaut(1986)用 (圖 13-6) 說明兩種迥異制度下的放款供給曲線。在$SPOT$制度下,借款者負擔放款利率將是放款數量與銀行廠商財務結構的函數,i_f是無風險利率或借款當時盛行的「基本利率」。至於在LCC制度下,借款者使用授信額度可達L^*,除需支付固定利率i_f外,尚需負擔固定的承諾費用F(並未見於圖中)。一旦LCC借款者希望取得超越L^*授信額度的資金,惟一途徑只好前往短期放款($SPOT$)市場進行融資。換言之,當借貸資金超越L^*後,LCC借款者必須與$SPOT$借款者支付相同價格方能取得額外資金。

為求簡化分析, Melnik 與 Plaut(1986)在詮釋借款者選擇放款制度前, 須做下列假設:

(1)忽略放款到期日或契約期間長度問題;

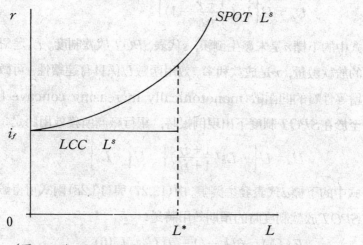

(圖 13-6)　*SPOT*與*LCC*放款制度下的放款供給曲線

⑵在任何放款制度下，借款者期初取得資金，而於期末連本帶利全部歸還，同時期初盛行的基本利率i_f事先未曾揭曉。此外，在*LCC*制度下，承諾授信額度與方便費用F係由借款者與銀行廠商雙方在期初前談判決定；

⑶銀行廠商面對完全競爭的信用市場，借貸雙方均在追求預期效用極大；

⑷借貸過程中並無營運或交易成本存在；

⑸銀行廠商可前往債券市場購買無風險資產以替代放款，是以該資產報酬率i_f（相當於基本利率）同時代表授信資金的機會成本。

基於上述假設，當期末屆臨時，放款市場將會出現兩種可能狀況：(i)借款者依約歸還本息的機率爲θ；(ii)借款者無法歸還本息而倒帳的機率爲$(1-\theta)$。在此，θ屬於外生變數未受期初授信數量與約定利率的影響。

就*SPOT*制度而言，當倒帳未曾發生時，銀行廠商的效用函數爲：

$$U_n = U\left\{L_s\left(\frac{1+r}{1+i_f}-1\right)\right\} \tag{13.27}$$

式中的下標n是未發生倒帳，s代表$SPOT$放款制度。L_s是$SPOT$制度下的放款數量，r是放款利率。效用函數U係具有連續性、可微分與單調遞增等性質的凹函數(monotonically increasing concave function)。至於在$SPOT$制度下出現倒帳時，銀行廠商所獲效用將是：

$$U_d = U\left\{-L_s\left(\frac{1+i_f}{1+i_f}\right)\right\} = U\left\{-L_s\right\} \tag{13.28}$$

式中的下標d代表發生倒帳。由(13.27)與(13.28)兩式可得銀行廠商採取$SPOT$放款制度時的預期效用將是：

$$E(U_s) = \theta U_n + (1-\theta) U_d = U(0) \tag{13.29 a}$$

上式中的最後等式係基於完全競爭假設而來。$E(U)$絕對不會小於$U(0)$的理由是：一旦銀行廠商預期利得小於拒絕放款所獲效用時，自然不會擴張信用。但當$E(U)$大於$U(0)$時，將有誘因促使銀行廠商的競爭者調低利率，結果釀成$E(U)$下降，直至兩者相等方才達成均衡。

若欲求出銀行廠商訂定放款利率的槓桿結構（放款與保有無風險債券）時，可就(13.29)式進行全微分：

$$dL_s\left\{\theta U_n'\left(\frac{1+i_f}{1+i_f}-1\right)-(1-\theta) U_d'\right\}+dr\left[\frac{\theta U_n' L_s}{(1+i)}\right]=0 \tag{13.30}$$

重新整理上式可得銀行廠商在$SPOT$制度下的放款供給利率彈性：

$$\varepsilon = \frac{dr}{dL_s}\frac{L_s}{r} = \frac{1-\theta}{\theta}\left[\frac{1+i_f}{r}\right]\left(\frac{U_s'}{U_n'}\right)+\frac{i_f}{r}-1>0 \tag{13.31}$$

同時，借款者面對的邊際資金成本(marginal fund cost, *MFC*)為：

$$1+MFC = \frac{d[L_s(1+r)]}{dL_s} = 1+r(1+\varepsilon) \tag{13.32}$$

上式最後一項類似完全專買者面對遞增因素供給曲線下的邊際因素

成本。由於上述模型係假設銀行信用市場屬於完全競爭型態，放款供給曲線斜率遞增將是銀行廠商要求遞增特定槓桿(leverage-specific)風險貼水所造成。

假設借款者為融通投資實質生產性活動而借款，而其倒帳機率為 $(1-\theta)$。一旦借款者無法償付本息，顯示其投資決策已經失敗，除無法獲致任何效用外，同時也不歸還任何債務。至於倒帳若未發生，借款者在支付利息成本前，由實際投資所獲收益為 $\rho L - \frac{1}{2} L^2$，其邊際投資效率軌跡將等於 $\rho - L$，L 是借款數量占銀行廠商全部可貸資金的比例，ρ 是投資報酬率。當倒帳出現之際，借款者將無任何效用，故追求預期效用極大相當於追求無倒帳時的利潤極大。在 $SPOT$ 制度下，借款者取得融資進行投資所獲利潤將是：

$$\text{Max} \quad \pi_s = \rho L_s - \frac{1}{2} L_s^2 - r L_s \tag{13.33}$$

由於借款者目標旨在嘗試選擇最適 L_s 而使利潤 π_s 極大化，故其一階條件為：

$$\rho - L_s = r(1-\varepsilon) = MFC \tag{13.34}$$

一旦上述條件實現，借款者利潤將是：

$$\pi_s^* = L_s \left[\frac{\rho + MFC}{2} - r \right] = \left[\rho - r(1+\varepsilon) \right] \left[\frac{\rho + r(1+\varepsilon)}{2} - r \right] \tag{13.35}$$

以下用（圖13-7）說明借款者在 $SPOT$ 制度下的融資利用狀況。ρCA 是邊際投資效率或信用需求曲線，當邊際投資效率軌跡與 MFC 曲線交於 C 點時，借款者將可獲取利潤極大。此時，借款者的總收益為 $O\rho C L_s$，利息成本為 $ODBL_s$，故由(13.35)式導出的利潤將等於 ρCBD 區域。

接著，再探討借款者面臨 LCC 放款制度下的決策行為。在該放款制

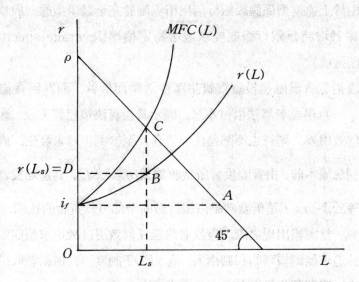

(圖 13-7) *SPOT* 放款制度下的融資使用均衡

度下, 借款者支付無風險利率或基本利率 i_f 後, 將能融通資金至授信上限
L^*, 並於實際借款時, 再行預先支付承諾費用 F。一旦借款者決定超額
融資(借貸金額超過 L^*), 僅能轉往 *SPOT* 放款制度, 支付欲借資金顯現
的特定槓桿利率方能取得融資。以下用(圖 13-8)說明上述狀況。在 *LCC*
放款制度下, 借款者面對 $i_f JKN$ 放款供給曲線, 而對應的邊際資金成本
MFC 曲線爲 $i_f JQR$。假設借款者效用函數與投資需求曲線均同於 *SPOT*
制度, 邊際投資效率曲線將是 ρCA。在基本利率 i_f 下, 借款者的信用需
求量 L_c 將小於 L^*, 顯示僅使用部份信用額度而已, 並且投資 L_c 於購置實
質資本計劃。借款者若要取得融資, 必須預付銀行廠商承諾費用 F, 故其
資金需求爲 $L_c + F = B$。一旦借款者無法償還融資, 銀行廠商僅損失 L_c,
至於當中的 F 早已納入銀行廠商口袋中。若是未曾發生倒帳, 借款者到期
將需歸還 $B(1+i_f)$。

　　假設銀行廠商效用函數同於 *SPOT* 放款制度。倒帳若是發生, 銀行
廠商獲得 $U(F-B)$ 的效用; 反之, 銀行廠商效用將是 $U(F)$。至於利息

不會進入銀行廠商效用函數的理由是：在LCC放款制度下，銀行廠商索取的放款利率i_f恰好等於購買債券所獲報酬率或相當於放款資金的機會成本。有鑑於此，一旦銀行廠商獲知放款數量L_c，預期效用將是：

$$E(U_c) = \theta U(F) + (1-\theta) U(-L_c) = U(0) \tag{13.36}$$

上式最後一項等式仍是源自完全競爭假設。另一方面，在倒帳發生之際，LCC放款制度下的借款者利潤仍然為零；至於未曾發生倒帳時，借款者所獲利潤π_c可表為：

$$\pi_c = \rho L_c - \frac{1}{2} L_c^2 - i_f B - F \tag{13.37}$$

借款者的目標旨在選擇L_c而使上式利潤極大，其一階條件為$L_c = \rho - i_f$，而所獲利潤將如（圖 13-8）中的$\rho A i_f$區域所示，其值為$\pi_c^* = \frac{(\rho - i_f)^2}{2} - F(1 + i_f)$。

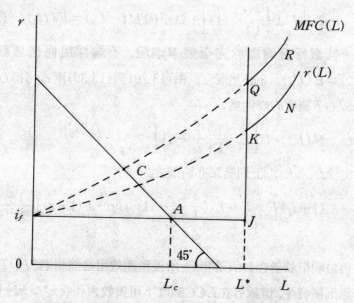

（圖 13-8）*LCC放款制度下的融資使用均衡*

　　瞭解在兩種放款制度下的借貸雙方行為後，接續比較兩者優劣。為求簡化，假設借款者在兩種制度下面對的投資需求函數均為已知，此即顯示銀行廠商知道顧客想要融資數量。在此，比較兩者優劣實際上可簡化為僅是比較借款者的偏好即可，理由是：銀行廠商面對完全競爭的放款市場，進行授信所獲預期效用為零，故對採取何種放款制度並無特殊偏好。此種現象造成在倒帳無從發生時，比較不同放款制度下借款者的偏好狀況，即是視其所獲利潤 $\pi_c^* \gtreqless \pi_c^*$ 而定。

　　由(13.36)式可知銀行廠商在 LCC 制度下的預期效用是：

$$\theta U(F) + (1-\theta) U(-L_c) = E(U_c) \tag{13.36}$$

F 是銀行廠商依據契約放款收取的承諾費用，$L_c + F$ 是借款者融資總量，L_c 是銀行廠商遭致倒帳的損失。再由(13.29 a)式可知銀行廠商在 $SPOT$ 制度下的預期效用：

$$\theta U\left[L_s(\frac{1+r}{1+i_f}-1) \right] + (1-\theta) U(-L_s) = E(U_s) \tag{13.29 b}$$

　　一旦銀行廠商處於完全競爭環境，不論採用何種放款制度，$E(U_c) = E(U_s) = 0$ 必然成立。由(13.29)與(13.36)兩式可得 LCC 制度優於 $SPOT$ 制度的條件為：

$$U(F) > U\left[L_s(\frac{1+r}{1+i_f}-1) \right]$$

由於 $L_s < L_c$，下列結果亦將成立：

$$(1+i_f)F > F > L_s(\frac{1+r}{1+i_f}-1) = [\rho - r(1+\varepsilon)]\left[\frac{1+r}{1+i_f}-1 \right]$$

$$\tag{13.38}$$

　　再證明借款者在 LCC 制度下所獲預期效用必然超過 $SPOT$ 制度，亦即若無倒帳發生，借款者在 LCC 制度下可獲較大利潤 $\pi_c^* > \pi_s^*$。依據前面分析，

$$\pi_s^* = [\rho - r(1+\varepsilon)]\left[\frac{\rho + r(1+\varepsilon)}{2} - r\right]$$

同時,

$$\pi_c^* = \frac{(\rho - i)^2}{2} - (1+i)F < \frac{(\rho - i)^2}{2} - [\rho - r(1+\varepsilon)]\left[\frac{1+r}{1+i_f} - 1\right]$$

$$(13.39)$$

π_c^*大於π_s^*的必要條件如下:

$$\frac{(\rho - i_f)^2}{2} > [\rho - r(1+\varepsilon)]\left[\frac{1+r}{1+i_f} - 1 + \frac{\rho + r(1+\varepsilon)}{2} - r\right]$$

$$(13.40)$$

由於$r > \left[\frac{(1+r)}{(1+i_f)} - 1\right] + i_f$, 上式可重新表為:

$$\frac{(\rho - i_f)^2}{2} > [\rho - r(1+\varepsilon)]\left[i_f + \frac{\rho + r(1+\varepsilon)}{2}\right]$$

$$(13.41)$$

上式接續再簡化為:

$$r(1+\varepsilon)\left[i_f - \frac{r(1+\varepsilon)}{2}\right] < \frac{i_f^2}{2}$$

$$(13.42)$$

上式隱含$0 < [r(1+\varepsilon) - i_f]^2$, 是以$\pi_c^* > \pi_s^*$必然成立。換言之, 基於前面所列假設, 借款者選擇*LCC*放款制度進行融資將能獲取較大利潤, 顯示該制度將優於*SPOT*放款制度。

*§ 13.7.　實質資源模型

依據前述分析, 銀行廠商在「受信」與「授信」過程中, 除需「金融投入」(資金) 外, 包括勞動 (行員) 與資本設備在內的「實質投入」亦屬不可或缺。尤其是銀行廠商營運必須面臨不確定性引發的多重風險, 為求規避各種風險, 耗費實質資源從事搜集訊息活動更屬事在必行。然而誠如 Stigler(1961) 指出, 市場訊息並非自由財, 獲取訊息必須消耗實

質資源，是以廠商投資訊息活動必須同時兼顧成本與收益，方能決定最適訊息投資量。基於該項看法，Aigner 與 Sprenkle(1968)首先考慮訊息成本對於銀行廠商授信行為的影響，亦即銀行廠商投入實質資源搜集有關客戶行為的訊息，經由降低預期倒帳機率而昇高預期利潤。

Baltensperger(1972)接續強調營運風險與營業成本(operation cost)之間存在互相抵換的關係，銀行廠商可經由下列方式降低不確定性釀成的風險成本：

(1)經由耗費實質資源進行生產有關客戶訊息；

(2)經由增加帳戶數，同時降低各種帳戶內的平均餘額。

雖然上述方法有助於減輕銀行廠商面對的多重風險，但卻擴大營業成本負擔，是以最適訊息投資量應使邊際營業成本增加等於邊際風險成本節省。

瞭解銀行產業係屬「實質資源密集」型態的產業後，Baltensperger(1972)與 Niehans(1978)紛紛將「實質資源成本」引進銀行廠商決策模型，使其決策方式能夠更趨完備。以下將推演 Niehans(1978)模型內涵，進而說明完整的銀行廠商決策行為，相關假設可分述於下：

(1)銀行廠商放款屬於「開放性信用額度」(open credit line)或「隨時透支」(overdraft facility)型態，借款者在授信額度內可隨時融通，此舉將使授信到期日具有相同的不確定性；

(2)銀行廠商面臨準備與提款需求具有類似不確定性；

(3)銀行廠商授信經常面臨倒帳損失，不過基於往昔經驗於事前約略知悉；

(4)倒帳損失具有隨機性，銀行廠商因而必須維持某數量股本E，用於保護存款者免於「銀行失敗」的損失。換言之，隨機因素在決定銀行廠商的準備比例與股本比例時扮演重要角色。

由於銀行廠商租賃資本財與雇用勞動進行生產「受信」與「授信」，

故其簡化資產負債表等式可表爲：

$$R+L=D+E \tag{13.43}$$

假設上式中各個項目均具完全同質性，每筆存款D均爲相同數量θ，每筆放款L亦是等量δ，銀行廠商旨在安排資產負債表內涵而使預期利潤臻於最大。此外，在追求預期利潤極大過程中，銀行廠商同時面對下列限制：

(1)「確定性限制」

該項限制條件類似廠商理論中的生產函數，亦即銀行廠商營運必須雇用資本K與勞動N兩種實質投入，且與其掌握的放款與存款數量息息相關。在既定放款與存款數量下，銀行廠商使用的技術性生產函數可表爲：

$$f(K, \ N, \ L, \ D)=0 \tag{13.44}$$
$${\scriptstyle(+)}{\scriptstyle(+)}{\scriptstyle(-)}{\scriptstyle(-)}$$

其中，以放款表示的資本邊際產量可表爲：

$$dL/dK(\overline{N}, \ \overline{D})=-\frac{f_k}{f_l}$$

至於其他邊際關係可做相同定義。

(2)「隨機性限制」

銀行廠商面對的「隨機性限制」涵蓋「提款風險」與「倒帳風險」兩種。放款通常具有既定到期日，存款則屬隨時提存，故假設銀行廠商在營運期間內面對淨提款數量$(W \gtrless 0)$的機率分配爲$\phi(W)$，其平均數爲0，標準差爲σ_w。當銀行廠商面對$W>R$時，勢必醞成準備不足$(W-R)$現象，且須支付懲罰利率ρ拆借資金補足。反之，一旦銀行廠商面對$(R-W)>0$狀況時，在融通即期資金的市場欠缺完全性的狀況下，勢必形成超額流動性資金貸出無門現象。有鑑於此，銀行廠商面對預期準備赤字ρ將是D與R的函數：

$$\rho = E(W-R) = \int_{R}^{\infty} (W-R)\,\phi(W)\,dW = \rho(D,\ R)$$
$$\qquad\qquad\qquad\qquad\qquad\qquad\qquad\qquad (+) \quad (-)$$

$$(13.45)$$

上式可用(圖13-9)說明。圖中的ρ曲線是預期準備赤字固定下，存款與準備的各種組合軌跡，該軌跡可稱爲「等準備赤字曲線」(isoreserve curves)且呈遞增現象。該曲線重要特性是取決於$\phi(W)$機率分配，而且代表銀行廠商必須緊急融資數量。至於銀行廠商若需提存法定準備，ρ曲線隨即移動法定準備的數量，而懲罰成本在準備耗盡前並不會出現。此外，銀行廠商雖受最低法定準備限制，但基於前述理由仍將保有超額準備。

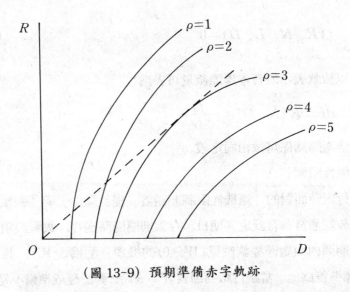

(圖13-9) 預期準備赤字軌跡

另外，銀行廠商將面對放款倒帳損失F，其機率分配$\phi(F)$的平均倒帳比例$\beta > 0$，標準差爲σ_f。當$F > E$時，銀行廠商自然宣告倒閉，故其在追求利潤最大過程中將須考慮預期破產成本不得超過下列指定價值$\overline{Z}$：

$$\overline{Z} = \int_{E}^{\infty} (F-E)\,\phi(F)\,dF = \overline{Z}\,(\underset{(+)}{L},\ \underset{(-)}{E})$$

(13.46)

上式可用(圖 13-10)中的等預期破產成本曲線Z表示，其特性與(圖 13-9) 的ρ曲線完全雷同，係爲斜率遞增的曲線。

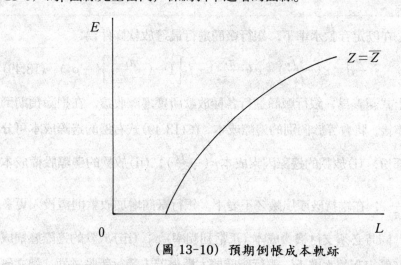

（圖 13-10）　預期倒帳成本軌跡

　　綜合以上所述，考慮銀行廠商從事實質生產行爲必須消耗實質資源成本後，預期利潤函數可爲：

$$E(\widetilde{\pi}) = (i_l - \beta)L - i_d D - i_p \cdot \rho - e \cdot E - WN - rK \quad (13.47)$$

i_l是放款利率，β是預期倒帳比例，i_d是存款利率，i_p是懲罰利率，e是正常利潤率，W是貨幣工資率，r是資本財租金。假設體系內所有市場均屬完全競爭，銀行廠商在個別市場的價格下能夠借貸任何資金、雇用勞動與租貸資本財。

　　銀行廠商追求(13.47)式的利潤最大，將受(13.44)至(13.46)三式的限制，經由設定 Lagrange 函數進行求解，可得達成最適均衡的三項邊際條件如下：

　　⑴在存放款水準已知下，銀行廠商進行生產所使用的最適因素組合

條件為:

$$\frac{W}{f_n} = \frac{r}{f_k} \tag{13.48}$$

上式涵義為: 在生產技術已知下,銀行廠商以其他因素成本表示的放款邊際成本將會相等。同時,以其他因素成本表示的存款邊際成本亦將相等。

(2)在既定存款水準下,銀行廠商進行最適放款條件為:

$$i_l - \beta = r\left(\frac{-f_l}{f_k}\right) + e\left(\frac{\pi_l}{-\pi_e}\right) + i_p\left[1 - \left(\frac{\pi_l}{-\pi_e}\right)\right](-\rho_r) \tag{13.49}$$

上式涵義為: 銀行廠商進行各種放款所獲邊際收益,在扣除預期倒帳成本後,將會等於個別的邊際成本。在(13.49)式右邊的邊際成本可分成三部份: (i)放款的邊際因素成本 $r\left(\frac{-f_l}{f_k}\right)$; (ii)放款的邊際股權成本 $e\left(\frac{\pi_l}{-\pi_e}\right)$: 在維持破產風險 $\overline{Z}$ 不變下,銀行廠商增加放款則需投入更多股本,同時必須支付機會成本 (正常利潤率) e; (iii)放款的邊際懲罰成本: 在既定存款水準下,銀行廠商擴大授信若未發行新股融通,勢必釀成準備不足而擴大提款風險,從而必須負擔懲罰利率 i_p。

(3)在既定放款水準下,銀行廠商吸收存款的最適條件可表為:

$$i_p(-\rho_r) = i_d + r\left(\frac{-f_d}{f_k}\right) + i_p\rho_d \tag{13.50}$$

上式左邊係懲罰成本下降帶來的邊際準備利益。至於右邊項目係銀行廠商吸收存款的邊際成本,包括利息成本、存款的邊際因素成本及懲罰成本。

綜合上述邊際條件將可解出銀行廠商對存款、放款準備、股本、資本財與勞動的需求函數,這些函數將視各種利率與因素價格而定。以下將就各種變數釀成的影響說明於下:

(1)當放款利率i_t上昇時，銀行廠商進行放款與必要發行的股本數量將會攀昇。同時，銀行廠商將存款轉換爲放款更有利可圖狀況下，存款需求亦將揚昇，至於對準備的總合影響將屬不確定性，理由是：以放款代替準備壓力將會減輕，但是銀行廠商操作擴張卻呈反向變動。不過平均準備比例確實會下降，理由有二：(i)較高放款利率誘使銀行廠商在承擔較高預期準備赤字時有利可圖；(ii)基於大數法則，銀行廠商營運擴張時，將可能在較低準備比例下獲致相同的預期準備赤字。

(2)當銀行廠商面對存款利率提高時，預擬吸收存款總量將會收縮，進而同時收縮放款與必要股本數量。此外，在存款下降減低預期準備赤字下，銀行廠商的準備需求將會呈現遞減現象。不過在大數法則呈現反向運作且預期準備赤字既定下，銀行廠商提存準備比例勢必上昇。同時，懲罰利率與存款利率差距縮小將會降低銀行廠商面對預期準備赤字的意願。

(3)當懲罰利率攀昇之際，將會驅使銀行廠商增加保有準備，進而提昇準備比例。至於準備比例上昇及銀行廠商營運獲利率下降，對吸收存款的總合影響將是模糊不清。另外，放款與股本數量將會收縮，理由是：(i)保有資金的邊際獲利性大於放款；(ii)銀行廠商營運水準收縮。

(4)本模型係假設銀行廠商營運呈現規模報酬遞減特性。一旦該特性不存在，則個別銀行廠商在完全競爭下的規模將無上限。在此，銀行廠商的規模經濟源自「技術性的生產函數」與「隨機項目」兩個原因。有關前者的探討可參見第十一章，至於「隨機規模效果」(stochastic scale effect)可見諸於 Baltensperger(1972)的文獻。基於「大數法則」，當銀行廠商資產負債表上的所有項目等比例遞增時，預期準備赤字則以較小比例攀昇，而且破產機率亦將下降。由隨機觀點來看，大型銀行廠商享有隨機規模經濟將較小型銀行廠商爲佳。除非隨機規模經濟被實質生產因素擴張肇致的規模報酬遞減過份抵銷，否則大型銀行廠商在純粹競爭

(pure competition)下仍然較佳,不過這並不意謂著小型銀行廠商無法生存（較差）或銀行產業會有趨向集中化遞增(increasing concentration)的傾向。換言之,銀行廠商規模不僅受成本遞增限制,同時也受不完全競爭下的市場規模大小影響。在區域性市場規模、運輸、交通與訊息成本已知下,縱使是非常小型銀行廠商營運也能非常昌隆。

(5)隨機性規模經濟對不同型態銀行廠商而言,將會釀成迥異的營運結果。活期存款通常具有相對高度提款風險,商業放款存在相對高度的倒帳風險,故兩者發揮的隨機性規模經濟將較抵押放款與定期存款為強烈。在無管制性限制條件下,規模迥異的銀行廠商傾向於各自擁有不同的資產負債結構,小型銀行廠商傾向於將資產與負債集中安排於相對較低風險項目上,而較高風險市場則由大型（或較少風險怯避）銀行廠商所壟斷。同理,大型銀行廠商能夠承受較高風險,故可保有鉅額存款與放款,而小型銀行廠商為維持較低風險,僅能分散於保有較少數額的存款與放款。

〔本章重要參考文獻〕

1. 何瑞坤:《銀行資產與負債管理理論——兼述最近之研究發展趨勢》,臺北市銀行經濟研究叢書第十種,民國六十五年四月。

2. 黃建森:〈銀行實施信用評等之探討〉,臺北市銀月刊,十三卷十期,民國七十一年十月,pp.14-52。

3. 鄭正敏與李文齡:〈銀行基本放款利率訂價之探討〉,臺北市銀月刊,十六卷一期,民國七十四年一月,pp.11-15。

4. ＿＿＿＿:〈商業銀行經營政策〉,臺北市銀月刊,十七卷九期,民國七十五年九月,pp.82-93。

5. 謝玉玲:《商業銀行資產管理理論與臺灣之實證研究》,政大經研所碩士論文,民國七十三年六月。

6. 劉美縷:《銀行資產選擇行為: 臺灣地區之實證研究》,交大管理科學研究所碩士論文,民國七十五年六月。

7. 謝德宗:〈銀行資產管理理論的綜合探討〉,臺北市銀月刊,民國八十二年。

8. 李儀坤:〈證券化與企業金融〉,臺灣經濟金融月刊,二十五卷七期,民國七十八年七月,pp.14-18。

9. 臧大年:〈資產證券化: 美國之經驗〉,證券市場發展季刊,十六期,民國八十一年,pp.48-64。

10. 林世淵:〈美國金融證券化之發展〉,證券市場發展季刊,十六期,民國八十一年,pp.65-84。

11. Ahlers, D. M., Increasing Asset-Liability Management Committee Effectiveness, *The Bankers Magazine*, Jul-Aug 1980, pp.18-22.

12. Baker, J. V., Jr., Asset-Liability Management IV, *Banking*, September, 1978, p.114.

13. Baltensperger, E., *Economies of Scale, Firm Size, and Concentration in Banking*, JMCB, 1972, pp.467-488.

14. ____, *Costs of Banking Activities: Interactions Between Risk and Operating Costs*, JMCB, 1972, pp.595-611.

15. ____, *Alternative Approach to Theory of the Banking Firm*, JME, 1980, pp.1-37.

16. Bierwag, G. O., Kaufman, G. G. & Toevs, A. L., *Single Factor Duration Models in a Discrete General Equilibrium Framework*, JF, 1982, pp.325-338.

17. Blackwell, Norman R. & Santomero, A. M., *Bank Credit Rationing and the Customer Relation*, JME, 1982, pp.121-129.

18. Campbell, T. S., *A Model of the Market for Lines of Credit*, JF, 1978, pp.231-244.

19. Flannery, M. J., *How Do Changes in Market Interest Rates Affect Bank Profits?* FRB of Philadelphia, Sep-Oct 1980, pp. 13-22.

20. Frost, P. A., *Bank's Demand for Excess Reserves*, JPE, 1971, pp.805-825.

21. Hayes, D. A., *Bank Funds Management*, Ann Arbor: Univ. of Michigan, 1980.

22. Kaufman, G. G., Measuring and Managing Interest Rate Risk: A Primer, *Economic Perspectives*, FRB of Chicago, Jan-Feb 1984.

23. Klein, M. A., *A Theory of the Banking Firm*, JMCB, 1971, pp.205-218.

24. Lieber, Z. & Orgler, Y. E., *Optimal Borrowing and Bank Lending Policies: An Interactive Approach*, JBF, 1986, pp.255-265.

25. Melnik, A. & Plaut, S. E., *The Economics of Loan Commitment Contracts: Credit Pricing and Utilization*, JBF, 1986, pp.267-280.

26. Mitchell, T. B. & Santoni, G. J., *Hedging Interest Rate Risk with Financial Futures: Some Basic Principles*, FRB of St. Louis, October, 1984, pp.15-25.

27. Morrison, G. R., *Liquidity Preference of Commercial Banks*, Chicago Univ. Press, 1966.

28. Niehans, J., *The Theory of Money*, Baltimore: Johns Hopkins Univ., 1978.

29. Olson, R. L. & Simonson, D. G., *Interest Sensitivity, Gap Management, and Bank Performance*, Orlson Research Associations, Silver Spring, Maryland, 1981.

30. Orr, D. & Mellon, W. G., *Stochastic Reserve Losses and Expansion of Bank Credit*, AER, 1961, pp.614-623.

31. Plaut, S. E., *The Theory of Collateral*, JBF, 1985, pp.401-419.

32. Pyle, D. H., *On the Theory of Financial Intermediation*, JF, 1971, pp.737-747.

33. Ratti, R. A., *Stochastic Reserve Losses and Bank Credit Expansion*, JME, 1979, pp.283-294.

34. Robinson, R., *The Management of Bank Funds*, New York: McGraw-Hill, 1962.

35. Santomero, A. M., *Fixed Versus Variable Rate Loans*, JF, 1983, pp.1363-1380.

36. _____, *Modeling the Banking Firm: A Survey*, JMCB, 1984, pp.577-602.

37. Selhausen, H. M. Z., *Commercial Bank Balance Sheet Optimization: A Decision Model Approach*, JBF, 1977, pp.119-142.

38. Sinkey, J., *Commercial Bank Financial Management*, New York: Macmillan, 1986.

39. Spellman, L. J., *The Depository Firm and Industry: Theory, History and Regulation*, Academic Press, 1982.

40. Thakor, A., *Towards a Theory of Bank Loan Commitments*, JBF, 1982, pp.55-83.

41. Tobin, J., *The Commercial Banking Firm: A Simple Model*, Scandinavian JE, 1982, pp.495-530.

42. Toevs, A. L., *Gap Management: Managing Interest Rate Risk in Banks and Thrifts*, FRB of San Francisco, No.2, 1983, pp.20-35.

43. Walter, I., *Country Risk, Portfolio Decisions, and Regulation in International Bank Lending*, JBF, 1981, pp.77-92.

44. Watsong, R. D., *The Marginal Cost of Funds Concept in Banking*, J. of Banking Research, Vol.8, No.3, 1977.

45. Zaker, H. E., *Conversion of Commercial Bank Funds*, Bankers Publishing Company, 1957.

第十四章　貨幣供給與銀行信用分配

　　貨幣供給模型最早發軔於 C. A. Phillips (1920) 的《銀行信用》(*Bank Credit*) 一書，此後經由 Tinbergen (1939)、Mead (1952)、Friedman 與 Schwartz (1963)、Brunner 與 Meltzer (1964)、Cagan (1965)、Smith (1967) 前仆後繼研究，認爲貨幣供給乃是央行與銀行廠商共同營造的成果，是以 Niehans (1978) 稱之「兩階段貨幣供給過程」(two-stage money supply process) 而成爲「舊觀點」貨幣供給理論的主體架構。

　　Gurley 與 Shaw (1960) 在《金融理論中的貨幣》書中指出：「金融廠商是體系內溝通資金的主要催生者，故在討論銀行廠商決策與貨幣供給函數形成時，不應排斥『非銀行金融廠商』的運作於千里之外」，Tobin (1963) 接續由「資產選擇理論」觀點說明嚴格區分銀行廠商與非銀行金融廠商的不當性。爾後，Coghlan (1977) 宣稱體系內貨幣供給應是央行、銀行廠商與「非銀行金融廠商」(NBFI) 三方面合作創造的成果，Niehans (1978) 稱爲「三階段貨幣供給過程」而形成「新觀點」貨幣供給理論的主體。

　　Keynes (1930) 在《貨幣論》中率先指出金融廠商經由「受信」與「授信」過程影響經濟活動運行，「舊觀點」理論強調「受信」方式 (交易媒介或貨幣供給) 係左右經濟活動的源頭，至於「新觀點」理論轉而突出「授信」方式是影響人們決策的主因。Brunner 與 Meltzer (1976) 甚至在〈封閉經濟的總體理論〉(Aggregate Theory for a Closed Economy) 中採用「銀行信用市場」取代傳統模型的「債券市場」，強調

銀行信用供需 (流量概念) 決定利率, 並因此而成為「溫和貨幣學派」
的重要特色。值得注意者: 資金供需雙方在「銀行信用市場」互通有無
時, 並非單純視利率水準而定, 尚需附加各種貸款條件 (如: 保證人、
抵押品) 方能成交, 一旦條件不符勢將告貸無門而有「信用分配」現象
存在, 此乃該市場盛行的重要特色。

本章首先說明「舊觀點」貨幣供給文獻內涵, 進而由「縮減式」
(reduced form) 與「結構式」(structural form) 模型分別推演貨幣供
給過程的決定因素。其次, 將說明「新觀點」貨幣供給文獻內容, 同時
亦由「縮減式」與「結構式」模型推演「貨幣供給」與「銀行信用需求」
的決定因素。接著, 銀行廠商在「銀行信用」市場上扮演需求者角色,
是以將就「銀行信用」供需函數如何形成深入說明。最後,「銀行信用」
市場交易除視價格 (利率) 因素而定外, 非價格因素往往扮演喧賓奪主
角色,「信用分配」正是其中重要產物, 故將逐一介紹相關的「信用分配」
理論文獻。

§14.1. 「舊觀點」貨幣供給理論

自從 Phillips (1920) 率先鑽研貨幣供給模型後, 歷經學者們繼起推
廣而於 1950 與 1960 年代期間大放異釆。該期間的貨幣供給文獻堅信,
貨幣數量是左右經濟動向的源頭, 而央行 (通貨) 與銀行廠商 (活期存
款) 正是惟二能夠創造該項源頭的主角,「貨幣供給過程」乃是央行與銀
行廠商兩者間交互運作的結果, 其他部門行為影響微不足道可略而不談。
基於該項信念推演的貨幣供給模型均可劃歸「舊觀點」名下, 而其推演
方式有「縮減式」與「結構式」兩類模型之分。

㈠「縮減式模型」

Friedman 與 Schwartz (1963) 在《美國貨幣史，1867～1960》(*A Monetary History of the United States*) 書中提出貨幣供給基本模型後，Cagan (1965) 接續推演出略具差異的結果，由於兩者模型雷同而可合併討論。在「Friedman-Schwartz-Cagan模型」中，體系是由央行、銀行廠商與大眾三個部門組成，簡化資產負債表如(表14-1)所示：

(a)資產		央行	負債	
國外資產淨額	NFA	大眾持有通貨		C^p
對政府債權	COG	存款準備		R
其他資產	OA	政府存款		GD
		其他負債		OL
		央行淨值		NW

(b)資產		銀行廠商	負債	
存款準備	R	活期存款		DD
銀行貸款	L	其他負債		OLB
有價證券	S			
其他資產	OAB			

(c)資產		大眾	負債	
通貨	C^p	銀行貸款		L
活期存款	DD	有價證券		S
其他資產	OAP	其他負債		OLP

(表 14-1)　央行、銀行廠商及大眾之資產負債表

所謂「強力貨幣」或稱「貨幣基數」(monetary base)、「基礎貨幣」、「準備貨幣」，係爲創造貨幣供給的基礎，由央行對包括銀行廠商與大眾在內的民間部門發行之貨幣性負債總額所構成。央行發行此類貨幣性負

債供銀行廠商與大眾持有，經由兩者安排資產組合行為與必須提存準備要求，共同決定創造貨幣供給數量。由於最後創造的貨幣供給量係「央行貨幣性負債總額」的某一倍數，表示一單位「央行貨幣性負債」可支撐數單位貨幣供給量，故稱為「強力貨幣」。接著，由 (表 14-1 a) 的央行資產負債簡表引伸出「使用面」(use side)的「強力貨幣」供給方程式：

$$H = C^p + R \tag{14.1}$$

若由會計恒等式另可引伸出「來源面」(sources side)的「強力貨幣」定義：

$$H = \underbrace{NFA}_{\substack{\text{國際收} \\ \text{支失衡}}} + \underbrace{(COG - GD)}_{\text{財政赤字}} + \underbrace{(OA - OL)}_{\text{金融赤字}} - NW \tag{14.2}$$

就上式取變動量，「強力貨幣」變動實與下列三者息息相關：

(1)國際收支失衡

一國進出口與資本移動若需透過央行結匯時，央行握有之國外淨資產變動量△NFA將相當於「國際收支失衡」。央行若欲維持固定匯率不墮，且未以國庫券沖銷(sterilize)國際收支盈餘引來的貨幣數量累積時，「強力貨幣」自然水漲船高。

(2)財政赤字

財政部推動赤字預算，發行公債由央行購買，則央行對公部門債權與債務差額的變動量△$(COG - GD)$就是「財政赤字」，「強力貨幣」勢必隨之起伏。

(3)金融赤字

央行對其他部門債權與債務差額的變動量△$(OA - OL)$，相當於央行對金融產業提供融資，一般稱為「金融赤字」而使「強力貨幣」與之同進退。

接著，大眾部門發行有價證券(S)與放款合約(L) (合稱「銀行信用

供給」BK^s)，向銀行廠商貸得資金而分別以通貨(C^p)與活期存款(DD)型態保有。至於銀行廠商發行活期存款吸收資金後，依照規定提取準備(R)，然後購買有價證券與進行放款而形成「銀行信用需求」(BK^d)。假設貨幣供給定義爲央行發行而由大衆持有的通貨淨額與銀行廠商發行的活期存款淨額：

$$M_{1a}^s = C^p + D \tag{14.3}$$

就 (14.3) 與 (14.1) 兩式相除，經整理可得「Friedman-Schwartz縮減式」貨幣供給函數：

$$M_{1a}^s = (\frac{1+d}{d+\rho}) \cdot H = m \cdot H \tag{14.4}$$

$d = C^p/D$是通貨活存比例，$\rho = R/D < 1$ 是準備存款比例，m是貨幣乘數(money multiplier)。上式顯示：「舊觀點」M_{1a}^s貨幣供給將是各種金融比例(d、ρ)與基礎貨幣或強力貨幣H的函數：

$$M_{1a}^s = f(d, \rho, H) \tag{14.5}$$
$$\quad\quad\quad (-)\ (-)\ (+)$$

$$\frac{\partial M_{1a}^s}{\partial d} = \frac{-(1-\rho)}{(d+\rho)^2} < 0$$

$$\frac{\partial M_{1a}^s}{\partial \rho} = \frac{-(1+\rho)}{(d+\rho)^2} < 0$$

極端「舊觀點」理論宣稱，(14.5) 式中的各項金融比例與支付習慣、金融制度規定息息相關，常年穩定而不易波動，是以該類模型又稱爲「固定係數方法」(fixed coefficient approach)、「比例方法」(ratio approach)或「貨幣乘數方法」。爾後，Tobin 與 Brainard (1963) 再次指出金融比例趨於穩定乃是存款與準備市場(reserve market)供給係外生決定，兩者需求單獨決定均衡數量，d與ρ兩項金融比例亦由需求決定。只要需求因素波幅有限，兩者傾向於成爲固定值。

值得注意者：當銀行廠商進行充分放款而未保有超額準備時，(14.

1) 式中的 R 全係法定準備，ρ 即是法定準備比例。體系內所有成員若以支票充做交易媒介，顯示通貨活存比例 d 趨近於零，而且銀行產業生產信用過程中將無「現金流失」(cash drainage)現象。一旦上述狀況同時出現之際，(14.4) 式將簡化成：

$$M_{1a}^{s} = \frac{1}{\rho} H \tag{14.6}$$

$m = 1/\rho$ 將是 Phillips（1920）推演的「銀行貨幣乘數」(bank money multiplier)或「信用擴張乘數」(credit expansion multiplier)，係指銀行廠商吸收存款用於創造貨幣之最大極限倍數。另外，Cagan (1965)為突出「通貨比例」(C^{p}/M)的影響力，將「Friedman-Schwartz貨幣供給函數」修正如下：

$$\frac{M_{1a}^{s}}{H} = \left\{ \left(\frac{C^{p}}{M}\right) + \left(\frac{R}{M}\right) \right\}^{-1} = \left\{ \left(\frac{C^{p}}{M}\right) + \left(\frac{R}{D}\right)\left(\frac{D}{M}\right) \right\}^{-1} \tag{14.7 a}$$

由於 $\left(\frac{R}{M}\right) = 1 - \left(\frac{C^{p}}{M}\right)$，上式可變爲：

$$M_{1a}^{s} = \left\{ \left(\frac{C^{p}}{M}\right) + \left(\frac{R}{D}\right) - \left(\frac{R}{D}\right)\left(\frac{C^{p}}{M}\right) \right\}^{-1} \cdot H \tag{14.7 b}$$

當人們握有現金占貨幣供給比例（通貨比例）攀昇之際，體系內必然出現銀根緊縮現象。瞭解Friedman-Schwartz-Cagan的貨幣供給基本模型後，再以（圖14-1）說明貨幣供給形成過程。

在現實社會中，人們同時使用通貨與支票兩種貨幣充當交易媒介，故依「貨幣數量學說」內容：人們執行既定支出所需的貨幣 $M^{d} = Y/V$ 可由通貨與支票提供的貨幣勞務中獲得滿足，是以「流動性勞務函數」設定爲：

$$M_{1a}^{d} = l(C^{p}, D) = (Y/V) \tag{14.8}$$
$$\phantom{M_{1a}^{d} = l(}{\scriptstyle(+)} {\scriptstyle(+)}$$

由於通貨與支票在交易過程中各擅其長，方便與安全性各有所異而

非完全替代,「流動性勞務曲線」將如 (圖14-1) 的 l_1 軌跡所示呈現曲線型態。一旦人們使用兩種貨幣的相對機會成本 r_0 已知時, 最適通貨活存比例 $(C^p/D)^*$ 自然決定, 貨幣需求是 $M^d_{1a} = C^p_1 + D_1$。其次, 央行發行通貨部分由大眾保有, 部分流入銀行廠商形成存款, 後者須依某一比例 ρ_1 提存準備 R。一旦 C^p 與 R 由央行控制, 即為圖中的「強力貨幣」 H_0。銀行廠商吸收存款後, 除提存法定準備外, 將視金融環境另行保有超額準備, 至於剩餘資金將用於創造「銀行信用」 BK^d (放款與購買證券)。當準備比例 ρ_1 確定後, 銀行廠商創造存款能力將如圖中的 H_0D_0 軌跡所示。

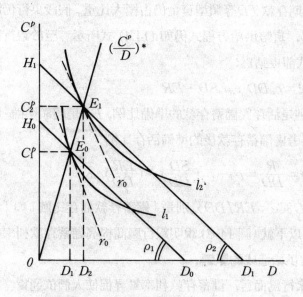

(圖 14-1)　貨幣供給過程

　　總之, 一旦央行發行通貨數量、銀行廠商保有準備比例與大眾預擬保有的通貨活存比例已知時, 貨幣供給量將決定於 H_0D_0 與 OE_1 兩軌跡的交點, $M^s_{1a} = C^p_1 + D_1$ 恰好等於 $M^d_{1a} = C^p_1 + D_1$。央行若採寬鬆銀根政策, H_0D_0 軌跡順勢右移至 H_1D_1, 在 $(C^p/D)^*$ 與 ρ_1 比例固定下, 貨幣供給遞增至 $M^s_{1a} = C^p_2 + D_2$, 因而超越原有的貨幣需求。依據「貨幣數量學說」, 超

額貨幣供給必然驅使物價上揚,名目貨幣需求隨之增加。一旦 l_1 曲線右移至 l_2 時,體系在 E_1 點又將重新回復均衡。

由上述模型的推演過程顯示:貨幣供給函數形成是立基於極為簡化的資產負債表內涵,未能確切反映銀行廠商實際「受信」與「授信」的過程。有鑑於該項缺失,「舊觀點」貨幣供給文獻逐由兩個方向進行修正與擴充:

(1)銀行廠商的負債多元化

銀行廠商為求吸金而發行的負債工具,除開活期存款 DD 外,儲蓄存款 SD 與定期存款 TD 等類型資金仍占極大比重。假設央行仍將貨幣供給定義為 M_{1a},貨幣供給方程式仍如 (14.4) 式所示。至於銀行廠商保有準備的方程式卻更動為:

$$R = \rho_d DD + \rho_s SD + ER \tag{14.9}$$

ρ_d 與 ρ_s 分別是活存與儲蓄存款的準備比例, ER 是超額準備。將上式除以 DD,可得考慮儲蓄存款後的準備活存比例:

$$\rho = \frac{R}{DD} = \rho_d + \rho_s \left(\frac{SD}{DD}\right) + \left(\frac{ER}{DD}\right) \tag{14.10}$$

$s = SD/DD$ 與 $e = ER/DD$ 分別是「儲蓄存款活存比例」與「超額準備活存比例」。以下就 (圖 14-2) 說明銀行廠商提高儲蓄存款利率後,對體系內 M_{1a} 貨幣供給造成的影響。

就大眾行為而言,儲蓄存款利率攀昇促使人們依通貨、活存與儲蓄存款的逐一資產替代順序,同步降低保有通貨與活存,但後者減幅必然超越前者,「通貨活存比例」因而由 $(C^p/D)_1$ 揚升至 $(C^p/D)_2$。至於就銀行廠商行為而言,儲蓄存款利率上升誘使人們將現金與活存轉向儲蓄存款。由前述資產替代順序顯示:活存轉為儲蓄存款的比例必然大於現金轉為活存的比例, (SD/DD) 比例因而遞增,準備活存比例逐由 ρ_1 上升為 ρ_2。綜合上述效果可知:一旦央行釘住 M_{1a} 貨幣定義,儲蓄存款利率調昇

將使M_{1a}貨幣供給由$M_1^s=C_1^p+D_1$減少爲$M_2^s=C_2^p+D_2$，從而具有緊縮銀根效果。

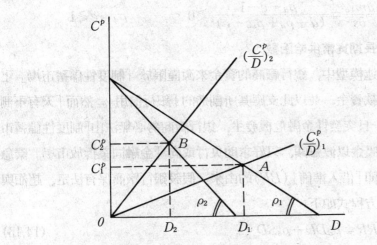

(圖 14-2)　儲蓄存款利率調整效果

假設央行變更貨幣供給定義爲M_{1b}，則：

$$M_{1b}^s=C^p+DD+SD \tag{14.11}$$

將 (14.11) 與 (14.1) 兩式相除，並將 (14.9) 式代入：

$$M_{1b}^s=\left[\frac{C^p+DD+SD}{C^p+\rho_d DD+\rho_s DD+ER}\right]\cdot H$$

$$=\left[\frac{1+(\frac{C^p}{DD})+(\frac{SD}{DD})}{(\frac{C^p}{DD})+\rho_d+\rho_s(\frac{SD}{DD})+(\frac{ER}{DD})}\right]\cdot H \tag{14.12}$$

$$=\left[\frac{1+d+s}{d+\rho_d+\rho_s s+e}\right]\cdot H$$

$$=m_{1b}\cdot H \tag{14.13}$$

由 (14.12) 式可歸納體系內M_{1b}^s貨幣供給函數的型態如下：

$$M_{1b}^s=f(d,\ s,\ \rho_d,\ \rho_s,\ e,\ H) \tag{14.14}$$
$$\quad\ (-)\ \ (?)\ \ (-)\ \ (-)\ \ (-)\ \ (+)$$

$$\frac{\partial m_{1b}}{\partial d}=\frac{\rho_d+e-s(1-\rho_s)-1}{(d+\rho_d+\rho_s s+e)^2}<0$$

$$\frac{\partial m_{1b}}{\partial s}=\frac{\rho_d+e-1}{(d+\rho_d+\rho_s s+e)^2}\gtreqless0 \qquad \rho_d+e\gtreqless1$$

(2)短期與長期貨幣供給函數

在前述模型中，銀行廠商的資金來源僅限於「制度性儲蓄市場」上的各種存款資金，並以此支應其所創造的「銀行信用」。然而「天有不測風雲」，一旦突發性金融危機發生，銀行廠商勢必無法由「制度性儲蓄市場」緊急吸金以渡難關，只好求助央行或向「金融同業拆放市場」緊急融資，此即「借入準備」(BR)的由來。假設銀行廠商保有法定、超額與借入準備方程式如下：

$$RR=\rho_d DD+\rho_s SD \tag{14.15}$$

$$ER=e(DD+SD) \tag{14.16}$$

$$BR=b(DD+SD) \tag{14.17}$$

e與b是銀行廠商吸收存款總額($DD+SD$)中提取的超額與借入準備比例。銀行廠商實際保有準備包括法定與超額兩部份，$R=ER+RR$，將其代入 (14.1) 式：

$$H=C^p+RR+ER$$

再將(14.15)、(14.16)、$d=C^p/DD$與$s=SD/DD$等關係式代入上式：

$$\begin{aligned} H&=dDD+(\rho_d+e)DD+(\rho_s+e)SD\\ &=dDD+(\rho_d+e)DD+(\rho_s+e)sDD\\ &=\{d+(1+s)e+(\rho_d+s\rho_s)\}DD \end{aligned} \tag{14.18}$$

同時， (14.3) 式又可表爲：

$$M_{1a}^s=(1+d)DD \tag{14.19}$$

將上述兩式相除，可得 Jordan(1969)貨幣供給函數如下：

$$M_{1a}^s = (1+d)\{d+(1+s)e+(\rho_d+s\rho_s)\}^{-1} \cdot H \qquad (14.20)$$

就短期而言，銀行廠商提存實際準備時，往往會有部份係向「金融同業拆放市場」短期拆借或由央行短期融通的「借入準備」。一般而言，兩種融資若非臨時拆款即是具有政策性，融資到期或政策更迭將有迅速被收回之虞。有鑑於此，由於 (14.20) 式的 Jordan 貨幣供給函數忽略「借入準備」因素影響，直接採用銀行廠商提存「實際準備」為基礎而推演貨幣供給函數，Burger (1971) 因而稱為「短期貨幣供給」函數。不過就長期而言，銀行廠商創造「銀行信用」與「貨幣供給」的基礎在於本身由「制度性儲蓄市場」吸收的存款資金。惟有消除「借入準備」對銀行廠商營運可能醸成的衝擊，方能獲得「長期貨幣供給」函數，是以「調整後強力貨幣」(adjusted high-powered money, H^a)可為：

$$H^a = C^p + RR + (ER - BR)$$
$$= C^p + RR + FR \qquad (14.21)$$

$FR = ER - BR \gtrless 0$ 係銀行廠商在長期不受拘束而能自由用於創造銀行信用或貨幣供給的「自由準備」。接著，再將 (14.15) 至 (14.17)、s與d等關係式代入上式：

$$H^a = dDD + (\rho_d + e)DD + (\rho_s + e)SD - b(DD + SD)$$
$$= dDD + (\rho_d + e)DD + (\rho_s + e)sDD - bDD - bsDD$$
$$= \{d + (1+s)(e-b) + (\rho_d + s\rho_s)\}DD \qquad (14.22)$$

由 (14.19) 與 (14.22) 兩式相除，可得 Burger (1971) 的「長期」貨幣供給函數：

$$M_{1a}^s = (1+d)\{d+(1+s)(e-b)+(\rho_d+s\rho_s)\}^{-1} \cdot H^a \quad (14.23)$$

比較 (14.23) 與 (14.20) 兩式的長短期貨幣供給函數可知：長期貨幣供給量 (或乘數) 將會大於短期貨幣供給量 (或乘數)。

㈡「結構式模型」

自從 Markowitz (1952) 與 Tobin (1958) 大力倡導「資產選擇理論」後,「舊觀點」貨幣供給文獻逐漸揚棄以「制度性因素」或「金融市場不完全性」詮釋金融比例僵固現象, 並且著手建立描繪金融比例的行為方程式。其中, Smith (1967) 率先將銀行產業為求吸金而發行的負債予以市場化, 進而建立「制度性儲蓄市場」的結構式模型用於推演「舊觀點」貨幣供給函數。

若依前述「縮減式模型」內涵可知: 體系內「均衡貨幣供給」應是「強力貨幣」、「通貨與支票」與「定存」(包括儲蓄存款) 等所有「制度性儲蓄市場」同時達成均衡的結果。銀行廠商在市場上面對相同條件與利率, 負有無限制接納存款的義務, 各種存款市場供給均具有完全的利率彈性, 市場均衡完全視需求而定, 故 Smith 的「舊觀點」結構式模型實際上僅為需求面均衡模型而已。

人們若將財富安排於「通貨」、「活存」與「定存」(包括儲蓄存款) 三種資產上, 歷經評估三者報酬率與特質後, 個別資產的需求函數將是:

通貨需求函數

$$C^p = C^p(\,i\,,\ i_t,\ Y,\ A) \tag{14.24}$$
$${\scriptstyle(-)}\ \ {\scriptstyle(-)}\ \ {\scriptstyle(+)}\ \ {\scriptstyle(+)}$$

活存需求函數

$$DD = D(\,i\,,\ i_t,\ Y,\ A) \tag{14.25}$$
$${\scriptstyle(+)}\ \ {\scriptstyle(-)}\ \ {\scriptstyle(+)}\ \ {\scriptstyle(+)}$$

定存需求函數

$$TD = T(\,i_t,\ i\,,\ Y,\ A) \tag{14.26}$$
$${\scriptstyle(+)}\ \ {\scriptstyle(-)}\ \ {\scriptstyle(-)}\ \ {\scriptstyle(+)}$$

i 是市場利率, i_t 是定存利率, Y 是名目所得, A 是財富。

在計劃期間內, 銀行廠商必須保有強力貨幣做為活存與定存的準備, 人們增加活存與定存需求時, 聯帶會對強力貨幣產生「衍生需求」。銀行廠商預擬保有實際準備R^d是:

$$R^d = RR + ER \tag{14.27}$$

法定準備通常分為兩部份:

$$RR = \rho_d \cdot DD + \rho_t \cdot TD \tag{14.28}$$

同理, 銀行廠商預擬保有超額準備需求函數可表為: (i_d是貼現率, 相當於央行的懲罰利率)

$$ER = ER(\underset{(-)}{i} , \underset{(+)}{i_d}, \underset{(+)}{DD}, \underset{(+)}{TD})$$

$$= ER_d(\underset{(-)}{i} , \underset{(+)}{i_d}, \underset{(+)}{DD}) + ER_t(\underset{(-)}{i} , \underset{(+)}{i_d}, \underset{(+)}{TD}) \tag{14.29}$$

上式的兩部份各為DD與TD的一階齊次式函數:

$$ER = e_d(\underset{(-)}{i} , \underset{(+)}{i_d}) DD + e_t(\underset{(-)}{i} , \underset{(+)}{i_d}) TD \tag{14.30}$$

e_d與e_t分別是銀行廠商針對「活存」與「定存」所預擬保有的超額準備比例。為求簡化, 一旦預擬與實際超額準備存量發生差距, 銀行廠商將迅速補足, 兩者因而恒為一致。將 (14.28) 與 (14.30) 兩式代入 (14.27) 式, 銀行廠商預擬保有實際準備變為:

$$R^d = [\rho_d + e_d(i, i_d)] \cdot DD + [\rho_t + e_t(i, i_d)] \cdot TD \tag{14.31}$$

至於體系內經濟成員對「強力貨幣」需求將由銀行廠商的準備需求與大眾的通貨需求兩者構成:

$$H^d = C^p + R^d$$

$$= C^p + [\rho_d + e_d(i, i_d)] \cdot DD + [\rho_t + e_t(i, i_d)] \cdot TD \tag{14.32}$$

接著，再說明體系內對「調整後強力貨幣」需求的形成。依照 (14. 17) 型態，銀行廠商的「借入準備需求」函數可表爲：

$$BR^d = b_d(i, i_d) DD + b_t(i, i_d) TD \qquad (14.33)$$
$$\quad\quad\quad (-)\;(+) \qquad\quad (-)\;(+)$$

b_d 與 b_t 分別是銀行廠商針對活存與定存所需借入的準備。假設 $b_d = b_t$ 與 $e_d = e_t$，將 (14.28)、(14.29) 與 (14.33) 三式代入 (14.21) 式，可得體系內「調整後強力貨幣」需求函數：

$$H_a^d = C^p + [\rho_d + e(i, i_d) - b(i, i_d)] \cdot DD + [\rho_t + e(i, i_d)$$
$$- b(i, i_d)] \cdot TD \qquad (14.34)$$

隨後，將 (14.24) ～ (14.26) 三式代入 (14.34) 式，「調整後強力貨幣」需求函數自可表爲：

$$H_a^d = H(\rho_d, \rho_t, i, i_t, i_d, Y, A) \qquad (14.35)$$

綜合 (14.24) ～ (14.26) 及 (14.35) 諸式，將其代入 (14.23) 式的貨幣供給方程式，可得 M_{1a}^s 貨幣供給函數爲：

$$M_{1a}^s = f(i, i_t, i_d, \rho_d, \rho_t, Y, A) \qquad (14.36)$$

以下可用 (圖 14-3) 說明貨幣供給曲線的形成。銀行廠商保有法定準備比例 ρ_d 與 ρ_t 是由央行決定，超額準備比例則與市場利率反向而行，故 (14.31) 式表示成 (A 圖) 中的實際準備比例曲線 $\rho = \rho(i, i_d, \rho_d, \rho_t)$ 將呈負斜率。另外，貨幣乘數是「通貨活存比例」d 與「準備比例」ρ 兩者的函數，$m = m(\rho, d)$。在通貨活存比例固定下，貨幣乘數與準備比
$$\quad\quad\quad\quad\quad (-)\;(-)$$
例呈反向關係，(B 圖) 中的 m 曲線將是負斜率。至於 (C 圖) 是顯示貨幣供給量與貨幣乘數間的關係。

接著，由 (A 圖) 出發，當 ρ_d 與 ρ_t 已知，市場利率爲 i_1 時，銀行廠商保有的實際準備比例爲 ρ_1。一旦體系內所得、財富、定存利率與貼現率已知，人們面臨市場利率 i_1 時，預擬通貨活存比例爲 d_1，(B 圖) 中的貨幣

乘數曲線將是 $m_1 = m(\rho, d_1)$。至於對應市場利率 i_1，「調整後強力貨幣」應爲 (C 圖) 中的 H_1^a，體系內貨幣供給量將是 M_1。當市場利率降爲 i_2 時，銀行廠商保有實際準備比例攀昇至 ρ_2，貨幣乘數曲線下降至 $m_2 = m(\rho, d_2)$，強力貨幣遞減至 H_2^a，體系內貨幣供給收縮爲 M_2。聯結 (D 圖) 中的 C 與 B 點後，「舊觀點」貨幣供給曲線自然成型。同時，當市場利率波動至上限 i^* 時，銀行廠商保有超額準備意願極其薄弱，僅願提存法定準備比例 $\rho^* = \rho_d + t\rho_t$，通貨活存比例亦滑落至某一低限 d^*，強力貨幣則推升至上限 H_a^*，貨幣供給曲線在 A 點以上的部份轉爲缺乏利率彈性而呈垂直型態。

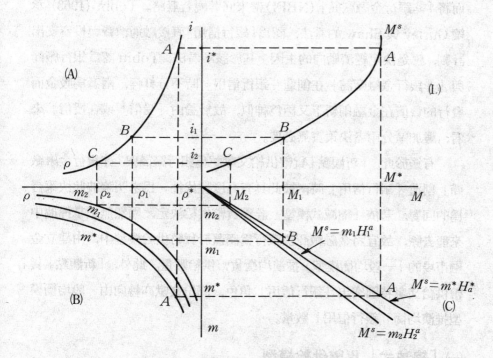

(圖 14-3)「舊觀點」貨幣供給曲線

* § 14.2. 「新觀點」貨幣供給理論

「舊觀點」貨幣供給理論盛行多年而不墮，實與「非銀行金融廠商」早年未居重要角色有關。然而自二次大戰後，「非銀行金融廠商」有如雨後春筍發展迅速，由於營運項目與銀行業務雷同，再經持續性激烈競爭與頻頻金融創新結果，兩者間的分野日趨模糊。Gurley 與 Shaw(1955、1960) 率先揭露金融廠商間的相似性，指出縱使銀行廠商獨具創造「活存」與「通貨」能力，卻無理由單獨就其決策行為討論貨幣供給決定，而將「非銀行金融廠商」(NBFI)帶來回響視若無睹。Tobin (1963) 承續 Gurley 與 Shaw 的看法，認為「銀行信用」直接融通消費與投資支出計劃，應是決定經濟動向的主因。基於該項看法，Tobin 認為銀行廠商與「非銀行金融廠商」在創造「銀行信用」時不分軒輊，兩者為吸金而發行的負債在金融創新下又極為神似，故無論由「受信」或「授信」來看，嚴加區分兩者決策實無必要。

有鑑於此，「新觀點」貨幣供給文獻認為銀行廠商與「非銀行金融廠商」創造「銀行信用」時，彼此具有高度替代性。為求明瞭彼此決策行為的回響，若依「縮減式模型」詮釋貨幣供給決定，顯然無法掌握個中來龍去脈，故宜將金融廠商決策行為涵蓋於貨幣供給模型中，由建立金融市場的「一般均衡模型」推演均衡貨幣供給數量。此外，「新觀點」貨幣供給文獻特別突出「銀行信用」角色，部份文獻亦轉向由一般均衡模型推演均衡「銀行信用」數量。

㈠「縮減式」貨幣供給模型

「新觀點」與「舊觀點」理論中的主要差異是：前者認為貨幣供給是由體系內所有成員決策行為交互運作的成果，包括央行、銀行廠商、

NBFI 與大眾等四個部門的決策行爲，至於後者則將 NBFI 的決策行爲排斥於貨幣供給決定過程之外。在推演「新觀點」縮減式貨幣供給模型前，可將四部門資產負債簡表列於 (表 14-2) 中。假設體系內貨幣供給仍然定義爲 M_{1a}，包括大眾保有的通貨 C^p 與銀行廠商吸收的活存 D_b：

$$M_{1a}^s = C^p + D_b \qquad\qquad (14.37)$$

D_b 是銀行廠商吸收的活存資金，來自於大眾(D_p)與「非銀行金融廠商」(D_f)的活存。

$$D_b = D_p + D_f \qquad\qquad (14.38)$$

央行發行的強力貨幣爲：

$$H = C^p + R \qquad\qquad (14.1)$$

綜合 (14.1)、(14.37) 與 (14.38) 三式，可推演「新觀點」縮減式貨幣供給方程式：

$$M_{1a}^s = \left\{ \frac{C^p + D_p + D_f}{C^p + R} \right\} \cdot H \qquad\qquad (14.39)$$

(a)央行

A	L
A	C^p $\Big]$ H
	R

(b)銀行廠商

A	L
R	D_p
BK_b	D_f

(c) NBFI

A	L
D_f	D_{fp}
BK_f	
D_{fp}	

(d)大眾

A	L
C^p	BK_b
D_p	BK_f

(表 14-2)　各部門的資產負債表

「非銀行金融廠商」(信託與保險公司)雖然無須就其吸金提存準備,卻需提存「償債準備」與「保險責任準備金」轉存其他銀行, 故銀行廠商吸收活存D_f相當於 NBFI 的償債準備, 又可表為:

$$D_f = D_{fp} \cdot \left(\frac{D_f}{D_{fp}}\right) \tag{14.40}$$

D_{fp}是大眾在 NBFI 的活存, (D_f/D_{fp})係後者保有償債準備的比例。將上式代入 (14.39) 式:

$$M_{1a}^s = \left[\frac{C^p + D_p + D_{fp} \cdot \left(\frac{D_f}{D_{fp}}\right)}{C^p + R}\right] \cdot H$$

$$= \left[\frac{\left(\frac{C^p}{D_{fp}}\right) + \left(\frac{D_p}{D_{fp}}\right) + \left(\frac{D_f}{D_{fp}}\right)}{\left(\frac{C^p}{D_{fp}}\right) + \left(\frac{R}{D_{fp}}\right)}\right] \cdot H \tag{14.41}$$

再將下列定義代入 (14.41) 式:

$$\left(\frac{R}{D_{fp}}\right) = \left(\frac{R}{D_b}\right)\left(\frac{D_b}{D_{fp}}\right)$$

$$\left(\frac{D_b}{D_{fp}}\right) = \left(\frac{D_b}{C^p}\right)\left(\frac{C^p}{D_{fp}}\right)$$

$$M_{1a}^s = H \cdot \left[\frac{\left(\frac{C^p}{D_{fp}}\right) + \left(\frac{D_p}{D_{fp}}\right) + \left(\frac{D_f}{D_{fp}}\right)}{\left(\frac{C^p}{D_{fp}}\right) + \left(\frac{R}{D_b}\right)\left(\frac{D_b}{C^p}\right)\left(\frac{C^p}{D_{fp}}\right)}\right] \tag{14.42}$$

上式顯示:「新觀點」的貨幣供給決定因素遠較「舊觀點」複雜, 以下逐一說明其影響方式:

(1)人們保有通貨與 NBFI 存款的偏好比例(C^p/D_{fp}): 一旦人們偏好保有通貨或削減D_{fp}數量後, 直接衝擊是造成貨幣乘數與供給量下降。NBFI 吸收資金下降, 必然減低保有準備(轉存銀行廠商的資金D_f), 透過(D_b/C^p)遞減間接誘導貨幣乘數攀升與貨幣供給擴張。綜合兩種對立效果, 央行甚難掌握人們對通貨與存款偏好的轉變, 貨幣乘數穩定性遭

到質疑，貨幣政策效果因而相對減低。

(2) NBFI 保有準備(D_f/D_{fp})意願變化後，影響途徑將兵分兩路：

(i)一旦 NBFI 預擬保有較多準備，轉存銀行廠商資金必然水漲船高，貨幣供給逐波遞增；

(ii)前述效果侷限於 NBFI 將自身超額資金轉存銀行廠商。假設該金融廠商基於危機意識降低授信而轉存銀行廠商，則將驅使人們減少握有通貨(或銀行存款)，再經(D_b/C^p)比例運作後，貨幣乘數與貨幣供給反而順勢滑落。

上述兩種效果亦具對沖性質，央行無法掌握 NBFI 保有準備偏好轉變的影響，貨幣政策效果必然遭致貶低。

(3)銀行廠商提昇保有準備比例(R/D_b)，貨幣乘數與貨幣供給必然趨跌。

(4)人們對銀行廠商或 NBFI 存款偏好(D_p/D_{fp})轉變，將銀行廠商存款提出轉存 NBFI。由於前者存款減少數量必然超過後者轉存銀行廠商充當準備的部份，貨幣乘數與貨幣供給量必然同聲下跌。

(5)縱使銀行廠商與 NBFI 保有準備比例相同，人們若將存款在兩者間游走，貨幣乘數與貨幣供給量仍然會隨之起伏。

綜合上述分析顯示：「新觀點」理論考慮 NBFI 決策行為的影響後，大部份金融比例波動同時引發兩個相互對立效果，「貨幣乘數」與「貨幣供給」穩定性隨即遭致嚴重質疑，央行控制貨幣供給能力顯著低落，貨幣政策效果遠遜於「舊觀點」理論陳述的具有恢宏效力。

(二)「結構式」銀行信用需求模型

Guttentag 與 Lindsay (1968) 曾利用前述的「新觀點」縮減式模型比較銀行廠商與 NBFI 創造銀行信用能力，稍晚的 Wood(1970)接續引入各部門行為方式，合力組成「新觀點」結構式模型，用於評估金融

廠商創造銀行信用的潛在能力。Guttentag 與 Lindsay 首先將體系濃縮成大衆，NBFI 與銀行產業三部門，個別簡化資產負債表如 (表 14-3) 所示：

(a)銀行產業		(b) NBFI		(c)大衆	
A	L	A	L	A	L
R	D_f	D_f			
BK_b	D_p	BK_f	D_{fp}	$L\!\begin{cases}D_{fp}\\ D_p\end{cases}$	

(表 14-3) 各部門資產負債表

人們以存在 NBFI 的資金(D_{fp})與銀行廠商的存款(D_p)兩種方式保有全部「流動性資產」(L)：

$$L = D_{fp} + D_p \tag{14.43}$$

NBFI 發行負債吸金(D_{fp})，除轉存銀行產業(提存償債準備D_f)外，剩餘部份用於創造「銀行信用」(BK_f)：

$$D_{fp} = D_f + BK_f \tag{14.44}$$

至於銀行產業發行負債向大衆(D_p)與 NBFI(D_f)吸金後，必須提取準備R，剩餘部份投入創造「銀行信用」(BK_b)：(爲求簡化，銀行準備暫由外生變數決定，$R = \overline{R}$)

$$D_f + D_p = BK_b + \overline{R} \tag{14.45}$$

NBFI 或大衆若以支票交易而不保有現金，則下列比例定義爲：

大衆資產選擇偏好

$$k = \frac{D_{fp}}{D_p}$$

NBFI 保有準備比例

$$\alpha = \frac{D_f}{D_{fp}}$$

銀行產業提存準備比例

$$\beta = \frac{\overline{R}}{D_f + D_p}$$

將 β 比例代入 (14.45) 式，銀行產業創造的「銀行信用」將出現下列新型態：

$$BK_b = \frac{\overline{R}}{\beta} - \overline{R} \tag{14.46}$$

再將 (14.44) 式移項，經處理可得：

$$BK_f = D_{fp} - D_f$$

$$= \frac{\overline{R}\ [D_{fp} - D_f]}{\overline{R}} = \frac{\overline{R}[1 - \frac{D_f}{D_{fp}}] \cdot D_{fp}}{(\frac{\overline{R}}{D_f + D_p})\ [D_a + D_p]}$$

$$= \frac{\overline{R}(1 - \frac{D_f}{D_{fp}})(\frac{D_{fp}}{D_p})}{(\frac{\overline{R}}{D_f + D_p})(\frac{D_f + D_p}{D_p})}$$

$$= \frac{\overline{R}[1 - \frac{D_f}{D_{fp}}][\frac{D_{fp}}{D_p}]}{(\frac{\overline{R}}{D_f + D_p})(1 + \frac{D_f}{D_{fp}} \cdot \frac{D_{fp}}{D_p})}$$

$$= \frac{\overline{R}(1 - \alpha)k}{\beta(1 + \alpha k)} \tag{14.47}$$

至於所有金融廠商創造之「銀行信用」總和爲 BK_t：

$$BK_t = BK_f + BK_b = \frac{\overline{R}(1 + k)}{\beta(1 + \alpha k)} - \overline{R} \tag{14.48}$$

當人們的資產組合偏好 k 固定時，銀行產業或 NBFI 面對金融危機而各自調整準備比例後，「總銀行信用」波動幅度分別爲：

$$\frac{\partial BK_t}{\partial \beta} = -\frac{\overline{R}(1 + k)}{\beta^2(1 + \alpha k)} \tag{14.49}$$

$$\frac{\partial BK_t}{\partial \alpha} = -\frac{\overline{R}(1+k)k}{\beta(1+\alpha k)^2} \tag{14.50}$$

就上述兩式相除，銀行產業與 NBFI 創造「銀行信用」的潛在能力比值如下：

$$\frac{\partial BK_t/\partial \beta}{\partial BK_t/\partial \alpha} = \frac{1+\alpha k}{\beta k} \tag{14.51}$$

銀行產業與 NBFI 調整準備比例引起「總銀行信用」回響若為相同 $(\partial BK_t/\partial \beta = \partial BK_t/\partial \alpha)$，人們對資產組合偏好 k 自可應聲而出：

$$k = \frac{1}{\beta-\alpha}$$

值得注意者：一旦銀行產業與 NBFI 提存準備比例漸趨一致($\alpha=\beta$)，k 值將趨於無窮大。此種現象揭露：人們若將流動性資產全數以 NBFI 發行的負債保有，而不保有銀行廠商存款時，銀行廠商吸收資金全屬 NBFI 提存的準備，此時的 NBFI 必與銀行產業具有同等創造「銀行信用」能力。

爾後，Wood 以 Guttentag 與 Lindsay 模型為經，配合引進各部門資產偏好方式為緯，共同編織成「新觀點」結構式模型，重新驗證銀行產業與 NBFI 創造「銀行信用」的相對能力。假設銀行產業吸收存款利率為固定值 $r_d = \overline{r_d}$，銀行產業與 NBFI 提供信用要求報酬率 r_c 趨於雷同，則人們對前者存款需求將視「銀行信用報酬率」r_c 與「NBFI 負債的報酬率」r_n 而定。

$$D_p^d = D_p(r_c, r_n) \tag{14.52}$$

同理，人們對「NBFI 負債」與「總銀行信用」需求分別為：

$$D_{fp}^d = D_{fp}(r_c, r_n) \tag{14.53 a}$$

$$BK_t^d = BK_t(r_c, r_n) \tag{14.54}$$

至於銀行產業與 NBFI 的準備需求分別為：

$$R^d = R(D_p+D_f, r_c, \delta) \tag{14.55 a}$$

$$D_f^d = D_f(D_{fp}, \ r_c, \ \theta) \qquad (14.56 \text{ a})$$

銀行產業與 NBFI 的銀行信用供給分別為:

$$BK_b^s = BK_b(D_p + D_f, \ r_c) \qquad (14.57 \text{ a})$$

$$BK_f^s = BK_f(D_{fp}, \ r_c) \qquad (14.57 \text{ b})$$

δ 與 θ 是外生移動變數。至於「銀行信用」報酬率與 NBFI 資金成本間存有下列互動關係:

$$r_n = f(r_c) \qquad (14.58)$$

接著, Wood 將上述模型簡化成直線式。銀行產業資金來源 D 包括大眾存款 (D_p) 與 NBFI 存款 (D_f) 兩部份:

$$D_p = D - D_f \qquad (14.59)$$

人們對 NBFI 負債的需求 (D_{fp}) 為:

$$D_{fp} = d_3 + d_4 r_n \qquad (14.53 \text{ b})$$

金融體系的「總銀行信用」供給 (BK_t) 為:

$$BK_b + BK_f = BK_t = d_5 - d_6 r_c \qquad (14.57 \text{ c})$$

銀行產業的準備需求 (R) 為:

$$R = b_1 D - b_2 r_c + b_3 \delta \qquad (14.55 \text{ b})$$

銀行產業的信用供給 (BK_b) 為:

$$BK_b = D_p + D_f - R \qquad (14.60)$$

NBFI 的準備需求 (D_f) 為:

$$D_f = a_1 D_{fp} - a_2 r_c + a_3 \theta \qquad (14.56 \text{ b})$$

NBFI 的信用供給 (BK_f) 為:

$$BK_f = D_{fp} - D_f \qquad (14.61)$$

NBFI 資金成本與信用報酬率間的關係:

$$r_n = a_6 r_c \qquad (14.62)$$

綜合 (14.57 c)、(14.60) 與 (14.61) 等三條方程式, 可得下列關係式:

$$BK_t = BK_b + BK_f = D_p + D_f - R + D_{fp} - D_f$$
$$= D - D_f - R + D_{fp} \tag{14.63}$$

將 (14.55 b) 式移項，

$$D = \frac{R + b_2 r_c - b_3 \delta}{b_1} \tag{14.55 c}$$

再將(14.53 b)、(14.56 b)、(14.62)與(14.55 c)四式代入(14.63)式，「總銀行信用」需求函數將是另一番型態：

$$BK_t = \frac{R + b_2 r_c - b_3 \delta}{b_1} - R + d_3 + d_4 a_6 r_c - a_1 d_3 - a_1 d_4 a_6 r_c$$

$$- a_3 \theta + a_2 r_c$$

$$= R(\frac{1 - b_1}{b_1}) - (\frac{b_3}{b_1}) \delta + (d_4 a_6 + \frac{b_2}{b_1} + a_2 - a_1 d_4 a_6) r_c$$

$$- a_3 \theta + A \tag{14.57 d}$$

$A = d_3 - a_1 d_3$ 是常數項。再將 (14.57 c) 式移項：

$$r_c = \frac{d_5 - BK_t}{d_6} \tag{14.57 e}$$

再將上式代入 (14.57 d) 式，經整理可得：

$$BK_t = \frac{d_6 \left[(1 - b_1) R - b_3 \delta - b_1 a_3 \theta \right]}{b_1 d_6 + d_4 a_6 b_1 + b_2 + a_2 b_1 - a_1 d_4 a_6 b_1} + A \tag{14.57 f}$$

由前面模型內容顯示：$a_2 b_1 - a_1 d_4 a_6 b_1 = \dfrac{\partial D_f}{\partial r_c} \cdot \dfrac{\partial R}{\partial D} - \dfrac{\partial D_f}{\partial D_{fp}} \cdot$

$\dfrac{\partial D_{fp}}{\partial r_n} \cdot \dfrac{\partial r_n}{\partial r_c} \cdot \dfrac{\partial R}{\partial D} = 0$，上式因而簡化為：

$$BK_t = \frac{d_6 \left[(1 - b_1) R - b_3 \delta - b_1 a_3 \theta \right]}{b_1 (d_6 + d_4 a_6) + b_2} + A \tag{14.57 g}$$

當金融體系創造「銀行信用」數量與利率密切相關($d_6 \neq 0$)時，就上式分別對δ與θ偏微分，並令兩者相除值為k：

$$\frac{\partial BK_t / \partial \delta}{\partial BK_t / \partial \theta} = \frac{b_3}{b_1 a_3} = k \tag{14.64 a}$$

銀行產業與 NBFI 面對金融危機時，若是調整保有準備態度完全一致$(a_3 = b_3)$，上式將簡化成：

$$k = \frac{1}{b_1} \tag{14.64 b}$$

$b_1 = \partial R / \partial D$ 是銀行產業擴大吸收存款引發準備變動的係數，通常趨近於銀行產業必須提存的法定準備率，故 $b_1 < 1$ 而 $k > 1$，顯示銀行產業擴張信用能力超越 NBFI。

§ 14.3. 「銀行信用」供需函數的形成

「Hicks-Hansen模型」揭露：當央行採取寬鬆銀根之際，體系若正巧落入「流動性陷阱」(liquidity trap)或「投資陷阱」(investment trap)時，政策將於剎那間變得無能為力。此種說法若以事實驗證顯然有所差距，為能提昇貨幣政策活躍的空間，文獻上遂分別推出「股票市場」與「銀行信用市場」進行補救：

(1) Tobin 與 Brainard (1963) 領銜的「新 Keynesian 學派」將「股票市場」引入總體模型，充實貨幣政策的傳遞管道。經此修正後，縱使體系淪入「流動性陷阱」或「投資陷阱」境界，銀根寬鬆政策另循終南捷徑，以激發股票需求造成股價揚昇而使「q比例」超過 1 的方式，重新啟動廠商投資意願，進而達成發揮貨幣政策效果。

(2) Brunner 與 Meltzer (1973) 帶領的「溫和貨幣學派」倡言以「銀行信用市場」取代傳統總體模型中的「債券市場」位置，宣稱銀根寬鬆政策驅使資金日益浮爛，益增銀行廠商的「銀行信用」需求。一旦「銀行信用」供給持穩，「銀行信用」價格（利率）自然滑落，消費與投資支出因融資成本減輕而遞增。至於金融體系原先若有「信用分配」情況，銀根寬鬆政策將如及時雨，讓某些欠缺融資而延緩的支出計劃，從而又

可考慮恢復執行。

　　銀行廠商在體系內兼具「受信」與「授信」兩種角色，以前者來說，銀行廠商發行各類負債吸金，同意某些負債（支票存款，*DD*）得在市場流通的權利，而形成「貨幣供給」來源之一；至於後者係指銀行廠商購買有價證券(*S*)與放款(*L*)，將資金貸放出去而形成「銀行信用需求」主體。不過「受信」與「授信」本質上卻有顯著差異：

　　(1)「貨幣」係指特定時點上，能夠充做「交易媒介」的信用工具存量。「銀行信用」泛指銀行廠商在固定期間內擁有某項權利或債務的未來請求權，通常是指請求權擴增的流量。

　　(2)人們基於「交易」、「預防」與「資產」動機而保有「貨幣」；銀行廠商吸金賦予某些負債兼具「交易媒介」功能，此類負債遂成「貨幣供給」的一環。另外，銀行廠商基於謀利動機，將資金安排於有價證券與放款兩種資產而形成「銀行信用需求」；人們為了消費與投資而謀求融資，往往發行有價證券與貸款合約售予銀行廠商，成為「銀行信用供給」來源。

　　(3)貨幣供需共同決定「貨幣市場」利率，此乃 Keynesian 學派指陳的「流動性偏好理論」。至於銀行信用供需另外決定「可貸資金市場」利率，類似於新古典學派的「可貸資金理論」，詳情可見第十五章。

　　瞭解「銀行信用」與「貨幣」差異性後，以下再由（表 14-1）的三部門資產負債表另行推演體系內存量的「銀行信用需求函數」。基於第一節的說明，「銀行信用需求」*BK^d* 涵蓋銀行廠商購買的有價證券與放款合約：

$$BK^d = L + S$$
$$= D - R \tag{14.65}$$

　　將 (14.1) 式代入 (14.65) 式：

$$BK^d = C^p + D - H \tag{14.66}$$

將 (14.66) 式兩邊遍除 H，並將 (14.4) 式結果代入：

$$BK^d = (m-1) \cdot H \tag{14.67}$$

$m = \dfrac{1+d}{d+\rho}$ 是「貨幣乘數」，$(m-1)$是「銀行信用乘數」(bank credit multiplier)，後者乘數顯然較前者遜色。同時，「舊觀點」銀行信用需求函數將與 (14.5) 式的貨幣供給函數雷同，將視各種金融比例(d, ρ)與基礎貨幣H而定：

$$BK^d = g(d, \rho, H) \tag{14.68 a}$$
$$ (-) \ \ (-) \ \ (+)$$

接著，再以 (圖 14-4) 說明「銀行信用需求」曲線的形成。假設通貨活存比例d受市場利率i與利率上限i^*影響，銀行廠商提存準備比例ρ主要視法定準備比例ρ^*與市場利率 (機會成本) 而定：

$$d = d(i, i^*) \tag{14.69}$$
$$ (-) \ \ (-)$$

$$\rho = \rho(i, \rho^*) \tag{14.70}$$
$$ (-) \ \ (+)$$

當市場利率揚昇之際，人們偏好使用支票而節省保有通貨，銀行廠商亦因保有準備成本攀高而降低提存超額準備，d與ρ兩者同呈遞減現象。另外，銀行廠商往往面對「利率上限」管制，NBFI 則避開此項枷鎖，故當利率上限值i^*調昇時，人們轉存銀行廠商意願大增，d值自然趨跌。至於法定準備比例ρ^*上揚時，銀行廠商提存準備比例將會同步遞增。再將 (14.69) 與 (14.70) 兩式代入 (14.68 a) 式，「銀行信用需求」函數可表為：

$$BK^d = g\,[d(i, i^*), \rho(i, \rho^*), H]$$
$$= h\,[i, \rho, i^*] \cdot H \tag{14.68 b}$$
$$(?) \ \ (-) \ \ (+)$$

(B 圖) 揭示「銀行信用需求」與「銀行信用乘數」間的正向關係，

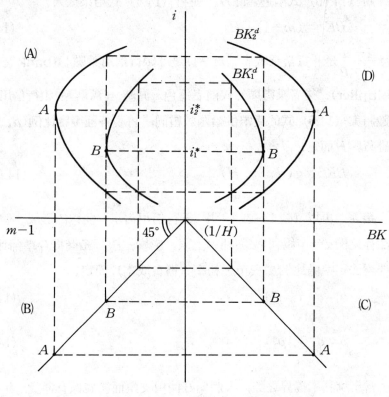

(圖 14-4) 銀行信用需求曲線

(A 圖) 係「銀行信用乘數」曲線，當市場利率攀昇至上限 i^* 前，通貨活存比例與銀行提存準備比例同時下降，「銀行信用乘數」$m-1=h(i, \rho, i^*)$ 曲線將呈遞增現象。一旦市場利率持續攀昇而超越上限 i^* 後，銀行廠商受制於「利率上限」而無法調高利率吸金，NBFI 則在無束縛下持續擡高利率，銀行廠商面對競爭相對劣勢下，資金逐漸投奔 NBFI，通貨活存比例日趨提昇，「銀行信用乘數」曲線就在 B 點反轉爲負斜率。(A)與(C)兩圖的曲線透過 (B 圖) 的 45°線居中對應後，(D 圖) 的 BK_1^d 曲線自會脫穎而出，並於 B 點出現反轉現象。另外，當央行實施「金融自由化」的初步即是放鬆「利率管制」措施，提昇利率上限值爲 i_2^*，允許利率較大幅度

波動。(A 圖) 中的「銀行信用乘數」曲線因此措施而外移,轉折點亦由 B 點提昇至 A 點,而(D 圖) 的 $BK_1{}^d$ 曲線隨之外移至 $BK_2{}^d$ 位置。

依據定義,「銀行信用供給」主要涵蓋私部門發行的放款合約與有價證券兩部份:

$$BK^s = L^s + S^s \qquad\qquad (14.71)$$

人們基於消費與投資目的,通常發行放款合約或有價證券取得融資。職是之故,Brunner 與 Meltzer (1968)˙認為決定「銀行信用供給」的因素實際上是反映決定消費及投資的變數:

$$BK^s = BK\,(\,i\,,\ \pi^e,\ r,\ i_\theta,\ \frac{Y}{Y_p},\ a,\ S_g\,) \qquad (14.72)$$
$$\quad\ (-)\quad (+)\quad (+)\quad (+)\quad (+)\quad (+)\quad (-)$$

以下逐項說明影響「銀行信用供給」的變數,並用 (圖 14-5) 推導銀行信用供給曲線的形狀。

(1)「資產報酬率」

(a)貨幣利率 (i) 是人們發行放款合約與有價證券必須支付的成本,兩者間呈反向關係;

(b)廠商發行「銀行信用」換取融資,通常購買實質資本財進行生產,故資本邊際生產力或資本預期報酬率 r 攀昇,越有利於發行「銀行信用」。同時,「銀行信用」係以貨幣價值發行,在通貨膨脹期間,發行者蒙受實質償債成本貶低之利,預期通貨膨脹率 π^e 有助於「銀行信用供給」擴張;

(c)人們發行「銀行信用」募集資金,或將購買其他生息資產,只要他種資產報酬率 i_θ 日益誘人,「銀行信用供給」自然平步青雲遞增。

(2)「所得變數」

Friedman (1956) 指出人們的「實際所得」(Y)涵蓋「恒常所得」(Y_p)與「暫時所得」(Y_t)兩部份。前者係人們以本身擁有的資源或權利在未來衍生之預期收益,由於細水長流通常極為穩定。後者則屬隨機值,

端視景氣波動而呈起伏之狀。基於上述看法，(Y/Y_p) 比例波動正好反映景氣循環趨勢，比例上昇顯現景氣奔向榮景，廠商預期資本報酬率盤昇，因而樂於發行有價證券與放款合約募集資金，「銀行信用供給」隨之擴張。反之，(Y/Y_p) 比例回跌反映景氣下挫，廠商預期資本報酬率日低，有價證券與放款合約發行意願低落，「銀行信用供給」漸趨萎縮。

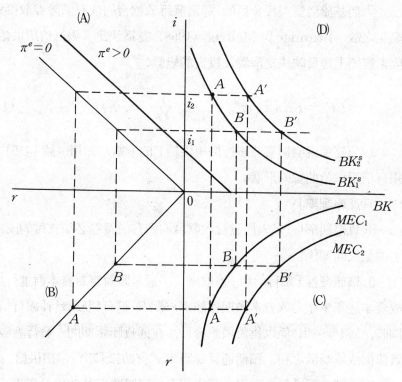

(圖 14-5) 銀行信用供給曲線

(3)「實質財富效果」(a)

　　當廠商擁有的實質財富累積時，內部資金充裕足以融通預擬投資計劃，發行「銀行信用供給」意願自然趨於縮減。

(4)「金融排擠效果」(S_g)

　　面對資金有限而公債品質相對較佳的狀況，財政當局藉著發行公債

彌補預算赤字, 除對利率攀昇造成推波助瀾效果外, 更形成私部門證券的強力競爭對象。公債發行遞增打擊私部門發行證券與放款合約的意願, 此種現象通稱爲「金融排擠效果」(financial crowding out effect)。

(圖 14-5 C) 中的MEC_1曲線是資本邊際效率曲線, 函數形式如下:

$$MEC = f(K, \frac{Y}{Y_p})$$

$$(-) \quad (+)$$ (14.73)

「資本邊際效率」(MEC)是廠商使用資本(K)生產所獲之預期報酬率, 基於「邊際報酬遞減」理由將隨資本存量累積而減退。MEC或預期資本報酬率實際上相當於體系內的實質利率r, 以r權代 (14.73) 式中的MEC並無不妥。另外, 廠商若以發行「銀行信用」BK^s融通資本財支出數量K, 則上式將轉換爲下列函數關係:

$$r = f(BK^s, \frac{Y}{Y_p})$$

$$(-) \quad (+)$$ (14.74)

當(Y / Y_p)比例躍昇時, 揭露景氣好轉助益預期資本報酬率提昇的訊息, (C 圖) 中的MEC_1曲線經此刺激而外移至MEC_2位置。(A 圖) 中的π^e軌跡係反映體系內「貨幣利率」i與「實質利率」r間的「Fisher 方程式」(Fisher's equation, 1930)關係:

$$i = r + \pi^e$$ (14.75)

上式顯示: 通貨膨脹期間, 預期通貨膨脹率π^e調整, 必然全部反映於貨幣利率變動上。一旦體系內物價水準持平甚久, 預期通貨膨脹心理自然逐漸消失, 恰如(A 圖) 中$\pi^e = 0$軌跡所示爲 45°線, 「貨幣利率」與「實質利率」在該軌跡上並無差異。一旦通貨膨脹爆發擾亂人們思緒, 預期通貨膨脹率隨之飛揚, $\pi^e = 0$軌跡勢必右移至$\pi^e > 0$。接著, (A)與(C)圖中的軌跡透過(B 圖) 中 45°線居中策應, 「銀行信用供給」曲線自可順

利現形。當通貨膨脹爆發點燃預期通貨膨脹心理(π^e軌跡移動)，或是景氣好轉帶動預期資本報酬率回昇(*MEC*軌跡移動)，原先的銀行信用供給曲線BK_1^s順勢右移至BK_2^s，私部門資金需求趨於殷切自不在話下。

瞭解銀行信用供需函數的成因後，當 (圖 14-6 A) 中的BK_1^d與BK_1^s兩軌跡相會於E_0，「銀行信用」市場均衡自然觸目可及，均衡利率i_1與「銀行信用」數量K_1亦可同時決定。至於銀行產業創造之均衡「銀行信用」與「貨幣供給」間的關係將視利率及政策變數θ而定：

$$\frac{BK}{M^s} = \beta(i, \theta) \tag{14.76}$$

$$\underset{(+)}{}$$

以下分兩種個案說明銀行信用市場均衡變化對「銀行信用」與「貨幣供給」關係的影響：

(1)央行若採寬鬆銀根政策，擴增「強力貨幣」或調低法定準備率，(圖 14-6 A) 中的BK_1^d曲線將外移至BK_2^d，在BK_1^s曲線固定下，利率必然滑落而銀行信用存量擴增為K_2。由於「銀行信用」與「貨幣供給」間的比例β隨利率起落而同向反應，寬鬆銀根政策導引利率跌落時，(B圖)中的$\beta(i_1)$軌跡順勢向下旋轉至$\beta(i_2)$，「貨幣供給」擴張幅度$M_1 M_2$超越「銀行信用」增幅$K_1 K_2$。

(2)體系出現「技術創新」引發實質資本報酬率躍昇，增強人們發行「銀行信用」意願，(圖 14-6 A) 中的BK_1^s軌跡因而外移至BK_2^s，在「銀行信用需求」軌跡維持在BK_1^d的狀況下，「銀行信用」數量擴大為K_3，利率漲至i_3，同時引發(B圖)中的$\beta(i_1)$軌跡向上旋轉至$\beta(i_3)$，「貨幣供給」擴張$M_1 M_3$遠較「銀行信用」增幅$K_1 K_3$遜色。

「貨幣供給」與「銀行信用」兩者變動值經常被央行引為評估政策方向指標。然而上述分析顯示：「貨幣供給」與「銀行信用」往往各奔前程，並非等幅同向變動，兩者將分別提供迥異的政策方向訊息。依據二

次大戰後的美國資料顯示：以「銀行信用」變動做爲指標，貨幣政策在蕭條期間將較具擴張性，一旦改採「貨幣存量」變動爲指標後，貨幣政策在繁榮期間卻相對呈現擴張性。此種全然迥異的結果督促央行擬定政策時，必須戒愼恐懼，愼選適當指標以免誤導政策方向。

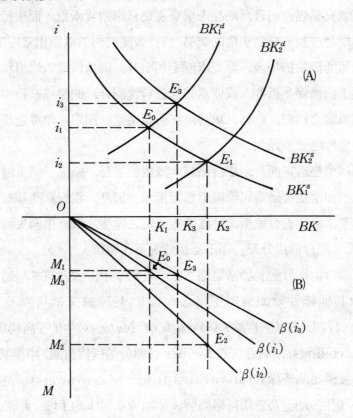

(圖 14-6)「銀行信用」與「貨幣供給」的關係

§ 14.4. 「銀行信用分配」理論

瞭解銀行信用供需函數的形成後，接著由比較銀行信用市場與一般

商品市場過程中，發現兩者間具有下列顯著差異：

(1)就市場結構而言，銀行廠商受法令限制較多而家數有限，具有聯合壟斷形勢，借款者對放款利率之議價能力薄弱，是屬於賣方優勢之市場；

(2)就交易條件而言，商品市場交易是當場銀貨兩訖，而銀行信用市場交易則是涉及未來請求權的交易。銀行廠商授信須承擔相當程度風險，故考量可能倒帳損失後，除要求既定利率外，尚依借款者信用狀況，要求提供不同擔保品抵押，或要求將部分貸款回存，間接擡高利率彌補其承受高風險之代價。此外，更有附加借款用途、期限、額度之規定，使得交易條件趨於多元化；

(3)就價格訂定而言，銀行廠商承做放款業務，關係一國金融發展與穩定，因而常遭金融當局政策干預與指示。另外，銀行廠商基於風險與利潤考量，訂定資金價格常偏離供需決定之均衡水準，市場失衡情形成為常態，「銀行信用分配」即為這種情況下之產物。

「銀行信用分配」通常是指「在既定利率下，放款需求超過供給，而需以其他條件分配信用不足之現象」。其理論文獻可溯及 Adam Smith (1776) 在《國富論》(*Wealth of Nations*)中的「高利貸上限」(usury ceilings)，而近代的 Keynes (1930) 在《貨幣論》中指其為「貸款者未獲滿足的邊緣」(unsatisfied fringe of borrowers)。至於在實務上，「信用分配」乃是銀行廠商解決超額放款需求的手段。超額放款需求問題通常可藉提高放款利率，或藉助提高「其他放款條件」，如：質押、保證、放款回存、放款期限等，對放款對象作選擇，或藉助「其他方法」，如：借款者身分、特權或承辦行員之個人喜好、索取回扣等因素進行信用分配。Baltensperger (1978) 將以調整利率方式分配信用的現象稱為「狹義信用分配」，而以放款利率以外的「其他放款條件」或「其他方法」所作的信用分配稱為「廣義信用分配」。

由於文獻中對放款利率調整有不同認定方式，「信用分配」可分兩種層次加以定義：

⑴「均衡信用分配」(equilibrium credit rationing)

「均衡信用分配」係指在長期靜態的資金供需已知下，放款利率持續且僵硬的維持在低於均衡水準上，如（圖 14-7）所示的 i^*，導致銀行廠商必須採行「非價格放款條件」來分配信用，以消弭超額資金需求 $F_1 F_2$ 現象。由於「銀行信用市場」供需失衡係屬長期現象，故該類信用分配亦稱「恒常信用分配」(permanent credit rationing)。

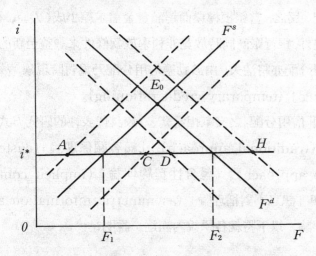

（圖 14-7）「均衡」與「動態」信用分配

早期學者常用「利率上限」解釋信用分配存在的理由，目前即使已解除了此項管制，但仍無法消除信用分配現象。Allen (1987) 因而指出信用分配若是基於法令的「利率上限」i^* 存在所造成，可視為「不均衡信用分配」；若係導因於「資訊不對稱」(asymmetric information)或「代理成本」的考量，可視為「均衡信用分配」，理由是：借款者與銀行廠商若是存在資訊不對稱情況，則基於放款風險考量，銀行廠商縱使面臨超額資金需求，亦不願擡高利率，以免增加放款風險而降低預期利潤，信

用分配存在自然無可避免。

(2)「動態信用分配」(dynamic credit rationing)

「動態信用分配」係指銀行信用市場供需短期間發生波動，使得放款利率朝新均衡水準調整時，產生或正或負之超額需求，導致銀行廠商亦須採取非利率放款條件紓解信用短缺現象。(圖 14-7)顯示體系內短期的實際資金供需係環繞於長期的預期資金供需 F^d 與 F^s 周圍波動，當銀根轉緊而超額資金需求擴大至 AH 時，利率除向上緩慢調整外，銀行廠商尚須採取較嚴格的非利率放款條件來調節銀行信用數量，此即正的動態信用分配。反之，當銀根轉鬆而超額資金需求縮小成 CD 時，利率除向下緩慢調整外，銀行廠商同時放寬非利率放款條件來調整至新的最適水準，動態信用分配亦將消失。由於動態信用分配乃為暫時現象，故又稱為「暫時信用分配」(temporary credit rationing)。

有關「信用分配」之文獻相當繁多，較具代表性的研究方式可歸為「傳統理論」(traditional approach)、「顧客關係理論」(customer relationship approach)、「隱含性契約理論」(implicit contract approach)與「訊息不對稱理論」(asymmetric information approach)等四種理論。以下將就各學說內涵逐一說明：

(一)「傳統理論」

傳統理論探討「信用分配」通常建立在二個基本假設：(1)銀行廠商無法對不同顧客做「完全差別取價」；(2)放款市場具賣方壟斷特性，銀行廠商可逕行決定將資金借給誰，甚少讓借款者有議價機會。在此假設下，銀行廠商若面臨超額資金需求狀況，當然會採行「信用分配」措施。

1950 年代前的信用分配通常基於制度上理由造成利率僵固而產生的，如：十九世紀的「高利貸法案」限制英國銀行不能隨意變更貼現率融通，因而在資金緊俏時，就會出現信用分配現象。Hodgman (1960)

認爲銀行廠商追求最大利潤時,若考慮倒閉風險並解除利率僵硬假設時,其放款供給曲線將呈現後彎。一旦超額資金需求致使放款利率攀昇超過銀行廠商訂定的最適利率後, 即使再提高利率, 亦無法補償放款增加帶來的風險, 故放款需求不能超過此最大極限, 信用分配與利潤極大化目標是一致的。

「傳統理論」大都認爲銀行廠商基於法令限制、社會道德約束或商譽考慮而無法對借款者採完全差別取價, 因而會有信用分配產生, 但其最大缺點是根據非經濟因素設定放款利率僵硬性, 並用於詮釋信用分配現象, 而未以經濟理由解釋放款利率僵硬性, 或均衡時爲何仍有超額需求存在。

㈡「顧客關係說」

Cukierman (1978) 認爲, 銀行廠商提供借款外, 尚提供許多相關服務, 如: 活存、定存、外匯交易及經紀勞務。一般而言, 銀行廠商較偏好貸放曾使用過銀行勞務者,即購買銀行勞務傾向愈高的借款申請者,應愈優先借到錢, 購買傾向愈低的借款申請者, 在獨佔銀行廠商與單一利率假設下, 往往遭致信用分配命運。同時, 借款者訊息成本或篩選成本(screening cost)不同, 造成不同的分離成本函數(separable cost function), 成本過高的顧客自然易遭信用分配命運。

此外, Hodgman (1963) 認爲訂定「基本放款利率」事實上即是銀行廠商爲保障其存戶而相互勾結的結果, 而且維持顧客關係可爲其他金融勞務帶來需求及利潤。爾後的 Kane 與 Malkiel (1965) 承襲 Hodgman 的態度而認爲, 若拒絕存戶貸款要求, 存戶自然會將存款全數提走不再存回, 反會降低銀行廠商的長期利潤。在此情況下, 風險性放款只能針對某些基本放款顧客(prime customer)爲之, 而這些人的存款要被證實是具有相當穩定性才可。換言之, 放款顧客被視爲是可以降低存

款波動風險及增加其他銀行勞務需求的資產，是以在利率僵固又有同質借款者申請時，銀行廠商即可使用「顧客關係」當成區別不同借款者而進行信用分配的標準。自然的，銀行廠商偏好放款給交往久遠或附帶能夠銷售交叉產品(cross-product)的老顧客，新顧客遭到信用分配並不意外。

㈢ 「隱含性契約理論」

Bailey (1974)、Gordon (1974) 與 Azariadis (1975) 等人率先發展「隱含性契約」詮釋工資僵硬性與均衡失業(equilibrium unemployment)現象，爾後的 Fried 與 Howitt (1980) 將此觀念應用於銀行信用市場，假設存款利率波動誘使放款利率跟著變動，風險中立銀行廠商為確保顧客免受放款利率波動之害，同意訂定固定放款利率之隱含性契約，利率不僅獨立於存款利率外，亦可能清楚區分新舊顧客差別。由於新顧客之行政成本（徵信成本、開戶成本）高於舊顧客甚多，兩種顧客之隱含性契約內容亦會不同，新顧客遭受拒絕機率顯然較大。

Fried 與 Howitt (1980) 認為銀行廠商若是風險中立、借款者係風險袪避，兩者可經由訂定多期契約解決誘因衝突(incentive conflict)及代理成本，此隱含性契約乃是以目前較高的利率交換未來變動較小的利率，即針對未來利率變動給予保險。

「隱含性契約理論」雖然提供另一詮釋信用分配之理由，但亦遭致不少批評。實證上顯示，放款利率波動程度遠超過存款利率甚多，且新舊顧客差別在多期模型中並不易區分。Fried 與 Howitt 雖然假設可以區分兩種新舊顧客，並提供迥異的隱含性契約，但在多期模型中，第一期舊顧客可能是第二期中另一家銀行廠商之新顧客，且當考慮移轉成本後，隱含性契約就變得更為模糊不清。

(四)「訊息不對稱理論」

「資訊不對稱理論」認為在訊息不全的信用市場中，借貸雙方及「所有者—經理者」間經常存在相當的衝突，是以在出現超額資金需求時，銀行廠商亦不會提高利率，而寧願讓信用分配存在。

(1)借貸雙方的衝突(lender-borrower conflict)

銀行廠商放款給顧客，希望屆期能夠收回本息，為求能監督與控制借款者行為，不但限制其選擇投資計劃的風險不能太高，還要監督其投入的努力程度，如此才能確保債權。至於貸款者獲取融資後，往往偏好選擇高報酬、高風險的計劃，如果成功將獲得更大報酬，不幸失敗頂多只是損失抵押品罷了，故依「選擇權」概念來解釋，貸款者選擇高風險計劃的價值愈高，故借貸雙方有明顯的衝突存在。

有鑑於此，當銀行廠商面臨超額資金需求時，通常不會採取提高利率方式消除超額需求，以免發生「逆選擇效果」及「誘因效果」(incentive effect)：

① 「逆選擇效果」

一般而言，貸款者對自己特性都相當清楚，包括風險性、能力、違約成本、努力程度等，但因借貸雙方間的資訊不對稱，導致銀行廠商無從判斷不同借款者的型態優劣。Stiglitz 與 Weiss(1981)、Bester(1985、1987) 因而指出，銀行廠商若是冒然提高利率，徒然迫使低風險群借款者退出市場不再申請貸款，留下破產機率大的高風險借款者，此舉反會降低預期報酬。有鑑於此，銀行廠商通常放棄藉由提高利率消除超額需求的手段，而用其他非利率放款條件來分配信用，以防發生逆選擇問題。

② 「誘因效果」

在資訊不對稱的借貸市場中，銀行廠商貸款給顧客後，無從獲知其會從事的投資計劃，故當超額資金需求發生時，冒然提高利率只會誘使

顧客選擇高風險投資計劃，否則無法平抑成本，從而又會釀成「道德危險」問題。這樣作法反而擴大銀行廠商風險而不可採行，故只有改用其他非價格條件來分配稀少資金。

(2)所有者－經理者間的衝突(owner-manager conflict)

銀行廠商倒閉原因大都是放款組合中存在過度風險暴露或因管理者的不誠實行爲造成。銀行廠商的經理大都有相當的自由裁量及自治團體(autonomy)來維護自身利益，造成經理人 (代理人) (agent)與所有人 (主理人) (principal)間在做決策時常存有潛在衝突。經理人選擇放款對象或承做投資時，鮮少站在使銀行廠商價值極大的立場來考量，而係考量自身利益極大，導致潛在衝突產生。爲減少雙方歧見，所有人只好運用控制機能來監督經理人行動，股東可以利用投票權撤換不稱職的經理人，迫使其爲保住職位，至少會朝「使廠商價值極大」的目標努力。

爲消除訊息不對稱產生之問題，銀行廠商設計放款契約時，除考量既定利率外，尚須加入其他審視工具(screening devices)，如：抵押品、貸款額度、權益、獲得借款機率等，以更有效的分類借款者型態。因此，在既定利率水準下，就算是出現超額資金需求，亦不會誘使銀行廠商提高利率，否則逆選擇及道德危險問題發生，反而釀成預期利潤降低，是以信用分配存在必然是常態現象。

〔本章重要參考文獻〕

1. 林建榮：《準貨幣利率提高對貨幣供給的影響》，臺大經研所碩士論文，民國六十四年。

2. 鍾隆毓：《臺灣信用分配之分析》，臺大經研所碩士論文，民國六十八年。

3. 林培州：《銀行放款市場之失衡計量分析》，臺大經研所碩士論文，民國七十二年。

4. 俞海琴：《資訊不對稱下本國銀行放款市場之研究》，政大企業管理研究所博士論文，民國八十一年。

5. 謝德宗：〈「貨幣供給」與「銀行信用」理論之發展〉，企銀季刊，十五卷三期，民國八十一年一月，pp.58-84。

6. Allen, L., *The Credit Rationing Phenomenon: A Survey of the Literature*, Soloman Brothers Center for the Study of Financial Institutions, 1987, No.7, pp.1-5.

7. Baltensperger, E., *Credit Rationing, Issues and Questions*, JMCB, 1978, pp.170-183.

8. Bester, H., *Screening vs. Rationing in Credit Markets with Imperfect Information*, AER, 1985, pp.850-855.

9. _____, *The Role of Collateral in Credit Markets with Imperfect Information*, EER, 1987, pp.887-899.

10. Blackwell, N. & Santomero, A., *Bank Credit Rationing and the Customer Relationship*, AER, pp.850-855.

11. Brunner, K. & Meltzer, A. H., *Liquidity Traps for Money, Bank Credit, and Interest Rates*, JPE, 1968, pp.1-37.

12. _____ & _____ , *An Aggregative Theory for A Closed Economy*, in *Monetarism*, edited by Stein, J. L., North-Holland Publishing Company, 1976.

13. Burger, A. E., *The Money Supply Process*, Belmont, Calif.: Wadsworth Publishing Company, 1971.

14. Cagan, P., *Determinants and Effects of Changes in the Stock of Money*, 1875-1960, New York: Columbia University Press, 1965.

15. Coghlan, R. T., *Analysis within the "New View"* , JMCB, 1977, pp.410-427.

16. _____ , *The Theory of Money & Finance*, The Macmillan Press LTD., 1980.

17. Collery, A. P., *A Graphic Analysis of the Theory of the Determination of the Money Supply*, JF, 1956, pp.328-331.

18. Fried, J. & Howitt, P., *Credit Rationing and Implicit Contract Theory*, JMCB, 1980, pp.471-487.

19. Friedman, B. M. & Hahn, F. H., *Handbook of Monetary Economics*, Chap.9 & 16, 1990, pp.357-398 & pp.837-888.

20. Friedman, M. & Schwartz, A., *A Monetary History of the United States: 1867-1960*, Princeton, N. J.: Princeton University Press, 1963.

21. Gurley, J. G. & Shaw, E. S., *Money in a Theory of Finance*, Washington, D. C.: Brookings Institution, 1960.

22. Guttentag, J. M. & Lindsay, R., *The Uniqueness of Commercial Banks*, JPE, 1968, pp.991-1014.

23. Hodgman, D. R., *Credit Risk and Credit Rationing*, QJE,

1960, pp.258-278.

24. Jaffee, D. & Modigliani, F., *A Theory and Test of Credit Rationing*, AER, 1969, pp.850-872.

25. Koskela, E., *A Study of Bank Behavior and Credit Rationing*, Helsinki: Academia Scientiarum Fennica, 1976.

26. Jordan, J. L., *Elements of Money Stock Determination*, FRB of St. Louis Review, March, 1969, pp.8-9.

27. Niehans, J., *The Theory of Money*, John Hopkins University Press, 1978.

28. Smith, W. L., *On Some Current Issues in Monetary Economics: An Interpretation*, JEL, 1970, pp.767-782.

29. Stiglitz, J. E. & Weiss, A., *Credit Rationing in Markets with Imperfect Information*, AER, 1981, pp.393-410.

30. Tobin, J., Commercial Banks as Creators of Money, in *Essays in Economics: Macroeconomics*, Chicago: Markham Publishing Co., 1971.

31. _____ & Brainard, W. C., *Financial Intermediaries and the Effectiveness of Monetary Controls*, AER, Papers and Proceedings, 1963, pp.383-400.

32. Wood, J. H., *Two Notes on the Uniqueness of Commercial Banks,* JF, 1970, pp.99-108.

第十五章　利率決定理論

在既定時點上，盈餘支出單位經過「資產選擇」程序後，將以各種資產或憑證保有剩餘資金，從而形成各類資產需求或可貸資金供給。另一方面，赤字支出單位透過「財務管理」安排，發行各類負債募集資金，因而形成各類資產供給或可貸資金需求。一旦各類資產或可貸資金供需透過金融廠商或市場中介而達成均衡，各形各色報酬率自然紛紛出籠。但由決策過程顯示：各種資產或資金之間彼此具有替代或互補關係，僅因風險、流動性、到期日、稅率與交易成本等因素不同而使報酬率有所差異，為解釋各種利率或報酬率的形成及彼此間關係，各類「利率決定理論」與「利率期限結構理論」文獻乃應運而生。

類似其他商品價格一樣，「利率」是「信用」或「可貸資金」的價格，或是使用資金必須負擔的代價。在貨幣化經濟中，一旦控制資金即是掌握實質資源，而「利率」正是分配金融與實質資源，聯繫金融與實質部門的重要變數，同時也是「貨幣」如何影響實質部門的中介變數。早在「重商主義」時期，經濟文獻就重視討論體系內決定利率的因素；而歷經數世紀發展後，利率決定文獻通常區分為流量的「可貸資金理論」與存量的「流動性偏好理論」兩大主流，分庭抗衡各領風騷。

本章首先說明「可貸資金」理論如何決定實質利率，再接續探究「流動性偏好」理論決定貨幣利率的內涵。其次，傳統的利率理論雖然風貌有異，何者較符現實的爭議頗多，但 Tsiang(1956)卻以「期間分析」與「融資動機」概念主動出擊，顯現兩者實質上是血脈相通。最後，體系內利率型態繁多，不過下列三種現象都值得逐一說明：(1)體系內的「實

質」與「貨幣」利率間雖以「預期通貨膨脹率」聯繫，然而三者間的互動關係卻是各家說法迥異；(2)開發中國家經常出現官方與地下金融並存的「金融雙元性」現象，「地下金融體系」的利率水準如何訂定，蔣碩傑 (1976)與許嘉棟(1984)曾分別深入推演兩者間的互動關係；(3)體系內資產報酬率雖然眾多而各自不同，卻均與期限密切相關，故可用「利率期限結構理論」聯繫彼此間的關係。

§ 15.1. 「可貸資金理論」

古典學派大將 J. S. Mill(1848)在《政治經濟學原理》(*Principles of Political Economy*)中指出：「體系內長期利率水準本質上將視以貸款方式表現的實質資本供需相對數量而定」，是以「利率波動係源自貸款供需變化」。基於 Mill 的定義，體系內「利率決定方式」隨後演繹出(1)古典「實質性可貸資金理論」決定「自然利率」及(2)新古典「貨幣性可貸資金理論」決定「貨幣利率」等兩種理論。

㈠「實質性可貸資金理論」

Hume(1711-1776)率先指出利率決定於實質資本供需後，古典學派的 A. Smith(1776)、Ricardo(1817)等人接續討論影響利率的因素，而至 Bohn-Bawerk(1889)始集其大成。綜合古典學派文獻內涵，體系內「實質利率」決定於資本市場上的儲蓄與投資，至於相關利率理論涵蓋下列說法：

(1)「忍慾理論」(abstinence theory)

在既定時間偏好下，若要家計部門放棄當期消費（亦即形成當期儲蓄），必須承諾未來給予延緩消費的實物補償（實質利率），此即「忍慾理論」的主要論點。一般而言，儲蓄或實質可貸資金供給與實質利率呈

同向變動。

⑵「生產力理論」(productivity theory)

Bohn-Bawerk宣稱廠商將目前資源投入生產，未來所獲報酬可用資本邊際生產力衡量，故值得支付實物報酬補償資金供給者的損失。由於資本邊際生產力通常呈遞減現象，投資或實質可貸資金需求因而與實質利率背道而馳。

⑶「使用理論」(use theory)

前述兩項理論僅是眾多詮釋利率決定因素當中的兩者而已，並無法決定均衡利率水準。至於「使用理論」宣稱廠商可採舉債方式融通資本財支出，經由生產與銷售後獲利，但需支付利息補償消費者放棄當期消費的損失，至於利率將由廠商與消費者共同商榷決定。換言之,「使用理論」是古典學派的利率均衡理論，且是古典「可貸資金理論」的前身。

在構成資本市場供需函數前，必須先做下列假設：

⑴廠商預擬投資前，必須先募集資金，同時完全以發行公司債（$\triangle B_p^s$）融通，預擬投資（I）因而反映於新增債券供給；

⑵家計部門若以債券形式保有儲蓄，預擬儲蓄（S）相當於新增債券需求（$\triangle B^d$）；

⑶投資與儲蓄均屬「流量」概念，對應的債券供需係針對當期新增債券而言。

基於上述假設，資本市場的債券或實質可貸資金供需將是實質利率的遞增與遞減函數：

$$\triangle B^d = S(r) \tag{15.1}$$
$$\triangle B^s = I(r) \tag{15.2}$$

（圖 15-1）中，當資本市場上$\triangle B^d = S(r) = I(r) = \triangle B^s$時，均衡實質利率將是$r_1$。隨後，再考慮政府部門介入經濟活動，並且採取融資行為所造成的影響。財政當局若採取發行公債融通赤字預算政策，一旦公

債與公司債屬於完全替代時，(15.2)式的新增債券供給函數因而修改擴增爲：

$$\triangle B^s = I(r) + (G-T) \tag{15.3}$$

此舉將使（圖 15-1）中的$\triangle B^s$曲線上移，實質利率隨勢上揚至r_2。

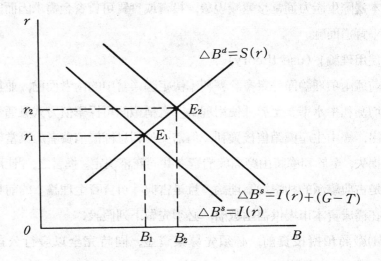

（圖 15-1）　古典「可貸資金」利率理論

　　由於古典「可貸資金理論」純粹僅由實質部門儲蓄與投資決定利率，係屬「部份均衡分析」，故以該理論詮釋實際現象時，自然會與事實有所出入：

　　(1)利率是實質部門「儲蓄」與「投資」交互運作結果，貨幣變數調整對均衡利率調整將不生任何作用；

　　(2)體系內並非僅有「債券」一項金融資產，古典學派簡化了人們保有儲蓄的方式；

　　(3)古典學派隱含假設廠商僅有發行債券募集資金，並於期末購買資本財而未保留貨幣餘額。然而實際現象顯示：廠商不僅在期末保留部份貨幣做爲經常性生產活動的週轉金，而且同步發行股權或降低保有貨幣

以融通預擬投資計劃。

㈡「貨幣性可貸資金理論」

　　古典學派的 Thorton(1802)率先指出體系內市場利率決定於銀行產業的放款供需，隨後再經 Wicksell(1907)、Fisher(1930)、Robertson(1937)及 Ohlin(1937)等人發揚光大，進而形成新古典學派的「貨幣性可貸資金理論」。該理論係將貨幣部門影響引進前述理論當中，體系內可貸資金供給（或債券流量需求）將涵蓋預擬儲蓄與當期實質貨幣增加量：

$$\triangle B^d = F^s = S(r) + (\triangle M^s / P_0) \tag{15.4}$$

　　一旦人們將當期部份新增貨幣數量用於購買商品，實質消費因而增加，儲蓄自然等量減少，故儲蓄與新增貨幣數量同時組成可貸資金供給。至於可貸資金需求（或債券流量供給）包括廠商與消費者預擬增加保有的貨幣數量，以及廠商融通當期資本財支出的投資需求：

$$\triangle B^s = F^d = I(r) + \triangle L^d(i) \tag{15.5}$$

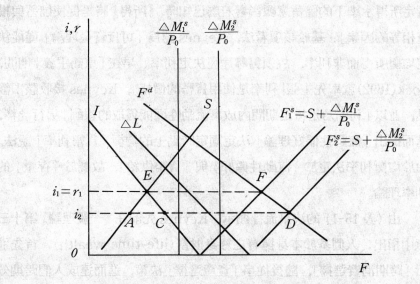

(圖 15-2) 新古典學派的均衡利率

　　人們增加保有貨幣$\triangle L^d(i)$若與貨幣利率背道而行，貨幣供給又由央行控制而與利率無關，則在（圖 15-2）中，可貸資金供需（或債券供需）達成均衡，$F^d = I(r) + \triangle L^d(i) = S(r) + (\triangle M_1^s/P_0) = F^s$時，均衡貨幣利率為$i_1$將與實質利率$r_1$一致。當央行採取寬鬆銀根政策，新增貨幣供給$(\triangle M_1^s/P_0)$遞增為$(\triangle M_2^s/P_0)$，資金供給曲線由$F_1^s$右移至$F_2^s$後，均衡貨幣利率將由$i_1$滑落為$i_2$。（圖 15-2）中，當貨幣利率為$i_2 < r_1 = i_1$時，商品市場將會出現投資大於儲蓄$(AC)$或是存在超額需求情況，物價水準揚帆待發，實質貨幣餘額自然逐步回低。一旦物價水準調整至P_1時，$\dfrac{\triangle M_2^s}{P_1} = \dfrac{\triangle M_1^s}{P_0}$，$F_2^s$重回$F_1^s$位置，貨幣利率又將回歸原先水準$i_1$。

§ 15.2. 「流動性偏好理論」

　　Keynes(1936)在《一般理論》第十四章中宣稱，「資本需求與利率對既定所得水準下的儲蓄意願影響若屬已知時，『所得』將是促使儲蓄與投資相等的因素」。基於該項看法，Keynes 認為「可貸資金理論」僅能決定均衡所得而非利率，故須另尋途徑決定利率。早在「重商主義」期間，Lock(1692)就率先主張「利率是使用貨幣的價格」，Keynes 接收該項觀點，並以「利率乃是特定期間內放棄流動性而能獲取的報酬」另行詮釋，進而提出「流動性偏好理論」決定固定時點上的均衡「貨幣利率」說法。由於均衡利率決定於「流動性偏好」與「貨幣供給」，故屬於「存量」的利率理論。

　　由（表 15-1）的決策流程顯示：Keynes 先前在《一般理論》第十三章中指出：人們基於本身擁有之終身財富(life-time wealth)，首先進行「跨期消費選擇」，隨後從事「資產選擇」決策，進而達成人們跨期效用$U(C_1, C_2)$達於最大。基於決策的先後秩序，Keynes 道出古典與新古

典利率理論的缺陷是：兩者係由「資本生產力」與「時間偏好」的第一決策過程中直接決定「實質利率」，完全忽略後續決策可能發生的影響，因而將有待商榷。至於 Keynes 認為「利率是人們放棄流動性（貨幣）所應獲得的補償」，故應由後續的「資產選擇」決策，或由「流動性偏好」與「貨幣供給」共同決定「貨幣利率」。

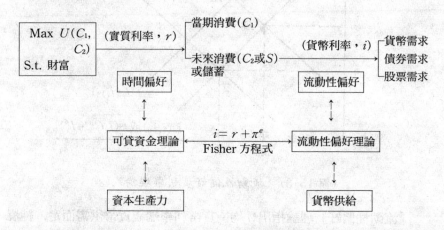

（表 15-1）「可貸資金」與「流動性偏好」理論的決定過程

　　基於上述構想，Keynes 將保有資產型態的偏好稱為「流動性偏好」，貨幣乃是流動性資產的一環，故狹義的流動性偏好函數將是指貨幣需求函數而言：

$$L = L(i, y)$$
$$\quad = kPy + l(i) \tag{15.6}$$

同時，再假設貨幣供給函數與貨幣利率同步變動：

$$M^s = M(i) \tag{15.7}$$

當體系內物價為 P_0，所得為 y_0 時，均衡貨幣利率將如（圖 15-3）中 E_0 點所示為 i_0。央行若採寬鬆銀根政策，在貨幣需求 $L(i, y)$ 穩定下，隨著實質貨幣供給由 $M_1(i)/P_0$ 遞增至 $M_2(i)/P_0$，短期均衡利率下跌至 i_1，

Friedman(1968)稱此現象為「流動性效果」(liquidity effect)。

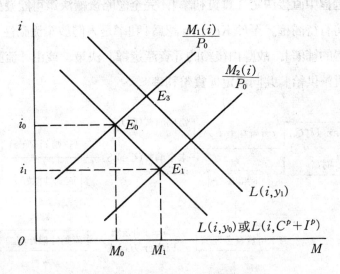

(圖 15-3) 「流動性偏好」利率理論

　　「流動性偏好」理論指出：均衡貨幣利率端視貨幣供需而定，純屬貨幣現象而與實質因素無直接關連。任何實質部門行為調整惟有事先影響所得改變貨幣需求，方能迂迴轉進影響均衡利率。然而該項說法與現實有所背離，Robertson(1937)與 Ohlin(1937)紛紛鳴鼓攻之，促使Keynes(1937)另以「融資性」貨幣需求取代原有流動性偏好函數。爾後的 Tsiang(1980)接續以「總支出」(C^p+I^p)取代「流動性偏好函數」中的「所得」(y)變數：

$$L=L(C^p+I^p,\ i,\ \pi^e,\ A) \tag{15.8}$$

　　一旦實質部門行為（如：預擬消費或投資）有所異動，（圖 15-3）中的 $L(i,\ C^p+I^p)$ 曲線立即右移，貨幣利率直接上漲，無需另外借助所得變化方能發揮影響力。

*§15.3.　「可貸資金」與「流動性偏好」理論的綜合

　　「可貸資金」與「流動性偏好」理論分別由「債券」與「貨幣」市場各自決定體系內的利率水準，前者係屬「流量理論」而後者爲「存量理論」，乍看之下兩者乃是全然迥異的理論。有鑑於此，貨幣理論文獻在1950 年代針對上述問題曾引發激烈爭論，進而紛紛嘗試將兩者共冶一爐。Hicks 首先建立包括貨幣與債券在內的 N 種物品模型，並依「Walras 法則」隨意刪除其中一種，讓剩餘的 $(N-1)$ 種物品市場決定均衡價格。Hicks 指出若是保留「債券」而去掉「貨幣」市場，此即採「可貸資金理論」決定利率；反之，一旦保留「貨幣」而捨棄「債券」市場，則係依「流動性偏好理論」決定利率。當體系全面均衡時，採取任一理論決定利率，最終結果必然相同，兩者實際上是同一理論而無須同時存在。

　　爾後，Patinkin 建立涵蓋 $(N-2)$ 種商品 (C)、貨幣與債券等 N 種物品的模型，並依「Walras 法則」認定所有物品供需總合必須相等：

$$C^s + M^s + B^s = C^d + M^d + B^d \qquad (15.9)$$

將上式加以整理：

$$(M^d - M^s) = (C^s - C^d) + (B^s - B^d) \qquad (15.10)$$

當體系達成充分均衡時，由上式可分成兩種狀況：(1)當 $C^s = C^d$ 且 $B^s = B^d$，$M^d = M^s$ 將是必然結果；(2)當 $C^d = C^s$ 且 $M^d = M^s$ 時，$B^d = B^s$ 亦是必然結果。不論消去「債券市場」或是刪掉「貨幣市場」，一旦體系達成充分均衡時，均衡利率水準理應相同。值得注意者：體系若是陷於失衡狀態，兩種利率理論揭露的調整方式很可能完全迥異。假設商品市場超額供給 $(C^s > C^d)$ 大於債券市場超額需求 $(B^d > B^s)$，由(15.10)式關係可得：$(M^d > M^s)$ 與 $(B^d > B^s)$ 將會同時並存。依據「流動性偏好理論」，$M^d > M^s$ 有助於利率上漲；但由「可貸資金理論」，$B^d > B^s$ 卻使債

券價格攀升而迫使利率趨跌。有鑑於此，Patinkin 認為兩種理論決定的
均衡利率雖然相同，但在動態調整層面上並非一致，是以兩者並非同一
理論而各有存在價值。

另外，Tsiang(1956)融合「最低融資需求額」(minimal require-
ment for finance)概念於 Keynes 貨幣需求函數中，積極調和兩種理
論。固定期間內，個人保有「最低融資需求額」可表為：

$$C_i^d = M_i^o + (B_i^s - B_i^d) - M_i^* \tag{15.11}$$

C_i^d是個人的本期預擬支出，M_i^o是期初保有的貨幣餘額，B_i^s與B_i^d是期初
賣出與買進的債券數量，M_i^*是當期預擬保留的預防與投機性貨幣餘額。
累加全部成員的「最低融資需求額」，並且考慮銀行廠商由購買債券而創
造的貨幣（$\triangle M = B_b^d - B_b^s$，銀行廠商的超額債券需求等於新增貨幣供
給），體系內總和「最低融資需求」方程式將是所有個人與銀行廠商的融
資需求額的累加：

$$C^d + M^* = M_0 + \triangle M + (B^s - B^d) \tag{15.12}$$

$$B^d = \sum_{i=1}^n B_i^d + B_b^d, \ B^s = \sum_{i=1}^n B_i^s + B_b^s, \ M_0 = \sum_{i=1}^n M_i^o$$

Tsiang 認為上式將能真正反映人們行為，正確顯現商品、債券與貨
幣市場間的相互關係。當債券市場達成均衡$(B^d = B^s)$時，$C^d + M^* =$
$M_0 + \triangle M$。C^d是人們的預擬支出，相當於 Keynesian 學派的交易性貨
幣需求$C^d = L^d = ky$。至於$M^* = l(i)$是預防與投機性貨幣需求，故$C^d +$
$M^* = ky + l(i)$是體系內總貨幣需求。$(M_0 + \triangle M)$係期初貨幣存量與本
期新增貨幣數量之和，恰好是當期貨幣供給總額。經此巧妙安排後，債
券市場達成均衡時，貨幣市場亦同聲附合，兩者決定的均衡利率必然相
同。

Tsiang 接著再由「可貸資金理論」的均衡條件推演出「流動性偏好
理論」的均衡條件，證明兩者乃是一體之兩面，絕非 Patinkin 所稱是屬

於相異的理論。人們期初保有貨幣數量若是前期所得 Y_{t-1} 與前期保留貨幣 M_{t-1}^* 的總和：

$$M_t = Y_{t-1} + M_{t-1}^*$$

$$= Y_{t-1} + l(i) \tag{15.13}$$

當期預擬支出涵蓋消費與投資兩項，相當於人們當期保有的交易性貨幣 (L_t^d)：

$$Y_t = C_t + I_t = L_t^d = ky_t \tag{15.14}$$

至於當期儲蓄 (S_t) 是前期所得扣除本期消費後的剩餘部份：

$$S_t = Y_{t-1} - C_t \tag{15.15}$$

「可貸資金理論」決定均衡利率的條件是：

$$S_t + \triangle M_t = I_t + \triangle M_t^*$$

或　$$S_t - \triangle M_t^* + \triangle M_t = I_t \tag{15.16}$$

將 (15.15) 式代入 (15.16) 式：

$$(Y_{t-1} - C_t) - (M_t^* - M_{t-1}^*) + \triangle M_t = I_t \tag{15.17}$$

重新整理上式：

$$Y_{t-1} + M_{t-1}^* + \triangle M_t = C_t + I_t + M_t^* \tag{15.18}$$

依據本節定義，上式又可表為

$$M_t^s = M_{t-1}^* + \triangle M_t = L_t^d + M_t^*$$

$$= ky + l(i) \tag{15.19}$$

上式是「流動性偏好理論」決定均衡利率的條件。由上述推理過程顯示：兩個利率理論本質上顯然相通，並無實質差異。

§ 15.4.　通貨膨脹與「雙利率學說」

Thornton (1802) 在《英國紙幣信用本質與效果的探討》(*An Enquiry into the Nature and Effects of the Paper Credit of*

Great Britain)書中率先系統化解析「通貨膨脹」與「雙利率學說」(two-rate doctrine)間的關係, 主要論點如下:

(1)體系內「利率」概念有二: 由「可貸資金市場」決定的「貨幣利率」, 以及由「商品市場」儲蓄供給與投資需求決定的「實質利率」;

(2)一旦兩種利率發生差異, 勢將點燃放款供需累積性擴張過程, 進而引爆通貨膨脹;

(3)央行若採釘住利率政策, 必然釀成無止境通貨膨脹;

(4) Thornton 首先論及「通貨膨脹預期」對市場利率影響, 進而描述「預期通貨膨脹率」與「名目利率」的關係。

Wicksell(1907)接續在〈利率對物價影響〉(The Influence of the Rate of Interest on Prices)文獻中, 發揮 Thornton 的構想, 陳述「貨幣利率」、「實質利率」及「通貨膨脹預期」三者間的關係, 並以通貨膨脹的「累積過程」進行串連。在通貨膨脹過程中, 借款者借款一元到期必須負擔名目本息$(1+i)$, 均衡時必然等於到期時由實質資產衍生的實質本息$(1+r)$, 與預期通貨膨脹帶來增值利益$(1+\pi^e)$的乘積:

$$(1+i)=(1+r)(1+\pi^e)$$
$$=1+r+\pi^e+r\pi^e \tag{15.20}$$

一般而言, $r\pi$值趨於微小而能忽略時, 上式將可演變成「Fisher 方程式」:

$$i=r+\pi^e \tag{15.21}$$

上式揭示「貨幣利率」等於「實質利率」加上「預期通貨膨脹率」, Fisher(1930)因而主張「貨幣利率將依預期通貨膨脹率攀昇, 依通貨緊縮率調低」。由於「實質利率」係取決於實質部門的「生產力」及「時間偏好」, 亦與「預期通貨膨脹率」雷同均屬「預期」概念, 導致在通貨膨脹過程中, 實證結果顯示三者關係的變化將出現下列三種看法:

(一)「Fisher 效果」

當人們能夠充分「洞悉未來」或體系達成「充分均衡」時，「實質利率」將決定於「生產力」與「節儉」兩項因素，與通貨膨脹預期毫無瓜葛。此外，Fisher (1930) 承襲古典學派看法，認為貨幣與實質商品間存有密切替代關係，導致貨幣利率直接對預期通貨膨脹率發生反應。均衡貨幣利率將充分反應預期通貨膨脹率，以維持實質利率水準不變，此種現象即稱為「Fisher 效果」。

就政策涵義而言，「Fisher 效果」隱含「貨幣政策具有中立性」的臆說，意謂著央行無法運用權衡性貨幣政策影響實質利率，亦即無法經由該項管道改變實質部門的決策行為。

(二)「Harrod 效果」

「Harrod 效果」係延續 Keynesian 學派說法，主張貨幣與債券間唇齒相依，貨幣利率決定於貨幣市場供需，不受預期通貨膨脹率波動的影響，故與實質利率間具有逐一的抵換關係。

就政策涵義而言，在 Keynesian 模型中，物價水準若非僵固就是調整緩慢，央行施行貨幣政策對貨幣利率形成的衝擊，實際上就是促使實質利率做同向反應，實質部門決策將會有所因應而非無動於衷。

(三)「Mundell-Tobin 效果」

Mundell (1963) 與 Tobin (1965) 分別提出體系內的「貨幣利率」僅對預期通貨膨脹率變化做部份反應而已，亦即該效果將介於前述兩種效果之間。以下援用 Mundell (1963) 修正的新古典學派 Patinkin 模型，分別說明上述三種效果內涵。

商品市場均衡

$$y^* = C(r, y^*, m) + I(r, y^*) \tag{15.22}$$
$$\quad\;\; {\scriptstyle(-)\;\;(+)\;\;(-)}\qquad\;\; {\scriptstyle(-)\;\;(+)}$$

貨幣市場均衡

$$L(i, y^*, m) = m \tag{15.23}$$
$$\quad\;\; {\scriptstyle(-)\;\;(+)\;\;(+)}$$

$m = M/P$是實質餘額，y^*是充分就業產出。(15.22)式顯示實質利率與實質餘額的各種組合而使商品市場達於均衡的軌跡，即（圖 15-4）中的正斜率IS曲線。(15.23)式則顯現貨幣利率與實質餘額的各種組合而使貨幣市場達於均衡的軌跡，即圖中的負斜率LM曲線。當物價穩定而無通貨膨脹威脅時，人們將無通貨膨脹預期，則由IS與LM曲線交點便可決定均衡實質與貨幣利率水準$(i_0 = r_0)$。通貨膨脹出現造成預期通貨膨脹率爲正值$(\pi^e > 0)$，以「貨幣利率」表示的IS_1曲線隨之左移至IS_2，或以「實質利率」表示的LM_1曲線順勢下移至LM_2，均衡貨幣利率上揚至i_1，實質利率卻滑落爲r_1。

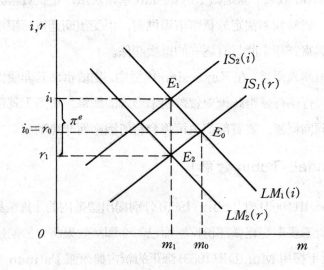

（圖 15-4）Mundell-Tobin 效果

—

「Mundell-Tobin效果」指出：一旦通貨膨脹戰火點燃後，借貸雙方有如被課徵「通貨膨脹稅」一樣，「貨幣利率」與「實質利率」同時對「預期通貨膨脹率」分做反應，共同品嚐通貨膨脹苦果。至於借貸雙方何者負擔較大的「通貨膨脹稅」，端視 *IS* 與 *LM* 兩軌跡的相對斜率而定。

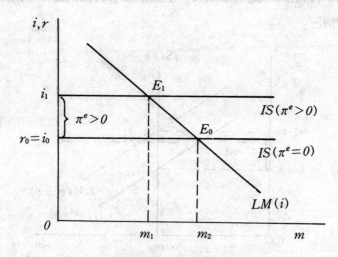

（圖 15-5）Fisher 效果——水平 IS 曲線

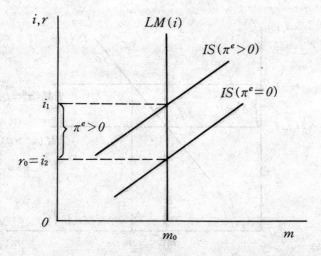

（圖 15-6）Fisher 效果——垂直 LM 曲線

　　再由（圖15-5）與（圖15-6）顯示：當IS曲線趨於完全利率彈性或LM曲線缺乏利率彈性時，通貨膨脹促使以「貨幣利率」表示的$IS(\pi^e=0)$軌跡上移或左移至$IS(\pi^e>0)$，「貨幣利率」上揚充分反映「預期通貨膨脹率」的調整，「通貨膨脹稅」全由借款者負擔，此即「Fisher 效果」呈現的情況。

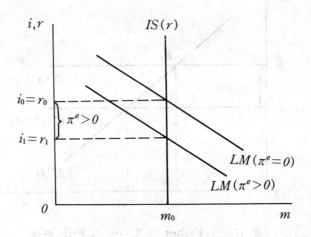

（圖 15-7）Harrod 效果──垂直 IS 曲線

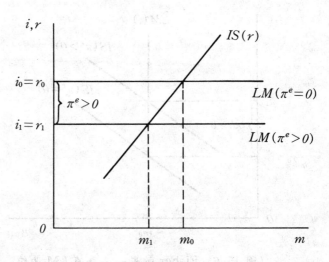

（圖 15-8）Harrod 效果──水平 LM 曲線

此外，由(圖 15-7)與(圖 15-8)顯示：*IS*曲線缺乏利率彈性或*LM*曲線具有完全利率彈性時，通貨膨脹將使以「實質利率」表示的*LM*($\pi^e=0$)軌跡左移或下移至*LM*($\pi^e>0$)，「實質利率」下挫完全反映「預期通貨膨脹率」的調整，意謂著出借者完全負擔「通貨膨脹稅」，此即「Harrod效果」表達的情景。

最後，「流動性偏好理論」的另一層涵義為：「貨幣供給增加促使利率下跌」，然而 Keynes(1930)在《貨幣論》書中指出實際現象卻恰好相反：「高貨幣成長率國家往往激發利率高漲」，由於該現象早已由 A. H. Gibson(1923)發現，Keynes 因而稱此矛盾現象為「Gibson 矛盾」(Gibson's paradox)。

Friedman 與 W. Gibson(1970)兩人分別將「Fisher 方程式」引入(15.6)式的貨幣需求函數，當央行擴增貨幣供給時，短期內經由「流動性效果」迫使利率下跌。依據「Harrod 效果」的說法，在物價與預期通貨膨脹率持平時，貨幣利率將與實質利率同步走低，刺激投資與消費支出增加，透過乘數過程運作，所得與交易性貨幣需求隨著增加，貨幣利率反轉回升，此即「所得效果」(income effect)。央行若是堅持採取釘住利率政策，持續增加貨幣供給，必然引發物價連續上揚，進而點燃通貨膨脹預期。資金供給者為維持資金購買力不變，必然要求「通貨膨脹貼水」，再度迫使貨幣利率攀昇，此即「膨脹性預期效果」(inflationary expectation effect)。總之，只要引進後續的「所得」與「膨脹性預期」兩項效果，「Gibson 矛盾」發生緣由自然迎刃而解。

§ 15.5. 「地下金融體系」利率的決定

本書第九章曾提及，開發中國家在推動經濟發展過程中，往往採取「不平衡成長」(unbalanced growth)及「金融壓抑」兩種策略，影響

所及致使金融體系出現「納入管理」(官方)及「地下金融」(黑市)並
存的「金融雙元性」現象。追究「地下金融」體系形成誘因乃是「赤字
支出單位」無法在「納入管理」金融體系充分取得融資,只好退而尋求
「地下金融」體系給予融資。正如(表15-2)所示:「盈餘支出單位」(資
金供給者)經由「資產選擇」程序將過剩資金分別投入「納入管理」與
「地下金融」體系,然後融資給兩類「赤字支出單位」(資金需求者)。
由此資金流程可知:「官方」與「黑市」的資金供需具有密切互動關係,
而「黑市利率」決定亦與「官方利率」水準緊密相連。

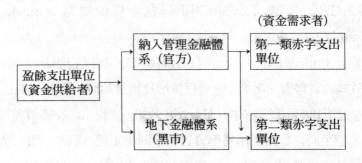

(表15-2)「官方」與「黑市」的資金供需

蔣碩傑(1976)利用古典實質性可貸資金理論說明地下金融市場(黑
市)利率的決定。在(圖15-9)中,央行若是壓低銀行廠商利率至r_0水
準,使其低於投資資金需求曲線$F^d = I(r)$與流入銀行廠商的資金供給
曲線$S_b(r)$決定之均衡利率r^*,則流入銀行廠商資金將由OE減至OA。
在此低利率政策下,投資資金需求必由OE增至OF。除非銀行體系不顧
通貨膨脹威脅,而採取增加貨幣供給方式滿足資金需求,否則銀行廠商
融通的投資只能限於OA,較銀行廠商利率訂為r^*時要減少AE。

由於資金需求OF超過供給OA甚多,央行若不願提高利率至r_2以限
制需求使與供給OA相等,則需另採主觀信用分配以滿足OF需求。在利
率r_0下,資金需求既然遠超過銀行廠商可能供應數量,自然會有在銀行體

系無法取得足夠融資的第二類廠商被迫向其他資金市場求援，此即黑市出現的緣由，如：臺北市迪化街的資金市場。「黑市」資金供給來源就是本可流入銀行體系卻被低利政策摒棄的人們儲蓄。不過黑市倒帳風險大，人們將資金轉向黑市勢必要求「風險貼水」，而GH是最低「風險貼水」且隨資金供給數量遞增，黑市資金供給曲線$S_I^2(r)$將是比流入銀行體系的資金供給曲線$S_b(r)$更高的曲線。當$S_I^2(r)$曲線與資金需求曲線交於M點時，即可決定黑市利率r_3及黑市融資數量AC。黑市利率r_3雖然較銀行官定利率高出甚多，但是黑市存在顯然有利於經濟發展，廠商可獲融資之投資由OA增加至OC。

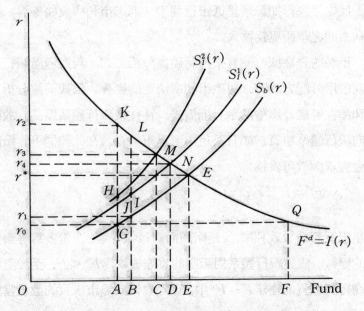

(圖 15-9) 蔣碩傑決定黑市利率方式

爾後，央行若決定提高壓抑之銀行利率至r_1，流入銀行廠商資金將由OA增至OB。在不用通貨膨脹手段條件下，銀行廠商融通之投資將增至OB。假設最低黑市「風險貼水」維持不變($GH=IJ$)且與融資量無關，黑市資金供給曲線亦隨銀行廠商融資增加而自$S_I^2(r)$移至$S_I^1(r)$，與資

金需求曲線交於N點。由於N點在M點右下方, 故其決定的黑市利率r_4必較r_3爲低, 官定與黑市利率差距將由$r_0 r_3$縮減至$r_1 r_4$, 由此可得下列結論:

(1)執行利率管制國家的央行在不超過均衡利率範圍內, 若是提高官定利率, 必能使銀行體系及黑市在不引起通貨膨脹下增加共同融資之投資總額, 而黑市融資部分必將減少。反之, 央行如繼續壓低銀行利率, 則在不引起通貨膨脹狀況下, 銀行廠商及黑市所能融資總額必將減少, 其中黑市融資部分反將增加。

(2)執行利率管制國家的央行在不超過均衡利率範圍內, 一旦提高官定銀行利率, 必使黑市利率反向趨跌, 黑市與官定利率間之差距大爲減縮。反之, 央行如繼續壓低銀行利率, 則黑市利率反將攀昇, 黑市與官定利率間之差距更爲擴大。

稍晚的許嘉棟(1984)接續蔣碩傑分析方式, 再度考慮銀行體系採取不同信用分配方式時, 對黑市利率決定的影響。依據前述分析可知: 黑市利率在考慮「風險貼水」補償後, 往往較銀行體系爲高, 故廠商通常先向銀行體系申貸, 如有不足再至黑市融資。在此前提下, 廠商的可貸資金需求函數可表爲:

$$F^d = F^d \underset{(-)}{(r_b, \ x)} \tag{15.24}$$

r_b是銀行體系放款利率, x是廠商面對景氣好壞、產量多寡等影響資金需求的變數。假設銀行體系對廠商的實際放款爲$F^a < F$, 至於無法由銀行廠商得到融資的需求$F - F^a$中, 實際會轉向黑市求貸的數量當視兩個因素而定:

(i)「黑市利率水準」: 能夠負擔得起黑市利率者, 才可能成爲黑市資金需求;

(ii)「銀行廠商配置資金效率」: 銀行廠商資金借予資金使用效率高者之比例愈大, 負擔得起黑市利率之資金需求自銀行廠商得到融資比例

也就愈高。相對地，廠商對黑市資金需求就愈小。

　　以下將就銀行廠商配置資金方式或信用分配效率對黑市利率決定影響，分別說明於後：

㈠ 「最具效率」的信用分配方式

　　假設銀行體系依據廠商邊際生產力大小進行融資，凡是獲得融資廠商均屬經營效率較高者，則廠商黑市資金需求F_c可表爲：

$$F_c = F(r_c, x) - F^a \tag{15.25}$$

上式係指能夠負擔黑市利率r_c的資金需求。在 (圖 15-10) 中，以O爲原點所作之ABF^d線代表廠商的銀行放款需求$F(r_b, x)$。在$F = F^a$之點O'另作一代表r_c之縱軸，與ABF^d線相交於B。以O'爲衡量黑市資金需求的原點，BF^d即爲黑市資金需求曲線。當資金利用效率在r^*以上之需求均由銀行廠商給予融資，對黑市資金需求都是利用效率在r^*以下者。

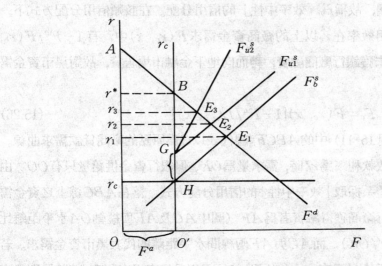

(圖 15-10)　「最具效率」之信用分配

　　接著，「盈餘支出單位」將資金投入黑市，必須面對較銀行體系爲高

的倒帳、違法等風險，進而要求風險貼水補償。假設「風險貼水」補償為固定值，黑市資金供給曲線F_{u1}^s將是銀行體系資金供給曲線向上平移風險貼水GH。由F_{u1}^s與BF^d的黑市資金供需曲線交點將決定黑市均衡利率r_2，顯然高於銀行體系未採「利率管制」及「信用分配」下的均衡利率r_1。此外，「盈餘支出單位」若對黑市提供資金越多，要求風險貼水補償部份隨之遞增，此時黑市資金供給曲線將是F_{u2}^s，均衡黑市利率將上漲至r_3。

(二)「效率中性」(efficiency-neutral)的信用分配方式

上述信用分配達到最高效率情況，終究是烏托邦理想境界，另一可能信用分配結果為：「資金利用效率在銀行放款利率以上的貸款需求獲得融資可能性都相同」，其可能性或機率為實際資金供給量相對資金需求量之比例$F^a/F(r_b, x)$。在此情況下，得到融資的可能性與資金利用效率高低無關，故稱為「效率中性」的信用分配。在該類信用分配方式下，資金利用效率在r_c以上的廠商資金需求$F(r_c, x)$中，有$1-F^a/F(r_b, x)$比例未獲銀行廠商融資，轉而向地下金融市場告貸，故對黑市資金需求量為：

$$F_c = F(r_c, x)[1 - F^a/L(r_b, x)] \tag{15.26}$$

（圖 15-11）中的$ABCF^d$線代表以O為原點的廠商貸款需求曲線。在銀行放款利率為r_b^*時，需求量為OK，但銀行資金供給量只有OO'。由於銀行體系採取「效率中性」的信用分配方式，落在ABC線上之資金需求由銀行廠商獲得融資者為AF（圖中AC及AF與縱軸OA水平距離比例為OO'/OK），而AC與AF兩線間水平距離即代表黑市資金需求。若改以O'為衡量黑市資金的原點，$A'BFO'$為代表黑市利率之縱軸，則黑市資金需求曲線即為$A'C$。

接著，再引進黑市資金供給曲線F_{u1}^s及F_{u2}^s以決定黑市利率。當「盈

餘支出單位」在黑市資金市場上只要求固定風險貼水補償時，則由F_{u1}^s與$A'C$的黑市資金供需曲線交點E_2，將可決定均衡利率r_1。至於「盈餘支出單位」要求風險貼水補償若呈遞增狀況時，則由F_{u2}^s及$A'C$的黑市資金供需曲線交點E_3，另可決定均衡利率r_2，顯然高於前述的r_1水準。

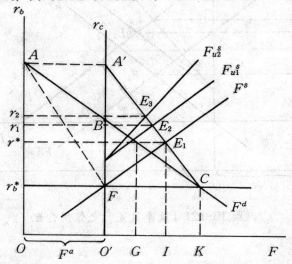

(圖 15-11)「效率中性」之信用分配

(三)「效率最差」的信用分配方式

開發中國家採取壓低利率的金融政策後，經常導致銀行體系的「信用分配」變質成由特權或賄賂放款審核人員方式取得，亦即 (圖 15-12) 中銀行體系的實際可貸資金F^a全部以r_b^*利率貸給F^d曲線中D點以下的資金需求者，至於能夠負擔r_b^*利率以上的AD曲線資金需求者卻無法由銀行體系獲取融資，只好全部投入黑市尋求融資機會。此種現象造成黑市資金需求曲線F_2^d係由AD曲線向右平移OO'距離而得$A'D'$曲線，再引進F_{u1}^s及F_{u2}^s兩類黑市資金供給曲線後，將可分別決定黑市利率r_2及r_3。

最後，再以 (圖 15-13) 比較上述信用分配方式決定的黑市利率水準

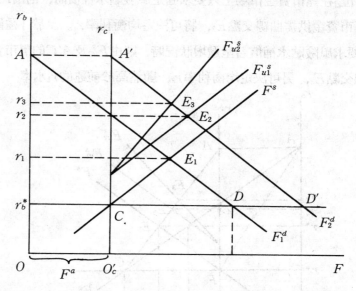

(圖 15-12) 「效率最差」之信用分配

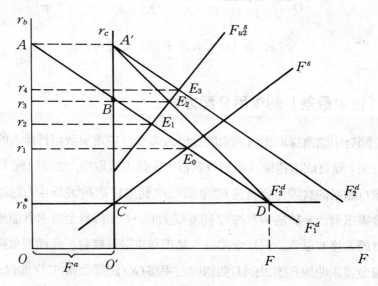

(圖 15-13) 不同信用分配方式形成之黑市利率

高低。依據前面推理, 三種信用分配方式形成之黑市資金需求分別為

BDF_1^d、$A'D$及$A'F_2^d$三條軌跡。假設「盈餘支出單位」在黑市資金市場上要求遞增的風險貼水補償，黑市資金供給曲線將是F_{12}^s軌跡，而其決定的黑市利率分別爲$r_2 < r_3 < r_4$。換言之，一旦銀行體系採取的信用分配方式越具效率時，黑市利率反而將會越低。

§15.6. 利率期限結構理論

經濟體系中存在各類型金融資產，由於各類資產面對通貨膨脹率、稅率、交易成本、流動性、倒帳風險與期限各有不同，致使每一資產報酬率顯然有別。但就同類型債券而言，資產報酬率(r)將與期限(N)緊密相連，兩者關係將如(圖15-14)的「收益曲線」$r=f(N)$所示，將能提供投資者獲取有利投資機會的訊息。一般而言，「收益曲線」通常會出現下列四種型態：

(1)A曲線是屬於脊型(humped)收益曲線，金融資產報酬率隨著期限延長而先揚升，而在某一期限後轉趨下游，此種收益曲線是最常見的現象；

(2)B曲線是下降型(descending)收益曲線，金融資產報酬率是隨著期限延長而呈遞減現象；

(3)C曲線是爲完全平直(flat)的收益曲線，不論期限長短，同一時點上的金融資產報酬率恒爲固定值。一般而言，C曲線出現機率極微；

(4)D曲線是上升型(ascending)收益曲線，金融資產報酬率隨期限延長而遞增。

以下將就體系內資產收益曲線何以展現不同風貌，分由「純粹預期理論」(pure expectation theory, *PET*)、「流動性貼水理論」(liquidity premium theory, *LPT*)、「市場分隔理論」(market segmentation theory, *MST*)三種理論進行詮釋。

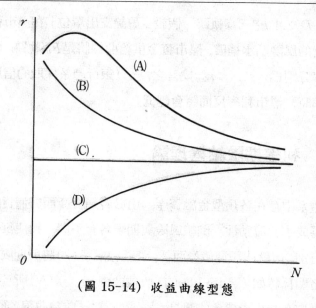

(圖 15-14) 收益曲線型態

㈠「純粹預期理論」

自從 Irving Fisher(1896)在〈升值與利率〉(Appreciation and Interest)文中觸及預期與利率期限結構的關係後，直至 Lutz(1940)方才正式提出「純粹預期理論」或稱「不偏預期理論」(unbiased expectation theory)，而由稍晚的 Meiselman(1962)更是首先利用「錯誤學習臆說」(error learning hypothesis)進行驗證該項理論，從而予以發揚光大。接著，Shiller(1972)再次將「理性預期」(rational expectation)概念引進「純粹預期理論」，驗證長、短期利率理論的差異性，從而成爲「理性預期臆說」的利率期限結構理論。該理論首先假設：

(1)投資者對短期利率未來價值抱持單一預期；

(2)任何金融資產交易無需支付交易成本，人們將可頻繁進出市場而無需負擔任何代價；

(3)金融市場具有完全性將使市場利率趨向於競爭水準；

(4)投資者追求固定期間內保有資產收益達於最大，或是屬於「風險

中立」者。

　　基於「完全訊息」與「無交易成本」假設，該理論認爲：各方面條件相同而僅有到期日相異的金融資產，將被人們視爲完全替代品。是以不論長期或短期債券，人們在保有期間內必然追求相同收益率，因此「純粹預期理論」的均衡條件可表示如下：

$$(1+{}_tR_n)^n = (1+{}_tR_1)(1+{}_{t+1}r_1^e)\cdots(1+{}_{t+n-1}r_1^e) \tag{15.27}$$

${}_tR_n$ 是 t 時點上之 N 年期限金融資產的實際收益率，${}_{t+i}r_1^e$ 是由 $t+i$ 時點起算之短期金融資產的預期收益率。由 (15.27) 式可推得長期利率爲目前短期利率與預期未來各年短期利率之平均值：

$$_tR_n = \{(1+{}_tR_1)(1+{}_{t+1}r_1^e)\cdots(1+{}_{t+n-1}r_1^e)\}^{\frac{1}{n}} - 1 \tag{15.28}$$

式中短期預期利率 ${}_{t+1}r_1^e$，${}_{t+2}r_1^e$，⋯均非觀察值，不過與長期利率的關係可由下式求得：

$$(1+{}_tR_{n-1})^{n-1} = (1+{}_tR_1)(1+{}_{t+1}r_1^e)\cdots(1+{}_{t+n-2}r_1^e) \tag{15.29}$$

　　由 (15.27) 與 (15.29) 兩式可得：

$$_{t+n-1}r_1^e = \frac{(1+{}_tR_n)^n}{(1+{}_tR_{n-1})^{n-1}} - 1 \tag{15.30}$$

　　再利用「二項式定理」將 (15.27) 式的幾何平均公式簡化成以簡單算術公式代替：

$$(1+{}_tR_n)^n = 1 + N \cdot {}_tR_n + \frac{N!}{(N-2)!2!} \cdot {}_tR_n^2 + \cdots + {}_tR_n^n$$

上式右端第二項以下的數值皆小，通常可略而不顧，(15.27) 式將變爲：

$$(1+{}_tR_n)^n = 1 + N \cdot {}_tR_n$$
$$= (1+{}_tR_1)(1+{}_{t+1}r_1^e)\cdots(1+{}_{t+n-1}r_1^e)$$
$$= 1 + {}_tR_1 + {}_{t+1}r_1^e + {}_{t+2}r_1^e + \cdots + {}_{t+n-1}r_1^e + {}_tR_1 \cdot {}_{t+1}r_1^e$$
$$+ \cdots + 兩次以上乘積項$$

　　上式中兩次或兩次以上乘積值趨近於零，一旦予以忽略後，長期與

短期利率的幾何平均關係將轉換成算術平均關係：

$$_tR_n = \frac{_tR_1 + \sum_{n=1}^{n-1} {_{t+n}r_1^e}}{N} \tag{15.31}$$

「純粹預期理論」主張人們的利率預期將反映在收益曲線斜率上，且是未來實際利率的「無偏性」估計值，長期利率乃是反映對未來短期利率的預期狀態。一旦人們預期未來短期利率上揚，目前長期利率勢將高於短期利率，收益曲線將如（圖 15-14）中的 D 曲線所示。人們若認為未來短期利率預期值係逐期下降，目前長期利率必然低於短期利率，收益曲線即呈 B 曲線型態。如果人們預期未來短期利率呈穩定狀態，收益曲線將呈 C 曲線型態。至於人們預期未來短期利率將呈暫時性上昇，但在後續期間內卻反轉下降，收益曲線將如 A 曲線一樣呈脊型狀態。

(二)「流動性貼水理論」

依據「純粹預期理論」說法，人們預期報酬率上漲與下跌的機率參半，故「收益曲線」斜率理應正負各半。但就實際現象而言，大部份「收益曲線」均呈現正斜率，是以 Hicks(1946) 認為投資者基於袪避風險態度，往往偏愛流動性較高與價格波動較小的短期票券，因而修正「純粹預期理論」中的「風險中立」假設。另外債券發行者為能節省重新發行債券的成本與減輕財務風險，通常偏好發行長期證券。資金需求者若欲募集長期資金，將需提供「風險貼水」補償投資者放棄流動性的損失。

基於上述實情，Hicks 提出「修正預期理論」，Kessel(1965) 並衍化成「流動性貼水理論」或「流動性偏好理論」，主張長短期債券間並非完全替代品，短期遠期利率將是預期利率與流動性貼水 L_t 之和。當人們在長、短期債券間進行套利後，(15.27)式的均衡條件將修正為：

$$(1 + {_tR_n})^n = (1 + {_tR_1} + L_1)(1 + {_{t+1}r_1^e} + L_2) \cdots (1 + {_{t+n-1}r_1^e} + L_n) \tag{15.32}$$

　　「流動性貼水理論」接著宣稱人們要求的「風險貼水」或「流動性貼水」將隨期限加長而擴大，$L_n \geq L_{n-1} \geq \cdots \geq L_2 \geq L_1 \geq 0$，顯示（圖 15-15）中，*LPT* 隱含的收益曲線必然高於 *PET* 的收益曲線，兩者差距將日益加大。

　　爾後，Modiglian 與 Sutch(1967) 更指出：每種金融資產的期限、風險、流動性與交易成本均不相同，彼此間並非完全替代。風險袪避投資者往往依其偏好棲息於某一期限，然後調整資產組合降低風險。有鑑於此，兩位學者提出「期限偏好理論」(preferred habitate theory, *PHT*)，修正人們套利於長、短期債券間後的均衡條件為：

$$(1+{}_tR_n)^n = (1+{}_tR_1+\alpha_1)(1+{}_{t+1}r_1^e+\alpha_2)\cdots(1+{}_{t+n-1}r_1^e+\alpha_n) \qquad (15.33)$$

$\alpha_i \geq 0$ 是補償貼水(compensating premium)。蕭條期間，廠商通常評估未來利率趨向上漲，願意在目前偏低利率上負擔較大的流動性貼水($\alpha_i>0$)，發行較長期限債券，收益曲線自然傾向遞增狀況。至於繁榮期間，現行利率往往偏高，廠商不願發行較長期限債券，迫使補償性貼水縮小或轉為負值($\alpha_i<0$)，收益曲線可能變為遞減現象。有鑑於此，景氣循環透過兩種效果交互運作，（圖 15-15）中 *PHT* 顯示的收益曲線自然環

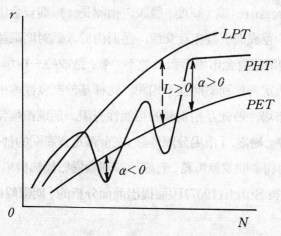

（圖 15-15）LPT、PET 與 PHT 的收益曲線

繞於*PET*的收益曲線上波動。

㈢「市場分隔理論」

Cubertson(1957)認爲金融市場參與者往往爲制度所限，僅能在不同期限的金融市場上交易。體系內各種資產報酬率實際上將視個別資金市場供需而定，收益曲線型態與其變動並無脈絡可循，文獻上稱此看法爲「市場分隔理論」。

在目前金融體系中，基於資金供需專業化、法令規章限制、經驗與習慣的影響，不同期限資金市場區隔現象極其顯著。有鑑於此，Michaelsen(1965)批評Hicks-Lutz「純粹預期理論」假設廠商營運均有「固定清算日期」(fixed liquidation date)並不符合現實，並提出金融廠商決策期間係屬無限期，通常預先評估資金來源期限後，再分別投入於不同期限的金融資產，除維持資產負債流動性外，進而減輕財務風險。舉例來說，商銀的資金來源以短期存款爲主，自然會偏好購買短期資產；至於壽險公司的資金來源以中長期保險資金爲主，必然偏愛買進長期資產。

爾後，Malkiel(1966)與 McCallum(1975)分別提出「避險壓力」(hedging pressure)或「制度」臆說，指陳長、短期資金供需雙方或因長、短期利率差異而引發相互交流，然而由於人們對期限往往存有特殊偏好，不同期限的資金市場參與者並不一致，造成每一市場有其獨立性，通常是自行決定各種利率而互不相關。此種基於制度性理由而形成的不同期限資金市場，彼此互相重疊的可能性有限，個別市場當然分別決定個別利率水準。總之，「市場分隔理論」完全否定資產間的替代或互補性，導致長、短期利率間並無瓜葛。有鑑於該理論過於極端與事實頗有差距，Modigliani 與 Sutch(1967)因而提出前面分析的「期限偏好理論」加以修正。

〔本章重要參考文獻〕

1. 蔣碩傑:〈匯率、利率與經濟發展〉,中央研究院經濟研究所: 經濟論文,四卷二期,民國六十五年九月,pp.1-20。

2. 張火旺:〈黑市資金市場與利率〉(上)、(下),臺灣經濟金融月刊,十七卷八期與九期,民國七十年八月及九月,pp.1-13, pp.13-20。

3. 李榮瑞:《實質利率與預期物價膨脹》,臺大經濟學研究所碩士論文,民國七十二年七月。

4. 許嘉棟:〈銀行之信用配給效率的經濟分析〉,貨幣金融月刊,臺北市票券金融事業協會,民國七十三年四月。

5. 邱正雄:〈利率決定理論〉,收集於經濟學百科全書,No.5:《貨幣與金融、國際經濟學》,于宗先主編,聯經出版事業公司,民國七十五年,pp.15-27。

6. 俞海琴:〈利率理論的綜合探討〉,臺北市銀月刊,二十卷一期,民國七十八年一月,pp.38-48。

7. _____:〈利率決定理論之回顧及檢討〉,臺灣經濟金融月刊,二十八卷三期,民國八十一年三月,pp.35-50。

8. Bohn-Bawerk, E. V., *The Positive Theory of Capital*, 1889.

9. Cubertson, J. M., *The Terms Structure of Interest Rates*, QJE, 1957, pp.485-517.

10. Fisher D., *Monetary Theory and the Demand for Money*, N. Y.: John Wiley & Sons, 1978.

11. Fisher, I., *The Theory of Interest*, 1930.

12. Friedman, M., *The Role of Monetary Policy*, AER, 1968, pp.1-17.

13. Gibson, W. E., *Price-Expectations Effect on Interest Rates*, JF, 1970, pp.19-34.

14. Harris, L., *Monetary Theory*, McGraw-Hill Book Company, 1981.

15. Henning, C. N., Pigott, W. & Scott, R. H., *Financial Markets and the Economy*, Chap.12, 13 & 14, Prentice-Hall, Inc., Englewood Cliffs, N. J., 1978.

16. Humphrey, J. M., *Interest Rates, Expectations, and the Wicksellian Policy Rules*, collected in "Essays on Inflation", FRB of Richmond, 1983.

17. Hicks, J. R., *Value and Capital*, Oxford University Press, 1946.

18. Kessel. R., *The Cyclical Behavior of the Term Structure of Interest Rates*, New York: Columbia University Press, 1965.

19. Keynes, J. M., *The General Theory of Employment, Interest and Money*, Chapter 14, 17 & 23, 1936.

20. _____, *The Ex-ante Theory of the Rate of Interest*, EJ, 1937, pp.663-669.

21. Lutz, F. A., *The Structure of Interest Rates*, QJE, 1940, pp. 36-63.

22. McCallum, J., *Expected Holding Period Return, Uncertainty, and the Term Structure of Interest Rates*, JF, 1975, pp.307-323.

23. Malkiel, B., *The Term Structure of Interest Rates*, Princeton University Press, 1966.

24. Meiselman, D., *The Term Structure of Interest Rates*, New

Jersey: Prentice-Hall, 1962.

25. Michaelsen, J., *The Term Structure of Interest Rates and Holding Period Yields on Government Securities*, JF, 1965, pp.444-463.

26. Modigliani, F. & Sutch, R., *Debt Management and the Term Structure of Interest Rates: An Empirical Analysis of Recent Experience*, JPE, 1967, pp.569-589.

27. Mundell, R., *Inflation and Real Interest*, JPE, 1963, pp.280-283.

28. Patinkin, D., *Liquidity Preference and Loanable Funds: Stock and Flow Analysis*, Economica, 1958, pp.300-318.

29. _____, *Studies in Monetary Theory*, Chap.7, 1972。

30. Shackel, G. L. S., *Recent Theories Concerning the Nature and Role of Interest*, Collected in *Surveys of Economic Theory: I*, 1965.

31. Shiller, R. J. & McCulloch, J. H., The Term Structure of Interest Rates, collected in *Handbook of Monetary Economics*, Vol.I, Chap.12, North-Holland, 1990, pp.627-722.

32. Tsiang, S. C., *Liquidity Preference and Loanable Funds Theories, Multiplier and Velocity Analysis: A Synthesis*, AER, 1956, pp.539-564.

33. _____, *Keynes' Finance Demand for Liquidity, Robertson's Funds Theory, and Friedman's Monetarism*, QJE, 1980, pp.469-491.

34. Wicksell, K., *The Influence of the Rate of Interest on Prices*, EJ, 1907, pp.213-220.

第十六章　通貨膨脹理論

自從貨幣誕生帶動體系邁入使用貨幣交易階段後，通貨膨脹困擾隨即縈繞於世，成為人們揮之不去的夢魘。為求免於恐懼，經濟文獻早就注意是項研究主題，長期以來演繹出眾多豐碩成果。依據Foster(1976)說法，通貨膨脹文獻內涵通常循著三項途徑發展：(1)原因(cause)：探索通貨膨脹起源與坐大緣由；(2)矯正(cures)：提供決策當局藥方，擬訂各類抑制方案對症下藥；(3)後果(consequences)：評估通貨膨脹帶來之後遺症與重分配效果。

通貨膨脹雖然騷擾人們生計久遠，然而真正系統化探索該現象的文獻稍早可溯及貨幣數量學說開拓者Bodin (1596) 的《共和六論》(*Les Six Livres de la Republique*)，而後續文獻均將物價抑揚歸咎於貨幣數量或成長率波動所致，無怪乎Friedman(1970)領銜之貨幣學派宣稱：「通貨膨脹隨時隨地皆是貨幣現象」。隨著經濟環境星移時轉，在三○年代失業與過剩生產規模充斥的大蕭條期間，Keynes (1936) 扭轉研究焦點於紓解失業問題，通貨膨脹屬性爭議因而成為文獻探索重心。

除開檢討通貨膨脹性質文獻外，Irving Fisher (1926) 早先指陳通貨膨脹及失業率間存有反向關聯，爾後歷經A. W. Phillips (1958) 與R. Lipsey (1960) 等人努力推廣，成為名聞遐邇的「Phillips曲線理論」先驅。隨後，再逢七○年代石油危機突發，各國物價與失業率齊聲俱揚現象舉目可及，「停滯性膨脹」不絕如縷，更是激發學者鑽研通貨膨脹理論與修正Phillips曲線看法的興趣。

本章首先針對Foster歸類方式，分別陳述通貨膨脹成因、類型及引

發之後遺症。其次，將逐一推演央行發行貨幣可獲的收益與最適貨幣數量的決定，進而說明體系必須負擔的通貨膨脹成本。第三，將逐一剖析Phillips曲線理論的起源與文獻演進過程。接著，針對七〇年代「石油危機」導引之「停滯性通貨膨脹」現象，進行說明成因。最後，決策當局爲紓解通貨膨脹問題而使出渾身解數，當中又以「所得政策」爲本章討論重點。

§ 16.1. 通貨膨脹類型

一般來說，「通貨膨脹」係指固定期間內物價水準持續揚昇，或貨幣價值持續貶低現象。Bronfenbrenner與Holzman（1963）接續衍伸上述定義如下：

(1)通貨膨脹源自商品市場的一般性超額需求，或「過多貨幣追逐過少商品」現象；

(2)通貨膨脹是貨幣存量或所得猛增造成的現象；

(3)通貨膨脹是兼具下列特徵的物價水準攀昇：未能充分預期、變動成本提昇且持續上漲、無法增進就業或所得、揚昇速度超越安全速率，無法逆轉；

(4)通貨膨脹造成以國幣表示的匯率貶值。

由於一般物價水準決定於體系內總供需水準，是以通貨膨脹屬性可依原始引爆因素進行分類。

(一)需求面通貨膨脹

固定期間內，商品市場需求若是持續超越供給，必然刺激物價持續揚昇，此即「需求拉動」(demand-pull)通貨膨脹。文獻上解釋此類通貨膨脹成因時，先後出現下列兩種說法：

⑴古典「貨幣數量學說」主張，在貨幣流通速度相對穩定下，通貨膨脹發生係緣於超額貨幣數量到處流竄所致。(圖16-1)中，體系內總需求(或支出)可用$E=MV$表示，當央行擴大貨幣供給發行後，在流通速度持平下，銀根寬鬆提昇人們的一般購買力而使$E_1=M_1V$緩步右移至$E_2=M_2V$，物價水準逐步攀昇至P_2或P_3。

就實際現象而言，大部分國家盛行紙幣本位制，可在欠缺資產準備下無限制發行貨幣。「貨幣數量學說」因而認爲只有央行才能持續發行貨幣，不斷創造購買力，(圖16-1)中的總需求曲線隨著持續上移，通貨膨脹不生也難，難怪Friedman (1963)堅持「通貨膨脹隨時隨地均爲貨幣現象」的說法。

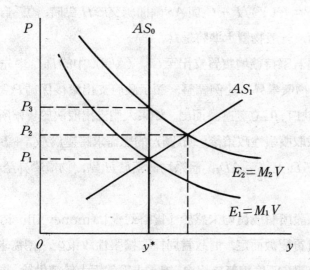

(圖16-1)　古典學派的通貨膨脹

上述理論在三〇年代曾遭嚴重考驗，貨幣數量增加僅是通貨膨脹出現的必要條件，並非充分條件。在大蕭條期間，由於貨幣流通速度鉅幅下挫，抵銷貨幣數量遞增效果，總需求或支出無從擴張，通貨膨脹自然與世絕緣。另外，物價水準決定於體系內商品供需，故當貨幣數量與商

品供給同步遞增時，通貨膨脹仍無現身機會。

(2)有鑑於貨幣並非主宰通貨膨脹的惟一因素，Keynes(1940)在《如何籌措戰費》(*How to Pay for the War*)中指出：「經濟體系邁向充分就業後，總支出將是支配一般物價的主因，支出遞增將會形成『膨脹性缺口』，隨即刺激物價攀昇」，進而演繹出「膨脹缺口模型」(inflationary gap model)。

以下用(圖16-2)說明傳統Keynesian學派的需求性通貨膨脹理論。由「Hansen-Samuelson模型」顯示：(B圖)中，經濟體系達成充分就業前的總供給是水平線，充分就業達成後將轉爲垂直線。決策當局預擬進行實質支出G_0，而私部門名目支出$P(C+I)=F(Y)$是名目所得函數。當$AD_1=E/P=F(Y)/P+G_0$與AS兩曲線交於H_0點時，體系自然達成充分就業均衡，一般物價水準將是P_0。

決策當局若堅持擴增實質支出至G_1，(A圖)中的P_0G_0率先上移至PG_1，接著隨物價攀昇等比例調整，顯示政府支出爾後係循PG_1直線上升，「膨脹性缺口」IG立刻應聲而出。如果人們支出取決於貨幣所得，一旦決策當局採取擴張性政策後，(A圖)的總需求將變爲$PG_1+F(Y)$或(B圖)中的AD_1上移至AD_2，體系均衡落於H_1點，物價攀昇至P^*便可停住。

另外，假設所有成員均未惑於「貨幣幻覺」(money illusion)，支出行爲均視實質變數而定，財政當局採取擴張性政策後，總需求轉爲$P(C+I+G)$卻與45度線無緣相會，總需求顯然恆大於總供給，物價必然持續上揚無法收斂。

除了上述學說外，經濟發展理論中尚有「結構主義」(structuralism)論者基於大蕭條期間「物價僵固性」(price rigidity)說法，發展「需求轉移」(demand-shift)或「部門轉移」(sectoral shift)通貨膨脹理論，詮釋商品需求遊走於不同部門間可能釀成通貨膨脹。「結構主義」

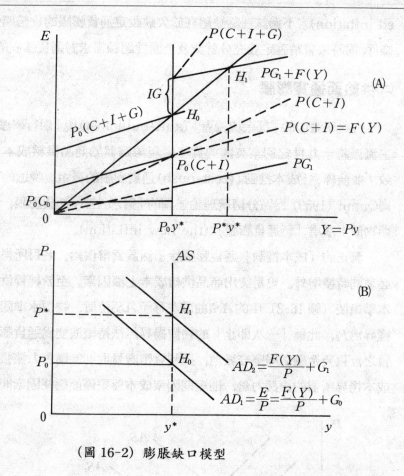

（圖 16-2）膨脹缺口模型

論者指出體系內工資調整並不具對稱性，生活成本或廠商利潤攀昇時，
工資通常跟著上揚；反之，將是無動於衷。有鑑於此，Schultz (1959)
率先道出此種單向調整的僵硬性促成需求轉移具有「膨脹效果」，尤其適
逢經濟發展過程中，迅速擴張的工業部門刺激需求遞增，帶動物價與成
本揚昇，而萎縮的農業部門卻未因需求衰退而使價格與成本下挫。此情
此景致使總體經濟結構轉型之際，往往肇致全面性物價水準揚昇現象，
Schultz (1959) 稱爲「部門」或「需求轉移」通貨膨脹，而Means (1959)
則基於「價格具有向下調整僵硬性」另稱「管理性通貨膨脹」(administer-

ed inflation)。不過該理論缺陷在於欠缺設定通貨膨脹的貨幣擴張先決
條件,同時未曾精確定義充分就業及全面性超額需求對通貨膨脹的影響。

㈡供給面通貨膨脹

　　古典學派中的「反金塊論者」(anti-bullionist)與「銀行學派」等非
主流派將十九世紀初葉英國通貨膨脹現象歸罪於商品供給成本飛漲所
致, 並演繹為「成本推動」(cost-push)通貨膨脹的鼻祖。晚近的Thorp
與Quant (1959) 為區分傳統理論強調的「需求拉動」通貨膨脹, 而稱此
類物價上漲為「新通貨膨脹」(the new inflation)。

　　真正的「成本推動」通貨膨脹除了涵蓋貨幣供給、名目所得與支出
必須同時擴增外, 更是突出商品供給成本上漲因素。至於純粹供給面成
本攀揚使 (圖 16-3) 中的AS_1曲線左移至AS_2位置, 物價水準隨即由P_1
躍昇為P_2, 此種「一次即止」的物價揚昇無法持續演變為通貨膨脹。換
言之, 只要金融當局堅守城池, 控制貨幣數量而抑制購買力擴張, 削弱
成本揚昇所需的後援力量, 則短期因素成本盤堅僅能驅使因素間相對價

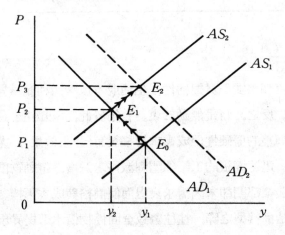

(圖 16-3) 成本推動通貨膨脹

格發生變化，長期勢將導引因素間進行替代，削減的總供給必隨星移時轉而逐漸回歸原狀。

至於總供給何以縮減，文獻上則由個體觀點宣稱只有在非完全競爭市場中，壟斷力量方是推動物價揚昇的主因：

(1)「工資推動」(wage-push)通貨膨脹：該理論宣稱強有力工會組織利用壟斷力量向廠商索求過高工資，後者經由「成本加成」方式轉嫁至商品價格，總供給因而縮減，物價隨之躍昇。

(2)「利潤推動」(profit-push)通貨膨脹：Galbraith (1958) 在《富裕的社會》(*The Affluent Society*)一書中，指出大部分已開發國家的製造業部門僅有少數廠商存在，顯示目前商品市場結構多數隸屬不完全競爭型態，廠商善於運用壟斷力量，訂定「管理價格」(administered price)並以減產哄擡價格進而提昇「利潤加成」，流風所及乃是總供給退縮，物價提昇自在意料之中。

(3)「輸入性通貨膨脹」(imported inflation)：歷經 1970 年代的兩次能源危機衝擊後，通貨膨脹文獻指出小型開放體系通常進口大量原料進行生產，一旦國外產品與原料價格調昇，或本國匯率貶值，進口成本勢必上漲，總供給削減驅使物價攀升如虎添翼。

假設國外原油價格調昇對國內經濟形成衝擊，造成 (圖 16-3) 中的總供給曲線 AS_1 退縮至 AS_2，在總需求曲線已經調整至 AD_2 的狀況下，物價因而再度揚昇為 P_3。面對物價連番調昇，勞動者尾隨於後企求調薪，AS_2 曲線勢必再度左移，物價與失業仍然持續上揚。為紓解失業問題，央行持續施展寬鬆銀根政策，AD_2 曲線再度右移，由於 AD 與 AS 兩線互動，前仆後繼向上挪移，通貨膨脹景象蔚然成形。總之，純粹成本躍昇若無「貨幣性融通」(monetary accommodations)授予援手，顯然僅是單純物價調昇現象罷了，爾後的一連串通貨膨脹景觀將無從搬上經濟舞臺。

茲以 (表 16-1) 的油價上漲為例，說明小型開放體系發生輸入性通

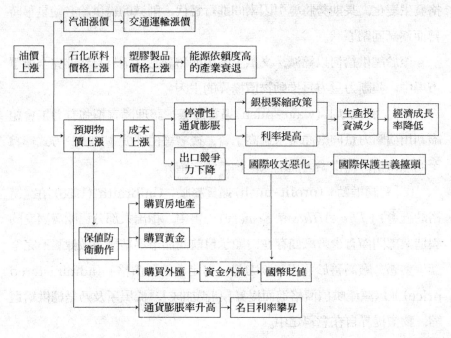

(表 16-1) 油價上漲影響流程

貨膨脹的影響流程。該表揭示國際油價上漲的影響途徑有三:

(1)國際油價攀昇直接波及國內汽油生產成本, 輾轉帶動交通運輸勞務價格揚昇, 消費者物價指數隨後獲致推波助瀾效果;

(2)油價揚昇刺激石化中間原料價格上漲, 隨後帶動石化製品生產成本遞增, 依賴能源較高產業競爭能力蒙受打擊而衰退, 產業至此逐步墮入蕭條境界;

(3)一旦油價上漲點燃通貨膨脹預期心理, 人們接續進行下列調整活動:

(a)「貨幣工資調整」: 勞方要求依物價揚昇調整薪資, 廠商生產成本負擔隨之加重, 導致商品出口競爭力衰退, 本國國際收支顯現惡化現象, 「新重商主義」或「國際保護主義」或將重現江湖。另一方面, 「工資推

動」通貨膨脹帶領體系邁向停滯性膨脹之途，央行為抑制物價攀昇，往往緊縮銀根應對，名目利率自當逐波攀昇，再次打擊廠商生產性投資活動，經濟成長率將如江河日下，逐步滑落谷底。

(b)「資產組合調整」：面對百物價格俱揚之際，人們為求保值必將迅速調整資產組合內容，增加實質資產比重，如：購買黃金及房地產。更甚者，為逃避國內通貨膨脹帶來購買力損失，人們進一步購買外匯資產，資金外逃或將加快步伐，資本帳逆差必然加重貶值壓力。同時，人們面對物價揚昇而凝聚成通貨膨脹預期共識後，債權人貸放資金必然要求債務人分擔通貨膨脹貼水，經由「Fisher方程式」關係，國內名目利率必然呈現逐步調昇。

以上所述之「純粹成本推動」通貨膨脹實際為「一次即止」的物價揚昇現象，並未符合通貨膨脹定義強調之「持續性」特色。有鑑於此，為補足是項缺憾，文獻上隨後衍生「貨幣性融通」概念。該概念起源可溯及 1930 年代的「大蕭條」經驗，一旦充分就業並非體系常態後，決策當局立即在施政目標中添加「維持充分就業」一項，並且竭力執行擴張性貨幣政策企求力挽狂瀾，從而為「純粹成本推動」通貨膨脹帶來持續遞增的後援力量。

§ 16.2.　政府發行貨幣的收益

通貨膨脹屬於貨幣現象應是無庸置疑，至於貨幣數量異動的源頭有二：(1)央行採取放鬆銀根的公開市場操作策略，致使貨幣供給擴張；(2)財政當局以公債融通預算赤字，再由央行增發貨幣購買，形成貨幣供給遞增現象。就後者而言，財政當局捨「租稅或公債融通」預算赤字途徑弗由，卻另闢「貨幣融通」蹊徑，藉由點燃通貨膨脹火種，煽動物價攀昇而將私部門資源挪為公用。此種行徑無疑是決策當局施展「五鬼搬運」

功夫，變相對人們持有之實質貨幣餘額課徵「通貨膨脹稅」。

　　央行發行貨幣所獲實質收益(R)將是貨幣供給增量的實質價值：

$$R = \frac{1}{P} \frac{dM}{dt} = \frac{M}{P}\left(\frac{1}{M} \frac{dM}{dt}\right) = \frac{M}{P}(\dot{M}) \qquad (16.1)$$

　　上式意謂者：央行發行貨幣的實質收益相當於人們保有實質貨幣數量（實質貨幣需求M^d/P）與名目貨幣供給成長率乘積。

　　接著，將「貨幣數量學說」關係$(MV = Py)$化爲成長率型態：

$$\dot{M} = \pi + \dot{y} - \dot{V} \qquad (16.2)$$

$\pi = \frac{dlnP}{dt}$是通貨膨脹率。同時，由「Fisher方程式」顯示：貨幣利率i是實質利率r與預期通貨膨脹率π^e之和：

$$i = r + \pi^e \qquad (16.3)$$

　　至於體系內貨幣需求函數爲：

$$\frac{M^d}{P} = l(y, \ i) \qquad (16.4)$$
$$\quad (+) \ (-)$$

　　當體系內通貨膨脹率π持平時，實際與預期通貨膨脹率自然合而爲一$(\pi = \pi^e)$。同時，體系內實質利率若爲固定值，貨幣需求且具單一所得彈性，貨幣流通速度成長率自然爲零，$\dot{V} = 0$。將上述關係代入(16.1)式，央行發行貨幣所獲實質收益將轉換爲：

$$R = l(y, \ r + \pi)(\pi + \dot{y}) \qquad (16.5)$$

　　上式揭露下列雙重涵義：(1)央行發行貨幣所獲實質收益源自兩者：經濟成長激發實質貨幣需求增加〔$(M/P) \cdot \dot{y}$〕，以及避免通貨膨脹削減原有實質貨幣餘額價值而增加保有名目貨幣餘額〔$(M/P) \cdot \pi$〕；(2)體系處於穩定狀態且經濟成長率持平時，貨幣成長率擴張必然肇致通貨膨脹$(\pi = \dot{M} - \dot{y})$，進而提昇保有貨幣的機會成本，人們自會降低保有實質貨幣數量。綜合上述效果可知：央行增發貨幣所獲實質收益多寡端視名目

貨幣成長率$\dot{M}$遞增及實質貨幣餘額(M/P)遞減兩種相反效果交互運作而定。

就(16.1)式的實質收益R對通貨膨脹率π進行微分，令其結果爲零，央行謀取發行貨幣收益最大的條件自可水落石出：

$$\frac{\partial R}{\partial \pi} = \frac{M}{P} + \left[\frac{\partial (M/P)}{\partial \pi} \right] (\pi + \dot{y})$$

$$= (\frac{M}{P}) \left\{ 1 + \frac{\partial ln (M/P)}{\partial \pi} (\pi + \dot{y}) \right\} = 0 \qquad (16.6)$$

重新整理上式，並引進$(\pi + \dot{y} = \dot{M})$關係：

$$\pi + \dot{y} = - \left\{ \frac{\partial ln (M/P)}{\partial \pi} \right\}^{-1} = \dot{M} \qquad (16.7)$$

接著，在體系身處穩定狀態及無經濟成長$\dot{y} = 0$的特殊個案下，$\pi = \dot{M}$，上述收益極大化條件將轉換成彈性係數$\varepsilon(\frac{M}{P}, \pi)$：

$$\varepsilon(\frac{M}{P}, \pi) = \frac{\partial ln (M/P)}{\partial ln\pi} = -1 \qquad (16.8)$$

上式涵義爲：央行若欲藉由通貨膨脹謀取實質收益最大，需將實質貨幣供給控制於能使貨幣需求函數的通貨膨脹率彈性爲 1 之處。在（圖16-4A)中，假設體系內所得與實質利率r爲固定值，貨幣需求曲線M^d/P自然簡化爲通貨膨脹率π的函數。當貨幣需求曲線上的A點具有單一彈性時，央行創造貨幣數量落於此處，則所獲實質收益$O\pi Am_0$將臻於最大。另外，(圖 16-4B)揭示央行發行貨幣的實質收益與貨幣成長率間的關係。當$\dot{M} = 0$時，政府實質收益$R = (M/P) \cdot \dot{M} = 0$。在邁向實質收益最大($A$點)的路途上，通貨膨脹率$\pi$上漲比率超越實質貨幣餘額遞減比率，發行貨幣的實質收益將隨貨幣成長率擴大而遞增，一旦超越A點後，通貨膨脹率上漲速度遜於實質貨幣餘額削減程度，實質收益因而逐波減低。

央行增加發行貨幣釀成通貨膨脹相當於課徵消費稅(excise tax)，

人們保有貨幣遭致的實質資源損失等於保有量與貨幣價值貶值比例
〔$(M/P) \cdot \pi$〕的乘積，該實質資源將掉入政府口袋中。至於稅率（通
貨膨脹率π）揚昇時，人們降低保有貨幣數量以逃避通貨膨脹稅，稅基（實
質貨幣餘額）（tax base）自然下降。

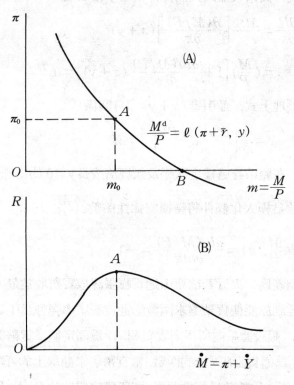

（圖 16-4）央行發行貨幣之實質收益

　　在經濟成長率為$\dot{y}>0$的一般狀況下，央行尋求發行貨幣所獲實質收
益最大下的通貨膨脹率遠遜於$\dot{y}=0$的特殊狀況，而由（16.6）式可推演
出尋求發行貨幣收益極大點的貨幣需求曲線彈性：

$$\frac{\partial ln(M/P)}{\partial ln\pi} = -1 - \frac{\partial ln(M/P)}{\partial \pi}(\dot{y}) > -1 \qquad (16.9)$$

當體系內經濟成長率$\dot{y}$足夠大而使上式第二項成為：

$$-\frac{\partial ln(M/P)}{\partial \pi} \cdot (\dot{y}) = 1$$

此時貨幣需求的通貨膨脹率彈性爲 1，貨幣需求曲線與橫軸相交點 B 是央行謀取實質收益的極大點，體系內通貨膨脹率爲零。由 (16.5) 式顯示：當實質經濟成長率攀昇，央行尋求發行貨幣所獲實質收益最大的通貨膨脹率必然下降。理由是：經濟成長引起保有實質貨幣餘額遞增的絕對量 $[(M/P) \cdot (\dot{y})]$，在伴隨高通貨膨脹率而使實質貨幣餘額縮水下，自然遭致刪減。不過隨著經濟成長率遞增，該項目越趨重要將是顯而易見。

以下再用特定貨幣需求函數型態詮釋上述理論：

$$\frac{M^d}{P} = l(y) \cdot e^{-b\pi} \tag{16.10}$$

就上式取自然對數，

$$ln(\frac{M^d}{P}) = ln l(y) - b\pi \tag{16.11}$$

再就上式對 π 偏微分，並且引進 (16.7) 式，

$$\pi + \dot{y} = \dot{M} = -(\frac{\partial ln l}{\partial \pi})^{-1} = \frac{1}{b} \tag{16.12}$$

$$\pi = \frac{1}{b} - \dot{y} \tag{16.13}$$

上式揭示：央行尋求發行貨幣所獲實質收益最大的通貨膨脹率將隨經濟成長率 y 遞增而縮水，但隨參數 b 擴大而變小。至於貨幣需求對通貨膨脹率的彈性將是：

$$\frac{\partial ln(M^d/P)}{\partial \pi} = -b\pi$$

最後，名目貨幣供給成長率遞增短期內迫使名目利率及流通速度下降 ($\dot{V}<0$)，體系將會短暫呈現 $\dot{M}>\pi+y$ 景象，實際通貨膨脹率必然超越預期通貨膨脹率 ($\pi>\pi^e$)。人們面對名目貨幣供給攀昇下，短期內或許會

擴大保有實質貨幣數量，進而形成在同一貨幣成長率下，央行所獲實質收益〔$(M/P) \cdot \dot{M}$〕必然超越長期收穫。總之，央行未預警式的擴張貨幣成長率，「非預期通貨膨脹」隨之成型，透過對體系發揮實質影響力，將能擷取較大實質收益。

§ 16.3. 最適貨幣數量與通貨膨脹成本

在靜止狀態體系中，決策當局若貪圖一時之便，而以發行貨幣融通預算赤字，一旦引爆通貨膨脹火種後，必然釀成人們在日常交易活動中，要較往昔負擔更大代價。換言之，「貨幣融通效果」彷彿政府對商品課徵消費稅一般，為整體社會肇致「福利損失」與「社會成本」的後果。有鑑於此，決策當局如何決定「最適貨幣數量」(optimal money stock) 謀求「社會成本」或「社會損失」極小，一直成為貨幣理論文獻關心的話題。

Samuelson (1968、1969) 率先引用「貨幣具有直接效用」的說法，由「社會成本」角度詮釋最適貨幣數量與通貨膨脹成本的關係。由第五章推演的新古典貨幣需求理論顯示：人們保有實質貨幣餘額多寡，將視貨幣產生的邊際效用或「邊際私人利益」MPB (marginal private benefit) 而定，同時若無其他「外部性」因素居中攪局，「邊際私人利益」將與「邊際社會利益」MSB (marginal social benefit) 一致，是以累加所有邊際私人利益曲線便能獲得 (圖 16-5) 中的總合貨幣需求曲線 $MSB = MPB = l(i, y)$。

當體系內欠缺生息資產存在時，人們保有貨幣的「邊際私人成本」MPC (marginal private cost)，顯然是放棄當期消費而予遞延的時間偏好率 θ。然而當資本或公債等生息資產出現後，人們保有貨幣的「邊際私人成本」將由保有生息資產所獲的名目報酬率取而代之。另一方面，

Friedman (1969) 宣稱創造貨幣的「邊際社會成本」*MSC*(marginal social cost)僅有微不足道的印刷費用，通常為社會略而不談。由於兩種成本顯然迥異($MPC=i>MSC=0$)，一旦體系爆發充分預期的通貨膨脹，全體國民承擔社會福利損失現象自是在所難免。

（圖 16-5）顯示：假設體系內名目利率為i^*，人們選擇實質貨幣餘額的最適均衡點為A，實質貨幣保有量將是m^*。至於邊際社會利益與成本相等，或貨幣需求曲線與橫軸相會點將可決定「社會最適」(social optimal)貨幣數量m_f，Friedman (1969) 稱該點具有「充分流動性」(full liquidity)。當體系內實質利率等於經濟成長率$r=\dot{y}$，圖中的Oi^* Am^*代表通貨膨脹過程中，央行由持有貨幣者取得之實質移轉支付。另外，邊際社會利益與成本間的差距為$Am^*=Oi^*$，通貨膨脹造成社會福利的「淨損失」(deadweight loss)為Am^*m_f，該損失又與貨幣需求曲線斜率密切相關。

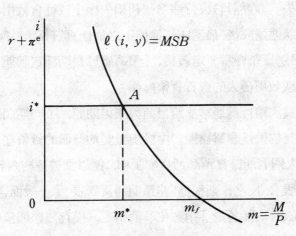

（圖 16-5） 最適貨幣數量決定

至於Tobin (1972) 提出該「淨損失」出現的理由是：在通貨膨脹期間，人們為了避免握有貨幣遭致購買力損失風險，往往過度節省使用貨

幣，將資源由具生產用途投資上挪移至非生產用途投機上。人們為求更經濟化使用貨幣，降低物價揚昇肇致購買力損失，疲於奔走銀行廠商間存提款，此種不便性既耗時更磨損人們的皮鞋，因而謂為通貨膨脹期間的「皮鞋成本」(shoe-leather cost)。另一方面，廠商藉著迅速支付原料成本，力求減低平均貨幣保有量，同時擴大財務部門強化管理現金流量。至於銀行廠商為因應通貨膨脹肇致現金流失的危機，更需投入大量實質資源從事「金融創新」，期能力挽狂瀾。上述各種反應徒然減損人們休閒與工時，轉而投注心力於進行交換活動，更甚者或將引爆流動性危機與破產風險。有鑑於此，溫和通貨膨脹(mild inflation)形成的福利損失絕對值通常有限，一旦演成惡性通貨膨脹後，上述成本擴大過鉅超越人們負擔能力，故將轉用其他資產做為交易媒介，甚至回歸物物交換方式。

其次，Bailey (1956)、Friedman (1971) 與Sidrauski (1967) 另由「福利損失」觀點討論央行追求福利損失極小或社會效用極大下，體系長期穩定狀態達成後，最適成長途徑下之最佳實質貨幣餘額決定方式。換言之，「最適貨幣存量」定義為：「體系處於長期穩定狀態下，能使福利損失極小或效用極大的實質貨幣餘額」。

經濟成員決策行為通常橫跨目前與未來期間，不同期間決策往往藉助各種形式契約做為聯繫橋樑。由於衡量契約價值的貨幣在不同期間的價值有異，人們若能確實預測通貨膨脹率，據以調整契約內容，此即「可預期通貨膨脹」；反之，則稱為「非預期通貨膨脹」。一般而言，凡是「可預期通貨膨脹」均能透過「指數化」消弭之，僅存貨幣價值貶低效果，體系內的相對價格絲毫不受影響，從而削弱物價揚昇可能肇致的副作用。至於「非預期通貨膨脹」通常改變相對價格，引起人們及廠商重新調整決策，進而刺激體系內資源重分配，副作用端視未曾預期部份的大小而定。以下分別說明影響層面：

(1)財富重分配：大部份金融資產的發行往往未曾顧及物價變動因素，「非預期通貨膨脹」將會變更金融資產實質價值，體系內實質財富無意中即由債權人移轉給債務人。

(2)所得重分配：人們的所得來源主要包括勞動所得與資產所得兩部份。由於勞工簽定工作契約時，通常附有期限而無法適時調整，故在通貨膨脹期間，勞工獲取之實質所得將有惡化現象。至於廠商利潤（資產所得）在「非預期通貨膨脹」初期，將因工資與原料成本尚未迅速反映物價揚昇結果而暫呈遞增美景。換言之，一旦「非預期通貨膨脹」出現後，所得分配平均度日趨惡化，不利於勞工階級。

(3)資源配置扭曲：通貨膨脹原是一般物價水準持續揚昇現象，實際上並未波及相對物價與資源配置。然而訊息不全往往混淆人們對「相對」與「絕對」物價變動的判斷，為求對抗通貨膨脹肇致實質財富貶值現象，通常將資產組合轉成以實體物品為主，益加助長投機盛行與資源誤用，降低儲蓄意願與資本累積速度。同時，「非預期通貨膨脹」驅使人們捨棄金融資產而牽就實質資產，形成後者成長速度超越前者成長的「金融淺化」現象，體系內實質商品需求大增，徒增金融環境不穩定。

(4)國際收支惡化：通貨膨脹期間，由於國內物價相對高於國外物價，貿易條件(terms of trade)惡化將不利於本國商品出口，對外貿易帳盈餘必然縮水，甚至反轉成逆差。另一方面，物價攀昇貶低本國貨幣實質購買力，一旦名目利率未能等幅調昇，必然驅使短期資金外流，資本帳逆差於焉形成。「資本帳」與「貿易帳」在通貨膨脹期間一旦反轉成逆差，貨幣匯率貶值壓力將日趨加重。

§16.4.　Phillips曲線的起源

I. Fisher (1926) 領先群倫早就指出體系內通貨膨脹率與失業率間

存有統計負相關，不過該項創舉卻於冰封四十餘載後，直至A. W. Phillips（1958）以及稍後的Dicks-Mireasux與Dow（1959）、L. Klein與R. J. Ball（1959）等人重新研究方才解凍，轉由「勞動市場供需變化」著眼，另行證實貨幣工資膨脹率與失業率間確實存在負向統計關係。爾後，Phillips文獻經由R. Lipsey（1960）授以理論基礎，文獻上遂將彰顯貨幣工資膨脹率與失業率關係的軌跡稱爲「Phillips-Lipsey曲線」。

Lipsey（1960）率先由「個體勞動市場」（micro-labor market）著眼，構建Phillips曲線的個體理論基礎，爾後的Archibald、Kemmis與Perkims（1974）三人接續發揮Lipsey理論淋漓盡致。以下就三者聯手推演的文獻敍述於後，闡明Phillips曲線由現身至累加成總體Phillips曲線的過程。

「個體勞動市場」特色是：勞工自同一勞動市場內的流動性遠超越在相異市場間的移動性，該市場內的相對超額勞動需求比例若可表爲：

$$x = \frac{N^d - N^s}{N^s} \tag{16.14}$$

$-1 \leq x \leq \infty$，爲避免出現負的x值，可另定義新變數$y = x + 1$。失業率u範圍介定於 0 與 100 之間，且爲超額勞動需求的遞減函數，故失業率與相對超額勞動需求比例間的關係可設定爲指數形式：

$$u = ae^{\theta y} \tag{16.15}$$

上式將如（圖 16-6）所示，圖中的ab曲線部份通常會趨近於直線。接著，利用x與u的限制範圍，令$y = 0 (x = -1)$，失業率因而簡化成：

$$u = a = 100$$

將該結果代入（16.15）式，

$$u = 100e^{\theta y} \tag{16.16}$$

一旦個體勞動市場處於均衡$(y = 1)$時，市場上僅存摩擦性失業$(u = \tilde{u})$，上式變爲：

$$\theta = ln\frac{u}{100} \tag{16.17}$$

θ可解釋爲「摩擦參數」(friction parameter)。

假設 (16.16) 式適用於每一個別勞動市場的變化型態, 則就該式取對數,

$$lnu_i = ln100 + \theta_i y_i \qquad (i=1,\ \cdots,\ n) \tag{16.18}$$

值得注意者: 每一個體勞動市場的「摩擦係數」事實上並不相等, $\theta \neq \theta_i$ $\neq \theta_j$。

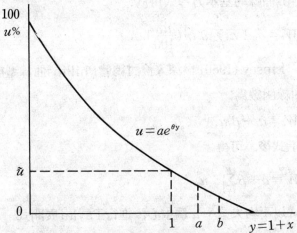

（圖 16-6） 失業率與超額勞動需求比例關係

假設個體勞動市場上貨幣工資膨脹率$(\dot{W}_i = \frac{dW_i}{dt}/W_i)$係相對超額勞動需求比例$x$的函數: ($\alpha_i$是調整係數)

$$\dot{W}_i = \frac{dW_i/dt}{W_i} = \alpha_i x_i \tag{16.19}$$

綜合$y=x+1$, (16.16) 及 (16.19) 各式, 可得個體勞動市場上貨幣工資膨脹率與失業率間的關係, 或是個體Phillips曲線的函數:

$$\dot{W}_i = \frac{\alpha_i}{\theta_i} ln(\frac{u_i}{100}) - \alpha_i \tag{16.20 a}$$

在累加個體Phillips曲線成總體Phillips曲線的過程中，爲求簡化而令 $\theta = \theta_i = \theta_j, \alpha = \alpha_i = \alpha_j$，同時每一個體勞動市場所占權數爲 $\delta_i = L_i / L$，$\sum \delta_i = 1$，L_i 及 L 分別是第 i 個市場及全部市場的勞動力。基於上述假設，(16.20 a) 式右邊可累加成：

$$\frac{\alpha}{\theta}\sum_{i=1}^{n} \delta_i ln(\frac{u_i}{100}) - \alpha$$

至於該式左邊將累加成 $\dot{W} = \sum_{i=1}^{n} \delta_i \dot{W}_i, W = \sum_{i=1}^{n} \delta_i W_i$。綜合上述累加過程，總合Phillips曲線的基本方程式可爲：

$$\dot{W}_t = a_0 + a_1 \sum_{i=1}^{n} \delta_i ln(\frac{u_{it}}{100}) \tag{16.20 b}$$

接著，Lipsey (1960) 爲深入檢討總體Phillips曲線型態，設定個體Phillips曲線函數爲：

$$\dot{W}_i = a_i + \beta_i u_i^{-1} \tag{16.21 a}$$

累加上式後，可得：

$$\dot{W} = \alpha + \beta \sum_{i=1}^{n} \delta_i u_i^{-1} \tag{16.21 b}$$

就上式以平均失業率 $\overline{u}$ 爲中心，進行Taylor展開式，

$$\dot{W} = \alpha + \beta \overline{u}^{-1} - \beta \sum_{i=1}^{n} \delta_1 \overline{u}^{-2}(u_i - \overline{u}) + 2\beta \sum_{i=1}^{n} \delta_1 \overline{u}^{-3}(u_i - \overline{u})^2 + \cdots$$

$$\tag{16.22}$$

假設上式的第三級動差或體系內各勞動市場失業率 u_i 分配的偏態係數並不重要，則可略而不談。再將上式兩邊同時取預期值，而 $E(\dot{W}) = \dot{W}$，上式自此轉化成：

$$\dot{W} = \alpha + \beta \overline{u}^{-1} + 2\beta \sum_{i=1}^{n} \delta \overline{u}^{-3} \sigma_{ui}^2$$

$$\approx \alpha + \beta \overline{u}^{-1} + \lambda \sigma_{ui}^2 \tag{16.23}$$

上式可衍生出Lipsey的「離散臆說」(dispersion hypothesis)：在

$\lambda>0$ 及平均失業率持平 $d\overline{u}=0$ 下，失業率離散度擴大勢必助長貨幣工資膨脹率遞增，此即個體市場上的Phillips曲線具有凸性的充分條件。以下用（圖16-7）說明Phillips曲線具有離散效果(dispersion effect)現象。

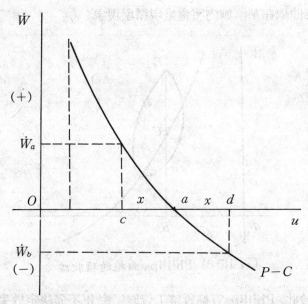

（圖16-7）Phillips 曲線的累加過程

體系內個別勞動市場的失業率為 $u_a=oa-x, u_b=oa+x$，$x=ca=ad$，總失業率 $u=(u_a+u_b)/2=u=oa$，$P\text{-}C$ 曲線是 A 與 B 兩市場的個體Phillips曲線。當平均失業率為 oa，A 市場失業率為 oc，工資上漲率為 $\dot{W}_a>0$，B 市場失業率為 od，工資上漲率為 $\dot{W}_b<0$，依據圖中非直線的Phillips曲線，$\dot{W}_a>|\dot{W}_b|$ 顯示累加後的Phillips曲線不再與橫軸相交於 a 點，而係落於 a 點右邊的較大失業率上。換言之，當個體勞動市場失業率分配不均度擴大時，累加後的Phillips曲線勢將右移，顯示除個別市場失業率外，失業率分配狀態亦是決定總體Phillips曲線位置的重要因素。

接著，時間數列資料顯示：體系內失業率與工資上漲率間將存在類

似(圖16-8)的環狀關係。針對此種現象，Phillips認爲在既定失業率OR下，體系面臨景氣復甦期間，勞動需求壓力通常較爲強烈，工資上漲率RB顯著超越平均水準RC。一旦陷入景氣蕭條泥沼，勞動需求壓力轉弱，工資上漲率RA往往低於平均水準RC。隨著經濟循環起伏，體系內累加的Phillips曲線在某區域內將會呈現循環現象。

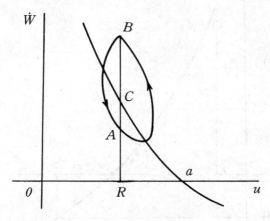

(圖 16-8) Phillips 曲線的環狀線

有鑑於此，Phillips宣稱貨幣工資變動率$\dot{W}$不僅決定於失業率u，同時與失業率的變動du/dt密切相關，Phillips曲線的函數型態可表爲：

$$\dot{W}=h(u,\ du/dt) \tag{16.24}$$

除開上述變數外，其他解釋貨幣工資膨脹率的Phillips曲線文獻尙引進下列解釋變數：

(1)當期或往昔的通貨膨脹率($\pi=dlnP/dt$)：在物價揚昇過程中，勞工往往依據生活費用上漲而要求調整貨幣工資，工資波動經常反映通貨膨脹趨勢；

(2)生產力（每人時平均產出）增加率：在既定失業率下，勞動生產力提昇將使勞動需求遞增，貨幣工資率自然提昇；

(3)廠商利潤率：Perry（1964、1966）指出廠商每股獲利率愈高時，

工會要求提昇貨幣工資的壓力愈大；

　　⑷工會獨占力: 勞工組成工會力量愈強時,貨幣工資上漲壓力愈大；

　　⑸「工資與物價的標竿政策」(wage-price guideposts)實施期間才出現的「虛擬變數」(dummy variable)；

　　⑹社會安全保險: 財政當局提高課徵所得稅或因附加社會安全保險費用時, 為維持原有稅後所得不變, 勞工勢必要求提高工資。

　　考慮上列因素後, 用於估計Phillips曲線的函數型態可表為:

$$\dot{W} = a_0 + a_1 u^{-1} + \sum_{i=1}^{n} a_i Z_i \tag{16.25}$$

Z_i是上述所列變數。

§ 16.5.　Samuelson–Solow型態的Phillips曲線

　　Phillips (1958) 與Lipsey (1960) 等人闡明貨幣工資上漲率與失業率間存在逆向關係後, Samuelson與Solow (1960) 接續將前述顯現兩者替代關係的Phillips-Lipsey曲線轉換為通貨膨脹率與失業率間的關係, 進而提供決策當局面臨失業率與通貨膨脹率的各種組合限制時, 如何形成穩定政策方案。

　　假設所有廠商訂定產品價格係以單位勞動成本為基礎, 在考慮利潤差額與固定成本折舊後, 經由既定加成而得。此種決策方式可採用Kuh (1967) 的「價格加成方程式」(markup price equation)表現物價水準P與勞動成本WN間的關係如下:

$$\begin{aligned} P &= (1+\theta)(WN/Q) \\ &= (1+\theta)(W/AP_n) \end{aligned} \tag{16.26}$$

Q是實質產出, θ是固定利潤差額。(WN/Q)是單位勞動成本, AP_n是勞動平均生產力。就上式取自然對數:

$$lnP = ln(1+\theta) + lnW - lnAP_n \tag{16.27}$$

再就上式對時間微分,

$$\dot{P} = \dot{W} - \dot{A}P_n \quad 或 \quad \pi = \dot{W} - \lambda \tag{16.28}$$

$\pi = \dot{P} = dlnP/dt$ 是通貨膨脹率;$w = \dot{W} = dlnW/dt$ 是貨幣工資膨脹率;$\lambda = \dot{A}P_n = dlnAP_n/dt$ 是勞動生產力成長率。將勞動生產力成長率 $(\lambda = \dot{A}P_n)$ 引進 (16.21 a) 式,經累加後可得體系內Phillips-Lipsey曲線如下:

$$\dot{W} = \alpha + \beta u^{-1} + \delta\lambda \tag{16.29}$$

$\beta > 0$,$0 \le \delta \le 1$,將(16.28)代入 (16.29) 式,經整理可得Samuelson-Solow型態的Phillips曲線:

$$\pi = \alpha + \beta u^{-1} - (1-\delta)\lambda \tag{16.30}$$

上式中的通貨膨脹率π決定於勞動市場需求壓力βu^{-1},及勞動生產力成長率未曾反映於貨幣工資率上漲的部份$(1-\delta)\lambda$。至於Samuelson-Solow的Phillips曲線將如 (圖 16-9) 所示,相對於Phillips-Lipsey曲線向下移動$\lambda = \dot{A}P_n$距離。

Samuelson與Solow除將Phillips-Lipsey曲線轉換成通貨膨脹率與失業率間的替代關係外,同時指出Phillips曲線將是決策當局擬定穩定政策必須面臨的限制條件。假設決策當局設定的社會福利函數μ決定於失業率與通貨膨脹率兩項變數:

$$\mu = \mu(\pi, \ u) \tag{16.31}$$
$$_{(-)} \ \ _{(-)}$$

決策當局考慮(16.30)式的Phillips曲線代表的經濟結構限制下,追求 (16.31) 式的社會福利最大,然後擬定政策內容。依據靜態均衡理論的最適化解法,當 (圖 16-9) 中的社會福利曲線與Phillips曲線相切於A點或B點時,社會福利水準將會達於最大。值得注意者:不論A點或B點均僅是決策當局在特定期間可以選擇的最適組合,無法持續至下期仍可

適用，其中理由留待下節另行討論。

　　最後，決策當局選擇（圖16-9）中的A或B點，將視社會福利函數型態而定。決策當局若認爲A點的失業率u_1過高，可採貨幣融通赤字預算的擴張需求政策，經由Keynesian學派的乘數效果運作，失業率隨即下降而通貨膨脹率卻是反向遞增，體系所處狀態將由A點移至B點。總之，Samuelson與Solow修正Phillips曲線理論，認爲通貨膨脹率與失業率間存有替換關係，決策當局將可利用該項關係經由調整總需求而達成預期目標。

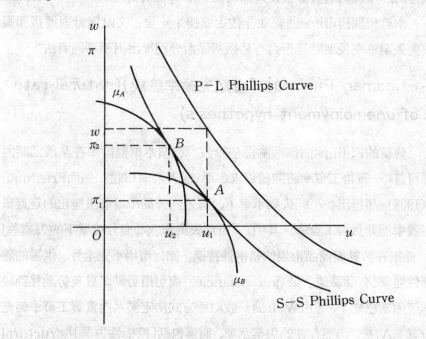

（圖16-9）P-L與S-S型態的 Phillips 曲線

§16.6.「自然失業率臆說」

Samuelson-Solow型態的Phillips曲線揭示：體系內通貨膨脹率

與失業率間的替換關係極爲穩定，決策當局將可利用該項關係，採取權衡性政策將失業率控制在某一水準。然而Friedman（1968、1975）與Phelps（1967、1972）指出：Phillips曲線若非忽略通貨膨脹預期在體系內扮演的角色，即是假設人們採取「靜態預期」（static expectation）形成方式，對物價波動的預期一成不變。然而實際現象顯示：一旦決策當局選定Phillips曲線上的一點後，即是製造某一通貨膨脹率，人們或許可被愚弄於一時，但在經歷一段期間後卻將神淸智明，勢必調整預期與決策行爲，釀成新通貨膨脹預期而促使Phillips曲線移動。

由於短期Phillips曲線並非穩定或持平不變，文獻遂針對通貨膨脹率與失業率在長期時是否具有替換關係而分別提出兩種不同看法：

㈠Friedman-Phelps的「自然失業率臆說」(natural rate of unemployment hypothesis)

傳統的Phillips曲線理論係基於假設物價水準變動率在某段期間內係可忽略，貨幣工資率將隨總需求水準（或失業率）調整，然而Friedman（1968）卻指出在不同失業水準下，體系內勞動市場發生變化的是實質工資率而非貨幣工資率。其中，「自然失業率」或「充分就業下的失業率」u^*係指在勞動與商品市場的結構性特徵，如：市場不完全性、供需的隨機性變異、有關職業空缺（job vacancies）與可用勞動訊息及勞動移動成本等因素已知下，經由Walras一般均衡方式決定體系內實質工資率與充分就業N_f後，仍然存在的失業水準，通常包括「結構性失業」（structural unemployment）與「摩擦性失業」（frictional unemployment）兩項。一旦勞動需求超過N_f，促使實際失業率低於u^*，自然形成實質工資率上漲壓力。反之，將出現實質工資率下跌壓力。惟有當實際與自然失業率一致時，此時的實質工資率方能維持勞動市場達成均衡。

基於上述看法，Friedman與Phelps將預期通貨膨脹率π^*與自然失

業率u^*同時引進傳統Phillips曲線，修正其型態爲：

$$\pi_t = \pi_t{}^* + f(u_t) = \pi_t{}^* - b(u_t - u^*) \tag{16.32}$$

(圖16-10)中，每條短期Phillips曲線對應著不同預期通貨膨脹率，且隨預期通貨膨脹率遞增，該曲線因而逐步上移。「自然失業率臆說」除設定 (16.32) 式的Phillips曲線函數型態外，尚假設人們係採「適應性預期」(adaptive expectation)方式形成對未來通貨膨脹預期：

$$\pi_t{}^* = \theta\pi_{t-1} + (1-\theta)\pi_{t-1}^* \tag{16.33}$$

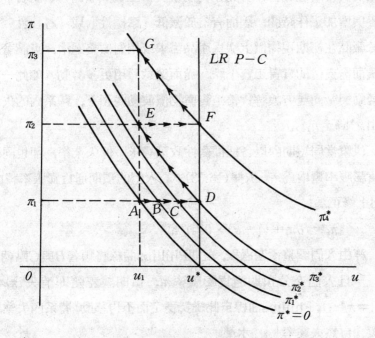

(圖 16-10) Friedman-Phelps的長期與短期 Phillips 曲線

綜合 (16.32) 與 (16.33) 兩式的Friedman-Phelps模型，實際通貨膨脹率π_t將決定於預期通貨膨脹率$\pi_t{}^*$，及實際失業率與自然失業率間的差額$(u_t - u^*)$，或代表商品及勞動市場的超額需求。由於模型中只有兩條方程式，卻有π_t、$\pi_t{}^*$與u_t三個內生變數，該體系將會出現一個可供選擇的自由度(degree of freedom)。

就（圖 16-10）而言，當人們的預期通貨膨脹率 $\pi^* = 0$ 而 $u = u^*$ 時，體系將處於長期均衡狀態。假設決策當局採取控制失業率 u_t 的策略，並利用財政與貨幣政策調整實際失業率使其低於自然失業率 u^* 以下的 u_1，同時將帶動通貨膨脹率短期內上漲至 π_1。

Friedman (1975) 認爲一旦決策當局採取寬鬆銀根政策刺激總需求成長，結果僅是促使物價與工資等比例上漲。由於勞動與廠商短期內同時蒙受貨幣幻覺之害，勞動在初期視貨幣工資上漲爲實質工資提高，樂意參與增加工作時間，因而有益於減低「摩擦性」或「尋找性」失業；至於廠商在初期視物價上漲爲產品需求或相對價格遞增，意謂著以產品衡量而需支付的實質工資下跌，從而樂意雇用更多勞動。如此一來，就在勞動與廠商雙方誤解貨幣工資與物價波動內涵下，體系內的失業率自然由 u^* 降至 u_1。

決策當局短期內以各種權衡性政策尋求降低失業率，卻也同時帶動通貨膨脹率遞增爲 π_1。依據 (16.33) 式，人們的預期通貨膨脹率將由 $\pi^* = 0$ 向上修正爲：

$$\pi_1^* = \theta\pi_1 + (1-\theta) \cdot 0 = \theta\pi_1$$

經由人們調整預期過程，短期 Phillips 曲線將順著 B 與 C 點朝 D 點移動。一旦人們充分預期通貨膨脹率 π_1，預期誤差隨即消失（$\pi_t = \pi_t^* = \pi_{t-1} = \pi_{t-1}^*$），Phillips 曲線自此維持穩定而不再移動，體系內失業率又將回復「自然失業率」u^* 水準。

接著，由「自然失業率臆說」可再衍生出「加速論者臆說」（accelerationist hypothesis），亦即人們在長期將可充分預期通貨膨脹率，進而要求調整貨幣工資以充分反映物價變動，結果導致失業率與通貨膨脹率間喪失替換關係。決策當局若欲維持較低失業率，只有加速且持續擴張貨幣數量，釀成體系內實際與預期通貨膨脹率間的差異持續存在，方有可能達成壓抑失業率的目標。

最後，「自然失業率臆說」又可衍生下列兩項政策涵義：

⑴決策當局僅能就「釘住失業率」與「穩定物價」兩個政策目標間做一選擇。一旦決策當局意欲釘住失業率，結果將是長期採取寬鬆銀根政策，造成通貨膨脹加速進行方可達成目的。另外，決策當局若要穩定通貨膨脹率，則失業率將會回歸至自然失業水準。

⑵決策當局可在眾多過渡的調整途徑(transitional adjustment path)中，選擇一條達成理想穩定狀態通貨膨脹率的軌跡。假設決策當局意欲抑低通貨膨脹率目標，則由 (16.32) 與 (16.33) 兩式顯示的惟一方法是：創造閒置的生產規模(超額供給)，導引體系內實際通貨膨脹率低於預期通貨膨脹率，引發後者向下修正。此舉將會導致短期Phillips曲線逐步左移，從而達成較低通貨膨脹率的目標。換言之，決策當局選擇創造某一程度的蕭條環境，將可決定實現既定通貨膨脹目標的速度。

㈡Tobin的「非加速通貨膨脹的失業率臆說」

由 (16.32) 式的「自然失業率臆說」函數型態顯示：預期通貨膨脹率的係數為 1，然而Tobin (1968) 領銜的新Keynesian學派卻認為上述貨幣學派說法均無法與先驗基礎或實際現象配合。換言之，體系內長期Phillips曲線的預期通貨膨脹率係數將是顯著小於 1，而且實際資料傾向於支持非垂直的長期Phillips曲線。

有鑑於此，Tobin (1968) 提出對應的「非加速通貨膨脹的失業率臆說」(nonaccelerating-inflation rate of unemployment hypothesis, NAIRU)，指出體系內長、短期Phillips曲線均具穩定性，理由是：Keynesian學派假設體系內訊息不全致使勞動者往往具有貨幣幻覺，致使貨幣工資或名目所得增加係對人們的顯著獎勵，縱使人們在實質所得上未獲取同等好處。有鑑於此，Tobin將 (16.11) 式的函數修正為：

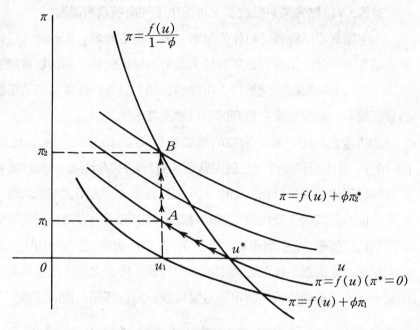

（圖 16-11）Tobin 的長期與短期 Phillips 曲線

$$\pi_t = \theta \pi_t^* + f(u_t)$$

人們在長期若能充分預期通貨膨脹率，上述長期Phillips曲線將變為：

$$\pi_t = \frac{f(u_t)}{1-\theta} \tag{16.34}$$

上式涵義為：一旦決策當局採用擴張性政策壓抑失業率至（圖 16-11）中的u_1時，體系將由長期穩定狀態的u^*循短期Phillips曲線$\pi = f(u)$上移至A點，此時實際通貨膨脹率為π_1。由於實際通貨膨脹率π_1與預期通貨膨脹率$\pi^*=0$出現分歧，結果促使短期Phillips曲線上移，直至實際與預期通貨膨脹率趨於一致，長短期Phillips曲線交於B點時為止，此時$\pi_2 = f(u_1)/(1-\theta)$。

綜合上述分析獲知：以Tobin為首的新Keynesian學派認為縱使體

系內長期Phillips曲線相對短期Phillips曲線爲陡，但仍屬負斜率。此種現象顯示體系內失業率與通貨膨脹率在長期同樣仍具替換關係，促使決策當局採取長期擴張性政策嘗試降低失業率，結果雖然遜於短期效果，卻仍能夠奏效。

§ 16.7. 「理性預期臆說」

Friedman(1977)在獲頒Nobel經濟學獎典禮上的演講中，區分Phillips曲線理論演進成三個階段：

(1)接受通貨膨脹率與失業率間具有穩定替換關係的Phillips曲線；

(2)區分「靜態預期」通貨膨脹率的短期Phillips曲線以及垂直於「自然失業率」位置上的「適應性預期」通貨膨脹率的長期Phillips曲線；

(3)在經濟循環的過渡期間，體系內將出現通貨膨脹率與失業率並駕齊驅的正斜率Phillips曲線。

Friedman認爲第三種型態Phillips曲線出現的原因是：在經濟循環的過渡期間，決策當局執行任何穩定政策往往釀成通貨膨脹率攀昇，然而現行的金融體系卻仍基於「正常價格」(normal price)或「物價穩定」的概念運作，從而引起政府頻繁干涉，企圖控制通貨膨脹。決策當局爲紓緩經濟循環現象，採取時而擴張時而緊縮的「停停走走」(stop and go)政策，不僅造成實際與預期通貨膨脹率間的差距擴大，同時引發下列兩種效果：

(1)通貨膨脹變異性遞增必然縮短體系內訂定各種契約的最適期限，除降低市場經濟運作效率外，更將導致資源配置錯誤；

(2)通貨膨脹變異性加遽，體系內有關相對價格變動訊息往往因通貨膨脹播音(inflation broadcast)中的噪音充斥，人們無從獲取正確訊息供做決策參考，致使市場體系運作喪失效率。

　　Friedman雖然提出上述理由說明Phillips曲線在轉型期間可能呈現正斜率，但卻無法證實體系內的Phillips曲線已經轉爲正斜率。不過Friedman的說法卻引發學者將「理性預期」概念引入Phillips曲線理論，開始討論「停滯性膨脹」成因的熱潮。在Friedman-Phelps發表的「自然失業率臆說」中，長期與短期Phillips曲線發生差異主因是人們採取「適應性預期」形成機能所致，然而「適應性預期」卻具有下列缺失：

　　⑴「適應性預期」必然成爲系統化偏態預期(systematically biased expectation)；

　　⑵當人們擁有多餘訊息時，由於「適應性預期」並未充分運用，必然造成訊息浪費。

　　有鑑於此，Lucas (1972) 與Sargent (1973) 主張凡是理性人們形成通貨膨脹預期時，必然利用有關體系結構的各種可用訊息。以下將Muth(1961)提出的「理性預期」或「前瞻性預期」(forward-looking expectation)概念引入Friedman-Phelps的「自然失業率臆說」中，進而說明央行採取權衡性貨幣政策的效果。

　　在「理性預期臆說」中，共計包含三條方程式及三個內生變數。

　　⑴在不確定狀況下，體系內以「自然失業率臆說」型態表示的Phillips曲線爲：

$$\pi_t = {\pi_t}^* - b(u_t - u^*) + \varepsilon_t \tag{16.35}$$

ε_t是無時間數列相關(serially independence)的隨機變數，平均數$E(\varepsilon_t) = 0$，變異數爲σ_ε^2。

　　⑵在不確定狀況下，體系內超額需求函數可表爲：

$$u_t = u^* - \phi(m_t - \pi_t) + \eta_t \tag{16.36}$$

　　體系內超額需求$(u_t - u^*)$將是實質餘額效果的遞增函數，而實質餘額效果$(m_t - \pi_t)$可用貨幣成長率m_t超過通貨膨脹率π_t表示。至於η_t是超額需求方程式的隨機干擾項，平均數$E(\eta_t) = 0$，變異數爲σ_η^2。

(3)人們係採理性預期形成方式:

$$\pi_t{}^* = E(\pi_t/I_{t-1}) \tag{16.37}$$

I_{t-1}是$(t-1)$期的訊息。將 (16.36) 式代入 (16.35) 式, 可解出體系內通貨膨脹率爲:

$$\pi_t = \frac{\pi_t{}^* + b\phi m_t + \varepsilon_t - b\eta_t}{1+b\phi} \tag{16.38}$$

上式是體系內通貨膨脹率的縮減式, 將視預期通貨膨脹率$\pi_t{}^*$, 貨幣成長率m_t, 及兩個隨機變數ε_t與η_t等變數而定。在I_{t-1}已知下, 對(16.38)式取條件性預期, 可得通貨膨脹率的理性預期值:

$$\pi_t{}^* = E(\pi_t/I_{t-1}) = \frac{E(\pi_t/I_{t-1}) + b\phi E(m_t/I_{t-1})}{1+b\phi} \tag{16.39}$$

就上式移項,

$$E(\pi_t/I_{t-1})(1+b\phi) = E(\pi_t/I_{t-1}) + b\phi E(m_t/I_{t-1}) \tag{16.40}$$

重新整理上式,

$$\pi_t{}^* = E(\pi_t/I_{t-1}) = E(m_t/I_{t-1}) \tag{16.41}$$

上式意謂著理性預期通貨膨脹率將會等於預期貨幣成長率$E(m_t/I_{t-1})$。再將 (16.41) 式代入 (16.38) 式, 便得實際通貨膨脹率爲:

$$\pi_t = \frac{E(m_t/I_{t-1}) + b\phi m_t + \varepsilon_t - b\eta_t}{1+b\phi} \tag{16.42}$$

一旦央行能夠完全控制貨幣成長率, 且在前一期就預先公佈, 則依 (16.41) 式的理性預期形成方式, 人們必能正確預期貨幣成長率:

$$E(m_t/I_{t-1}) = m_t \tag{16.43}$$

再將上式代入 (16.38) 式,

$$\pi_t = E(m_t/I_{t-1}) + \frac{\varepsilon_t - b\eta_t}{1+b\phi} \tag{16.44}$$

上式涵義爲: 體系內實際通貨膨脹率將等於預期貨幣成長率與隨機變數組合之和。再將 (16.43) 與 (16.44) 兩式代入 (16.36) 式, 體系內

失業率自可求出：

$$u_t = u^* - \phi m_t + \phi\left[E(m_t/I_{t-1}) + \frac{\varepsilon_t}{1+b\phi} - \frac{b\eta_t}{1+b\phi}\right] + \eta_t$$

$$= u^* + \frac{\phi\varepsilon_t + \eta_t}{1+b\phi} \tag{16.45}$$

上式涵義爲：當人們採取「理性預期」形成方式時，體系內實際失業率將是環繞在自然失業率 u^* 附近隨機波動。換言之，當央行提高貨幣成長率訊息廣爲人們熟知時，通貨膨脹預期必然迅速調整，而短期Phillips曲線亦將同時移動，失業率與通貨膨脹率兩者間原有的替換關係亦將消失，顯示貨幣政策變異性被人們充分預期後，短期Phillips曲線必然呈現極不穩定情景。

最後，「理性預期臆說」雖可用於解釋任何期間內的失業波動狀況，卻不足以充分詮釋經濟循環過程中失業率持續波動的現象。依據Maddock與Carter (1982) 說法，體系內實際與自然失業率出現分歧，僅能由 $(\phi\varepsilon_t + \eta_t)/(1+b\phi)$ 的隨機項解釋，兩項隨機變數卻又與形成預期所需的各種變數值完全無關。換言之，上述說法意謂著失業率的時間數列資料並無任何序列相關(serial correlation)，但實際資料卻反映 *GNP* 與失業資料間存在高度序列相關，兩者因而出現相互矛盾現象，Gordon (1981) 遂將符合邏輯推理，卻無法解釋實際現象的「理性預期臆說」稱爲「持續性困境」(persistence dilemma)。

§ 16.8. 「停滯性膨脹」

「停滯性膨脹」成因在 1960 年代便成爲貨幣理論文獻逐漸重視的焦點問題，到了 1970 年代石油輸出組織國家兩次大幅提高油價，導致世界各國同陷蕭條境界，「停滯性膨脹」更演變成世界性經濟問題，從而釀成

眾多學者參與研究的熱潮。

　　Bronfenbrenner（1979）與Blinder（1979）定義「停滯性膨脹」爲：「經濟蕭條（失業率遞增）與高通貨膨脹率同時並存的現象」，依其發生緣由通常分爲兩類：

　　⑴在經濟循環後期狀態中，「停滯性膨脹」是跟隨需求性通貨膨脹發生後的調整過程。一般而言，物價與成本在該期間將持續揚昇，但實質產出卻無法增加，甚至開始遞減。

　　⑵「供給面衝擊」（supply shock）或「供給性通貨膨脹」是「停滯性膨脹」形成的原因之一。

　　以下就上述兩種型態的「停滯性膨脹」進行說明。

㈠「需求誘發」的停滯性膨脹

　　在經濟循環上升期間中，自發性支出或貨幣供給增加，造成（圖16-12）中的 AD_0 曲線右移至 AD_1，而物價水準固定爲 P_0 時，將會出現 AA' 產品缺口。由於貨幣學派推演總供給曲線時，假設人們對未來物價預期短期內將持平不變，體系出現產品缺口時，將會形成物價攀昇與實質產出增加現象，而於 B 點達成短期均衡。

　　由於 B 點揭示的實際物價 P_1 大於勞動原先預期水準 P_0^*，故當勞動確認實際物價水準已經上漲爲 P_1，必然調整預期爲 $P_1^* = P_1$，結果促使 AS_0 (P_0^*) 左移至 $AS_1(P_1^*)$，體系內新短期均衡因而落於 C 點，此時物價水準上漲至 P_2，產量反而降爲 y_3。同樣的，勞工接著發現 C 點的實際物價水準 P_2 又超越修正後的預期物價 P_1^*，故將再次修正預期物價水準，總供給曲線因而又再左移。上述調整程序將持續至勞工不再被愚弄爲止，此時短期供給曲線 $AS_n(P_n^*)$ 與總需求曲線 AD_1 交於 N 點，體系達成新的長期均衡，勞工所獲實質工資將與 A 點相同，僅有名目工資與物價水準同比例上漲。

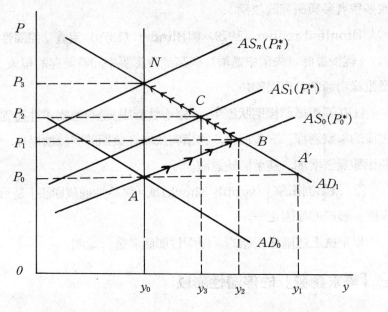

（圖 16-12）「需求誘發」的停滯性膨脹

上述分析顯示：「需求拉動」型態的通貨膨脹將分成兩個性質迥異的狀態：

(1)擴張狀態 $\overline{AB}$：體系內總需求增加後，暫時間將引起產出、就業與物價水準上漲。

(2)停滯性膨脹狀態 $\overline{BN}$：前一階段形成的物價揚昇，將因生產成本提高而引起供給函數調整，就業與產出隨即下降，物價則循 $\overline{BN}$ 軌跡持續上漲。

(二)「供給誘發」的停滯性膨脹

Blinder (1979) 認為體系通貨膨脹可能是由自發性供給曲線上移所釀成，而影響供給移動原因包括：自然災害（地震、水災或惡劣氣候）、自然資源壟斷、貿易條件惡化、勞動生產力下降、工資或利潤上漲等項

目。此外，在供給面發生變化之際，決策當局是否採取「融資性」需求政策進行調整，將對停滯性膨脹發生不同影響。

(1)缺乏融資性需求政策

假設體系內工會基於壟斷力量而提高貨幣工資，同時人們係採「適應性預期」方式形成預期價格，則(圖 16-13)顯示：短期總供給曲線AS_0 (P_0^*)將左移至$AS_1(P_0^*)$，並與總需求曲線交於C點。在此短期均衡點上，體系內實際物價水準P_2顯然高於現行預期價格P_0^*，勞動因而立即調整價格預期，$AS_1(P_0^*)$將左移至$AS_2(P_2)$。相同調整方式將持續至AS_n (P_n^*)與AD_0交於N點，勞動預期價格P_n^*與實際價格P_n趨於一致後，體系方可重新達於長期均衡。

綜合上述分析，「工資推動」的停滯性膨脹過程可分成兩個步驟：

(a)在價格預期未調整前，工資調整後的短期均衡將是物價揚昇，而產量與就業呈現減少；

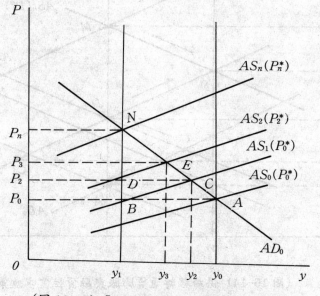

(圖 16-13)「供給誘發」的停滯性膨脹

(b)隨著物價水準攀昇而調整價格預期將會強化「停滯性膨脹」現象，在未達成長期均衡前，物價勢必持續上漲，而就業則將再度削減。

(2)配合融資性需求政策

(圖 16-14) 中，體系內總需求AD_0與總供給$AS_0(P_0^*)$交於充分就業水準y_0上。假設工會利用壟斷力量提高實質工資，總供給曲線立即左移至$AS_1(P_0^*)$，在新的短期均衡點C上，體系內實質產出將會削減，物價水準則揚昇至P_1，後續發展與前一狀況雷同。

值得注意者：一旦央行面臨失業遞增狀況，往往迫於政治壓力而採寬鬆銀根政策刺激總需求以提高就業水準，此舉將使總需求右移至AD_1，總供給$AS_1(P_0^*)$則因價格預期調整至P_1^*而再左移至$AS_2(P_1^*)$，短期均衡又落於充分就業y_0。然而D點上的勞動預期價格並不正確，持續

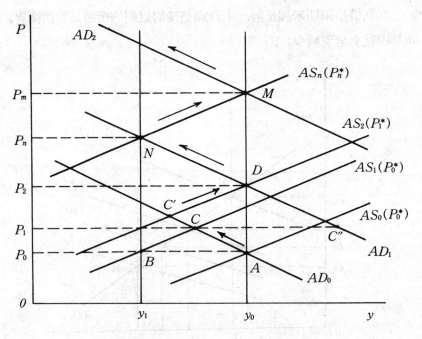

(圖 16-14) 供給移轉通貨膨脹與融資性需求政策

調整在所難免，短期總供給勢必左移。央行爲了紓緩失業問題，惟有再
次採取擴張信用政策，促使總需求右移至AD_2。由該圖可知：在$\overline{C'D}$與
$\overline{NM}$的央行擴張信用插曲中，自然出現$\overline{AC'}$與$\overline{DN}$兩段停滯性膨脹期間。

§ 16.9.　「所得政策」

　　一般而言，傳統需求管理政策在消除通貨膨脹與失業問題過程中，
往往引發人們跟進調整價格預期，致使政策效果不彰。爲能紓解該項困
擾，文獻上因而改弦易轍轉而提出「供給學派」(supply-side eco-
nomics)看法，嘗試由降低供給面的勞動成本、刺激工作效率與生產力、
凍結物價(mandatory price control)等「供給導向的政策」或稱「所
得政策」進行紓解。以下就「所得政策」內容逐一進行說明：

　　⑴工資與物價的標竿政策：該項政策最早出現於 1962 年的美國總
統經濟報告，強調不具通貨膨脹威脅的工資協定條件爲：「任何產業的工
資上漲率應該等於全面的生產力成長率」。該項標竿原則源自完全競爭體
系內，實質工資等於邊際勞動產量($W/P=F_n$)，進而衍生下列結果：

$$\pi = \dot{W} - \dot{F_n}$$

$\dot{F_n}$是體系內勞動邊際生產力成長率。上式顯示：若要維持物價水準不
變，體系內實質工資上漲率必須與生產力成長率相等。

　　⑵在通貨膨脹期間，決策當局可採凍結工資與物價上漲措施，至於
管制期間內，該項壓制通貨膨脹率的策略能否見效，端視期初經濟環境
（超額需求程度）、控制的理解性及強制執行的嚴格性而定。至於價格管
制引發的副作用包括：

　　⒜決策當局必須負擔建立負擔管理機構與執行組織的成本，廠商則
需負擔預先通知政府價格形成決策、隨時報告價格變更決策與維持特殊
幕僚保證遵守管制等成本；

(b)造成資源錯誤配置與形成全面生產水準下降；

(c)妨礙廠商決定價格及勞資雙方對工資談判自由度下降；

(d)經由物價水準、實質貨幣餘額與財富變化，間接影響體系內總需求。

(3)「指數化契約」：將體系內以貨幣或名目方式訂定的契約與物價水準相聯繫使其隨物價波動而調整，目的在於避免「非預期通貨膨脹」發生造成非預擬實質所得變化及財富重分配。換言之，一旦所有契約均已充分指數化，勞動實際上是在辨識實質工資而非貨幣工資，貨幣工資上漲率爲：

$$\dot{W} = \dot{W}^* + \pi$$

$\dot{W}^*$是契約上簽定的名目工資變動率（假設$\pi = 0$），至於π是指契約期間的消費者物價指數（CPI）上漲率。

文獻上有關「契約指數化」能否降低通貨膨脹率的爭論極爲分歧，其中Friedman（1974）卻由三方面贊成採取「契約指數化」措施：

(1)指數化可以防止「非預期通貨膨脹」造成所得重分配，並能促進社會公平性；

(2)指數化可以避免政府因租稅收入遞增，償還公債的實質成本下降而發生膨脹現象；

(3)指數化措施結合緊縮需求管理政策，將可順利使通貨膨脹轉變爲物價穩定現象。

不過Gray（1976）卻另外提出四項反對意見：

(1)指數化雖然減輕通貨膨脹成本，但也降低消除通貨膨脹的政治成本；

(2)指數化可能被視爲無法消除通貨膨脹的象徵，從而引起通貨膨脹預期遞增；

(3)縱使指數化配合緊縮需求政策將可降低通貨膨脹率，不過亦有可

能加速膨脹效果；

　　(4)指數化雖能降低需求面干擾造成之資源扭曲與產量損失，但也可能因供給面干擾（生產力變化）發生時，造成體系調整過程的惡化。

　　最後，決策當局亦可推動「人力資源計劃」(human resources programs)，加速撮合失業者與既存的空缺。此外，決策當局亦可降低失業津貼或保險給付，縮短勞工持續失業期間。兩者目的均在降低「摩擦性失業」，進而移動長期Phillips曲線，促使既定通貨膨脹率下的失業率能夠下降。

〔本章重要參考文獻〕

1. 謝德宗：《經濟理論的革命家——凱因斯》，允晨文化實業公司，臺北，
   民國七十一年。

2. ＿＿＿＿：〈通貨膨脹理論的綜合性探討〉，臺灣經濟金融月刊，二十八
   卷十二期，民國八十一年。

3. Barro, R. J., *Inflationary Finance under Discretion and Rules*, CJE, 1983, pp.1-16.

4. Blackaby, F. T., *Incomes Policy*, in Blackaby, F. T. (ed.), *British Economic Policy*, 1960-1974, Cambridge University Press, 1978.

5. Blinder, A. S., *Economic Policy and the Great Stagflation*, N. Y.: Academic Press, 1979.

6. Bronfenbrenner, M. & Holzmann, F. D., *A Survey of Inflation Theory*, AER, 1963. pp.593-661,

7. Calvo, G., *Optimal Seigniorage from Money Creation*, JME, 1978, pp.503-517.

8. Driffill, J., Mizon, G. E. & Ulph, A., *Costs of Inflation*, in *Handbook of Monetary Economics: Vol. II*, edited by Friedman, B. M. & Hahn, F. H., North Holland, 1990, pp. 1013-1066.

9. Friedman, M., *The Role of Monetary Policy*, AER, 1968. pp. 1-17.

10. ＿＿＿＿, *Nobel Lecture: Inflation and Unemployment*, JPE, 1977, pp.451-472.

11. Fallick, J. L. & Elliott, R. F., *Incomes Policies, Inflation and Relative Pay*, George Allen & Unwin, London, 1981.

12. Frisch, H., *Theories of Inflation*, 1983.

13. Gordon, R. J., *Recent Developments in the Theory of Inflation and Unemployment*, JME, 1976, pp.185-219.

14. Humphrey, T. M., *Essays on Inflation*, FRB of Richmond, 1983.

15. Johnson, H. G., *A Survey of Theories of Inflation, Indian Economic Review*, 1963, pp.29-69.

16. Laidler, D. & Parkin, M., *Inflation: A Survey,* EJ, 1975, pp. 741-809.

17. Lipsey, R. G., *The Relationship Between Unemployment and the Rate of Change of Money Wage Rates in the U. K., 1862-1957: A Further Analysis*, Economica, 1960, pp.1-32.

18. McCallum, B. T., *Inflation: Theory and Evidence*, in *Handbook of Monetary Economics: Vol. II*, edited by Friedman, B. M. & Hahn, F. H., North Holland, 1990, pp.963-1012.

19. Machlup, F., *Another View of Cost-Push and Demand-Pull Inflation*, REStatistics, 1960, pp.125-139.

20. Phelps, E. S., *Phillips Curves, Expectations of Inflation and Optimal Unemployment over Time*, Economica, 1967, pp. 254-281.

21. Phillips, A. W., *The Relation Between Unemployment and the Rate of Change of Money Wage Rates in the United Kingdom, 1861-1957*, Economica, 1958, pp.283-299.

22. Sargent, T. J., *A Note on the Accelerationist Controversy,*

　　　 JMCB, 1971, pp.50-60.

23.Samuelson, P. A. & Solow, R. M., *The Problem of Achieving and Maintaining a Stable Price Level: Analytical Aspects of Anti-Inflation Policy*, AER, 1960, pp.177-194.

24.Samuelson, A. M. & Seater, J. J., *The Inflation-Unemployment Trade-off: A Critique of the Literature*, JEL, 1978, pp.499-544.

25.Sargent, T. J., *Rational Expectations, the Rate of Interest, and the Natural Rate of Unemployment*, BPEA, 1973, pp. 429-472.

26.Tobin, J., *Inflation and Unemployment*, AER, 1961, pp.1-18.

27.Trevithick, J. A. & Muluey, C., *The Economics of Inflation*, London: Martin Robertson, 1975.

第十七章　金融發展與經濟成長

　　自從貨幣誕生帶領體系由「物物交換體系」邁向「貨幣經濟」後，體系自此轉變成由「實質部門」與「金融部門」兩者共同組成，「金融發展」與「經濟成長」因而出現相輔相成互為因果的現象。經濟穩定成長必須立基於金融部門健全運行，經濟成長又將刺激金融部門持續發展。Patrick(1966)稱呼前者現象為「供給領導」(supply-leading)的金融發展模式，後者為「需求跟隨」(demand-following)型態。至於詮釋金融發展與經濟成長關係的文獻，除由經濟層面著手鑽研外，McKinnon(1973)在《經濟發展中的貨幣與資本》(*Money and Capital in Economic Development*)與Shaw(1973)在《經濟發展中的金融深化》(*Financial Deepening in Economic Development*)書中針對經濟結構與制度的特質，同時提出「金融壓抑」與「金融深化」等概念，闡揚「金融自由化」有助於推動體系持續發展。

　　至於稍早的Tobin(1965)與Johnson(1966)率先將貨幣引進Solow(1956)的「新古典成長模型」中，探討在先進國家中貨幣出現與否對實質資本累積與經濟成長軌跡的影響，從而獲得利弊參半的結論。同時，Stein(1969)另行發展出與前述顯著迥異的「Keynes-Wicksell貨幣成長模型」，重新檢討貨幣出現對經濟成長軌跡的影響，但也獲得分歧結論。值得注意者：「金融發展」與「貨幣成長」理論文獻的差異之處是：前者著重於探討開發中國家金融部門具有的特質及其發展過程，後者專注於討論先進國家中，貨幣出現與否對經濟成長軌跡的影響。

本章首先說明詮釋金融與經濟發展相互關係的文獻內容。其次，Spellman(1971)與Galbis(1977)分別推演模型說明金融部門存在對經濟成長過程的重要性，具體描述融資效率性所形成的影響效果。第三，Tobin-Johnson與Levhari-Patinkin各自建立略具差異的新古典貨幣成長模型，分別探討貨幣出現對實質經濟成長軌跡的影響。另外，Stein由Keynes-Wicksell觀點建立貨幣成長模型，顯現貨幣影響成長軌跡的另一迴異方式。接著，Shaw與McKinnon針對落後國家經濟結構的特質，分別提出「金融壓抑」與「金融深化」概念，用於表明金融部門健全發展對實質部門的衝擊，隨後剖析「金融干預」、「金融自由化」與「金融效率」三者關係及對經濟活動影響。

§ 17.1. 「金融發展」與「經濟發展」的關聯性

在貨幣經濟體系中，經濟成長係由「金融部門」與「實質部門」兩者共同成長推動而成。「金融發展」集中焦點於探究金融部門發展過程及其遭遇問題的性質，進而剖析其對實質部門活動的貢獻。至於「經濟發展」文獻通常偏重於追尋促進經濟活動變遷的各種社會、文化、政治等非經濟因素，同時剖析其對經濟成長軌跡的影響。有鑑於此，文獻上在檢討體系內「金融發展」與「經濟發展」關係時，通常係由兩種角度進行剖析：

(1)金融部門對經濟發展貢獻程度：針對金融發展為因將對經濟發展為果可能釀成影響的程度進行探討；

(2)金融與實質部門發展次序選擇：一旦金融與經濟發展互為因果關係，決策當局面對有限資源限制下應該如何選擇發展次序。

㈠金融部門對經濟發展貢獻程度

自從貨幣出現帶動信用工具（金融資產）多元化及金融廠商蓬勃發展後，金融部門發展透過三種主要管道影響實質部門成長與資本累積速度：

(1)金融廠商透過對不同型態的盈餘支出單位進行中介，經由轉變有形財富（廣義的資本）所有權或組合內容，提昇資源分配效率；

(2)金融廠商在儲蓄者與投資者間進行中介，鼓勵重新分配較有效率的投資方式，將資源由較低生產力移至較高生產力；

(3)金融廠商提高人們儲蓄、投資與工作誘因，有助於擴大資本累積速度。

至於有關前者對後者貢獻幅度大小的爭議，文獻的意見雜陳而未有定論：

(1)Schumpeter(1934)在其《經濟發展理論》(*The Theory of Economic Development*)書中指出「銀行產業」與「企業精神」係資本主義經濟發展的兩個主要支柱，透過「企業精神」與「創新性融資」(innovation finance)，經濟資源方能從目前用途中釋出而重新組合，體系因而才能持續發展。換言之，「金融部門」穩定發展，對廠商投資計劃持續給予融資，將是醞釀經濟成長的原動力，此即類似於Patrick(1966)的「供給領導」金融發展型態，但卻需有企業家的實際配合。

(2)Gurley與Shaw(1960)在《金融理論中的貨幣》書中認為投資與儲蓄決策在分權式自由經濟體系內日益專業化，造成廠商必須利用外部融資比重與日俱增，金融部門發展對資金融通更形重要。然而融資技術並非僅能透過金融部門一途，事實上尚有其他替代方式，如：中央集體規劃、財政或租稅補貼、國外資金移轉等。至於何種方式較能適合一國經濟發展所需，則須評估每一方案的社會成本與利益，同時考慮能否與國

家發展階段、組織結構與意識形態配合。換言之，金融發展並非經濟成長所必需，許多發展成功國家往往另尋其他融資方法，如：租稅、外援、廠商累積內部資金、國營企業利潤，至於作爲金融部門主體的銀行產業反而扮演不起眼角色。

(3)Fei與Ranis(1964)在《勞動過剩經濟之發展：理論與政策》(*Development of the Labor Surplus Economy: Theory and Policy*)書中指出：「經濟發展」定義的核心其實就是「學習過程」(learning process)，要素包括社會中的成員、社會組織形式與必須履行的經濟功能。在眾多發展因素中，雙元經濟(dualistic economy)內各部門間存在金融市場的完全性對經濟發展成功與否將扮演重要角色。換言之，「農業部門」地主以原料換取貨幣後，將發現該項特殊的債務工具可視爲資產組合一環。決策當局在邁向發展過程中若能建立適合小額儲蓄者的金融廠商，如：郵政儲金制度、銀行分行與合作社，或發行債券與鼓勵股票融資，將有益於鼓勵「農業部門」儲蓄轉變成對成長中「工業部門」的金融請求權，從而促進資金移轉及資本累積。不過令人遺憾者：大部分落後國家均欠缺完善的金融調節體系，致使「農業部門」儲蓄通常用於內部融通的直接投資上，降低有限資金的運用效率。

(4)Adelman與Morris(1965)對 1950-1963 年 74 個發展中國家狀況進行實證分析，歸納出 39 個社會、經濟與政治變數將對這些國家經濟發展潛能分別發揮不同影響，其中 14 個爲純經濟變數，而金融廠商發展係衡量經濟成長的最好指標。換言之，兩人的實證分析結果顯示：金融部門活動效率的改善程度對經濟成長貢獻程度最大。

(5)Spellman(1971)與Galbis(1977)分別設定兩部門總體模型，證明體系內金融部門具有「金融效率」(financial efficiency)、「配置效率」(allocative efficiency)與「生產效率」，進而透過加速資本累積以影響經濟發展。此外，當金融體系邁向自由化（金融壓抑程度越小），「農業

部門」資金透過金融廠商轉移至「工業部門」越多，經濟成長速度將會加快。

(二)金融與實質部門發展次序選擇

前述文獻說明揭示：金融與實質部門發展的關聯性將是顯而易見，在推動經濟發展過程中，決策當局面臨有限資源時，往往需就兩部門發展的先後次序做一選擇，亦即金融發展為配合經濟發展之需而採行的路線是「供給領導」或「需求跟隨」型態。換言之，金融部門發展應超前經濟發展而扮演主動角色，或追隨實質部門成長調整而扮演輔助角色。文獻上對此問題爭議頗多：

(1)Patrick(1966)提出「需求跟隨」概念說明在經濟發展過程中，金融勞務需求擴增刺激金融部門成長，進而生產能夠滿足實質部門成長所需勞務。當實質部門成長越快，製造業廠商向外融資與對金融勞務需求自然擴大。同樣地，固定期間內不同部門間成長率的變異越大，仰賴金融部門將資金從成長緩慢產業移至成長快速產業的需求隨之水漲船高。換言之，「需求跟隨」的金融發展方式係指經濟發展刺激人們增加金融勞務需求，同時由現代化金融廠商主動提供而獲滿足，此即隱含金融部門發展基本上是消極而無限制，金融廠商、資產種類與數量能夠充分擴增以應經濟發展之需。18世紀末葉與19世紀初期的英國金融部門發展經驗可作為該型態金融發展之例證。

(2)對應前述說法，Patrick接續指出：落後國家隨需求擴張而能增產金融勞務並非富於彈性或廉價的，正如19世紀初期法國限制銀行法、高利貸法案、僵硬化制度及市場不完全性等因素，自動阻礙體系產生配合經濟發展所需之金融部門。有鑑於此，Patrick提出「供給領導」的金融發展概念將具有兩項功能：設立金融廠商、發行金融資產與負債及相關金融勞務提供應在需求之先，透過存款、金融債務、信用創造及強迫儲

蓄等方式，將資源從傳統農業部門轉移至現代化工業部門。此外，金融廠商甚至積極加入製造業廠商陣營認購股本開創企業，協助建立新產業或廠商購併，扮演投資開發銀行角色，從而符合類似Schumpeter的「創新融資」概念。至於設立新金融廠商通常採取下列方式營運：

(i)決策當局設立銀行廠商利用國家資本直接補助營運，19世紀末葉帝俄及今日許多落後國家的金融發展經驗可為代表；

(ii)私人設立金融廠商而接受政府補貼，某些銀行廠商早期在優厚擔保條件下有限度發行貨幣，或在部分準備制度下創造存款貨幣及央行對其低利融資等，1870年代的日本國家銀行可為代表；

(iii)新設立的金融廠商初期將大部分資金貸予傳統農業部門，然後隨著經濟發展逐步轉移至現代化工業部門。值得注意者：決策當局若是選擇「供給領導」金融發展型態，必須事先評估體系內資源使用方式（企業才能、管理技術、補貼成本）能否帶動經濟發展、衍生足夠利益，否則得不償失反而形成資源配置錯誤與浪費現象。

「需求跟隨」與「供給領導」的金融發展型態雖然迥異，但在實際發展過程中，兩者卻呈交互運作現象。當現代化產業尚未邁入持續成長階段時，「供給領導」型態將可導引創新型態的投資行為。一旦實質成長過程發生，「供給領導」的原動力逐漸喪失重要性，「需求跟隨」型態的反應卻逐漸顯現優勢，類似的逐次發展過程同樣發生在不同產業或部門內部當中。某產業最初可能由「供給領導」型態給予融資，爾後逐漸轉向「需求跟隨」型態尋求融資，而同期間的其他產業可能仍停留在原先層面。總之，體系出現何種金融發展型態，完全視產業發展次序而定，更甚者是該項時機多數取決於政府政策而非私人需求力量。

(3)Goldsmith(1955)研究35個已開發與開發中國家金融部門與經濟發展關係時，認為在分權式自由經濟體系下，金融發展方式通常具有下列特徵：

(i)各種類型廠商發行在外股權日益擴大，而債務（債券與貸款）發行量相對萎縮。此種現象顯示：一般製造業廠商尋求融資方式已由「舉債融通」逐漸轉向「股權融通」，股權市場規模日益擴大；

(ii)銀行廠商的優勢將隨著經濟成長而相對降低，非銀行金融廠商（信託及保險公司）資產卻呈現相對擴張。此種現象意謂著：體系內能夠提供融資的金融廠商型態日益多元化，金融信用工具也趨向多元化，傳統僅向銀行廠商謀求融資的比重日益縮減；

(iii)體系內所有金融資產價值占有形財富值比例，或稱「金融相關比例」(financial interrelation ratio, FIR)將隨經濟成長而日益遞增，此舉充分顯示金融部門擴張對實質部門成長的重要性日益密切，「金融深化」程度擴大有益於減輕實質部門的通貨膨脹壓力。

綜合上述文獻內涵可知：金融發展與經濟成長乃是相輔相成、互相提攜，然而落後國家踏入發展途徑時，往往由於體系內裡存在某些因素，阻礙金融部門進一步發揮對實質部門的貢獻。文獻上對於阻礙金融發展因素內涵的看法約有下列四者：

(1)「金融壓抑臆說」：McKinnon(1973)與Shaw(1973)主張銀行產業或金融部門透過對實質部門融資，扮演儲蓄與投資間的中介橋樑，將能發揮促進經濟成長效果。一旦金融部門活動受到不必要扭曲或壓抑時，不僅無法發揮積極貢獻，反而將形成絆腳石。至於「金融壓抑」主要顯現在對利率與滙率管制、授信政策或干預市場經濟活動等項目上，其中最主要的干預是金融當局將金融廠商存放利率與滙率壓抑在均衡水準之下，衍生「信用分配」、「外滙分配」及金融資源配置錯誤現象，進而波及實質部門的資源配置效率。

(2)「金融分割臆說」(financial segmentation hypothesis)：落後國家的金融部門往往面臨三種不同形式分割而阻礙金融發展，進而影響實質部門成長：

(i)「金融壓抑」或「官方干預」：包括高利貸法、利率與滙率管制、課徵利息所得稅及信用分配，凡此將妨礙金融競爭，同時釀成金融資源配置錯誤與運用缺乏效率；

(ii)「金融雙元性」：金融部門同時出現官方與黑市金融組織並存現象，除造成另一層次之金融分割外，更將擴大實質部門雙元性，同時加深體系內不平衡成長與所得分配不均的後果；

(iii)「貨幣化程度」：貨幣化程度通常可用以貨幣交易的商品與勞務價值佔全部交易總值比率加以衡量，此項比例同時顯示「金融寬化」(financial widening)程度。貨幣化程度不足除形成另一種型態的金融分割外，同時透露實質部門同樣具有分割性質。

(3)「結構主義論者臆說」(the structuralist hypothesis)：Gers-chenkron(1962)認爲工業化型態與組織架構(如：政府、銀行廠商等)對經濟發展貢獻主要視經濟相對落後程度而定，至於該項程度不僅可作爲衡量一國工業化潛能之指標，亦能視爲決定組織架構行爲之因素。在資本形成過程中，銀行廠商扮演角色的重要性通常視經濟相對落後性與經濟結構特性而定：

(i)就先進國家而言，工業化所需資本由銀行產業以外之人們儲蓄、廠商內部資金或農業儲蓄即足以充分融通小廠商所需資金，無需由金融部門特別供應產業長期所需資金；

(ii)就中度發展國家而言，由於實質部門尚未累積大量資金及廠商的平均生產規模較大，必須由銀行廠商擔負大部分融資之中介角色，供給工業發展所需的長期資金；

(iii)就落後國家而言，多數銀行廠商均無法供給工業化所需資金，更無暇論及一般廠商是否有能力自我融資，是以另尋其他融資方案(如：外援)或依賴政府部門輔導融資將屬事在必行。

綜合以上三者不難瞭解在工業發展型態迥異的體系中，銀行廠商對

經濟成長貢獻程度將視經濟相對落後性及能產生資本融通新來源的創新能力有關。換言之，落後國家中的銀行產業對資本累積貢獻通常是微不足道，反而是政府部門融資或是引進外援扮演主要角色；在中度發展國家中，由於廠商信用評等增加，銀行廠商袪避風險態度降低下，銀行產業對於經濟發展始有顯著貢獻。一旦達到先進國家階段時，銀行產業的實際貢獻將視經濟結構與發展方式而定。

　　(4)其他臆說：Abdi研究東非各國商業銀行與經濟發展關係時，發現影響東非各國銀行產業營運因素包括金融市場不完全性、經濟結構或經濟相對發展程度。換言之，由於結構性或經濟發展階段致使實質部門對金融勞務有效需求不足，再加上金融市場缺乏競爭性，以致東非各國的銀行產業始終無法有效營運，進而嚴重影響實質部門成長，此種現象大致屬於「金融分割臆說」與「結構主義臆說」之綜合。

§ 17.2. 金融部門對經濟成長的重要性

　　綜合金融與經濟發展關係的文獻內容可知：一旦體系由「物物交換」邁向「貨幣經濟」道路後，隨著經濟發展階段不同，金融部門扮演角色不僅迥異，其重要性也日益擴大。爲能瞭解金融部門發揮「金融中介」效果的重要性，Spellman(1971、1982)與Galbis(1977)分別設定涵蓋金融部門在內的總體模型，探討金融部門影響實質部門運作的途徑。

(一)Spellman的金融發展模型

　　Spellman(1971、1982)認爲一旦金融部門能夠健全發展，則透過發行各種金融工具融通實質部門活動，將可影響體系內生產可能範圍(production possibility frontier)。此種現象除可充分顯現金融部門存在所發揮的實質成本與效益外，並能說明「金融效率」，「配置效率」與「潛

在效率」(potential efficiency)三者的關係，進而突出其對經濟成長的貢獻。

假設體系內生產X_1與X_2兩種商品，未考慮融資行為的毛產出函數分別為：

$$X_i = X_i(K_i, N_i) \qquad\qquad i=1, 2 \qquad\qquad (17.1)$$
$${\scriptstyle(+)}\ \ {\scriptstyle(+)}$$

在貨幣經濟體系中，由於生產「金融勞務」必須要有實質因素投入，故可由製造業廠商自行操作(直接融資)或由金融廠商代勞(間接融資)。不論係採何種方式融資，廠商運用任何金融技術均需實質因素投入，從而造成能夠用於生產最終商品的因素投入遭致削減，此即使用金融技術必須負擔的機會成本。假設融資行為造成產出損失，且與資本使用數量呈比例而為c_1K_1與c_2K_2，c_i是融通單位資本所需的平均生產成本，同時金融產業屬於完全競爭而無經濟利潤，則反映實質融資成本後之淨產出函數將是：

$$X_i^n = X_i(K_i, N_i) - c_iK_i \qquad\qquad (17.2)$$

由上述淨產出函數可推演出：單位資本增加誘使產出數量擴大，在最適狀況下將會等於資本邊際產量扣除生產金融勞務成本($\partial X_i / \partial K_i - c_i$)。一旦完全競爭製造業廠商支付因素成本為其邊際產值(value of marginal product)，每期資本收益將是$P_i(X_{ik} - c_i)$，至於c_iK_i將是降低資本淨收益或直接減少產出的實質金融勞務成本。

當貨幣經濟體系內的淨產出函數、資本與勞動的因素秉賦已知時，考慮實質融資成本後的生產可能範圍可由下列Lagrange函數求出：

$$L = X_1(K_1, N_1) - c_1K_1 - \lambda\{X_2 - X_2(K - K_1, N - N_1)$$
$$+ c_2(K - K_1)\} \qquad\qquad (17.3)$$

就上式對K_1與N_1偏微分後，考慮融資成本後的體系內最適資源配置條件如下：

$$X_{1k}(K_1, N_1) - c_1 = \lambda\{X_{2k}(K - K_1, N - N_1) - c_2\} \qquad (17.4\,a)$$

$$X_{1n}(K_1, N_1) = \lambda\{X_{2n}(K - K_1, N - N_1)\} \qquad (17.4\,b)$$

由上述條件將可導出（圖 17-1）中考慮實質融資成本後的生產可能範圍。由(17.1)式的忽略融資成本的毛產出函數可推演出「潛在生產可能範圍」，至於「淨融資範圍」(net financed frontier)與「潛在範圍」的相對位置將視各種生產技術而定，如：相對的單位融資成本(c_i)將會影響「淨範圍」的位置，影響程度直接可用毛產出與淨產出的差距衡量。同時，「淨範圍」與「潛在範圍」的相對形狀將視因素相對價格波動對因素組合變動敏感性而定，而因素組合替代彈性又將影響兩者相對位置。

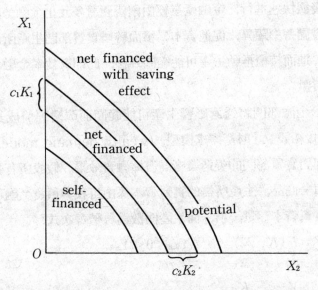

（圖 17-1）不同融資方式下的生產可能範圍

　　瞭解貨幣經濟體系的各種生產可能範圍後，在固定時點上，體系內實際金融產業結構、金融工具及融資管道將視實際商品生產組合而定。假設體系內所有市場均屬完全競爭型態，當生產可能範圍斜率等於商品相對價格時，將可決定最適商品生產組合。該點不僅決定惟一的商品生

產組合，更重要者是生產該商品組合所需的資本數量經由融資管道而與各產業緊密連繫，每一管道使用的融資結構、制度、工具及金融部門耗費的實質成本均可同時決定。

　　金融部門對經濟成長能夠造成實質衝擊，乃是透過融資效率變化而反映於實質部門的「生產可能範圍」發生移動上。一般而言，該曲線移動若是緣自生產技術變化，則可稱為「潛在效率」。至於若由金融部門改善本身使用資源效率而致減輕產出削減部分，則稱為「金融效率」。至於金融部門透過有效率的「金融市場」或「金融廠商」運作，協助提昇體系內資源的「配置效率」，推動體系能落在「淨融資範圍」上生產。最後，隨著金融發展快速進行，金融產業經由創新涵蓋多元化金融勞務的信用工具而誘發儲蓄率躍昇，促進資本累積而轉變實質部門生產所使用的資本密集度，進而持續推動生產可能範圍外移，此即有效率金融部門對經濟成長的貢獻。

　　有鑑於金融部門將透過影響生產可能範圍而改變經濟成長速度，Spellman接續設立「財富需求模型」(wealth demand model)說明金融產業如何對實質部門的製造業廠商發揮融資效果。假設所有製造業廠商僅生產單一商品，生產所需的實質資本係由自我累積資金融通而來，財富僅有實質資本存量一項，而生產函數為一階齊次式：

$$Y = F(K,\ N) \qquad Y_{kk} < 0 < Y_{nk} \qquad (17.5\ a)$$
$$\quad {\scriptstyle(+)\ \ (+)}$$

$$或 \quad y = \frac{Y}{N} = F(\frac{K}{N},\ 1) = f(k) \qquad (17.5\ b)$$

$y = Y/N$是每人產出，資本邊際生產力為$MPP_k = \partial Y/\partial K = f_k(k)$，$k = K/N$是資本勞動比例，勞動成長率$\dot{N} = dlnN/dt = n$係由外生決定。至於體系內盈餘支出單位對資本需求的函數將受資本報酬率r及實質所得Y影響，且與實質所得具有齊次關係：

$$K=w(r,\ Y)=w(r)\,Y \qquad \infty>w_r>0 \qquad (17.6\,\text{a})$$

$$\underset{(+)\quad(+)}{}$$

上述資本需求函數可用資本產出比率表示:

$$\frac{K}{Y}=\frac{k}{y}=w(r) \qquad\qquad\qquad\qquad (17.6\,\text{b})$$

在金融部門尚未出現之際，製造業廠商的資本完全倚賴自行累積的資金融通，故在均衡狀況下，報酬率r相當於資本邊際生產力$r=f_k$，資本需求函數又可表爲:

$$K=w(f_k)\,Y \qquad\qquad\qquad\qquad (17.6\,\text{c})$$

以下將用(圖17-2)說明資本產出比率如何決定。(17.6 b)式即是體系內正斜率的財富需求曲線W。至於T曲線係由Spellman的生產函數$Y=Y(K,\ N)$轉換而來，而資本勞動比率$k=K/N=\dot{K}/\dot{N}=k(r)$，是以$T$曲線$K/Y=\{Y(1,\ k^{-1}(r))\}^{-1}$斜率將爲負值。在物物交換體系下，廠商若採內部融通時，由W曲線與T曲線相交將可決定均衡資本報酬率與資本產出比率（或資本密集度）。

上述模型係物物交換體系下，製造業廠商採取內部融資生產的狀況，此時投資者利用本身累積資金從事生產，資本所有者與使用者同爲一人。一旦貨幣出現帶動體系發展金融部門後，製造業廠商所需資金部分轉而尋求外部融資，金融廠商則是扮演中介資金借貸角色，匯集盈餘支出單位（財富持有者）資金轉貸赤字支出單位（製造業廠商），並於中介過程中收取單位金融中介費用c。透過金融中介過程或Gurley與Shaw的「中介效果」(intermediation effect)運作，體系內的資金將移轉至更具生產力用途上，資本邊際生產力將較內部融資狀況下提昇，亦即採取外部融資生產之資本邊際產出曲線f_k^e遠高於物物交換體系下的f_k^e或T曲線。

假設金融廠商係爲完全競爭而僅能獲取正常利潤，財富持有者將資金存入金融廠商，而在每一資本產出比例下所獲報酬率將相當於淨存款

利率$r_d = f_k^f - c$，(圖 17-2)中的單位金融中介費用c是資本邊際產出曲線f_k^f與存款利率曲線r_d之差距。一旦金融廠商營運越有效率，金融中介費用必然越低，r_d曲線將會右移而趨近f_k^f曲線，均衡資本密集度自然隨之提高。

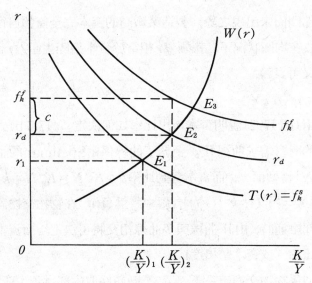

(圖 17-2) 資本報酬率與資本產出比例的決定

在 (圖 17-3) 中，金融當局若訂定最高放款利率r_1，而單位金融中介費用$r_1 r_2$，則其支付之存款利率僅為r_2。在此存款利率r_2下，金融廠商吸收之資金僅能維持資本產出比率$(K/Y)_1$，同時出現超額資金需求AF，從而必須從事信用分配。由$(K/Y)_1$所示之資金若全部投入生產力最高之用途，製造業廠商所獲邊際產出為r_3，廠商所獲超額利潤$r_3 r_1$。此種現象促使祇要資本邊際生產力高於或等於r_1，廠商即會儘力爭取信用分配機會，結果容易釀成稀少性金融資源的錯誤分配。

另一方面，金融當局若訂定最高存款利率r_2，金融廠商吸收之資金將如$(K/Y)_1$資本產出比率所示，同時必須分配資金於製造業廠商。一旦體系內無最高放款利率限制，則$r_4 r_2$的超額利潤將由金融廠商取得。至於金

融當局同時將存放款利率訂爲r_2與r_1，存放款利率差距爲$r_1 r_2$，資金運用報酬率超過放款利率的超額利潤$r_1 r_3$全歸投資者。借款者鑑於有利可圖，必然各顯神通向銀行廠商借款，此種現象造成銀行廠商服務品質惡化，服務效率隨之低落。

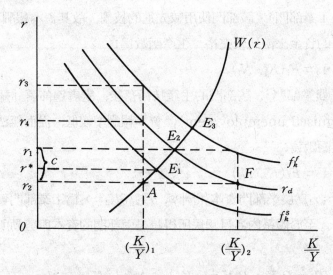

(圖 17-3)　金融廠商出現與金融壓抑效果

　　總之，Spellman認爲金融當局若對金融部門的存放款利率進行管制，必然影響資金供給來源與資本密集度。蓋因存款利率太低，盈餘支出單位獲取之存款報酬率一旦低於內部融通報酬率，自然會握有資金而不存入金融廠商，結果不僅釀成金融部門萎縮而阻礙金融發展，體系亦將回復內部融通的生產方式，進而影響資本累積與經濟成長速度。

㈡Galbis的雙元部門模型

　　Lewis(1954)、Fei與Lewis(1961)指出由於生產技術、組織制度的差異性致使落後國家邁向發展過程中，實質部門往往自然分割成僅足糊口的「農業部門」(subsistence agricultural sector)與商業化的「工業

部門」(commercialized industrial sector)的雙元性經濟，因而設定
「勞動過剩」(unlimited surplus labor)的雙元性總體模型探討過剩勞
動在兩個部門間移動產生的互動關係。爾後，Galbis(1977)接續該模型
探討過剩資金在兩部門間移轉所引發的影響效果：

(i)「工業部門」：該部門使用較先進的技術，故其資本報酬率較高，
同時吸引的資金來源比較充裕，生產函數爲：

$$Y_1 = F_1(K_1, N_1) \tag{17.7}$$

(ii)「農業部門」：該部門的生產技術落後，處處遍佈著「隱藏性失
業」(disguised unemployment)，資本報酬率較低，從而無法獲得融
資，生產函數爲：

$$Y_2 = F_2(K_2, N_2) \tag{17.8}$$

$\partial Y_1/\partial K_1 = r_1$ 爲農業部門資本報酬率，$\partial Y_2/\partial K_2 = r_2$ 爲工業部門資本報酬
率，$r_2 > r_1$。至於體系內名目國民所得將是兩部門的資本與勞動所得的總
和：

$$PY = P_1 Y_1 + P_2 Y_2 = r_1 K_1 + w_1 N_1 + r_2 K_2 + w_2 N_2 \tag{17.9}$$

P 是一般物價水準，P_1 與 P_2 分別是兩部門產品的價格。$K = K_1 + K_2$，資
本財累積相當於兩部門的投資：

$$\dot{K}_1 = I_1 \tag{17.10}$$

$$\dot{K}_2 = I_2 \tag{17.11}$$

當體系達成均衡時，兩部門產出總值將會等於總支出：

$$Y = C + I = \frac{P_1}{P}(C_1 + I_1) + \frac{P_2}{P}(C_2 + I_2) \tag{17.12}$$

至於「農業部門」消費函數爲：

$$C_1 = c_1 Y_1 \qquad 0 < c_1 < 1 \tag{17.13}$$

儲蓄函數

$$S_1 = Y_1 - C_1 = (1 - c_1) Y_1 = s_1 Y_1 \qquad 0 < s = (1 - c) < 1$$

$$(17.14)$$

由於「農業部門」投資資金來源主要來自本身累積的內部資金，金融廠商並不授予融資，其投資函數僅視實質資本及金融資產實質報酬率而定。假設落後國家的金融資產僅有存款一項，金融資產報酬率由加權平均存款利率表示：

$$I_1 = H_1(r_1, \ i_d - \pi) \ Y_1 \tag{17.15}$$
$$\quad\quad\quad {(+)} \quad\quad {(-)}$$

i_d爲銀行存款名目利率，π爲預期通貨膨脹率。由於落後國家的「農業部門」在政策導引下通常爲一自我融通部門，投資所需資金來自內部資金而無法向外融資，隱含該部門所得應該超越支出$Y_1 > C_1 + I_1$或投資小於儲蓄$I_1 < S_1$，同時將以銀行存款方式保存儲蓄，事後儲蓄與投資間的關係爲：

$$S_1 = I_1 + d(M_1/P)/dt \tag{17.16}$$

$d(M_1/P)/dt$爲「農業部門」之金融儲蓄或銀行存款。至於「農業部門」消費函數爲：

$$C_2 = c_2 Y_2 \qquad 0 < c_2 < 1 \tag{17.17}$$

儲蓄函數

$$S_2 = Y_2 - C_2 = s_1 Y_1 \tag{17.18}$$

由於「工業部門」係帶動落後國家成長的寄望所在，故決策當局往往在政策與融資上給予優惠待遇，促使該部門的投資資金來源涵蓋該部門儲蓄S_2及經由金融廠商自「農業部門」吸收之資金$d(M_1/P)/dt$，是以「工業部門」面對之資金供給函數爲：

$$I_2^s = S_2 + d(\frac{M_1}{P})/dt \tag{17.19}$$

投資之資金需求函數爲：

$$I_2^d = H_2(r_2, i_l - \pi) Y_2 \tag{17.20}$$
$$\quad\quad (+) \quad (-)$$

$(i_l - \pi)$為銀行放款實質利率，相當於「工業部門」進行投資所需負擔的借入資金價格。總之，一旦金融廠商提高體系內利率水準，「農業部門」的部份資金將透過金融廠商而轉貸「工業部門」使用；利率若是偏低，則「農業部門」將會全部留作自我融通投資，極端情況為 $d(M_1/P)/dt = 0$。換言之，金融產業越能自由化，「農業部門」資金透過金融廠商移至工業部門越多，總體經濟成長將日趨穩定，此種現象可由（圖 17-4）進行說明。

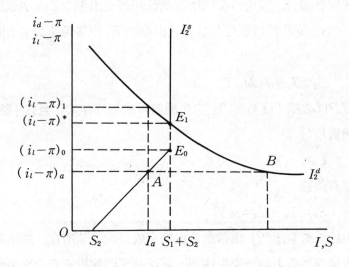

（圖 17-4）雙元經濟內的資金移轉

（圖 17-4）中 I_2^d 為「工業部門」之投資需求曲線，I_2^s 為該部門之資金供給曲線由自有資金 S_2 及透過金融廠商自「農業部門」移轉而來之外部資金 $d(M_1/P)/dt$ 兩者構成。當實質利率等於或小於零時，部門間的資金移轉將無從發生，資金總額仍為 S_2，即 I_2^s 曲線截距部份。一旦實質利率大於零時，將開始誘導資金移轉，直至實質利率躍昇至 $(i_l - \pi)_0$ 時，資金

全部移轉而使資金總量達到S_1+S_2。當「工業部門」資金供需曲線I_2^s及I_2^d相交時，將可決定均衡利率水準$(i_t-\pi)^*$。惟因落後國家的法律、政治及制度因素往往阻礙現行實質利率趨近均衡水準，假設上述「金融壓抑」因素使實質利率訂於$(i_t-\pi)_a$，此時「工業部門」將會出現超額資金需求AB。

　　值得注意者：面對此一較低實質利率下，「農業部門」資金並未全部儲存銀行廠商，亦即該部門仍有較高之投資報酬率（相對當時實質利率而言），誘使部份資金回流「農業部門」進行自有資金投資，回流資金如$S_1+S_2-I_a$所示。另外，「工業部門」資金供需失衡將導致金融不穩定性：就金融面言，超額放款需求增強放款利率攀升壓力；就實質面言，超額資金需求外溢至增長商品需求，必然驅使物價上漲。總之，落後國家促進經濟成長的首要之道是：建立健全的金融市場，經由利率機能自由運作而將農業部門資金移轉至工業部門做更有效率運用，方能加速工業部門的資本累積及經濟成長。

*§ 17.3.　新古典貨幣成長模型

　　由前面各節分析顯示：金融部門發行貨幣與各類金融資產，經由融資途徑而對實質部門發揮重大影響。為能瞭解物物交換體系出現貨幣後，經濟成長軌跡將會受到何種影響，Tobin(1965)率先在〈貨幣與經濟成長〉(Money and Economic Growth)文獻中強調貨幣的「價值儲藏」功能，並視為「金融資產」而引入新古典成長模型，探討實質經濟成長軌跡面對貨幣起源後的變化。爾後，Patinkin與Levhari(1968)轉而突出貨幣扮演交易媒介角色而視同「消費財」處理，重新檢視經濟成長軌跡的變化。在推演兩者模型之前，首先介紹物物交換體系下的新古典成長模型。假設體系內僅有單一產品，儲蓄率與勞動成長率$n=dlnN/dt$均為

外生決定，而生產函數具有固定規模報酬性質：

$$Y = F(K, N) \tag{17.5 a}$$
$${}_{(+)}\ {}_{(+)}$$

或　$y = \dfrac{Y}{N} = F(\dfrac{K}{N}, 1) = f(k)$ (17.5 b)

當體系達成均衡時，投資I或資本累積dK/dt必須等於儲蓄sY：（s是平均儲蓄傾向）

$$\frac{dK}{dt} = I = sY \tag{17.21 a}$$

由於勞動N_t係按外生成長率n增加：

$$N_t = N_0 e^{nt} \tag{17.22}$$

N_0是基期之勞動數量。由以上各式可以求得因素比率$K/N = k$的均衡成長解。一旦因素比率為均衡值且維持均衡成長，則體系將循符合均衡因素比率成長軌跡移動。令$\dot{k}$代表資本勞動比率$K/N = k$的成長率：

$$\dot{k} = \frac{1}{k} \frac{dk}{dt} = \frac{d}{dt} lnk = \frac{d}{dt} (lnK - lnN) = \dot{K} - n \tag{17.23}$$

以K遍除(17.21 a)式可得$\dot{K}$為：

$$\dot{K} = \frac{1}{K} \frac{dK}{dt} = \frac{1}{K} sY = s\frac{Y/N}{K/N} = \frac{s}{k} f(k) \tag{17.24}$$

將上式的$\dot{K}$代入(17.23)式：

$$\dot{k} = \frac{s}{k} f(k) - n \tag{17.25}$$

上式係資本勞動比率k的微分方程式，顯示資本勞動比率之變動率等於資本與勞動兩者各自變動率之差。體系初始的資本勞動比率k_0若為已知，則此微分方程式解值將是「資本勞動比率」在時間歷程中的穩定均衡軌跡。一旦上式等於零，資本勞動比率的穩定均衡值k^*將可解出：

$$sf(k^*) = nk^* \tag{17.26}$$

至於體系內單位勞動的均衡產出y^*將是：

$$y^* = f(k^*) = \frac{n}{s}k^* \tag{17.27}$$

以下用 (圖17-5) 說明上述結果。由於n與s均爲常數，上式等號右邊項目可用通過原點的直線$(n/s)k$表示。單位勞動平均產出函數因受邊際報酬遞減影響，將如圖中$f(k)$所示。當上述兩曲線相交時，(17.27)式的均衡條件成立，單位勞動平均資本存量k^*隨即決定。當$k < k^*$，由圖可知$f(k) > (n/s)k$，而(17.25)式揭示$\dot{k} > 0$，k將繼續提高直至$k = k^*$爲止；反之，在$k > k^*$時，$f(k) < (n/s)$表示$\dot{k} < 0$，k將持續下降至$k = k^*$才回復均衡。

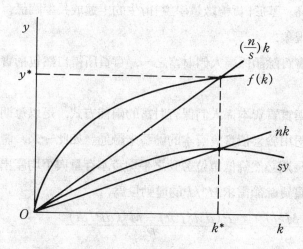

(圖17-5) 新古典實質成長模型

瞭解物物交換體系的成長軌跡後，以下將分兩種個案探討貨幣經濟體系的成長軌跡型態：

㈠Tobin的貨幣成長模型

Tobin(1965)強調貨幣扮演「價值儲藏」的角色，而視貨幣爲「金融資產」或「資本財」，進而成爲人們選擇資產組合的一環。基於該項看法，

Tobin接著由Tooke-Wicksell的「所得學說」內涵$(MV=Py)$出發，經過取自然對數與對時間微分後，假設流通速度V與時間無關，可得下列成長率關係：

$$\dot{M}=\pi+\dot{y} \qquad\qquad (17.28\text{ a})$$

$$或\quad \pi=\dot{M}-\dot{y} \qquad\qquad (17.28\text{ b})$$

上述兩式的涵義爲：當貨幣的所得流通速度V持平時，名目貨幣成長率必須等於通貨膨脹率$(\pi=dlnP/dt)$與經濟成長率$(\dot{y}=dlny/dt)$之和，或是通貨膨脹率等於名目貨幣成長率與經濟成長率之差額。一旦貨幣供給未隨產出增加而調整,物價水準必然依$\dot{y}$速率下跌,實質餘額M/P自然隨之提高。基於「貨幣數量學說」衍生的上述成長率關係，Tobin接續考慮下列現象：

⑴由於實質餘額係屬人們財富之一，實質所得自然包括實質餘額的增量；

⑵貨幣與實質資本係人們保有財富的兩種方式，是以每期實質餘額增量需由部份用於累積實質資本的儲蓄來融通。如此一來，體系內實質餘額增加，長期必然降低單位勞動之平均資本存量與平均產出。

人們對實質餘額需求M^d/P的變動量爲：

$$\frac{d(M^d/P)}{dt}=\frac{P(dM^d/dt)-M^d(dP/dt)}{P^2}$$

$$=\frac{M^d}{P}(\dot{M}^d-\pi) \qquad\qquad (17.29)$$

由於人們保有實質餘額增加，考慮實質餘額後的可支用所得$\hat{y}$自然隨之擴大：

$$\hat{y}=Y+\frac{M^d}{P}(\dot{M}^d-\pi) \qquad\qquad (17.30\text{ a})$$

在Tobin的貨幣成長模型中，體系內僅有實質資本存量K與實質餘額M^d/P兩種資產，報酬率分別爲實質利率 (資本邊際生產力) $r=\partial Y/$

∂K以及物價貶低率$(-\pi)$。依據Fisher方程式可知: 名目利率i爲實質利率r與通貨膨脹率之和$i=r+\pi$。

當體系達成均衡時, 每期投資或資本累積必須等於儲蓄, 而儲蓄等於總產出減消費C, (17.21 a)式將可變爲:

$$I=\frac{dK}{dt}=Y-C \tag{17.21 b}$$

考慮實質餘額影響後, 人們的實質可處分所得$\hat{y}$將由產出與實質餘額兩者構成, 實質消費函數可表爲:

$$C=(1-s)\hat{y} \tag{17.31 a}$$

將上式代入(17.21 b)式:

$$\frac{dK}{dt}=Y-(1-s)\hat{y} \tag{17.21 c}$$

再以(17.30 a)式$\hat{y}$代入上式:

$$\frac{dK}{dt}=Y-(1-s)\left[Y+\frac{M^d}{P}(\dot{M}^d-\pi)\right] \tag{17.21 d}$$

假設人們的實質餘額需求與產出呈固定比例b:

$$\frac{M^d}{P}=bY \tag{17.32}$$

或　$\frac{M^d}{P}=bF(K, N)$

將(17.32)式代入(17.21 d)式, 經整理可得:

$$\frac{dK}{dt}=Y[s-(1-s)b(\dot{M}^d-\pi)] \tag{17.21 e}$$

以K遍除上式的兩邊:

$$\frac{1}{K}\frac{dK}{dt}=\dot{K}=\frac{Y}{K}\left[s-(1-s)b(\dot{M}^d-\pi)\right] \tag{17.33 a}$$

若以單位勞動的平均產出表示, 上式可表爲:

$$\dot{K}=\dot{k}+n=\frac{y}{k}[s-(1-s)b(\dot{M}^d-\pi)] \tag{17.33 b}$$

在Tobin的貨幣成長模型中，體系內的穩定狀態(steady state)均衡成長條件爲上式中的$\dot{k}=0$：

$$[s-(1-s)b(\dot{M}^d-\pi)]f(k)=nk \qquad (17.34\text{ a})$$

值得注意者：上述Tobin貨幣成長模型達成穩定狀態均衡成長，實際上是隱含下列兩項條件：

(1)在均衡點上，體系內的資本累積率$\dot{k}=0$；

(2)產出與資本雖依同速率成長以維持實質利率r固定，但其前提是單位勞動的平均實質餘額必須固定，理由是：除非單位勞動的平均實質餘額仍然持平，否則實質餘額影響儲蓄數量，進而改變資本累積數量，資本累積率$\dot{k}$不可能等於零。

有鑑於此，令m代表單位勞動平均實質餘額：

$$m=\frac{M^d}{PN}$$

就上式取自然對數並對時間微分：

$$\dot{m}=\dot{M}^d-\pi-n \qquad (17.35\text{ a})$$

當體系達成均衡時，$\dot{m}$必須等於零方可避免影響資本累積率：

$$\dot{M}^d-\pi=n$$

將上式代入(17.34 a)式代表的第一個均衡條件，可得Tobin貨幣成長模型的最終均衡成長解爲：

$$nk=f(k)[s-(1-s)bn] \qquad (17.34\text{ b})$$

比較(17.34 b)式貨幣經濟與(17.26)式物物交換經濟的成長模型均衡解可知：前者之均衡成長除決定於勞動成長率$n>0$外，尚決定於實質餘額對產出比率$b>0$，

$$s>s-(1-s)bn \qquad (17.36)$$

當體系由物物交換經濟邁向貨幣經濟後，均衡時的y與k皆較無貨幣因素存在的狀況爲低，此種狀況可用（圖17-6）說明。物物交換體系內

之儲蓄函數$sf(k)$高於貨幣經濟下之儲蓄函數$[s-(1-s)bn]f(k)$，故當達成穩定狀態成長時，前者的y_0與k_0高於後者y_1與k_1。當實質餘額對產出的比率b越高，均衡的資本勞動比率越小。換言之，在貨幣經濟體系中，由於實質餘額與資本均屬資產組合一員而互爲代替品，人們增加保有實質餘額，實際上將降低用於累積實質資本財的儲蓄資金，體系內的資本勞動比例與實質產出受此影響自然隨之下降。

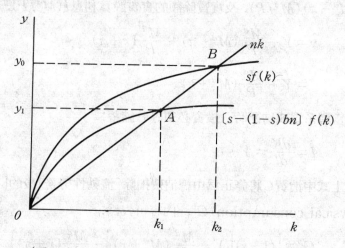

(圖 17-6)　Tobin 的貨幣經濟成長模型

(二)Levhari-Patinkin貨幣經濟成長模型

Tobin(1965)率先推演貨幣經濟成長軌跡後，卻獲得貨幣經濟體系下的均衡資本勞動比例與單位勞動平均產出均低於物物交換體系的均衡成長軌跡，意謂著貨幣出現對經濟成長具有負面效果，此種結論不僅違反貨幣起源的初衷，更與實際現象相互矛盾、背道而馳。爲能紓解該項矛盾結果，Levhari與Patinkin(1968)接續將貨幣扮演的功能由Tobin強調的「價值儲藏」再擴大爲「交易媒介」，使其同時兼具「金融資產」與「消費財」角色。實質餘額扮演交易媒介角色所衍生的交易方便勞務，

將是人們在消費過程中預擬選擇的項目，此種修正方式導致寬鬆銀根政策有助於提高體系內均衡的k與y，進而出現異於Tobin模型的結論。

一旦人們視貨幣爲「消費財」時，實質貨幣餘額提供的流動性勞務亦將構成實質所得的一環。若以名目利率代表保有貨幣餘額之機會成本，並以此衡量單位實質餘額提供流動性勞務的價值，則(17.30 a)的可支用所得$\hat{y}$將重新定義爲淨國民可處分所得、名目貨幣增加誘使實質餘額增加$(\dot{M}^d - \pi)(M^d/P)$，及實質餘額的實質設算利息$i(M^d/P)$三者之和：

$$\hat{y} = Y + \frac{M^d}{P}(\dot{M}^d - \pi) + \frac{M^d}{P}(r + \pi)$$

$$= Y + \frac{M^d}{P}(\dot{M}^d + r) \tag{17.30 b}$$

當體系達成均衡時，投資必須等於儲蓄：

$$I = \frac{dK}{dt} = Y - C \tag{17.21 b}$$

上式中消費C將修正爲由總消費扣除「流動性勞務」後的「實物消費」(physical consumption)C^p，內容可表爲：

$$C^p = \left\{ (1-s)\left[Y + \frac{M^d}{P}(\dot{M}^d + r) \right] - \frac{M^d}{P}(r + \pi) \right\} \tag{17.31 b}$$

將上式代入(17.21 b)式：

$$\frac{dK}{dt} = Y - \left\{ (1-s)\left[Y + \frac{M^d}{P}(\dot{M}^d + r) \right] - \frac{M^d}{P}(r + \pi) \right\}$$

$$\tag{17.21 f}$$

在貨幣經濟成長模型中，體系若欲維持穩定狀態成長，每人勞動資本比例與每人平均實質餘額必須持平不變：

(i) $\dot{k} = \dot{K} - n = 0$

(ii) $\dot{m} = \dot{M}^d - \pi - n = 0$

接著，利用實質餘額與產出呈比率關係$b = M/PY$，進一步將體系內

達成均衡時的(17.21 f)式修正爲:

$$\frac{dK}{dt} = Y\{s[1+b(\dot{M}^d+r)]-b(r+\pi)\} \qquad (17.21\ g)$$

利用前述兩項均衡條件, 上式可再表爲:

$$\frac{dK}{dt} = Y\{s[1+b(n+\pi+r)]-bn\} \qquad (17.21\ h)$$

以K遍除上式兩邊:

$$\dot{K} = \frac{Y}{K}\{s[1+b(n+\pi+r)]-bn\} \qquad (17.33\ c)$$

將$\dot{K}=n$代入上式, 並以單位勞動的平均產量表示:

$$\{s[1+b(n+\pi+r)]-bn\}f(k)=nk \qquad (17.34\ c)$$

上式左邊大括弧內的式子爲實物儲蓄率(physical saving ratio), 若以σ表示之, 則可改寫爲:

$$\sigma f(x) = nk \qquad (17.34\ d)$$

爲使體系能夠維持穩定狀態, 由儲蓄而來的新增實物資本額$\sigma \cdot f(k)$, 必須等於爲維持資本勞動比率固定所需的新實物資本額nk。基於上述條件, 體系內若存在穩定狀態, σ顯然必須大於零, 理由是: 勞動增加必須有正的實物儲蓄, 才能使k維持不變, 而且模型中的σ並不必然小於s, 其關係將視$s(n+\pi+r)-n \gtrless 0$而定。在此模型中, 均衡k可大於物物交換體系下的k^*。縱使其符號爲負而致σ小於s, 然而包括流動性勞務在內的每人平均消費仍可能超越物物交換體系下的每人平均消費。

*§ 17.4.　Keynes–Wicksell的貨幣成長模型

在前節推演的新古典貨幣經濟成長模型中, 其基本前提是先進國家內各個市場在價格機能自由運作下均處於均衡狀況, 實物投資恆等於實物儲蓄。同時, 體系內唯有在貨幣供給變動時, 物價水準方才跟進調整。

有鑑於這些前提未能盡符事實, Stein(1969)另外採用Keynes-Wicksell的假設, 重新探討貨幣經濟體系下的成長軌跡如何決定。以下分兩種狀況討論:

㈠簡單的Keynes–Wicksell貨幣成長模型

假設貨幣市場是體系發生失衡的根源, 物價隨貨幣市場超額供給出現而調整。當商品市場失衡之際, 體系內消費與投資支出均僅有部份獲得滿足。至於生產函數仍為一階齊次式:

$$Y = F(N, K) \tag{17.1 a}$$
$$\quad\ {\scriptstyle(+)\ \ (+)}$$

而單位勞動的平均產出$y = Y/N$仍如前節所述:

$$y = f(k) \qquad\qquad f'' < 0 \tag{17.1 b}$$
$$\quad\ {\scriptstyle(+)}$$

體系內勞動仍依外生成長率n變動, 實質總財富A包括實物資本存量與實質貨幣餘額, 單位勞動的平均實質財富$(a = A/N)$可定義為:

$$a = k + m \tag{17.37}$$

$k = K/N$與$m = M/PN$是單位勞動平均實物資本存量與實質貨幣餘額。人們的消費支出若受單位勞動平均實質財富a影響, 間接造成儲蓄傾向亦受財富效果影響, 則單位勞動的平均資本累積率可表為:

$$\frac{I}{N} = \frac{dK/dt}{N} = f(k) - c(k+m) = S(k, m) \tag{17.38}$$

$c(k+m)$與$S(k, m)$分別為單位勞動的平均消費與儲蓄函數。

由於Keynes-Wicksell模型假設人們的儲蓄行為係受實質財富效果影響, 而為實質貨幣與資本之函數, 故由(17.38)式可得:

$$I = \frac{dK}{dt} = S(k, m)N \tag{17.39}$$

以K遍除上式等號兩邊:

$$\dot{K} = S(k, m)\frac{1}{k} \tag{17.40}$$

由於 $\dot{k} = \dot{K} - n$，故在上式等號兩邊各減 n，可得 Keynes-Wicksell 模型的單位勞動平均資本變動率為：

$$\dot{k} = \frac{1}{k} S(k, m) - n \tag{17.41}$$

再以 k 遍乘上式等號兩邊：

$$\frac{dk}{dt} = S(k, m) - kn \tag{17.42}$$

將 (17.38) 式的 $S(k, m)$ 內涵代入 (17.41) 式：

$$\frac{dk}{dt} = f(k) - nk - c(k+m) \tag{17.43}$$

上式係考慮人們的消費行為受實質餘額影響時，實質部門的資本累積函數。為能瞭解貨幣因素對經濟成長軌跡的影響，體系內的貨幣需求函數可設定為：

$$M^d = L(K, \pi) \tag{17.44}$$

至於單位勞動的平均實質餘額需求函數則為：

$$\frac{M^d}{N} = l(k, \pi) \tag{17.45}$$

單位勞動平均實質餘額的變動率 m 為：

$$\dot{m} = \dot{M}^d - \pi - n \tag{17.35 a}$$

接著，在商品市場供需相等時，體系內預期通貨膨脹率或物價調整將視貨幣市場超額供給而定：

$$\pi^e = \lambda[m - l(k, \pi)] \tag{17.46}$$

$0 < \lambda < 1$ 為調整係數。假設在均衡鄰近，人們的預期通貨膨脹率 π^e 等於實際通貨膨脹率 π：

$$\pi^e = \pi \tag{17.47}$$

將上式的 π^e 代入 (17.46) 式，並全微分：

$$d\pi = \lambda[dm - l_k dk - l_\pi d\pi] \qquad (17.48\,a)$$

或 $\quad [\dfrac{1}{\lambda} + l_\pi]d\pi = dm - l_k dk \qquad (17.48\,b)$

上式意謂著在均衡鄰近，$d\pi$ 可用 dm 與 dk 表示，

$$\pi = \pi(k, m) \qquad (17.49)$$

將上式代入 (17.35 a) 式 $(\dot{M^d} = \dot{M})$：

$$\dot{m} = \dot{M} - \pi(k, m) - n \qquad (17.35\,b)$$

再以 m 乘上式等號兩邊，單位勞動平均實質餘額累積方程式將是：

$$\frac{dm}{dt} = m\dot{M} - m\pi(k, m) - mn \qquad (17.50)$$

(17.43) 式是實質部門的資本累積方程式，與 (17.50) 式的金融部門單位勞動平均實質餘額累積方程式，共同構成 Keynes-Wicksell 簡單貨幣成長模型：

$$\frac{dk}{dt} = f(k) - nk - c(k + m) \qquad (17.43)$$

$$\frac{dm}{dt} = m\dot{M} - m\pi(k, m) - mn \qquad (17.50)$$

針對上述聯立微分方程式，再以體系內均衡值 (k^*, m^*) 為中心進行一階 Taylor 數列展開，求得兩者的直線漸近式：

$$\frac{dk}{dt} = a_{11}(k - k^*) + a_{12}(m - m^*) \qquad (17.51)$$

$$\frac{dm}{dt} = a_{21}(k - k^*) + a_{22}(m - m^*) \qquad (17.52)$$

係數 a_{ij} 分別為：

$$a_{11} = \frac{\partial f}{\partial k} - n - \frac{\partial c}{\partial k}; \ a_{12} = -\frac{\partial c}{\partial m}$$

$$a_{21} = -m\frac{\partial \pi}{\partial k}; \ a_{22} = \dot{M} - m\frac{\partial \pi}{\partial m} - n - \pi$$

$$A = \begin{bmatrix} a_{11} & a_{12} \\ a_{21} & a_{22} \end{bmatrix}$$

上述聯立體系具有穩定性的條件是矩陣A的行列式值必須爲正。爲求穩定解，令(17.43)式與(17.50)式的dk/dt與dm/dt等於零，並對所有變數全微分：

$$\begin{bmatrix} a_{11} & a_{12} \\ a_{21} & a_{22} \end{bmatrix} \begin{bmatrix} dk^* \\ dm^* \end{bmatrix} = \begin{bmatrix} 0 \\ -d\dot{M} \end{bmatrix} \qquad (17.53\ a)$$

以$d\dot{M}$遍除上式：

$$\begin{bmatrix} a_{11} & a_{12} \\ a_{21} & a_{22} \end{bmatrix} \begin{bmatrix} dk^*/d\dot{M} \\ dm^*/d\dot{M} \end{bmatrix} = \begin{bmatrix} 0 \\ -1 \end{bmatrix} \qquad (17.53\ b)$$

由於$a_{12} < 0$ 且 $|A| > 0$，是以$dk^*/d\dot{M}$的解值爲：

$$\frac{dk^*}{d\dot{M}} = \frac{a_{12}}{|A|} < 0$$

由上述解值可知：央行採取寬鬆銀根政策而提昇名目貨幣成長率，將會削減資本累積率，理由是：

(1)$\dot{M}$提高使單位勞動的平均實質餘額增加，透過財富效果而刺激消費支出增加，從而造成儲蓄下降；

(2)$\dot{M}$遞增加速π的上升，保有實質餘額的機會成本隨之水漲船高，導致單位勞動保有平均實質餘額意願降低。爲使實質餘額降至預擬水準，人們必須擴大消費支出，縮減融通累積實物資本所需之儲蓄資金，從而造成資本累積率減緩。

上述結果可用（圖17-7）說明。根據(17.43)式在$dk/dt = 0$時的均衡條件爲：

$$f(k) - nk = c(k+m)$$

上式等號左邊爲單位勞動平均產出曲線與單位勞動平均所需投資曲線間的差距，右邊的消費函數係k與m的遞增函數。當$f(k) - nk$曲線與消費

曲線$c(k+m)$相交時, 將可決定均衡k值。假設消費函數原先爲c_0, 體系內均衡k值爲k_0。一旦央行提昇$\dot{M}$後, 單位勞動的平均餘額m隨之擴大而導引消費函數上移至c_1, 資本勞動比率則由k_0降至k_1, 寬鬆銀根政策將降低資本勞動比率。

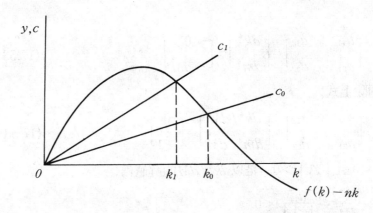

(圖 17-7) Keynes–Wicksell 貨幣成長模型

(二)考慮投資函數的Keynes–Wicksell貨幣成長模型

對應前述貨幣市場失衡是引發物價調整根源的說法, Keynes轉而認爲當投資與儲蓄兩者不等時, 體系失衡隨即發生且將導引預期通貨膨脹率形成: (令$\pi^e = \pi$)

$$\pi = \lambda(\frac{I}{K} - \frac{S}{K}) \tag{17.54}$$

上式的I與S均以單位資本表示, 資本成長率$\dot{K}$係單位資本平均預擬投資(I/K)與儲蓄(S/K)之線性組合:

$$\dot{K} = \frac{1}{K}\frac{dK}{dt} = a(I/K) + (1-a)(S/K) \tag{17.55}$$

當$\pi > 0$時, $1 > a > 0$; 當$\pi \leq 0$時, $a = 0$。

由(17.54)式求解I/K：

$$\frac{I}{K}=\frac{\pi}{\lambda}+\frac{S}{K} \tag{17.56}$$

以上式的I/K代入(17.55)式：

$$\dot{K}=\frac{a\pi}{\lambda}+\frac{S}{K} \tag{17.57}$$

就上式而言，在通貨膨脹率π揚升期間，資本累積率$\dot{K}$將超過預擬的儲蓄S/K，這一部份超過的資本成長率$a\dot{\pi}/\lambda$即所謂的「強迫儲蓄率」。至於體系內穩定狀態均衡必須滿足下列兩個條件：

（ i ）$\dot{K}^*=n$

（ii）$\pi=\dot{M}-n$

當貨幣經濟體系處於穩定狀態均衡時，資本必須與勞動按同一速率成長，均衡通貨膨脹率必須等於單位勞動平均貨幣餘額的成長率。將上述兩項條件代入(17.57)式，可得顯現貨幣政策與資本勞動比率間之關係如下：

$$\dot{K}^*=n=\frac{a}{\lambda}(\dot{M}-n)+\frac{S}{K} \tag{17.58}$$

在$\dot{M}-n>0$的通貨膨脹情況下，(17.57)式顯示強迫儲蓄率將因π上升而提高，但因勞動成長率n係由外生決定，故當(17.58)式的$(\dot{M}-n)$$a/\lambda$揚升時，$S/K$必須等額下降，始能維持該式成立。然而根據定義：

$$\frac{S}{K}=\frac{S/Y}{K/Y}=\frac{s}{K/Y}=s\frac{Y/N}{K/N}=sy\frac{1}{k} \tag{17.59}$$

S/K與資本勞動比率k存有負向關係，$\dot{M}$提高促使π上升，進而導致S/K下降，此即意謂著資本勞動比率k將因而提高。

上述情況可用（圖 17-8）說明。勞動成長率若固定為n_0，而S/K係k之遞減函數，體系原先均衡點為k_0。如果貨幣成長率超過n，$(\dot{M}-n)>0$，則k的均衡水準將如k_1所示高於k_0。換言之，體系維持穩定狀態成長所

需之均衡資本勞動比率與貨幣成長率存有正相關。此一結果雖與物物交換體系下的新古典成長模型雷同，卻與簡單Keynes-Wicksell模型的結論互異。

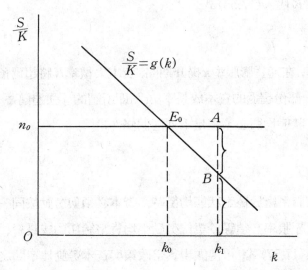

（圖 17-8）考慮投資函數的 Keynes-Wicksell 貨幣成長模型

§ 17.5.　McKinnon-Shaw的金融發展理論

　　Tobin的貨幣成長理論認爲當物物交換體系邁向貨幣化過程時，金融部門出現對實質部門成長將是扮演負面角色。若依該項結論，決策當局惟有採取降低金融資產報酬率策略，才能刺激投資與購買資本財意願，進而加速經濟成長速度。然而McKinnon（1973）與Shaw（1973）兩人分別出版有關落後國家金融發展的著作時，卻不約而同對此貨幣成長模型嚴加批評，認爲新古典學派忽略落後國家經濟結構的特質，導致其推演的結果無法做爲擬定發展策略的基礎：

　　⑴落後國家具有「分割經濟」特質，新舊技術共存而於使用實質與

人力資本時形成迥異的經濟效率, 而且不同投資間的報酬率彼此差異性極大。此種現象與新古典學派假設的單一產品與單一總合生產函數全然有別;

(2)現代化生產程序的重要特質是必須從事相對鉅額投資, 然而實質資本不可分割性卻是阻礙經濟發展的重要因素;

(3)落後國家的內部融通投資將扮演重要角色, 而金融廠商卻對新技術的外部投資賦予嚴格的融資限制。換言之, 改善金融中介程序有益於將金融與實質資源由低生產力的落後部門投資移向高生產力的現代化部門投資, 有助於加速體系經濟成長, 不過建立與發展金融部門過程卻需負擔龐大成本;

(4)落後國家的決策當局往往在錯誤原則下, 擬定各種管制措施, 明顯的操縱金融部門, 進而釀成實質資源錯誤配置與使用欠缺效率, 其中著名例子即是利率與匯率管制。

有鑑於此, McKinnon認為金融當局若將新古典貨幣成長理論直接移植至落後國家, 進而擬定發展策略, 必將釀成下述錯誤:

(1)實質資本累積與貨幣餘額兩者間必然出現相互代替的結論;

(2)決策當局傾向於採取寬鬆銀根政策, 藉由課徵通貨膨脹稅刺激社會儲蓄意願;

(3)私人儲蓄率與貨幣政策將是獨立無關;

(4)在累積資本過程中, 邊際報酬遞減率將扮演重要角色;

(5)落後國家的信用制度不健全致使倒帳風險偏高, 金融資產與實質資本的報酬率不同, 兼以金融市場不具完全性導致各種利率雜陳, 全然不符新古典學派採取單一利率引申一個確定的貨幣需求函數的說法。

除了上述批評外, McKinnon (1973) 與Shaw (1973) 接續主張落後國家的經濟不景氣往往源自「金融淺化」或「金融壓抑」效果釀成的後遺症, 理由是: 兩者特徵均屬造成金融部門成長緩慢或萎縮停滯, 進

而妨礙實質部門成長，促使體系陷入蕭條景況。追究「金融壓抑」或「金融淺化」發生理由計有下列兩項：

(1)金融當局採取政策（尤指利率政策）壓抑名目利率低於均衡水準，導致通貨膨脹發生迫使實質利率淪為偏低，同時又須嚴格執行信用分配制度，兩者均將扭曲資源配置；

(2)金融當局採取固定匯率政策低估貨幣對外價值，導致外匯市場產生超額需求，而外匯配給通常優先分配於購買進口資本財與原料，此種現象勢必誤導實質部門的資源配置方向。

雖然「金融壓抑」的起源如上所述，然而落後國家採取該項措施的背後卻蘊涵雙重意義：

(1)銀行廠商既然無法向借款者索取較高之均衡報酬率，則對存款者只好支付較低報酬率。一旦通貨膨脹迫使實質存款利率淪為負值，不合理資金價格導致儲蓄者降低保有貨幣性資產的意願，銀行放款順理成章地隨著減少；

(2)金融壓抑、利率管制與通貨膨脹三者間具有密切關係。當人們預期物價上漲時，利率管制將使名目利率無法隨時調整，預期通貨膨脹自然全數反映於實質利率的貶低，金融壓抑現象於焉產生。

相對於「金融壓抑」或「金融淺化」現象者為「金融深化」或「金融自由化」，其涵義係指金融發展過程中，經濟體系維持正的實質金融(real finance)成長及實質利率，致使金融資產成長超越實質資產成長速度。至於「金融深化」程度通常可用下述指標衡量：

(1)金融政策趨向解除管制與邁向自由化，將會紓緩金融價格扭曲現象，進而促使國際流動性準備逐步累積；

(2)金融資產成長率高於經濟成長率，或金融資產存量佔有形財富比率日益提昇；

(3)較高之實質利率或較低之通貨膨脹率；

⑷銀行存放款利率間、官方與地下金融市場間的利率差距逐步縮小，進而邁向均衡水準；

⑸黑市匯率及遠期外匯市場匯率逐步降低，同時與官方匯率的差距日益縮小。

由於「金融深化」係對應「金融壓抑」而生，為紓解後者帶來的弊病，金融當局推動前者目的約有下列數端：

㈎經由金融自由化導引金融價格機能自由運作，進而提高人們的儲蓄意願；

㈏促使金融中介過程替代財政政策、通貨膨脹與外援等其他融資方案，進而重新分配金融與實質資源；

㈐促使金融部門寬化與多元化，透過各種信用工具導引儲蓄資金能夠有效配置，進而推動實質部門成長；

㈑體系內的所得與財富分配狀況將趨於平均；

㈒金融自由化導引金融資源配置更具效率，進而有益於推動實質部門的穩定成長。

接著，Fry（1978）利用（圖17-9）說明McKinnon-Shaw的金融發展模型內涵。體系內所得水準Y_0時之儲蓄為$S(Y_0)$，在金融壓抑情況下，官方利率r_0遠低於均衡水準r^*，此時資金供需分別為OI_0與OF，故需進行信用分配工作。金融當局若為減輕「金融壓抑」而提高利率至r_1，實現的儲蓄與投資均告增加。換言之，金融當局若能撤除所有金融壓抑措施，拋棄利率上限規定，必然進一步刺激儲蓄與投資，實質部門成長速度將會加快。McKinnon-Shaw模型顯示實質利率攀升有助於刺激落後國家的儲蓄意願，進而擴大體系內的可貸資金來源，透過融資管道而擴大資本累積，進而加速落後國家的經濟成長。此種現象揭示：調高實質利率不但是落後國家提昇投資水準的關鍵，而且藉機消除信用分配造成的資源配置扭曲，促使有限資金能夠投向較高效率的投資計劃，除可

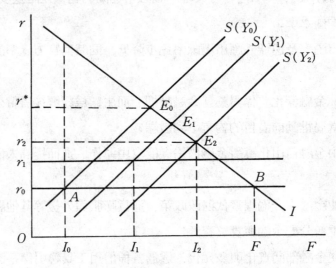

（圖 17-9）McKinnon-Shaw 的金融壓抑模型

增益資金運用效率外，更能有益於經濟發展。

就實際現象而言，貨幣餘額與實質資本間的關係，在落後國家與先進國家中展現的表象頗爲不同。後者面臨發展成熟與規模健全的金融市場，製造業廠商無論經由金融廠商或金融市場獲取融資，均能與資金供給者緊密接觸，資金供需容易達到均衡情況。一旦此時再提高金融資產報酬率，勢必導引人們擴大對貨幣性資產需求，並以削減實質資本需求應對，此種現象充分顯示貨幣餘額與實質資本間存有互相競爭的替代關係。至於前者則因金融部門尚處起步階段，資金供給者分散各處而與需求者的關係較爲疏離，加以訊息不全、借貸金額遠在供需均衡之下，製造業廠商若欲累積資本，無論經由匯集大衆儲蓄融通或自行累積資金，均須提高貨幣餘額的實質收益率方能奏功，此種現象意謂著貨幣餘額與實質資本間乃是相互依存的互補現象。

一般而言，落後國家貨幣餘額的實質收益率較低，促使人們不願累積金用於投資，縱有少量資金投入於傳統農業部門，但是該部門的投

資報酬率仍然偏低。另外，落後國家又有政府輔導或獎勵之出口部門產業較易獲取融資，引進較新技術獲得較高投資報酬率，此即落後國家呈現新舊技術並存與「部門分割經濟」(fragmented economies)之特質。

　　針對落後國家經濟結構顯現的特質，McKinnon提出「互補性臆說」(hypothesis of complementarity)，認爲落後國家累積實質餘額將是邁向累積實質資本的途徑，兩者乃同向變動而具有互補關係。至於該項臆說將立基於下列假設：

　　(1)經濟成員除以貨幣型態保有財富外，其餘資金均用於融通投資計劃。至於儲蓄者（家計部門）及投資者（廠商）間並無明顯界限之分（兩者爲同一人），兩者間亦不發生借貸關係；

　　(2)製造業廠商的生產規模較小，許多投資計劃顯然過於龐大且不可分割，故需經歷較長期間累積資金方能付之實施；

　　(3)政府不直接參與累積資本，不藉稅收或發行貨幣刺激資本累積，政府收入僅供當期消費性支出，並不從事投資活動。

　　基於上述假設，McKinnon分由三個方向說明「貨幣餘額」與「實質資本」間的互補性：

㈠由保有貨幣餘額之時間剖面圖著眼

　　落後國家投資者首先須耗費相當時日累積資金始有能力購置資本財，顯示實質貨幣餘額需求將受邊際儲蓄（或投資）傾向相當程度的影響。換言之，在所得水準相同情況下，體系若欲累積愈多資本，則平均實質貨幣餘額與所得之比率將會愈大，兩者間存在的互補關係可用（圖17-10）的時間剖面圖(time profiles)加以說明。

　　爲求簡化，假設體系內兩種型態迥異的廠商在時間歷程中賺取相同所得，且須支付無法分割之款項。實線係代表保有貨幣大多用於消費的狀況，平均貨幣持有量爲OA；虛線係代表保有貨幣大多用於投資的狀

況, 由於投資所需資金較多而需要較長時間累積, 所得與支出間存有較長時距, 平均貨幣持有額爲OB。由該圖顯示: 在以內部資金融通投資支出限制下, 平均貨幣持有額通常與投資 (儲蓄) 傾向成正比, 投資金額愈大所需累積資金時間愈長, 平均貨幣持有量亦愈大。

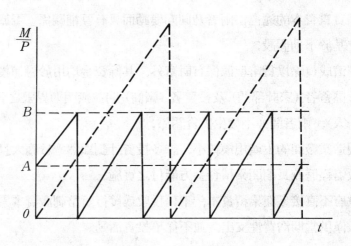

(圖 17-10) 貨幣餘額與投資支出的時間剖面圖

㈡由實質貨幣需求函數內容著眼

落後國家內的實質貨幣需求函數往往視所得Y, 投資所得比率(I/Y)與實質貨幣報酬率($i_d - \pi$)而定:

$$(\frac{M}{P})^d = L(\underset{(+)}{Y}, \underset{(+)}{\frac{I}{Y}}, \underset{(-)}{i_d - \pi}) \tag{17.60}$$

上式與傳統貨幣需求函數間的最大差異處在於: 採用投資所得比率(I/Y)作爲詮釋落後國家的實質貨幣需求函數中的重要變數, 目的在解釋投資需求融資引起貨幣需求遞增現象, 充分反映貨幣與實物資本在此經濟發展階段呈現之互補關係。

㈢由平均投資傾向函數內容著眼

落後國家的貨幣餘額與實質資本間之互補關係，亦得由平均投資傾向與實質存款利率$(i_d-\pi)$間的關係中看出端倪：

$$I/Y=F(r,i_d-\pi) \tag{17.61}$$

(+)　(?)

r爲實質資本報酬率。當$\partial F/\partial(i_d-\pi)>0$時，體系內實質存款利率上昇誘使貨幣性儲蓄隨後遞增，內部資金融通投資亦隨之增加，貨幣餘額與投資間存有互補關係。不過貨幣餘額與實物資本替代關係並非不存在，當實質存款利率攀昇至某一界限後，替代關係將變得相當顯著，$\dfrac{\partial F}{\partial(i_d-\pi)}<0$。面對該種關係，投資者眼見利率攀高，投資成本加重而削減投資；盈餘支出單位則因金融資產報酬率攀高，原本欲購實質資本財之資金均改用貨幣性儲蓄持有，形成貨幣性儲蓄與投資出現互相競爭的替代關係。

以下再用（圖17-11）說明上述現象。當人們累積自有資金甚少時，貨幣餘額對於投資之「導引效果」(conduct effect)愈爲重要。當體系內通貨膨脹率揚昇之際，自有資金因儲蓄的機會成本上昇而變得稀少。此時，金融當局惟有提高存款利率，即能打破儲蓄與投資間之瓶頸，從而形成貨幣餘額與實物資本同時攀昇的現象，此即在AB階段中，「導引效果」發揮影響力致使兩者呈現互補關係。另一方面，若實質存款利率$(i_d-\pi)$逐漸提高至超過大部份自有資金用於投資之報酬率B點時，投資反而減少，貨幣餘額與實質資本間的替代性質將愈形明顯，理由是：人們將以貨幣性資產保有財富，不再用於內部融資購買資本財，從而減緩實物資本累積。總之，「導引效果」與「替代效果」乃是隨時存在，只是不同利率水準時，兩者的相對重要性不同而已。當保有貨幣所獲實質報酬率

較低時，人們將用實質資產保值，是以保有貨幣尚少而實物資本較多。惟此時提高貨幣的實質報酬率刺激貨幣性儲蓄增加，有利於自有資金投資，造成貨幣餘額與實物資本兩者同時擴張。有鑑於此，一旦提昇實質存款利率至適當位置B點後，除能增加自有資金的投資外，尚可增益實物資本之報酬率。

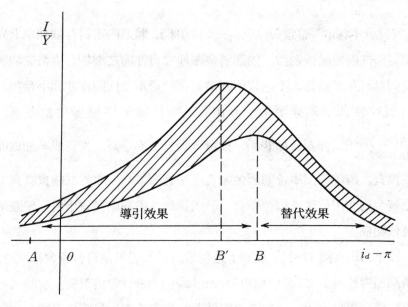

（圖 17-11）落後國家的投資函數

　　上述理論係立基於內部資金融通投資計劃的假設上，然而大多數落後國家邁向發展行列時，除內部資金融通投資外，外部融資方式更是扮演重要角色。此外，McKinnon-Shaw理論更強烈假設人們將資金存入銀行廠商孳生利息，而銀行廠商卻未將資金貸放出去。有鑑於該項假設背離事實，似宜修正模型假設為：

　　⑴體系除內部資金融通投資外，外部融資更是居於重要地位；

　　⑵人們將資金存入銀行廠商孳生利息，後者再將資金貸放出去，銀行廠商中介資金功能大為提昇。

　　基於上述假設，體系內的投資函數將因銀行廠商居中執行「間接融資」而向上移動，至於結論並無太大改變。決策當局提高實質存款利率有助於吸收貨幣性儲蓄，進而有利於累積自有資金及借款。然而當實質存款利率過高時，貨幣餘額與實質資本將轉爲競爭情況。至於考慮外部融資後，體系內的最適實質存款利率B'將較B爲低，理由是：經過金融廠商中介後，體系內的「流動性風險」、「倒帳風險」、「交易成本」等均大幅下降，利率無需上漲至以前那麼高才能達到相同的投資數量。

　　瞭解貨幣餘額與實質資本間的相互關係後，McKinnon接續探討體系面臨金融壓抑情況下，金融當局採取「金融深化」或「金融自由化」措施對經濟成長的影響。假設落後國家的平均儲蓄傾向$S/Y=APS=S_a$將視所得成長率$\dot{Y}$及實質存款利率$(i_d-\pi)$兩者而定：

$$S_a=S_a(\underset{(+)}{\dot{Y}},\ \underset{(-)}{i_d-\pi})\tag{17.62}$$

　　接著，在Harrod (1939) 與Domar (1946) 成長模型中，並未考慮資金流通或儲蓄與投資間之傳遞過程，體系內的產出資本比率固定，生產函數可表爲：

$$Y=\sigma K\tag{17.63}$$

σ爲產出資本比率。假設勞動供給過剩而未對經濟成長形成限制，故當體系達成均衡時，

$$I=\frac{dK}{dt}=S_aY\tag{17.64}$$

　　由上述兩式可得經濟成長率爲產出資本比率與平均儲蓄傾向兩者之乘積：

$$\dot{Y}=\frac{dY/dt}{Y}=\frac{\sigma dK/dt}{Y}=\frac{\sigma S_aY}{Y}=\sigma S_a\tag{17.65}$$

　　由於平均儲蓄傾向爲經濟成長率與實質存款利率之函數，是以經濟成長率可爲：

$$\dot{Y} = \sigma S_a(i_d - \pi, \dot{Y}) \tag{17.66}$$

上述情況可用（圖 17-12）說明，當 σS_{a1} 與 45°線相交時，即可決定體系內的均衡成長率 $\dot{Y}_1$。其中，AB曲線代表較低實質存款利率 (r_{d1}) 所構成之 σS_{a1}。金融當局採取「金融深化」措施有助於提高實質存款利率，而因 $\partial S_a / \partial (i_d - \pi) > 0$，$\sigma S_{a1}$曲線將向上移至對應較高平均儲蓄傾向的 σS_{a2}曲線，均衡成長率由E點移至F點。σS_a曲線與45°線相交之條件為 $\partial S_a / \partial \dot{Y} \cdot \sigma < 1$ 或 $\partial S_a / \partial \dot{Y} < 1/\sigma$。總之，落後國家的金融當局若能適度調昇實質存款利率將有助於提高儲蓄傾向，進而刺激經濟成長率攀昇。

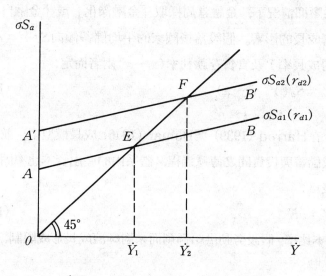

（圖 17-12）存款利率與經濟成長

綜合以上所述，McKinnon-Shaw金融發展理論的核心思想可歸納如下：

⑴貨幣餘額的實質報酬率太低迫使人們保有實質資產應對，此舉勢必釀成體系通貨膨脹，更易造成保有貨幣遭致損失，進而又偏向於保有實質資產。金融當局若能適度提高金融資產的實質報酬率，而實物資本報酬率仍然稍高於前者，則將有助於刺激人們儲蓄意願。一旦人們累積

資金一段時日後，透過「導引效果」而用於內部融通投資。在此情況下，貨幣餘額與實物資本之間將形成互補關係，從而有益於推動實質部門成長。

(2)一旦金融資產實質報酬率上昇過速，人們自然偏向於保有貨幣餘額，金融當局若再提高貨幣餘額的實質報酬率，造成實物資本報酬率遠低於前者，將使人們大幅累積貨幣，透過「替代效果」運作而不用於內部融通，實物資本累積反而隨之減少，貨幣餘額與實物資本轉成替代關係，自然不利於實質部門成長。

§ 17.6. 「金融改革」與「金融自由化」

金融廠商在經濟體系內係以「受信」與「授信」爲主要業務，營運良窳關係存款者權益以及金融部門穩定性；同時央行採取貨幣政策通常透過金融廠商業務操作，方能影響經濟活動運行。有鑑於此，基於維持金融秩序安定、維護存款者權益及貫徹貨幣政策執行效果，金融廠商在營運過程中或多或少必須受到某些程度的干預。然而過多干預雖能導引金融部門趨向健全與穩定，惟束縛過多必然阻礙金融發展，反而影響金融廠商有效經營與扭曲資源配置。反之，干預過少雖可加速金融發展，惟過於鬆散可能危及金融秩序安定，更甚者足以醞成擠兌風潮而引發金融危機。

「金融干預」或稱「金融管制」、「金融管理」，McKinnon (1973)與Shaw (1973) 稱其中對利率或匯率管制現象爲「金融壓抑」，至於管制信用供給量則稱爲「信用管制」。至於金融當局盛行「金融干預」的理由約有下列數端：

(1)避免金融廠商彼此過度競爭：金融干預內涵通常包括禁止從事價格競爭與承作高風險業務、限制銀行廠商與其分行設立等，目的旨在避

免惡性競爭而危及金融秩序。

(2)保護大眾權益：金融廠商營運資金主要來自大眾存款，其營運健全與否對大眾利益息息相關。為維護公共利益與體系穩定運行，金融產業或多或少須受管制，直接方式如：規定最低資本比率，確保銀行廠商償債能力；規定最低流動性準備比率及存款準備比率，確保銀行廠商隨時應付客戶提存；設立存款保險公司保障存戶存款安全。另外，金融當局透過其他間接干預，如：禁止承作高風險業務維護金融秩序，間接維護大眾存款安全。

(3)實現貨幣政策效果：央行執行貨幣政策有賴金融產業居中傳遞，貨幣政策必將影響金融廠商的營運決策。然而金融業務往往隱含高度風險，故在維持金融部門穩定，進而推動經濟成長前提下，金融當局透過貨幣政策適度干預顯然有其必要性。

瞭解「金融干預」的必要性後，體系內盛行的金融干預方式將有不同型態：

㈠「干預標準」

依據金融當局擬定的金融干預標準，計可分為「利率管制」、「匯率管制」、「信用數量管制」、「金融業務管制」等。至於是項標準又可重新歸類為「價格管制」與「非價格管制」兩種干預型態。前者指匯率與利率管制，後者為金融價格以外之其他形式干預。其中「價格競爭管制」顯現於僵化之官定利率，無法反映資金的實際成本，加以超額資金需求形成奇貨可居，金融廠商對客戶索取回扣或要求回存與抵押品，不僅釀成金融部門運作欠缺效率，同時扭曲金融與實質資源配置。換言之，限制價格競爭往往同時造成金融廠商彼此從事非價格競爭，且前者形成之弊害有時尤較後者為甚，詳細內容參見第十二章。

㈡「干預性質」

針對金融部門的法令規章、監督、指揮與管理之金融行政體系等項目而進行不同性質的干預，通常涵蓋「結構性管制」及「安全性管制」、「貨幣政策」及「財政政策」等四部份：

⑴金融法令及行政體系規範：

(i)「結構性管制」(structural regulation)：針對不同類型金融廠商業務與設立、增設分行、利率訂定等有關金融產業組織結構的運作進行管制，目的在確保金融廠商健全營運，進而維護金融部門的穩定運行，詳細內容可參見第九章；

(ii)「安全性管制」(prudential regulation)：針對金融廠商資產負債表內容進行監控，包括要求資本適足性及限制資產組合內容，確保其流動性與償債能力，維持健全經營狀態以維護大眾權益。

上述兩種不同型態管制的目的均在確保金融廠商穩健經營，差異之處在於前者的諸多規定原本在維護金融產業健全發展，但卻適得其反而阻礙金融競爭。其中管制價格競爭對金融產業影響尤較限制非價格競爭為甚，尤其前者變相促成金融廠商壟斷，阻礙彼此相互競爭更是禍患無窮。至於由確保金融廠商流動性與償債能力觀點著眼，後者似乎有其絕對的必要性。

⑵「貨幣政策」：金融當局施行貨幣政策通常透過影響金融廠商決策與金融市場交易狀況，再外溢至體系內各部門，並視不同金融與經濟情況而採不同控制方式，使政策工具能發揮預期效果而達成經濟目標。至於貨幣政策對金融產業影響，可參見第十九章及第二十章。

⑶「財政政策」：財政政策係指政府預算、租稅及公債等政策調整，透過影響體系內的信用供需與利率結構，進而改變金融產業決策而發揮不同程度影響。

「金融干預」與「金融競爭」基本上互爲替代，金融干預過度極易釀成金融廠商壟斷，致使金融部門運作變得僵化與欠缺效率；反之，金融管制過於鬆散，雖可創造競爭環境，但金融廠商承擔風險相對上必然提高。至於「金融競爭」與「金融自由化」事實上乃一體之兩面而互爲充要條件。惟有在競爭環境下，金融市場價格機能方得充分發揮，此爲金融自由化眞締；至於金融自由化的前提亦是金融競爭須達某一程度。

金融當局採取金融干預尺度，往往隨時空移轉而有差異。一般而言，金融當局採取「金融干預」常視金融發展程度逐步放寬管制、進而解除管制(De-regulation)，不過亦將因應新的金融情勢需要而重新添加新的管制措施(Re-regulation)。換言之，金融當局必須審視時空因素變遷，彈性調整金融管制內容，此種隨金融發展而逐步達成自由化，進而採取減輕金融管制的調整過程，即稱爲「動態金融管制過程」。就開放體系而言，「金融自由化」可分從國內與國外兩個角度來看：

⑴隨著金融發展，國內逐步減輕乃至解除利率與匯率管制，由全面性禁止金融價格競爭，演變爲部份管制以迄全面解除管制（或金融價格由僵化至彈性化以迄自由化）之過程。至於金融制度彈性化係指逐步減輕金融制度管制之過程，通常包括金融組織與業務彈性化。

⑵隨著金融發展，本國逐步開放外商參與國內金融市場，准許國人從事國際金融活動，同時解除有關貿易帳及資本帳的外匯管制，進而導引國內外金融市場相互整合。由此角度觀之，金融當局逐步修正國內金融法規制度及交易習慣，使其能與國際金融交易慣例趨於一致，是以對外的「金融自由化」即是「金融國際化」。

國內金融環境隨經濟快速成長與金融勞務需求日益擴張，逐漸由「供給領導」的金融發展型態顯著蛻變爲「需求跟隨」型態。金融產業爲因應此種演變，企求業務持續成長，莫不設法提高服務品質，積極從事金融創新。另一方面，金融當局爲健全金融管理與維持金融體系穩定運行，

亦採取有關措施因應經濟金融情勢發展。綜合導引國內金融自由化的因素約有下列四者:

㈠經濟性因素

⑴儲蓄增加與財富累積

隨著經濟快速成長, 不僅造成體系內儲蓄增加與財富迅速累積, 人們支出型態同時出現顯著變化, 消費性融資及高收益金融產品需求逐漸增強。爲因應此種趨勢, 金融廠商相繼開辦綜合性存款、消費性貸款以及發行可轉讓定期存單、金融債券等創新性業務, 金融產品日益增多。

⑵產業結構調整

國內產業結構由勞動密集逐漸轉變爲技術導向的資本密集型態, 廠商營運所需資金鉅幅揚昇。金融當局爲配合產業結構調整的融資需求變化, 往往採取各種措施因應, 如: 指定交通銀行辦理策略性工業融資, 成立農業金融策劃委員會統籌分配農貸資金, 區域性合會公司改制成銀行加強對中小企業融資, 實行郵政儲金轉存配合政策性融資, 設立輸出入銀行開辦進出口融資。

⑶通貨膨脹衝擊

兩次世界性石油危機帶來「輸入性通貨膨脹」, 人們保有資金的機會成本日益加重, 致使資金收益重要性日漸浮現, 理財觀念與技術日益盛行。此種影響造成金融產業內的儲蓄性存款比重逐步遞增, 銀行資金成本日漸提昇。另一方面, 存放款利率差距縮小影響獲利能力, 迫使金融廠商創新各種業務, 增進資金運用效率。

㈡政策性因素

⑴金融制度改革

金融當局爲因應經濟發展與對外開放程度遞增帶來的衝擊, 實施一

連串金融制度改革，如：改制中小企業銀行，成立銀行公會聯合徵信中心，建立貨幣及外匯市場，設立輸出入銀行、實施機動匯率及利率自由化，成立金融同業拆放中心等，金融業務因而趨向更具競爭性、自由化與國際化。

⑵修定租稅法規

儲蓄是資本累積及經濟成長的主要資金來源，金融當局對短期票券利息採分離課稅，協助廠商透過貨幣市場籌措短期週轉資金，銀行廠商並適時開辦發行商業本票之保證業務，有助於貨幣市場發展。此外，存款利息改採定額免稅，致使小額存款大增，有助於提昇儲蓄意願。

㈢金融產業內部因素

⑴競爭壓力遞增

傳統的金融廠商強調存款增加的重要性，授信方式係消極性地應付顧客需要，並採行信用分配，金融產業係屬於利潤豐厚的行業。隨著經濟結構轉型及經歷景氣蕭條後，金融廠商經營風險日增，如：為協助競爭能力衰退企業渡過難關，放款風險遽增而致逾期放款擴增。面對經營日艱且競爭壓力遞增，金融廠商惟有設法提高服務品質，積極創新業務配合顧客需要，方能維持業務持續成長。

⑵技術革新衝擊

由於電腦與資訊技術持續創新與廣泛運用，促使銀行廠商得以降低經營成本與提昇經營效率，擴大對顧客服務而滿足人們需要，如此方能維持業務成長。

⑶經營型態轉變

由於金融廠商紛紛增設分支機構，週邊相關業務成長迅速，加上電腦普遍應用大幅提昇交易效率，金融廠商競爭情勢愈形激烈。為謀求業務持續成長，金融廠商行銷觀念已迅速發展成經營的主要理念，如：推

動櫃員制度，改進作業方式、透過傳播媒體廣告宣傳及建立諮詢服務，均係行銷觀念下衍生的產物。

㈣其他因素

⑴融資方式多元化

國內廠商融資型態隨著金融發展而逐步邁向多元化，經常視國內外利率差距與匯率變動趨勢，而從事不同貨幣融資，同時尚可發行商業本票或銀行承兌匯票籌措週轉金，凡此對降低資金成本裨益極大。至於策略性與重要工業的投資計劃，復有專業銀行以低利融資方式協助發展。面對經營環境變遷，金融廠商若仍墨守成規不做適當因應，勢將陷入經營困境。

⑵國際金融自由化衝擊

西德 (1967)、法國 (1969) 與英國 (1971) 等國分別解除利率管制，美國亦於 1983 年廢止存款利率上限管制。此外，先進國家近年來亦逐漸放寬金融廠商設立分支機構，積極朝金融國際化發展，凡此均可刺激國內金融自由化活動的進行。

任何國家進行「金融改革」(financial reform)均為循序漸進，含有放鬆管制、解除管制、創造公平合理之競爭環境等意義。就我國而言，「金融改革」內涵實際上包括「金融業務革新」與「金融制度革新」兩部份，內容可見(表 17-1)。其中，「金融業務革新」簡稱為「金融創新」，可再分成「技術革新」與「商品創新」兩種。「金融技術革新」係指金融廠商日常作業程序及方法之現代化與電腦化。自民國五十年代起，國內即積極推動銀行業務現代化，成為「技術革新」之起源，重要項目涵蓋：推廣以機器代替人工，使用存摺存款記帳機、電子計算機、紙幣點鈔機等節省作業時間及人工成本。臺灣銀行自 55 年起先行採用電腦處理員工薪資、人事資料、存放外匯客戶資料、外匯餘額日報及管理公物等，使

「技術革新」又向前邁進一大步。至於金融業務電腦化工作包括: 每一銀行廠商同性質資料之彙總、統計、分析及編製報表, 連線處理各類存款之收付, 完成電腦票據交換業務, 全行國內匯兌連線作業, 最終目標爲辦理全國金融廠商間跨行連線作業。另一方面, 國內「金融商品創新」類型可參閱第三章內容。

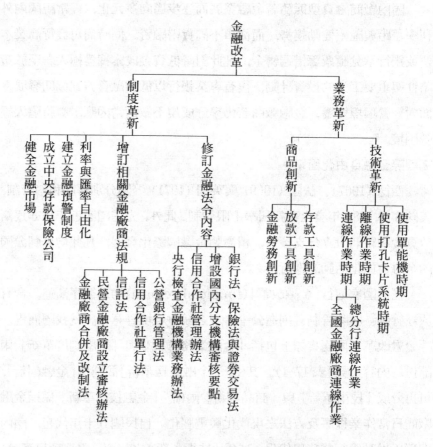

(表 17-1) 國內「金融改革」類型

再就「金融制度革新」而言, 金融當局針對現存金融法令規章進行修正, 放鬆利率與匯率管制, 健全金融市場組織與交易活動進行, 同時

建立「金融預警制度」與成立「中央存款保險公司」以維護金融廠商健全營運。至於臺灣地區自民國 65 年以來從事「金融自由化」的歷程可分爲「利率自由化」、「銀行業務管制的解除」、「證券金融自由化」、「匯率自由化」與「資本帳自由化」等五大部份，詳細內容分別列於 (表 17-2)。

項目	年	月	內　　　　　　　　　　容
利率自由化	65	5	正式成立貨幣市場的中介廠商 (票券公司)，利率自由化的先驅。
	69	4	同業拆款市場成立，充分反映即期資金供需狀況的變化。
	69	11	央行宣布「銀行利率調整要點」，允許銀行廠商自訂可轉讓定期存單金融債券發行利率及短期票券貼現率。
	73	11	央行逐步放寬放款利率上、下限。
	74	3	銀行廠商開始自訂基本放款利率。
	74	11	銀行廠商可自訂外幣存款利率及廢止「利率管理條例」。
	74	11	央行將核定存款最高利率之項目，由原先的 12 種簡化爲 4 種。
	75	7	央行核定簡化商業本票發行參考利率，由九個級距變爲五個級距，利率幅度擴大爲上下各 2%。
	78	5	繼 77 年 8 月放寬利率上下限後，再度放寬銀行同業拆款中心利率上下限爲 14%-3%。
	78	7	完全解除利率管制。
	80	10	同業拆款市場改制爲金融同業拆款市場，擴大參與金融廠商類型。
銀行業務管			一本國銀行部分一
	66	7	將全省各區域的合會公司改制爲中小企業銀行。
	68	1	成立中國輸出入銀行。
	72		公佈國際金融業務條例，允許設立國際金融業務分行。
	73	4	放寬原規定銀行廠商每年增設 2 家分行與 2 家辦事處爲最高可增設 3 家分行與 3 家辦事處。
	75	6	開放中國商銀及三商銀開辦外幣定期存單，利率比照國際金融市場訂定。
	76	11	財政部通知 11 家公營銀行立即開辦股票融資業務，融資對象與金額不予限制，借款期限不得超過一年。
	77	5	准許 7 家本國銀行成立信託部、加強辦理信託、投資及證券業務。
	77	8	財政部放寬信用合作社及農會信用部授信限制，比照一般銀行廠商處理，提高基層金融資金運用能力。
	77	11	財政部解除對國內銀行廠商於國外設分行數目的限制。
	78	7	修正銀行法，允許新設民營銀行。
	79	4	發佈「商業銀行設立標準」。
	80	1	財政部與央行決定各銀行可自由訂定外匯定存期限。
	80	6	「公營事業移轉民營條例」修正案通過，財政部著手出售國營金融事業股票，開放民營。
	80	7	核准 15 家商業銀行設立。
	80	11	推動交通銀行與農民銀行等國營銀行上市及民營化。

制的解除	81	2	同意本國銀行透過間接投資方式在第三國設立子公司，赴大陸設辦事處。
	81	5	放寬銀行廠商每年最高可設立5家分行。
	81	7	中國信託投資公司正式改制爲商業銀行。
			一外國銀行部分一
	75	10	允許外國銀行第二家分行。
	78	7	外國銀行在臺分行經財政部核准後，得設置儲蓄部收受活期與定期儲蓄存款以及從事長期放款；並得設置信託部辦理證券承銷、經紀與自營等業務。
	79	4	准許外商銀行得設立儲蓄部，並得設置信託部辦理證券業務。
			一保險公司部分一
	71	4	國外保險公司正式來臺設立分公司。
	77	5	財政部正式開放國外產險與壽險公司在臺成立分公司。
	79	6	財政部放寬外國保險公司在國內設立分公司經營年限限制，對已設有分公司者，因應市場發展需要，也准增設分公司。
	81	1	保險法修正通過，保險資金運用比例大幅調整，同時開放國內保險公司設立。
證券金融自由化	72	8	核准設立證券投資信託公司發行「臺灣基金」，允許外國投資者間接投資臺灣股市。
	77	7	證管會開放新證券商成立。
	78	6	證管會允許外國證券商來臺設分支機構。
	78	8	店頭市場開始有股票上櫃交易。
	78	9	成立「集中保管公司」保管有價證券。
	79	9	行政院通過並即公布「證券商辦理有價證券融資融券管理辦法」。
	79	9	允許外國法人機構來臺直接投資股市，並擬定「華僑及外國人投資證券及其結匯辦法修正草案」。
	80	3	證管會正式核准第一家外國投資機構直接投資國內股市。
	80	4	國外證券公司正式在臺北設立分公司。
	80	5	開放臺灣存託憑證業務，允許銀行廠商及證券商直接引進國外上市公司股票來臺上市，投資人可直接在國內開戶買賣外國有價證券。
	80	12	證管會核准成立第一個封閉型債券基金。
	81	8	正式核准11家證券投資信託公司成立，開放基金發行公司的設立。
匯率自由化	68	2	成立外匯市場，新臺幣匯率是以當日銀行間之加權平均匯率作爲次日銀行對顧客交易之中心匯率。
	69	3	央行放棄參與議定匯率，取消對美元匯率上下限規定，而由五家銀行廠商負責人依市場供需逐日會商議定，但仍限制調整幅度爲前一日匯率中價的1%。
	70	8	放寬匯率調整幅度爲2.25%。
	71	11	外匯交易中心逐日公布新臺幣實質有效匯率指數。
	73	4	修定指定銀行買賣遠期外匯辦法，而由銀行自行訂定。
	76	7	修正管理外匯條例大幅撤除外匯管制。
	78	4	建立以自由議價爲基礎的新匯率制度，在顧客市場上，對於超過1萬美元以上金額的交易以及銀行間市場的交易均可自由議價。此外，取消對銀行間交易匯率上、下限變動幅度（±2.50%）的限制。

	79 12	取消「小額結匯議定匯率」，顧客市場交易匯率由各銀行自行訂定。
	80 11	開放遠期外匯市場。
資 本 帳 自 由 化	74 12	通過管理外匯條例部分條文修正案，逐步放寬外匯管制，將黃金、白銀排除於外匯範圍，並將貿易外匯收支由許可制改為事後申報制。
	76 7	央行大幅撤除外匯管制：(1)廢止有關貿易的外匯管制，允許自由持有及運用外幣以從事貿易；(2)在資本帳方面，允許公司或個人每年最高匯出款可達五百萬美元（80 年 3 月 15 日，為充實國建計劃之資金來源，匯出款降為三百萬美元），事前無須核准也不限制用途；(3)公司或個人每年匯入款最高限額由五仟美元提高為五萬美元。
	78 6	公司或個人每年匯入款最高限額放寬為 20 萬美元，同年 11 月 15 日提高為一百萬美元，79 年 7 月 20 日再提高為二百萬美元，80 年 3 月 15 日更提高至三百萬美元。
	78 8	創設臺北外幣拆放市場，由全體指定銀行參與，「外匯經紀商籌備小組」中介。
	79 5	央行規劃臺北外匯市場與其他國際金融中心緊密連線，促使國內外匯交易或拆借操作更國際化。
	79 8	央行調高外匯銀行國外負債餘額由 198 億美元至 300 億美元，國外資金流入幅度擴大。
	80 9	開放外滙指定銀行辦理投資國外有價證券之外幣信託資金業務。
	80 10	開辦美元對第三國貨幣之即期業務，初期交易以馬克為限。
	80 10	央行宣佈重建遠期外滙市場。
	81 1	行政院取消黃金管制措施，可自由進口不受管制。
	81 2	央行公佈「中央銀行外幣資金轉融通要點」，凡經政府核定之重大投資計劃及六年國建計劃投資均在央行外幣資金融通範圍內。

＊資料來源：央行季刊

(表 17-2)　國內金融自由化歷程

〔本章重要參考文獻〕

1. 謝勇男:《貨幣經濟成長理論評介》, 臺大經研所碩士論文, 民國六十年六月。

2. 蔣碩傑:〈匯率、利率與經濟發展〉, 中研院經濟研究所: 經濟論文, 四卷二期, 民國六十五年九月, pp.1-20。

3. 施芳華:《開發中國家金融與國民所得: 臺灣的實證分析》, 臺大經研所碩士論文, 民國六十七年一月。

4. 樊沁萍:《經濟發展中之儲蓄與金融中介: 臺灣的實證分析》, 臺大經研所碩士論文, 民國七十年六月。

5. 張火旺:《當代金融理論與政策》, 自行出版, 民國七十五年二月。

6. 吳澄敏:《金融深化、互補性假設與臺灣之經濟發展》, 中興大學經研所碩士論文, 民國七十四年。

7. 謝德宗:〈金融發展與經濟成長關係之探討: (上)(下)〉, 臺北市銀月刊, 二十三卷四期與五期, 民國八十一年, pp.2-20, pp.39-61。

8. 翁霓:〈金融革新之剖析〉(上)、(下), 產業金融, 五十三與五十四期, 民國七十五年十二月與民國七十六年三月, pp.12-19, pp.93-98。

9. 謝森中:〈金融自由化、國際化、制度化與紀律化〉, 臺北金融大學演講系列, 民國八十年十一月。

10. Domar, E. D., *Capital Expansion, Rate of Growth, and Employment*, Econometrica, 1946, pp.137-147.

11. Drazen, A., *Money and Finance in Economic Growth and Development: Essays in honor of E. S. Shaw*, ed. by R. I. McKinnon, JPE, 1979, pp.901-909.

12. Fry, M. J., *Money and Capital or Financial Deepening in*

Economic Development?, JMCB, 1978, pp.464-475.

13.＿＿＿, *Saving, Investment, Growth and the Cost of Financial Repression*, World Development, Vol.8, 1980, pp. 317-327.

14.＿＿＿, *Models of Financially Repressed Developing Economies*, World Development, Vol.10, No.9, 1982, pp.731-750.

15.Galbis, V., *Financial Intermediation and Economic Growth in Less Developed Countries: A Theoretical Approach*, in Finance in Developing Countries, P. C. I. Ayre, ed., London: Frank Cass, 1977, pp.58-72.

16.Ghatak, S., *Monetary Economics in Developing Countries*, London: Macmillan, 1981.

17.Gurley, J. G. and E. S. Shaw, *Financial Aspects of Economic Development*, AER, 1955, pp.515-538.

18.＿＿＿ & ＿＿＿, *Money in a Theory of Finance*, Washington, D. C.: The Brookings Institution, 1960.

19.＿＿＿ & ＿＿＿, *Financial Structure and Economic Development*, Economic Development and Cultural Change, Vol.15, 1967, pp.257-268.

20.Hagen, E. E., *The Economics of Development*, Richard D. Irwin, INC., 1975.

21.Lewis, W. A., *Economic Development with Unlimited Supplies of Labor*, The Manchester School, 1954, pp.139-191.

22.Levhari, D. and D. Patinkin, *The Role of Money in a Simple Growth Model*, AER, 1968, pp.713-753.

23.McKinnon, R. I., *Money and Capital in Economic Develop-*

ment, Washington, D. C.: Brookings Institute, 1973.

24.Meltzer, A., *Major Issues in the Regulation of Financial Institutions*, JPE, 1967, pp.482-501.

25.Patrick, H. T., *The Role of Money in the Development Process: Financial Development and Economic Growth in Underdeveloped Countries*, collected in Economic Development and Cultural Change, Vol.14, 1966, pp.174-189.

26.Ranis, G. & Fei, J. C. H., *A Theory of Economic Development*, AER, 1961, pp.533-565.

27.Schumpeter, J. A., *The Theory of Economic Development*, Cambridge, Ma.: Harvard University Press, 1934.

28.Shaw, E. S., *Financial Deepening in Economic Development*, New York: Oxford University Press, 1973.

29.Sijben, J., *Money and Economic Growth, Tilburg Studies in Economics*, Leiden, Martinus Nijhoff Social Sciences Division, 1978.

30.Spellman, L. J., *Economic Growth and Financial Intermediation*, in R. I. McKinnon, ed., *Money and Finance in Economic Growth and Development*, Essays in Honor of E. S. Shaw, New York, Marcel Dekker, 1976, pp.11-22.

31.Stein, J. L., *Money and Capacity Growth*, JPE, 1966, pp. 451-465.

32._____, *"Neoclassical" and "Keynes-Wicksell" Monetary Growth Models*, JMCB, 1969, pp.153-171.

33._____, *Monetary Growth in Perspective*, AER, 1970, pp. 85-106.

34.Tobin, J., *Money and Economic Growth*, Econometrica, 1965, pp.671-684.

第十八章　國際金融

「貨幣出現」促使體系追求經濟發展如虎添翼，商品市場規模與交易量日漸擴張。然而誠如第四章的「貨幣制度分析」所示：基於「交易成本考慮」與「政治區域藩籬」，充做「交易媒介」的貨幣未因交易方便而趨向單一化，反因時地迴異而出現衆幣並存態勢。環顧當今世界諸國各自擁幣自重，如何界定彼此發行貨幣的相互關係及兌換價值，進而探討貨幣在開放體系扮演何種角色，遂成貨幣銀行學或國際金融所欲探討的重要課題。

「分工」與「專業化」的生產原則運用於推動經濟發展時，均能放諸四海皆準。寰宇諸國各具比較利益分頭進行國際分工與專業化生產，然後再致力於跨國交易謀求提昇福祉。隨著國際間的開放程度遞增，跨國交易衍生相異貨幣兌換價值（或匯率）如何決定，遂成貨幣扮演「國際交易媒介」角色首先遭逢的問題。其中，Tsiang(1959)對現貨與期貨匯率的決定曾有開創性的探討。此外，決策當局面對貨幣的國際購買力波動起伏，如何擬定政策平抑開放體系失衡現象，亦是值得矚目的焦點。

本章首先說明開放體系的「國際收支帳」組成內容，進而說明決定外匯市場供需因素。其次，逐一介紹詮釋匯率決定理論內涵，然後基於Tsiang(1959)的文獻探討期貨外匯供需函數的決定因素，進而推演現貨與期貨匯率如何同時決定。接著，匯率波動緣自國際收支失衡，國際收支失衡如何回復均衡，各種文獻異見雜陳值得逐一分述各家理論內涵。最後，在開放體系下，決策當局追求的政策目標增多，如何達成體系內外均衡將屬「政策搭配」(policy mix)範疇，其中又以Swan(1952)與

Mundell(1963)兩人推演的模型享譽盛名，故將分別推演模型內容以揭示政策搭配原則。

§ 18.1. 國際收支帳內涵

隨著「國際分工」與「專業化生產」方式日益盛行，國際商品交易活動與日增長，造成當今世界尚無鎖國而能自給自足，遠離他國而經濟自立的國家。就經濟層面而言，典型的國際關係是國際交易活動的出現與發達，而「國際收支帳」正是固定期間內，國內外居民進行有關（表18-1）上所列各項經濟交易的系統化記錄，這些國際交易通常涵蓋商品、勞務、單方面移轉、黃金、貨幣與資本移動等項目。以下將就該表的「國際收支帳」組成內容逐項進行說明。

「國際收支帳」主要由「經常帳」(current account)、「資本帳」(capital account)與「官方準備交易帳」(official reserve transactions account)三者構成，而重要餘額項目包括「貿易餘額」(trade balance)、「經常帳餘額」(current account balance)、「基本餘額」(basic balance)、「淨流動性餘額」(net liquidity balance)、「總餘額」(overall balance)與「官方準備餘額」(official reserve balance)等。

(一)「經常帳」

「經常帳」或「經常交易」是國際收支帳的主要部份，與國際經濟發展、國民所得及匯率變動息息相關，內容涵蓋下列五項：

(1)商品

我國是以海關進口統計及向央行押、結匯統計而得，其中包括非貨幣用黃金，但走私品因屬非法而未列入統計範圍。

(2)勞務

 (a)商品運輸：涉及商品貿易的運輸與保險費；

 (b)其他運輸：包括旅客運費及港埠費用；

 (c)旅行：國人出國旅遊及外人來華觀光的消費支出。

(3)投資所得

 國人從事國外投資，如：購買股票、債券及其他資產衍生的利息與紅利收入；國人向外借款或外人投資產生的利息與紅利支出等。

(4)其他商品、勞務及所得

 居民與非居民有關勞務交易所得未列入前面各項者，如：駐外使領館支出、國民在外工作報酬，外國政府或國際組織在華機構的支出等。

 上述四項總和稱爲「貿易帳」，可揭示國際商品勞務交易與所得收付情形，同時又稱爲「貿易餘額」。

(5)「單方面或無償性移轉」(unilateral or unrequited transfers)

 開放體系進行單方面無償性移轉支出，其中包括私部門的現金或實物捐贈，公部門賠款、對外援助、實物捐贈、技術援助及分攤國際機構經費等。該項「單方面移轉」又可分爲兩類：

 (a)「經常性移轉」：受贈者所獲收入用於消費支出，如：政府補助公費留學生支出、救濟海外難民都屬於經常性移轉支出；外國政府對本國捐贈則屬經常性移轉收入；

 (b)「資本性移轉」：其收支做爲資本形成之用，如：外債還本或公有財產無償贈與外國都屬資本性移轉支出；外國援助做爲資本形成則屬資本性移轉收入。

 以上五項總和稱爲「經常帳」，一般係用於衡量各國國民所得變化及擬訂經濟政策的依據。經常帳餘額若是正數，本國擁有淨國外財富或國外投資必然增加；反之，若呈負數，本國擁有淨國外財富或投資亦將隨之遞減。

㈡「資本帳」

固定期間內，記錄國內居民進行國際金融請求權與債務等「金融性交易」內容的會計帳，一般稱爲「資本帳」或「資本交易」，內容包括下列五種：

⑴長期資本移動

⒜直接投資：本國常住居民取得他國廠商長期所有權或控制權的投資。對外直接投資爲資本流出，外匯準備減少；外人直接投資爲資本流入，外匯準備增加。

⒝證券投資：取得國外長期債券及廠商股票等證券的投資。對外證券投資是資本流出，外匯準備減少；外人直接投資爲資本流入，外匯準備增加。

上述「經常帳餘額」與「長期資本移動淨額」兩者之和，一般稱爲「基本餘額」。

⑵非流動性短期私人資本移動

一年以下較不具流動性的證券、外匯或資金移動。

⑶特別提款權(special drawing rights, SDRs)

其分配或取消是來自國際貨幣基金(*IMF*)，而自我國退出國際貨幣基金後，該項資料即由國際收支帳中消除。

⑷誤差與遺漏

由於國際收支項目繁雜，統計時往往遭遇評價、歸類等問題，爲消弭借貸項不平衡而以該項目調整。

值得注意者：「淨流動性餘額」是「基本餘額」與上述三項的總和，一般用於衡量本國流動性部位變動情形，淨流動性餘額順差表示本國官方準備增加，對外國私人流動負債與官方負債減少。由於非流動性與流動性短期私人資本移動的劃分並無客觀標準，使用「淨流動性餘額」評

估本國流動性部位水準時將受重大限制。

(5)流動性短期私人資本移動

　　一年期以下的證券交易、外匯或短期資金（包括存款、商業票據、應收帳款）的移動。

　　最後，「總餘額」是上述「淨流動性餘額」與「流動性短期私人資本移動」之和，或「經常帳」與「資本帳餘額」之和，同時稱爲「官方準備交易餘額」或「官方清算餘額」。

㈢「官方準備交易帳」

　　「國際收支帳」的功用在於提供財金當局有關該國的國際交易現狀，做爲擬定貿易、外匯與貨幣等總體政策的訊息參考。隨著一國開放性與外貿依存度遞增時，權衡性政策倚賴國際收支帳顯示訊息的重要性日益上升。國際收支帳係依會計原理記錄固定期間的各種國際經濟交易，由事後觀點而言應是永遠平衡，但是事後平衡並未表示一國在事前永遠不會遭遇國際收支問題。由事前觀點而言，國際收支失衡係屬常態，而且分成「逆差」與「順差」失衡兩類，進而必然反映於「國際淨流動性餘額」的變動。惟有在國際收支帳中尋找顯現「國際淨流動性餘額」變動的項目計算差額，才能爲「失衡」做一適當界定。理論上，最常使用的定義是「自主性交易」(autonomous transactions)與「調節性交易」(accommodating transactions)兩類：

(1)「自主性交易」或「事前交易」

　　人們依據該期間內的消費偏好、所得水準、國內外商品與勞務的相對價格、利率與匯率等因素，預擬從事進出口商品與勞務、移轉與資本移動等經濟行爲，此類交易活動稱爲「自主性交易」；

(2)「調節性交易」或「事後交易」

　　一國面臨「自主性交易」發生差額，於事後進行彌補缺口的「調節

性交易」。該類交易可自主發生, 如: 央行爲穩定匯率而參與外匯交易; 或是選擇性發生, 如: 順差國家提供特別援助。然而不論發生緣由爲何, 「調節性交易」可反映國內擁有「國際淨流動性餘額」的變化, 將是衡量國際收支失衡的最佳方式之一。

基於上述說明, 「官方準備交易帳」通常屬於「調節性交易」的一環, 用於消弭「自主性交易」發生的失衡, 其內容包括下列兩項:

⑴短期官方資本移動

政府部門擁有的短期流動性或非流動性金融資產。

⑵其他國際準備資產移動

國際準備是一國央行用於挹注國際收支逆差的資產總稱, 一般包括貨幣用黃金、特別提款權、在國際貨幣基金的準備部位、外匯資產、其他債權及基金信用的利用。

至於「官方準備餘額」是短期官方資本移動及其他國際準備資產移動之和, 必須與上述「總餘額」的金額相等而符號相反, 促使國際收支表最後能維持借貸雙方帳面上平衡。「總餘額」發生順差意謂著本國官方準備增加, 外國央行必須將短期官方資本或國際準備資產移轉給國內央行; 反之, 「總餘額」發生逆差表示本國官方準備減少, 國內央行必須將短期官方資本或國際準備資產移轉給外國央行, 是以這兩項 (短期官方資本移動與其他國際準備資產移動) 又稱爲「官方平衡」。

瞭解國際收支帳的內涵後, Tsiang (1950) 最後指出人們的國際交易行爲 (登錄於國際收支帳) 影響國內經濟活動方式如下:

⑴「直接效果」

國際交易透過經常帳餘額變化直接影響國內所得, 而其立即衝擊可用經常帳淨額衡量。

⑵「間接效果」

國際交易循下列管道間接影響國內經濟:

　　(a)任何經常帳項目的自發性變動，必然引發一系列乘數效果，帶動開放體系內所得與支出隨之變化；

項目	借方(－)	貸方(＋)	餘　　額
(一)經常帳			
(1)商品輸出		$5,040	
商品輸入	−4,200		
(2)勞務輸出		2,000	
勞務輸入	−1,800		
(3)對外投資所得		340	
外人投資所得	−100		
(4)其他商品、勞務及所得——收入		60	
——支出	−200		
貿易餘額 ⋯⋯⋯⋯⋯⋯⋯			$1,500
(5)單方面移轉收入		560	
單方面移轉支出	−1,060		
單方面移轉淨額	−$500		
經常帳餘額 ⋯⋯⋯⋯⋯			$1,000
(二)資本帳			
(1)長期資本移動			
(a)直接投資——對外直接投資	−4,600		
外人直接投資		3,100	
(b)證券投資——對外證券投資	−3,400		
外人證券投資		4,400	
長期資本移動淨額	−$500		
基本餘額（經常帳與長期資本餘額）⋯⋯			$500
(2)非流動性短期私人資本移動——對外移出	−3,800		
——外人移入		3,600	
非流動性短期私人資本移動淨額	−$200		
(3)特別提款權	0		
(4)誤差與遺漏	0		
淨流動性餘額 ⋯⋯⋯⋯⋯			$300
(5)流動性短期私人資本移動	0		
總餘額 ⋯⋯⋯⋯⋯⋯⋯			$300
(三)官方準備交易帳			
(1)短期官方資本移動	−5,060		
(2)其他國際準備資產移動		4,760	
官方準備交易或清算餘額 ⋯⋯⋯⋯⋯			−$300
國際收支餘額			$0

(表 18-1)　國際收支平衡表

(b)國際交易本身改變開放體系內的邊際消費傾向與邊際投資效率;

(c)一旦國際交易釀成國內物價波動時, 可能引發或阻礙「工資與物價的惡性循環」;

(d)一旦國際交易改變本國流動性資金的可用數量與利率時, 接續將會影響國內投資與儲蓄傾向。

§ 18.2. 匯率決定理論

隨著體系開放程度遞增, 由於不同貨幣在國際交易活動中各自提供特殊的流動性勞務, 致使人們在國際間往往使用與握有多元化貨幣, Chen(1973)與Miles(1978)將此現象稱爲「通貨替代」(currency substitution)。至於多元化貨幣間的相互兌現價值或「匯率」的定義有二, 而且兩種定義的匯率互爲倒數關係:

(1)以國幣表示的外幣價值, 如: 一美元兌換新臺幣 25 元;

(2)以外幣表示的國幣價值, 如: 一元新臺幣可換 0.04 元美金。

若將外匯資產視爲商品, 匯率則是該項商品的價格, 並且決定於外匯資產供需。本國輸入商品勞務、移轉支出與資本流出時, 均須支付外匯, 外匯需求於焉形成, (表 18-1)國際收支帳借方內容即是外匯需求來源, 影響 (圖 18-1) 中外匯需求曲線D_1的因素包括本國所得、國際相對商品價格, 本國消費偏好等因素。由於匯率變動將會改變國際商品相對價格與國外資產報酬率, 進而波及商品輸入與資本流出, 是以當國內所得與偏好因素維持不變時, 外匯需求將是匯率的遞減函數。至於國際收支帳貸方包括商品勞務出口、移轉收入與資本流入等項目, 均構成本國外匯供給來源。決定 (圖 18-1) 中外匯供給曲線S_1的因素包括外國所得、國際相對產品價格、外國消費偏好等因素, 其中匯率貶值有助於國產品輸出與資本流入, 是以當外國所得、偏好等因素固定時, 外匯供給將是

匯率的遞增函數。

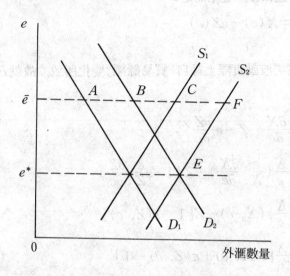

(圖 18-1) 外匯市場均衡

在 (圖 18-1) 中，當其他因素不變時，外匯市場供需D_1與S_1曲線相等共同決定均衡匯率，央行若是任其自由波動，則稱為「自由波動匯率」(freely fluctuating exchange rate)或「浮動匯率」(floating exchange rate)。只有當國際收支帳的借貸雙方相等或國際收支維持平衡，匯率才能穩定於e^*水準上。另外，央行亦可固定匯率水準於$\bar{e}$，同時充分收購外匯市場出現的超額外匯供給AC，此即通稱的「固定匯率」(fixed exchange rate)。至於「機動匯率」制度係指央行穩定某一匯率水準，但視國際收支變化隨時調整「釘住」中心匯率位置，該種制度有時又稱「管理浮動匯率」(managed floating exchange rate)制度。

當體系採取「浮動匯率制度」時，外匯市場供需趨於一致，均衡匯率自然決定。然而外匯市場供需涉及眾多因素，變化瞬息萬千致使匯率呈現隨機走勢，至於走勢能否穩定端視外匯市場是否具有穩定性而定。在忽略國際資本移動狀況下，本國外匯市場供需波動純粹視「貿易餘額」

B（出口X扣除進口Z）變化而定：

$$B(e) = X(e) - eZ(e) \tag{18.1 a}$$
$$\quad\quad\;\; (+) \qquad\;\; (-)$$

由於外匯供需波動實際上緣自「貿易餘額」變化所致，故就B對匯率偏微分可得：

$$\frac{\partial B}{\partial e} = \frac{\partial X}{\partial e} - Z - e\frac{\partial Z}{\partial e}$$

$$= \frac{X}{e}(\frac{e}{X}\frac{\partial X}{\partial e}) - Z(1 - \frac{e}{Z}\frac{\partial Z}{\partial e})$$

$$= \frac{X}{e}\varepsilon(X, \cdot e) - Z[1 - \varepsilon(Z, e)]$$

$$= \frac{X}{e}[\varepsilon(X, e) + \varepsilon(Z, e) - 1] \tag{18.2 a}$$

上式中隱含假設國際產品出口供給具有完全彈性，而且外匯市場原先處於均衡（$B=0$ 或 $X=eZ$）狀況，$\varepsilon(X, e) = \partial lnX/\partial lne > 0$ 是出口需求彈性，$\varepsilon(Z, e) = \partial lnZ/\partial lne < 0$ 是進口需求彈性。由(18.2 a)式的結果顯示：小型開放體系面對進出口商品供給彈性無窮大時，本國實質進口需求等於外匯需求，進口需求彈性等於本國外匯需求彈性。有鑑於此，外匯市場穩定與否的條件是(18.2 a)式必須為正，$\varepsilon(X, e) + \varepsilon(Z, \cdot e) > 1$ 必須獲得滿足，此即一般通稱的「Marshall-Lerner條件」。爾後，Dornbusch(1975)指出該項彈性條件無法確切顯現大國的實際狀況，因而重新設定下列進出口商品供需模型，取消國際產品出口供給完全彈性假設，進而推演外匯市場達成穩定的條件：

$$Z(P_z) = X^*(P_z{}^*) \tag{18.3 a}$$
$$X(P_x) = Z^*(P_x^*) \tag{18.3 b}$$
$$B = P_xX - P_zZ \tag{18.1 b}$$
$$P_z = eP_z^* \tag{18.4 a}$$

$$P_x = eP_x^*$$ $\qquad$ (18.4 b)

Z 與 X 是本國進口與出口，Z^* 與 X^* 是外國進口與出口。將 (18.3 a) 與 (18.3 b) 兩式均衡結果代入 (18.1 b) 式，並就 (18.1 b) 式對匯率 e 偏微分（期初均衡時的 $B=0$），

$$\frac{dB}{de} = \left(\frac{P_x X}{e}\right)\left[\frac{nn^*(1+\varepsilon+\varepsilon^*)-\varepsilon\varepsilon^*(1-n-n^*)}{(\varepsilon-n^*)(\varepsilon^*+n)}\right] \qquad (18.2 \text{ b})$$

ε 與 ε^* 是本國與外國的出口供給彈性，n 與 n^* 是本國與外國的補償性 (compensated) 進口需求彈性。考慮國際產品供給並非完全彈性後，外匯市場達成穩定條件將變爲 (18.2b) 式大於 0，此即稱爲「Bickerdicke-Robinson-Metzler條件」。

至於採取「浮動匯率制度」國家的外匯市場若出現不穩定現象，或無法符合Marshall-Lerner條件要求時，將會釀成下列後果：

⑴釀成外匯市場甚至貨幣制度崩潰：外匯市場若不穩定，顯示外匯市場價格機能失靈，金融當局無法有效維持匯率於合理範圍內，最後唯有訴諸外匯制度改革，大幅改變中心匯率或進行幣制改革；

⑵妨礙國際交易活動進行：外匯市場不穩定加遽匯率波動時，不僅提昇國際交易風險，妨礙交易活動進行，亦將造成資源在出口與進口替代部門之間頻繁移動，肇致社會成本鉅額增加；

⑶匯率政策失效：央行無法採用匯率政策達到調整貿易數量與國際收支目的，必須訴諸其他政策工具改善國際收支與促進外匯市場穩定運行；

⑷肇致國際金融危機：國際關鍵通貨之國家或主要國際外匯市場不穩定容易導致國際金融危機，甚且肇致國際金融體系崩潰。

綜合以上所述，外匯市場穩定性對開放體系運行將具有莫大重要性。然而就採取「浮動匯率制度」的國家而言，匯率在各項金融指標中係屬瞬息萬變者，任何政治、軍事、社會與經濟因素變動都會波及匯率，甚

至國家元首健康狀況亦成匯率波動話題。匯率既然是外匯資產的價格，就應由供需數量決定，然而影響匯率供需因素多如牛毛，就經濟層面而言，貨幣供給、物價、利率、經濟成長（國民所得）與財政收支等因素均會發揮影響力，至於政治、軍事及社會諸因素將透過預期心理形成而影響匯率。雖然影響匯率因素衆多，但是文獻各依著眼角度不同，而對匯率決定分別提出迥異理論：

㈠「購買力平價理論」(purchasing power parity theory)

古典學派的Thornton (1802)在《英國的紙幣信用》書中指出：「購買力平價理論」是決定「名目匯率」(nominal exchange rate)的理論，而當貿易餘額爲零、實質商品交換的貿易條件已知時，匯率將處於長期均衡。Balassa (1964)進一步再將該理論區分爲「絕對」及「相對」購買力平價理論兩種：

⑴「絕對購買力平價理論」(absolute purchasing power parity)

該理論認爲當國際間貿易財交易無運輸成本，而且套利無需負擔成本時，均衡匯率應決定於兩國貨幣的相對購買力或兩國相對物價水準比率，亦即Wheatly-Ricardo-Cassel的購買力平價條件爲：

$$e = \frac{P}{P^*}$$

P與P^*是國內外物價水準。當本國物價上漲時，國幣相對外幣產生貶值傾向；若本國物價下跌，國幣購買力增強，國幣相對外幣產生升值傾向。至於以「絕對購買力平價」衡量匯率水準將會發生嚴重誤差，理由是：先進國家開發時間較早與開發程度較深，資源運用效率較高，致使物價水準自然較爲昂貴，非貿易財與貿易財間的相對價格在先進國家普遍高於開發中和落後國家。由於「絕對購買力平價理論」是以固定時期的物價水準做爲衡量匯率指標，而物價水準包含貿易財及非貿易財兩者價格，

因此在評斷貨幣購買力時，先進國家物價水準必然高估，幣值因而低估，同時經濟發展差異程度愈大，幣值及匯率扭曲程度就愈大。

(2)「相對購買力平價理論」(relative purchasing power parity)

該理論指出均衡匯率應隨兩國物價水準變動率調整，或匯率變動率將會等於兩國通貨膨脹率的差距：

$$e_t = \frac{P_t}{P_t^*} \cdot e_0$$

e_0與e_t是基期與t期匯率，P_t與P_t^*是國內外在t期的物價指數。就上式取自然對數並對時間微分，($dlne_0 = 0$)

$$\dot{e_t} = \dot{P_t} - \dot{P_t^*} \tag{18.5}$$

上述兩式顯示：均衡匯率是隨兩國通貨膨脹率($\dot{P_t}$與$\dot{P_t^*}$)調整，當本國通貨膨脹率超過外國時，國幣的相對購買力下降，自然相對貶值；若本國通貨膨脹率小於外國，國幣相對購買力上升，自然相對升值。值得注意者：以「相對購買力平價理論」衡量均衡匯率固可消弭「絕對購買力平價理論」的缺點，但是基期不易尋找以及基期匯率(e_0)並非就是均衡匯率，均係該理論不易克服的缺陷。

自從Thornton提出「購買力平價理論」後，Wheatley(1803)與Ricardo(1817)率先結合「貨幣數量學說」與「購買力平價理論」兩種理論，認為貨幣數量透過影響物價的傳遞過程而造成匯率波動，此種說法稍後演變成「貨幣學派」決定匯率理論的先驅，推理過程如下：

(1)依據「貨幣數量學說」，兩國物價水準分別與其貨幣存量呈固定比例關係：

$$P = kM \tag{18.6}$$

$$P^* = k^* M^* \tag{18.7}$$

k與k^*分別是兩國貨幣流通速度對實質產出比例，M與M^*分別是國內外貨幣存量。

(2)將上述兩式分別代入「Wheatley-Ricardo-Cassel的購買力平價條件」,

$$e = \frac{P}{P^*} = \frac{kM}{k^*M^*} = K(M/M^*) \tag{18.8}$$

$K = k/k^*$為固定值。由上式可知：透過「貨幣數量學說」闡明的關係,匯率原本係視兩國相對物價水準而定,搖身一變而成視兩國相對貨幣存量而定。其中,Ricardo(1772-1823)與Boyd(1764-1837)更指出實質因素變動將會迅速地透過自動調整機能而回復均衡,對均衡匯率影響將是水波不興。

㈡「利率平價理論」(interest parity theorem)

一般而言,實質利率水準r反映資金運用效率,資金運用效率高將會推動資金報酬率與實質利率上升；資金運用欠缺效率,資金報酬率低落將使實質利率下降。至於由金融市場顯示的「名目利率」i與實質利率的關係可用「Fisher方程式」表示如下：

$$i = r + \pi^e$$

π^e是預期通貨膨脹率。名目利率上升可能源自實質利率揚昇或是預期通貨膨脹率攀昇,原因若屬前者,低實質利率國家的資金為尋求較佳盈利機會,必然會流向高實質利率國家,進而推動後者的貨幣出現升值傾向。原因若歸咎於後者,則根據「購買力平價學說」,該國貨幣必然面臨貶值趨勢。不論「名目利率」上升源於何種因素,對遠期匯率而言,高利率國家的貨幣會呈現貼水,而低利率國家的貨幣則呈溢價現象,理由是：

(1)利率上升若源自實質利率攀昇,該國必然面臨大量資金流入,遠期匯率應低於即期匯率,該國貨幣長期面臨升值傾向；

(2)利率上升若起因於預期通貨膨脹率攀昇,貨幣購買力必然持續滑落,遠期匯率應高於即期匯率,該國貨幣長期面臨貶值傾向。

　　綜合以上所述,「利率平價理論」強調兩國利率變動會影響均衡匯率,利率差距應等於遠期與即期匯率的差距,一旦外匯市場屬於效率市場時,利率差距即等於匯率變化率。Spraos(1957)接續以下列例子說明該理論的內涵:

　　假設 i 與 i^* 是國內外六個月的金融市場利率, e_s 是現貨匯率, e_f 是六個月的遠期匯率, 投資者在國際間移轉資金的決策方案為:

　　(1)國幣 1 元投資六個月的本利和($1+i$);

　　(2)兌現國幣 1 元成外幣並投資六個月的本利和 $\dfrac{1}{e_s}(1+i^*)$;

　　(3)將前項 $\dfrac{1}{e_s}(1+i^*)$ 在遠期市場抛補兌換成國幣可獲六個月後的

本利和為國幣 $\dfrac{e_f}{e_s}(1+i^*)$ 。

　　由上述選擇方案, 投資者決策將視下列狀況而定:

　　(1)當 $\dfrac{e_f}{e_s}(1+i^*) > (1+i)$, 則資金由本國奔向外國;

　　(2)當 $\dfrac{e_f}{e_s}(1+i^*) < (1+i)$, 則資金由外國流入本國;

　　(3)當 $\dfrac{e_f}{e_s}(1+i^*) = (1+i)$, 則資金靜止不動。

　　令 $\dfrac{e_f}{e_s} = 1+\beta$, $\beta = \dfrac{e_f - e_s}{e_s}$ 。 當「利率平價理論」成立時,

$\dfrac{e_f}{e_s}(1+i^*) = (1+i)$, 可得下列結果:

$$(1+\beta)(1+i^*) = 1+i \tag{18.9}$$

或　　$1+\beta+i^*+\beta \cdot i^* = 1+i$ 　　　　　　　　　　(18.10)

由於 $\beta \cdot i^*$ 值很小可予忽略, 上式可重寫為:

$$\beta = i-i^* \tag{18.11}$$

或 $\dfrac{e_f - e_s}{e_s} = i - i^*$　　　　　　　　　　　　　　　　　(18.12)

上式顯示兩國利率差距等於遠期與即期匯率的差距率。若外匯市場屬於效率市場時, $e_f = E(\widetilde{e}_s)$ ($E(\widetilde{e}_s)$是六個月後的預期現貨匯率), 兩國利率差距必然等於預期即期匯率變化率, 此種現象即稱為「國際Fisher效果」(international Fisher effect):

$$\dot{e}_s = \frac{e_f - e_s}{e_s} = \frac{E(\widetilde{e}_s) - e_s}{e_s} = i - i^* \qquad\qquad (18.13)$$

㈢ 「國際收支平衡理論」(the balance of payment approach)

該理論認為均衡匯率是能使國際收支平衡的匯率, 一旦國際收支發生失衡, 均衡匯率必然出現波動。國際收支包括經常帳及資本帳兩部份, 前者主要是商品及勞務的進出口, 影響進口(Z)因素為國內所得(y)、兩國相對物價水準(P/P^*)及匯率(e), 影響出口(X)因素為國外所得(y^*)、兩國相對物價水準(P/P^*)及匯率; 至於影響資本帳的因素為兩國利率差距($i - i^*$)及預期匯率變動率$\dot{e} = \dfrac{E(\widetilde{e}) - e}{e}$。以下將影響匯率因素以函數型式表示如下:

$$X = X(y^*,\ P/P^*,\ e) \qquad\qquad (18.14)$$
$$Z = Z(y,\ P/P^*,\ e) \qquad\qquad (18.15)$$

開放體系內所得、物價與利率的縮減式函數可表為貨幣供給M^s與財政支出G兩者的函數:

$$Y = Y(M^s,\ G) \qquad\qquad (18.16)$$
$$P = P(M^s,\ G) \qquad\qquad (18.17)$$
$$i = i(M^s,\ G) \qquad\qquad (18.18)$$

至於開放體系內經常帳(CA)、資本帳(K)盈餘與國際收支盈餘(B)函數可表為:

$$CA = X - Z = CA(M^s, \ G, \ \frac{P}{P^*}, \ y^*, \ \dot{e} \ ) \tag{18.19}$$

$$K = K(i - i^*, \ \frac{E(\widetilde{e}) - e}{e}) = K(i - i^*, \ e, \ \dot{e} \ ) \tag{18.20}$$

$$B = CA + K = B(M^s, \ G, \ \frac{P}{P^*}, \ y^*, \ i - i^*, \ e, \ \dot{e} \ ) \tag{18.21}$$

當國際收支達於均衡($B = 0$)時，外匯市場的匯率即爲均衡匯率：

$$e^* = e(M^s, \ G, \ \frac{P}{P^*}, \ y^*, \ i - i^*, \ \dot{e} \ )$$

四 「貨幣學派」

「貨幣學派」淵源久遠，主要論點係繼承「購買力平價」及「國際收支平衡」兩個理論對匯率決定的看法，但特別突出貨幣因素而認爲國際收支基本上係爲貨幣現象，開放體系國際收支失衡是源自於國幣供需淨額發生變化所致。Mussa(1976)、Frenkel(1976)、Frenkel與Clements(1978)、Mussa(1976)等人利用貨幣學派理論內涵進行詮釋匯率的決定：

(1)「長期匯率決定的貨幣觀點」：該學派綜合「貨幣數量學說」與「購買力平價理論」兩者內涵，假設國際資本可以完全移動，而國內外資產係屬完全替代，則當國幣供過於求時，人們處分多餘國幣，必然造成物價揚昇，本國將增加進口商品、勞務或非貨幣資產，國際收支容易發生赤字，匯率出現貶值傾向；反之，國幣需求大於供給時，極易釀成國際收支順差，匯率出現升值傾向。惟有貨幣供需相等，國際收支達於均衡時，長期均衡匯率自然決定。

(2)「短期匯率的資產市場觀點」：由於「購買力平價理論」在短期內未必成立，兩種貨幣間的短期匯率將與其他資產價格一樣，在效率市場上將視各種資產存量、未來貨幣政策訊息與匯率預期等因素而定。該觀

點接續演變成「資產組合平衡學派」的匯率決定理論。

(3)「預期角色」：「資產市場觀點」的重要涵義是目前現貨匯率將受目前匯率預期影響，同時主要係透過相對貨幣需求變化運作而來。換言之，匯率水準將視外匯交易雙方對國幣或外幣的主觀評價，此將涉及交易雙方的心理變化，並與各種訊息來源及預期形成方式息息相關，由此而演變出「匯兌心理學說」的匯率決定理論。

(4)「理性預期臆說」：貨幣學派認為人們形成匯率預期將與開放體系內實際匯率決定過程一致，亦即人們係採「理性預期」形成方式。換言之，理性投資者瞭解實際匯率是由貨幣供需決定，因此將由預測未來貨幣供需狀況進行預估未來匯率。

(五)資產組合平衡學派(portfolio balance approach)

Dornbusch（1976）、Kouri(1976)與Branson(1977)等人領銜的「資產組合平衡學派」認為開放體系內的財富組合包括國幣、證券（S）及外國資產。由於三者並非完全替代，同時國際資本亦非完全移動，一旦彼此收益率互不相等時，人們必然進行調整資產組合，以期提昇總收益率。一旦三者收益率趨於一致時，開放體系的資產組合狀況處於最適狀態，均衡匯率於焉決定。

該理論強調短期匯率決定於資產存量、預期因素與各種訊息，若本國證券收益率低於國幣及外國資產收益率，資金必然從證券移至國幣或外國資產，國幣可能升值(貶值)；若是外國資產收益率低於國幣及本國證券收益率，資金必然會從外國資產轉向國幣或有價證券，國幣必然升值；若國幣收益率低於證券及外國資產收益率，資金必然從國幣移至證券或外國資產，國幣可能升值(貶值)。總之，國幣、證券以及外國資產三者的互動將會影響彼此收益率，均衡匯率必然會相應調整。

*§ 18.3.　現貨與期貨匯率的決定

「期貨交易」(future trading)係交易雙方透過經紀商在交易所就法令特准商品，約定於未來特定時間交貨之定型契約買賣。「期貨交易」發展歷程始於「現貨市場」交易，接續演變成「遠期契約」買賣，進而發展成更具效率之「期貨契約」交易。現貨市場交易雙方於談妥數量與價格條件後，買方即需交付金額，賣方應準備隨即交貨。「遠期交易」(forward trading)係買賣雙方議訂於未來時間，交付某數量商品或貨幣之行為。「遠期交易」初期均以農產品為標的，日本在十七世紀時已有以棉花為標的之遠期交易。美國在十九世紀初期，農民與穀物商嘗試建立遠期交易市場解決供需失衡問題。至於「遠期交易」演變成期貨市場僅能溯及 1848 年的Chicago交易所正式成立，而該交易所自 1860 年以來一直是世界最大之期貨交易所，英國London則是第二大期貨城市。New York在期貨交易方面起步稍晚，期貨交易創始於 1870 年之New York棉花交易所。期貨市場源自美國而逐漸擴展至全球，期貨交易亦由農產品擴散至金、銀、銅、石油、牲畜等其他實體商品，甚至涵蓋無實體之金融、外匯及指數期貨。

「期貨」與「期約」（遠期契約）均係由現貨市場演變而來，「期約」是交易雙方自行約定在將來完成特定給付之契約，目的旨在袪避現貨市場不確定性釀成的損失，而使交易雙方能事先規劃供需決策。(表 18-2)係以外匯為例，比較期貨、期約及現貨三者的交易方式：

期貨市場係以未來某時期為特定給付，針對預估商品未來價值而成立之市場。有人認為期貨市場常因投機者介入而加遽價格波動幅度及扭曲市場價格，而主張應予廢除。然而持異議者卻指出期貨市場具有穩定價格功能，投機活動促使期貨市場運作更行順利，反而具有穩定商品價

格功能。理論上，避險者參與期貨市場運作，將促使商品價格較無期貨市場存在時更為平穩。綜合期貨市場發揮之經濟功能約有下列數端：

(1)價格風險管理(price risk management)：廠商在市場中依據所能接受價格預先交易避險，將價格風險自營運風險中析離出來，轉嫁願意承擔之投機者，藉著鎖定價格提昇經營規劃功能及穩定性，進而便利資金調度；

市場項目	現貨交易	遠期交易	期貨交易
交易對象	交易雙方	客戶與銀行廠商	清算單位與賣方或清算單位與買方
契約內容	交易雙方自行約定，無固定內容及式樣，因而較難訂定契約。	交易雙方自行約定，無固定內容及式樣，因而不易訂定契約。	交易所規定標準化契約，故契約容易成立。
訂價方式	雙方協議	雙方協議	在交易所公開競價
到期日	任何時間均可履約	契約載明履約日期	依期貨契約所訂日期，到期方可履約。
保證金與佣金	雙方協議訂之	通常不繳保證金，惟銀行廠商對客戶限定承做額度。至於佣金則由銀行以差價方式隱含在買賣價格中。	交易雙方須繳保證金，包括期初與維持保證金，至於執行一筆交易則需支付一次佣金。
市場	無固定場所	無固定場所	在交易所進行
中介人	無	無	經紀商
交割清算	原則上係為銀貨兩訖	多數係經由實際交割完成交易，亦可重新簽定契約沖銷之。	可在到期前結清或屆期進行交割
違約	交易雙方均可能違約	交易雙方均可能違約	客戶或經紀商必須履約，違約事件甚少。
流動性	難轉售	目的旨在避險，因而缺乏流動性。	目的旨在投機與套利，故可隨時在交易所轉售。

(表18-2) 期貨、期約與現貨交易方式

⑵發掘價格(price discoveries)：期貨市場提供商品未來供需訊息，反映市場參與者對未來價格看法，生產者、中間商與消費者皆可據以規劃未來經濟活動。由於資訊藉著期貨市場散佈，未來價格因而易與實際價格吻合，相對削減市場價格風險，價格機能更易發揮；

⑶建立交易秩序：期貨交易所對交易事項予以明確規定，有益於交易順利進行與提高交易效率。此外，市場資訊隨時提供參與者預測未來供需，證券市場常見之內線消息影響可減至最低；

⑷降低壟斷資訊能力：在無期貨市場情況下，小投資者很難瞭解市場供需，經常任憑大投資者擺佈，如：大盤商擁有良好儲藏設備，在無期貨市場存在時，將可壟斷商品供需獲取暴利。

期貨市場交易的契約類型可分為「商品期貨」(commodity futures)：主要為農產品、礦產品與畜牧產品等，以及「金融期貨」(financial futures)：包括指數期貨(index futures)、利率期貨(interest rate futures)與外幣期貨 (currency futures)等。以下依期貨標的性質進行說明：

⑴商品期貨

期貨市場始於實體商品，然後逐漸演變至涵蓋無實體資產在內的金融商品，目前盛行之商品期貨類型涵蓋下列各項：

⒜農產品：小麥、玉米、黃豆、糖、咖啡、棉花、可可、羊毛、纖維原料等；

⒝礦產品：金、銀、銅、鉛、錫、鋅等稀有金屬；

⒞林產品：木材；

⒟畜產品：活豬、活牛、雞等；

⒠能源產品：原油、有鉛汽油、無鉛汽油等。

⑵利率期貨

通常作為期貨交易標的之利率期貨多數為債權證券，如：三個月定

期存單、公債、公司債與三個月歐洲美元存單等。

(3)外幣期貨

人們爲避免握有外匯因匯率波動而遭受損失，交易所遂發展出以國際通用貨幣爲基礎之外幣期貨，如：德國馬克、日圓、法國法郎、瑞士法郎、加拿大幣等。

(4)指數期貨

投資股票風險通常來自「市場風險」與「營運風險」兩種，前者隨市場價格波動而定，後者端視公司經營成果而定。人們投資股票時，通常選擇多種股票分散風險形成投資組合，而對個別股票可透過「選擇權」預測未來股價走勢或規避風險，故無必要對單一股票設立期貨，而係以股價指數爲主，如：$S \& P500$ 指數、$S \& P100$ 指數、主要市場指數(major market index)、紐約股市綜合指數(NYSE composite index)及金融泰晤士指數等。此外，以指數爲標的之期貨尚包括科技指數(technology index)、航空指數(airline index)、石油指數(oil index)、商品研究局價格指數(commodity research bureau price index)等，凡此均以現金清算而無實物交付情形。

瞭解期貨市場類型與扮演功能後，採取「浮動匯制度」國家通常在「現貨外匯市場」外，再行成立「期貨外匯市場」，目的旨在提供貿易商、借貸者及投資者可藉買賣期貨外匯行爲消弭匯率波動風險。一般而言，人們在期貨與現貨外匯市場的交易活動可分爲兩種：

(1)「短期活動」：基於套利、投機及商業貿易等短期性質而進行的外匯交易；

(2)「長期活動」：基於長期證券投資與直接國外投資等長期性質而進行的外匯交易。

以下將就Tsiang（1959）的開創性文獻內容說明投資者在現貨與期貨外匯市場的重要交易行爲，進而說明構成期貨外匯市場供需函數的決

定因素:

㈠匯率套利

「匯率套利」是指投機者利用在某一時點各國外匯市場的匯率差異，經由同時買賣外匯謀利。在資訊發達與國際金融市場緊密結合時代，同時在各國外匯市場買賣外匯是普遍可行，只要匯率有異，進行外匯交易必可謀利。「匯率套利」在現貨或期貨外匯市場均可進行，方式分爲:

(1)「兩點套利」(two-point arbitrage)

兩種貨幣在不同外匯市場的匯率若非一致，投機者只要同時買賣兩者，自是有利可圖。此種套利活動將持續至兩個外匯市場的匯率 (或匯率差距等於交易成本) 趨於一致時，套利活動方才停止。

(2)「三點套利」(three-point arbitrage)

在三種或多種貨幣情況下發生的匯率套利行爲稱爲「三點或三角套利」(triangular arbitrage)，係指投機者在某時點同時買賣不同貨幣，最後仍然回到原來貨幣謀利的行爲。在各地外匯市場的匯率相同之際，投機者無法經由賤買貴賣獲利，但可利用「直接匯率」(direct exchange rate)與「間接或交叉匯率」(indirect or cross exchange rate)的差異性進行三點套利獲益，如: 在臺北、紐約及東京外匯市場，臺幣、美元及日圓(¥)間的匯率均爲$\$1 = T25$、$\$1 = ¥130$、$T1 = ¥5$。各兩個市場間的匯率相同，致使進行兩點套利將屬不可能，然而三點套利仍然可行，理由是: 美元對日圓的直接匯率爲$\$1 = ¥130$，而經過臺幣折算間接匯率爲$\$1 = 25T \cdot 5 \left(\dfrac{¥}{T}\right) = 125¥$，故以 125 日圓買進 25 臺幣，再以 25 臺幣買進 1 美元，最後以 1 美元買進 130 日圓，如此可賺得利潤 5 日圓。

㈡抛補或對冲

外國資產價值將隨匯率波動調整，若因匯率波動造成保有外國資產價值遭受損失，則稱爲「外匯風險」。「抛補」或「對冲」係指國際投資者、套利者、借貸者及貿易商希望藉助外匯市場消弭外匯風險行爲，或指人們避免保有的外國資產處於「公開地位」(open position)狀態：

(1)「多頭地位」(long position)：人們保有外國資產處於淨資產狀態，或購入外幣數量大於賣出數量，實際擁有外幣數量大於願意保有數量；

(2)「空頭地位」(short position)：人們保有外國資產處於淨負債地位，或賣出外幣數量大於買進數量。一般而言，出口商預期未來將有外匯收入，而預期現貨匯率低於目前期貨匯率，則在期貨市場賣出預期外匯收入，用以規避外匯收入損失。另一方面，進口商預期未來將有外匯支出，而那預期現貨匯率高於目前期貨匯率，則在目前現貨市場買進所需外匯——「現貨抛補」(spot covering)，或在期貨市場買進所需外匯——「期貨抛補」(forward covering)，從而規避外匯支出損失。

㈢外匯投機(foreign exchange speculation)

匯率波動改變外國資產價值從而存在外匯風險，有人利用抛補或對冲活動消除外匯風險，有人卻承擔外匯風險而謀求利潤，此即「外匯投機」。具體而言，「外匯投機」是人們謀求外匯資產處於淨資產的多頭地位或淨負債的空頭地位，造成以國幣表示之資產淨值的未來價值處於不確定狀態。其中，「空頭」係對某種貨幣未來價值持貶值悲觀預期者；「多頭」係對某種貨幣未來價值持升值樂觀預期者。人們若預期貨幣貶值，將採空頭地位，賣出該貨幣大於買進，總負債將大於總求償權；反之，人們若預期貨幣升值，將採多頭地位，買進該貨幣大於賣出，總求償權

將大於總負債。

外匯投機可發生於現貨或期貨市場，在前者投機買賣需要備有現金或由銀行廠商給予信用融資；在後者投機買賣只要部分保證金即可進行期貨外匯買空賣空，如：投機者預期外幣升值可在期貨市場訂約買進外幣期貨，若預期實現，到期在現貨市場以較高價格賣出手中期貨，再行付款賺取利潤。此外，外匯投機尚可分為「金融投機」(financial specula-tion)與「商業或貿易商投機」(commercial or trader speculation)，前者係經由買賣外匯資產而進行投機活動，後者係貿易商經由安排付款時間，避免匯率波動損失或由預期匯率波動而獲利。貿易商若未採拋補消除匯率風險，反而利用匯率波動謀利，則如同從事「金融投機」亦屬投機行為，如：預期外幣升值，本國進口 商在期貨市場買進外幣，外國出口商在期貨市場賣出國幣，此種拋補活動可消除匯率風險；同樣地，預期外幣升值，貿易商若欲投機而非規避風險，將不會在期貨市場進行拋補的期貨買賣，而希望提前或延後收付貨款，謀取匯率波動之利。貿易契約若以外幣訂定，本國出口商希望延後收款，進口商希望提前付款；貿易契約若以國幣訂定，外國出口商希望提前收款，進口商希望延後付款。一旦匯率恰如預期變動，自可獲利；反之，蒙受損失在所難免，故仍屬貿易商外匯投機活動。

傳統的遠期外匯理論可溯及Keynes　(1923)的《貨幣改革理論》(*Tract on Monetary Reform*)，指出國際利率迥異將會招致「利息套利」(interest arbitrage)活動。「利息套利」乃是投資者追求短期較高報酬，分散手中資金以求在固定風險中獲取最大孳息。但是國際金融投資異於國內金融投資，人們必須同時考慮利率與匯率兩種因素的影響，亦即進行「利息套利」必須同時承擔匯率風險，此種行為稱為「拋補利息套利」(covered interest arbitrage)。只要兩國利率差距不被期貨匯率貼水或溢價沖銷，人們將可經由拋補利息套利國際金融投資中獲利。

在外匯市場中，國幣在期貨市場兌現外幣數量小於在現貨市場換得外幣數量，就現貨市場而言，稱國幣以外幣表示為「期貨折價」(forward discount)。如果在期貨市場換得外幣數量大於在現貨市場換得外幣數量，就現貨市場而言，稱國幣以外幣表示為「期貨貼水」(forward premium)。假設國際金融投資無需交易成本，當國際利率差距等於期貨折價或貼水幅度時，拋補利息套利行為將無從發生，此即「利率平價理論」或「拋補利息套利理論」。

前節的 (18.13) 式正是「利率平價理論」所指兩國間短期拋補利息套利資金停止移動的均衡條件，或稱「中性條件」(neutrality condition)。令 $\frac{e_f}{e_s}=1+\beta$，$\beta=\frac{e_f}{e_s}-1$。$\beta>0$（或$e_f>e_s$）顯示外幣為期貨溢價，國幣為期貨折價；而$\beta<0$（或$e_f<e_s$）顯示外幣為期貨折價，國幣為期貨溢價。當兩國利率差距等於貨幣折價或貼水時，兩國間拋補利率套利行為將無從發生。以下將用（圖18-2）說明「利率平價理論」內涵。圖中橫軸是國內外利率差距，縱軸表示外幣期貨貼水(或國幣期貨折價)，45°對角線IP是無利潤之拋補利息套利的「利息平價曲線」跨越第一及第三象限，任何一點至兩軸距離相等表示利率差距等於貨幣期貨貼水或折價，故無拋補利息套利行為。未在該曲線上的點均會發生拋補利息套利行為，兩國利率差距將朝水平箭頭方向變動，貨幣貼水或折價幅度如垂直箭頭方向變動，最後必向利率平價曲線收斂，達到利息平價均衡條件。在B點，外國利率高於本國且國幣折價，本國居民對外國進行拋補利息套利必然有利。在這過程中，本國利率攀升，外國利率下降；現貨匯率e_s上升，期貨匯率e_f下降，國幣期貨由折價而變為貼水，B點最後被推向利息平價曲線上。總之，利率平價曲線(IP)左上方各點表示資金外移進行拋補利息套利比較有利，而右下方各點表示資金內移進行拋補利息套利比較有利。

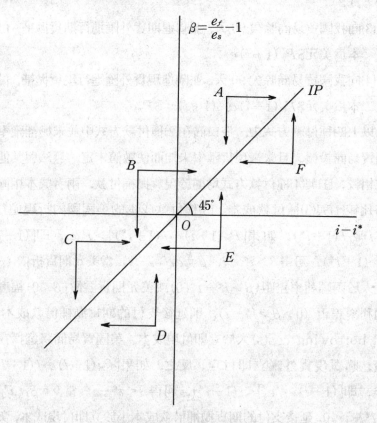

(圖 18-2) 利率平價理論

以上分析係屬「匯率」與「利率」套利活動的過程，接著再探討貿易商從事的「貿易套利與拋補」行為。貿易商進口貨品可選擇立即付款或延後付款、利用國內外信用融資付款，此一抉擇需視現貨、期貨匯率和國內外利率因素而定。假設進口財隨時送達無需運輸時間，其供給具有完全彈性，此時美國貿易商由我國進口貨品價值臺幣 TP_m，付款方式將可出現下列方案：

(1)在現貨市場購買外匯立即付現，進口成本為美元 $\$P_m e_s$；

(2)向我國貿易商賒欠 90 天，再以當時現貨匯率支付臺幣 $TP_m(1+$

i);

(3)向我國貿易商賒欠 90 天,並購進期貨外匯進行期貨拋補,付款成本爲美元$P_m(1+i)e_f$;

(4)向我國貿易商賒欠 90 天,並購進現貨外匯進行現貨拋補,付款成本爲美元$P_m(1+i)e_s/(1+i)=\$P_m e_s$。

以上四種付款方式中,進口商在(2)種付款方式中並未拋補匯率風險而屬貿易商投機,且未來現貨匯率未知而使數值未定,無法與其他付款方式相較;(1)與(4)種付款方式均屬於現貨拋補付款,兩者成本相同,以下將比較(1)與(3)種付款成本。(3)種付款成本的美國國內折現值爲$\$P_m(1+i)e_f/(1+i^*)$,如果$[P_m(1+i)e_f/(1+i^*)]>P_m e_s$,即$[(1+i)e_f/e_s]>(1+i^*)$,可得$\beta>i^*-i$, $\beta=e_f/e_s-1$。當美元期貨折價($\beta>0$)幅度大於兩國利率差距($\beta>i^*-i>0$)或美元期貨溢價($\beta<0$)幅度小於兩國利率差距$(0>\beta>i^*-i)$,則延後支付的期貨拋補借款成本(covered borrowing costs)大於立即付現成本,美國貿易商將選擇在美國融資,購買現貨外匯立即付現。反之,如果$[P_m(1+i)e_f/(1+i^*)]<P_m e_s$,即$[(1+i)e_f/e_s]<(1+i^*)$,可得$\beta<i^*-i$。當 $0<\beta<i^*-i$或$\beta<i^*-i<0$,延後支付的期貨拋補借款成本小於立即付現成本,美國貿易商將選擇向我國融資,進行期貨拋補借款付款。至於$[P_m(1+i)e_f/(1+i^*)]=P_m e_s$,即$[(1+i)e_f/e_s]=(1+i^*)$,可得$\beta=i^*-i$,此時延後支付的期貨拋補借款成本等於立即付現成本,美國貿易商選擇何種方式付款,在何國融資的成本均相同。同理,我國貿易商向美國進口貨品價值美元$\$P_m$後,選擇何種付款方式,則與前述分析雷同,不再贅言。

綜合以上分析可知:貿易商選擇何種付款方式,將視β與i^*-i而定,此即「拋補利息套利」行爲的準據,故稱國際貿易付款選擇爲「貿易套利」(trade arbitrage)或「貿易拋補或對冲」。總之,如同「拋補利息套利」一樣,「貿易套利」亦視現貨與期貨匯率、國內外利率而定。事

實上，「期貨拋補付款成本」爲現貨拋補付款成本與拋補利息套利活動之和，理由是：$(\$P_m e_s)(e_f/e_s)(1+i)=\$P_m(1+i)e_f$，$\$P_m e_s$爲現貨拋補成本，而$(e_f/e_s)(1+i)$爲 1 美元拋補利息套利的本利和，故期貨拋補付款成本係由現貨拋補付款成本與拋補利息套利活動所構成。

　　瞭解期貨外匯市場交易動機來源後，接著說明期貨外匯市場供需函數內涵。首先探討拋補利息套利資金供給函數。就利息套利而言，只要臺幣對美元期貨貼水幅度小於兩國利率差距，人們將資金移往美國拋補利息套利必然有利。在實際經濟中，拋補利息套利資金供給並非完全彈性，利率平價均衡條件將無法實現。(圖 18-3)中，橫軸原點右邊是美元期貨需求(D^f)，左邊是美元期貨供給(S^f)，縱軸是期貨匯率。如果利率平價均衡條件成立，拋補利息套利資金供給曲線ABC將具完全彈性，一旦美國利率較高且利率差距大於臺幣期貨貼水，國內投機者將在期貨市場從事買進臺幣、賣出美元的拋補活動。拋補利息套利的資金供給彈性如果無限大，BA線將是我國拋補利息套利活動本利和所產生的完全彈性美元期貨供給。若兩國利率差距小於臺幣期貨貼水幅度，美國投機者將在期貨市場進行買進美元、賣出臺幣的拋補活動。如果拋補利息套

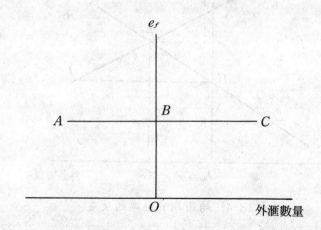

(圖 18-3) 完全供給彈性之期貨利息套利軌跡

利的資金供給軌跡具有完全彈性，*BC*線將是美國拋補利息套利活動本利和所產生的美元完全彈性期貨需求，故期貨利息套利供給軌跡爲通過*B*點的水平線，*OB*爲達成利率平價均衡條件的期貨匯率。

如果利率平價均衡條件不成立，拋補利息套利資金供給將如（圖18-4）中的*AA*曲線所示並非完全彈性。如果貨幣期貨貼水或折價幅度等於兩國利率差距，拋補利息套利行爲將無從發生，期貨匯率*OF*即代表此種情況。在利率平價均衡條件無法實現、套利資金供給並非完全彈性的情況下，美國若利率高於我國，且臺幣期貨貼水幅度小於兩國利率差距，國內資金會流向美國，在期貨匯率*OD*的臺幣期貨貼水幅度下，我國拋補利息套利活動本利和所產生的期貨美元供給將只等於*CD*；若臺幣期貨貼水幅度大於該利率差距，美國資金將流向我國，在期貨匯率*OH*的臺幣期貨貼水幅度下，美國拋補利息套利活動本利和所產生的期貨美元需求將只等於*HI*。

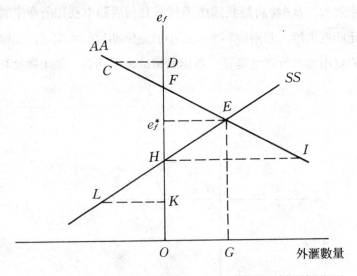

（圖 18-4）均衡期貨匯率的決定

期貨市場的拋補利息套利資金供給彈性與國際資本流動性息息相

關, 後者流動性愈大, 前者彈性也就愈大。至於套利資金供給軌跡與縱軸相交位置——即達到無拋補利息套利資金移動的均衡期貨匯率, 決定於兩國利率差距與現貨匯率。以上分析爲拋補利息套利資金供給軌跡, 至於貿易套利資金供給軌跡型態亦與 (圖 18-4) 中的 AA 曲線類似, 理由是: 假設美國利率高於我國而期貨匯率爲 OD 時, 臺幣期貨貼水幅度小於利率差距, 我國進口商在國內融資而以現貨拋補付款, 美國進口商亦在我國融資而以期貨拋補付款, 而我國出口商將期貨外匯收入拋補出售成爲美元期貨外匯供給。期貨匯率爲 OH 時, 臺幣期貨貼水幅度大於兩國利率差距, 我國進口商將在美國融資而以期貨拋補付款, 進而產生美元期貨外匯需求。由於「拋補利息」與「貿易利息」套利資金供給形態相同, 兩者合併之總期貨外匯套利資金供給軌跡將如(圖 18-4)中的 AA 曲線所示。

另一方面, 開放體系內外匯投機資金有限, 外匯投機資金供給並非完全彈性, 所以期貨外匯投機需求軌跡並非水平線。(圖 18-4)中, 假設投機只發生於期貨市場, 預期未來現貨匯率爲 OH, 期貨匯率若等於 OH, 則無期貨投機誘因存在。如果期貨匯率爲 e_f^*, 投機者將賣出美元期貨 OG; 如果期貨匯率爲 OK, 投機者將買進美元期貨 KL, 故 HE 線代表美元期貨外匯供給, HL 線代表美元期貨外匯需求。

綜合以上所述, 當期貨市場只有利息套利者、貿易商及投機者參與時, 套利資金供給與投機資金需求兩條軌跡交於 E 點, 均衡期貨匯率將可決定爲 e_f^*。e_f^* 小於 OF 表示臺幣期貨貼水幅度大於美國利率高於我國利率差距, 美國資金流向我國套利, 並在期貨市場上拋補需求美元 OG; e_f^* 大於 OH 表示臺幣期貨匯率大於預期現貨匯率, 投機者在期貨市場賣出美元 OG。在期貨匯率 e_f^* 下, 期貨外匯市場供需達於均衡。

最後, Tsiang (1959) 指出開放體系內現貨與期貨外匯市場經由套利、投機與商業活動因而緊密相連, 均衡現貨與期貨匯率將是共同而無

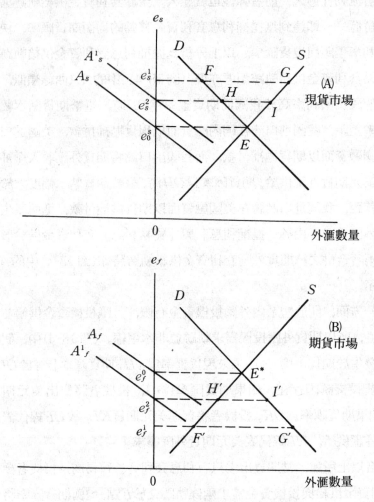

（圖 18-5）均衡期貨與現貨匯率的決定

法各自決定。在（圖 18-5）中，國內期初利率等於美國利率，且目前均
衡現貨匯率e_s^0等於期貨匯率e_f^0，拋補利息套利活動無從發生，非完全彈性
的現貨A_s與期貨套利軌跡A_f將分別通過e_s^0與e_f^0。假設美國提高利率，在
套利資金供給呈現完全彈性時，國內現貨匯率將升至e_s^1、期貨匯率降至
e_f^1，進而實現拋補利息套利平價的均衡條件；套利的現貨外匯需求為

FG,拋補的期貨外匯供給為$F'G'$。然而實際經濟體系內的套利資金供給並非完全彈性,現貨匯率不會升至e_s^1、期貨匯率亦不會降至e_f^1,拋補利息套利平價的均衡條件無法達成;套利的現貨外匯需求小於FG,拋補的期貨外匯供給小於$F'G'$。至於均衡匯率需視美國利率變動後,現貨套利軌跡上移及期貨套利軌跡下移位置而定。由於套利軌跡位置係在利率差距固定下,同時由現貨及期貨匯率決定,美國利率變動同時釀成現貨與期貨匯率變動,故未達均衡前無法知道兩者的確切值,套利軌跡的正確位置自然亦無從獲悉。假設最後均衡現貨與期貨匯率為e_s^2及e_f^2,套利軌跡分別為A_s^1及A_f^1,而套利現貨外匯需求HI等於拋補的期貨外匯供給$H'I'$。雖然未達拋補利息套利平價均衡條件,但現貨及期貨外匯市場仍然達於均衡。

§ 18.4.　國際收支失衡調整方法

開放體系發生國際收支失衡原因眾說紛紜,其中較重要的類型可分述於下:

(1)「季節性失衡」:一國貿易往往隨著生產與消費季節性調整而變動,國際收支因而發生「季節性失衡」。這種失衡期間較短且可自動矯正,由某季順差抵銷另一季逆差,開發中國家的出口多屬容易發生季節性變動的農產品,故其失衡大部份均屬該範疇。

(2)「偶發性失衡」:短期不規則的干擾因素往往引起國際收支發生「偶發性失衡」,如:某國穀物歉收以致出口銳減,且須大量進口糧食;大規模罷工往往會使交通運輸陷入嚴重停頓狀態,經由阻礙貿易活動進行而造成國際收支失衡。大多數「季節性失衡」均可事先預見,而「偶發性失衡」則否。兩種失衡都是短期且無須以所得、價格或匯率變動加以矯正。「季節性逆差」應以季節性順差融通,「偶發性逆差」則以國際

準備融通進行彌補。

(3)「循環性失衡」：一國所得變動，不論伴隨物價或生產與就業水準變動，都有可能引起國際收支發生「循環性失衡」。

(4)「結構性失衡」：某些產品需求在對外貿易中常常發生變動，原因可能來自出口市場的所得分配或外國同類產品價格調整，類似原因也會引起進口需求波動。對於這些變動若無法有效調整適應，國際收支就會發生持續結構性失衡。

(5)「投機與資金逃避」：投機與資金逃避雖屬不同概念，但是均為自主性短期資本移動而常同時發生，不僅引起國際收支失衡甚至加重失衡惡化現象。

(6)「其他失衡原因」：美國自 1960 年代以來國際收支發生長期逆差，原因似與上述因素無關。如再進一步觀察可以發現，大規模長期資金外流也會形成國際收支逆差。國際收支失衡也有可能源自匯率不切實際，尤以實施外匯管制之時為然。

當國際收支失衡並非暫時可自動調整，而屬長期無法自動逆轉現象時，採取政策恢復國際收支均衡狀態將有其必要。國際收支是由經常帳與資本帳構成，決策當局擬定調整政策必然由這兩方面著手。綜合影響國際收支因素內容，決策當局可動用的政策工具包括匯率、價格、所得及變動貨幣餘額，一旦這些工具均無法奏效時，只有訴諸「直接管制」(direct control)一途。依據政策工具類型，國際收支失衡調整方法將有下列理論：

(1)「價格或彈性方法」(elasticity approach)：決策當局以貨幣或財政政策改變本國物價水準，或以匯率政策改變國內外產品的相對價格，進而影響國際收支；

(2)「所得方法」(income approach)：決策當局採用貨幣或財政政策改變本國所得水準，進而影響國際收支；

(3)「所得支出方法」(income-absorption approach)：決策當局經由各種政策影響本國所得與支出，進而改變國際支出；

(4)「貨幣學派」：央行透過調整貨幣供需來影響國際收支；

(5)「直接管制」：決策當局對貿易財與國際資金移動採取直接管制數量措施，以影響國際收支。

以下將逐一說明各種國際收支失衡調整理論的內涵：

㈠ 「價格或彈性方法」

Robinson (1937)提出「價格或彈性方法」的基本精神源自Hume (1752)與Cantillon (1755)的「價格黃金流動機能」，認為開放體系經由改變產品相對價格而達到調整國際收支目的，成功與否端視貿易國進口需求彈性能否滿足Marshall-Lerner條件而定，至於調整成本則為犧牲國內經濟穩定。在匯率與外國物價持平下，本國物價或匯率波動將使國際產品相對價格改變，透過「需求移轉效果」(demand-switching effect)而使國際收支獲得調整。當國際收支發生逆差之際，央行若無對應的冲銷政策，國內銀根必然出現緊縮。根據貨幣數量學說，本國物價相對外國物價下跌，有益於本國出口增加、進口減少，國際收支獲得改善。若想加速調整，決策當局可主動採行緊縮銀根與財政政策加速物價下降，進而達到調整國際收支目的。(圖 18-6)中，在匯率固定 $\overline{e}$ 下，本國發生國際收支逆差FH，只要物價相對下跌，則進口減少造成外匯需求曲線左移，出口增加導致外匯供給曲線右移，國際收支於G點再度恢復平衡。

另外，當國際收支處於逆差FH之際，央行若將國幣貶值，國產品相對舶來品變得便宜，有助於增加本國出口與減少進口，國際收支重新逐漸恢復均衡。在 (圖 18-6) 中，央行只要將匯率貶值至e_1，國際收支自可恢復均衡。相對物價或匯率變動能否有效改善國際收支，端視國內外

出口供給彈性與進口需求彈性而定。在國內外出口供給具有完全彈性下，只要國內外進口需求彈性和滿足Marshall-Lerner條件，則變動兩者之一均能達到改善國際收支目的。

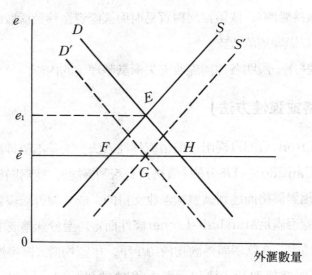

(圖 18-6) 價格或彈性方法

由於「價格或彈性方法」假設充分就業，貿易國產品相對價格改變並不會影響實質所得水準，國際收支調整完全經由產品相對價格變動的替代效果來達成，價格與匯率調整均屬「需求移轉政策」，差別在於前者經由國內絕對物價改變而影響國際間產品相對價格，後者則是直接改變國際間產品的相對價格。

㈡「所得方法」

在Ohlin (1929)與Keynes (1929)爭論「移轉問題」(transfer problem)之際，連帶地觸發「所得調整機能」得以紓解國際收支失衡現象的靈感。爾後，Keynes (1936) 發表《一般理論》後，Robinson (1937)、Harroad (1939)迅速應用於解決國際收支失衡問題，而Haberler

(1941)、Metzler (1942)、Kindleberger (1943)與Machlup (1943)等
人繼起研究而形成「所得方法」。該方法的基本精神主要源自Keynesian
學派的「所得黃金流動機能」(income-specie-flow mechanism)，認
爲開放體系經由調整有效需求改變所得水準而影響進出口能力，達到改
善國際收支目的，成功與否將視貿易國的邊際進口傾向或進口需求所得
彈性而定，至於調整成本則爲犧牲國內經濟穩定。

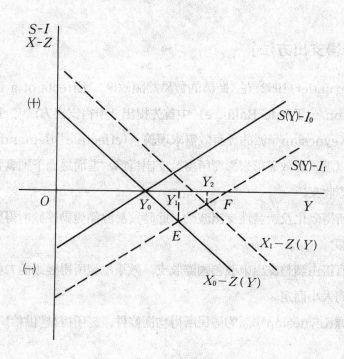

(圖 18-7) 所得方法

　　國際間任何國家所得發生變動，經由國外迴響將使國際經濟波動發
生相互傳遞效果。在 (圖 18-7) 中，本國所得原爲OY_0，貿易餘額達成
平衡。當本國自發性投資增加，$[S(Y)-I_0]$曲線右移至$[S(Y)-I_1]$曲線
的位置，若無國外回饋效果(feedback effect)，本國所得將上升至OY_1，
貿易餘額發生逆差Y_1E數量；若有國外回饋效果且國內外邊際消費與

進口傾向皆相同, 則經由國外回饋效果後, 本國貿易餘額線將由$[X_0-Z(Y)]$上升至$[X_1-Z(Y)]$, 最後均衡所得提升爲OY_2, 貿易餘額逆差降至Y_2F。此種現象顯示: 在國外回饋效果存在下, 本國自發性支出 (消費、投資及政府支出) 變動的所得乘數較大 ($\triangle Y_0Y_2 > \triangle Y_0Y_1$), 國際收支逆差較小 ($Y_2F < Y_1E$)。總之, 決策當局採取擴張性 (緊縮性) 政策, 將使國際收支惡化(改善), 而在有國外回饋效果下將較欠缺該效果時爲小。

㈢「所得支出方法」

Alexander(1952)在〈貶值的貿易餘額效果〉(Effects of a Devaluation on a Trade Balance) 中首先提出「所得支出方法」, 基本精神源自Keynesian學派的「有效需求理論」(effective demand theory), 以調整有效需求來影響所得及支出行爲, 進而透過下列調整力量改善國際收支:

⑴所得變化及誘發性支出波動, 此時貿易餘額變動等於所得與支出變量差額;

⑵直接由調整支出來改善國際收支, 效果端視所得變動能力與邊際支出傾向大小而定。

依據Keynesian學派的國民所得均衡條件, 總所得(總供給)等於總支出:

$$Y=C+I+G+X-Z \tag{18.22}$$

將上式中$(C+I+G)$合稱國內總支出A, $(X-Z)$爲貿易餘額B, 則上式成爲貿易餘額 (國際收支) 是國民所得與國內支出的差額:

$$Y=A+B \tag{18.23 a}$$

或 $$B=Y-A \tag{18.23 b}$$

爲分析貶值效果, Alexander將國內總支出與所得相聯繫,

$$A = \theta Y - D \tag{18.24}$$

θ是邊際支出傾向(propensity to absorb)等於邊際消費與投資傾向之和，D是貶值直接影響支出效果。將(18.24)式代入(18.23 b)式：

$$B = (1 - \theta) Y + D \tag{18.25}$$

由上式可說明影響匯率貶值效果的因素如下：

(1)貶值對所得影響

①「閒置資源效果」(idle resources effect)：一國若有閒置資源，貶值將擴大出口與減少進口，再加上兩者變動誘發乘數效果，該國產出必然增加。

②「貿易條件效果」：在一般情況下，貶值將使貿易條件惡化，導致實質所得減少數量等於t，在貶值初期，進出口無法迅速改變，貿易餘額惡化數量將等於t。爾後，由於實質所得降低t而將減少支出θt，部分係直接減少進口，部分由原生產「非貿易財」的資源移至生產出口財及進口替代財，貿易餘額因而改善θt數量。總之，貶值造成貿易條件惡化，對貿易餘額影響等於$t - \theta t = (1 - \theta) t$，唯有$\theta$大於1，貶值才會改善貿易餘額。

(2)貶值的直接支出效果

開放體系若已達到充分就業或支出傾向超越1，貶值唯有經由肇致物價揚升，削減消費與投資方能改善貿易餘額。貶值發生的直接支出效果有二：

①「緊縮銀根效果」：Chen(1973)指出貶值釀成物價水準攀升，在國幣供給不變下，人們實際保有的實質餘額少於預擬的實質餘額。有鑑於此，人們除緊縮商品與勞務支出外，進而出售金融資產增加貨幣餘額，造成金融資產價格滑落與利率揚升，接續削減實質消費與投資。換言之，貶值產生「緊縮銀根效果」，經由直接減少支出或因利率揚升間接削減支出，終至改善貿易餘額。

②「所得重分配」：貶值透過物價上漲造成所得重分配，對資本所得者有利，對勞動所得者不利。前者所得通常較高而邊際支出傾向較小，後者所得通常較低而邊際支出傾向較大，故貶值釀成所得重分配結果將減少體系總支出，而改善貿易餘額。

最後，Alexander認爲開放體系出現支出大於產出而導致國際收支逆差，乃是所有成員決策的結果，故人們總合決策(aggregate decision)與國際收支盈虧息息相關，「所得支出方法」因而結合國際收支與支出行爲，而非視爲機械式的進出口差額而已。H. G. Johnson將總合決策區分爲「存量決策」(stock decision)與「流量決策」(flow decision)，前者指人們預擬以其他資產替代國幣而調整資產組合的決策，後者指人們希望目前支出大於目前所得的決策。依據兩種決策定義，Johnson接續區分國際收支赤字爲「存量逆差」(stock deficit)與「流量逆差」(flow deficit)兩種，前者係指開放體系的資本資產組合發生「一次終結」式調整而肇致國際收支逆差；至於後者係指開放體系目前支出大於所得而肇致國際收支赤字。其中，依據「所得支出方法」的貿易餘額方程式($B=Y-A$)，決策當局紓解「流量逆差」方法不外乎擴增產出或削減支出，從而衍生出「支出移轉政策」與「支出削減政策」兩種：

(1)「支出削減政策」(expenditure-reducing policy)

一國發生流量逆差乃因總需求大於總供給($B=Y-A<0$)所致，爲求恢復貿易餘額平衡就需減少總需求，方法包括信用限制、緊縮預算或直接管制。決策當局採取這些方法除削減支出而使貿易餘額改善——直接效果外，更因緊縮國內支出釀成物價下跌，有助於增加出口與減少進口（貿易餘額改善）——間接支出移轉效果。

(2)「支出移轉政策」(expenditure-switching policy)

「支出移轉政策」可分爲「一般性政策」——貶值（包括採緊縮政策誘導國內物價下降）與「選擇性政策」——貿易管制（包括關稅、補

貼及配額限制)。前者旨在移轉國內外支出至國產品上；後者旨在將本國
支出由舶來品移轉至國產品，有時也激勵出口而希望移轉外國支出至對
國產品支出。除具移轉支出效果外，貶值經由貿易條件惡化效果，貿易
管制經由限制人們選擇自由，均將釀成實質所得減少而直接衝擊人們支
出，亦有改善貿易餘額效果存在。

㈣「貨幣學派」

　　Mundell與Johnson兩人率先自1960年代末期開始將貨幣學派理
論運用至國際收支調整，該理論源自於Chicago學派視國際收支爲貨幣
現象而著重「官方清算餘額」的波動，理由是：該項目變化影響基礎貨
幣數量，進而影響貨幣供給，「官方清算餘額」既是清算國際收支結果，
亦是影響下期國際收支的變數。貨幣學派實際上是將經常帳與資本帳結
果完全歸結到官方清算餘額，國際收支失衡完全是貨幣供需失衡所致，
超額貨幣需求經由外幣流入而獲滿足，國際收支因而發生順差；超額貨
幣供給經由國幣外流而紓緩，國際收支卻是出現逆差。惟有當貨幣供需
趨於一致之際，國際收支將自動達於長期均衡。

　　若不考慮利率影響，開放體系內的名目貨幣需求可用Cambridge方
程式表示：

$$M^d = kPy \tag{18.26}$$

k爲保有貨幣傾向(propensity to hold money)。就上式取自然對數，
並對時間微分而得下列變動率關係：(令$\dot{k}=0$)

$$\dot{M}^d = \dot{P} + \dot{y} \tag{18.27}$$

　　接著，再討論開放體系內貨幣供給變動狀況。(表18-3)爲央行資產
負債表，資產包括黃金、外匯準備F及國內信用(D_c)──央行向政府或
大衆買進政府債券而放出基礎貨幣；負債係由銀行廠商與大衆保有通貨
毛額(C)所構成：

$$F + D_c = C$$

(表 18-4) 爲銀行廠商資產負債表, 資產包括庫存現金及在央行準備 C_b 與國內信用 D_b (銀行廠商擁有的證券與放款); 負債由大衆存款構成, 而 $C_b + D_b = D$。

資　　產	負　　債
黃金與外匯(F)	通貨毛額(C)
國內信用(D_c)	

(表 18-3)　　央行資產負債表

資　　產	負　　債
庫存現金與在央行準備(C_b)	存款(D)
國內信用(D_b)	

(表 18-4)　　銀行廠商資產負債表

(表 18-5) 爲央行與銀行廠商合併而成之銀行體系總合資產負債表, 資產包括央行的黃金、外匯 F 及央行、銀行廠商合力創造的國內信用 ($D_a = D_c + D_b$); 負債包括央行的通貨毛額 C 減除銀行廠商庫存現金與在央行準備 (C_b) 後的淨額——即流通中的通貨 ($C_p = C - C_b$) 和銀行廠商存款 (D), 而 $F + D_a = C_p + D$。至於貨幣供給定義 M^s 爲:

$$M^s = C_p + D$$

$$= F + D_a \tag{18.28}$$

資　　產	負　　債
黃金與外匯(F)	流通中的通貨($C_p = C - C_b$)
國內信用($D_a = D_c + D_b$)	存款(D)
貨幣供給(M^s)	貨幣供給(M^s)

(表 18-5)　　總合資產負債表

當國際準備變動時, 央行若採沖銷政策使國內信用反向而行, 從而

維持貨幣供給量不變。就上式取變動量，兩邊同時遍除M^s，經整理可得：

$$\frac{\triangle M^s}{M^s}=(\frac{F}{M^s})(\frac{\triangle F}{F})+(\frac{D_a}{M^s})(\frac{\triangle D_a}{D_a})\tag{18.29}$$

或　$\dot{M^s}=\alpha\dot{F}+(1-\alpha)\dot{D_a}$

開放體系的貨幣成長率等於國際準備與國內信用成長率的加權平均，權數分別爲國際準備佔貨幣供給比例(α)及國內信用佔貨幣供給比例($1-\alpha$)。將上式移項：

$$\dot{F}=\frac{\dot{M^s}}{\alpha}-\frac{(1-\alpha)}{\alpha}\dot{D_a}\tag{18.30}$$

上式揭示國際準備存量變化率——以百分比表示的國際收支餘額或官方清算餘額——決定於貨幣與國內信用成長率，是以只要知道決定兩者成長率的變數，即可由貨幣供給波動解釋國際收支變化的來龍去脈。在固定匯率制度下，央行無法控制貨幣供給量，貨幣數量係由貨幣需求決定。在通貨膨脹率持平（維持預期因素不變）下，貨幣需求成長率等於通貨膨脹率與實質所得成長率之和，

$$\dot{M^d}=\dot{M^s}=\dot{P}+\dot{y}\tag{18.31}$$

依據「相對購買力平價理論」，匯率變動率等於兩國通貨膨脹率差額，

$$\dot{e}=\dot{P}-\dot{P^*}\tag{18.32}$$

在固定匯率制度($\dot{e}=0$)下，上式成爲$\dot{P}=\dot{P^*}$，亦即本國通貨膨脹率等於外國通貨膨脹率。將其代入(18.31)式，可得本國貨幣供給（需求）成長率等於外國通貨膨脹率與本國實質所得成長率之和。爲維持匯率固定，本國貨幣供給須隨外國物價與本國實質所得變動而調整：

$$\dot{M^s}=\dot{P^*}+\dot{y}\tag{18.33}$$

再將上式代入(18.30)式，

$$\dot{F}=\frac{1}{\alpha}\dot{P^*}+\frac{1}{\alpha}\dot{y}-\frac{(1-\alpha)}{\alpha}\dot{D_a}\tag{18.34}$$

上式揭示：本國國際收支將視外國通貨膨脹率、本國實質所得及國

內信用兩者的成長率而定。對本國而言，外國物價及經濟成長率長期決定於外生變數，在固定匯率制度下，央行只能經由控制國內信用影響國際收支，故其盈絀全係國內信用鬆緊所致，本質上屬於貨幣現象。換言之，貨幣學派基本上採用Hume-Cantillon的「價格黃金流動機能」詮釋貨幣與國際收支間的關係，倚重貨幣或國際準備在國際間自由移動，自動改正國際收支失衡現象。不過貨幣學派更進一步修正爲在固定匯率制度下，本國國際收支逆差造成銀根緊縮，而在貨幣需求持平下，超額貨幣需求將削減總支出，進而導引國際收支邁向長期均衡。

由上述調整過程可知，貨幣學派的調整機能是基於貨幣餘額變動而行，國際收支能否有效調整與貨幣需求函數穩定性息息相關。在固定匯率制度下，發生超額貨幣需求國家自然出現國際收支順差而釀成國際準備累積，發生超額貨幣供給國家跟著發生國際收支逆差致使國際準備流失。經由逆差與順差國家的交互運作，在長期間以相同貨幣表示的絕對價格將趨於一致，相對價格勢將回復期初均衡而無更動。總之，貨幣學派認爲國際收支失衡是貨幣供需不等，貨幣市場出現存量失衡所致。由於貨幣需求與所得存有穩定函數關係，穩定性遠大於貨幣供給函數，故國際收支失衡自然可歸咎於貨幣供給波動所引起。

此外，貨幣學派與Keynesian學派對貨幣影響國際收支過程的看法迴異，因而導致「貨幣學派」與「所得方法」對所得與國際收支間的關係產生重大歧見。在國際貿易與資金移動無限制下，採固定匯率制度的小型開放體系是國際價格接受者，原先若處於國際收支平衡狀況，則依貨幣學派論點，國際收支變化爲：

$$B = \triangle M^d - \triangle M^s \tag{18.35}$$

在本國物價與利率持平下，貨幣需求變動量等於：

$$\triangle M^d = k \triangle Y \tag{18.36}$$

央行若未擴大國內信用（$\triangle M^s = 0$），國內貨幣需求波動只能由國外

獲得滿足（來自國際準備變動），國際收支餘額變動等於貨幣需求變動，(18.35)式可簡化為：

$$B = \triangle M^d = k \triangle Y \tag{18.37}$$

就上式兩邊遍除以 Y，

$$\frac{B}{Y} = k\frac{\triangle Y}{Y} = kg \tag{18.38}$$

B/Y 為國際收支對國民所得的比率，g 為實質經濟成長率。在 k 固定下，上式可表為：

$$\triangle(\frac{B}{Y}) = k\triangle g \tag{18.39}$$

上式意謂著小型開放體系提高經濟成長率，將使國際收支餘額對實質國民所得比率揚昇，即國際收支獲改善，此與 Keynesian 學派看法（經濟成長導致國際收支惡化）正好相反，理由是：

(1)經濟成長導致國際收支惡化的說法，犯了將貿易餘額視為國際收支餘額的錯誤。「貨幣學派」與「所得方法」兩者論點其實可以調和，只要經濟成長造成資本帳改善程度超越經常帳惡化程度，國際收支自可獲得改善；

(2)所得提高將增加貨幣需求，在貨幣供給持平下，超額貨幣需求唯有倚賴國際收支順差、國際準備淨流入才能獲得紓解，故在其他情況不變下，經濟成長率提高必然改善國際收支。

最後，1970 年代的主要工業國家匯率變動頻繁、幅度很大，此種現象無法訴諸於傳統之實質變數變動，惟有從資產市場與預期因素具有高度變異性對匯率產生干擾，才能獲得合理解釋。貨幣學派因而推廣為「資產平衡學派」，強調資產市場在國際收支調整過程中的重要性，資產供需變動對均衡匯率影響深遠，均衡匯率視國外資產存量多寡而定，只要國外資產市場達於均衡，商品市場必然達於均衡。在國外資產存量不變下，

商品市場變動並不會導致均衡匯率變動,「資產平衡方法」因而修正匯率主要決定於商品市場（貿易餘額或經常帳）的傳統看法。

(五)「直接管制」

在可調整固定匯率制度下, 國際收支逆差發生時, 開放體系採緊縮政策可能擴大失業; 採貶值政策並不適用暫時性失衡, 且須視進出口供需彈性而定; 採資本帳調整政策雖可誘使資本流入,但因利息負擔加重, 國際收支長期也未必改善。有鑑於此, 基於以上考慮且面臨國際準備匱乏時, 開放體系無法有效採取這些措施調整國際收支失衡, 只好訴諸「直接管制」政策做為國際收支調整的最後奧援。Mead(1951)指出「直接管制」政策工具可分「貨幣管制」、「財政管制」及「貿易管制」三類:

(1)「貨幣管制」

①「外匯管制」: 央行對外匯供需進行直接干預, 以間接管制商品進口與資本出口, 進而達到平衡國際收支目的, 主要方式如下:

(i)規定外匯收入必須售予指定外匯銀行, (ii)規定出口商只能接受可充作國際準備的外幣, (iii)實施外匯配額, (iv)管制本國資金外流或引進外資。採行外匯管制政策或可紓緩國際收支逆差困境於一時, 卻會引發下列後遺症:

(a)黑市外匯市場因而形成, 肇致經濟不公平與資源配置扭曲;

(b)外匯管制必須輔以外匯配給才能成功, 而外匯配給通常難以有效執行, 國際收支逆差困境未必能獲紓解;

(c)外匯管制有利進口替代產業發展, 原先用於出口產業資源部份移轉於進口替代產業, 結果是進出口同時減少, 國際收支逆差問題不僅懸而未決, 更釀成資源配置扭曲。

②「複式匯率」(multiple exchange rates): 央行對各類貿易財分別採取不同匯率計價, 達到鼓勵出口、限制進口目的。採用「複式匯率」

的最大缺陷是：使適用高匯率之進口財的國內價格偏高，低匯率之進口財的國內價格偏低，結果刺激增產高價格之進口替代品，減產低價格之進口替代品，資源配置因而遭致扭曲。此外，實施複式匯率的行政手續繁瑣，妨礙貿易活動進行，且耗費龐大行政費用釀成實質資源浪費。

　　③預先存款要求(advance-deposit requirements)：央行規定貿易商進口前，預先將固定比例的進口總值存入銀行廠商，徒增利息負擔而成類似進口關稅，有助於抑制進口意願。

(2)「財政管制」

　　①「關稅」：財政部對進口財課徵租稅，旨在提高進口財價格，抑制進口數量。以進口關稅改善國際收支，通常經由課徵關稅提高進口財相對進口替代品價格，削弱競爭能力，進而保護進口替代產業而達成的。財政部課徵進口關稅雖對進口替代產業發揮保護效果，卻對資源分配產生扭曲效果，使得原先用於生產出口財或非貿易財資源移到生產進口替代品，將使此二部門生產萎縮，不利於國際收支改善。

　　②「補貼」：視同負關稅旨在降低出口財價格，鼓勵擴大出口數量。由於決策當局需要籌措資金用於補貼出口，對財政窘困的開發中國家往往難以負荷。同時，該政策扭曲一國比較利益，使得資源由生產進口替代品或非貿易財轉移至出口財，肇致資源分配扭曲。

(3)「貿易管制」

　　①「配額」(quota)：在固定期間內，決策當局限定某種產品進口的最大數量，規定自國外輸入產品須事先取得主管官署許可。由於進口配額使得國內外市場完全隔離，價格機能運作受到嚴重破壞。同時，實施配額易使擁有配額者奇貨可居獲取暴利，形成黑市造成不勞而獲，有違經濟公平原則。

　　②「官方貿易獨佔」(state-trading monopoly)：所有國際貿易由官方設立機構統籌進行，決策當局視實際情況管制進出口數量，維持國

際收支平衡。在市場經濟制度下，實施官方貿易獨佔勢必損及經濟自由，而非市場經濟所能容忍。再者，官方經濟效率通常遜於私人經濟效率，實施官方貿易獨佔可能導致外匯浪費，不易達到減少進口、增加出口，改善國際收支目的。

除上述直接管制政策工具可用於改善國際收支外，財金當局尚可採取下列措施：

①「政府採購政策」：政府本身或鼓勵國民購買國貨，盡可能減少購買舶來品；

②「行政留難」：對進口簽證、檢疫、通關、產品規格等方面嚴加審查；

③「關口估價」：經由高估進口財價格，加重關稅負擔，而達到限制進口數量目的；

④「調整補貼」：政府對出口產業及進口替代產業結構調整予以金融或租稅補貼，強化國際競爭能力；

⑤「附帶條件的貿易」：要求貿易國在出口同時，向本國購買產品或進口某一數量；

⑥「差別限制」(discriminatory restrictions)：對貿易順差國家產品實施進口限制，對貿易逆差國家產品不予進口限制。

§ 18.5. 最適政策搭配

在市場經濟制度下，開放體系追求的經濟目標涵蓋充分就業、物價穩定、經濟成長、所得分配平均化及國際收支平衡。其中，經濟成長屬於長期動態經濟問題，所得分配涉及政治、社會、制度及傳統價值觀等非經濟因素，故在短期比較靜態模型下，穩定政策文獻通常侷限於探討開放體系如何邁向追求充分就業與物價穩定的「內部平衡」(internal balance)及達於國際收支平衡的「外部平衡」(external balance)兩項問題。

　　爲了達成內外部平衡目標，決策當局雖可採取財政、貨幣、所得、匯率與直接管制等政策工具，然而Tinbergen(1952)在《經濟政策理論》(*On the Theory of Economic Policy*)書中率先闡釋經濟目標與政策工具必須配合的關係，其論點稱爲「Tinbergen法則」：要達成某一個經濟目標，至少須使用一種有效政策工具；若要同時達成n個獨立經濟目標，至少須具備n種獨立且有效的政策工具。同期間內，Mead(1951)又指出，在某些情況下，決策當局單獨使用「支出調整政策」追求內外部平衡，將會導致一國內部與外部平衡間的衝突，這種情況稱爲「Mead衝突」(Mead's conflict)。不過在深入瞭解「Mead衝突」與「Tinbergen法則」內容後，可知兩者將是一致的，理由是：Mead將財政與貨幣政策合而爲「支出調整政策」，故依Tinbergen說法，單一政策工具自然無法同時解決兩個經濟目標。爾後，Mundell(1962)指出，只要適當搭配財政與貨幣政策，內部與外部平衡將可水到渠成，而無「Mead衝突」的情況發生，此即Mundell的「搭配法則」(assignment rule)或「有效市場分類原則」(principle of effective market classification)。以下將說明Swan與Mundell的政策搭配理論內涵：

㈠Swan的政策搭配理論

　　Swan(1955)在〈國際收支的較長期問題〉(Longer-Run Problems of the Balance of Payments)一文中率先利用 (圖18-8) 說明開放體系的內外部平衡並分析政策搭配方式。圖中橫軸代表實質支出(E)——即在固定價格下的國內投資與消費支出，縱軸是衡量某國貿易競爭力的成本比例(cost ratio)或以匯率(e)表示。YY'曲線是體系達成充分就業與物價穩定的內部平衡軌跡，其爲負斜率曲線係因國內支出少則須匯率

貶值，經由增加出口與減少進口才能維持內部平衡；國內支出多則需匯率升值，經由減少出口與增加進口才能維持內部平衡。*BB*′曲線是國際收支（或貿易餘額）平衡的外部平衡軌跡，其為正斜率曲線係因國內支出少則進口少，匯率必須升值才能維持國際收支平衡；國內支出多則進口多，匯率必須貶值才能維持國際收支平衡。在內部平衡軌跡*YY*′線右上方表示在國內支出固定下，匯率偏高，或匯率固定下，國內支出過多導致有效需求過多，故為通貨膨脹區域。反之，該線左下方為失業區域。

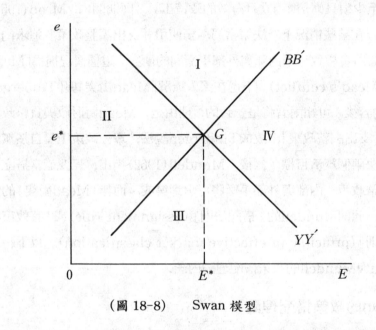

（圖 18-8）　　Swan 模型

在外部平衡軌跡*BB*′線左上方表示在國內支出固定下，匯率偏高；或匯率固定下，國內支出過少導致出口大於進口，故為國際收支順差區域。反之，該線右下方為國際收支逆差區域。當*YY*′與*BB*′兩條軌跡相交於*G*點表示體系達於內外部平衡，至於未在線上的點均為體系同時處於內部與外部失衡狀態，並且分成四種不同失衡情況如下：

　　區域 I：通貨膨脹與國際收支順差。

　　區域II：失業與國際收支順差。

　　區域III：失業與國際收支逆差。

　　區域IV：通貨膨脹與國際收支逆差。

　　當開放體系處於內外失衡區域之際，決策當局只要適當搭配匯率與支出調整兩種政策工具，即可達到內外同時平衡目標。就（圖18-8）而言，若外部平衡軌跡(BB')斜率較內部平衡軌跡(YY')斜率爲小，匯率政策對外部平衡發揮影響力較大，支出政策對內部平衡影響效果顯著，決策當局順勢操作自可達成目標；若採反向操作方式，結果與目標背離愈遠，反而釀成經濟體系不穩定。反之，若外部平衡軌跡斜率較內部平衡軌跡斜率爲大，匯率政策對內部平衡發揮影響力較大，支出政策對外部平衡有較大影響力，決策當局應以匯率政策追求內部平衡、支出政策追求外部平衡，才能同時達到內外平衡目標；一旦決策當局逆勢而爲，結果則與目標背離愈遠，經濟體系不穩定將是在所難免。

　　Swan模型簡化Mead與Tinbergen的多元聯立方程式分析方式，有助於瞭解政策搭配問題的重要性。不過Swan同時指出訊息不全乃是常態，決策當局通常無法獲知開放體系達成充分均衡位置所在，因而建議在短期失衡之際可採進口管制措施，放任匯率（工資與成本）在長期逐漸調整，此舉可減輕不確定性釀成無法決策的困擾。

(二)Mundell模型

　　Swan政策搭配模型並未考慮國際資本移動以及訊息不全兩項問題，而Mundell(1962)接續將此現象引進模型，區分Swan的支出調整政策爲貨幣與財政政策，並採用動態調整方法探討最適政策搭配問題，以消除訊息不足引發的困擾。就影響國際收支過程而言，財政政策主要透過支出變動，改變所得水準而影響經常帳，貨幣政策一則透過支出變動，改變所得水準而影響經常帳，再則透過利率變動而影響資本帳。由此顯

示：貨幣政策影響國際收支通常能較財政政策發揮更大效率，決策當局宜以貨幣政策紓解外部平衡，財政政策應付內部平衡。換言之，Mundell (1962)基於Samuelson(1947)所指體系發生動態調整而能達成穩定的「對應原則」(correspondence principle)，進而提出「有效市場分類法則」：「政策工具應與其能發揮顯著影響力的目標相配合。決策當局若未遵循是項原則，必然造成體系出現循環方式達成均衡，甚至釀成不穩定現象」。

　　若將Mundell的總體結構式模型化為縮減式模型，將各目標變數（充分就業與國際收支平衡）視為政策變數（財政政策以預算盈餘τ表示，貨幣政策以利率i表示）的函數。當開放體系達成內部平衡時，係指國內總需求恰好等於充分就業總供給(y^*)：

$$y^* = E(\underset{(-)}{\tau}, \ \underset{(-)}{i}, \ \underset{(+)}{y^*}) + \overline{X} - Z(\underset{(+)}{E}) \tag{18.40}$$

E是國內支出，$\overline{X}$是出口，Z是進口。至於外部平衡係指固定匯率制度下，資本淨流出(K)等於出口淨額($X-Z$)：

$$B = \overline{X} - Z[E(\tau, i, y^*)] - K(i) = 0 \tag{18.41}$$

　　就上述兩式進行全微分，可得「內部平衡軌跡」YY^*及「外部平衡軌跡」BB^*兩線斜率，且如（圖18-9）所示：

$$\left. \frac{d\tau}{di} \right|_{YY^*} = \frac{-E_i}{E_\tau} < 0$$

$$\left. \frac{d\tau}{di} \right|_{BB^*} = -\frac{K_i + mE_i}{mE_\tau}$$

$$= -\left(\frac{K_i}{mE_\tau} + \frac{E_i}{E_\tau} \right) \gtrless 0$$

　　接著，Mundell認為決策權分立的財政部與央行只要讓其政策分別追求相對具有影響力的目標，則無須確知經濟結構，也無須瞭解政策變數必須等於何值，各種目標自然能在調整過程中趨向同時達成。依據前

述分析，央行以貨幣政策對付外部平衡，而財政部以財政政策應付內部平衡，目標達成自然在望。是以兩種政策工具的調整過程可用下列微分方程式表示：

$$\frac{d\tau}{dt}=k_1\{E(\tau,\ i)+\overline{X}-Z(E)-y^*\} \tag{18.42}$$

$$\frac{di}{dt}=-k_2\{\overline{X}-Z(E)-K(i)\} \tag{18.43}$$

將上述兩式以$(\tau^*,\ i^*)$爲中心進行一階Taylor數列展開，

$$\frac{d\tau}{dt}=k_1\{(1-m)E_\tau(\tau-\tau^*)+(1-m)E_i(i-i^*)\} \tag{18.44}$$

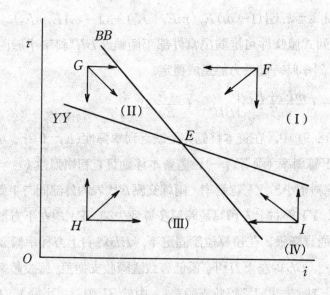

（圖 18-9）　Mundell 模型

$$\frac{di}{dt}=-k_2\{-mE_\tau(\tau-\tau^*)-mE_i(i-i^*)-K_i(i-i^*)\}$$

$$\tag{18.45}$$

k_1, $k_2 > 0$。由(18.44)與(18.45)的聯立微分方程式,可得「特性方程式」(characteristic equation)如下:(兩根為λ_1與λ_2)

$$\begin{vmatrix} k_1(1-m)E_\tau - \lambda & k_1(1-m)E_1 \\ k_2 mE_\tau & k_2(mE_i + K_i) - \lambda \end{vmatrix} = 0$$

$$\lambda^2 - \{k_1(1-m)E_\tau + k_2(mE_i + K_i)\}\lambda +$$

$$k_1 k_2\{(1-m)E_\tau(mE_i + K_i) - (1-m)E_i mE_\tau\} = 0$$

動態體系達成穩定的條件有二:

(1)行列式的對角和(trace)

$$\lambda_1 + \lambda_2 = k_1(1-m)E_\tau + k_2(mE_i + K_i) < 0$$

(2)行列式值(determinant)

$$\lambda_1 \lambda_2 = k_1 k_2\{(1-m)E_\tau(mE_i + K_i) - (1-m)E_i mE_\tau\} > 0$$

由行列式值條件可推演出當外部平衡軌跡BB^*斜率小於內部平衡軌跡YY^*斜率時,體系方能達成穩定:

$$-(\frac{mE_i + K_i}{mE_\tau})\Big|_{BB^*} < (\frac{-E_i}{E_\tau})\Big|_{YY^*}$$

(圖18-9)中,在資本移動完全缺乏利率彈性($K_i = 0$)下,BB線斜率等於YY線斜率(兩者合一),若資本移動具有利率彈性($-\infty < K_i < 0$),BB線斜率小於YY線斜率,兩線交點E代表內外部同時平衡。在利率固定下,YY線右上方預算盈餘偏多導致失業,YY線左下方預算盈餘偏低釀成通貨膨脹;在預算盈餘固定下,BB線右上方利率偏高導致國際收支順差,BB線左下方利率偏低導致國際收支逆差。假設體系處於失衡區Ⅰ的F點(失業與國際收支順差),由於BB線斜率小於YY線斜率。為達內外部同時平衡目標,決策當局宜針對失業採擴張財政政策、針對國際收支順差採銀根寬鬆政策,體系將朝FE箭頭方向變動。同理,若體系處於失衡區Ⅲ的H點(通貨膨脹與國際收支逆差),決策當局宜針對通貨膨脹採緊縮財政政策、針對國際收支逆差採緊縮銀根政策,體系將朝

*HE*箭頭方向變動。至於經濟活動的調整方式，需視特性方程式的判別式
△值正負而定：

$$\triangle = k_1^2(1-m)^2 E_\tau{}^2 + k_2(mE_i + K_i)^2 - 2k_1 k_2(1-m)$$

$$E_\tau(1-m)(mE_i - K_i) \gtrless 0$$

至於判別式值大小與$(mE_i - K_i) \gtrless 0$息息相關。一旦$\triangle > 0$，則開放
體系在施行政策後，將直接邁向均衡；而$\triangle < 0$，則係以循環方式趨向均
衡。

綜合以上說明，當外部平衡軌跡斜率小於內部平衡軌跡斜率時，決
策當局本著財政政策對內、貨幣政策對外，依據失衡情況適當搭配兩種
政策，終將使體系朝內外部均衡點收斂，同時邁向平衡目標。相反的，
決策當局若反其道而行，改以財政政策對外、貨幣政策對內，將使體系
離內外部同時平衡的目標漸趨遙遠。另一方面，若外部平衡軌跡斜率大
於內部平衡軌跡斜率，則財政政策在達成外部平衡時將較具效率，決策
當局應改弦易轍以財政政策解決外部失衡，而以貨幣政策應付內部失衡。

在動態體系中，由於無法確知目前經濟情況處於何種狀態，亦無法
確知內部與外部平衡軌跡的相對斜率，因而無法確定以何種政策應付內
外，才能使體系達於內外部同時平衡的目標。在這情況下，唯有根據
Mundell的「有效市場分類原則」，在外部平衡軌跡斜率通常大於內部平
衡軌跡斜率的前提下，設法瞭解經濟情況，以財政政策對內、貨幣政策
對外，當可達到內外部同時平衡的目標。「Tinbergen法則」雖然指出在
何種情況下體系才有均衡解值存在，卻未揭示如何才能達到均衡解值，
Mundell提出「有效市場分類法則」揭示在動態體系中，如何搭配財政
與貨幣政策，方能達到內外部同時平衡的穩定均衡目標。

〔本章重要參考文獻〕

1. 陳昭南:《貨幣、成長與貿易》, 臺北市銀行經濟研究室, 民國六十三年三月。

2. 陳博志:《情報不全下的政策配合》, 臺大經研所博士論文, 民國六十八年七月。

3. 謝德宗:《通貨替代的個體基礎與總體政策效果》, 臺大經研所博士論文, 民國七十五年七月。

4. 兪海琴:《我國央行外匯干預行爲之研究》, 臺大商學研究所碩士論文, 民國七十五年六月。

5. 于政長:〈外匯操作與外匯風險規避〉, 臺灣經濟金融月刊, 二十五卷五期, 民國七十八年五月, pp.2-12。

6. ＿＿＿:〈期貨市場之投資操作與避險〉, 臺灣經濟金融月刊, 二十六卷十一期, 民國七十九年十一月, pp.8-20。

7. Alexander, S. S., *Effects of a Devaluation on a Trade Balance,* IMF Staff Papers, 1952, pp.263-278.

8. Aliber, R. Z., *The Interest Rate Parity Theorem: A Reinterpretation,* JPE, 1973, pp.1451-1459.

9. Argy, V. & Porter, M., *The Forward Exchange Market and the Effects of Domestic and External Disturbances under Alternative Exchange Rate Systems,* IMF Staff Papers, 1972, pp.503-532.

10. Balassa, B., *The Purchasing-Power-Parity Doctrine: A Reappraisal,* JPE, 1964, pp.584-596.

11. Branson, W. H., *Asset Markets and Relative Prices in*

Exchange Rate Determination, Solzialwissenschaftliche An-nalen, 1977, pp.69-89.

12.Chacholiades, M., International Monetary Theory and Pol-icy, 1978.

13.Chen, C. N., *Diversified Currency Holding and Flexible Exchange Rate,* QJE, 1973, pp.66-111.

14._____, *IS, LM, BT, and A Simplified Synthesis of the Elas-ticity, Absorption and Monetary Approaches to Devaluation,* SEJ, 1975, pp.132-136.

15._____, *Currency Substitution and the Real Exchange Rate: the Utility Maximization Approach,* JIMF, 1985, pp.175-188.

16.Dornbusch, R., *A Portfolio Balance Model of the Open Economy,* JME, 1975, pp.3-20.

17.Fama, E. F., Forward and Spot Exchange Rate, JME, 1984, pp.319-338.

18.Frenkel, J. A., Monetary and Portfolio Models of Exchange Rate Determination, in: J. S. Bhandari & B. H. Putnam (eds.), 1984, pp.239-260.

19._____ & Mussa, M. L., Asset Markets, Exchange Rates, and the Balance of Payments, in: R. W. Jones & P. B. Kenen (eds.), Chap.14, 1985.

20.Grubel, H. G., Forward Exchange, Speculation, and the International Flow of Capital, Standford University Press, 1966.

21.Humphrey, T. M., *A Monetarist Model of Exchange Rate Determination,* Economic Review, FRB of Richmond, January/February, 1977.

22._____, *Factors Determining Exchange Rates: A Simple Model and Empirical Tests,* Economic Review, FRB of Richmond, May/June, 1977.

23._____, *The Monetary Approach to Exchange Rates: Its Historical Evolution and Role in Policy Debates,* Economic Review, FRB of Richmond, July/August, 1978.

24._____, *The Purchasing Power Parity Doctrine,* Economic Review, FRB of Richmond, May/June, 1979.

25.Johnson, H. G., *The Monetary Approach to the Balance of Payments: A NonTechnical Guide,* JIE, 1977, pp.251-268.

26._____, *Towards a General Theory of the Balance of Payments,* in *International Trade and Economic Growth,* London: Allen & Unwin, 1958, pp.153-168.

27.Keynes, J. M., A Tract on Monetary Reform, 1923.

28.Krueger, A. O., Exchange Rate Determination, Cambridge Surveys of Economic Literature, Cambridge University Press, 1983.

29.Mead, J. E., The Theory of International Economic Policy, Vol. I: The Balance of Payments, Oxford University Press, 1951.

30.Machlup, F., International Trade and the National Income Multiplier, Philadelphia, Blakiston, 1943.

31.Miles, M. A., *Currency Substitution, Flexible Exchange Rates, and Monetary Independence,* AER, 1978, pp.428-436.

32.Mundell, R. A., The Appropriate Use of Monetary and Fiscal Policy under Fixed Exchange Rates, IMF Staff Papers, 1962, pp.70-79.

33._____, *Capital Mobility and Stabilization Policy under Fixed and Flexible Exchange Rates,* Canadian JE & Political Science, 1963, pp.475-485.

34._____, International Economics, New York, Macmillan, 1968.

35.Mussa, M., The Theory of Exchange Rate Determination, in: J.F.O. Bilson and R.C. Marston (eds.), 1984, pp.13-78.

36. Officer, L., *The Purchasing-Power Parity Theory of Exchange Rates: A Review Article,* IMF Staff Papers, 1976, pp.1-60.

37.Robinson, J., The Foreign Exchange, in: J. Robinson, Essays in the Theory of Employment, Oxford, Blackwell, 1937.

38.Swan, T. W., *Longer-Run Problems of the Balance of Payments,* collected in Arndt, H. W. & Corden, M. W. (eds.): *The Australian Economy: A Volume of Readings,* Melbourne, Cheshire Press, 1963, pp.384-395.

39.Tinbergen, J., On the Theory of Economic Policy, Amsterdam, North-Holland, 1952.

40.Tsiang, S. C., *Balance of Payments and Domestic Flow of Income and Expenditures,* IMF Staff Papers, 1950, pp.254-288.

41._____, *The Theory of Forward Exchange and Effects of Government Intervention on the Forward Exchange Market,* IMF Staff Papers, 1959, pp.75-106.

... under Fixed Exchange Rates, IMF Staff Papers,
1962, pp. ...

... Capital Mobility and Stabilization Policy under Fixed
and Flexible Exchange Rates, Canadian Journal of Economical
Science, ... no. ...

... International Economics, New York, Macmillan,
1968.

... Mussa, M. The Theory of Exchange Rate Determination, in
J.F.O. Bilson and R.C. Marston (eds.), ... and ...

... Rodiger, A. The Purchasing Power Parity Theory of
Exchange Rates: A Review Article, IMF Staff Papers, 1976,
pp. 1-60.

... Robinson, J. The Foreign Exchanges, in J. Robinson Essays
in the Theory of Employment, Oxford, Blackwell, 1947.

... Swan, T.W. Longer Run Problems of the Balance of Pay-
ments, collected in A. and H.W. Arndt and M.W. Corden,
The Australian Economy: A Volume of Readings, Melbourne,
... Cheshire Press, 1963, pp. 384-395.

... Tinbergen, J. On the Theory of Economic Policy, Amster-
dam, North-Holland, 1952.

... Tsiang, S.C. Balance of Payments and Domestic Flow of
Income and Expenditure, IMF Staff Papers, 1950, pp. 254-
288.

... The Theory of Forward Exchange And Effects of
Government Intervention on the Forward Exchange Market,
IMF Staff Papers, 1959, pp. 75-107.

第十九章　央行決策行為與
貨幣政策內涵

　　金融產業經由「受信」與「授信」過程影響經濟活動運行，但因中介資金過程經常遭逢多重風險，致使金融廠商能否健全營運逐成眾人矚目與關心焦點。有鑑於此，決策當局往往對金融廠商進出產業與營運方式進行管理與監督，目的旨在維持金融產業穩定，避免波及實質部門運作。至於國內負責管理與監督任務的決策當局包括財政部金融局與央行，前者通常負責金融廠商行政管理與業務檢查，後者職司執行貨幣政策影響金融廠商決策與營運，進而改變經濟活動方向。

　　「經濟循環」(business cycle) 發生緣由眾說紛紜未有定論，連帶引起紓緩經濟波動幅度的政策有效性亦遭質疑。「貨幣學派」與「Keynesian」學派兩大系列雖然各自突出貨幣或財政政策在其領域中的有效性，但均同意貨幣政策必然發揮影響力，央行存在將具穩定經濟活動運行效果。基於該項共識，央行在體系內扮演何種功能，出現的理論基礎、組織架構與決策流程均值得深入探討。

　　本章首先推演「貨幣學派」與「Keynesian 學派」的經濟循環模型，用於說明兩者詮釋央行將會出現的理論基礎。再則，將以 Frey 與 Schneider(1981) 倡導的「政經模型」(politico-economic model) 說明央行的決策流程，在體系內提供的功能與營運原則。第三，分別說明央行組織架構及貨幣政策目標(target)內涵，並以 Tinbergen (1952) 及 Brainard (1967) 的「穩定政策」(stabilization policy) 理論說明政策目標與工具變數必須搭配的道理。接著，綜合文獻內容，逐一描述執行貨幣政策後的可能「傳遞途徑」。由於貨幣政策傳遞途徑淵遠流長，為能

即時掌握政策效果，央行往往選擇某些變數充做「貨幣指標」，何種變數與最適指標如何抉擇，值得探究。最後，分別說明央行採取貨幣政策可能遭遇的「時間落後」(time lag)，進而引伸「權衡」與「法則」式貨幣政策的優劣點爭議，並且說明「貨幣法則」的類型。

§ 19.1. 央行出現的理論基礎

自從貨幣誕生後，體系內經濟活動變化將是反映「實質」與「貨幣」兩部門交互運作的結果。Thornton (1802) 在《英國紙幣信用本質與效果的探討》書中，率先提出央行能夠控制基礎貨幣，進而穩定經濟活動運行的概念，此即揭示央行出現的文獻始祖。爾後，Keynesian 與貨幣學派各自從「實質」或「貨幣」部門著手探究經濟循環根源，分別尋求詮釋央行可能出現的理由。以下分別推演兩者的理論模型：

(一) 「Keynesian 學派」的實質循環模型

Samuelson (1939) 將時間落後因素引入 Hansen-Samuelson 模型，建立實質部門的「乘數—加速數模型」(multiplier-accelerator model) 探究經濟循環發生根源，進而引伸出央行出現的必要性。Samuelson 模型內容可說明如下：

體系內國民所得可由支出面定義為：

$$Y_t = C_t + I_t + G_t \tag{19.1}$$

人們的當期消費支出 C_t 取決於前期國民所得 Y_{t-1}：

$$C_t = aY_{t-1} \qquad 0 < a < 1 \tag{19.2}$$

再由「加速原理」(acceleration principle) 內容顯示，廠商當期投資 I_t 將視兩期消費支出變動量 $(C_t - C_{t-1})$ 而定：

$$I_t = \beta(C_t - C_{t-1})$$

$$= a\beta(Y_{t-1} - Y_{t-2}) \tag{19.3}$$

β是「加速數」(accelerator)。至於政府支出G_t可視爲固定值$G_t = G_0$。將 (19.3) 與 (19.2) 兩式代入 (19.1) 式,可得「國民所得」的兩階差分方程式(difference equation):

$$Y_t = G_0 + a(1+\beta) Y_{t-1} - a\beta Y_{t-2} \tag{19.4}$$

就上式解出「國民所得」時徑函數如下:

$$Y(t) = k_0\lambda_1{}^t + k_1\lambda_2{}^t + \frac{G_0}{1 - a(1+\beta) + a\beta} \tag{19.5}$$

$\lambda_1, \lambda_2 = \frac{1}{2}\{a(1+\beta) \pm [a^2(1+\beta)^2 - 4a\beta]^{\frac{1}{2}}\}$。以下就 (圖 19-1) 說明體系內國民所得波動型態。該圖係邊際消費傾向a與加速數β的各種組合,可劃分成四區而爲維持λ_1與λ_2兩根不出現虛根, $a^2(1+\beta)^2 - 4a\beta > 0$, 此時

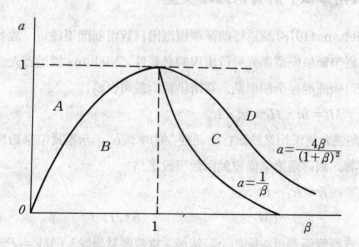

(圖 19-1) 邊際消費傾向與加速數的組合

a的最大值將是$4\beta/(1+\beta)^2$。就A區而言, β值相對較小, $0 < \lambda_2 < \lambda_1 < 1$, 所得變動時徑將以直接調整方式朝 $[G_0/(1-a)]$ 水準移動。在B區中, β值相對A區爲大, 在λ_1與λ_2兩根相互作用下, 所得變動時徑係振盪循環

(damped oscillatory)方式趨向均衡。在 C 區中，β 值較前者爲大，λ_1 根變大而超越 1，致使所得時徑以循環振盪方式向外發散。至於 D 區中，β 值顯然大於前述各區，所得時徑遂呈直接擴散現象。

上述分析顯示：Keynesian 學派認爲經濟循環根源出自實質部門不穩定，理由是：體系內儲蓄與投資行爲係屬不同成員所進行的兩件迴異決策，且需透過金融廠商中介方能密切配合。一般而言，儲蓄行爲通常較爲穩定而無需顧慮其他因素的影響，但是影響投資支出因素卻是複雜多變而呈高度波動，其中又與金融環境變化形影相隨，是以成立統籌規劃融資政策的央行，適度控制加速數值 β，有效率撮合儲蓄與投資行爲，必可紓緩經濟循環幅度。

(二)「貨幣學派」的貨幣循環模型

Niehans(1978)認爲經濟循環根源出自貨幣部門不穩定，故著手建立純粹貨幣循環模型探究央行出現的必要性。Niehans 模型首先假設體系內銀行廠商提存全額準備，貨幣供給函數可表爲：

$$M_t^s = m \cdot H_t = m \cdot R_t \tag{19.6}$$

H_t 是 t 期強力貨幣相當於銀行廠商提存的準備 R_t，m 是貨幣乘數爲穩定值。接著，銀行產業準備變動函數可設定爲：

$$\triangle R = R_t - R_{t-1}$$
$$= \beta + bM_{t-2} \qquad\qquad b < 0 \tag{19.7}$$

上式經濟涵義可說明如下：依據「貨幣數量學說」($MV = Py$)內涵及 M. Friedman 實證結果，貨幣數量變動對物價水準影響通常落後一期（快則六個月，緩則十八個月），連帶對生產成本（貨幣工資）影響也落後一期。假設體系採取黃金本位制度，物價揚昇提高保值需求，生產成本遞增勢必降低黃金供給量，兩者共同削減做爲貨幣準備的黃金數量，是以 t 期準備變動將受 $(t-2)$ 期貨幣存量影響。另外，體系若採固定匯率

制度而以黃金做爲外匯準備時，$(t-2)$期貨幣存量攀昇推動$(t-1)$期物價水準與生產成本上漲，進而導致t期貿易盈餘減少，外匯準備存量降低。綜合上述說法，(19.7) 式中的係數b將爲負值。接著，將 (19.6) 式取變動量：

$$M_t^s - M_{t-1}^s = m(R_t - R_{t-1}) \tag{19.8}$$

再將 (19.7) 代入 (19.8) 式，

$$M_t^s - M_{t-1}^s = mbM_{t-2}^s + m\beta \tag{19.9}$$

就上述貨幣供給的二階差分方程式求解，可得貨幣供給變動時徑函數：

$$M_t^s = k_0 \cdot \lambda_1^t + k \cdot \lambda_2^t - \frac{\beta}{b} \tag{19.10}$$

$\lambda_1, \lambda_2 = \frac{1}{2}\{1 \pm \sqrt{(1+4mb)}\}$。由前述分析可知：體系內貨幣供給變動時徑函數是否收斂，實與$\sqrt{(1+4mb)}$緊密相連。其中，m是貨幣乘數可由央行控制，b是銀行產業準備變動係數深受實質部門運作影響，而呈不穩定現象。換言之，貨幣學派認爲惟有透過成立央行執行各種貨幣政策，降低貨幣乘數與準備變動係數波動，方能消弭貨幣部門不穩定因素，紓緩經濟循環振盪幅度。

除開上述經濟循環理論詮釋央行出現的理由外，尚有下列原因補強央行存在的必要性：

(1)貨幣本身無法自行管理

由第二章分析顯示：體系若採「商品貨幣制度」時，貨幣數量將視商品需求與生產成本而定，其價格恒爲正值致使物價水準亦爲有限值，商品貨幣將可自行管理。一旦體系盛行「紙幣制度」而放任紙幣廠商自由生產時，結果必然濫發紙幣至價值爲零，從而釀成惡性通貨膨脹現象。有鑑於此，決策當局成立央行將鑄幣權收歸國有，避免陷入惡性通貨膨

脹的窘境。另外，央行限制銀行廠商家數，要求提存準備等措施，目的均在規範貨幣（支票）發行量。

⑵提高經濟效率與降低交易成本

隨著銀行廠商發行的支票逐漸成為貨幣供給的主要成份後，票據交換即成支票交易的重要環節之一，是以由央行成立「票據交換所」集中交換，而由銀行廠商在央行的活存帳戶中相互沖銷，將可降低交易成本，故屬事在必行。此外，銀行產業通常具有寡頭壟斷性質，無法在既定利率下取得足夠融資，惟有成立央行提供緊急融資，方能應付金融危機降臨時的「極端流動性」(extreme liquidity)需求。

§ 19.2. 央行功能與決策流程

傳統「經濟模型」純粹討論體系內各種經濟變數行為的形成方式及其變動，其他非經濟因素影響一律視為外生固定而不予討論。至於 Frey 與 Schneider(1981)推演的「政經模型」則將具有重要影響力的政治社會因素引進經濟模型中，進而討論其對經濟活動影響。由於央行決策行為除須考慮經濟因素影響外，非經濟的政治社會因素更是重要考慮變數。基於是項看法，央行決策流程可用（表 19-1）說明。

央行屬於政府部門的一環，任何決策必然深受執政者意識型態影響。一般而言，「保守黨」政府通常偏向「Keynesian 學派」觀點，強調政府部門較私部門擁有更充分的訊息，應視實際狀況變動採取「權衡性」政策，賦予央行較多靈活調整政策工具的權力。至於「自由黨」政府較為偏向「貨幣學派」觀點，宣稱私部門使用資源較具效率而應採自由放任措施，央行應偏好「法則式」貨幣政策，減輕誤用「權衡性」政策對私部門形成不當干擾的機會。

政府部門的執政者通常須經選民投票選出，惟有瞭解選民偏好型態，

擬定符合選民需求的政策，方能於大選中獲勝，而取得持續執政機會。一旦政府部門面對改選壓力，自然會將訊息知會央行總裁，形成央行擬定之理想社會福利函數(social welfare function)與選民實際偏好發生分歧現象，此即政府部門與央行決策者間發生衝突之處。隨著兩者衝突程度遞增，結果若非央行總裁去職，即是央行修正預擬的貨幣政策內涵。

　　另一方面，行政機構依據執政者意識型態擬定財政政策，央行則是執行貨幣政策，兩者均需考慮經濟結構狀況，且可能必須互相配合而形成衝突景象。值得注意者：就短期而言，央行總裁非由選民直接票選，承受政治壓力較低而有較大自主權擬定政策。但就長期而言，央行間接承受來自政府部門改選壓力，貨幣政策擬定自主權勢將遭到質疑。

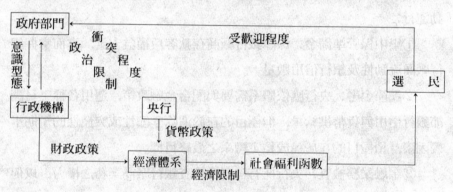

(表 19-1) 央行決策流程

　　瞭解央行在決策過程中可能承受的政治壓力後，以下再分別說明央行在體系內發揮的功能：

(1)「經紀功能」

　　央行提供各種經紀勞務以提昇經濟效率與降低交易成本：

①發行通貨：央行通常取得發行通貨的獨佔權，目的在避免分散發行的弊端（如：形式不一、數量不易控制等）與便於控制貨幣數量。

②外匯管理與操作：外匯準備包括用來清償國際收支的黃金與外匯資產，集中保管目的在於有效運用外匯與調節國際收支維持匯率穩定。

③票據交換與票據信用管理：央行利用銀行廠商均在該行開立帳戶的現象，負責清結銀行廠商間債權債務與進行票據交換，節省現金使用與降低交易成本。

④中介國際金融交易：央行通常代表政府履行國際金融協定之義務，中介國際資金與金融交易，協助完成國際金融合作。

⑤金融經濟情勢調查分析：央行應對金融經濟情勢進行調查分析，除作為釐訂政策依據外，更供工商界及人民參考。

⑵「控制功能」(control function)

央行經由監督管理銀行廠商營運與施行貨幣政策，進而影響經濟活動運行：

①集中保管準備金：保障銀行廠商存款客戶權益安全，進而掌握銀行廠商流動性及銀行信用數量。

②調節金融：央行應依體系需要與配合金融政策，運用各種工具調節銀行信用與貨幣供給量，消極目的在於消除季節性或突發性的短期干擾因素，積極目的在於達成穩定體系之最終目標。

③金融業務檢查：央行擁有監督及檢查銀行廠商業務之權力，以促進銀行業務健全發展及政策之有效推行。

⑶「資產轉換功能」

央行針對銀行廠商與財政部兩個部門，提供不同到期日及流動性的資產，從而具有轉換資產流動性的功能：

①對銀行廠商再貼現：央行必要時應以再貼現或轉質押方式，對票據經紀人或其他金融廠商融資，從而擔負「資金最後融通者」(lender of the last resort)角色，此種融資即屬「金融赤字」範圍。

②代理國庫：經理國庫存款，協助公債發行與償還，及提供短期融

資調節財政收支的季節性變動。換言之，當財政收支無法契合而須發行公債（或國庫券）之際，若由央行購買而予以貨幣化，此即融通「財政赤字」。此外，央行可利用「公開市場操作」(open market operation)改變「利率期限結構」，配合公債發行與償還。

一般而言，央行執行上述功能時，通常須循下列原則而行：

(1)「不經營銀行廠商業務」：央行為「銀行之銀行」，業務上不應與銀行廠商發生競爭行為，不應對私部門進行「受信」與「授信」，理由是：

(i)央行負責保管存款準備且不付利息，如果從事授信業務，不啻利用銀行資金謀利，殊非事理之平；

(ii)央行負有監督銀行廠商責任，地位應處超然。若與銀行廠商發生業務競爭，監督責任即不易執行；

(iii)央行對銀行廠商負有再貼現及最後融資責任，一旦從事銀行廠商業務，緊急情況發生即無法作為全國金融後盾；

(iv)金融政策執行須賴銀行廠商支持與合作，兩者間若發生業務競爭而處於敵對地位，政策將會因而窒礙難行。

(2)「非營利目的」：央行不應以營利為目的，理由是：

(i)央行係為全國利益服務，目的在管理通貨、穩定金融及發達國民經濟。為實現目的，業務上縱使蒙受損失亦在所不惜；

(ii)央行享有發行貨幣、代理國庫及保管準備等權利，資金成本幾近於零而使銀行廠商無法抗衡。

(3)「不應付利息」：央行無須對資金來源付息的理由是：

(i)央行擁有發行貨幣權利，無需以付息作為吸金工具；

(ii)央行要求銀行廠商提存準備係屬保管性質，原則上窖藏而不運用圖利，故不付利息。此外，央行代理國庫時，對於政府短期墊款、辦理匯款及其他財務事項，僅收手續費，故對國庫存款不付利息，實係權利義務相等合乎公平原則。

(4)「資產須具流動性」：央行在金融危機時期對銀行廠商負有緊急融資義務，故須保持較大比例之黃金及外匯，同時投資於短期有價證券，以維持資產具有高度流動性。

(5)「限制對政府部門融資」：央行負有融通政府財政之責任，或視對政府墊款爲當然義務。但如央行對「財政赤字」融資過多，勢必釀成物價上漲，故各國法律對融資數額、期限（短期）及擔保（稅收或公債爲擔保品）均有限制。

(6)「維持超然地位」：央行代表全國人民利益，應立於超然地位，以免危害獨立判斷能力：

(i)避免濫發貨幣：央行對財政部應維持某種程度之自主權，俾在財政部預算發生赤字時，能夠抗拒融資要求的壓力；

(ii)避免爲利益團體操縱：央行決策人士應具普遍性，以免淪爲少數利益團體操縱，危害全國整體利益。

(7)「按期公佈訊息」：央行係控制全國信用樞紐，爲使銀行廠商、農工商界及民眾明瞭其現況及政策方向，自應將資產負債表與營業狀況按期公佈，供各界決策參考。

§ 19.3. 央行組織與貨幣政策決定流程

我國央行係民國 17 年 11 月 1 日正式成立於上海，由國庫撥款資本額爲 2,000 萬元。23 年 4 月，央行資本額增爲國幣 10,000 萬元。24 年 5 月 23 日，國民政府公佈中央銀行法，明定央行爲國家銀行隸屬總統府，並將總行改設於南京，分行設於國內各地。央行純益除提公積金及行員福利金外，悉解國庫。同年 11 月 4 日，我國放棄銀本位而改行法幣制度，規定央行、中國、交通及中國農民等銀行發行之貨幣爲法幣，央行僅有部份貨幣發行權。26 年對日抗戰爆發，央行隨政府內移，爲配合戰時財

政需要，央行聯合中國、交通及農民等銀行組織聯合辦事總處，處理戰時金融業務。28 年 10 月 1 日公佈公庫法，央行依法經理國庫業務。31 年 7 月 1 日公佈「鈔票統一發行辦法」，全國貨幣發行均集中央行辦理，其餘三家發行之貨幣及準備全部移交央行接收，至此始與一般銀行廠商有別。34 年 3 月財政部授權央行檢查全國金融廠商業務，對一般金融廠商控制能力因而增強。自 31 年 7 月迄 34 年 8 月日本投降前夕，實為我國央行黃金時代，不僅具備現代央行的一切特權和職能，全國分支機構多達 100 餘處，職員逾 3,000 人，代庫單位達 1,500 餘單位。

　　民國 34 年 8 月抗戰勝利，央行積極進行復員工作，組織員額隨之擴編，至民國 37 年底計有分行 71 處，總分行人員逾 5,000 人。央行遷臺後緊縮編制，總行僅保留 6 單位，職員 140 餘人，分行全部撤銷，大部分業務均委託臺銀辦理。50 年 7 月 1 日正式在臺北市復業，形式上仍維持過去大陸時期體制，設有理事會、監事會及總裁、副總裁分掌其職，彼此協調。內部組織則除於復業時恢復國庫局及增設金融業務檢查處外，並於 58 年 1 月 1 日成立外匯局，負責外匯管理與調度事宜。68 年 11 月 8 日修訂後之「中央銀行法」將央行由隸屬總統府改為隸屬行政院，並正式授予央行檢查金融廠商業務的權力。由 (表 19-2) 顯示：我國央行組織計有業務、發行、外匯、國庫等四局，金融業務檢查、經濟研究、秘書及會計等四處，人事、資訊及法務等三室。此外，尚有中央印製廠、中央造幣廠兩附屬事業，由發行局負責督導兩者發行票券 (債券) 及貨幣業務。

　　瞭解我國央行發展沿革與組織架構後，接著再用 (表 19-3) 說明貨幣政策的擬定過程。當經濟活動運行出現脫軌狀況之際，經由決策當局的研究部門搜集訊息研判後，交由央行或財政部擬定政策因應。至於決策當局到底採行貨幣或財政政策紓解經濟問題，則依經濟理論說法進行抉擇。一旦由央行選定貨幣政策因應，接著參考經濟理論瞭解政策傳遞

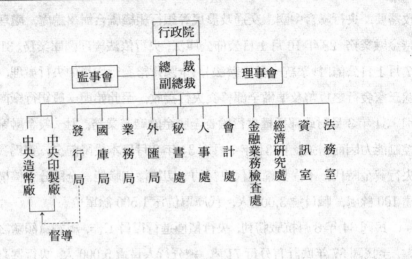

(表 19-2) 央行組織架構

過程，將追求的「經濟目標」(economic goal)具體化成「目標變數」
(target variable)。另一方面，央行選擇調整「工具變數」(instrument
variable)影響「指標變數」(indicator variable)，然後改變目標變數
達成擬定的經濟目標，從而提昇社會福利水準。

央行發揮「控制功能」目的在於追求社會福利水準最大，而體系內
社會福利函數係由所有成員效用函數u_i構成：

$$W = F\ [u_i(C_i)]$$
$${\scriptstyle (+)}$$

$$= G(\pi,\ un,\ \dot{y},\ Bop) \tag{19.11}$$
$${\scriptstyle (-)\ \ \ (-)\ \ \ (+)\ \ \ (-)}$$

$i=1, 2, \cdots, n,\ C_i$是i成員的消費水準。人們的效用或消費水準將視體系
內通貨膨脹率$(\pi = dlnp/dt)$、失業率(un)、經濟成長率$(\dot{y} = dlny/dt)$
與國際收支(Bop)狀況而定，故央行擬定貨幣政策目標將是穩定(19.11)
式中的四項變數值。

(1)「物價穩定」

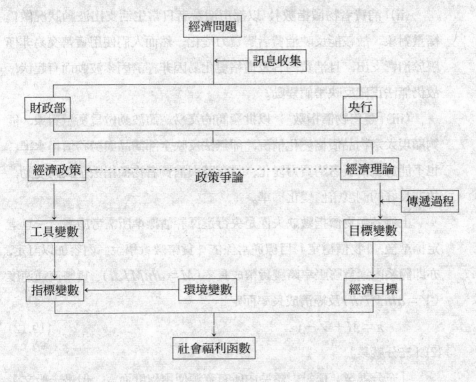

(表 19-3)　貨幣政策擬定流程

　　「物價穩定」通常指維持國內幣值或貨幣購買力穩定，亦即維持物價水準穩定。央行經常用於測度國內幣值變動標準的有：*GNP*平減指數 (deflator)、躉售物價指數(*WPI*)及都市消費者物價指數(urban consumer price index, *CPI*)。惟各種標準都有優缺點，未能充分顯現購買力波動狀況，導致央行不易斟酌決定：

　　(i)「*GNP*平減指數」：係以構成*GNP*的最終商品與勞務爲對象，故能顯現貨幣在全國最終商品與勞務市場上之購買力變化。不過現代體系內常有品質改善或效率提高而增產現象，品質改善推動物價揚昇是否反映經濟穩定受損,而生產效率提高釀成物價下跌現象是否表示經濟安定,均值得商榷。

(ii)「消費者物價指數」：以都市消費者日常生活支出波動狀況做爲
衡量對象，故較能反映消費者購買力變化。然而人們使用貨幣交易非僅
限於消費支出，且消費內容及價格變化易因非經濟因素波動而有起伏，
故仍無法正確反映幣值變動。

(iii)「躉售物價指數」：以批發商的交易總值波動做爲衡量對象，能
夠顯現大宗物品價格變化情況，卻無法反映全部商品與勞務價格水準，
也不能反映消費者購買力變化，且有時與消費者物價指數呈反向變動，
故非良好的測度幣值變化標準。

上述各類物價指數缺失僅是央行選擇評估標準所需考慮者，一旦選
定標準後，「物價穩定」目標通常係依「貨幣數量學說」內容加以訂定，
亦即體系內通貨膨脹率將視貨幣成長率($\dot{M}=dlnM/dt$)、貨幣流通速度
($\dot{V}=dlnV/dt$)及經濟成長率而定：

$$\pi = \dot{M} + \dot{V} - \dot{y} \tag{19.12}$$

(2)「充分就業」

「充分就業」係針對體系內所有資源使用程度而言，但是一般文獻
通常侷限於討論勞動市場就業狀況。由於勞動就業情況關係所得來源，
進而影響社會福利水準，故央行往往列爲重要政策目標。一般以失業情
況作爲衡量充分就業與否的尺度，即以「失業人數」與願意就業之「勞
動力」(labor force)比較，最佳失業率情況是零失業率。然而體系在正
常情況下，難免會有「結構性」與「摩擦性」等「自然失業」存在，致
使失業率爲零的狀況委實無法存在。有鑑於此，央行執行貨幣政策預擬
達成之「充分就業」目標，僅是在既定「自然失業率」下竭力縮小「非
意願性失業」(involuntary unemployment)數量而已。

(3)「經濟成長」

「經濟成長」係指國民產出淨額(NNP)擴張幅度，NNP增加的先決
條件是體系內經濟資源必先擴張，如：提高勞動、土地及資本利用率，

或提高資源生產力。不過貨幣政策在資源運用方式中所能發揮效果非常
有限，或許能對資本累積產生效果，但對人力及土地運用卻缺乏直接影
響力。有鑑於此，央行無法對經濟成長作積極性干涉，只好接受既定成
長目標，利用貨幣政策工具從旁加以協助。

⑷「國際收支平衡」

　　「國際收支平衡」係指每年外匯準備不發生增減變化或是國際收支
的自主性交易收支平衡。事實上，開放體系在固定期間內通常會出現事
前交易供需（自主性交易）失衡，必須以事後交易（補償性交易）彌補
自主性交易，補充後的差額即爲外匯準備的變化。

　　一旦國際收支失衡，則採固定匯率制度的國家將面臨外匯準備數量
變動，導致貨幣供給變動。在順差失衡場合，外匯準備呈長期累積現象，
貨幣供給亦呈長期擴張趨勢；在逆差失衡場合，貨幣供給量趨於減少。
至於體系採取浮動匯率制度時，國際收支失衡必然導致匯率波動，形成
體系不穩定現象。有鑑於此，央行宜採適當貨幣政策，控制國際收支達
於平衡，紓緩匯率或貨幣供給波動釀成的不良影響。

　　雖然貨幣政策追求的具體目標有四項，而且央行通常宣稱要以某種
政策同時實現兩個以上目標，但是事實上要以某項政策工具實現多重目
標，常因目標間無從配合而無法奏功。Tinbergen（1952）早在《經濟
政策理論》書中指出：「在一致性(consistent)且確定體系中，政策目標
與工具變數的數目必須相符，方能解決經濟問題」。Tinbergen 假設決策
者能夠控制工具變數x是$m \times 1$的向量，而與經濟目標y的$n \times 1$向量間成
靜態直線體系：

$$y = Ax \tag{19.13}$$

A是$n \times m$的固定係數向量。假設決策者預擬達成的目標向量$y = y^*$，則
可由線性代數特性討論所需工具數量：

　　⑴當目標超越工具數量$(n > m)$時，一般而言無法就上式求解，或是

以現行工具變數無法達成預擬目標。

　　(2)當目標恰好等於工具數量($n=m$)時，(19.13)式可解出惟一工具變數值x^*：

$$x^* = A^{-1} \cdot y^* \tag{19.14}$$

　　(3)當目標小於工具數量($n \times m$)時，決策當局可選擇n種適當工具達成目標y^*，而令其餘工具變數$m-n=0$。在此，將(19.12)式中的矩陣A分割為：

$$y = \begin{bmatrix} A_1 & A_2 \end{bmatrix} \begin{bmatrix} x_1 \\ x_2 \end{bmatrix}$$

$$= A_1 x_1 + A_2 x_2 \tag{19.15}$$

x_1代表前n種工具變數，x是($m-n$)種工具變數，A是$n \times n$的矩陣，A_2是$n \times (n-m)$的矩陣。假設A是非奇異性(nonsingular)矩陣，欲達成$y=y^*$可設定：

$$x_1^* = A_1^{-1}, \ y^* \tag{19.16 a}$$

$$x_2^* = 0 \tag{19.16 b}$$

　　由以上分析可知：靜態體系若存在足夠工具變數而能實現任何既定目標變數y，則稱為「靜態可控制」(statically controlable)。換言之，「靜態可控制」條件為：「惟有當$r(A)=n$時，靜態體系$y=Ax$才是靜態可控制，$r(A)$是矩陣的階(rank)」。

　　接著，Brainard(1967)認為體系內充滿不確定性因素，是以政策目標（所得）y與工具變數（貨幣供給）x間將呈隨機直線關係：

$$\widetilde{y} = \widetilde{a} x + \widetilde{u} \tag{19.17}$$

a與u均為隨機變數，其預期值與變異數分別為$E(\widetilde{u}) = \widetilde{u}$，$E(\widetilde{a}) = \overline{a}$，$Var(\widetilde{u}) = \sigma_u^2$，$Var(\widetilde{a}) = \sigma_{a}^2$。假設決策者預擬達成的目標變數為$y^*$，Brainard因而設定決策者的損失函數(loss function)為二次式：

$$\text{Min } E(\widetilde{u}) = E\left[(\widetilde{y} - y^*)^2\right] \tag{19.18}$$

S.t. $\widetilde{y}=\widetilde{a}x+\widetilde{u}$ (19.17)

決策者在 (19.17) 式的經濟結構限制下，嘗試尋求最適x^*值而使實際y值偏離預擬y^*值所釀成之福利損失達於最小。將(19.17)式代入(19.18) 式：

$$E(\widetilde{u})=E\ [(\widetilde{a}x+\widetilde{u}-y^*)^2]$$
$$=x^2\sigma_a^2+\sigma_u^2+2\rho\sigma_a\sigma_u x+(\overline{a}x+\overline{u}-y^*)^2 \quad (19.19)$$

就上式對x偏微分，可得不確定狀況下的最適政策x_u：

$$x_u=\frac{\overline{a}(y^*-\overline{u})-\rho\sigma_a\sigma_u}{\overline{a}^2+\sigma_a^2} \quad (19.20)$$

至於體系若處於確定狀況時，$\sigma_a=\sigma_u=0$，最適政策x_c將是：

$$x_c=\frac{(y^*-\overline{u})}{\overline{a}} \quad (19.21)$$

上述分析是決策者在不確定狀況下，以單一政策工具應付單一目標的推演結果。Brainard 隨後再探討決策者採用兩種工具紓解經濟目標的方式，經濟結構可表示如下：

$$\widetilde{y}=\widetilde{a}_1 x_1+\widetilde{a}_2 x_2+\widetilde{u} \quad (19.22)$$

$E(\widetilde{a}_i)=\overline{a}_i, E(\widetilde{u})=\overline{u}, Var(\widetilde{a}_i)=\sigma_i{}^2, Var(\widetilde{u})=\sigma_u^2, i=1, 2,$ 至於a_1與a_2的相關係數爲ρ。將 (19.22) 式代入 (19.18) 式，

$$E(\widetilde{u})=x_1{}^2\sigma_1{}^2+x_2{}^2\sigma_2{}^2+\sigma_u{}^2+2\rho\sigma_1\sigma_2 x_1 x_2+$$
$$(\overline{a}_1 x_1+\overline{a}_2 x_2+\overline{u}-y^*)^2 \quad (19.23)$$

就 (19.23) 式分別對x_1與x_2偏微分：

$$\sigma_1{}^2 x_1+\sigma_1\sigma_2\rho x_2+\overline{a}_1(\overline{a}_1 x_1+\overline{a}_2 x_2+\overline{u}-y^*)=0 \quad (19.24\text{ a})$$
$$\sigma_1\sigma_2\rho x_1+\sigma_2{}^2 x_2+\overline{a}_2(\overline{a}_1 x_1+\overline{a}_2 x_2+\overline{u}-y^*)=0 \quad (19.24\text{ b})$$

當政策工具的邊際影響(marginal impacts)爲確定值時，$\sigma_1{}^2=\sigma_2{}^2=0$，上述兩式同時簡化成：

$$\overline{a}_1 x_1+\overline{a}_2 x_2+\overline{u}-y^*=0 \quad (19.25)$$

上述結果同於 Tinbergen 政策調整法則, 決策當局僅需在x_1或x_2中擇一即可。但在不確定狀況下, (19.24 a) 與 (19.24 b) 兩式可聯立求出x_1與x_2的最適值, 顯示決策當局必須同時使用兩者方能達於最適, 兩種政策工具的相對強度將與個別變異數呈反向變動:

$$\frac{x_1}{x_2} = \frac{\sigma_2(\overline{a}_1\sigma_2 - \sigma_1\rho\,\overline{a}_2)}{\sigma_1(\overline{a}_2\sigma_1 - \sigma_2\rho\,\overline{a}_1)} \tag{19.26}$$

§ 19.4. 貨幣政策角色與傳遞過程

Friedman (1968) 在〈貨幣政策的角色〉(The Role of Monetary Policy) 文中指出, 央行採取貨幣政策無法勝任與可以發揮的角色涵蓋下列數項:

⑴「貨幣政策無法勝任工作」

就長期而言, 貨幣政策無法勝任的工作約有下列兩項:

①「壓低利率」: 央行在公開市場買進證券, 放出強力貨幣數量, 擡高證券價格與壓低證券收益率, 僅能暫時降低一般利率水準。貨幣供給擴張透過各種途徑影響總需求, 帶動物價揚昇, 名目所得升高刺激貨幣需求上升, 利率大致在一、兩年之內又將回升至原來水準。如果高貨幣成長率引發人們預期物價上漲心理, 則借款者將願付出更高利率, 出借者也會要求通貨膨脹貼水, 利率必然居高不下。換言之, 央行無法利用貨幣政策將利率長期壓低在某一水準, 詳情參閱第十五章。

②「釘住就業率」: 體系內的「自然失業率」決定於勞動與商品市場的特徵, 如: 市場不完全性、收集工作機會訊息成本、資源移動成本、供需機遇性變動等因素。「自然失業率」與長期均衡實質工資率是互相一致, 長期間技術進步與資本累積等因素決定實質工資率上漲速度。如果央行企圖將實際失業率壓低於自然失業率而採膨脹性政策, 短期則因大

眾預期物價平穩，實際失業率將會低於自然失業率。就長期而言，由於人們調整通貨膨脹預期而要求貨幣工資調昇，實際失業率最後又回復自然失業率水準，貨幣政策徒然造成物價上漲，對改善失業狀況並無助益，詳情參閱第十六章。

(2)「貨幣政策能夠達成的任務」

①貨幣政策能夠避免貨幣成為干擾經濟活動因素，為經濟活動提供穩定金融環境。貨幣數量波動不適當，如：季節性或偶發性變動，必然破壞經濟活動穩定。當人們有充分信心確認未來物價將非常穩定時，才能將未來經濟行為安排得最好，體系方能運轉得順暢。

②貨幣政策能夠抵消其他干擾因素效果，如：龐大預算赤字引發物價上升，而緊縮性銀根政策將可抑制總需求過分膨脹。

明瞭貨幣政策能否勝任的工作項目後，接著依據文獻內容說明貨幣政策對經濟活動影響的傳遞途徑。一般而言，探討貨幣政策傳遞途徑的文獻通常分成「直接調整」與「間接調整」兩種系列：

㈠「直接調整方式」

探討貨幣政策傳遞途徑的文獻最早可溯及 Hume (1752) 與 Cantillon (1755) 的「直接調整機能」，爾後的 Fisher (1911) 與 Cassel (1918) 在「交易學說」中另以「通貨膨脹過程」取代，指出貨幣政策變化對經濟活動影響途徑如下：

$$OMO \rightarrow ER\uparrow \rightarrow BK^d\uparrow \rightarrow M^s > M^d \rightarrow E = MV\uparrow \rightarrow Y\uparrow$$

央行實施公開市場操作(OMO)，導致銀行廠商保有超額準備(ER)遞增而需擴大「授信」(BK^d)行為，進而釀成貨幣供需發生失衡。一旦人們感覺實際貨幣保有量超越意願量，將在商品市場處分貨幣而增加支出。就短期而言，體系內商品與勞務生產無法隨配合需求同步遞增，物價水準將因支出擴張而迅速揚昇，直至漲幅與貨幣供給增幅一致時，方

才回歸新均衡。換言之，央行採取寬鬆銀根政策，直接透過商品市場支出增加而發揮效果。

晚近的 Anderson 與 Carlson (1970) 延續「通貨膨脹過程」說法，建立 St. Louis 模型描述貨幣政策傳遞過程。(表 19-4)顯示：體系內總支出變動深受貨幣數量與政府支出調整的影響。一旦央行採取寬鬆銀根政策促成總支出遞增後，在體系內「潛在產出」(potential output)限制下，必然形成「需求壓力」(demand pressure)，而推動物價上漲與產出擴張。由於體系內產出與物價預期發生變化，最後將推動市場利率上揚。

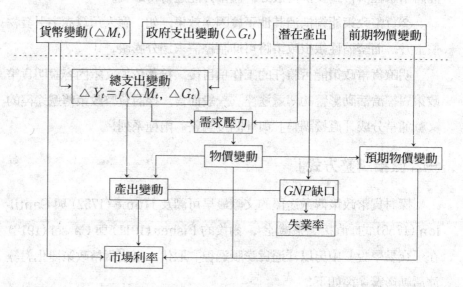

(表 19-4) St. Louis 模型的貨幣政策傳遞過程

㈡「間接調整方式」

除上述「直接調整方式」外，Tooke (1856) 與 Wicksell (1898) 在其「所得理論」中擷取 Thornton (1802) 的「間接調整機能」精華，

另以「累積過程」描述貨幣政策傳遞過程，從而成為所有「間接調整方式」文獻的始祖。依據 Wicksell 的構想，貨幣政策傳遞途徑可顯示如下：

$$OMO \rightarrow ER\uparrow \rightarrow M^s > M^d \rightarrow r < i \rightarrow E = C + I\uparrow \rightarrow Y\uparrow$$

$$(BK^d > BK^s)$$

央行採取寬鬆銀根的公開市場操作(OMO)後，驅使銀行廠商的超額準備遞增而需擴大「授信」($BK^d > BK^s$)行為，同時釀成貨幣供需失衡($M^s > M^d$)。此種現象促使銀行廠商降低資金借貸的「貨幣利率」，創造投資所獲的「自然利率」(r)與「貨幣利率」(i)間的差距，同時產生兩項效果：(1)人們將降低儲蓄意願，增加消費支出；(2)投資者獲利機會增加，願意增加借款購買實質資本財。兩種現象共同推動體系內資本財及消費財價格上漲，一般物價水準自然揚昇。同時，銀行廠商擴張信用過程中，現金外流頻繁發生，創造存款貨幣能力逐漸縮減，而實質資本需求及通貨膨脹引申的貸款需求仍相當殷切，銀行廠商只好逐漸擡高貨幣利率緩和貸款需要。由於自然利率下降及貨幣利率提高，只有當兩者差距逐漸縮小並恢復相等時，信用擴張才會停止，體系重回均衡方才指日可待。

Wicksell 的「累積過程」奠定「利率」因素在貨幣政策間接傳遞過程中的角色，爾後的文獻在此基礎上持續推廣與複雜化，其中較具代表性文獻可逐一說明如下：

(1)「Hicks-Hansen模型」

Keynes（1936）發表《一般理論》質疑「充分就業長存」說法後，總體理論逐朝「非充分就業均衡」概念發展。Hicks（1937）與 Hansen（1948）接續詮釋 Keynes 的「所得支出理論」（income-expenditure theory）內涵，演繹出享譽盛名的「IS-LM方法」。在該模型中，央行採取寬鬆銀根政策的影響途徑為：

$$OMO \rightarrow ER\uparrow \rightarrow M^s > M^d \xrightarrow{\text{(a)}} i\downarrow \xrightarrow{\text{(b)}} C \& I\uparrow \rightarrow Y\uparrow$$

$$(BK^d > BK^s)$$

央行採取寬鬆銀根的公開市場操作後，銀行廠商擁有超額準備遽增而擴大「授信」行為$(BK^d > BK^s)$，貨幣市場隨即失衡$(M^s > M^d)$，體系內利率下跌帶動「資本成本效果」(cost of capital effect)出籠，刺激消費與投資支出增加，再透過「乘數效果」肇致所得擴張。值得注意者：此種「資本成本效果」若要發揮作用必須經由兩種管道：(a)「貨幣市場利率必須下跌」：一旦出現「流動性陷阱」致使利率紋風不動，消費與投資支出無緣變動；(b)「商品市場總支出需具利率彈性」：一旦出現「投資陷阱」而使總支出（消費與投資支出）欠缺利率彈性，縱使利率下跌亦將阻礙總支出擴張。換言之，在Hicks-Hansen模型中，貨幣政策遭遇眾多障礙而趨於無效，Keynesian 學派轉而視其為配合財政政策的「消極性貨幣政策」(passive monetary policy)。

⑵「FRB-MIT學派」

在眾多 Keynesian 學派繼承者中，「FRB-MIT學派」發現大多數詮釋 Keynesian 學派的理論與實證模型中，貨幣政策僅有單一影響實質部門管道：「透過比較保有耐久財或實質資產的機會成本與金融收益效果，進而改變實質投資決策及實質支出，此即『資本成本效果』」。此種現象過於矮化貨幣威力，形成貨幣政策動輒無效的後果。有鑑於此，FRB-MIT 學派力圖擴張貨幣影響途徑，強化貨幣政策效果，其影響流程將如（表 19-5）所示。

央行採取寬鬆銀根的公開市場操作(OMO)後，銀行廠商擁有的超額準備(ER)遽增，為消化過多超額準備將驅使短期利率盤跌，並且帶動短期放款利率跟進下挫。爾後，FRB-MIT學派再以「利率期限結構」與「資產替代」兩種效果串連「短期票券」與「長期債券」間的報酬率關

係，短期利率變化訊息傳遞至長期利率調整上，一連串影響流程由此展開。DeLeeuw 與 Gramlich (1969) 率先豐碩 Keynesian 學派的「資本成本效果」內容，鉅細靡遺地剖析長期利率波動對各部門的衝擊效果：

(a)「抵押放款利率效果」

　　在 Keynesian 體系中，多數產業均屬寡頭壟斷型態，產品價格通常依據「成本加成」方式訂價。寬鬆銀根政策導引抵押放款利率下跌，房屋建築廠商的投資成本負擔將獲紓解，廠商對機器與廠房設備投資、家庭住屋消費等最終需求受此激勵而趨遞增。

(b)「公司債利率調整效果」

　　FRB-MIT學派認為廠商募集資金通常是公司債的「舉債融通」與股票的「股權融通」兼容並蓄齊步而行，後者成本乃是債券利率與財務風險貼水之和。一旦公司債發行成本遞降時，廠商勢必偏向採取發行公司債募集資金，並且誘使投資支出擴張。

(c)「公債利率調整效果」

　　財政當局盛行採用公債融通預算赤字，銀根寬鬆政策調低公債利率，有利於紓緩利息負擔，誘導政府擴增實質商品或勞務支出。

　　FRB-MIT學派擴大 Keynesian 學派僅有貨幣與長期資產（債券或股票）兩類金融資產的說法，宣稱體系內資產琳瑯滿目，且依期限可有長短期之別。同時，FRB-MIT學派借助「Baumol-Tobin模型」連繫貨幣與短期票券間的關係，並以「資產選擇理論」溝通短期票券及長期資產間關係，體系內完整利率期限結構自此成型。

　　接著，Keynesian 體系中原有兩種財富效果存在：①「Keynes 效果」：體系陷於蕭條境界之際，物價水準盤低反使實質餘額回昇，並誘導利率回跌刺激消費與投資支出遞增；②「意外所得效果」(windfall effect)：體系內利率盤軟推動股價上漲，有利於刺激消費支出增加，兩者存在揭露財富效果理應活躍於經濟體系，然而 Keynesian 學派卻棄如

敝屣，斷絕貨幣政策絕佳影響途徑之一。有鑑於此，FRB-MIT學派基於 Modigliani、Brumberg 與 Ando 推廣的「生命循環理論」（life-cycle hypothesis），突顯消費者坐擁財富與消費支出間的親密關係，宣稱貨幣政策將循股價抑揚、以及金融資產報酬率與市場利率間的相對起伏而波及股價調整兩項蹊徑而激發消費意願。此外，依據 Tobin「q 理論」內涵，股價因寬鬆銀根政策而揚昇，導引 q 比例值超越 1，廠商發行新股融通投資將屬有利可圖，投資意願遽增當可預料。

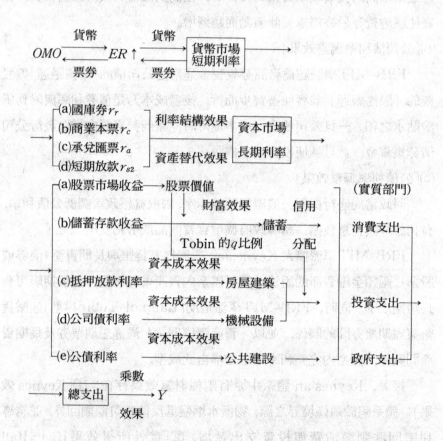

（表 19-5）FRB-MIT 學派的貨幣政策傳遞過程

　　最後，FRB-MIT學派再舉出另一貨幣政策傳遞捷徑——「信用分配」或「信用可得性」(credit availability)效果。在 Keynesian 學派理論中，多數市場結構均非完全競爭，價格調整遲緩甚至僵固乃屬司空見慣，就連金融市場亦不例外。一旦體系內金融市場「信用分配」現象充斥，縱然央行採取寬鬆銀根政策，利率水準仍然不動如山，若依 Keynesian 學派見識，各部門支出必將無動於衷。然而FRB-MIT學派卻另表異見，宣稱寬鬆銀根政策有助於提昇金融體系的「信用可得性」數量，原本無從融資而遭中止的支出計劃，將因融資恢復而獲執行，總支出將隨信用擴張而遞增，無須倚賴利率調低刺激。

　　總之，FRB-MIT學派擴張貨幣政策影響層面，循著「資本成本效果」、「財富效果」與「信用分配效果」三條終南捷徑分別導引體系內總支出遞增，再經乘數效果運作而使國內產出遞增。

(3)「溫和貨幣學派」

　　「溫和貨幣學派」的創始者 Friedman (1956) 在〈貨幣數量學說的重述〉文中指出貨幣政策傳遞途徑極爲複雜，主要途徑可簡化成下列流程：

$$OMO \rightarrow ER\uparrow \rightarrow \frac{BK^d > BK^s}{(M^s > M^d)} \left\{ \begin{array}{l} \rightarrow FA^d > FA^s \rightarrow r\downarrow \\ \xrightarrow{P_k\uparrow} K^d > K^s \downarrow \\ \xrightarrow{P_{cd}\uparrow} I\uparrow \\ \rightarrow CD^d > CD^s \longrightarrow C\uparrow \end{array} \right\} \rightarrow Y\uparrow$$

　　央行採取寬鬆銀根的公開市場操作(OMO)後，銀行廠商擁有超額準備(ER)遽增而擴大「授信」行爲($BK^d > BK^s$)，進而造成貨幣供需失衡現象($M^s > M^d$)。在名目貨幣數量增加過程中，人們面臨流動性提高且較以往富有，當然希望掙脫多餘的名目貨幣數量，而將注意力移轉至價格未漲的其他資產，金融資產(FA)價格隨後跟進調昇。這種注意力移轉及資產價格上漲趨勢，逐漸自金融資產擴散至實質資產，包括房屋、非耐久或耐久消費財(CD)、資本財(K)及存貨等，實質資產需求增加及價

格揚昇將誘發廠商增產意願。在增產過程中，廠商必須使用更多生產因素，再次帶動因素及實質資產價格上漲，同時也因投資與消費支出增加而帶動實質產出增加。最後，物價與實質產出擴張吸收多餘貨幣，體系因而又逐漸回歸均衡。

(4)「資產組合平衡模型」

　　「溫和貨幣學派」將貨幣政策傳遞途徑訴諸於體系內資產組合替代過程，最後歸結於貨幣數量與名目所得緊密相連。同期間內，Tobin (1963)領銜的「Yale 學派」雖然同樣突出資產組合調整過程的重要性，卻認爲金融與實質資產相對價格調整將是貨幣政策傳遞過程的重心。

$$OMO \rightarrow ER\uparrow \longrightarrow \begin{array}{c} M^s > M^d \\ (BK^d > BK^s) \end{array} \rightarrow \begin{array}{c} (E^d > E^s) \\ P_e > P_k \\ (r_e < r_k) \end{array} \rightarrow q = \frac{P_e}{P_k} = \frac{r_k}{r_e} > 1$$

$$\rightarrow K^d > K^s \rightarrow P_k\uparrow \& K\uparrow \rightarrow I\uparrow \rightarrow Y\uparrow$$

　　央行採取寬鬆銀根的公開市場操作(OMO)後，銀行廠商擁有的超額準備(ER)遽增而擴大授信($BK^d > BK^s$)行爲，形成貨幣市場失衡($M^s > M^d$)現象。「Yale 學派」推演的「資產組合平衡模型」認爲貨幣數量變化轉變金融與實質資產的相對吸引力，人們將多餘貨幣投入股市購買股票($E^d > E^s$)，造成股價(P_e)超越資本財價格(P_k)或股票報酬率(r_e)遜於實質資本報酬率(r_k)的現象。廠商面對$q = P_e/P_k = r_k/r_e > 1$的狀況，樂意發行股票換取鈔票，轉而購買資本財($K^d > K^s$)參與生產，體系內投資支出與所得因而增加。

§ 19.5. 最適貨幣指標的選擇

　　所謂「貨幣指標」係指衡量貨幣政策推力方向與效果的變數，又稱爲「中間目標」(intermediate target)或「近似目標」(proximate target)。一般而言, 央行擬定貨幣政策之際, 往往同時選擇某些變數充當貨幣指標, 理由是:

(1)由央行調整貨幣政策工具至經濟活動出現回饋效果, 通常經歷較長之時間落後;

(2)經濟活動調整係緣自結構性變動或受政策工具變動影響, 決策者無法做精確判定。

有鑑於此, 決策者爲獲知採取權衡性政策的實際反應, 必須事先適當的選擇某些反應迅速之變數做爲近似目標或指標, 然後從該指標變動取得有關貨幣政策工具調整對經濟活動產生衝擊的訊息。至於體系內能脫穎而出的貨幣指標變數, 通常必須符合下列條件:

(1)「貨幣指標」必須是央行執行貨幣政策衍生一連串傳遞過程中的重要環節, 是居於「政策工具」與「最終目標」間的中介變數;

(2)「政策工具」與「貨幣指標」間的關係密切, 前者調整效果將立即反映於貨幣指標變化上;

(3)「貨幣指標」變化僅能受「政策工具」變動影響, 而受「環境變數」(environmental variable)衝擊應該減至最低;

(4)「貨幣指標」變化應該充分反映「最終目標」的變動。

基於上述選擇條件, Brunner 與 Meltzer (1967) 指出央行經常引用爲貨幣指標的變數計有下列五種:

(1)「貨幣利率」

央行往往偏愛以「利率」作爲貨幣指標, 理由是: 利率最能顯現貨幣與信用供需狀態, 而且足以反映金融市場的資金變化狀況。利率攀高通常是貨幣市場緊俏, 利率水準趨低則是銀根寬鬆。不過利率有各種不同期限結構, 同一期限之相異資產也有不同利率, 故央行祇能就其中一項選作指標。一般而言, 央行經常採用國庫券利率做爲指標係基於國庫券利率反映銀行廠商進行投資或放款的機會成本, 又是存款者保有現金

或投資流動性較低資產的機會成本。當體系內流動性偏好激增後，央行若未採取補充銀行資金或滿足流動性偏好的措施，則國庫券與貨幣市場利率將立即調昇，顯示貨幣政策趨於緊俏。由此可知，央行可用各種政策工具抵銷銀行廠商及人們的流動性偏好，當然能夠影響國庫券利率，故係央行能直接控制者。尤有進者，貨幣政策通常經由改變利率水準，接續才對經濟活動發生影響。

在現實經濟中，貨幣市場短期利率常有顯著循環波動，至於升降係緣自內在因素或反映外在因素變動,將使政策與經濟循環效果不易區分，是以利率並非合宜的貨幣指標。影響循環效果的現象主要有三：

(a)名目與實質利率宜嚴加區別，貨幣市場利率常受價格預期變動影響，而與央行所欲操縱的利率呈反向變動，而易遭誤解；

(b)貨幣市場利率易因投機或預期因素而變動，而非市場本身變動，且不易由市場因素中分離出來；

(c)體系內資產極其複雜，除金融資產供需本身調整外，實質資產供需變動也會釀成金融資產供需失衡，貨幣市場利率隨即發生變化，如：預期利潤率降低，勢必削減實質資產吸引力，導致金融資產需求增加及收益率下降，自然不宜誤解爲貨幣政策趨於寬鬆。

(2) 「股票價值」或「股價指數」

「Yale 學派」的 Tobin 主張以「股票價值」作爲貨幣指標，甚至認爲美國Dow-Jones股價指數足以反映貨幣市場與貨幣政策趨向。在貨幣政策傳遞過程中，多數文獻指出貨幣政策必然是透過影響存貨、機器設備、房屋及消費耐久財的需求而影響實質部門運作,而 Tobin 認爲這些耐久財需求變化足以反映貨幣市場與貨幣政策情勢,倘若這些商品需求增加,可認爲具有擴張性；反之，一旦需求下降，則可認爲具有收縮性。

體系內耐久財需求受到貨幣政策與無從控制的外在因素影響，後者包括資本獲利機會，對未來價格、利潤、技術等預期的變動、對風險評

價與承受意願等因素。這些因素固然是央行無法直接控制，卻可採取適當措施改變或抵銷其需求變化。現有耐久財價格變動（或股價變動）常會引起耐久財生產波動，最終將使對耐久財評價與其新生產成本趨於一致，Tobin 因而指出兩者差異足以彰顯貨幣市場情勢，貨幣政策宜以此作為指標。

　　值得注意者：現實社會中的實質資產種類甚多，其需求未必同向變動，若以「股票價值」作為貨幣指標，實在不易確定一項有效的指導原則。若改採「股價指數」作為妥協方式，雖然不失為權宜辦法，但因股價指數漲落常有過度反映貨幣市場情勢，甚至可能錯誤反映，故非恰當的貨幣指標。

⑶「貨幣存量」或「貨幣成長率」

　　「貨幣學派」通常認為宜以「貨幣存量」或「貨幣成長率」作為貨幣指標，理由是：(a)貨幣存量變動能直接影響經濟活動；(b)目前對於貨幣市場訊息仍然不全，在有關訊息增進之前，其他指標評估貨幣政策效果無法解決經濟紛擾，甚至可能加重經濟循環程度；(c)央行無法釘住或影響其他指標，卻能控制貨幣存量及其增減變化。「貨幣學派」認為貨幣存量或成長率上升，表示貨幣政策趨於寬鬆，貨幣存量減少或成長率下降，表示貨幣政策趨於緊俏。

　　至於以「貨幣存量」作為指標能否真實反映貨幣市場情勢，早已成為文獻爭議焦點：

　　(i)貨幣定義及其控制程度：實證研究雖然一再支持央行控制貨幣存量的能力，但是貨幣存量變動與操作也是一項複雜過程，能否確實進行最適調整頗有疑慮。尤有進者，體系內最適貨幣定義常因經濟金融環境變遷而隨時更替，往往令央行難以抉擇。

　　(ii)在現實社會裡，非銀行金融廠商成長迅速，其與銀行廠商業務存有相當的替代性，縱使銀行廠商之資產負債未曾更動，其他金融廠商資

產負債更迭也會影響經濟活動。換言之，體系內貨幣所得流通速度經常陷於不穩定，央行僅能控制貨幣存量，但仍無法控制經濟活動方向。

(iii)縱使央行能操縱貨幣存量，卻與貨幣政策間的關係並不穩定，理由約有下列三者：(a)貨幣乘數中含有利率變數，貨幣存量增減既要引起利率變動，當然會改變貨幣乘數，實際貨幣存量變動與貨幣政策所要操作目標自然發生分歧；(b)外生變數（如：財政政策）也能影響貨幣供給，至於債券操作、貨幣市場本身變動也能波及貨幣存量變動；(c)經濟活動變化對貨幣需求會產生回饋效果，如：所得成長會增加貨幣需求，貨幣存量調整是否合宜將不無問題。

(4)「基礎貨幣」

貨幣供給方程式顯示：貨幣存量是基礎貨幣與貨幣乘數之積，祇要貨幣乘數相當穩定或變動趨向屬可預測者，則因央行能夠直接控制銀行廠商準備，基礎貨幣應較貨幣存量爲優良指標。大體上說，基礎貨幣增加表示貨幣政策趨於寬鬆，基礎貨幣減少意謂著貨幣政策趨於收縮。

現代貨幣理論文獻特別重視資產調整過程與效果，一旦央行調整基礎貨幣後，人們與銀行廠商都要調整本身擁有的實質與金融資產，使其達到另一新均衡位置。在邁向新均衡的調整過程中，實質資產價格、利率水準，乃至於經濟活動都受影響。因此，「貨幣學派」認爲基礎貨幣增減變化爲良好的貨幣指標。

(5)「自由準備」

「基礎貨幣」當中的現金部份雖然長期具有相對安定性，卻非央行所能控制者，故央行另以銀行廠商準備扣除法定準備及借入款後的「自由準備」作爲貨幣指標。在經濟擴張時期，銀行廠商傾向出售短期債券或減少自由準備換取資金，以增加放款。倘若央行設法維持銀行廠商自由準備需求，則表示信用趨於緊俏，理由是：維持銀行廠商自由準備需以減少對其融資爲手段，造成所能動用之準備減少，自然必須尋求其他

來源之準備，因而迫使短期利率趨高。因此，自由準備減少趨勢被視爲是貨幣市場趨緊現象，自由準備增減將是衡量銀根寬鬆與否的重要指標。

不過文獻上對「自由準備」適用性仍有若干質疑：

(i)「自由準備」不易釘住，即使央行能夠釘住亦將改變利率與貨幣存量指標。假設在當前利率水準下，銀行廠商願意保有自由準備爲十億元，央行若欲迫使銀行廠商增加自由準備至十一億元，而自公開市場購進一億元債券，銀行廠商因不願保有多餘自由準備而擴大放款或投資，以恢復原先水平。當央行堅持十一億元自由準備策略時，祇有繼續自公開市場買進債券，藉利率趨降而迫使銀行廠商選擇持有十一億元自由準備。央行雖已實現預擬自由準備目標，利率與貨幣存量卻已發生變化。

(ii)「自由準備」變動有時會令央行誤解其政策方向，如：重貼現率提高使銀行廠商減少放款與投資，自由準備反而增加。從前者來看，貨幣政策屬緊俏，若由自由準備觀察，則屬信用寬鬆，央行究竟該採何種看法？

在 Brunner 與 Meltzer (1967) 列舉的貨幣指標中，「貨幣利率」及「貨幣存量」是經常被央行用於衡量貨幣政策效果的指標。假設央行面臨完全訊息體系，兩種指標之效率將完全一致。然而訊息不全致使 Keynesian 學派與貨幣學派對經濟結構潛在不穩定性來源的看法迥異，導致央行採取貨幣政策該釘住何種指標亦頻起紛爭。對此爭論，Poole (1970)，Cacy (1978)，Leory 與 Lindsey (1978) 等人認爲：最適指標抉擇必須視體系內實質部門與貨幣部門之相對波動性而定。

爲解決貨幣指標的效率問題，Poole 首先將「Hicks-Hansen模型」線型化，進而討論當目標函數爲促使目標所得變異程度最小時，央行如何選擇最適指標。在推演模型前，先將相關文獻中所做之假設詳列於下：

(1)不考慮體系內供給面的波動，或物價水準爲固定值；

(2)央行經由調整貨幣政策工具而能完全釘住「貨幣利率」或「貨幣

供給量」指標；

(3)實質與貨幣部門內結構式之係數值均完全確知，隨機因素係以干擾項型態附加於兩部門的結構式上；

(4)體系內旣無財富與加速效果存在，亦無預期因素形成；

(5)央行能夠明確區分體系內暫時性波動與結構性移動因素。

基於上述假設，封閉體系內直線 IS 與 LM 方程式可表爲：

商品市場均衡　　$y = a_0 + a_1 r + u$ 　　　　　$a_1 > 0$ 　　　(19.27 a)

貨幣市場均衡　　$M = b_0 + b_1 y + b_2 r + v$ 　　$b_2 < 0 < b_1$ 　(19.28 a)

y 是所得，r 是利率，M 是貨幣供給。兩式的干擾項分配爲：$E(\widetilde{v}) = E(\widetilde{u}) = 0$，$E(\widetilde{u^2}) = \sigma_u^2$，$E(\widetilde{v^2}) = \sigma_v^2$。爲簡化分析，假設兩部門干擾項互相獨立，即 $E(\widetilde{u}\,\widetilde{v}) = \sigma_{uv} = 0$。在此，央行追求的目標函數爲：釘住貨幣指標促使目標所得變異 $\sigma^2(\widetilde{y}) = E(\widetilde{y} - y^*)^2$ 達於最小。以下分別從釘住兩個指標所造成之所得變異數值來加以探討。

(a)釘住利率指標 $(r = r^*)$

將 $r = r^*$ 分別代入 (19.27 a) 與 (19.28 a) 兩式，再整理成矩陣形式：

$$\begin{bmatrix} 1 & 0 \\ -b_1 & 1 \end{bmatrix} \begin{bmatrix} y \\ M \end{bmatrix} = \begin{bmatrix} a_0 + a_1 r^* + u \\ b_0 + b_2 r^* + v \end{bmatrix} \tag{19.29}$$

利用 Cramer's Rule 求解，可得：

$$y = a_0 + a_1 r^* + u \tag{19.30}$$

從上式可得目標所得變異數如下：

$$\sigma_y^2(r^*) = \sigma_u^2 \tag{19.31}$$

(b)釘住貨幣數量指標 $(M = M^*)$

將 $M = M^*$ 分別代入 (19.27 a) 與 (19.28 a) 兩式，再整理成矩陣形式：

$$\begin{bmatrix} 1 & -a_1 \\ b_1 & b_2 \end{bmatrix} \begin{bmatrix} y \\ r \end{bmatrix} = \begin{bmatrix} a_0 + u \\ M^* - b_0 - v \end{bmatrix} \tag{19.32}$$

利用 Cramer's Rule 求解，可得：

$$y = \frac{b(a_0 + u) + a_1(M^* - b_0 - v)}{b_2 + b_1 a_1} \tag{19.33}$$

從上式可得目標所得變異數如下：

$$\sigma_y^2(M^*) = \frac{b_2^2 \sigma_u^2 + a_1^2 \sigma_v^2}{(b_2 + b_1 a_1)^2} \tag{19.34}$$

比較 (19.31) 與 (19.32) 兩式，體系內最適指標應該取決於：

$$\frac{\sigma_y^2(M^*)}{\sigma_y^2(r^*)} = \frac{b_2^2 \sigma_u^2 + a_1^2 \sigma_v^2}{\sigma_u^2(b_2 + b_1 a_1)^2} \lessgtr 1 \tag{19.35}$$

化簡上式可得：

$$\sigma_v^2 \lessgtr \sigma_u^2 \left[\frac{2 b_1 b_2}{a_1} + b_1^2 \right] \tag{19.36}$$

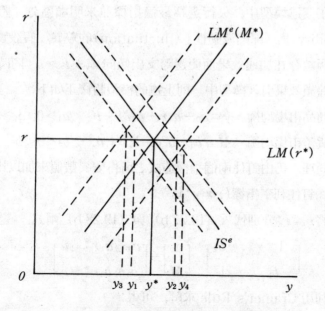

(圖 19-2) 最適指標選擇

以下用（圖 19-2）說明最適指標抉擇的原則：

(1)假設實質部門的利率係數 a_1，貨幣部門的所得與利率係數 b_1、b_2 均屬一般狀況，一旦貨幣市場波動幅度 σ_v^2 大於商品市場波動幅度 σ_u^2 與 $[(2b_1b_2/a_1)+b_1^2]$ 乘積，則釘住貨幣數量指標造成所得波動範圍是 y_3y_4。至於釘住利率指標將使 LM 曲線轉爲水平線，造成所得波動範圍是 y_1y_2。比較兩者變異數，釘住利率指標顯然較爲有效。反之，若貨幣市場波動幅度 σ_v 小於（19.36）式右邊的乘積，則央行宜採釘住貨幣數量指標。

(2)一旦實質部門的利率係數爲 $0(a_1=0)$ 或 IS 曲線呈垂直狀，貨幣部門的利率係數爲無窮大 $(b_2=-\infty)$，或 LM 曲線呈水平狀，此時央行宜採釘住貨幣數量指標。

(3)當實質部門的利率係數爲無窮大 $(a_1=-\infty)$，或 LM 曲線呈水平狀，貨幣部門的利率係數爲 $0(b_2=0)$ 或 LM 曲線呈垂直狀，此時央行宜採釘住利率指標。

在上述模型中，央行選擇最適指標並未明顯區分「體系穩定性」(stability)與「部門波動性」(fluctuation)的差異。假設實質部門中的投資函數存在加速效果而使邊際支出傾向 $C_y+I_y>1$，同時再將財富或實質餘額效果引入模型中，則上述的模型將修正如下：

商品市場均衡　　$y=a_0+a_1r+a_2M+u$　　$a_1>0,\ a_2>0$　(19.27 b)

貨幣市場均衡　　$M=b_0+b_1y+b_2r+v$　　$b_2<0<b_1$　　(19.28 b)

同理，仍由釘住兩個指標造成之所得變異數值來加以比較：

(a)釘住利率指標 $(r=r^*)$

將 $r=r^*$ 分別代入（19.27 b）與（19.28 b）兩式，經整理可得：

$$\begin{bmatrix} 1 & -a_2 \\ -b_1 & 1 \end{bmatrix}\begin{bmatrix} y \\ M \end{bmatrix}=\begin{bmatrix} a_0+a_1r^*+u \\ b_0+b_2r^*+v \end{bmatrix} \tag{19.37}$$

利用 Cramer's Rule 求解，可得：

$$y = \frac{a_0 + a_1 r^* + u + a_2 b_0 + a_2 b_2 r^* + a_2 v}{1 - a_2 b_1} \tag{19.38}$$

由上式可得目標所得變異數如下:

$$\sigma_y^2(r^*) = \frac{\sigma_u^2 + a_2^2 \sigma_v^2}{(1 - a_2 b_1)^2} \tag{19.39}$$

(b)釘住貨幣數量指標$(M = M^*)$

將$M = M^*$分別代入 (19.27 b) 與 (19.28 b)兩式, 經整理可得:

$$\begin{bmatrix} 1 & -a_1 \\ b_1 & b_2 \end{bmatrix} \begin{bmatrix} y \\ r \end{bmatrix} = \begin{bmatrix} a_0 + a_2 M^* + u \\ M^* - b_0 - v \end{bmatrix} \tag{19.40}$$

利用 Cramer's Rule 求解, 可得:

$$y = \frac{b_2 a_0 + b_2 a_2 M^* + b_2 u + a_1 M^* - a_1 b_0 - a_1 v}{(b_2 + a_1 b_1)} \tag{19.41}$$

由上式可得目標所得變異數如下:

$$\sigma_y^2(M^*) = \frac{b_2^2 \sigma_u^2 + a_1^2 \sigma_v^2}{(b_2 + a_1 b_1)^2} \tag{19.42}$$

比較 (19.38) 與 (19.42) 兩式, 體系內最適指標應該取決於:

$$\frac{\sigma_u^2 + a_2^2 \sigma_v^2}{(1 - a_2 b_1)^2} \gtrless \frac{b_2^2 \sigma_u^2 + a_1^2 \sigma_v^2}{(b_2 + a_1 b_1)^2} \tag{19.43}$$

將上式簡化可得:

$$\sigma_v^2 \gtrless \sigma_u^2 \left\{ \frac{b_1 \left[a_0 b_2^2 (a_2 b_1 - 2) - a_1 (2 b_2 + a_1 b_1) \right]}{a_2^2 (b_2 + a_1 b_1)^2 - a_1^2 (1 - a_2 b_1)^2} \right\} \tag{19.44}$$

以下用 (圖 19-3) 說明最適指標抉擇, 圖中的 *IS* 曲線係爲非直線, 將由負斜率轉爲正斜率, 然後再轉變成負斜率, 而體系原先均衡點 *E* 爲穩定均衡點。依據先前說明, 貨幣部門波動性若大於實質部門時, 央行宜採釘住利率指標。然而央行釘住利率指標後, *LM* 曲線無形中即轉變成水平的 *LM*(r^*)線, 導致原先均衡點 *E* 變爲不穩定的暫時均衡點, 在各部門干擾因素衝擊下, 體系將朝 *G* 或 *H* 穩定點移動。是以考慮「體系穩定性」

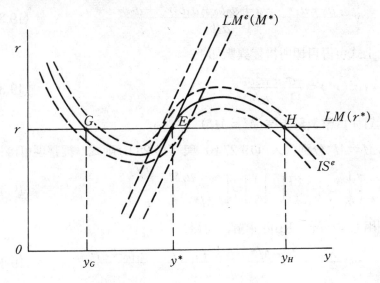

（圖 19-3）非直線的 *IS* 曲線狀況

後，釘住利率指標造成目標所得變異程度反而擴大，央行仍以釘住貨幣
數量指標爲宜。

央行依據「能使目標所得波動幅度最小」準則選擇最適指標。一旦
體系處於充分就業狀況時，央行將由尋求「目標所得變異最小」轉變爲
「能使目標物價水準變異最小」的目標函數，進行選擇最適指標。以下
用 Patinkin (1965) 或新古典模型探討該問題，模型設定除需沿用上述
未充分就業模型的部份假設外，尚需補充下列假設：

(1)經濟體系處於充分就業狀況；

(2)實質部門及貨幣部門內存有實質餘額效果；

(3)決策者的目標函數在追求目標物價水準波動幅度最小，即

$$\text{Min } \sigma_P^2 = E(P - P^*)^2。$$

基於上述假設，新古典模型可用直線方程式設定如下：

商品市場均衡　　$y^* = a_0 + a_1 r + a_2(M - P) + u \quad a_1 < 0 < a_2$　(19.45)

貨幣市場均衡　　$M - P = b_0 + b_1 r + b_2 y^* + b_3(M - P) + v$

$$b_1 < 0 < b_2, \ b_3 \quad (19.46)$$

M 與 P 等變數係採用自然對數形式。以下分別由釘住兩種指標造成之目標物價水準變異數來比較其效率：

(a)釘住貨幣數量指標$(M = M^*)$

將 $M = M^*$ 分別代入 (19.45) 與 (19.46) 兩式，整理成矩陣形式：

$$\begin{bmatrix} a_1 & -a_2 \\ b_1 & 1-b_3 \end{bmatrix} \begin{bmatrix} r \\ P \end{bmatrix} = \begin{bmatrix} y^* - a_0 - a_2 M^* - u \\ (1-b_3) M^* - b_0 - b_2 y^* - v \end{bmatrix} \quad (19.47)$$

利用 Cramer's Rule 解上式，可得：

$$P = \frac{a_1 \left[(1-b_3) M^* - b_0 - b_2 y^* - v \right] - b_1 \left[y^* - a_0 - a_2 M^* - u \right]}{a_1 (1-b_3) + a_2 b_1}$$

$$(19.48)$$

由上式便能求得目標物價水準的變異數如下：

$$\sigma_P^2 (M^*) = \frac{a_1^2 \sigma_v^2 + b_1^2 \sigma_u^2}{\left[a_1 (1-b_3) + a_2 b_1 \right]^2} \quad (19.49)$$

(b)釘住利率指標$(r = r^*)$

將 $r = r^*$ 分別代入 (19.45) 與 (19.46) 兩式，經整理可得：

$$\begin{bmatrix} a_2 & -a_2 \\ (1-b_3) & -(1-b_3) \end{bmatrix} \begin{bmatrix} M \\ P \end{bmatrix} = \begin{bmatrix} y^* - a_1 r^* - a_0 - u \\ b_2 y^* + b_1 r^* - b_0 - v \end{bmatrix}$$

$$(19.50)$$

從 (19.50) 式得知：解值的分母為 0 致使整個體系之預期均衡物價水準無從決定。換言之，央行採取釘住利率指標，而讓名目貨幣供給量自由調整，結果是體系僅能決定實質貨幣數量，理由是：在靜態模型而且缺乏預期形成狀況下，(圖 19-4)中的 IS 曲線將因名目貨幣數量自由調整，經由實質餘額效果運作隨時移動，促使均衡物價水準無法確定。除非在模型中引入先驗的物價水準或是事先獲知價格預期形成方式，否則在新古典模型內，釘住利率指標的結果將造成物價水準直線上漲或下跌，

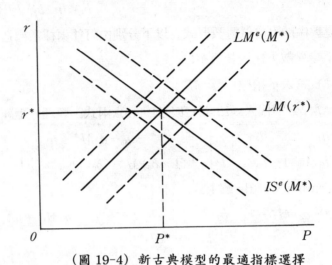

（圖 19-4） 新古典模型的最適指標選擇

目標物價水準變異程度可能大於 (19.49) 式的變異數，央行因而宜採釘住貨幣數量指標。

上述說明係爲充分就業與未充分就業的極端個案，一旦非充分就業體系內物價可以自由調整後，央行面臨的目標函數將會有追求「所得變異」與「物價水準變異」最小兩種。爲簡化分析，除沿用上述有關假設外，尚須補充下列假設：

⑴不考慮勞動市場的干擾因素，體系內產出將是物價的直線函數；

⑵忽略銀行產業操作行爲對貨幣供給的影響；

⑶忽略體系內預期形成及其變動的影響。

基於上述假設，完整的直線總體模型表示如下：

商品市場均衡	$y = a_0 + a_1 r + u$	$a_1 < 0$	(19.51)
貨幣市場均衡	$M - P = b_0 + b_1 r + b_2 y + v$	$b_1 < 0 < b_2$	(19.52)
總供給函數	$y = c_0 + c_1 P + \varepsilon$	$c_1 > 0$	(19.53)

各式的變數均採自然對數型式，利率除外。以下分別依照釘住不同利率指標產生之所得與物價水準變異數加以比較：

(a)釘住利率指標$(r=r^*)$

將$r=r^*$分別代入 (19.51) ～ (19.53) 三式，然後整理成矩陣型式：

$$\begin{bmatrix} 1 & 0 & 0 \\ -b_2 & 1 & -1 \\ 1 & 0 & -c_1 \end{bmatrix} \begin{bmatrix} y \\ M \\ P \end{bmatrix} = \begin{bmatrix} a_0+a_1r^*+u \\ b_0+b_1r^*+v \\ c_0+\varepsilon \end{bmatrix} \quad (19.54)$$

利用 Cramer's Rule 可分別解得該體系均衡所得與物價水準值：

$$P = \frac{a_0+a_1r^*+u-c_0-\varepsilon}{c_1} \quad (19.55)$$

$$y = a_0+a_1r^*+u \quad (19.56)$$

　　假設體系內實質、貨幣與生產三部門間之干擾項彼此互相獨立，$\sigma_{uv}=\sigma_{v\varepsilon}=\sigma_{u\varepsilon}=0$，故由 (19.56) 與 (19.55) 兩式可分別求得釘住利率指標時，體系內所得與物價水準波動的狀況：

$$\sigma_P^2(r^*) = \sigma_u^2 + \sigma_\varepsilon^2/c_1 \quad (19.57)$$

$$\sigma_y^2(r^*) = \sigma_u^2 \quad (19.58)$$

(b)釘住名目貨幣數量指標$(M=M^*)$

將$M=M^*$分別代入 (19.51) ～ (19.53) 三式，然後整理成矩陣型式：

$$\begin{bmatrix} 1 & -a_1 & 0 \\ b_2 & b_1 & 1 \\ 1 & 0 & -c_1 \end{bmatrix} \begin{bmatrix} y \\ r \\ P \end{bmatrix} = \begin{bmatrix} a_0+u \\ M^*-b_0-v \\ c_0+\varepsilon \end{bmatrix} \quad (19.59)$$

利用 Cramer's Rule 可分別解得該體系均衡的所得與物價水準值：

$$y = \frac{b_1c_1(a_0+u)+a_1(c_0+\varepsilon)+a_1c_1(M^*-b_0-v)}{b_1c_1+a_1+a_1b_2c_1} \quad (19.60)$$

$$P = \frac{a_1(M^*-b_0-v)+b_1(a_0+u)-(a_1b_2+b_1)(c_0+\varepsilon)}{b_1c_1+a_1+a_1b_2c_1}$$

$$\quad (19.61)$$

同樣的，從 (19.60) 與 (19.61) 兩式分別求得釘住名目貨幣數量指標時，體系內所得與物價水準的波動狀況為：

$$\sigma_y^2(M^*) = \frac{b_1 c_1 \sigma_u^2 + a_1^2 \sigma_\epsilon^2 + a_1^2 c_1^2 \sigma_v^2}{(b_1 c_1 + a_1 + a_1 b_2 c_1)^2} \tag{19.62}$$

$$\sigma_p^2(M^*) = \frac{a_1^2 \sigma_v^2 + b_1^2 \sigma_u^2 + (a_1 b_2 + b_1)^2 \sigma_\epsilon^2}{(b_1 c_1 + a_1 + a_1 b_2 c_1)^2} \tag{19.63}$$

以下分別比較(19.57)與(19.63)之物價水準波動幅度，以及(19.62)及 (19.58) 之所得水準波動幅度：

(i)就所得水準波動幅度而言，最適指標選擇將取決於下列簡化條件：

$$\sigma_v^2 \gtrless \frac{a_1 (\sigma_\epsilon^2 + c_1^2 \sigma_v^2)}{(b_1 c_1 + 1)(2 b_1 c_1 + a_1 + a_1 b_2 c_1)} \tag{19.64}$$

>時採用釘住名目貨幣數量指標，<時則採用釘住利率指標，式中的$a_1/(b_2 c_1 + 1)(2 b_1 c_1 + a_1 + a_1 b_2 c_1) > 0$。一般而言，除非實質部門波動幅度非常大，否則>可能性非常小，因此央行若僅顧慮實質所得的穩定性，則宜採釘住利率指標。

(ii)就物價水準波動幅度而言，最適指標選擇將取決於下列簡化條件：

$$\sigma_v^2 \gtrless [\sigma_u^2(1 + c_1 b_2)(2 b_1 c_1 + a_1 + a_1 b_2 c_1)^2 + \sigma_\epsilon^2(2 b_1 c_1 + a_1 + 2 a_1 b_2 c_1)] \cdot [c_1^2 a_1]^{-1} \tag{19.65}$$

>時採用釘住利率指標，<時則採用釘住名目貨幣數量指標。式中，$c_1^2 a < 0$, $2 b_1 c_1 + a_1 + a_1 b_2 c_1 < 0$，右邊恒為正值。一般而言，除非貨幣部門波動性非常大，否則>可能性極小。換言之，央行若僅考慮物價水準的穩定性，則宜採釘住名目貨幣數量指標。

在 (圖 19-5) 中，央行若採釘住名目貨幣數量指標，則由*IS*與*LM*曲線便能求得負斜率之*AD*曲線。至於採用釘住利率指標，將使*AD*曲線

成垂直線。假設央行採取釘住利率指標, 所得波動幅度為y_1y_2, 物價水準
的可能波動範圍是P_1P_2。反之, 央行若採釘住名目貨幣數量指標, 則所
得波動幅度為y_3y_4, 但是物價水準波動範圍是P_3P_4。比較兩者結果各有優
點存在, 須視央行決策者心目中的主觀價值判斷而定。

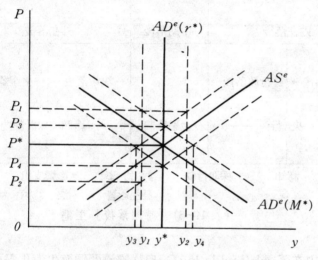

（圖 19-5）考慮供給面的最適指標選擇

§ 19·6. 「法則」與「權衡」

　　一國央行根據當時經濟金融情勢需要, 將可主動採取影響銀行準備、
貨幣供給量、利率水準及信用供給可能量等「權衡性」貨幣政策, 改變
當時經濟金融環境, 使其朝央行預期的目標邁進。但是政策實施後究竟
要經過若干時間才能發揮效果? 時間落後程度是否可預測? 假設貨幣政
策的時間落後程度有限, 且非常均勻而可預測, 貨幣政策自然能夠發揮
預期作用。一旦貨幣政策有長期且不穩定的時間落後, 則因無從正確預
測, 貨幣政策或將在不適當時機發生效果, 驅使經濟金融情勢更加惡化,
權衡性貨幣政策自然無法信賴。有鑑於此, 貨幣政策的時間落後及可測

性將對其有效性產生重大影響。

「時間落後」可分性質、長度及變異程度三部分說明。Smith 與 Teigen（1970）將「時間落後」區分成（表 19-6）中的三種型態：

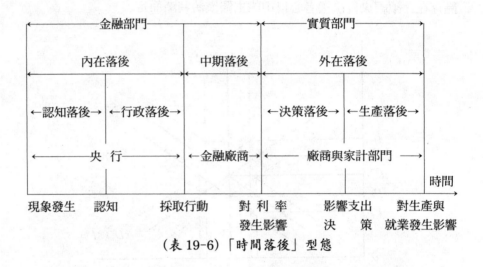

（表 19-6）「時間落後」型態

(1)「內在落後」(inside lag)：自從經濟問題發生變化需要矯正，直至央行實際上採取對策因應的時間歷程，通稱為「內在落後」而又分為兩部分：

(i)「認知落後」(recognition lag)：當經濟問題爆發而應採取矯正措施時，卻因訊息不全而須經過若干時間後，央行才能獲取較明確資料，進行瞭解此項經濟變化的意義及可能影響，而後著手研究對策，這段時間歷程就是「認知落後」；

(ii)「行政落後」(administrative lag)：央行認識經濟情勢變遷後，決定研究可行對策直迄決定實施政策前的時間歷程稱為「行政落後」。

「內在落後」時間長度將視央行搜集資料、研究情勢及採取行動效率而定，但也決定於當時政治與經濟目標，尤其當預擬實現的目標較多而對優先順序必須有所選擇時，更將費時考慮取捨何種政策。

(2)「中期落後」(intermediate lag)：自央行採取行動改變利率或信用情況，進而對體系產生影響力的時間歷程，可稱為「中期落後」或「信用市場落後」(credit market lag)。這段時間長度決定於金融廠商的反應以及金融市場敏感程度，已非央行所能操縱者。

(3)「外在落後」(outside lag)：自金融廠商改變利率或銀行信用情況後，對實質部門產生影響的時間歷程，此即稱為「外在落後」而又分為兩段時距：

(i)利率或信用條件改變後，個人與廠商面對新情勢，當然會改變支出習慣或行為，在重新擬定支出計劃之前稱為「決策落後」(decision lag)；

(ii)經濟成員決定支出意向後，對體系生產與就業發生影響所需時間稱為「生產落後」(production lag)。

「外在落後」因經濟結構及行為因素均非穩定而甚難預測，故其長度變異甚大實是貨幣政策能否有效的主要問題所在。

一般而言，貨幣政策效果通常非立竿見影，而是迂迴轉進，故時間落後往往較長。如果貨幣政策效果的時間落後只是平均時間較長，則對其有效性不會產生致命性影響。因為不論時間長度如何，只要有確定範圍，央行便能根據預期落後時間差距，預先採取影響未來某一時期經濟情況的貨幣政策。遺憾的是：貨幣政策的時間落後變異性甚大，最短者固然只有六個月，最長者達十八個月，使得權衡性政策常不能實現預期目標，甚至於造成背道而馳結果。

有鑑於此，Simons(1936)在〈貨幣政策法則與權衡〉(Rules Versus Authorities in Monetary Policy)文中指出貨幣政策類型有二：

(1)「權衡性貨幣政策」：央行依據當時經濟金融局勢與所欲達成目標種類，主動操作適當貨幣政策工具。一般而言，Keynesian 學派認為政府部門較私部門擁有更多資訊，故偏好由央行採取權衡性政策矯正經濟

失衡現象，至於「權衡性貨幣政策」內容可見第二十章。

(2)「貨幣法則」或「金融法則」：央行在計劃期間開始之際，依據預估經濟金融狀況擬定既定貨幣法則，然後依法則操作貨幣政策。

依據 Patinkin (1969) 的說法，有關「貨幣法則」文獻可追溯至 1930 年代 Simons 與 Mints 等人推動以「新貨幣數量學說」為重心的 Chicago 學派，該學派指出經濟大蕭條主要歸咎於兩大因素：工會拒絕調低貨幣工資、廠商視收益增減調整銀行信用需要，致使銀行廠商在創造貨幣供給時扮演被動角色，以交易方程式 $(MV=PT)$ 關係來看，因 PT 不穩定導致 MV 不穩定。若要解決大蕭條問題，決策當局宜採全額準備制度，方能完全控制貨幣數量，同時為免流通速度波動可能產生抵銷作用，貨幣數量最好固定不變，此即 Simons 力倡的貨幣法則。此外，Simons 對 1930 年代經濟大蕭條採取長期看法，剛好和 Keynes 強調為短期問題相反，並且指出自由放任措施為維持經濟自由的基本要件，而解決當時經濟問題之道在於儘速改善金融結構。爾後，M. Friedman 師承 Simons 衣缽著重市場機能而強調長期貨幣分析，同時認為人類長期追求的目標為政治自由、經濟效率與經濟平等，而三者最好能依賴「競爭原則」組織利用經濟資源而實現。同時，該主張和下列三項息息相關：(1)政府應基於競爭原則建立一個貨幣機構；(2)該貨幣機構應依「法則」運作；(3)體系宜持續減輕不平等程度。由此可知 Friedman 主張「金融法則」係著眼於以強化自由社會為原則，進而達成經濟效率目標。

Friedman (1963) 由驗證美國貨幣歷史中發現，經濟穩定受貨幣數量穩定與否影響，而後者波動常是人為疏失，亦即美國聯邦制度操縱貨幣政策技巧拙劣，才釀成經濟循環起伏。為避免重蹈覆轍，金融當局應在貨幣制度上作適當安排──在不妨礙自由原則下限制政府控制貨幣權力，其中包括(1)商品本位制(2)超然的央行(3)以法則控制貨幣數量的政策。

就第一項主張而言，貨幣若是全由商品構成，政府無法干預供給數

量，既能防止政府發行通貨不當，也能有效避免未必恰當的政策。在商品本位制度下，體系自能提供一個避免政府隨意操作貨幣權力危險的貨幣機構。然而這種制度需以實質資源來增加貨幣存量，在動態體系中貨幣隨黃金增產而增加下，將造成無謂的負荷；此外，各國祇歡迎黃金流入，排斥黃金外流的政策態度，或不願配合國際景氣適度調整國內景氣下，金本位制度根本不可行。

就超然的央行制度而言，Friedman 係指不受立法當局直接管制的央行，但基於政治與經濟理由，這種制度事實上也不可能實現。就政治原因而言，將管理貨幣重責交給不受政治直接管制的機構實在不易實現，如交由少數人操作更易引起爭端。就經濟理由而言，一旦發生貨幣紛擾，由於責任分散甚難釐清；再則超然的貨幣政策常視央行總裁而定，適當性頗有疑慮；三則是貨幣政策與信用的對立性。央行的貨幣政策不僅影響貨幣，也將影響信用市場情勢。雖然央行能絕對控制貨幣數量，但在銀行產業較關心信用市場下，難免使政策偏向信用效果，而忽略貨幣效果。基於這些原因，超然央行也就不可能存在。

既然前述主張均不可行，Friedman 建議由立法程序規定法則作為貨幣政策指針方為適當。依據對美國貨幣史實證的結果顯示：貨幣數量變化與物價水準、名目所得、利率等的變化有直接密切關係，由於央行擁有支配貨幣數量變化權力，只要確定貨幣法則，就能有效控制名目變數，體系長期穩定發展自可達成。同時通貨膨脹是貨幣現象，只要央行堅持最適貨幣成長，人們維持對幣值穩定的信心，最終可步上經濟穩定之途，亦即對付通貨膨脹仍以「最適貨幣數量法則」為宜。至於支持「金融法則」大抵分為消極與積極兩種態度，前者主要針對權衡性貨幣政策執行效果不彰，無法實現預期目標，後者則認為採取「金融法則」卻能獲致若干積極效果。

㈠「消極論者」堅持採用「貨幣法則」的理由

⑴央行的訊息不全、方法不定與預測困難

　　央行常以不全且未適時的資料作爲決策依據，管理技術也常用不完全的控制方法，而無法預知金融制度未來演變。此外，由於央行操縱工具簡單原始，無法掌握隨時可供運用的工具，結果致使管理貨幣計劃發生偏差，貨幣供需差距擴大以致釀成失衡現象。

⑵執行貨幣政策存在時間落後

　　時間落後包括由考慮採取措施至其對最終目標發揮影響之間的全部時差，凡此造成央行面臨經濟問題之際，爲使最終目標朝某一方向變動而採取的措施，事實上反而需要貨幣政策採取相反措施，促使以權衡性貨幣政策作爲對抗循環武器，反而使實際情況更形惡化，加深經濟不穩定。由於貨幣學派均強調貨幣政策有效性，金融措施對目標變數影響至鉅，因此有關貨幣政策時間落後問題的考慮特別重要，假若運用時機不當，將會適得其反造成經濟傷害。又若時間落後變異性極大，則何種時機適合採行貨幣政策也將變得極困難。

⑶金融變數數量效果不確定

　　縱使央行能完全掌握採行貨幣政策時機，則應採何種措施及須執行程度，以抵銷此種干擾？由於金融變數的數量效果尙無令人滿意的知識，故無從知悉達成某種既定目標究竟應選擇何種程度的貨幣政策。效果的不確定性致使貨幣政策誘導體系朝預定方向前進，實際上將極爲困難，反因措施過度而有與預期目標相反的現象。

㈡「積極論者」支持採用「貨幣法則」的理由

⑴貨幣法則有自動穩定作用

　　「積極論者」認爲「貨幣法則」提供內在穩定措施以消弭短期波動。

在蕭條期間時，貨幣數量將以高於法則所訂成長率增加，而貨幣需求成
長可能低於長期趨勢值，故將產生超額貨幣供給而具有放鬆效果。同理，
在繁榮期間，貨幣法則能抑低貨幣成長率，而貨幣需求成長可能高於趨
勢值，因而產生超額貨幣需求，自有收縮效果。因此在實施「貨幣法則」
時，無論在蕭條或繁榮期間，貨幣供需自動產生失衡，進而發生循環調
整效果，權衡性貨幣政策則無法獲得法則發揮的良好效果。

(2)貨幣法則可穩定物價

　　權衡性貨幣政策將使貨幣數量易於波動，反而製造不穩定的金融環
境，進而損及維持經濟成長所需的投資。惟有以人們熟知的「貨幣法則」
調整貨幣數量，方能為人們樂於接受。

　　瞭解唯貨幣學派堅持採取「貨幣法則」的必要性後，接續將就央行
擬定「貨幣法則」類型及相應配合條件逐一說明如下：

(一)「Simons 法則」

　　「Simons 法則」係以貨幣數量表示的法則，即央行必須維持貨幣數
量不變的法則，而且「貨幣法則」的完美操作須以「健全的金融體系」
為基本前提。爾後，Fisher (1945) 將「Simons法則」修正為Fisher-
Simons「物價水準 (或指數) 法則」(price level rules)，即經立法程
序規定央行應當採行合宜政策維持物價水準穩定。至於法則內容為：當
體系內物價水準低於目標水準時，央行應採增加貨幣供給措施；反之，
則應採收縮政策。

(二)「Friedman 法則」

　　Friedman 認為不論長期或短期，以「貨幣數量」表示的法則均較以
「物價水準穩定」表示的法則為佳，理由是：貨幣政策固然與物價水準
存有密切關係，卻未密切到物價水準穩定可作為政策指導原則的程度，

況且貨幣管理責任是分散的，假若物價水準未能穩定，許多機構均有逃避責任的餘地，故應採取規定貨幣存量變化的法則爲宜，此即通稱的「固定成長率法則」(constant growth rate rule)。

一旦央行採取「固定成長率」的貨幣法則措施，則需擬定的法則內容如下：

(1)必須確定體系內的最適貨幣定義內容，央行將需動用各種政策工具控制該項貨幣定義；

(2)基於「貨幣數量學說」內容，央行必須預估體系內每段期間可能達成之經濟成長率、貨幣需求彈性及可忍受的通貨膨脹率，擬定合理貨幣成長率($\dot{M} = dlnM/dt$)而加維持。至於最適貨幣成長率可推演如下：

$$MV = P_y \tag{19.66}$$

由上述「貨幣數量學說」可得貨幣需求函數如下：

$$M^d = \frac{P_y}{V} = \frac{P_y}{V(y, i)} \tag{19.67}$$

V是流通速度。當貨幣市場達成均衡時，

$$M^d = \frac{P_y}{V(y, i)} = M^s \tag{19.68}$$

就上式取自然對數，並對時間微分：

$$\begin{aligned}\dot{M}^s &= \pi + \dot{y} - \varepsilon(V, y)\dot{y} - \varepsilon(V, i)\dot{i} \\ &= \pi + [1 - \varepsilon(V, y)]\dot{y} - \varepsilon(V, i)\dot{i}\end{aligned} \tag{19.69}$$

$\varepsilon(V, y) = \frac{\partial lnV}{\partial lny} > 0$ 是流通速度的所得彈性，$\varepsilon(V, i) = \frac{\partial lnV}{\partial lni} < 0$ 是流通速度的利率彈性，$\dot{i} = \frac{dlni}{dt}$ 是利率成長率通常爲 0。

(3)央行需預估體系內每季貨幣需求成長狀況，據此決定貨幣供給成長率，但是累加季成長率不得超過(19.69)式決定的值。至於貨幣季節變動問題，Friedman 認爲雖然不易處理，但只要依一定年增加率再逐月或

逐週適當調整，以月而論均爲 1/3 即能維持經濟穩定。

接著，爲了配合貨幣法則施行，Friedman 認爲體系尙需配合下列幾項措施：

⑴採全額準備制度

這項建議見於 Simons 領導的 Chicago 方案(Chicago plan)，在全額準備下可確保存款安全，免除因銀行廠商倒閉而使存款者蒙受損失的風險。同時，銀行廠商須以通貨或政府債券爲其存款準備，故需保有通貨而可消除大部分國家債務，進而實現眞正有效的貨幣管理。

⑵公債管理採安定而可預測方式

Friedman 認爲貨幣政策工具中以公開市場操作效果最佳，而公債管理與公開市場操作兩者關係極爲密切。由於公開市場操作機能分散於央行與財政部，爲避免財政部操作公債干擾金融情勢，公債管理應採以下三項原則：(i)所有政府債券出售應以拍賣方式進行；(ii)簡化公債種類爲短期與長期兩種；(iii)定期定量且事前公告所欲出售的公債種類與時間。

⑶實行財政自動安定計劃

財政部的權衡力量將影響政府收支水準，進而影響貨幣數量，爲能削減央行擁有的權衡力量，當然要盡可能避免財政政策影響。這項自動安定計劃包括：(i)政府支出（移轉支出除外）應以體系對公共勞務需求爲支出基礎，除非需求改變，政府支出不應增減；(ii)預擬的固定移轉支出計劃不因景氣循環而變，但絕對支出則自動改變；(iii)以個人所得稅爲基礎的累進所得稅結構不因景氣循環而變，但實際稅收則自動改變。

上列三項財政自動安定計劃配合全額準備制度，將可構成與景氣循環結合的自動調整體系；當景氣繁榮之際，政府預算自動產生盈餘，貨幣數量隨之減少；當經濟衰退時，財政收支赤字自動出現，貨幣數量因而擴張，經由貨幣數量變動可對經濟活動產生調節功能。值得注意者：

上述自動調節機能得以發揮係立基於物價與工資伸縮性及各種時間落後具確定性，否則難以實現經濟長期穩定發展的目標。

⑷實行浮動匯率制度

前述自動安定結構只適用於達成國內經濟穩定，開放體系必須同時採取浮動匯率制度，才能實現對外國際收支長期達成穩定平衡。總之，「Friedman 貨幣法則」無論是自動安定計劃或浮動匯率制度的配合，均充滿自由經濟主義的精神；唯其如此，才能避免人為權衡的無謂干擾，從而實現體系的動態調整，達成對內對外穩定均衡目標。

㈢「Bronfenbrenner 的法則」

Bronfenbrenner(1965)進一步修正 Friedman 法則，使其符合動態體系的實際變化狀況。依據 Cambridge 方程式得知：

$$\frac{M^d}{P} = ky \tag{19.70}$$

當名目貨幣供需相等時，貨幣市場達成均衡：

$$M^s = kPy \tag{19.71}$$

上式又可化為：

$$M^s = kN\left(\frac{y}{N}\right)P \tag{19.72}$$

式中 N 為勞動力，y/N 為勞動平均生產力（AP_n）。就上式取自然對數並對時間微分：

$$\frac{dlnM^s}{dt} = \frac{dlnk}{dt} + \frac{dlnN}{dt} + \frac{dlnAP_n}{dt} + \frac{dlnP}{dt} \tag{19.73}$$

央行為求物價穩定，即 $\frac{dlnP}{dt} = 0$，則上式可表為下列成長率關係：

$$\dot{M}^s = \dot{k} + \dot{n} + \dot{AP}_n \tag{19.74}$$

上式意謂著央行為求穩定物價，貨幣成長率必須符合經濟充分就業

成長加上貨幣需求成長。由此可知, 該法則較「Friedman 法則」具伸縮性, 此項法則依新經濟狀況、勞動力成長($\dot{n}=\dfrac{dlnN}{dt}$)、平均生產力($\dot{AP}_n=\dfrac{dlnAP_n}{dt}$) 及體系內貨幣需求成長($\dot{k}=\dfrac{dlnk}{dt}$) 等因素而調整, 充分反映實際狀況的變化。

　　雖然貨幣學派堅持「貨幣法則」聲音高漲, 但主張權衡性政策的 Keynesian 學派也不甘示弱而進行有力反擊。以下將摘述重要文獻對「貨幣法則」的批評:

(一) Heller(1968)的批評

　　(1)以何種定義的貨幣數量才能正確顯示貨幣對經濟活動影響, 一直是啓人爭議且未定案的問題。

　　(2)流通速度隨時間移動而改變, 造成貨幣與經濟活動間所具之不可變的聯繫關係, 值得商榷。

　　(3) Friedman 以一個很長和具高度變異的時間落後來支持穩定貨幣成長的建議, 將使預測者無法精確預測未來, 縱使可行也無法對多遠的未來作經濟評估。

　　(4)影響經濟活動水準或全國產出總需求因素, 除貨幣存量外還有其他變數, 如: 利率、政府支出和移轉支付等因素。

　　(5)「貨幣法則」是建立在物價與工資充分浮動的完全競爭世界上, 此與事實將是完全背離。一旦實行貨幣法則, 則在強大的市場獨占力下, 工資與物價緩慢調整將延誤經濟活動對貨幣法則的反應, 結果引起長期性經濟衰退或物價上漲, 而因決策當局在已選用法則下, 也只好隔岸觀火了。

㈡ Johnson(1970)反對「以法則代替權衡」的理由

(1)「貨幣法則」只是自由競爭經濟模型內的一環，在整個模型不能完全付諸實現之前，此項法則能否與其他部份配合，甚至整個競爭制度的模型是否能充分發揮理論上的作用亦有問題。

(2)「貨幣法則」中最重要的假設是貨幣需求為所得的函數，一旦有其他因素介入，或兩者間的函數關係呈不穩定狀態時，該法則的有效性將值得商榷。

(3)在開放體系下，央行採取貨幣法則必須與浮動匯率結合在一起，但後者常遭受國際各種因素波動的壓力。

㈢ Modigliani(1977)的批評意見

(1)戰後直到 1974 年為止，由歷史記錄與標準觀察，權衡性政策使體系保持相當安定，雖然偶有失敗記錄；

(2)「貨幣法則」無法減緩成本推動通貨膨脹。當此種型態通貨膨脹出現時，若貨幣成長率不能高於貨幣法則的預期成長率時，結果將產生失業。

最後，基於「權衡論者」的批判，「法則論者」也予以反擊如下：

(1)「法則論者」認為以過去及未來可能改善程度並不足以作為判斷是否繼續採行權衡性貨幣政策的依據，問題關鍵在於為了將來不確定的利益，目前是否仍需繼續承擔執行權衡性政策以為代價。

(2)除非具有獨立自主的金融當局，或者央行實際負責控制貨幣政策責任，否則權衡性貨幣政策將不易執行。央行不易將體系經濟利益置於本身利益之上，況且 Johnson 也認為央行較重視金融產業利益與需要，而無足夠誘因使央行經常以體系需要作為考慮依據，故期待權衡性政策實現短期穩定，無異經由既無良好設施也無熱切責任感的金融廠商執行

此項任務，此即 Friedman 堅持「以法則代替權衡」的主要理由之一。

(3)「貨幣法則」主要針對長期需要而非以短期為對象。如果接受流通速度並非常數的事實，即短期呈季節性或循環變動，但在長期仍呈高度穩定現象。同時，短期經濟成長率可能發生波動，但在「貨幣法則」涉及的長期經濟成長率則較為穩定。

(4)「貨幣法則」配合浮動匯率可能加深國內（政策）不穩定現象的說法，僅在若干特殊情況或經濟結構才會發生，如：糧食輸入比率甚大的國家或只能適用貶值場合。不過在這種特殊現象下，固定匯率將帶來更不穩定結果，況且「貨幣法則」與浮動匯率從未同時被採用，無法證明「貨幣法則」危害（美國）國際收支。

〔本章重要參考文獻〕

1. 謝德宗: 〈最適貨幣政策指標之抉擇〉, 企銀季刊, 五卷二期, 民國七十年十月, pp.95-105。

2. _____: 《總體經濟學》上冊, 第十三章, 華泰書局, 民國七十八年十月。

3. _____: 《總體經濟學》下冊, 第十八與十九章, 華泰書局, 尚未出版。

4. _____: 〈央行決策行為與貨幣政策內涵〉(上)、(下), 臺灣經濟金融月刊, 二十八卷八期與九期, 民國八十一年, pp.4-15 及 pp.1-11。

5. 李庸三: 〈中央銀行之理論與政策〉, 收集於《貨幣金融論文集》, 臺灣大學經濟學研究所, 民國七十四年, pp.329-382。

6. 鄭保村: 〈貨幣供給法則之論據與爭議〉, 臺北市銀月刊, 二十一卷十二期, 民國七十九年, pp.41-51。

7. 《中華民國中央銀行之制度與功能: 中華民國五十年七月在臺復業至八十年六月》, 中央銀行編印, 民國八十年十二月。

8. Anderson, L. C. & Carlson, K. M., *A Monetarist Model of Economic Stabilization*, Review, FRB of St. Louis, 1970, pp. 7-25.

9. Argy, V., *Rules, Discretion in Monetary Management, and Short-term Stability*, JMCB, 1971, pp.102-122.

10. Bronfenbrenner, M., *Monetary Rules: A New Look*, J. of Law & Economics, 1965.

11. Brunner, K. & Meltzer, A. H., *The Meaning of Monetary Indicators, in Monetary Process and Policy: A Symposium*, ed. by G. Horwich, 1967, pp.187-217.

12. Braninard, W., *Uncertainty and Effectiveness of Policy*, AER Proceedings, 1967, pp.411-425.

13. Cacy, J. A., The Choice of Monetary Policy Instrument, *Monthly Review*, FRB of Kansas, 1978, pp.17-35.

14. Crews, J. M., Econometric Models: The Monetarist and Non-Monetarist Views Compared, *Economic Review*, FRB of Richmond, 1973, pp.3-12.

15. De Kock, M. H., Central Banking, 1974.

16. DeLeeuw, F. & Gramlich, E. M., *The Channels of Monetary Policy*, JF, 1969, pp.265-290.

17. Fand, D. I., *A Monetarist Model of the Monetary Process*, JF, 1970, pp.278-283.

18. Frey, B. S. & Schneider, F., *Central Bank Behavior: A Positive Empirical Approach*, JME, 1981, pp.291-315.

19. Friedman, M., *The Role of Monetary Policy*, AER, 1968, pp.1-17.

20. Hamburger, M. J., *The Lag in the Effect of Monetary Policy: A Survey of Recent Literature*, collected in *Monetary Aggregates and Monetary Policy*, FRB of New York, 1974, pp.104-113.

21. Hetzel, R. L., Henery Thorton: Seminal Monetary Theorist and Father of the Modern Central Bank, *Economic Review*, FRB of Richmond, July/August, 1987, pp.3-16.

22. Holbrook, R. & Sharpiro, H., *The Choice of Optimal Intermediate Economic Targets*, AER, 1970, pp.40-46.

23. Leory, S. F. & Lindsey, D. E., *Determining the Monetary*

Instrument: A Diagrammatic Exposition, AER, 1978, pp. 929-934.

24. Modigliani, F., *The Monetarist Controversy or Should We Forsake Stability on Policies?* AER, 1977, pp.1-19.

25. Niehans, J., *The Theory of Money*, Chap.12, Johns Hopkins University Press, 1978, pp.263-284.

26. Park, Y. C., *Some Current Issues on the Transmission Process of Monetary Policy*, IMF Staff papers, 1972, pp.1-43.

27. Patinkin, D., *The Chicago Tradition, the Quantity Theory, and Friedman*, JMCB, 1969, pp.46-70.

28. Peston, M. H., *Theory of Macroeconomic Policy*, 1982.

29. Poole, W., *Optimal Choice of Monetary Instruments in a Simple Stockastic Macro Model*, QJE, 1970, pp.197-216.

30. Samuelson, P. A., *Interactions between the Multiplier Analysis and the Principle of Acceleration*, REStatistics, 1939, pp.75-78.

31. Simons, H. C., *Rules versus Authorities in Monetary Policy*, JPE, 1936, pp.1-30.

32. Smith, W. L. & Teigen, R. L., The Theory of Income Determination, in *Readings in Money, National Income and Stabilization Policy*, 1970, pp.1-43.

33. Spencer, R. W., *Channels of Monetary Influence: A Survey*, Review, FRB of St. Louis, pp.8-26.

34. Tinbergen, J., *On the Theory of Economic Policy,* North Holland, 1952.

35. Tobin, J., *A General Equilibrium Approach to Monetary*

Theory, JMCB, 1969, pp.15-29.

36. Turnovsky, S. J., *Macroeconomic Analysis and Stabilization Policy*, Chap.13, 1977, pp.307-328.

第二十章 貨幣政策工具
類型與效果

　　央行執行貨幣政策旨在尋求充分就業、物價穩定、促進經濟發展、改善國際收支和穩定金融等目標。為能達成這些目標，央行必須藉助政策工具影響銀行產業的準備數量，才能改變市場利率水準、貨幣和銀行信用數量，經由三者變動始能影響體系內所得、就業、物價、國際收支等變數，進而實現貨幣政策的最終目標。其中，利率（尤其是中長期利率）、貨幣和銀行信用數量在執行貨幣政策過程中常被視為「中間目標」，而銀行廠商準備和短期利率變化瞬息相關則被用做貨幣政策的「操作工具」(operating instruments)，至於能為央行運用和控制以影響「操作工具」者則稱為「政策工具」。

　　第九章曾經指出：央行與財政部是體系內能夠影響金融產業營運，進而改變經濟活動運行的金融當局。前者透過調整貨幣政策工具直接或間接改變金融廠商營運決策，故其執行的政策可稱為「積極性貨幣政策」(active monetary policy)；至於後者經由監督管理金融廠商營運及採取不同類型的財政赤字融通方式，間接影響金融廠商決策，此種方式形成的影響則稱為「消極性貨幣政策」。央行與財政部職責雖是各自迥異，然而兩者調整政策工具時，卻可相互協調配合以期達成彼此預擬的經濟目標，故在討論貨幣工具類型時，財政部融資與干預資金用途方式必須列入考慮，不可棄而不談。

　　本章首先說明貨幣政策工具類型及央行選擇的評判標準。其次，將逐一討論央行執行「量的管制」(quantitative control)政策內容及其發揮的效果，如：「貼現政策」(discount policy)、「法定準備率」與「公

開市場操作」等。接著，再就央行採取「質的管制」(qualitative control)政策內容及其產生影響進行討論。最後，針對財政部發行公債融通預算赤字而衍生的「公債管理政策」(public debt management policy)內容以及干預資金用途政策造成的影響進行討論。

§ 20.1. 貨幣政策工具類型與評判標準

誠如前面所述，央行執行貨幣政策目的在於希望達到物價穩定、經濟成長、充分就業以及國際收支平衡等最終目標。然而這些目標卻非一蹴可及，從央行調整政策工具至衝擊這些最終目標的執行過程，往往經歷兩個階段才能圓滿達成任務。兩者包括「操作工具」與「中間目標」，而執行兩段式貨幣政策過程可表示如下：

$$\boxed{政策工具} \rightarrow \boxed{操作工具} \rightarrow \boxed{中間目標} \rightarrow \boxed{最終目標}$$

央行使用兩段策略(two-stage strategy)執行貨幣政策的原因是：若不採用此種策略而想使政策工具直接命中最終目標，貨幣政策效果將不易控制，達到最終目標的成功機率也將極其微小。一般而言，獲取貨幣供給和利率資料之期間較國民所得資料爲短，前者快則當日，慢則一個月，後者則需耗費一季時間。有鑑於此，當中間目標(貨幣供給或利率)偏離既定水準時，由於獲取資料期間較短，央行可及時發現而迅速修正政策，否則靜待國民所得資料出爐再設法扭轉欠當措施，則常爲時已晚。爲避免生米煮成熟飯造成既定事實，央行唯有改採兩段策略，選擇某些變數作爲預先判斷政策措施是否合宜之依據。舉例言之，在決策期間內，央行若欲提高「最終目標」名目所得成長率爲 5%，而其成長率 5% 估計可由「中間目標」貨幣成長率 6% 來達成，而貨幣成長率 6% 可透過「操作工具」基礎貨幣成長率 4% 來完成，爲達到基礎貨幣成長率 4%，央行

須由公開市場買入 100 億元票券才可見功。上述例子可由下列流程表示:

公開市場買入 100 億票券→基礎貨幣成長率 4%→貨幣成長率 6%→所得成長率 5%

央行變動「政策工具」在公開市場買入 100 億元票券是否足夠達到所得成長率 5% 之最終目標, 一週或月內由基礎貨幣和貨幣供給增長情況即可分曉。如果基礎貨幣只成長 2% 而非 4%, 貨幣成長率 6% 和所得成長率 5% 自然就會落空, 央行應需擴大公開市場操作買入票券, 提高基礎貨幣成長率至 4% 爲止。換言之, 在兩段策略貨幣政策下, 央行執行貨幣政策過程中, 可從中修正或調整而達到最終目標, 否則想直接透過政策工具影響最終目標, 而無中間目標透露相關訊息, 成功機率將很渺茫。

瞭解央行擬定「兩段策略」貨幣政策內涵後, 體系內「貨幣政策工具」可接續定義如下: 貨幣政策工具係屬經濟結構的一環, 但卻具有下列特質:

(1)工具變數必須直接置於金融當局 (央行與財政部) 掌控之中;

(2)金融當局一旦變更工具變數後, 將能透過貨幣傳遞過程而影響金融部門決策。

基於上述定義, 金融當局(央行與財政部)經常使用的貨幣政策工具類型將分別列於(表 20-1)。一般而言, 不論央行預擬追求的政策目標爲何, 均須透過控制貨幣與銀行信用數量、銀行信用成本, 進而影響金融廠商營運, 方能實現預擬目標。是以央行經常採用的貨幣政策工具通常可分成兩類:

㈠「量的管制」

央行執行貨幣政策目的若在控制貨幣與銀行信用數量, 透過改變體系內總需求或總支出, 進而全面性影響總體經濟活動運行, 則與此相關的貨幣政策工具通稱爲「一般性信用或貨幣管制」(general credit or monetary control)。同時,該類貨幣政策工具更動係直接影響體系內貨幣與信用數量, 故又稱爲「量的管制」, 其中類型包括「貼現政策」、「法定準備率」與「公開市場操作」三種。

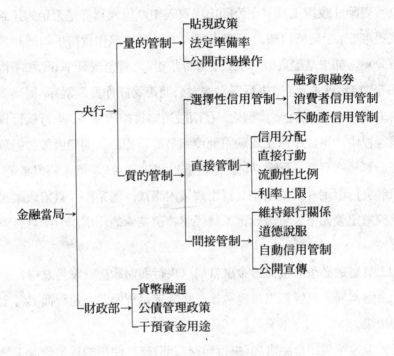

(表 20-1) 貨幣政策工具類型

㈡「質的管制」

央行執行貨幣政策目的旨在紓解體系內某些部門發生的特殊問題, 經由變動政策工具影響該產業使用資金的成本與條件, 進而達成特定目的。由於該類政策工具變動對體系內信用控制是有所挑選且屬局部性, 因而稱爲「選擇性信用管制」(selective credit control)。同時, 該類政策工具旨在改變特定產業使用資金成本或條件, 故又稱爲「質的管制」, 其類型可分成下列三種:

⑴「選擇性信用管制」: 央行針對特殊產業使用資金成本與條件進行管制, 內容包括證券市場的「融資與融券」、商品市場的「消費者信用管制」(consumer credit control) 及房地產市場的「不動產信用管制」(mortgage credit or real estate control) 等;

⑵「直接管制」: 央行為控制體系內信用數量促進資金配置效率, 可對金融廠商創造信用活動進行直接干涉與控制, 內容包括「信用分配」、「直接行動」(direct action)、「流動性比例」(liquidity ratio) 與利率上限等;

⑶「間接管制」(indirect control): 央行採取間接或迂迴方式影響金融廠商決策方式, 進而改變「授信」數量, 內容包括「維持銀行關係」、「道德說服」(moral suasion)、「自動合作」(voluntary cooperation) 及「公開宣傳」(publicity) 等。

至於央行何以捨棄「量的管制」而改採「選擇性信用管制」的理由可分述於下:

⑴協助或代替一般性貨幣政策: 「選擇性信用管制」通常能夠爭取時效, 縮短「量的管制」政策影響經濟活動的時間落後, 如: 央行為迅速抑制銀行信用過度膨脹, 採設定放款利率上限, 此舉對銀行廠商放款行為迅速構成限制, 然後再公開市場操作逐漸降低銀行準備數量。此外, 當支出缺乏利率彈性時, 緊縮銀根效果堪慮, 央行改採選擇信用管制, 如: 提高消費性、住宅抵押貸款之自備款比率、縮短償還期限與限制廠商貸款數量等, 將可壓低總支出且能避免利率過度上升。

⑵修正市場決定的資源分配方式: 金融市場不完全性 (如: 借款者融資數量不同與金融廠商專業化等) 及社會價值無法充分反映在市場利率上, 使得市場決定的資金分配方式往往不符國家需要。有鑑於此, 央行需藉選擇性信用重新分配資源用途, 提昇資源運用效率。

⑶避免所得與財富重分配: 緊縮銀根政策往往伴隨不均勻的「歸宿

效果」(incidence effect)與「財富重分配效果」,前者與所得分配密切相關,而「歸宿效果」與「財富重分配效果」將視廠商規模、金融廠商適應市場環境變動彈性、產品需求之利率與價格彈性、盈餘支出單位之財富組合情形等因素而定。「選擇性信用管制」旨在取代或協助一般性貨幣政策,維持物價與利率水準穩定,避免緊縮銀根肇致的歸宿效果與財富重分配效果。

　　依據第九章內容,財政部在金融體系中雖然扮演「行政管理」與「業務監督」責任,但仍可經由三種措施影響金融廠商營運,形成「消極性貨幣政策」:

　　①「貨幣融通」:財政部執行赤字預算而由央行發行貨幣融通;

　　②「公債管理政策」:財政部發行公債融通預算赤字,其發行數量、期限、利率均會波及資金市場的利率期限結構與金融廠商營運;

　　③「干預資金用途」:財政部受央行委託,擬定金融廠商「受信」與「授信」的各種限制,透過影響營運決策而波及經濟活動運行。

　　央行面對眾多貨幣政策工具,如何挑選適當工具紓解經濟問題而能較具效率,Wrightsman (1971) 曾列出下列標準供央行總裁評判參考:

(1)控制貨幣與銀行信用數量能力

　　該項標準淵源於貨幣學派對貨幣政策傳遞過程的看法,由於貨幣或銀行信用數量變動直接影響總支出與金融環境寬鬆,進而影響利率及實質財富間接波及總體經濟活動,故政策工具常以控制貨幣與銀行信用數量為首要任務。政策工具對貨幣與銀行信用數量控制越強則越佳,至於控制能力薄弱的政策工具通常著重於其他特殊任務。

(2)對利率期限結構影響

　　該項標準淵源於新Keynesian學派的看法,銀行信用市場上的利率變動經常影響支出決策,故政策工具的任務之一是藉利率變化影響經濟活動。唯不同政策工具對利率影響不僅有別,且會影響長短期利率期限

結構，進而誘導資源利用方向。一般而言，短期利率提高將減低大眾保
有貨幣及向銀行廠商借款意願；長期利率攀昇因壓低資本資產現值，衍
生長期投資支出遞減效果。不過利率揚昇通常會吸引國際熱錢流入，有
益於改善國際收支及提高國內支出水準。

⑶浮動性

由於經濟金融情勢瞬息萬變，政策工具最好具備充分浮動性，可依
新經濟情勢隨意調整。值得注意者：貨幣政策工具通常缺乏充分浮動性，
相異工具的可變程度差距甚多，甚至某些工具一經實施可能發揮重大效
果，浮動性很大將使受波及產業無所適從。

⑷對預期形成的影響

體系遭逢貨幣政策干擾，當然會影響實際從事經濟活動的成員，釀
成心理預期變化而加劇或抵銷貨幣政策應有的效果。若干政策工具甚至
在宣佈之際，「宣告效果」(announcement effect)就已油然而生影響人
們心理。然而心理影響有正反方向，政策工具優良與否須視其影響方向
強弱而定。

⑸對銀行廠商決策強制影響

政策工具是央行基於社會福祉，對銀行廠商決策行為施加影響，使
其與人們利益配合的手段。銀行廠商若與人們利益相符，當然樂於接受
金融當局決策；一旦兩者利益衝突，銀行廠商難免要設法規避不利影響，
故政策工具強制力遂成政策效果能否發揮的必要條件之一。良好的政策
工具不宜因眾人利益而以銀行廠商利益為芻狗，而應使其蒙受不利衝擊
減至最低。

§20.2. 「法定準備率政策」

「法定準備率政策」係央行在銀行法規定範圍內調整各種存款準備

率，經由影響銀行產業創造信用能力，進而控制體系內貨幣與銀行信用數量。當法定準備率降低時，雖未直接影響銀行產業提存準備總額，但隨應提準備數量降低，可做擴充信用之超額準備隨之遞增，銀行廠商創造信用能力日漸增強。另外，法定準備率改變也會影響貨幣乘數，貨幣乘數變化有助於調節貨幣供給量。

一般而言，央行擬訂的「法定準備率政策」內容包括品質和數量管制兩方面：

(1)「品質管制」：銀行法規定充當準備資產內容，如：只有存放央行之活期存款和庫存現金才能充當存款準備；

(2)「數量管制」：央行可依存款種類、存款金額、銀行廠商規模和座落位置等標準訂定存款準備率範圍，此即稱爲「差別準備」或「變動準備」制度(variable reserve system)。

目前我國銀行法僅按存款種類(區分爲支存、活存、儲蓄存款和定存)分別訂定，其他因素則未予考慮。央行通常極少調整法定準備率來控制貨幣供給，究其原因是：調整法定準備率過於頻繁，將使銀行廠商從事資產負債管理決策時動輒得咎。同時，法定準備率調整的影響係屬全面性，不管規模大小、經營績效，或是那些銀行廠商才是眞正信用過度擴張或緊縮的肇事者。

說明過「法定準備率政策」內涵後，接著再由體系內「貨幣市場」與「準備市場」間的關聯說明該項政策對控制貨幣數量的影響：

在體系內的準備市場上，準備需求是由銀行廠商對法定準備(RR)和超額準備(ER)兩者構成。法定準備是存款總量的某一百分比，由於存款收益通常低於貨幣市場利率，人們保有存款會隨市場利率起伏而昇降，導致法定準備需求將與利率呈反向變動。然而此項關係僅適用於採取「即期準備會計制度」(contemporary reserve accounting system)，準備提存期間和計算準備基期兩者一致，存款總量變化即時影響法定準備，

市場利率方能透過存款變動而波及法定準備。一旦改採「落差準備會計制度」(lagged reserve accounting system)時，提存準備期間和計算準備基期時隔一或二週，應提法定準備決定於數週前計算準備基期的存款總額，自然與市場利率變化脫節。

　　由於銀行廠商提存超額準備並無顯現收益，利率上升帶動機會成本提高，超額準備需求自然降低而成為利率的反函數。(圖 20-1)中，銀行廠商的準備總需求R^d是法定和超額準備兩者之和，且和市場利率呈相反關係。至於準備供給包含兩部份：(1)「非借入準備」(NBR)：銀行廠商在「制度性儲蓄市場」上吸收各種存款後，對存款提存各種準備而成，故其供給通常不受市場利率起伏影響；(2)「借入準備」(BR)：央行透過貼現窗口融通銀行廠商充當準備。基於資金成本考慮，銀行廠商向央行融資所需負擔的重貼現率(i_d)大於市場利率時，由於資金成本過高而使融資極為有限，此時借入款並非基於資金成本因素考慮而缺乏利率彈性。然而當市場利率大於重貼現率且差距越大時，向央行貼現融資顯得有利，借入準備也就越大。(圖 20-1)中，準備供給(R^s)是非借入準備(NBR)和借入準備(BR)兩者之和，當市場利率高於重貼現率時，借入準備隨市場利率提高而遞增。借入準備的利率彈性或準備供給曲線斜率將視央行對貼現作業規定和限制，以及銀行廠商使用貼現窗口意願而定。反之，當市場利率小於重貼現率時，準備供給是缺乏利率彈性的「非借入準備」和部份「借入準備」之和R_0。準備市場供需共同決定準備市場均衡利率i^*和均衡準備數量R^*。

　　在貨幣市場上，貨幣需求(M^d_{1a})和利率兩者呈相反關係，而貨幣供給可由準備市場供需均衡條件求得：

$$RR + ER = NBR + BR$$
$$RR = NBR + BR - ER$$

為求簡化，假設法定準備(RR)和貨幣供給M^s_{1a}(存款貨幣和通貨淨

額之和) 存在固定比例關係：

$$RR = \theta \cdot M_{1a}^s$$

貨幣供給可由此求得：

$$M_{1a}^s = \frac{1}{\theta}(NBR + BR - ER)$$

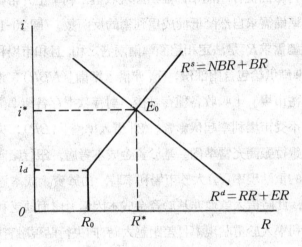

(圖 20-1) 準備市場均衡

　　當市場利率上升時，借入準備增加和超額準備減少，同時增強銀行廠商創造信用能力，貨幣供給量也因而增加。在 (圖20-2) 中，貨幣供給量和利率存在正向關係，而缺乏利率彈性的貨幣供給數量M_0則和準備市場的R_0相對應。貨幣供需相等決定貨幣市場均衡利率i^*和數量M^*。至於央行採取「法定準備率政策」時，即是透過變更法定準備率，導引 (圖20-1) 中準備需求R^d中的RR與ER項，以及準備供給R^s中的NBR與BR項目發生變化，結果將使 (圖20-2) 中的貨幣供給曲線M^s發生移動，進而達成央行預擬目標。

　　上述分析顯示：央行變更法定準備率旨在控制體系內貨幣與銀行信用數量，然而透過控制兩者也能間接影響全面性利率水準，但對利率期

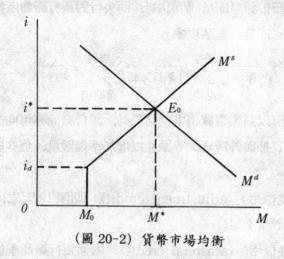

（圖 20-2）貨幣市場均衡

限結構毫無影響。同時，法定準備率政策缺乏伸縮性，理由如下：

　　(1)縱使央行調整些微法定準備率，但對銀行廠商保有超額準備、創造貨幣與銀行信用乘數卻是影響深遠，茲事體大不宜濫調；

　　(2)央行提高法定準備率時，未保有超額準備的銀行廠商經常被迫出售流動性資產或增加借入準備，故其排斥性極大；

　　(3)基於前兩項原因，央行提高法定準備率前，通常事先知會銀行廠商，致使此項政策成為效率遲緩的工具。

　　此外，法定準備率政策因對超額準備、貨幣乘數及貨幣供給量同時釀成強烈影響，故對人們預期形成及對銀行廠商決策的強制影響都非常顯著，甚至嚴重損及銀行廠商利潤。基於這些原因，存款準備率政策使用頻率極低。

§ 20.3.　「貼現政策」

　　「貼現政策」係指銀行廠商為彌補應提存款準備不足，以所接受顧客貼現之商業票據，向央行請求再貼現融資。其中，銀行廠商對顧客票

據進行貼現而預扣利息即是「貼現率」，而央行對銀行廠商所持票據再予貼現而預扣利息即是「重貼現率」。

除了向央行以商業票據請求重貼現外，銀行廠商亦可向央行申請質押放款、公債質押與外銷貸款等融通以增加準備數量，這些融通一般分為下列三類：

(a)「調整性信用」（adjustment credit）：期限 10 天之內的短期融通，彌補準備數量不足；

(b)「季節性信用」（seasonal credit）：融通銀行廠商季節性資金需求，滿足因地域或產業屬性所產生的季節性貸款需求；

(c)「展延性信用」（extended credit）：融資給經營困難而可能面臨擠兌之問題銀行。

央行藉著調整重貼現率和限制融資數量影響銀行廠商準備，而調整重貼現率將會產生「宣告效果」，一旦被銀行廠商視為央行採行寬鬆銀根的先兆時，接著預期央行將透過公開市場操作釋出強力貨幣，則會擴大對顧客放款，貨幣和銀行信用總額會因而增加。一般而言，央行面對銀行廠商保有準備不足時的處理方式有二：處以「懲罰利率」限令補足準備，提高「重貼現率」而給予貼現融資。其中，「貼現政策」內容通常包括：調整重貼現率、決定重貼現票據資格與訂立最高融通限額。

(1)「調整重貼現率」：央行調整重貼現率，提高銀行廠商資金成本，進而降低貼現融資充當準備的意願。另外，此舉同時發揮「宣告效果」影響銀行廠商及人們對金融市場鬆緊的預期；

(2)「決定重貼現票據資格」：目的在於影響資金運用方向，避免銀行廠商藉重貼現而行套利之實，如：為促進出口，辦理外銷貸款再融資；

爲加強中小企業融資，辦理週轉資金貸款再融資等；

　　(3)「訂定融資限額」：央行透過融通銀行廠商以控制準備數量，或限制個別銀行廠商再融資額度，如：在季節性融資中，規定各行庫再融資額度，避免信用過份膨脹或資源使用過份偏向。

　　由上述「貼現政策」內容可知：央行調整重貼現率旨在控制銀行廠商的資金成本，直接影響銀行廠商借入準備意願以限制創造信用能力，同時透過「宣告效果」間接波及創造信用意願。以下就銀行廠商面臨準備不足時，央行變動「重貼現率」或「懲罰利率」衍生的效果進行分析：

　　在（圖20-3）中，央行將重貼現率i_d提高至i_3，貨幣供給曲線M_0^s平行上移至M_1^s。唯有市場利率高於重貼現率i_3且差距擴大時，借入準備和貨幣供給量才會越大。央行若對使用貼現窗口頻繁或融資過大的銀行廠商改採懲罰利率措施，則將同時改變貨幣供給曲線位置和斜率。懲罰利率若訂爲i_3，貨幣供給曲線將由M_0^s移至M_1^s。當市場利率小於懲罰利率而大於重貼現率（在i_3和i_d之間）時，使用貼現窗口頻率過高或融資過大的銀行廠商必將有所節制避免向央行貼現，造成在此兩利率間的借入款自然較不採懲罰利率時爲小，借入準備和貨幣供給也較不具利率彈性，貨幣供給曲線呈現較爲陡峭。當市場利率大於懲罰利率時，懲罰利率失去抑制銀行廠商向央行融資意願之作用，貨幣供給利率彈性也回復現有採用懲罰利率時的貨幣供給曲線M_0^s之原先水準。「提高重貼現率」或「採用懲罰利率」均會削減銀行廠商貼現意願，借入準備和貨幣供給趨向減少，進而逼使利率揚升。

　　央行若提高重貼現率至和懲罰利率相同水準i_3時，市場利率升幅將較採用懲罰利率時爲大，前者揚升至i_2，後者升幅止於i_1，究其原因是：提高重貼現率影響遍及銀行產業，而懲罰利率僅適用於貼現頻繁或融資過大的銀行廠商而已，貨幣供給減少和利率升幅自然較採用懲罰利率時爲大。另外，貨幣需求曲線位置也會影響「貼現政策」對市場利率衝擊，

其與貨幣供給曲線垂直部份若交於E_3點，提高重貼現率和採用懲罰利率均不影響市場利率。由於市場利率小於重貼現率，此時的借入準備和貨幣供給均呈缺乏利率彈性，兩項政策均無效果。反之，貨幣需求曲線若都與三條供給曲線的平行部份相交，由於貨幣供給較具利率彈性，貨幣供給減少和利率上升幅度都將較先前各項政策改變造成的影響爲大。

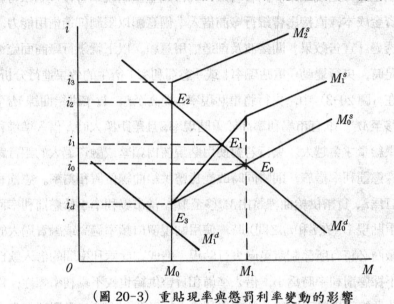

（圖 20-3） 重貼現率與懲罰利率變動的影響

接著，在分析「貼現政策」控制貨幣數量效果時，可從「自動控制機能」(automatic control mechanism)和「權衡控制機能」(discretionary control mechanism)兩方面探討。在「自動控制機能」方面，「貼現政策」的自動控制貨幣數量效果，可由貨幣供需曲線受外在因素干擾而移動時觀察出來。(圖 20-4)是貨幣供給干擾因素下的自動控制效果。M_1^s是在懲罰利率政策下的貨幣供給曲線，M_0^s是在「貼現政策」(不附加懲罰利率)下的貨幣供給曲線，M_1^s較M_0^s陡峭可見前面分析。當銀行產業擴大吸收存款而使非借入準備增加後，造成兩條貨幣供給曲線等幅(即CC'數量)右移，在「貼現政策」下的自動控制效果較在「懲罰利率

政策」下為優，理由是：央行未用權衡性貨幣政策抵銷此項干擾時，貨幣數量變動會自動縮小，如：在「懲罰利率政策」下之貨幣增量$M_A M_A'$和在「貼現政策」下之貨幣增量$M_B M_B'$均較原始貨幣增量CC'為小，表示存在自動控制貨幣數量功能。由於在「貼現政策」下貨幣數量減幅較在「懲罰利率政策」下為大，故在貨幣供給干擾因素下，「貼現政策」自動控制貨幣數量效果較在「懲罰利率政策」下為優。以利率波動情況觀之，前者之利率變異性也較後者為小。

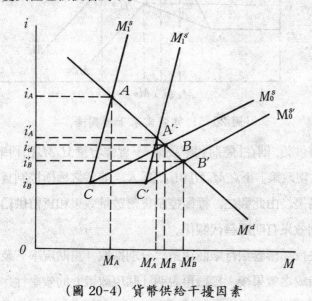

（圖 20-4）貨幣供給干擾因素

　　（圖 20-5）是貨幣需求干擾因素下的自動控制效果。當經濟成長或保有貨幣意願增強造成貨幣需求曲線右移時，在「懲罰利率政策」下之貨幣增量$M_A M_A'$較在「貼現政策」下之貨幣增量$M_B M_B'$為小，表示前者自動控制貨幣數量效果較後者為優，而比較兩者造成利率變異性時，則剛好相反。

　　在「權衡控制機能」方面，M_0^s和M_1^s兩條貨幣供給曲線在（圖 20-4）中右移若由權衡性貨幣政策造成，如：央行透過公開市場操作買入票券

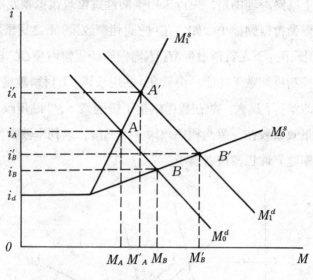

（圖 20-5）貨幣需求干擾因素

而增加貨幣供給, 則在「懲罰利率政策」下貨幣增量$M_A M_A'$和利率下跌$i_A i_A'$均較在「貼現政策」下之$M_B M_B'$和$i_B i_B'$為大, 前者之權衡控制貨幣數量效果較後者為優。由此觀之, 權衡控制貨幣數量效果和貨幣供給干擾因素的自動控制效果有明顯替代關係。

　　瞭解央行為影響銀行廠商決策, 分別採取「重貼現率」及「懲罰利率」政策造成之效果後, 接續再說明「貼現政策」的效率性:

　　(1)「控制貨幣數量」:「貼現政策」並非良好的政策工具, 僅能發揮間接效果, 成功與否端視銀行廠商反應而定, 如: 央行降低重貼現率時, 銀行廠商融資意願闌珊, 則放鬆銀根美意將會落空; 再如重貼現率提高時, 銀行廠商的生息資產收益率仍然水漲船高, 則無法沮喪貼現融資意願, 貨幣成長率依然居高不下。

　　(2)「影響利率期限結構」: 調整重貼現率通常無法變更利率期限結構, 只能影響整體利率水準。唯有實行「複式重貼現率」制度, 將重貼現率與品質管制混合使用, 央行方能局部操縱利率期限結構。

(3)「宣告效果」：調整重貼現率雖能影響人們預期形成，唯無從測知預期效果究竟有利或不利經濟活動，理由是：「宣告效果」係以人們心理反應為基礎，而反應卻有正反面看法，如：央行調高重貼現率時，通常希望人們認為利率甚高，自發性壓抑支出以達成緊縮目的。倘若人們反而認為此係重貼現率持續攀昇的起點，爾後重貼現率可能更高，因而加速擴大支出，政策效果將會適得其反。

(4)無法直接干涉銀行廠商的經營決策，缺乏積極強制影響，尤其是某些銀行廠商即使受到影響，也未必波及其他銀行廠商。

綜合以上所述，「貼現政策」並非具有效率的政策工具，原因是：向央行請求融資的主動權操諸銀行廠商，央行僅居被動地位。在衰退時期，縱使央行降低重貼現率隨時提供融資，卻無法引誘銀行廠商前來借錢。在通貨膨脹時期，即使央行緊縮銀根提高重貼現率，銀行廠商只要有利可圖仍將奔向貼現窗口補充準備，致使對抗通貨膨脹政策未見績效。

§ 20.4. 「公開市場操作」

央行在公開市場（貨幣、資本與外匯市場）買賣有價證券（票券或長期債券）及外幣改變銀行產業的準備數量，進而影響體系內貨幣與銀行信用數量，此種政策即是「公開市場操作」。當央行欲採寬鬆銀根政策時，可於金融市場買進證券或外幣，透過增加銀行產業準備的方式釋出強力貨幣，進而達成擴張貨幣與銀行信用數量的目的。反之，央行於金融市場賣出證券或外幣，則可達收縮銀根策略。

「公開市場操作」政策若要發揮實際效果尚需若干條件配合，如：健全的金融市場組織、高效率的交易制度以及可供操作工具在數量、期限、種類須達某種水準。大部份落後國家通常欠缺上述實質條件，雖然期望實施公開市場操作，卻是心有餘而力不足，是以「公開市場操作」

能夠成功的先決條件約有下列數端：

(1)金融市場交易數量須達一定規模，同時為使央行能持續操作，必須具備足夠信用工具在市場流通；

(2)金融信用工具類型必須多元化，避免央行操作效果過份反映於信用工具價格（報酬率）或風險變動上；

(3)「公開市場操作」須將央行的「貼現機能」與銀行廠商預擬創造之銀行信用數量相互結合。

一般而言，央行採取公開市場操作兼具「連續性操作」與「可逆性」(reversible)兩項特色，然而在操作過程卻常遭逢下列困境：

(1)央行實施公開市場操作後，必然立即損及銀行廠商的資產負債表均衡，進而引發一系列資產組合調整過程；

(2)金融市場本身暗含高度隨機性，干擾因素特別眾多。央行採取公開市場操作即是直接介入金融交易，原本旨在維持金融市場穩定運行，卻有適得其反徒增干擾情事發生；

(3)公開市場操作旨在控制貨幣與銀行信用數量，但是季節性或意外性貨幣供給波動往往糾葛難清、易於混淆，經常釀成錯誤操作方向而加劇兩者波動幅度，同時引發該項政策操作可逆性的質疑。

(4)央行執行公開市場操作與財政部從事赤字融通往往背道而馳，兩者如何相互配合值得費心思量。

接著，央行採取公開市場操作到底應該釘住何種目標，文獻上計有下列兩種說法：

(1)「市場利率臆說」(market interest rate hypothesis)

「市場利率臆說」淵源於Keynesian與新Keynesian學派的貨幣政策傳遞過程，強調「利率期限結構」是連繫金融與實質兩部門的重要變數。基於該項理論，央行若欲維持體系穩定，執行公開市場操作則應釘住長期利率在某既定水準i^*上。換言之，市場利率超越i^*顯示體系存在銀根緊

縮現象，央行應採放鬆銀根的公開市場操作。反之，市場利率低於i^*意謂著體系存在銀根寬鬆現象，央行宜採緊縮銀根的公開市場操作。

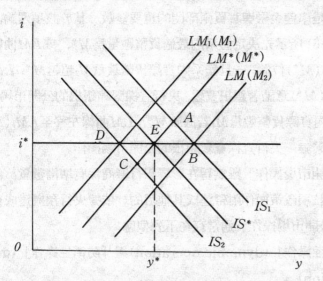

(圖 20-6)「市場利率臆說」與「貨幣總量臆說」

　　(圖 20-6) 中，體系內IS與LM兩曲線均呈隨機波動，預期IS^*與LM^*曲線決定的均衡所得y^*是央行夢寐以求的理想，而i^*則爲公開市場操作的目標。當IS^*波動至IS_1或LM^*漫步至LM_1時，兩者均推動利率揚昇，體系出現銀根緊縮現象，央行宜採寬鬆銀根的公開市場操作紓解。反之，當IS^*游離至IS_2或LM^*波動至LM_2時，兩者均促成利率滑落，意謂著體系內銀根寬鬆，央行宜採緊縮銀根的公開市場操作力挽狂瀾。值得注意者：該項臆說僅能適用金融部門不穩定引發利率背離目標值的狀況，央行執行公開市場操作將可紓解經濟問題。反之，在實質部門不穩定釀成利率背離目標值的狀況，央行若依前述原則進行公開市場操作，只有加速經濟病情惡化而已。總之，央行基於本臆說擬定公開市場操作策略時，必須謹愼判斷利率波動的緣由，如此才不致於誤下藥方而使經濟問題加劇。

⑵「貨幣總量臆說」(monetary aggregate hypothesis)

「貨幣總量臆說」淵源於貨幣學派的貨幣政策傳遞過程，強調「貨幣數量」是串連金融與實質兩部門的重要變數。基於該項理論，央行應依 (圖 20-6) 所示先決定體系內最適貨幣數量為 M^*，或 LM 曲線必須維持在 $LM^*(M^*)$ 位置。一旦體系內實際貨幣數量 M_2 超越 M^*，LM 曲線右移至 $LM_2(M^*)$ 意謂著銀根寬鬆，央行宜採緊縮銀根的公開市場操作。反之，體系內實際貨幣數量 M_1 若低於 M^*，LM 曲線左移至 $LM_1(M^*)$ 位置顯示銀根緊縮，央行宜採寬鬆銀根的公開市場操作。

「公開市場操作」雖然旨在影響銀行廠商保有準備數量，但是央行仍可透過該項政策操作附帶達成其他目的。依據央行預擬達成目標的差異性，「公開市場操作」通常存在下列型態：

⑴「動態性操作」(dynamic operation) 與「防衛性操作」(defensive operation)

由第十三章內容可知：銀行廠商保有準備多寡除受市場利率與懲罰利率影響外，更受提款頻率與風險的影響，是以銀行產業保有實際準備與體系內貨幣供給經常為隨機值：

$$R = \overline{R} + \varepsilon \qquad E(\varepsilon) = E(\theta) = 0$$
$$M^s = \overline{M} + \theta$$

$\overline{R}$ 與 $\overline{M}$ 是預期準備與貨幣數量，$\varepsilon \gtreqless 0$ 與 $\theta \gtreqless 0$ 分別是隨機項。在 (圖 20-7) 中，假設體系內實質部門屬於確定狀況，貨幣部門則因貨幣供給為隨機值而呈波動狀況，體系預期均衡所得為 y^*。央行執行公開市場操作若在追求穩定所得水準 y^*，則需預測貨幣市場干擾銀行準備與貨幣供給的因素 ε 或 θ，然後在公開市場反向操作消弭干擾因素以維持 $R = \overline{R}$ 及 $M^s = \overline{M}_0$，LM 曲線因而穩定在 $LM(\overline{M})$ 位置。此種公開市場操作方式旨在穩定體系內貨幣數量，故屬「防衛性操作」範疇。

至於央行採取公開市場操作意圖擴張體系內均衡所得水準至 y_1，可

於貨幣市場上主動買進票券改變 $\overline{R}$ 與 $\overline{M}$ 值，促使預期 LM $(\overline{M_0})$ 曲線右移至 $LM(\overline{M_1})$ 位置，此種操作則可歸為「動態性操作」。

值得注意者：「動態性操作」與「防衛性操作」實際上混沌難清，理由是：

(a)「防衛性操作」須以央行估計貨幣市場干擾因素為基礎而進行操作，此項估計或有誤差，故即使銀行廠商準備遞增，不必然表示央行屬意發生這種情況；

(b)「公開市場操作」通常係持續進行，尤其重要者是伴隨嘗試與修正過程，故兩種概念在操作初期實際上是混為一談，造成央行操作之際當然難以區別了。

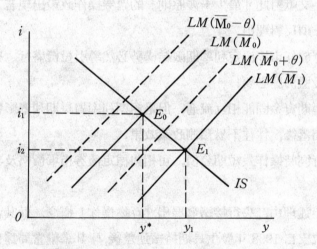

(圖 20-7)「動態」與「防衛性」操作

(2)「票券操作政策」(bills only policy)、「互換操作」(operation twist or nudge)與「沖銷政策」(sterilization policy)

傳統公開市場操作常採「最少干涉原則」(minimum intervention)，央行僅能侷限於操作短期公債或國庫券。有鑑於此，1950 年代美國稱公開市場操作為「票券操作政策」，同時指出無法操作其他證券的理

由如下：

(a)央行相信只要藉著買賣國庫券就能影響銀行廠商準備數量，透過創造信用變化可自動波及中長期利率調整；

(b)央行擔心若是操作中長期公債，將擴大債券經紀人風險負擔，進而有礙貨幣市場順利運行；

(c)央行認為民間支出決策宜以利率期限結構為依據，而利率期限結構宜由市場資金供需決定。央行若干涉利率期限結構，無疑是恢復釘住利率情況；

(d)央行介入操作中長期公債，將對利率走勢產生強烈「宣告效果」，擾亂資金市場供需狀況，易使央行對政策方向產生錯誤判斷。

爾後，文獻對此「最少干涉原則」的票券操作政策出現若干疵議，同時提出三項反對理由：

(1)完全放任市場決定利率期限結構勢必然導引投機盛行，央行偶而干涉抑制投機仍屬必要；

(2)長短期資金固能相互流通，但是短期利率對長期利率影響卻有不規則的時間落後，往往不易預測政策效果；

(3)央行同時操作長短期公債，可相對穩定債券市場價格及其健全發展。

基於上述理由，央行接續發展出「互換操作」概念，而其背景乃是美國國際收支自 1958 年發生長期持續逆差後，聯邦準備當局為克服國際收支赤字，必須在公開市場賣出票券，提昇短期利率吸引熱錢流入，但卻產生銀行廠商準備減少的緊縮效果與長期利率上升妨礙投資擴張兩項副作用。美國聯邦準備當局為紓解上述副作用，遂於 1961 年 2 月在公開市場展開「互換操作」，買賣長期債券間接影響中長期利率水準。所謂「互換操作」係指央行在公開市場買進長期債券，並且同時賣出等額短期債券，結果是體系內短期利率攀升，中長期利率滑落，銀行廠商準備與貨

幣供給持平，從而同時兼顧國內經濟發展與平衡國際收支的雙重目標。

除開「互換操作」外，央行爲緩和匯率波動幅度，可於外匯市場買賣外幣以影響匯率水準。然而此種公開市場操作同時造成體系內貨幣供給波動，央行爲能控制貨幣數量，必須同時於貨幣市場進行反向操作，收回或放出貨幣，此種沖銷外匯市場匯率波動的公開市場操作（票券與外幣的互換），即稱爲「沖銷政策」。

一般而言，央行樂於採取「公開市場操作」大致有三項理由：

(1)央行能透過該項政策影響銀行廠商保有準備意願；

(2)雖然無法發揮立即直接影響，央行卻有主動能力；

(3)可作微細量及持續操作，萬一情勢有變將能迅速回頭反向操作。

綜合上述分析顯示：央行採取「公開市場操作」透過銀行廠商準備增減而影響貨幣數量與利率，而在「互換操作」場合甚至能變化利率期限結構。除影響貨幣數量及利率期限結構外，公開市場操作因可隨時進行，具有最大浮動性足以使央行進行「防衛性操作」，經由控制銀行廠商準備數量，縮小貨幣數量隨機波動幅度。換言之，倘若外匯存量遽變、政府存款資金移轉、大衆保有通貨習慣變遷等現象發生時，俱可用公開市場反向操作抵銷可能影響。

公開市場操作雖然具有上述優點，但對大衆預期影響及對銀行廠商決策的強制影響卻甚微弱。在影響大衆預期方面，雖然觀察央行買賣各種公債，大致可看出政策趨向而影響預期心理，但因公開市場操作是持續進行隨時可變，而且公開市場操作究竟屬「防衛性操作」或「動態性操作」不易區別，故其「宣告效果」不大。至於對銀行廠商的強制影響方面，央行雖然投入操作公債，但銀行廠商仍有自主決策能力，故僅能發揮間接影響。

§ 20.5. 「選擇性信用管制」

相對前述分析的「一般性信用管制」內容，央行另外針對特定產業變動政策工具影響其使用資金成本與條件，此種信用管制不僅心有所屬且爲局部性，故可稱爲「選擇性信用管制」或「質的管制」。央行調整該類政策工具旨在修正或重新配置體系內資源用途，但其目的能否實現則與下列條件有關：

　　(1)在資源被移出的市場裡，有效需求需受銀行信用顯著影響；

　　(2)當資源從次優用途釋放出來後，是否順利移轉到更佳用途；

　　(3)次優用途之銀行信用需求能被非價格手段有效地壓低。

　　爲達到重新分配資源目的，央行可採取的辦法有二：限制貸款者選擇資產自由與募集資金條件。此外，央行利用「選擇性信用管制」抑制利率揚升，除限制資金需求者的貸款自由外，尚需佐以非價格限制條件，限制貸款者開價信用的自由。以下將逐一介紹央行針對證券、消費耐久財與不動產等產業進行的信用管制內容：

(一)融資與融券

　　央行爲維持證券產業穩定運行，防止證券市場異常變動與提供投資者擴張信用所需資金，可透過銀行廠商或證券經紀商提供「融資」與「融券」業務，進而影響證券供需。一般而言，投資人在國內證券市場（主要是股票市場）買賣股票，若欲擴張信用，通常向銀行廠商要求「證券抵押貸款」或從事「證券融資」兩種方式。前者係投資者將持有的股票（未必是上市股票）質押給銀行廠商，貸得銀行廠商估算股票價值的某一比例。後者是投資者在公開市場買進上市股票時，由經營融資業務的證券經紀商同時給予 θ 比例的最大貸款，本身必須自付剩餘 $(1-\theta)$ 比例

的金額，而 θ 比例即是「融資比例」，剩餘的 $(1-\theta)$ 比例通稱「保證金比例」(margin requirement)，或是投資者擴張信用買進股票必須自備的最低保證金。不論是「證券抵押貸款」或「證券融資」，兩者對買賣證券均具擴張信用的乘數效果。

財政部爲了建立完整的證券信用交易制度，促使證券市場發展趨於正常，於民國 68 年 7 月 18 日頒訂「證券金融事業管理規則」，隨後成立復華證券金融公司而於隔年 4 月 21 日正式營業，接替原來的三家授信廠商（臺銀、交銀與土銀）辦理融資業務，同年 7 月 21 日開辦融券業務，國內證券市場乃有完整的信用制度。爾後，財政部於民國 79 年 9 月開放證券經紀商經營融資融券業務，證券信用交易因而邁向自由競爭階段。

依據財政部於 79 年 10 月 15 日修正「有價證券得爲融資融券標準」內容以及「臺灣證券交易所股份有限公司證券商辦理有價證券買賣融資融券業務操作辦法」，可歸納國內證券市場信用交易方式如下：

(1)融資融券對象

凡是在證券經紀商開戶之投資人及專營證券自營商填具開立信用帳戶申請書，由辦理融資融券業務的綜合證券商審查核定後訂立契約並附上開戶履約金二萬元。開戶履約金按年利率計息，但不得抵繳融資自備價款或融券保證金。

(2)融資融券比率與額度

國內融資融券比率係依股價加權指數高低與股票類別自動調整，目前在指數 6000 點以下的第一類股票融資比例爲 60%，第二類股票爲 50%，亦即投資人買進股票必須自備 40%（或 50%）的資金，而每戶融資限額爲 300 與 120 萬元。至於融券保證金比例爲 60%，融券數量爲融券賣出的全部金額，融券最高限額係以融券成交價格爲計算標準，折算至新臺幣 120 萬元之證券數量爲限。融券折算金額之計算，如因行情上漲，得在 5% 範圍內增加。融資與融券額度分別計算。

(3)可融資融券之證券資格

財政部為鼓勵投資者買賣股票，限制得為融資融券股票應符合下列規定：

(a)上市達半年以上之第一類股票，或最近一年度之營業利益及稅前純益占實收資本額達 6%以上之第二類股票；

(b)前述股票若是股價波動劇烈或股權過於集中，則不在融資融券範圍內。

(4)融資融券期限與成本

融資最長期限可達半年，融券期限為六個月，而證券商辦理融資融券業務時，應向委託人收取融資利息、融券手續費，以及支付融券賣出金額與保證金利息，至於利率與費率應依證券交易所洽商證券商公會及證券金融事業共同訂定。此外，融資融券期間，投資人可隨時自備現金或證券償還融資或融券。

(5)融資融券限制

每種股票融資餘額達到上市股權 20%時即停止融資，直至餘額低於 12%才可恢復；至於融券餘額達到上市股權 8%時即予暫停，待其餘額低於 5%方才恢復。不過融券餘額雖未達 8%或低於 5%，但卻超過融資餘額時，同樣暫停融券賣出，直至兩者平衡方可恢復融券交易。

(6)「融資自備款」與「融券保證金」之繳納與追收

融資買進股票價格下跌達「融資自備款」50%時，或融券賣出股票價格上漲達「融券保證金」50%時，投資人應於接到通知後三日內補繳，逾期未繳則由證券經紀商處分擔保品。以上補繳部份如因股價回至原比率時，應由券商退還之。

(7)融券股票來源

證券經紀商提供投資人融券股票來源有四：

(a)融資交易做為擔保品之股票；

　　(b)融券保證金之抵繳股票；

　　(c)透過集中交易市場公開標借股票；

　　(d)向證券自營商議價方式借得股票。

　　央行可授權財政部視狀況調整融資融券比例與適用資格，進而達成控制證券市場景氣良窳的目的：

(1)「融資融券比例調整」

　　股票收盤價低於面值連續達六個營業日時，降低該股票融資比率及暫停融券賣出；俟其收盤價回升至面值以上連續達六個營業日時，再行恢復原有融資比率及融券交易。

　　依上述規定降低融資比率繼續融資之第一類股票的收盤價低於面值五成，或第二類股票的收盤價低於面值八成時，於次一營業日起暫停融資買進。俟其收盤價回升至面值五成或八成以上連續達二個營業日時，再恢復融資買進。

(2)「融資融券資格調整」

　　凡是融資融券股票面臨下列狀況時，證券交易所得報經主管機關暫停融資融券交易，或在央行授權範圍內調整其融資比率或融券保證金成數。

　　(a)公司申請或已裁定重整而處於重整期間內；

　　(b)股票交易改為全額交割、停工或停業；

　　(c)未依規定按期申報並公告財務內容、發生退票或公司財務發生顯著重大變化；

　　(d)未依證券交易法規定召集股東常會；

　　(e)股價波動劇烈或股權過度集中；

　　(f)其他不宜繼續融資融券交易之情事。

　　央行採取「融資」或「保證金比例」原本針對證券產業而行，具有擴張信用的乘數效果而對證券產業資金供需發揮重大影響。有鑑於該項

政策工具的效果甚佳，央行近年來逐步應用於其他產業，如：採取「進口保證金比率」或「預先存款要求」改變進口資金需求及成本，進而影響進口意願及進口財價格，甚至因進口保證金須繳存銀行廠商而成抵銷貨幣供給波動之因素。一旦央行調整進口保證金比率時，立即波及進口金額遞減，進口財價格趨於攀昇，同時兼具收縮貨幣數量效果。

㈡「消費者信用管制」

「消費者信用管制」係指央行管制「分期付款信用」(installment credit)付款條件的措施，藉調整分期付款信用的頭期款金額與償還期限，削弱或刺激消費支出意願。提高頭期款金額相當於削減授信額度；縮短償還期限意謂著提昇每期所需償還金額，兩者均將抑制消費者信用需求。此種管制措施直接抑制消費耐久財支出，但對利率波動卻無影響。

由於消費者信用多數係直接或間接由銀行廠商授信融通，其增減不但關係廠商銷貨水準，同時將對貨幣與銀行信用數量發揮莫大影響。在先進國家中，消費耐久財的分期付款銷售方式非常盛行，金融廠商偏好創造消費者信用，從而造成消費者信用易隨景氣盛衰而呈週期性循環，央行據此而選為對抗通貨膨脹及經濟循環的政策工具。不過該項政策工具的效率性卻眾說紛紜常起爭議，支持與反對者異見分歧各執一辭。支持央行持續管制消費者信用者，認為此項政策存在下列優點：

(1)分期付款的消費支出因與經濟循環一致，在繁榮時期，經濟成長致使分期付款支出趨於增加，易於肇致通貨膨脹；在衰退期間，所得減少造成分期付款支出萎縮，經濟復甦日益渺茫，故消費者信用本身將屬不安定因素宜加管制；

(2)利率在消費者信用中未居要角，央行若採提高利率壓制消費者信用顯然無效，反而妨礙投資支出計劃進行；

(3)耐久財消費支出通常無需長時期規劃，管制消費者信用影響消費

支出通常能發揮立竿見影效果；

　　(4)消費者通常茫然於分期付款中隱含的利息負擔，不法廠商對消費者經常混水摸魚索取高利率，加重消費者負擔，故宜對消費者信用加以限制。

　　另外，反對執行消費者信用管制者卻指稱該項政策工具缺陷重重應予廢止：

　　(1)對抗景氣循環應由管制總需求增減變化著手，不宜採取扭曲資源分配的管制消費者信用措施；

　　(2)管制消費者信用能否削減總需求，頗值懷疑。就貨幣數量學說而言，限制消費者信用並未降低貨幣數量或流通速度，故對總需求並無影響；

　　(3)一般貨幣政策對消費者信用亦能發揮作用，如：緊縮銀根措施通常釀成所得增加趨緩，進而使消費支出趨減，而銀行廠商對消費者信用的融資供給亦會降低；

　　(4)消費者信用管制衍生不公平問題，無力負擔較高頭期款及每月還款的消費者將排斥在耐久財消費行列外，限制消費者信用無異於限制經濟自由。

㈢「不動產信用管制」

　　「不動產信用管制」係央行針對房地產建築產業的融資進行數量與放款條件管制。該政策工具內容雖與「消費者信用管制」相似，但仍有下列主要差異：

　　(1)不動產信用通常期限較長，而消費者信用則屬中期信用，前者較後者更具利率彈性，是以央行提高利率對房地產建築產業將會形成不利的差別影響；

　　(2)房地產建築產業對其他產業存有密切的產業關聯，具有高度向前

(forward)與向後(backward)的「連鎖效果」(linkage effect)，至於耐久消費財的產業關聯效果影響較小；

　　(3)耐久消費財通常係大量生產，生產期限較短，供需調節較易；住宅通常有較長的生產期間，供需調節較難，生產期限往往容易受營建成本影響。

　　央行管制不動產信用的理由是：銀行廠商對不動產信用的融資增加，不但擴張貨幣數量及移轉資源至營建產業，而且營建產業所得成長極易擴散爲對其他商品及勞務需求。此種情勢平時容或有利，但在瀕臨通貨膨脹之際，則有加深經濟波動的疑慮。值得注意者：不動產信用與前述兩種信用有所差異，前者多屬長期信用而具高度利率彈性，利率異動影響各期應償還金額至鉅，央行只要依循傳統利率政策或足以影響利率的貨幣政策進行管制即可奏效，但對前述兩種信用管制若僅仰賴利率政策將會徒勞無功。

§ 20.6. 「直接管制」與「間接管制」

　　央行與財政部針對銀行廠商「授信」與「受信」過程附加各種限制，直接影響銀行廠商營運決策，從而達成控制貨幣與銀行信用數量的目的。由此觀點來看，前節的「選擇性信用管制」將涵蓋在廣義的央行「直接管制」政策之內，而狹義說法專指央行與財政部直接對銀行廠商「授信」決策進行干涉而言。以下將逐一說明金融當局採取的重要「直接管制」政策內涵。

㈠「信用分配」

　　由第十四章分析可知：「信用分配」發生的原因甚多，但若將其視爲貨幣政策工具，則係指央行審視經濟情勢，衡量客觀資金需求緩急，對

銀行廠商授信方式加上合理分配與限制的措施。換言之，央行爲避免銀行信用過度擴張，採取直接限制銀行廠商授信決策，或爲追求有限資金發揮最大效率，針對資金用途進行合理分配。

在限制授信方面，央行若認爲銀行信用過於浮濫，爲防止持續擴張，得以各種藉口拒絕對銀行廠商要求重貼現（如：重貼現票據不合規定），或以違反健全信用原則限制貼現融資不得投入某些用途。另外，央行爲配合策略性產業發展政策，對若干產業長期給予低利融資，這種專案貸款佔總貸款數量比例甚高，亦屬信用分配的一環。

「信用分配」通常發生在資金供需失衡的落後國家，因其極待開發的投資機會充斥，資金需求迫切而供給相對有限，致使央行僅能按某種方式（如：編訂產業優先開發順序）或依資金需求緩急程度，分配有限資金給各產業。其分配方式甚多，或採直接分配，或採差別信用條件分配等不一而足。我國中央銀行法第 20 條規定，央行爲協助經濟建設，得設立各種基金，運用金融廠商（郵匯局轉存存款）辦理對銀行廠商中長期放款之再融通，此舉亦可視爲信用分配政策的一環。

㈡「直接行動」

「直接行動」係指央行對銀行廠商授信決策進行直接干涉與管制，其型態計有下列四者：

(1)「限制放款額度」：中央銀行法第 31 條規定央行可視體系內貨幣及信用情況，對全體或某些金融廠商創造的各類信用規定最高貸放限額。

(2)「干涉銀行廠商吸收活存」：中央銀行法第 23 條第 2 款規定：央行於必要時對自某日起之支存及活存增加額，另訂額外準備金比率，不受最高比率限制。

(3)「對銀行廠商違規營運進行制裁」：央行認爲銀行廠商授信決策若是背離健全信用原則時，對其重貼現融資要求可予拒絕，或採懲罰性利

率（高於貼現率）取代拒絕重貼現。

(4)「規定放款及投資範圍」：此類規定分爲「資產項目」及「信用額度」限制兩部分。在「資產項目」限制方面，銀行法分別規定商業銀行對不動產投資的限制(第 74 條及第 75 條)，包括不得投資於其他企業與非自用之不動產，而且對自用不動產投資，除營業用倉庫外，不得超過其於投資該項不動產時之淨值。；儲蓄銀行投資企業股票（第 83 條）應以上市股票爲限，金額不得超過投資時所收存款總額與金融債券發行額之和的 10%，同時投資每一公司股票不得超過該公司資本額 5%。在「信用額度」限制方面，商業銀行中期放款（第 72 條）不得超過其吸收之定存總量；倉庫投資（第 75 條）最高限額爲不得超過投資時的存款總餘額 5%；儲蓄銀行短期放款與票據貼現(第 82 條)不得超過其吸收活存與定存總量之和；住宅融資（第 84 條）最高限額爲放款時所吸收存款總餘額及金融債券發售額之和的 20%。

㈢「流動性比率」

「流動性比率」是金融廠商資產負債表中某流動性資產對某負債或其他資產比率。央行透過規定「流動性比率」影響金融廠商授信決策，「流動性比率」亦可採分子與分母變動量爲準。以下將說明規定「流動性比率」發揮的影響效果：

(1)金融廠商保有準備對負債(或資產)比率：法定負債準備比率(如：存款準備比率、總負債準備比率等) 若超出金融廠商願意保有的最高比率，則將調低生息資產佔總資產比率，金融廠商利潤自然遭致削減。換言之，最低負債準備比率加重金融廠商融資成本，從而轉嫁至放款利率，進而削弱融資功能。至於資產準備比率（如：放款準備率）如果超過金融廠商願意保有的最高比率，勢必壓低放款相對其他生息資產報酬率，打擊進行放款意願。至於央行訂定該比率能否緊縮廠商支出，端視廠商

從其他資金來源（如公開市場）取得融資能力而定。同時，央行調昇該比率顯然無法抑低利率水準，理由是：廠商資金需求可移向其他資金市場獲得滿足，而將擡高利率力量轉由這些資金市場發揮出來。

(2)某種流動性資產對存款、總負債、或其他資產之比率：如果法定流動性資產需求增加，如：央行規定公債存款的最低比率，將會帶動金融廠商的公債需求，造成平均收益率下降。在銀根漸趨緊縮之際，此舉除有助於穩定債券價格外，亦可減輕央行爲求維持公債利率而需保有公債數量。同時，該政策將提高金融廠商資產中的公債比率，釀成利潤下降現象，同時降低對私部門授信數量。如果人們在公開市場容易取得融資，且資金需求利率彈性甚低，則利率攀昇壓力將會移轉到公開市場，資金流入私部門比率就不會下降太多。該政策僅是改變公債與私部門證券在金融廠商與其他放款者間之分配情形，對資源分配與利率不會發揮太大影響。

(3)規定某種證券對負債（或資產）的最低比率：央行規定銀行廠商抵押放款佔總資產的最低比率後，一旦高於銀行廠商預擬保有比率時，利潤必然因而滑落。如果借款者轉向公開市場或其他金融廠商容易取得融資，勢必造成這些資金市場利率揚昇，抵押放款數量因而下降。同時，銀行廠商決策因受該比例限制，競爭資金能力轉弱，抵押放款供給增加仍然有限。總之，抵押放款並未因規定該比率而增加，但是一般利率水準卻會受到波及。

(四)「生息資產配額」

「生息資產配額」(quota on earning assets)係指央行規定金融廠商保有某種生息資產佔總資產比率的高限，或其增加率的上限，如：放款配額等。在放款配額限制下，金融廠商除非規避有方，否則擴張授信決策將有效地被抑制。放款配額必將形成凍結金融廠商規模與降低金融

廠商相互競爭的後果,變相保護低效率金融廠商生存,從而損及金融資
源配置效率。

在資金需求強勁時期,銀行產業若遭放款配額限制,則銀行廠商保
有公債佔總資產比率必定上升,加速推動放款利率上揚,對借款者要求
的非價格授信條件將更形嚴苛。銀行廠商放款對象必從小企業、新住宅
與消費耐久財購買者轉向最惠顧客,如:信用良好與使用銀行勞務頻繁
的大廠商。受到不利影響波及的借款者將企圖轉向其他金融廠商與公開
市場覓求資金,這些資金市場將因需求壓力增加而擴大融資。銀行廠商
面臨放款配額限制下,自然欠缺誘因競爭吸收資金,在融資過程中扮演
的重要性日益遞減,壓低公債利率目的也將無疾而終。放款配額改變體
系內融資通道,但對資金分配最終形態的效果則無法確定,至於對其他
資產設定配額的效果則與放款配額效果相似。

㈤「利率上限」

央行對金融廠商存放款設定「利率上限」係屬「選擇性信用管制」
的一種。當市場利率高漲之際,金融廠商授信與受信的利率若具僵硬性,
則將帶來歧視性的「歸宿效果」,進而降低其在融資過程上的重要性。在
銀根緊縮時期,「存款利率上限」對於規模較小、知名度不彰的金融廠商
在競爭吸收資金時,相對處於劣勢地位,無法付出更高利率抵消聲譽較
低的缺陷。此外,資金流入金融廠商速度將因存款利率相對偏低而止步,
融資功能降低形成「金融中斷」(financial disintermediation)現象。
再就放款而言,當銀根緊縮之際,「放款利率上限」導引金融廠商選擇最
佳顧客放款,一般借款者慘遭信用配給,甚而遭致排除借款機會。

央行設定「利率上限」旨在抑制利率水準揚升。事實上,金融廠商
透過各種方式,間接提高有效放款利率,如:要求高比率的補償性餘額,
甚至收取回扣等。人們由金融廠商無法滿足的資金需求可能轉向公開市

場，反而迫使利率水準揚升。此外，Tobin (1970) 指出央行設定「利率上限」將會發生「總體」與「個體」雙重效果：

(1)「總體效果」

央行設定「利率上限」誘使人們將存款由銀行廠商撤向未受「利率上限」管制的非銀行金融廠商。此種現象造成體系內銀根緊縮，有助於防止通貨膨脹發生。

(2)「個體效果」

央行設定「利率上限」適用範圍侷限於銀行廠商，此舉造成無法踏入公開市場的小額儲蓄者遭致歧視待遇，迫使小額儲蓄者成立「儲蓄互助銀行」或「儲蓄貸款組織」集合資金進入公開市場謀取較高利得，此舉除削減資金配置效率外，更會同時釀成扭曲實質資源配置。

㈥「多元資產公開市場操作」

「多元資產公開市場操作」係指央行除從事買賣短期公債的公開市場操作外，尚可擴大操作社會價值高的證券，如：地方政府債券、小企業或策略性產業發行之證券、住宅抵押債券等，擴大資金流向特定用途的數量，避免緊縮銀根對這些產業造成傷害，如：央行可買進策略性產業發行之證券，然後賣出等量短期公債，以增加策略性產業之資金使用量，同時維持體系內貨幣數量不變。

上述新穎的公開市場操作概念雖具創意，卻有下列缺陷：

(1)央行能夠買進高社會價值證券，卻無低社會價值證券可賣。央行每次買進高社會價值證券，必須賣出公債方可維持貨幣數量不變，然而公債利息負擔卻水漲船高，且由納稅人全數負擔，體系內發行低社會價值證券者卻可置身事外；

(2)央行買進高社會價值證券將貶低其收益率，私人保有者因而出脫轉向其他資產，結果反而不易壓低這種證券報酬率。縱使央行能夠成功

壓低該種證券報酬率，但因其供給利率彈性很低，仍無法顯著提昇流向
高社會價值用途的資金數量。

㈦ 「差別性貼現率」

開發中國家的央行經常運用「差別性貼現率」(differential discount rates)促進經濟發展。財金當局認為電子業、資訊業、機械業、
與汽車製造業能夠發揮巨大外部效果帶動關聯性產業發展而列為策略性
產業，故為能促進策略性產業發展，銀行廠商若以這類廠商發行之票據
要求重貼現時，央行可索取較低利率且優先貼現，進而達成發展策略性
產業的目的。央行運用「差別性貼現率」優惠策略性產業往往容易滋生
下列後遺症：

(1)央行發行過量貨幣進行貼現融資，以致釀成通貨膨脹情景，卻可
因此尋到良好藉口；

(2)策略性產業獲得更多融資，進而取得更多資源（由其他產業與家
計部門釋出），是否形成資源配置扭曲，值得商榷；

(3)「差別性貼現率」犧牲其他產業與家計部門利益，以補貼策略性
產業，將會造成「歸宿效果」與所得分配問題。

除了上述的「直接管制」措施外，央行尚可利用間接迂迴方法影響
銀行廠商決策，此種影響銀行廠商授信活動的管制措施可稱為「間接管
制」，內容涵蓋下述四者：

㈠ 「維持銀行關係」

「維持銀行關係」係指央行與銀行廠商彼此間在平時應保持密切接
觸，結果可使央行垂拱而治就能實現預擬的政策目標。一般而言，央行
可採取下列兩種方式進行：

(1)透過金融檢查，樹立央行權威：央行定期或隨時檢查金融廠商業

務旨在降低其倒閉風險與維持其能健全經營。央行透過金融檢查不但可評估銀行廠商資產，亦能評審經營績效，因而極易建立央行權威性；

　　(2)央行經常派員與銀行廠商會商：此舉除瞭解各地經濟金融情勢，協助銀行廠商解決可能存在的困難外，更可解釋央行政策意圖，企求銀行廠商採取合作態度，透過經常性接觸將使銀行廠商與央行合作關係大爲增進。

(二)「道德說服」

　　「道德說服」是指央行對銀行廠商說明政策立場，企求藉由道義影響及說服力量，達成影響銀行廠商決策的目標，故又稱「開口政策」(open-mouth policy)或「說教式管制」(jaw control)。該項政策目的與「直接管制」相同，但前者係採較爲溫和方式，不致引起銀行廠商過多心理反感，同時適用範圍較廣足以引起普遍回響。值得注意者：「道德說服」方式並無強制拘束力，成功與否將視下列因素而定：央行與擔當「道德說服」者的聲望與權威、欲擬說服的金融廠商數目、央行與銀行廠商的合作程度、央行能夠運用之政策工具和法定權力、運用「道德說服」時機及期間長短、央行說服內容及其要求程度。

　　最後，央行目標與金融廠商長期利益多少會呈一致，「道德說服」有時較其他方式更具效率，如：過去經驗顯示嚴重通貨膨脹後期必然伴隨經濟衰退，廠商倒閉遽增，致使銀行廠商蒙受損失。有鑑於此，銀行廠商在通貨膨脹初期擴張放款就應採謹慎態度，才能避免後期可能發生的損失。另一方面，央行爲避免通貨膨脹惡化，在通貨膨脹初期常會運用「道德說服」促使銀行廠商謹慎放款，減輕貨幣供給增加壓力。乍看之下，兩者利害似有衝突，但就長期而言，利害實際上是一致的。

㈢「自動合作」

「自動合作」是指央行透過重要金融廠商的自動合作，影響資金成本及信用分配，以符合當時經濟金融情勢需要。由於信用分配及成本對一般產業營運息息相關，故「自動合作」通常係透過「道德說服」方式進行。

㈣「公開宣傳」

「公開宣傳」係指央行儘量在公開場合向金融產業及人們說明採取貨幣政策意義，企求獲得各界支持，導引信用波動趨勢走向預期方向。許多國家的央行採取「公開宣傳」做為貨幣政策工具，除每週或每月公佈資產負債概況外，每年發表年報說明本身活動、金融市場及各金融廠商情況，同時對財政、貿易、物價及經濟發展情勢發表統計分析。央行總裁應利用記者招待會、學術演講會及公共集會等機會，說明貨幣政策動向及其依據理由。「公開宣傳」行動主要係透過「宣告效果」改變廠商及人們的預期形成，進而影響決策行為，方能發揮效果。由於人們對於金融政策的關切與日俱增，央行的「公開宣傳」將構成人們形成預期所需訊息來源之一。有鑑於此，央行若是妥善運用「公開宣傳」政策工具，因勢利導將可收促進貨幣政策之功效。

§ 20.7. 「公債管理政策」

財政部發行債務類型包括「活期」（貨幣融通或央行透支）、「短期」（甲種國庫券融通）與「長期」（公債融通）三種公債，而公債是財政預算發生赤字必須進行融資的結果。在固定時點上，體系內公債存量是昔日赤字與盈餘的淨累積，並且隨赤字與盈餘等量增減。公債存量決定於

財政政策，而公債結構則由「公債管理政策」與「貨幣政策」兩者共同決定。

央行與財政部執行「貨幣政策」與「公債管理政策」旨在控制體系內總需求以穩定經濟活動運行，而兩者影響總需求的途徑之一是改變人們保有既存資本財的相對報酬率。至於決定資本財相對報酬率的因素有二：其一是預期資本邊際生產力決定於技術水準、因素供給、與景氣預期，凡此均非「貨幣政策」與「公債管理政策」所能直接控制；其二是人們對既存資本財所企求之報酬率或是資本財供給價格，此即兩種政策預擬影響的對象。

一般而言，財金當局藉著降低其他資產收益率以壓低資本財供給價格，不過公債利率、銀行放款利率、貨幣市場利率並非財金當局控制的最終目標，而僅是手段罷了。財金當局控制的最終目標是資本財報酬率，雖受其他資產收益率影響，卻不完全等於其中一種，故以長期公債或貨幣市場利率做為衡量銀根寬鬆標準將會發生謬誤。以下將逐項說明不同公債管理政策發揮之效果：

(1)活期公債（貨幣）融通效果

體系內期初資產組合若處於均衡狀態時，財政部為融通預算赤字而向央行透支（活期公債）增加，則當其他資產收益率持平下，人們自然不願保有全部新增的貨幣。體系內貨幣需求的利率彈性通常偏低，新增貨幣往往流入銀行廠商手中，隨後用於購買生息資產（公開市場證券與放款），結果是體系內間接融資數量增加（直接融資數量下降）。央行對財政部進行融資增加，造成生息資產收益率下降，銀行廠商在機會成本降低下，保有自由準備出現水漲船高趨勢；人們保有長短期公債減少（由銀行廠商買去），保有存款大幅增加。由於央行融通增加致使金融性資產擴張，為避免資本財需求超過既有存量，資本財收益率必然下降。

(2)短期公債（國庫券）融通效果

　　財政部為調節「季節性收付分際」而發行甲種國庫券（短期公債），在其他資產收益率持平下，人們必須重新調整資產組合。對銀行廠商而言，甲種國庫券是自由準備的良好代替品，故將買進以取代自由準備，直接融資數量因而下降，結果是：銀行廠商擴張信用程度不及央行融資（活期公債）狀況，部份自由準備由國庫券取而代之；人們保有國庫券及存款顯著增加，但仍不及央行融資效果。與前述例子相仿，為防止因長期公債與放款利率下降、財富增加導致資本財需求增加超過資本存量，資本財收益率必然下降，但降幅不及央行融資效果。

⑶長期公債融通效果

　　若與前述狀況相較，長期公債變動的影響方向就不明確。發行長期公債產生的貨幣性效果具有緊縮性，而贖回長期公債將降低長期利率。增加長期公債效果要視長期與活期（或短期）公債間之代替性是否高於其與資本財（或股權）間的代替性而定。與資本財相較，長期公債若是貨幣或央行融資的較佳代替品，則增加長期公債結果是：人們為回復資產組合平衡，勢必出售長期公債，轉而買進股權、廠商發行之初級證券與存款，長期公債相對其他資產收益率上升的過程，將持續到新資產收益率結構能讓人們願意接受新的資產供給結構為止。長期公債既然是甲種國庫券的良好代替品，國庫券利率將同時揚昇，誘使銀行廠商削減自由準備轉而買進公債，人們同時樂於保有較多的國庫券。銀行廠商在保有「保護性投資」（國庫券與長期公債）增加下，將願意擴張放款，降低放款利率（公債收益率上升）。

　　另外，為回復資產組合平衡，人們將出售部份長期公債，而在長短期公債是近似代替品下，人們同時覺得保有國庫券數量過多，亦將出售部份國庫券。當銀行廠商買進公債改善準備地位後，將願意減少自由準備而增加放款。最後結果是：長期公債收益率上升，股權收益率下降，存放款利率下降，長期公債相對國庫券收益率上升（國庫券收益率亦上

升)。人們保有大部份新增長期公債，同時減少部份國庫券，銀行廠商擴張信用與降低自由準備，間接融資數量增加。總之，長期公債與國庫券增加效果相同，同時降低資本財供給價格，只不過發行長期公債效果較小而已。

⑷公債組合調整效果

　　大部份「貨幣政策」與「公債管理政策」都會引起公債組合改變，如：央行採取公開市場「互換操作」的效果，在各種資產互爲代替品時，前面分析隱含下述結論：

　　⒜以活期公債（央行融資）替換短期公債（甲種國庫券）具有膨脹性；

　　⒝以活期公債（央行融資）取代長期公債的膨脹效果更大；

　　⒞以短期公債（甲種國庫券）替換長期公債也具膨脹性，但效果最小。

⑸重貼現率變動效果

　　央行降低貼現率將誘使銀行廠商增加借入準備，減少自由準備而以次級準備（尤其是甲種國庫券）代替。當國庫券利率與貼現率差距擴大，將會帶動國庫券需求增加，造成國庫券利率下降，同時誘使人們以存款替換國庫券。國庫券利率下降亦將刺激銀行廠商向人們購買長期公債與初級證券，造成這些證券收益率下降誘使人們轉向存款。最後，資本財供給價格當然亦會下降，但降幅不及貼現率。新利率期限結構誘使銀行廠商削減自由準備（增加借入準備），同時促使人們增加存款。

　　瞭解各種公債管理政策發揮之效果後，財政部執行最適「公債管理政策」內容是促使體系維持一定程度的銀根鬆緊，或控制體系內私部門支出水準下，同時追求特定數量公債所需支付的長期利息成本達於極小。換言之，在考慮體系內銀根寬鬆程度限制下，財政部必須安排公債期限結構，方能達成長期公債利息成本最小化的目標。

首先介紹下列定義式:

$$公債存量＝央行融資＋短期公債＋長期公債 \qquad (20.1)$$

$$淨成本＝（0×央行融資）－（i_d×借入準備）$$
$$＋（i_s×短期公債）＋（i_l×長期公債） \qquad (20.2)$$

$$活期公債＝大衆保有之通貨＋法定準備＋超額準備－借入準備$$
$$\qquad (20.3)$$

i_l與i_s分別是長短期公債收益率，i_d是貼現率。值得注意者：(20.3)式定義之「活期公債」（央行融資）扣除了經由融通銀行廠商而放出之貨幣數量。由上述定義式可知：央行與財政部能夠藉著控制三個政策工具：任選兩種公債型態與貼現率，在維持一定程度的銀根寬鬆下，進而讓長期公債利息成本極小化。

由上述定義式內涵明顯看出:「公債管理政策」不宜分割成「貨幣控制」與「有利息支出公債管理」兩部份，兩者本質上是一體不可分的。目前方法是: 央行控制「活期公債」（央行融資）與「貼現率」，而財政部決定「短期公債」（甲種國庫券）與「長期公債」。然而除非兩個當局能夠妥善協調，否則如此分工不可能產生令人滿意結果。在政府會計年度內，財金當局將選擇三個控制變數，以追求下列發行公債淨成本達於最低:

$$淨成本＝利息支出＋預期債券價值變動 \qquad (20.4)$$

上式顯示: 在會計年度內，財政部支付公債利息等於人們保有公債收益; 債權者所得正好等於債務者付出; (20.4) 式定義之淨成本等於 (20.2)式的定義。值得注意者: 財政部必須關心預期公債市場價值變動的可能性，一旦預期長期公債利率下降，即預期長期公債增值，則應暫時發行國庫券融通，待長期公債利率下降後，再發行長期公債比較有利。考慮預期公債市場價值變動旨在促使財政部注意長期公債發行時機，方能在長期間內極小化公債利息成本。

　　假設央行維持特定程度的銀根緊縮,而目前公債組合剛好符合要求。財政部現在若欲增加發行國庫券,同時收回長期公債與歸還央行融資,則在維持銀根緊縮程度下,兩者比率應該如何搭配方能達成目標? 若是全部歸還央行融資,體系顯然過於緊縮;反之,全部收回長期公債,勢必過於膨脹,故為沖銷國庫券增加效果,適度比率國庫券必須替換歸還央行融資,剩下部份替換長期公債,該比率主要需視原來公債組合情況而定。相對歸還央行融資而言,國庫券存量若已相當多,則兩者並非良好替代品,歸還央行融資之緊縮效果大;另一方面,長短期公債間的替代性若是很大,兩者替換造成的膨脹效果不大。財政部為維持銀根緊縮程度,歸還央行融資比率勢必要較小。反之,國庫券存量若相對稀少,則國庫券與央行融資間的替代性就大,歸還央行融資比率就要比前者為高。

　　由上述分析顯示:不同類型公債提供決策當局不同效用,彼此並非完全替代品。至於公債持有者通常握有不同類型公債,且在面對不同收益率時仍做此選擇,顯示不同公債乃是異質商品,而其效用與期限將呈正的線性相關。以下將用圖形說明最適公債組合的決定。假設財政部發行公債分成 91 天的甲種國庫券及長期公債兩種,(圖 20-8)縱軸表示甲種國庫券,橫軸則為長期公債,兩者是以到期價值表示。假設過去累積的公債存量以 Q 點表示, $OV = OM$, VM 成為固定公債曲線(constant-debt line), G_1 曲線是私人支出部份的 GNP 等產量曲線 (代表既定銀根緊縮程度),該軌跡意謂著在過去累積公債及金融政策已知下,各種長短期公債組合將使本期 GNP 產量中的私人支出固定不變。

　　當體系繼承過去公債存量(即 Q 點)時,如果財政部未改變其組合內容下,減少公債數量(如:等產量曲線 G_4 的 P 點),則 G_4 的所有長短期公債組合提供了與 P 點相同的私人 GNP 支出。 G_4 係對本期產出具有較高水準的私人支出, G_2、G_1 上的 S、T 分別表示流通公債遞增造成連續性通

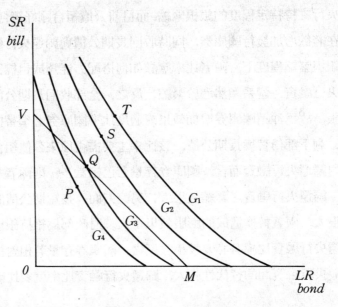

（圖 20-8）長短期公債組合的等產量曲線

貨緊縮所形成的組合，亦即對本期產量具有較低水準的私人支出。換言之，財政部發行在外流通的公債組合結構不變下，削減公債數量會增加私人支出，擴大公債數量將壓抑私人支出。G_i 曲線斜率表示短期公債效用（到期價值）低於長期公債，任何 G_i 曲線斜率均大於 VM 曲線斜率。假設決策當局希望在外流通公債對私人支出影響同於過去累積公債造成的效果，亦即希望體系緊縮銀根程度維持在 G_3。一旦財政部增加長期公債比例，則公債存量即須減少，否則維持私人支出不變目標將無法成立。為抵銷長期公債比例增加釀成之銀根緊縮效果，央行必須同時放鬆銀根。

　　最有效率公債管理方法係在固定支出水準下，尋求發行公債成本最低之公債組合，其中主要成本（利息支出）決定於公債數量、組合及公債價格或收益。（圖 20-9）是不同公債組合的利息成本軌跡，Q 是過去累積的公債存量。在當時利率（如：短期利率 5%、長期 10%）下，各種長短期公債組合而具有相同利息成本的軌跡即是等成本曲線 C_i，該曲線可

假設是內凹的。以 Q 點爲例，一元長期債券與兩元短期票券的利息支出相同，當票券增加而債券減少時，票券收益將上升而債券收益下降，於是從組合點 Q 移動時，在總成本持平下，較少票券數量便會取代固定數量的債券，C_i 曲線是內凹或線性，不過線性關係只存在於票券與債券被視爲完全代替品時才會發生。在無窮多等成本曲線中，較低曲線 C_1 定義爲與 T 點具有相同成本的各種公債組合。C_1 比 C_2 的成本要低，理由是：公債存量減少而長短期公債利率都降低所致。當 (圖 20-8) 中的 G_i 軌跡與 (圖 20-9) 中的 C_i 軌跡相切時，將可決定最適公債組合，如 (圖 20-10) 中的 R 點，而期初公債存量是 Q，等利息成本線爲 C_2。如果決策當局預擬維持私人支出水準 G_2，則公債存量太大且短期票券比例亦過高。爲了達成最適解，公債組合應改變爲使長期債券比例上升，同時應該減少公債存量，切點 S 即爲最適解，如此調整將會降低利息支出 (C_2 與 C_1 組合的利息成

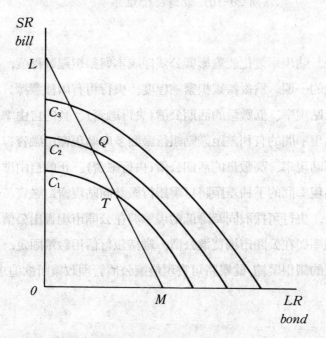

(圖 20-9)　各種公債組合的利息成本軌跡

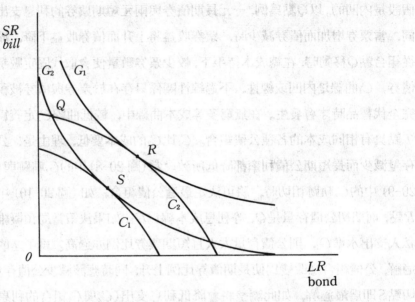

（圖 20-10）　最適公債組合

本差額)。

　　最後，貼現率變化能夠影響公債淨成本與銀根鬆緊程度，故屬公債
管理政策的一環。爲維持銀根緊縮程度，央行可有兩種選擇：

　　⑴低貼現率、低數量的活期公債(央行融資)、負的自由準備；公債
利率與貼現率間的有利差距鼓勵銀行廠商多向貼現窗口融資；

　　⑵高貼現率、高數量的活期公債(央行融資)、正的自由準備；公債
利率與貼現率間的不利差距將打擊銀行廠商向貼現窗口融資。

　　總之，央行可採取同時降低貼現率與在公開市場賣出公債，或同時
提高貼現率與在公開市場買進公債，維持銀行信用數量固定，進而維持
特定程度的銀根緊縮，此舉將可實現最適公債管理政策所欲追求的目標。

§ 20.8.　「干預資金用途政策」

　　一般而言，決策當局在金融市場上通常扮演雙重角色：一方面是非金融性支出單位，有時是「盈餘支出單位」，但多數時刻是「赤字支出單位」；另一方面兼具融資功能而有金融廠商性質。不過政府部門融資行為往往不受經濟法則規範，參與資金分配旨在修正資金分配形態，使其更符合整個經濟體系需要。

　　政府部門所得來源包括租稅與國營企業利潤、在公開市場出售債券收益，或直接向央行及金融廠商融資(甚至從國外引進資金)。政府部門所得與借入資金除直接用於支出外，若有剩餘尚可貸予其他「赤字支出單位」。藉著收付與融資過程，央行與財政部將可影響體系內私部門的資金分配與使用方式。至於財金當局應否干預資金分配，持肯定意見的理由為：

　　(1)由於銀行信用市場未具完全競爭特性，無法適當分配資金至最佳效率，故需政府干預矯正缺陷；

　　(2)貨幣政策對資金分配影響不均勻，政府干預將可矯正偏差；

　　(3)為鼓勵策略性產業發展，財金當局干預資金用途係屬必要，理由是：市場機能無法反映策略性產業的社會價值，唯有藉干預資金用途方能讓這些產業獲得適當融資。

　　此外，另有異議認為財金當局無法客觀正確地評估各種資金用途的社會價值，干預資金分配徒然扭曲資源配置，資金分配過程更趨複雜化，造成融資成本大幅攀昇現象。同時，財金當局干預資金分配通常欠缺全盤計劃，每一干預計劃都是建立在個別獨立基礎，無法達成預期目標。以下列舉干預資金用途政策內涵，進而說明其效果。

㈠「補貼借款者」

財政部爲鼓勵策略性產業發展而直接補貼融資,如: 補貼外銷產業、國防、精密與農業機械工業等之融資, 至於效果如何需視受補貼產業之資金供需彈性而定。 (圖 20-11) 中, 策略性產業原來資金需求是D_0, 資金供給是S, i^*是融資利率, 而取得融資數量是F_0。如果財政部補貼利率i^*i_2, 則資金需求右移至D_1, 該產業取得融資增加F_0F_1, 融資利率上昇爲i_1, 而廠商實際付出利率是i_3。該產業發行證券若與其他證券間之替代性愈高, 其資金供給利率彈性愈大, 補貼效果自然愈佳。另外, 如果該產業資金需求利率彈性愈大, 則補貼效果愈不明顯。

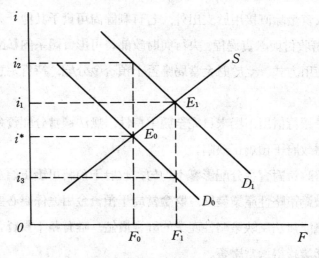

(圖 20-11) 補貼借款者效果

㈡「限制金融廠商資產選擇」

央行爲促進策略性產業發展, 規定金融廠商必須保有該產業廠商發行的證券, 或規定這種證券佔總資產最低比率以擴大該產業資金供給, 如: 中小企業銀行提供的創業投資,交通銀行的高科技企業低利融資等。

這種政策的效率性端視該證券與其他證券間的替代程度而定，替代程度愈高則效果愈低。另外，蒙受獎勵產業的資金需求利率彈性愈大，則限制金融廠商選擇資產自由之效果愈大。

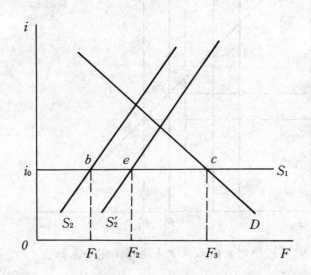

（圖 20-12）限制金融廠商資產選擇：完全彈性

　　（圖 20-12）中，S_1是未限制金融廠商選擇資產前，體系內對策略性產業之證券需求曲線，因與其他證券間具有完全替代關係而爲水平線。D是該產業資金需求，S_2是受管制金融廠商原來對該產業之證券需求曲線(資金供給曲線)。合併考慮S_1與S_2可知該產業之有效資金供給曲線是S_2bS_1，均衡利率是i_0，受管制金融廠商原來融資數量是OF_1，其他資金供給者融通F_1F_3。如果央行限制金融廠商選擇資產自由，S_2右移至S_2'，新的有效資金供給曲線變成$S_2'eS_1$，均衡利率維持在i_0上，融資數量仍然不變。唯一差異是受管制金融廠商融資數量從OF_1增加到OF_2，其他資金供給者從F_1F_3減少至F_2F_3。對未受管制之資金供給者而言，該產業發行之證券若與其他證券間存在完全替代性，則限制金融廠商選擇資產自由將毫無效果。

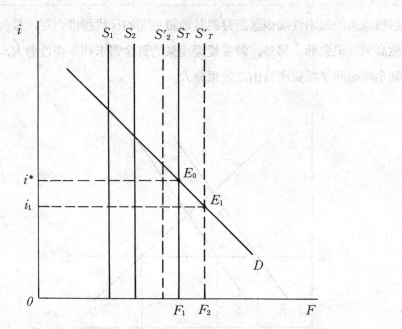

（圖 20-13）限制金融廠商資產選擇：完全無彈性

　　另一極端情況是策略性產業發行證券若與其他證券對未管制的資金
供給者而言並無代替性，此時央行限制金融廠商選擇資產自由將能發揮
最大效果。（圖 20-13）中，S_1、S_2、S'_2各線代表意義與（圖 20-12）中
一樣，$S_T = S_1 + S_2$是央行管制前的產業資金供給曲線，均衡利率是i^*，
融資數量是OF_1。央行管制金融廠商選擇資產自由後，總資金供給曲線變
爲$S'_T = S_1 + S'_2$，利率下降至i_1，融資數量擴增到OF_2。

　　比較「補貼借款者」與「限制資產選擇」兩種政策工具效率性，均
視蒙受優惠產業發行之證券與其他證券間的替代性而定，但是兩者所需
條件剛好相反。兩種證券間之替代性愈高，補貼效果愈大，但限制金融
廠商選擇資產自由之效果愈小。

㈢「保證借款者信用」

財金當局可藉保證借款者信用，增加特殊用途融資數量，如：為降低廠商發行證券的風險而給予「信用保證」(credit guarantee)，結果提昇該證券對其他證券之替代性，有益於提高該產業資金供給利率彈性，造成該產業可融資數量增加，利率亦會降低。央行與財政部若同時採取「補貼政策」與「限制選擇資產自由」提高某產業融資數量，則「政府保證信用計劃」將會提高該產業證券對其他證券替代性，造成限制金融廠商選擇資產效果變弱，但補貼政策效果卻會增強。

㈣「專案融通」

「專案融通」係屬廣義「信用分配」的一環，由政府部門直接撥出資金，透過金融廠商貸予某些特定借款者，如：行政院開發基金、中小企業發展資金、國防工業基金、學生貸款基金、加速農村建設基金等。這種政策有益於小額借款者取得資金，而且兼帶補貼性質（低利貸款）。

〔本章重要參考文獻〕

1. 劉正義:《貨幣金融理論》, 第三版, 三民書局, 臺北, 民國七十五年。

2. 莊武仁:〈貨幣政策中間目標之抉擇〉, 貨幣市場簡訊, 四十六期, pp. 1-4, 民國七十六年七月。

3. _____:〈再貼現政策的貨幣控制效果〉, 貨幣市場簡訊, 五十三期, pp.1-5, 民國七十七年九月。

4. 謝德宗:〈貨幣政策工具類型與效果〉(上)、(下), 臺北市銀月刊, 二十三卷十期與十一期, 民國八十一年。

5. Bach, L. G. & Huizinga, C. J., *The Differential Effects of Tight Money*, AER, 1961, pp.52-80.

6. Burger, A. E., *The Money Supply Process*, Belmont, California: Wadsworth Publishing Company, 1971.

7. Burns, J. M., *Academic Views on Improving the Federal Discount Mechanism*, JMCB, 1973, pp.47-60.

8. DeKock, M. H., *Central Banking, Crosby Lockwood Staples*, London, 1974.

9. Friedman, M., *Controls on Interest Rates Paid by Banks*, JMCB, 1970, pp.15-32.

10. Goodfried, M. & Whelpley, W., *Federal Funds: Instrument of Federal Reserve Policy*, Economic Review, FRB of Richmond, September/October, 1986, pp.3-11.

11. _____ & King, R. G., *Financial Deregulation, Monetary Policy, and Central Banking*, Economic Review, FRB of Richmond, May/June, 1988, pp.3-22.

12. Gutleng, J. M., *The Strategy of Open Market Operations*, QJE, 1966, pp.1-30.

13. Hester, H. D., *Financial Disintermediation and Policy*, JMCB, 1969, pp.600-617.

14. Hodgman, D. R., *Selective Credit Controls*, JMCB, 1972, pp. 343-359.

15. Johnson, O. E. G., *Credit Controls as Instruments of Development Policy in the Light of Economic Theory*, JMCB, 1974, pp.85-99.

16. Kareken, J. H., Muench, T. & Wallace, N., *Optimal Open Market Strategy: The Use of Information Variable*, AER, 1973, pp.156-172.

17. Maisel, S. J., *The Effect of Monetary Policy on Expenditures in Specific Sectors of the Economy*, JPE, 1968, pp. 769-814.

18. Mengle, D. L., *The Discount Window*, Economic Review, FRB of Richmond, May/June, 1986, pp.2-10.

19. Mitchell, G. W., *A New Look at Monetary Policy Instruments*, JMCB, 1971, pp.381-390.

20. Penner, R. G. & Silber, W. L., *The Interaction Between Federal Credit Programs and the Impact on the Allocation of Credit*, AER, 1973, pp.838-852.

21. Rao, D. C. & Kaminow, I., *Selective Credit Controls and the Real Investment Mix: A General Equilibrium Approach*, JF, 1973, pp.1103-1118.

22. Roley, V. & Troll, R., *The Impact of Discount Rate*

Changes on Market Interest Rates, Economic Review, FRB of Kansas City, January, 1984, pp.27-39.

23. Roth, H. L. and Seibert, D., *The Effect of Alternative Discount Rate Mechanism on Monetary Policy*, Economic Review, FRB of Kansas City, 1983, pp.16-29.

24. Sellon, G. H., *The Instruments of Monetary Policy*, Economic Review, FRB of Kansas City, 1984, pp.3-20.

25. Sellon, E. H. & Seibert, D., *The Discount Rate: Experience Under Reserve Targeting*, Economic Review, FRB of Kansas City, 1982, pp.3-18.

26. Thornton, D., *The Discount Rate and Market Interest Rates: Theory and Evidence*, Economic Review, FRB of St. Louis, 1986, pp.5-21.

27. Tobin, J., *Monetary Policy and the Management of the Public Debt: The Patman Inquiry*, REStat., 1953, pp. 118-127.

28. _____, *Deposit Interest Ceilings as a Monetary Control*, JMCB, 1970, pp.4-14.

29. _____, *An Essay on the Principles of Debt Management*, reprinted in his Essays in Economics, Vol.1: Macroeconomics, 1971, pp.378-455.

30. Wrightsman, D., *An Introduction to Monetary Theory and Policy*, The Free Press, Collier Macmillan Publishers, London, 1971.

31. Young, R. A., *Instruments of Monetary Policy in the*

United States: The Role of the Federal Reserve System, IMF, 1973.

索 引

(A)

(***B***)

(*E*)

(*N*)

(*O*)

(*S*)

三民大專用書書目——經濟·財政

書名	著者	學校
經濟學新辭典	高叔康 編著	
經濟學通典	林華德 著	臺灣大學
經濟思想史概要	羅長闓 譯著	
經濟思想史	史考特 著	
西洋經濟思想史	林鐘雄 著	臺灣大學
歐洲經濟發展史	林鐘雄 著	臺灣大學
近代經濟學說	安格爾 著	
比較經濟制度	孫殿柏 著	政治大學
經濟學原理	密爾 著	
經濟學原理	歐陽勛 著	前政治大學
經濟學導論	徐育珠 著	南康湼狄克州立大學
經濟學概要	趙鳳培 著	前政治大學
經濟學（18K）	歐陽勛·黃仁德 著	政治大學
通俗經濟講話	邢慕寰 著	前香港大學
經濟學（新修訂版）（上）（下）	陸民仁 著	政治大學
經濟學概論	陸民仁 著	政治大學
國際經濟學	白俊男 著	東吳大學
國際經濟學	黃智輝 著	東吳大學
個體經濟學	劉盛男 著	臺北商專
個體經濟學	趙鳳培 譯	前政治大學
個體經濟分析	趙鳳培 著	前政治大學
總體經濟分析	趙鳳培 著	前政治大學
總體經濟學	鐘甦生 著	西雅圖銀行
總體經濟學	趙鳳培 譯	政治大學
總體經濟學	張慶輝 著	政治大學
總體經濟理論	孫震 著	臺灣大學校長
數理經濟分析	林大侯 著	臺灣大學
計量經濟學導論	林華德 著	臺灣大學
計量經濟學	陳正澄 譯	臺灣大學
現代經濟學	湯俊湘 著	中興大學